Ludovic SCIOUT

LE DIRECTOIRE

2351

PREMIÈRE PARTIE

Les Thermidoriens
Constitution de l'An III. — 18 Fructidor

TOME PREMIER

PARIS

LIBRAIRIE DE FIRMIN-DIDOT ET Cᵢₑ

IMPRIMEURS DE L'INSTITUT, RUE JACOB, 56

1895

LE DIRECTOIRE

—

TOME PREMIER

TYPOGRAPHIE FIRMIN-DIDOT ET Cie. — MESNIL (EURE).

Ludovic SCIOUT

LE DIRECTOIRE

PREMIÈRE PARTIE

Les Thermidoriens
Constitution de l'An III. — 18 Fructidor

TOME PREMIER

PARIS

LIBRAIRIE DE FIRMIN-DIDOT ET Cie

IMPRIMEURS DE L'INSTITUT, RUE JACOB, 56

—

1895

INTRODUCTION

La Révolution française, après dix années de convulsions violentes et d'excès commis au nom de la liberté, a abouti au coup d'État du 18 brumaire, au Césarisme ! et le 18 brumaire n'a pas été l'œuvre de ses adversaires ; il a été prémédité, exécuté par des révolutionnaires très zélés, et qui savaient fort bien où ils allaient. Comment se fait-il que tant de républicains intraitables, qui pendant si longtemps avaient déclamé contre la tyrannie, proscrit, guillotiné tant de gens, confisqué tant de biens, sous prétexte de la combattre, aient aidé un despote à s'emparer du pouvoir, et soient devenus les agents les plus zélés, les moins scrupuleux de cette nouvelle tyrannie? Et ces hommes n'ont pas subi un entraînement passager ; ils se sont montrés, dans cette volte-face, très conséquents avec eux-mêmes. ! Après avoir longtemps déclamé avec rage contre les titres de noblesse, proscrit, égorgé même comme de grands criminels envers la patrie et l'humanité, les gens qui les portaient, ils se sont parés avec orgueil des titres de barons, de comtes, de ducs! Ces révolutionnaires n'avaient cessé de voter et d'appliquer impitoyablement des lois atroces de persécution contre la religion; ils avaient voulu successivement imposer de force aux

catholiques l'église constitutionnelle, puis le culte de la
Raison, puis le culte robespierriste de l'Être suprême, puis
encore le culte décadaire du Directoire. Beaucoup d'entre eux étaient des persécuteurs souillés de sang, quelques-uns des profanateurs immondes, certains autres enrichis par le pillage des vases sacrés devaient être tenus
également pour des voleurs et par l'Église, et par la
Révolution spoliatrice qu'ils avaient spoliée : et tout à
coup sur l'ordre du nouveau César, ils travaillent à relever ces autels qu'ils ont renversés et souillés! ils exaltent
le concordat, comme ils ont exalté la Constitution civile,
puis l'abolition de cette même Constitution civile, puis les
divers cultes républicains : en un mot d'innombrables
révolutionnaires abjurent aux pieds du premier Consul
tous les principes politiques et antireligieux qu'ils ont pro-
fessés avec tant de fracas, et imposés avec tant de rigueur!

Sans doute, si l'on recherche, quelque peu, le rôle
qu'ils ont joué pendant la Révolution, on découvre bientôt que ces fiers républicains se sont déjà pour la plupart
aplatis devant des petits tyrans parfaitement méprisables.
Ceux qui avaient rampé successivement devant Robespierre
et Barras, devaient naturellement devenir des valets de
Bonaparte. Mais on voit se joindre à eux beaucoup de révolutionnaires modérés. Ceux-ci n'ont pas besoin de s'a-
briter derrière un despote pour conserver le produit de
leurs rapines, ni pour échapper à la vengeance des Français qu'ils ont opprimés, spoliés, dont ils ont fait guillotiner
les parents ; et pourtant on voit ces hommes de 89 adhérer au nouveau régime, le servir avec zèle, tout en se
gardant bien de l'importuner de la plus timide protestation contre des actes qui devraient les exaspérer au dernier point. Si les terroristes qui après avoir tant crié contre

la Bastille, ont enfermé trois cent mille suspects, dans une multitude de Bastilles nouvelles, servent ce régime, sous lequel il y a bien plus de prisonniers d'État que sous Louis XVI, avant le 14 juillet et l'abolition des lettres de cachet, il ne faut pas s'en étonner. Mais on ne s'explique guère au premier abord que ces légistes, ces gentilshommes libéraux de 89 qui, même devant les meurtres et les incendies, tenaient le pouvoir désarmé par respect pour la liberté, et prenaient les précautions les plus minutieuses contre la tyrannie possible du débonnaire Louis XVI, soient devenus non seulement les spectateurs muets et résignés, mais les agents du despotisme très actif de Bonaparte, et qu'ils aient même contribué docilement, avec les anciens faiseurs de suspects, à peupler ses prisons d'État? Ainsi les révolutionnaires violents, comme les modérés, les jacobins trop pratiques, comme les théoriciens et les rêveurs, après avoir réclamé avec une insistance si hautaine, le superflu en fait de liberté, ont fini en assez grande majorité par renoncer au nécessaire, et ils en ont pris très aisément leur parti; et le reste s'est effacé complètement. Qu'était-il donc arrivé en France pour que Bonaparte, à son retour d'Égypte, ait vu s'aplatir devant lui, et ces révolutionnaires farouches devenus si désireux de porter le collier de servitude, et ces philosophes, jadis amants si passionnés de la liberté, mais maintenant tout prêts à la sacrifier pour obtenir cette tranquillité matérielle dont ils affectaient de faire fi en 1789? Et comment se fait-il que révolutionnaires et philosophes se soient trouvés, sous ce rapport en harmonie parfaite avec l'immense majorité de la nation?

Le régime directorial a déterminé cette étonnante volte-face.

Une fraction du parti révolutionnaire, profitant des divisions de ce parti, de la lâcheté des crapauds du marais, du défaut d'entente et de l'inertie des honnêtes gens, et des vrais partisans de la liberté, est parvenue après la Terreur à s'implanter au pouvoir du 9 thermidor an II (27 juillet 1794) jusqu'au 30 prairial an VII (18 juin 1799), et d'accord avec une autre coterie jusqu'au 18 brumaire an VIII (9 novembre 1799). Elle a réussi à accaparer pendant toute cette période et le pouvoir exécutif, et le Corps législatif, à exploiter et opprimer la France suivant ses convoitises, ses haines, ses peurs.

Sa longue tyrannie a enlevé au peuple toutes ses illusions, et l'ignoble parodie qu'elle a faite des institutions dites libérales, a dégoûté la grande masse de la nation de tout ce dont elle semblait si fortement éprise en 1789; elle a même arrêté ses aspirations les plus légitimes. Pour prolonger sa domination et assouvir ses viles convoitises, cette faction, toujours tyrannique et essentiellement persécutrice, a fait litière de cette liberté qui lui avait servi de prétexte pour commettre tant de crimes, et lorsque le terrain lui a manqué sous les pieds, elle a livré la France à un despote qui a assuré la fortune de ses meneurs, et pris les autres sous sa dédaigneuse protection.

Il est impossible de se rendre compte ni de l'établissement de l'empire, ni des éléments constitutifs du régime impérial, si l'on n'a pas étudié attentivement la période directoriale. Sans doute l'immense génie de Bonaparte a exercé une prodigieuse fascination, mais si le Directoire ne lui avait pas complètement frayé les voies par son gouvernement, qui n'était qu'un mélange odieux d'anarchie et de terrorisme administratif, par ses coups d'État répétés, ses atroces persécutions religieuses, par son désordre financier et ses scandaleuses dilapidations, il lui aurait été impossible de conquérir la dictature. Tant de catastrophes publiques et privées, avaient brutalement dissipé bien des illusions, brisé les volontés, attiédi les sentiments les plus vifs. Après ces années d'agitations stériles, de déceptions pour tous, d'anxiétés et de misère pour le plus grand nombre, l'immense majorité de la population soupirait uniquement après cette tranquillité matérielle, que les divers envahisseurs du pouvoir n'avaient jamais su lui donner.

L'histoire du Directoire, n'est en réalité que le récit des manœuvres, des querelles de plusieurs coteries révolutionnaires, souvent ralliées contre les modérés par des convoitises communes et par le souvenir de méfaits accomplis en commun ; mais après fructidor elles ne cessent de se combattre avec perfidie et acharnement, et de se disputer cyniquement les bénéfices du pouvoir. Pour bien connaître cette période si troublée, il faut suivre soigneusement les machinations, les volte-face d'un certain nombre d'hommes, si chétifs et si méprisables qu'ils soient par eux-mêmes, car les institutions ne comptent pas, et la constitution de l'an III n'a été imposée au pays que pour être ensuite impudemment violée, toutes les fois qu'ils en auront besoin, par ses auteurs et ses zélateurs.

On croit vraiment rêver lorsqu'on lit dans l'histoire de la Révolution française de Thiers, (t. X, p. 240) cette étonnante assertion : « Le Directoire était ce gouvernement *légal et modéré*, qui voulut faire subir le joug des lois aux partis que la Révolution avait produits. » Bien au contraire, le Directoire a été le gouvernement le plus illégal et le plus tyrannique qu'on pût imaginer. Il a continué par goût, les pires traditions révolutionnaires. Il n'a pu

durer que par une série de coups d'État appuyés de lois
d'exception, les unes violant le droit électoral, les autres
proscrivant de nombreuses catégories de citoyens ; en un
mot, il ne s'est soutenu que par l'arbitraire sur les personnes et sur les fortunes. C'est une succession de petits
despotes, d'exploiteurs qui s'injurient, se renversent mutuellement, et ne sont jamais d'accord que pour violer
audacieusement leur constitution, et tyranniser les consciences. Sous une apparence constitutionnelle bien vaine,
c'est la continuation du désordre et de l'anarchie révolutionnaires ; mais la nation ne sait pas plus se débarrasser
du joug honteux de ces exploiteurs, que de la tyrannie
de Robespierre et du Comité de Salut public. C'est une
suite de viles intrigues, de palinodies intéressées, de
comédies impudentes dont les nombreux personnages
n'excitent guère que le mépris. Comparés à Danton, Saint-
Just, Robespierre qu'ils remplacent, ces thermidoriens
qui se sont maintenus au pouvoir pendant la période
directoriale, ne sont plus que de vils intrigants, des brigands subalternes. Mallet du Pan les a caractérisés admirablement : « Ce sont des valets qui ont pris le sceptre
des mains de leurs maîtres, après les avoir assassinés. »

Ils ont fait le 9 thermidor pour sauver leurs têtes, mais
il entendaient bien continuer à leur profit le régime de la
Terreur. Menacés par la queue de Robespierre, pour avoir
l'appui de cette masse, qui était restée si longtemps inerte,
mais que le 9 thermidor semblait avoir tirée de sa léthargie,
ils entrèrent dans la voie de la modération relative. Aussi
l'opinion publique les soutint quelque temps, mais bientôt elle reconnut qu'ils étaient en grande partie responsables des crimes de la Terreur, et de plus parfaitement
incapables de relever les ruines qu'elle avait faites, et

d'établir un gouvernement sérieux. Depuis le procès des membres des comités terroristes, l'immense majorité de la population montra de la manière la plus significative, que si elle abhorrait les jacobins, elle voulait être débarrassée au plus vite de la domination des thermidoriens. Ces derniers se voyaient repoussés par les quatre-vingt-neuvistes comme par les royalistes ardents, et toute la masse honnête et laborieuse, mais ils étaient bien décidés à s'éterniser au pouvoir par tous les moyens, même par une alliance momentanée avec la queue de Robespierre. Ils réussirent ainsi à dominer la Convention, puis à insérer dans la Constitution nouvelle des dispositions tyranniques absolument incompatibles avec un gouvernement libre, mais très utiles à leur parti.

La législation sur les émigrés mettait et la fortune et la vie des citoyens à la disposition des gouvernants ; ils la font maintenir par leur constitution. L'inscription sur une liste d'émigrés d'un citoyen qui n'a jamais quitté la France, ni même sa commune, et non le fait prouvé de l'émigration, suffit pour le mettre hors la loi, aussi la majorité des inscrits sur les listes d'émigrés, n'est-elle jamais sortie du territoire français! La Constitution accorde de précieuses garanties à ceux qui sont prévenus d'un délit quelconque de droit commun. Mais les révolutionnaires au pouvoir se réservent le droit d'inscrire à son insu qui leur déplaît sur la fatale liste, de mettre les citoyens hors la loi suivant leur caprice : la machine à faire des émigrés, et par suite des confiscations, doit fonctionner toujours au profit des petits tyrans révolutionnaires (1).

(1) Ainsi Monge étant ministre de la marine fut inscrit à son insu sur la liste des émigrés du district de Rocroy publiée en avril 1793 ; il l'apprit seulement au mois de novembre, parce qu'on voulait vendre comme bien d'émi-

Il est trop clair, qu'un pays ne jouit pas d'un gouvernement libre, lorsque tout citoyen peut être privé des garanties constitutionnelles et condamné à mort sans jugement sérieux, et sa famille dépouillée après lui, à cause d'une simple inscription faite à son insu, qui n'est assujettie à aucun contrôle (dont parfois même on se passe), et parce qu'il ne peut fournir sans lacune, une longue série de certificats de résidence, ses ennemis l'ayant contraint pendant quelque temps à se cacher. En mettant les choses au mieux, cette législation autorise les procédés les plus arbitraires, les extorsions les plus infâmes d'argent, de votes etc. (1) même à l'égard de ceux qui peuvent à la fin prouver leur non émigration. Ainsi donc sous un vain simulacre de gouvernement libre, les révolutionnaires se réservent, en invoquant le prétexte de l'émigration, de relever le régime de la Terreur contre ceux qu'ils veulent assassiner ou tout au moins persécuter impunément. On bat monnaie avec les lois sur les émigrés, et il ne faut pas oublier que cette masse de biens nationaux qui s'accroît sans cesse par des confiscations toujours décrétées et exécutées administrativement, est l'objet de dilapidations, de

gré un bois appartenant à sa femme. Après le coup d'État de fructidor, plusieurs députés du Corps législatif épuré, découvrirent à différentes époques qu'ils étaient inscrits sur les listes d'émigrés. Le 3 nivôse an VIII, Lucien Bonaparte disait dans un rapport : « L'inscription sur la liste des émigrés était comme un glaive suspendu sur la tête de tous les citoyens ; les défenseurs de la patrie au moment même où ils versaient leur sang sur le champ de bataille, étaient inscrits sur la table de proscription... Chaque administration départementale pouvait user de ce droit de proscrire, le plus absolu, le plus despotique des droits, et tour à tour la plus meurtrière des armes dans les mains de chaque faction.. » et il n'exagérait rien.

(1) Tout se passe arbitrairement. On veut enlever un bien à son propriétaire, l'administration a le droit de le déclarer bien national et de le vendre comme tel, et il n'y a pas de recours possible à l'autorité judiciaire : l'administration juge elle-même ses actes souverainement.

concussions continuelles. En outre comme elle échappe à
un contrôle sérieux du Corps législatif, elle sert à frauder
la Constitution, à équilibrer fictivement les budgets, à
leurrer les Conseils et le public de fausses ressources : les
gouvernants puisent frauduleusement dans ce trésor pour
leur politique à eux, et pour enrichir leurs agents. La législation sur les émigrés était donc une monstruosité sous
une constitution prétendue libre, puisqu'elle enlevait aux
citoyens les garanties que cette constitution était censée
leur fournir : mais elle avait encore un vice capital ; à
cause de ses conséquences fiscales elle portait une grave
atteinte au régime représentatif, car elle créait un trésor
particulier réputé inépuisable, dont il n'était jamais
rendu un compte exact aux députés, et débarrassait ainsi
les gouvernants du contrôle financier des assemblées.

Et c'est bien dans ce double but que les révolutionnaires au pouvoir ont maintenu ces odieuses lois. S'ils
avaient été un peu sincères dans leurs déclamations
contre les émigrés, ils auraient fait après la Terreur ce
que Bonaparte devait réaliser beaucoup plus tard, ils
auraient revisé et clos les listes d'émigrés. Mais ils voulaient escamoter au moyen de ces listes les dispositions
de la constitution qui garantissaient la liberté des citoyens,
et la bonne gestion des finances (1).

Ils eurent soin en outre de conserver la persécution religieuse. Des lois atroces condamnaient à mort tout le
clergé catholique non assermenté qui exerçait le ministère, et permettaient de déporter pour incivisme les

---

(1) Tel était le but des chefs ; ils entendaient aussi, en maintenant ce
système ignoble de dénonciations, de séquestres, de ventes plus ou moins
précipitées, plus ou moins légales, stimuler et rétribuer le zèle de tous ces
petits révolutionnaires, qui ne vivaient que de rapines.

prêtres constitutionnels qui déplairaient aux gouvernants.
La constitution proclamait le régime de la séparation
absolue de l'Église et de l'État; et l'on était condamné à
mort pour avoir refusé son serment à une Église d'État
qui venait d'être ignominieusement abolie (1)! Les révolutionnaires au pouvoir n'osèrent pas insérer dans la
constitution que cette législation infâme serait conservée
indéfiniment comme celle qui frappait les émigrés, mais
ils la maintinrent obstinément, et les catholiques subirent
la persécution la plus rigoureuse sous cette constitution
qui proclamait la liberté des cultes.

Mais pour que cette comédie constitutionnelle fût profitable aux thermidoriens, il fallait qu'ils la fissent marcher eux-mêmes. Si les élections étaient libres, ils
devaient s'attendre à être impitoyablement balayés. Sur
ce point ils ne se faisaient aucune illusion. Aussi leur
unique soin est de s'imposer aux Français. Une constitution, est pour les révolutionnaires un admirable instrument de tyrannie : elle gêne leurs adversaires, les oblige à
s'enfermer dans la légalité, tandis que les révolutionnaires
ses auteurs la violent sans la moindre vergogne en invoquant suivant leur fantaisie, l'intérêt de la République ou
celui de la nation. Une prétendue violation de cette sacro-
sainte constitution leur sert souvent de prétexte aux vengeances les plus terribles, la constitution devient alors un
véritable dieu Moloch, et ses prêtres fanatiques s'em-
pressent d'immoler de nombreuses victimes sur ses autels.
Mais pour ces purs elle n'est qu'une idole pourrie dont

(1) Ces mêmes révolutionnaires firent voter par le Corps législatif le
27 germinal an IV (16 avril 1796) que les gens assez audacieux pour réclamer
la constitution de 1791 seraient punis de mort : et ils maintenaient énergiquement la peine de mort contre les prêtres qui avaient refusé de prêter
serment à cette constitution !

ils se moquent. De même ils parlent de la souveraineté
nationale pour légitimer leur tyrannie, lorsqu'ils se sont
emparés du pouvoir par violence ou par surprise, mais
en l'an III ils la bâillonnent pour l'empêcher de les condamner, et en l'an V et l'an VI ils s'insurgent ouvertement
contre elle, bien que la nation consultée les ait formellement repoussés. La République est leur chose et pour
qu'elle soit exclusivement à eux seuls, ils imposeront leurs
choix au Corps électoral. Dans ce but, ils font les décrets
des 5 et 13 fructidor an III qui enjoignent au peuple de
réélire les deux tiers de cette Convention qu'il exècre. On
a pour les excuser répété leurs phrases sur les conquêtes
de la Révolution qu'il fallait conserver, sur les principes
de 1789 qui étaient en danger. Mais les royalistes ardents
n'étaient pas les plus pressés de secouer leur joug : les
véritables quatre-vingt-neuvistes bondissaient de colère,
en entendant parler avec cette impudence des principes
de 1789 et des conquêtes de la révolution, par des
hommes qui les avaient honteusement compromis, et jeté
ainsi la France dans un abîme de maux! Quand bien
même la famille royale aurait été tout entière anéantie,
la France en 1795 se serait trouvée absolument dans la
même situation. L'immense majorité de la nation n'en
aurait pas moins été remplie d'indignation contre la Terreur, et tout aussi désireuse de se débarrasser des conventionnels, et ceux-ci, auraient toujours vu dans la possession du gouvernement leur seule sauvegarde, le seul
moyen d'assouvir leurs convoitises, et commis tous les
attentats pour s'y maintenir. Alors les modérés et les
révolutionnaires luttaient moins pour la forme du gouvernement que pour la possession du pouvoir, comme les
Girondins aussi républicains que les Jacobins avaient lutté

contre eux en 1793, comme les thermidoriens et les Robespierristes avaient lutté ensuite.

On s'est souvent demandé comment les modérés qui formaient l'immense majorité de la nation, ont pu se laisser battre constamment par de tels adversaires. La réponse est bien simple! Ces modérés avaient accepté avec une naïve confiance, la lutte sur le terrain légal, sans se tenir prêts à soutenir au besoin la guerre civile. La politique, disait-on au moment des élections de l'an IV, est maintenant une partie d'échecs! D'accord! Je dois donc jouer habilement, d'après toutes les règles, profiter à l'instant même des fautes de mon adversaire, et je gagnerai la partie. Très bien! mais à deux conditions : Il faut d'abord que l'adversaire joue loyalement le véritable jeu, et ensuite qu'il se reconnaisse battu et me laisse l'enjeu de la partie. Peu importe que je gagne après avoir merveilleusement joué, si cet adversaire, furieux d'avoir perdu, me jette tout à coup l'échiquier et les pièces à la tête, saisit l'enjeu, et me blesse grièvement avec une arme qu'il tenait cachée dans l'intention de m'en frapper traîtreusement s'il perdait. La partie politique d'échecs avec les révolutionnaires devait nécessairement se terminer ainsi! Jamais un révolutionnaire ne devait se reconnaître battu, même le plus constitutionnellement du monde; il fallait en tout cas recourir aux armes! Les choses vont se passer ainsi en vendémiaire an IV. Les révolutionnaires trichent impudemment au jeu d'échecs politique, ils usurpent la souveraineté, il faut en venir à la force; mais ils s'y sont dès longtemps préparés, et ils mitraillent ceux qui les ont battus au jeu parlementaire, et ne sont pas suffisamment prêts, à revendiquer les armes à la main l'enjeu de la partie. En l'an V les modérés ont bien joué et complètement gagné leur partie d'échecs. Les perdants jettent au loin l'échiquier et les pièces, chassent ou déportent les gagnants, et s'emparent violemment de l'enjeu qui est la fortune publique, qui est la liberté des Français. Et l'année suivante les choses se passent de même entre les deux partis républicains! Leur cupidité, leurs crimes passés, le mépris dont ils sont couverts, leur tempérament despotique ne permettent pas aux révolutionnaires d'accepter la perte de la partie politique.

En vendémiaire an IV les hommes de 89 détestent et méprisent la Convention et veulent être libres de voter contre elle. Ils se sont laissé trop aisément chasser du pouvoir, puis proscrire par les violents, ils sont décidés cette fois à lutter contre les hommes de 1792 et de 1793. Ces derniers n'ont su que rendre la révolution odieuse, mais ils forment la presque totalité de la Convention, et l'ancien parti constituant, celui qui a fait les réformes véritables, n'y est représenté réellement que par Lanjuinais et quelques autres députés qu'il compte réélire, mais volontairement. Il ne veut pas être confondu avec les gens de 1792 et de 1793 qui osent se déclarer les auteurs et les défenseurs nécessaires de la révolution réformatrice, et comme le geai de la fable, se parent impudemment du plumage d'autrui. A Paris, l'indignation publique aboutit à l'insurrection bourgeoise du 13 vendémiaire. Ceux qui avaient si bien décimé la bourgeoisie constitutionnelle par la guillotine, ne devaient éprouver aucun scrupule à la mitrailler. Cependant si quelques hommes hardis suivant l'exemple donné par les Lyonnais le 29 mai 1793, s'étaient jetés résolument sur les canons, et avaient forcé un seul point de la ligne

formée par les troupes de la Convention, les destinées de
la France auraient été changées!...

Les thermidoriens qui l'avaient échappé belle, se trouvaient avoir ainsi dix-huit mois de répit avant les nouvelles
élections. Dès le début ils avaient faussé la Constitution
de l'an III, en attentant impudemment au droit des électeurs qui leur désobéirent autant que possible. Le nouveau Corps législatif comprenait plusieurs catégories de
députés, les uns choisis par les électeurs, les autres imposés par la Convention; et parmi ces derniers, les uns
avaient été choisis directement par les électeurs forcés
de les prendre dans la Convention; les autres avaient
été proclamés d'une façon très suspecte par la Convention elle-même, d'après les listes triples également imposées; et en outre, les nouveaux Conseils renfermaient
cent quatre députés que les conventionnels avaient choisis
directement parmi ceux de leurs collègues, dont les
électeurs n'avaient pas voulu. Et ce n'était pas tout, les
thermidoriens pour rendre plus faciles les élections futures, et placer leurs créatures, décidèrent le 3 brumaire
an IV, que les parents et alliés des Français inscrits sur les
listes d'émigrés, seraient jusqu'à la paix générale, incapables d'exercer les fonctions électives d'administrateurs,
magistrats, jurés, hauts jurés. Deux cent mille Français
au moins, appartenant à la classe la plus éclairée de la
population, sont ainsi exclus des fonctions publiques :
dans beaucoup d'endroits les violents purent se présenter
aux élections sans concurrents! La Constitution de l'an III,
fut ainsi altérée, tout au moins dans son esprit, et para-
lysée dans son application.

Néanmoins les modérés n'abandonnent point la lutte.
On assiste alors à un spectacle curieux! Les modérés

soutiennent la Constitution contre ses auteurs. Ils la trouvent défectueuse à beaucoup de points de vue, mais elle est bien préférable au régime arbitraire et tyrannique des Comités : aussi les voit-on lutter sans relâche afin d'obtenir qu'elle soit exécutée sérieusement. Ceux qui l'ont faite, la regardent comme une amusette pour les badauds, un moyen de proscrire à l'occasion leurs adversaires, sous prétexte d'une prétendue violation de cette Constitution qui ne peut jamais les lier, eux les républicains indispensables! Ils s'étalent orgueilleusement dans les places qu'elle a créées, et qu'ils se sont adjugées; et pour tout le reste, ils ne songent qu'à l'escamoter, car elle ne peut que gêner leur despotisme et leur cupidité. Aussi maudissent-ils de tout leur cœur, ces importuns qui viennent sans cesse à la tribune rappeler aux naïfs que la Constitution renferme des dispositions protectrices des droits des citoyens, et qu'il faut l'appliquer complètement. La faction républicaine qui s'est emparée du pouvoir par ruse et par force, recourt constamment à l'illégalité pour s'y maintenir; la droite au contraire qui est, grâce aux décrets de fructidor, la minorité au Corps législatif, représente la majorité des Français; aussi réclame-t-elle énergiquement la sécurité des personnes et des propriétés, l'indépendance des tribunaux. Elle tient à ce que le Directoire se renferme dans les limites constitutionnelles et ne tranche pas du Comité de Salut public : c'est la droite qui, dans le langage actuel, est le parti libéral. Au contraire la gauche, après avoir tant déclamé sur la liberté du peuple, ne cherche qu'à la restreindre. La liberté de conscience lui fait pousser des cris de rage; elle veut diminuer l'indépendance des juges et des administrateurs, et escamoter toutes les dispositions cons-

titutionnelles et légales qui garantissent la liberté individuelle et la bonne gestion des finances. Elle cherche à
baillonner la presse, elle encourage le Directoire à sortir
de ses attributions, et à empiéter sur les droits de la
nation. Chacun des deux partis suivra persévéramment
cette ligne de conduite jusqu'au coup d'État du 18 fructidor.

Aux élections de l'an V, le pays se sert résolument
des droits qu'on n'a pas osé lui enlever, pour protester
avec éclat contre la faction qui l'opprime. Il approuve
de la manière la plus significative la politique suivie par
les modérés en leur donnant une très forte majorité. Les
ex-conventionnels soumis à la réélection sont presque
tous balayés. La nouvelle majorité travaille aussitôt à rétablir la liberté religieuse, à relever la prospérité matérielle du pays, et arrêter les dilapidations. Elle excite la
fureur de tous les groupes révolutionnaires en abrogeant
les dispositions les plus atroces des nombreuses lois qui
frappent les prêtres, et en rendant une certaine liberté au
culte, cependant elle respecte le principe de la séparation absolue de l'Église et de l'État proclamé par la Constitution, et que les révolutionnaires ne cessent de violer
dans la pratique. Mais parce que les trois quarts des ecclésiastiques cessent d'être condamnés à mort de plein
droit, et les autres d'être au moins déportables, les révolutionnaires crient au fanatisme, à l'intolérance, au
retour d'une religion dominante. Depuis son installation,
le Directoire soutenu par les fanatiques antireligieux, et
les pêcheurs en eau trouble, tient obstinément à maintenir la persécution; il tient aussi à la continuation du
gâchis financier pour faire durer le gâchis politique.
Dans les questions religieuses, comme dans les questions

financières, comme dans les questions de politique extérieure, il a voulu se conduire non en directoire constitutionnel, mais en comité de Salut public. Il agissait
constamment en dehors du Corps législatif, même lorsque la majorité était très républicaine. C'est seulement
à l'arrivée du second tiers, que le régime constitutionnel,
vainement réclamé jusqu'alors par la minorité modérée,
commence à fonctionner, du moins partiellement, malgré
le dépit et la mauvaise volonté du Directoire et des républicains. Ils ne pouvaient le supporter, parce qu'il était
incompatible et avec leur tempérament révolutionnaire,
et avec leurs intérêts inavouables. Le rétablissement des
finances aurait forcé le Directoire à rentrer dans ses attributions constitutionnelles, aussi les Directeurs, leurs partisans et les jacobins, battus très constitutionnellement,
étaient-ils décidés à faire un coup d'État contre les modérés. Quand bien même il n'y aurait eu alors aucun prétendant au trône, la question financière et la question
de la liberté religieuse, auraient troublé et divisé tout
aussi profondément le pays ; toutes deux auraient amené
une crise très grave, qui ne pouvait être dénouée que
par le triomphe de la politique des modérés, ou par un
nouveau 31 mai. Une majorité modérée dans les Conseils, et plus tard dans le Directoire, devait fatalement
ruiner tous les plans de fortune des révolutionnaires qui
occupaient alors le pouvoir : c'était la fin prochaine de
leurs dilapidations !

Aussi cette faction refuse d'accepter sa défaite sur le
terrain parlementaire, se coalise avec les révolutionnaires dissidents et fait appel aux baïonnettes, parce qu'une
république juste et modérée lui est aussi dangereuse
qu'une monarchie. Par le coup d'État militaire du 18

fructidor an V, elle corrige les élections, les annule complètement dans quarante-neuf départements, condamne sans autre forme de procès à la déportation en Guyane les directeurs Carnot et Barthélemy, avec cinquante-trois députés, et plusieurs hommes politiques, et débarrasse ainsi les Conseils de cent quatre-vingt-quinze députés gênants. Les épurations faites par la Convention le 2 juin et le 6 octobre 1793 étaient bien moins nombreuses.

Les faux modérés, les crapauds du marais, qui parlaient avec tant d'emphase de la Constitution et du respect qui lui était dû, s'aplatirent aussitôt devant ceux qui venaient de la violer avec tant de scandale, et répétèrent servilement leurs misérables sophismes et leurs impudents mensonges. La masse de la population ainsi prise à l'improviste, courba la tête et resta dans l'inertie, comme après le 31 mai. L'impuissance de l'opinion publique contre un coup imprévu de force brutale n'a jamais apparu aussi clairement!

Lorsque la Constitution de l'an III avait été mise à exécution, des théoriciens trop optimistes avaient crié bien haut qu'elle allait finir la révolution : la masse de la population plus sceptique, avait dit : « Essayons. » Le 18 fructidor avait en réalité détruit cette Constitution. Il était devenu évident, même pour les esprits les moins attentifs, que la République constitutionnelle était impossible en France, et que celle des républicains du jour devait aboutir fatalement à un despotisme exercé soit par une commune, soit par un comité de Salut public, et qu'après tout la dictature d'un seul serait peut-être la tyrannie la plus supportable.

Le coup d'État du 18 fructidor a été approuvé par la plupart des libéraux, et il ne faut pas s'en étonner. C'est

leur habitude d'approuver (lorsqu'ils ont réussi), tous les
actes violents de la Révolution qui ont été commis soit avant
soit après l'époque comprise entre le 31 mai et le 9 thermidor, période dont ils rejettent, comme les thermidoriens,
tous les crimes sur Robespierre, et sur les terroristes qui
ont été entraînés dans sa chute. Bien que le 18 fructidor
ait rendu pour longtemps impossible le fonctionnement
du régime parlementaire, en établissant la dictature du
Directoire et surtout en donnant au pays la conviction
profonde, et jusqu'à présent indéracinable, de l'impuissance des Assemblées à faire le bien, et à se défendre
elles-mêmes, ils l'absolvent complètement (1). Certains
même l'approuvent sous de vains prétextes, mais en
réalité parce qu'il a retardé de près de vingt ans le retour des Bourbons, et prolongé la persécution religieuse
qui allait finir. En effet, le 18 fructidor est un des derniers triomphes de la Révolution sur l'esprit monarchique
et sur la liberté religieuse, mais il ne faut pas oublier
qu'il a surtout profité à Bonaparte. Sans le 18 fructidor,
il n'y aurait eu ni Consulat ni Empire. C'est grâce à ce
coup d'État que Bonaparte est devenu, pour la France,
après deux années d'oppression et de cruelles souffrances,
l'homme nécessaire. Sans le 18 fructidor, le parti modéré
aurait, suivant toute apparence, ramené bientôt en France
la monarchie constitutionnelle; mais en tout cas, il lui
aurait donné immédiatement avec la paix religieuse,
l'ordre à l'intérieur et dans les finances. Bonaparte devenait donc inutile : son œuvre pacificatrice aurait été

---

(1) Thiers a approuvé le 18 fructidor. Il ne se doutait guère alors qu'il
serait victime d'un autre coup d'État, à qui le 18 fructidor devait servir de
modèle. On sait qu'il a gardé toute sa vie le plus amer souvenir du 2 décembre 1851.

accomplie un peu plus tôt par les modérés parlementaires.
La majorité nouvelle avait déjà travaillé très utilement
aux finances et abrogé les lois de persécution ; mais les
révolutionnaires, avec l'aide de Bonaparte, l'ont envahie
nuitamment, ont déporté ses chefs, et remis brutalement
la France dans la situation où elle se trouvait à la fin de
la Convention, en détruisant tout ce qui avait été fait de
bien depuis cette époque.

Le 18 fructidor a préparé le 18 brumaire ; aussi les
partisans de l'Empire comme les révolutionnaires prétendus modérés ont adopté pour système de passer ce coup
d'État à peu près sous silence ; et s'ils sont obligés d'en
parler, ils le représentent très inexactement comme la répression d'un complot royaliste contre le Directoire, et
s'efforcent de jeter un voile sur ses odieuses conséquences.
Ce n'est pas étonnant ! Il faut dénaturer à la fois les actes
des modérés, victimes du 18 fructidor, et le véritable caractère de cette journée, pour représenter ensuite Bonaparte comme le héros providentiellement destiné à fermer les plaies de la France et à relever les autels. Deux
ans et demi avant le 18 brumaire, cette œuvre réparatrice
a été heureusement commencée, et il l'a arrêtée ; et il a
volontairement livré sa patrie, aux dilapidateurs et aux
proscripteurs, et rendu la persécution religieuse plus
violente qu'auparavant ! et il a agi ainsi non par zèle
pour les Directeurs, ni pour l'idée républicaine, mais
parce que cette grande œuvre de réparation faite en
dehors de lui ne pouvait être utile à son ambition personnelle, et qu'au contraire l'ineptie et la tyrannie des
fructidoriens devaient nécessairement la servir. Le coup
d'État du 18 fructidor rend le pouvoir aux incapables
et aux dilapidateurs. Il anéantit la liberté religieuse ; les

lois de persécution sont reprises et singulièrement élargies : le prêtre n'est plus proscrit pour avoir refusé tel ou tel serment, il est et sera toujours hors de la loi, quelque serment qu'il prête, parce qu'il est prêtre; deux lignes du Directoire suffiront pour l'envoyer à la guillotine sèche, sans autre formalité, et le Directoire en deux ans prendra contre les prêtres plus de huit mille arrêtés de déportation. Le 18 fructidor n'anéantit pas la seule liberté religieuse, mais toute liberté politique, avec la liberté de la presse, et achève la ruine des finances et du crédit. Les principaux modérés sont expédiés à la guillotine sèche. Non seulement on épure le Corps législatif, on proscrit les journalistes indépendants, mais les fonctionnaires électifs dans la plus grande partie de la France sont destitués en masse, et remplacés par les valets des fructidoriens. On fait en outre une coupe sombre parmi les électeurs modérés. Tous les parents ou alliés des gens inscrits comme émigrés sont privés du droit de vote non point jusqu'à la paix générale, rendue impossible par le 18 fructidor, mais encore *quatre années* après elle! Les nobles qui ne figurent pas sur une liste d'émigrés sont punis d'avoir sauvé leurs biens : la loi du 9 frimaire les prive de tout droit de citoyen et les assimile aux étrangers. Le parti modéré renonce provisoirement à la lutte. Il n'y a plus que des républicains en présence : naturellement ils se jettent les uns sur les autres.

Après les élections de la Convention, les naïfs disaient bien haut: « Cette Assemblée est tout entière composée de républicains; elle sera du moins parfaitement unie, » et elle est profondément troublée, et les jacobins proscrivent les girondins! Après le 31 mai ces naïfs dirent encore : « Maintenant que les girondins sont chassés, les conven-

tionnels vont être enfin unis » ; et ceux-ci recommencent
bientôt à se faire une guerre furieuse ; la Convention très
épurée proscrit d'abord les hébertistes puis les dantonistes,
puis Robespierre et ses amis. Après Robespierre, elle proscrit encore les anciens membres des Comités, puis les ger-
minalistes, puis les prairialistes.

Les fructidoriens vainqueurs agirent de même. La coalition républicaine des thermidoriens ou directoriaux, et
des jacobins qualifiés d'anarchistes, a fait le 18 fructidor.
Mais le Directoire, comme l'avaient été avant lui les
thermidoriens, est constamment battu en brèche par des
révolutionnaires furieux. Ces gens-là ne font aucune différence entre les vaincus de la Révolution et les révolutionnaires qui sont au pouvoir. Pour eux la révolution française
n'est que l'avant-courrière d'une autre révolution bien
plus grande, bien plus solennelle, et qui sera la dernière.
« Le peuple, disent-ils, a marché sur le corps des rois et
des prêtres ; il écrasera de même les nouveaux tyrans » ;
ceux que Babœuf, leur tribun, appelait « les nouveaux
tartufes politiques assis à la place des anciens », et ils
veulent s'emparer des fortunes que ces usurpateurs ont
faites aux dépens des aristocrates. Babœuf a été envoyé
à la guillotiné par ceux qu'il appelait « cinq mulets empanachés, nouveaux Tarquins qu'il est temps de faire disparaître. » Mais ce parti violent subsiste toujours ; le Directoire lui a offert de se coaliser avec lui contre les modérés
pour rétablir la persécution religieuse, et il a coopéré au
coup d'État du 18 fructidor, comptant bien supplanter
sous peu le Directoire fructidorien. Aussi les triomphateurs se divisent bien vite. Les modérés s'étant abstenus.
Les jacobins indépendants du Directoire et les anarchistes
l'emportent sans violence aux élections de l'an VI ; mais leurs

anciens coalisés sont bien décidés à ne pas laisser la république et les profits du pouvoir entre les mains d'autres
républicains qu'eux-mêmes. En fructidor an V, sous prétexte de la grande conspiration royaliste, ils ont, de concert avec ces mêmes anarchistes, expulsé violemment les
députés modérés qui venaient d'être élus. En floréal an VI,
ils trouvent encore plus simple d'interdire l'entrée du
Corps législatif, à leurs anciens alliés élus en dépit de
leurs menaces. Cette fois ils prennent pour prétexte la
grande conspiration anarchiste qui se relie mystérieusement à la grande conspiration royaliste. Ils accusent
impudemment leurs complices du 18 fructidor, de complicité avec les gens qu'ils ont ensemble envoyés à la
guillotine sèche pour royalisme! Sous prétexte de *scissions*, ils invalident plus de cinquante élus qui leur sont
désagréables, proclament à leur place autant de candidats
officiels; ce qui fait déjà un déplacement de plus d'une
centaine de voix en leur faveur, et en outre élaguent
purement et simplement une cinquantaine de députés.

La masse inerte de la population qui s'était courbée
devant le coup d'État du 18 fructidor an V, ne protesta
nullement en faveur des jacobins fructidoriens, victimes
du coup d'État du 22 floréal an VI. Bien que ces derniers
eussent incontestablement le droit pour eux, ils lui étaient
tellement odieux, ils avaient si récemment expulsé et
proscrit les modérés, qu'elle vit même avec un certain
plaisir la moitié des fructidoriens, fructidoriser l'autre.
Pour se concilier les naïfs, le Directoire et ses partisans
avaient pris impudemment un masque conservateur,
dénoncé avec rage leurs anciens complices comme des
« tigres altérés de carnage, » et crié par-dessus les toits
que ce nouveau coup d'État était indispensable pour

b.

prévenir le retour de la Terreur; mais c'était pure hypocrisie; et après floréal ces faux modérés furent plus tyrans et plus persécuteurs que jamais. Désormais ils ne cesseront de représenter leurs compétiteurs républicains comme des buveurs de sang et de les comparer au *crocodile dévorateur,* pour que la masse de la nation les soutienne contre ces anarchistes par crainte de pire.

Cependant le coup d'État du 22 floréal ne retarda que très peu de temps la désorganisation du parti directorial. Les jacobins comprirent très bien, que vu l'état des esprits, il leur suffirait de patienter un peu, pour prendre leur revanche l'année suivante. Ils triomphèrent de nouveau aux élections de l'an VII, et le Directoire qui ne pouvait plus compter sur l'armée, jugea avec raison qu'un troisième coup d'État serait impraticable. D'ailleurs la coterie fructidorienne est alors désagrégée : des hommes qui se montraient, en floréal, les plus ardents à chasser les anarchistes des Conseils, parce qu'ils étaient prêts, suivant eux, à relever les échafauds, se liguent avec ces mêmes furieux pour renverser le Directoire, et partager le pouvoir avec eux; et ces nouveaux coalisés osent reprocher avec violence au gouvernement ce 18 fructidor qu'ils ont fait d'accord avec lui. Le Directoire est bruyamment accusé de malversations et d'illégalités de toute sorte. La nomination de Sieyès, l'annulation de l'élection de Treilhard et la trahison de Barras le désorganisent. On s'apprête à la lutte. Merlin et La Révellière, craignant d'être punis révolutionnairement de leur résistance, donnent leurs démissions. Le coup d'État du 30 prairial an VII (18 juin 1799) fait triompher une coalition nouvelle qui se divisera bientôt.

Ainsi donc, le parti révolutionnaire, après avoir si solennellement proclamé la Constitution de l'an III, n'a cessé de la violer et ne s'est maintenu au pouvoir que par une série de coups d'État.

Par les décrets de fructidor an III, et la loi du 3 brumaire an IV, la Convention avant de se séparer, restreint scandaleusement la liberté des électeurs, et en outre elle leur nomme elle-même plus de cent députés, et crée des incapacités politiques dont la Constitution, qu'elle vient de faire plébisciter, ne parlait nullement.

La journée du 18 fructidor an V établit la dictature d'une coterie révolutionnaire, en corrigeant les élections de l'an V et chassant près de deux cents députés avec deux directeurs. C'est le coup d'État *de la majorité du Directoire et de la minorité des Conseils, contre la majorité des Conseils et la minorité du Directoire.* C'est l'œuvre de la coalition de presque tous les groupes républicains.

Le 22 floréal an VI est le coup d'État du Directoire, et de la majorité factice du Corps législatif mutilé en fructidor an V, contre les députés élus en l'an VI, et contre le corps électoral passé cette fois de droite à gauche, mais toujours indocile. Il déplace encore cent soixante voix environ. Il est fait par les *pourris* et les crapauds du marais.

Le 30 prairial an VII est le coup d'État de la *majorité des Conseils contre la majorité du Directoire* (1) qui est expulsée. Il est fait par la coalition des anarchistes frappés en floréal, et de certains floréalistes défectionnaires.

Le 18 brumaire an VIII est le coup d'État *de la majorité des Anciens et de la minorité du Directoire, contre la*

---

(1) Le 30 prairial même, les fructidoriens ne sont plus en majorité au Directoire, mais c'est uniquement parce que Treilhard a été déjà expulsé par la majorité des Conseils, dans le but de renverser le gouvernement.

majorité du Directoire et celle des Cinq-Cents. Il est fait
par les *pourris,* les crapauds du marais, et certains prairialistes, contre l'extrême gauche du parti révolutionnaire, et les indépendants. Tous ses auteurs sont des
républicains triés sur le volet, et ils n'ont été secondés
par aucun modéré.

Voilà comment le Directoire a été un gouvernement
légal et modéré !

Tous ces coups d'État semblent n'avoir été faits que
pour préparer le 18 brumaire. Les républicains ardents
qui ont violé régulièrement tous les ans, et au nom du
salut de la République, la Constitution, fabriquée et imposée par eux-mêmes, n'ont réussi qu'à décourager le
pays de tout essai de régime vraiment libéral, et à détourner le sentiment monarchique au profit de Bonaparte.

Et cette série de coups d'État n'est en aucune façon le
résultat de la lutte de deux fractions du parti républicain,
soutenant une politique différente. Le 18 fructidor frappe,
avec les royalistes, plusieurs républicains très accentués,
même certains régicides comme Carnot, Rovère, Bourdon
de l'Oise, etc.; on trouve parmi ses victimes, et des proscrits, et des proscripteurs du 31 mai ; et parmi ses auteurs
et ses apologistes, des gens qui ont été persécutés à la
suite de ce même 31 mai. Les coups d'État de floréal et
de prairial sont également le résultat de basses intrigues
révolutionnaires, de volte-face déterminées uniquement
par des jalousies, et des convoitises. Le lendemain d'un
coup d'État, ses auteurs se divisent, et la moitié des
vainqueurs en prépare bientôt un autre avec ses anciens
ennemis contre ses coalisés de la veille.

Lorsque les jacobins opposants arrivèrent le 30 prairial au
pouvoir, la France, grâce aux excès et aux folies des révo-

lutionnaires de toute catégorie, était dans la situation la plus lamentable. Ils se conduisirent de telle sorte que le coup d'État du 18 brumaire qui les balaya fut acclamé par la masse des citoyens paisibles. Les lois de l'emprunt forcé et des otages, jettent bien vite le trouble et la terreur parmi les Français, et achèvent de ruiner complètement le commerce, l'industrie et les finances. Tous les expédients révolutionnaires sont usés ; l'argent manque partout, les impôts qui ne produisent presque rien sont dépensés d'avance. Le déficit augmente tous les jours. Comme la ressource des biens nationaux est à peu près épuisée, comme il n'est plus possible de faire de nouveaux émigrés en nombre suffisant, on voudrait dépouiller ceux qui habitent la France au su et au vu de tous. Maintenant on proclame que les ci-devant nobles, alliés, neveux, cousins d'émigrés, tous les modérés qui sont restés en France, sont plus dangereux que les vrais émigrés, et l'on cherche ouvertement un prétexte révolutionnaire pour confisquer leurs biens. Mais par un juste retour des choses d'ici-bas, les républicains enrichis par des proscriptions et des spoliations faites en vertu des lois révolutionnaires, sont menacés très sérieusement dans leurs fortunes. Les disciples de Babœuf soutiennent toujours comme lui que la Révolution *n'a fait que remplacer une bande d'anciens coquins par des coquins nouveaux*, et qu'une nouvelle révolution est indispensable ; et comme eux un nombreux parti regarde les richesses des *pourris*, avec une âpre convoitise, et déclare qu'ils les ont acquises par des moyens honteux, ce qui est trop vrai ; et ceux qui se sont enrichis des dépouilles des modérés ont maintenant à lutter contre d'autres révolutionnaires qui désirent ardemment s'enrichir en les dépouillant à leur tour. Ces repus, qui tremblent pour leurs richesses mal acquises, sont tout disposés à se jeter dans les bras du premier sauveur venu, et à lui sacrifier toutes les libertés possibles, pourvu qu'il les protège. La masse du peuple désire ardemment être délivrée de tous ces révolutionnaires directoriaux ou anarchistes qui depuis le 18 fructidor se disputent le pouvoir, cassent ou transforment les élections, et ne savent que l'opprimer et la ruiner.

Et l'on ignore généralement ses souffrances; trop de gens ne voient encore dans le Directoire qu'une époque où les hommes étaient habillés en incroyables, les femmes très peu vêtues, où l'on s'amusait un peu grossièrement sans doute, mais avec frénésie; où grâce au divorce, on se démariait et se remariait beaucoup. Ils jugent la société et le peuple français de cette époque d'après le monde de Barras et de Rewbell, des fournisseurs intrigants, des agioteurs, des roués du nouveau régime, et de quelques roués de l'ancien, ralliés au nouveau pour y pêcher en eau trouble. Mais on a toujours tort de juger le peuple français d'après Paris, d'après les habitués d'un boulevard et de quelques lieux de plaisir. Au contraire le Directoire, surtout du 18 fructidor au 18 brumaire, est une époque d'angoisses et de misère noire. Les rentiers, les créanciers de l'État ne sont point payés, ou reçoivent des papiers sans valeur; le commerce et l'industrie sont ruinés; les honnêtes gens de toute classe, industriels, propriétaires, marchands, ouvriers, sont obérés, écrasés, traînent une existence misérable, mais on leur promet le pillage de Londres et de l'Angleterre! La liberté de conscience est odieusement persécutée. On rencontre à chaque instant sur les routes des prêtres conduits par les gendarmes, soit à une commission militaire, soit à l'île de Ré

pour être de là expédiés à la guillotine sèche. La persécution est à la fois très barbare, très générale, et extraordinairement minutieuse, car elle est dirigée par des gens
qui ont pour principe de « désoler la patience » de ceux
qu'ils ne peuvent tuer. L'État impose un culte officiel; il
faut chômer le décadi et travailler publiquement le dimanche. L'État fait la guerre au maigre, et se donne
beaucoup de mal, pour que les catholiques ne trouvent
pas de poisson à acheter le vendredi. Personne n'est
certain de n'être pas inscrit sur une liste quelconque
d'émigrés et de n'être pas tout à coup déclaré bon à fusiller. On est constamment sous la menace d'un nouvel
emprunt forcé. Les petits fonctionnaires de l'État ne sont
pas payés, et ceux qui ne veulent point ou ne savent
point voler, meurent de faim ainsi que leurs familles.
Les magistrats eux-mêmes ne reçoivent pas leur très mo-
dique traitement. On ne peut plus voyager en France
pour un double motif : d'abord les routes non entrete-
nues faute d'argent, sont défoncées, et souvent imprati-
cables; elles sont en outre infestées de brigands que le
Directoire met sur le compte de l'Angleterre, et la gendarmerie, très mal payée, n'est guère employée qu'à
faire la chasse aux prêtres et aux émigrés vrais ou supposés. Si l'on arrête par hasard quelques bandits, ils
s'évadent bien vite des prisons qui tombent en ruines
faute d'argent pour les réparer, et qui sont en outre très
négligemment gardées par des geôliers aussi exactement
payés que les gendarmes et les juges.

A la veille du 18 brumaire, tous les républicains, les
futurs vainqueurs comme les futurs vaincus de cette journée, ne cessent de répéter que la monarchie est morte et
enterrée, que la république et la constitution de l'an III

sont toutes deux éternelles. Et ceux qui vont proclamer une constitution tout opposée, sont peut-être encore les plus bruyants! On est également impatienté de la bêtise solennelle des uns et de l'impudent charlatanisme des autres! Le parti révolutionnaire devenu maître absolu de la France à force de coups d'État, et qui n'a plus rencontré après fructidor aucune opposition de la part des modérés, succombe honteusement sous le poids des fautes innombrables qu'il a commises depuis le début de la Révolution. Les Conseils devant un déficit de près de quatre cent millions, sur un budget de sept cent vingt-cinq, ne savent plus où donner de la tête. Et les républicains ont eu à leur disposition toute la fortune de la France avec une masse énorme de confiscations, biens du clergé, domaines royaux, biens des corporations, des universités, des émigrés, l'argenterie des églises, les diamants de la couronne, les produits des innombrables réquisitions levées à l'intérieur. En outre, ils ont perçu de fortes contributions en Allemagne, rançonné, spolié méthodiquement les républiques de Hollande, de Gênes, de Venise, de Suisse, Parme, Modène, l'État pontifical, la Toscane, les royaumes de Sardaigne et de Naples; et pour mieux tenir et pressurer ces pays, ils y ont installé de grotesques républiques, et les ont exploitées à la manière fructidorienne, en leur imposant des gouvernants bien triés sur le volet et qu'ils jugeaient semblables à eux-mêmes; et cependant, pour des motifs misérables et honteux, ils les chassent souvent avec mépris; ils gratifient d'un ou de plusieurs fructidors chacune de leurs républiques vassales (1), et

---

(1) Ils firent un fructidor dans chacune des Républiques Romaine, Ligurienne et Helvétique, deux dans la République Batave, trois dans la Cisalpine.

généraux et soldats français s'y perfectionnent dans l'art d'épurer les assemblées et les directoires. Les révolutionnaires prétendaient apporter la liberté aux peuples étrangers, et ils leur imposaient un joug avilissant, une ignoble parodie du gouvernement constitutionnel. On eût dit qu'ils voulaient inspirer à ces peuples le dégoût des formes de gouvernement prônées jusqu'alors par les adversaires de l'absolutisme. Aussi les populations de ces contrées étaient aussi disposées que les Français, à se courber devant un despote qui les débarrasserait de tous ces exploiteurs.

Et la France attendait ce sauveur avec une telle impatience, qu'elle se serait livrée avec tout autant de facilité à un personnage bien moins illustre que Bonaparte. De même les *pourris*, les crapauds des deux Conseils, qui ne trouvaient plus aucun expédient pour prolonger leur domination, et craignaient d'être bientôt supplantés complètement, dépouillés, peut-être proscrits par une certaine catégorie de révolutionnaires, auraient, pour se maintenir dans leurs situations acquises, aidé n'importe quel aspirant dictateur à prendre le pouvoir. La France qu'ils avaient rendue si misérable, trouva que cette fois, ils lui avaient été utiles tout en agissant dans leur seul intérêt. Elle ne songea qu'au moment présent, et ne s'inquiéta point des moyens que Bonaparte avait employés pour s'emparer du pouvoir : du reste, ils n'étaient pas pires que ceux dont les révolutionnaires s'étaient servis pour faire les divers coups d'État qui avaient précédé le 18 brumaire. Elle ne vit que les résultats, et se déclara satisfaite.

Il semble singulier, au premier abord, que le peuple français, dans l'espoir de mettre un terme aux maux dont il souffrait depuis longtemps, ait ainsi sacrifié sa liberté.

THERMIDOR.   c

Mais ce bien si précieux, en jouissait-il alors? Évidemment
non. Et il avait perdu toute espérance de voir les républicains qui se disputaient le pouvoir, améliorer jamais
sa situation matérielle, et lui donner un gouvernement
vraiment libre. Ce peuple tant de fois proclamé souverain,
accepte sans difficulté un régime qui investit le Sénat du
droit de nommer les autres assemblées avec les premières
autorités, et qui fait nommer ce même Sénat, par quatre
créatures de Bonaparte. La majorité du Sénat devait
être choisie par les deux consuls sortants, Sieyès et
Roger Ducos, et par les deux nouveaux, Cambacérès et
Lebrun. Elle devait ensuite se compléter et procéder aux
nominations qui lui étaient attribuées par la constitution
nouvelle. Mais la masse de la population avait pris en
dégoût et les élections et toutes les formes parlementaires. Elle tenait avant tout à n'être plus sous le joug de ce
personnel politique qui s'était rendu par une suite d'u-
surpations impudentes, maître exclusif de la France pour
la conduire à une ruine complète. Elle voulait secouer
la tyrannie de ces nouveaux terroristes violents et obtus
qui lui avaient imposé l'emprunt forcé et la loi des otages, mais n'entendait pas davantage rappeler au pouvoir,
ces fructidoriens, ces directoriaux qui lui avaient fait tant
de mal. Elle les jugeait tous également incapables de la
retirer de l'abîme où ils l'avaient jetée. Elle ne croyait
plus depuis longtemps aux assemblées politiques et n'était
que trop habituée à voir expulser ceux qu'elle avait nommés; et son droit électoral si souvent violé et annihilé,
elle ne le regardait que comme une amère dérision.

A quoi pouvait-il lui servir? Depuis le 18 fructidor,
trois catégories de révolutionnaires : les jacobins, les
pourris, et les crapauds du marais, s'étaient imposés au

pays; et elles ne s'entendaient que pour éloigner violemment les modérés de la politique et des moindres
fonctions électives. Les électeurs étaient laissés libres
tout au plus de réduire un peu l'une de ces coteries au
profit d'une autre, et la situation du pays restait la
même. Qu'importait à la masse de la population le maintien nominal d'une Constitution constamment violée?
Il fallait à ses maux des remèdes très énergiques, et
surtout très prompts, et la Constitution de l'an III ne pouvait pas les lui donner. Les fructidoriens avaient créé un
tel état de choses, qu'une révolution véritable était devenue nécessaire pour défaire leur œuvre néfaste, pour que
les institutions libres, proclamées par cette Constitution
pussent fonctionner réellement.

Le peuple ne renonçait point à la liberté dont il ne
jouissait aucunement, mais à des institutions prétendues
libérales, indignement faussées par les révolutionnaires
et les crapauds du marais, et qui ne servaient qu'à l'opprimer et à le ruiner. Il était persuadé qu'une assemblée,
même très supérieure au Corps législatif de l'an VIII, serait incapable de mener à bien avec la promptitude indispensable, le travail immense de réparation, de reconstitution qui s'imposait au pays par la faute des
révolutionnaires. Aussi le vit-on renoncer aux élections, sans aucun regret, et laisser à Bonaparte le droit
de nommer, et sénateurs, et tribuns, et membres du
Corps législatif, car il n'avait confiance qu'en lui seul.
Du reste, les trois Conseils de la Constitution de l'an VIII
furent composés, pour les deux tiers, de républicains
éprouvés des Anciens et des Cinq-Cents! La majorité des
Anciens y entra, avec cent quatre-vingt-dix membres du
Conseil des Cinq-Cents, et bien d'autres députés acceptè-

rent immédiatement des places du nouveau gouvernement, et beaucoup de mécontents du premier jour se
rallièrent bientôt. Ils y trouvaient leur intérêt, l'étiquette
républicaine sauvegardait jusqu'à nouvel ordre leur
amour-propre; ils criaient à tue-tête : Vive la république!
comme après tous les coups d'État précédents, et répétaient entre eux en se frottant les mains, *Gaudeat bene-
nanti!* Après tout, la France, avec une meilleure administration, avait au moins autant de libertés qu'après le
18 fructidor. On dira pour les excuser, que beaucoup de
modérés sont devenus ensuite fonctionnaires de Bonaparte, et lui ont aussi sacrifié leurs principes; mais à la
différence de ces républicains si bruyants, ils n'ont ni préparé ni fait le 18 brumaire; plusieurs d'entre eux ont été
tirés par ce coup d'État, de la proscription, et tous de
l'oppression. Ils se sont mis ensuite à travailler au relèvement du pays, à réparer des maux auxquels ils étaient
restés absolument étrangers, et qu'ils avaient toujours
voulu empêcher. Ils n'ont pas cru pouvoir refuser de répondre à l'appel du premier Consul, qui les jugeait, à
cause de leur expérience et de leurs lumières, plus capables de mener à bien cette œuvre patriotique, que la
plupart de ces révolutionnaires de profession dont il s'é-
tait servi le 18 brumaire pour prendre le pouvoir.

Il en a été de même dans le pays : de nombreux républicains repus, mais menacés comme au temps de Babœuf
par une foule de révolutionnaires envieux et affamés ont
désiré la dictature de Bonaparte, et l'ont soutenue de
toutes leurs forces. Les anciens riches étaient, les uns réduits à la misère, les autres très appauvris, et ces enrichis
révolutionnairement, ces *pourris*, voyaient trop clairement que leur tour pourrait bientôt venir si la situation

actuelle se prolongeait, et souhaitaient un gouvernement fort qui leur permît de consolider leurs gains.

Aussi bien des gens ont eu, dans la suite, un intérêt direct à dénaturer des faits très graves qui se sont passés pendant la période directoriale. Les acteurs du 18 fructidor, du 22 floréal, du 30 prairial sont devenus en très grand nombre les serviteurs et les agents les moins scrupuleux de Bonaparte. Beaucoup de fructidoriens ont coopéré très activement au 18 brumaire! Ces hommes qui de 1795 à 1799 jurent avec tant d'emphase de mourir pour la république, et commettent tant d'actes de tyrannie, et même de cruauté, sous prétexte, de la défendre, sont de futurs sénateurs, barons, comtes, préfets, receveurs généraux, magistrats de l'Empire; leurs agents inférieurs seront petits fonctionnaires, écrivains stipendiés, agents ou espions de la police impériale. De nombreux personnages de l'Empire, devenus par calcul admirateurs du concordat, tenaient à faire le silence sur la période directoriale, et ne voulaient point laisser rappeler qu'ils avaient alors proscrit le culte, envoyé les prêtres à la guillotine sèche, et fait pour imposer le culte décadaire, et contraindre catholiques et protestants à travailler le dimanche, des discours et des arrêtés aussi odieux que grotesques. Le zèle de la révolution et le zèle de l'Empire se sont réunis, pour faire autant que possible l'oubli sur les actes du Directoire, pour l'imposer même, au nom de la paix et de la tranquillité, et dénaturer audacieusement leur véritable caractère lorsqu'il était absolument impossible de les passer sous silence. L'Empire avait contraint leurs victimes à se taire : dans la suite elles ont, par mollesse et imprévoyance, laissé les anciens persécuteurs, les dilapidateurs, les sycophantes du Directoire, travailler sournoisement à défigurer l'histoire, en répandant une quantité de mensonges intéressés, et de calomnies impudentes.

Aussi l'étude de la période directoriale exige maintenant un travail très attentif et très persévérant, car il faut démêler la vérité, au milieu d'une foule de récits systématiquement incomplets, ou mensongers, et remettre en lumière bien des faits importants qu'on a intentionnellement laissés dans l'oubli. Nous avons donc recherché, avant tout, les documents originaux, et suivant dans nos recherches sur le Directoire la même méthode que dans nos études précédentes sur la Constitution civile du clergé (1) nous avons constamment remonté aux sources véritables, qui se trouvent surtout aux Archives nationales, c'est-à-dire aux registres publics et secrets des arrêtés et des délibérations du Directoire, aux innombrables rapports et correspondances de ses agents à l'extérieur, et pour l'intérieur à ses papiers de police, aux rapports, aux comptes rendus de ses divers fonctionnaires. Nous avons aussi recouru aux discussions des Conseils, aux journaux officieux ou opposants, et aux écrits du temps.

Nous avons entrepris à l'aide de ces documents, de renseigner le lecteur aussi complètement que possible, sur plusieurs côtés de cette histoire dont on s'est jusqu'ici trop peu occupé. Sans doute, la chute prodigieuse des assignats, et la banqueroute du tiers consolidé eurent trop de retentissement pour qu'il fût possible de les faire oublier, ou d'en diminuer considérablement l'importance

(1) *Histoire de la Constitution civile du clergé.* 4 vol. in 8°. Firmin-Didot. (Les deux premiers volumes ont paru en 1872, les deux derniers en 1881). L'Académie française a daigné accorder à cet ouvrage le second prix Gobert en 1883.

aux yeux du public; mais on sait beaucoup moins comment ces désastres ont été amenés et préparés, et l'on s'est bien rarement donné la peine de suivre de près ces procédés financiers à la fois violents et ineptes, qui ont fait tant souffrir les Français pendant plusieurs années, et finalement les ont conduits à se réjouir du 18 brumaire. Nous avons donc essayé de montrer pour quelles causes les finances de la révolution, malgré cette quantité immense de biens nationaux, malgré toutes les contributions levées sur les pays étrangers, n'ont jamais pu se relever. Après un désastre, elles en subissaient bientôt un autre, et les produits de toutes les ventes, de toutes les spoliations disparaissaient successivement dans le gouffre. Nous avons dû, pièces en mains, faire ressortir le mélange odieux de terrorisme et de fiscalité qui caractérise cette période, l'obstination étroite des hommes du Directoire à conserver les procédés révolutionnaires, leur incapacité, et leur prodigalité malhonnête. La seule lecture des textes législatifs et des arrêtés du Directoire, qu'on ne s'inquiète guère de consulter, fait ressortir à la fois le défaut de sens moral et l'ineptie de ces révolutionnaires. Nous avons tenu surtout à exposer le plus complètement possible, l'effroyable catastrophe des assignats, la banqueroute trop peu connue, mais plus honteuse encore des mandats territoriaux, ainsi que la dernière banqueroute sur la dette publique, et à montrer au lecteur, toujours d'après les lois, les arrêtés, les registres des révolutionnaires eux-mêmes, quels papiers on imposait aux fonctionnaires, aux rentiers, et aux innombrables créanciers forcés de l'État, quelle en était à peu près la valeur ou pour mieux dire la dépréciation. On pourra ainsi se rendre compte des manœuvres honteuses auxquelles tant de spéculateurs et fournisseurs malhonnêtes se livraient au milieu de cet affreux désordre financier, et de la triste existence à laquelle les honnêtes gens étaient tous réduits pendant cette déplorable époque.

Dans notre histoire de la *Constitution civile du clergé*, nous avons rendu compte de la persécution religieuse. Nous donnons ici des renseignements complémentaires, et des statistiques d'après les registres mêmes du Directoire sur la déportation des prêtres en Guyane, et en outre beaucoup de documents nouveaux et inédits sur les violences et les vexations ridicules de la persécution décadaire.

Les élections sous le Directoire ont été presque toujours scandaleusement cassées ou faussées par divers procédés. Nous avons cru opportun de faire connaître, d'après les procès-verbaux authentiques, les singulières mœurs électorales de cette époque, le système d'élection à deux degrés établi par la Constitution de l'an III, et les moyens qui ont été impudemment employés pour le fausser, et pour priver les électeurs de leur droit. Nous avons tenu à expliquer ce qu'étaient les *scissions* électorales qui ont joué un rôle si important, et comment les fructidoriens s'en sont servi pour faire un coup d'État très grave mais trop peu connu maintenant.

Le Directoire a établi violemment autour de la France, plusieurs républiques prétendues alliées, et en réalité soumises à la vassalité la plus étroite, taillables et corvéables à merci. L'établissement de ces diverses républiques fait nécessairement partie de son histoire, mais il importe de suivre de près et les révolutionnaires et le Directoire, dans leur administration, c'est-à-dire dans leur exploitation. Ils y exercent sans aucune gêne leur tyrannie fiscale, et commettent toutes sortes de dilapidations plus ouvertement encore qu'en France. Dans les documents qui se rapportent à la courte histoire de ces républiques éphémères on trouve des renseignements curieux sur l'état matériel et moral des armées françaises, et sur les agissements de leurs généraux, on voit quelle idée les militaires de tout grade se faisaient alors de la révolution, des droits des peuples, de la liberté, dont ils parlaient à tort et à travers. Les révolutionnaires français ont dépouillé les républiques vassales avec la plus grande âpreté, en soutenant qu'elles leur devaient un dédommagement pour les avoir rendues libres au moyen d'une expédition militaire, et les avoir en outre dotées d'une constitution calquée sur celle de l'an III, et cette prétendue liberté, et cette constitution, ils les foulaient aux pieds, comme en France, avec le cynisme le plus odieux.

Fournisseurs, agents civils et militaires rivalisaient chez elles d'impudence, et d'avidité, et luttaient entre eux à qui volerait le mieux et les habitants du pays et le trésor français. Le Directoire fit suer à toutes ces prétendues républiques bien des millions qui furent inutilement engloutis avec tant d'autres. L'étude de cette oppression fiscale, de ces odieux procédés de gouvernement, de ces petits fructidor, imposés aux républiques vassales avec un mélange répugnant de cynisme et d'hypocrisie, est nécessaire pour bien comprendre ce qu'était le régime Directorial; elle fournit de curieuses révélations sur les procédés de gouvernement des révolutionnaires. Déjà, dans plusieurs études préliminaires nous avons traité ce sujet, en partie, et publié sur les républiques vassales, et les finances du Directoire un grand nombre de documents inédits. (1).

(1) Nous avons publié dans *la Revue des questions historiques* : *Le Directoire et la république romaine* (janvier 1886, t. 39). *Pie VI, le Direc-*

Après un peu d'étude, on est obligé de reconnaître que
les erreurs ont été accumulées sur cette triste période de
notre histoire. Très peu de personnes, en effet, s'en font
une idée à peu près exacte, soit au point de vue politique,
soit au point de vue moral, soit au point de vue matériel :
on ne se rend point compte de la perturbation morale
causée par la terreur fructidorienne ni des ruines qu'elle
a faites. Nous avons essayé de combattre par une étude
consciencieuse, des idées préconçues, des légendes qui ne
reposent sur rien, et de remettre en lumière des faits très
importants, auxquels on ne pense plus guère mais dont
le souvenir pourrait être fort utile en ce moment. Si les
Français avaient moins oublié les souffrances, les malheurs
de leurs pères (bien que l'expérience semble profiter
encore moins aux peuples qu'aux individus) peut-être
aurions-nous évité certains écueils.

La situation actuelle de la France rappelle tristement la
période directoriale à beaucoup de points de vue. On
éprouve les mêmes anxiétés, on lutte contre les mêmes
passions. Le Directoire a légué au régime impérial, avec
la plus grande partie de son personnel politique, bien des
causes de faiblesse qui ont passé dans la société moderne.
Aussi l'étude de son histoire n'est point de celles qui
servent uniquement à satisfaire la curiosité de l'érudit ou

toire et le grand-duc de Toscane (octobre 1886, t. 40). Rome le Directoire et Bonaparte en l'an IV et l'an V (avril 1887, t. 41). Le Directoire
et la maison de Savoie (janvier 1888, t. 43). La République française et la
République de Gênes (janvier 1889, t. 45). La République française et la
République batave (avril 1890, t. 47). Le Coup d'État du 22 floréal an VI
(janvier 1891, t. 49). Le Directoire et la République de Berne (avril 1892,
t. 51). Les Banqueroutes du Directoire (avril 1893, t. 56). Le Directoire
et la République Cisalpine (juillet 1894, t. 53). Certains de ces documents
peuvent avoir été vus dans des travaux qui ont paru depuis, mais nous
sommes en droit de constater que nous les avons publiés avant eux.

du philosophe; elle fournit pour le présent des renseignements précieux, nous dirons même qu'elle donne à
nos contemporains de graves avertissements. Sans doute
beaucoup de choses ont depuis 1795 extérieurement
changé d'aspect, la phraséologie des écrivains et des orateurs parlementaires n'est plus la même; mais la fin du
dix-huitième siècle et la fin du dix-neuvième n'en présentent pas moins des traits de ressemblance fort alarmants. Les factions montrent autant de ténacité et de violence qu'à la fin du siècle dernier, la course après l'argent,
après les jouissances de toute sorte n'est pas moins ar-
dente. Maintenant comme au temps du Directoire, des fanatiques antireligieux s'agitent bruyamment, insultent les
croyants, même les simples déistes, exigent hautement des
persécutions odieuses et ridicules, et de soi-disant partisans zélés de la liberté, leur font aux dépens de la liberté
religieuse et de la moralité publique d'énormes concessions, dans l'espoir toujours déçu d'obtenir leur appui,
ou tout au moins d'être ménagés par eux. Ne voyons-
nous pas l'envie, la haine, la cupidité, tantôt s'étaler
cyniquement, tantôt se dissimuler bien imparfaitement
derrière de prétendus systèmes politiques et sociaux, et
réclamer la subversion totale de la société moderne; des
ennemis furieux de la propriété et du capital bien plus nombreux qu'au temps de Babœuf, prêcher hautement des
doctrines tout aussi perverses, et comme lui réclamer à
grands cris une révolution nouvelle, en traitant d'arriérés
et d'exploiteurs, ceux qui jusqu'ici se vantaient d'être
révolutionnaires, et en donnaient les preuves les plus
péremptoires. Comme au temps du Directoire, bien des
êtres frivoles, ne tiennent aucun compte des anxiétés des
gens de bien, et ne songent qu'à s'amuser à tout prix, et

l'on rencontre à chaque pas des *pourris* qui jouent un rôle important dans la politique et dans les affaires : et ceux qui veulent renverser la société actuelle affectent de les dénoncer aux classes inférieures comme les dignes représentants de tous ceux qui possèdent, et qui sont par ce simple fait devenus les aristocrates du jour, poursuivis comme tels par la haine et l'envie, et voués également à une spoliation complète. Les politiciens actuels sont-ils plus éclairés et plus désintéressés que ceux de la fin du dix-huitième siècle ? Le régime parlementaire n'est-il pas également accusé d'impuissance, ne cause-t-il pas de grandes déceptions à ceux-là même qui jusqu'ici l'ont prôné avec le plus de confiance ? Aussi voyons-nous en 1895 comme à la fin du Directoire bien des gens très disposés à sacrifier tous leurs principes, et acclamer tout gouvernement qui s'imposera audacieusement au pays, s'ils croient ce gouvernement de hasard capable de faire taire momentanément les convoitises, les passions qui les épouvantent, et de durer autant qu'eux. L'histoire de notre siècle nous a trop bien montré toutes les conséquences de ce 18 brumaire accueilli avec tant de satisfaction par un peuple ruiné, découragé, qui n'était plus libre de ne pas l'accepter. Prenons garde de retomber peu à peu dans ce même état de désorganisation et de ruine qui fatalement nous conduira au même découragement avec la même hâte d'en finir à tout prix, pour le moment, sans nous inquiéter de l'avenir !

Avril 1895.

THERMIDOR

CHAPITRE PREMIER.

LA FRANCE APRÈS LE 9 THERMIDOR.

I. — Il n'est pas possible de faire l'histoire du Directoire sans remonter au 9 thermidor. — Cette journée n'a pas été une victoire des modérés, mais d'un groupe de terroristes sur un autre. — La joie montrée par la France entière à la chute de Robespierre fait réfléchir certains thermidoriens. — La Convention craignant pour elle-même, modifie l'organisation terroriste.

II. — Élargissement de nombreux suspects. — Le système des comités de la Convention est ensuite profondément modifié. — Réduction des comités révolutionnaires. — Scission entre thermidoriens. — On commence à attaquer les dictateurs de la Terreur. — D'anciens terroristes cherchent à s'appuyer sur les modérés qui reparaissent. — Haine générale contre les jacobins. — La jeunesse dorée. — Excès des jacobins dans le Midi. — Leur club est fermé à Paris.

III. — Carrier est décrété et bientôt condamné. — Mise en jugement de Fouquier-Tinville. — Abolition du culte de Marat. — Les députés détenus pour avoir protesté contre le 31 mai sont mis en liberté et réintégrés. — Décret illogique sur les députés mis hors la loi. — Rapport très grave de Saladin sur les membres du comité du salut public. — Le 31 mai renié. — Les proscrits rappelés.

I.

Il est absolument impossible de donner une idée exacte de la situation de la France sous le Directoire et sous la Constitution de l'an III, qu'il était censé appliquer, sans rendre compte d'abord, des événements qui ont donné naissance à ce gouvernement, et à cette constitution; sans rappeler sommairement l'état de la Convention et de la France au moment de la chute de Robespierre. L'histoire de la Révolution française, depuis le 9 thermidor jusqu'au 18 brumaire, est avant tout l'histoire des intrigues, des coups d'État, des chefs du parti thermidorien, qui, pendant cinq années, imposent leur domination à la France, d'abord sous le nom de la Convention, puis sous l'abri de la Constitution de l'an III, qu'ils violent constamment. Il est donc indispensable de remonter au 9 thermidor, pour montrer comment ces tristes personnages ont réussi par des usurpations continuelles à se maintenir si longtemps au pouvoir sous divers titres.

La France ne sut point se débarrasser du régime de la Terreur : elle fut sauvée uniquement par les divisions du parti terroriste. La population entière si cruellement tyrannisée depuis longtemps, salua le supplice de Robespierre et de ses dignes amis Saint-Just et Couthon par une immense acclamation de joie qui surprit et inquiéta vivement leurs vainqueurs.

On aurait donc grand tort de juger la journée du 9 thermidor par ses conséquences lointaines, et de la célébrer comme une victoire décisive remportée sur les terroristes par les révolutionnaires modérés. Les membres des comités voyant que Robespierre voulait leur faire subir le sort des hébertistes et de Danton, se décidèrent à conspirer contre lui pour sauver leurs têtes ; et la lutte s'engagea, non point entre terroristes et modérés, mais entre deux groupes de scélérats également souillés de crimes, et aussi décidés les uns que les autres à continuer le régime de la Terreur. De concert avec Robespierre, les montagnards avaient annihilé la Convention, ils l'avaient réduite à n'être plus qu'une machine à contresigner les décrets des comités. Mais la montagne elle-même était tombée sous le joug des comités, et lorsque ceux-ci se divisèrent, les députés menacés, pour lutter avec quelque chance de succès contre Robespierre et la commune, furent obligés d'associer la Convention à leur cause, de s'abriter sous ce nom qui exerçait encore une grande influence sur les foules, et de relever eux-mêmes cette autorité qu'ils avaient si complètement annihilée. Et pour y arriver, il leur fallut solliciter humblement le secours de ces crapauds du marais, si méprisés, si opprimés par eux, mais qui se trouvaient tout à coup, grâce à la division des terroristes, les maîtres de la situation. Ainsi la victoire des comités sur Robespierre, tout en sau-

vant la vie aux députés menacés, affaiblit sensiblement leur
pouvoir, releva la Convention si humiliée depuis longtemps
et contraignit les thermidoriens à faire bientôt de grandes
concessions aux modérés qui, malgré tant d'épurations,
étaient encore les plus nombreux.

Les vainqueurs du 9 thermidor ont fait périr Robespierre
et Saint-Just pour sauver leurs têtes; aucun d'entre eux ne
songeait à établir un gouvernement moins atroce. Comme Billaud-Varennes et Collot d'Herbois, ils voulaient tout simplement continuer à leur profit le régime de la Terreur, mais
Maximilien était devenu pour la France entière, la personni-
fication de ce régime : en apprenant sa mort elle se livra à
une joie indicible, parce qu'elle croyait, parce qu'elle avait
absolument besoin de croire que la Terreur ne pouvait lui
survivre « On semblait, dit un contemporain, sortir du tombeau, on semblait renaître à la vie. » Cette joie bruyante éclata
partout, à Paris comme en province, dans les petites comme
dans les grandes villes, avec une spontanéité et une force
qui stupéfièrent les terroristes les plus obstinés, et contrai-
gnirent certains révolutionnaires plus intelligents à faire des
réflexions sérieuses. Non seulement la foule des modérés, des
opprimés de la Terreur, traitait Robespierre et Saint-Just de
tyrans, et s'unissait aux thermidoriens pour flétrir leur mémoire; mais elle flétrissait en même temps le régime de la
Terreur, organisé tout autant par les vainqueurs que par les
vaincus de Thermidor, comme s'il s'était écroulé avec la dictature de Robespierre. Elle semblait avoir secoué tout à coup
son excessive timidité, et ne plus éprouver aucune peur.
Beaucoup de gens qui se cachaient se montrèrent immédiatement, à la grande stupéfaction des agents du gouvernement
révolutionnaire, qui étant étourdis de la chute de Robespierre
et de l'effet qu'elle produisait partout, ne savaient que faire,
devant une audace aussi imprévue. Une surexcitation universelle avait succédé à la prostration la plus complète, et
bien que le régime de la Terreur fût législativement intact,
ceux qui avaient le plus tremblé devant lui, voyant les plus
affreux terroristes conduits à l'échafaud, les séances du tribunal révolutionnaire suspendues, le club des Jacobins fermé,

le déclarèrent détruit avec Robespierre, et cette attitude, si nouvelle de la population entière, déconcertait les agents de ce régime, paralysait son application, et d'une simple querelle entre bandits, d'une « brouillerie de famille » comme de Maistre l'a si bien dit, elle faisait sortir une révolution nouvelle.

La Convention, après sa victoire, fut accablée de félicitations, d'adresses, de lettres de sociétés révolutionnaires, de députés en mission, qui répétaient invariablement « Catilina n'est plus. » Les révolutionnaires semblaient tous réunis pour flétrir ceux qu'ils avaient tant exaltés. Pris absolument au dépourvu par la défaite et le supplice de Robespierre, les proconsuls en mission dans les départements s'inclinèrent devant la révolution de Thermidor, et s'empressèrent d'insulter les vaincus. Ainsi l'ignoble Lecarpentier (1), le féroce Maignet, l'incendiaire de Bédoin, Chaudron Rousseau et Dartigoyte; les tyrans du Midi; Hentz, Goujon, Bourbotte, terroristes zélés, représentants en mission près l'armée de la Moselle, célèbrent bassement la chute de Robespierre. Reverchon et La Porte, proconsuls à Lyon, agissent de même (2). Aucun ne proteste.

Néanmoins, les vainqueurs de thermidor comprirent que l'exécution de Robespierre et de ses plus dangereux complices ne les rendait pas complètement maîtres de la situation, et qu'ils ne pouvaient pas dire, sans risquer encore leurs têtes : « morte la bête, mort le venin » Au contraire, le venin lui survivait, très vivace, très effrayant. La Convention asservie par Robespierre avait donné au gouvernement révolutionnaire une organisation terrible, et ceux qui faisaient marcher cette hideuse machine

(1) Il adresse les plus lâches insultes à ceux qu'il portait aux nues quelques jours auparavant. Il essaye de se justifier d'avoir cru aux vertus de Robespierre, Couthon, Saint-Just, jusqu'au 9 thermidor, et déclare que Robespierre n'est tombé que pour avoir voulu opprimer la Montagne. Aussi l'on continuera à proscrire, à guillotiner comme auparavant, « le fer de la loi ne peut s'émousser qu'après le supplice du dernier conspirateur. » Le 22 thermidor il écrit à la Convention que la mémoire du tyran Capet « aurait exclusivement recueilli les exécrations du peuple, si celle du tyran Robespierre n'eût été là pour la lui disputer. » (Archives, AF, II, 121. Débats et décrets, fructidor an II n° 51, séance du 3.)

(2) Ils révèlent « que le nouveau Catilina et ses complices, avaient juré de faire tomber dix mille têtes dans Commune affranchie ».

étaient presque tous des hommes triés soigneusement par le dictateur. Aussi les thermidoriens décrètent bien vite la destitution des juges et des jurés du tribunal révolutionnaire, tous suppôts de Robespierre, et la suppression des commissions populaires de Lyon et du Midi. Mais sur la proposition de Billaud-Varennes, ils conservent provisoirement le tribunal révolutionnaire pour se débarrasser immédiatement des complices de Robespierre (1). Billaud Varennes et les membres des comités tenaient au contraire à le conserver pour maintenir le régime de la Terreur dans toute son atrocité.

Le 11 thermidor ce tribunal servit à expédier soixante-dix robespierristes, parmi lesquels se trouvaient quatre de ses jurés. Le lendemain douze autres terroristes furent exécutés.

Barère, au nom des comités, vint demander la conservation d'un tribunal aussi utile à la république. Il fit un rapport très emphatique sur l'horrible conspiration de Robespierre, mais en même temps il supplia la Convention de ne pas retourner en arrière.

« Mais prenez garde surtout à ce modérantisme funeste qui sait aussi, en parlant de paix et de clémence, tirer parti de toutes les circonstances, même des événements les plus vigoureux. Que le mouvement révolutionnaire ne s'arrête point dans sa course épuratoire, et que la Convention continue de faire trembler les traîtres et les rois, les conspirateurs de l'intérieur et les gouvernements despotiques du dehors. (Débats et décrets, thermidor an II, p. 230.)

Il proposa en conséquence de nommer seulement de nouveaux juges et de nouveaux jurés au tribunal révolutionnaire. En même temps, il demanda à la Convention d'adjoindre au comité de salut public jusqu'au 21, jour de son renouvellement, trois nouveaux membres en remplacement de ceux qui venaient d'être guillotinés, et lui proposa de choisir Bernard de Saintes, Duval, et Eschassériaux aîné.

En réalité, il demandait à la Convention de continuer purement et simplement le régime de la Terreur, et de faire suc-

(1) « Si le projet des *monstres*, dit Billaud, eût été exécuté dans toute sa latitude, *il y eût eu hier soixante mille citoyens égorgés.* » (*Débats et décrets*, thermidor an II, p. 246.)

céder à la tyrannie de Robespierre, celle de la bande Billaud, Collot, etc.

Les membres des comités de salut public et de sûreté générale s'étaient débarrassés par la guillotine de Robespierre, Saint-Just et Couthon, pour n'être pas guillotinés par eux, mais dans leur pensée, la mort de ces tyrans ne devait modifier en rien le gouvernement révolutionnaire; le régime de la Terreur devait fonctionner tout naturellement après leur supplice, comme il avait continué à fonctionner après celui d'Hébert et de sa bande. Pour eux, le 9 thermidor avait mis fin simplement à une querelle entre les chefs du parti terroriste (1).

Par bonheur, la Convention redoutait tout autant le comité de salut public que le tribunal révolutionnaire son instrument, et délivrée enfin de la tyrannie de Robespierre, elle ne voulait point se remettre sous le joug de ses anciens complices. Pour l'instant elle ne voyait pas plus loin : elle ne songeait nullement à envisager la situation, au point de vue de l'intérêt national et de l'humanité; elle était seulement décidée à ne plus se laisser tyranniser par les comités. Tallien, Cambon, combattent vigoureusement Billaud, Barère et leurs complices, et font décréter que les comités seront renouvelés par quart tous les mois. Cette décision excite un grand enthousiasme.

Le premier coup est donc porté à la domination des comités. L'ancien comité de salut public s'était perpétué en se faisant réélire continuellement par lassitude et par intimidation. Delmas, pour parer à ce danger, proposa de décréter que tout membre sortant ne pourrait être réélu qu'après un mois d'intervalle. La Convention comprit, et vota cette proposition avec transport. Le surlendemain 13, elle compléta le comité de salut public : les vainqueurs du 9, Treilhard, Bréard, Eschassériaux aîné, Laloi, Thuriot et Tallien furent élus.

Legendre fit rapporter le terrible décret qui permettait aux comités de faire arrêter les députés. La Convention avait reconquis son indépendance contre ses propres délégués !

(1) N'avaient-ils pas fait dire à la Convention, le 10 thermidor, dans sa proclamation au peuple français sur la conspiration de Robespierre : « Le 31 mai, le peuple fit sa révolution; le 9 thermidor la Convention nationale a fait la sienne et la liberté a applaudi également à toutes deux.. »

Le comité de sûreté générale fut ensuite épuré. Mais ce n'était pas assez de changer les hommes, les thermidoriens sentirent la nécessité d'abolir certaines lois dans leur propre intérêt. Sur la proposition de Lecointre, l'horrible loi du 22 prairial, qui avait livré tant de victimes au tribunal révolutionnaire, fut abrogée avec beaucoup d'enthousiame. Barère avait présenté la veille une liste de juges et de jurés pour ce tribunal; Fréron déclara qu'il l'avait lue avec un étonnement mêlé d'horreur. « Tout Paris, s'écria-t-il, demande le supplice justement mérité de Fouquier-Tinville ! » et Barère avait proposé de le continuer dans ses fonctions ! « Je demande que Fouquier-Tinville aille expier dans les enfers le sang qu'il a versé. » La Convention le décréta aussitôt d'arrestation. Le lendemain un autre égorgeur célèbre, Joseph Lebon, fut mis en arrestation provisoire.

Ainsi donc, cinq jours seulement après la chute de Robespierre, la Convention secoua le joug de ses comités. Elle accomplit le 14 thermidor une révolution véritable, et c'est seulement à partir de ce jour que la chute de Robespierre devient un événement qui intéresse la nation entière. En renversant sa dictature, les comités ne songeaient qu'à leur propre sécurité; la France ne les préoccupait en aucune façon. Mais cette fois, en suivant simplement leur instinct de conservation personnelle, les thermidoriens avaient rendu à la France un service inappréciable, et accompli une heureuse révolution : on pouvait dire que le grand ressort du régime terroriste était brisé.

L'arrestation de Fouquier-Tinville et de Joseph Lebon inaugure le système que les thermidoriens vont suivre désormais à l'égard des terroristes les plus compromis.

Dans l'espoir de se faire passer à bon compte pour des champions de l'humanité, pour des justiciers, ils vont sacrifier à l'indignation générale quelques suppôts de Robespierre. La Convention décrète la mise en arrestation de David et de quelques brigands subalternes, des agents des comités qui ont arrêté Danton et d'autres victimes de Robespierre. A la séance du 18, Gossuin prétend que Saint-Just et Lebon, par ordre de Robespierre, incarcéraient les patriotes dans tous les départements qu'ils ont gouvernés; mais après avoir porté contre

eux cette accusation, il réclame une mesure générale, et obtient
de la Convention un décret ordonnant aux autorités constituées,
de lui envoyer, dans la décade, copie de tous les arrêtés pris
par les représentants en mission. Ce décret avait une portée
immense! Pour beaucoup de députés en mission, l'envoi seul
de la collection de leurs arrêtés constituait l'acte d'accusation
le plus écrasant. On commence donc à examiner la conduite
des proconsuls, sous un prétexte ridicule, et pour satisfaire
aux ressentiments d'une coterie révolutionnaire ; mais grâce
à ce décret, l'heure de la justice devait sonner un peu plus
tard pour certains d'entre eux.

II.

La Convention prend donc des précautions contre les robespierristes et se venge de quelques-uns des leurs. Mais le
peuple, dont elle s'est si peu inquiétée jusqu'ici, vient de protester avec une remarquable unanimité contre le régime de la
Terreur; elle sent enfin la nécessité de faire quelque chose
pour lui. Depuis la dictature de Robespierre, le nombre des
détenus, déjà si grand, a décuplé : on a trouvé moyen d'é-
tendre la loi des suspects! Il existe seulement à Paris trente
Bastilles, sans compter les prisons particulières de chaque
section! Sur la proposition de Bourdon de l'Oise, la Convention décide que le comité de sûreté générale mettra en liberté
tous les citoyens détenus pour des motifs qui ne seraient pas
désignés dans la loi si oppressive du 17 septembre 1793, et
que les comités de surveillance ou révolutionnaires donneront
les motifs des arrestations.

Legendre, Merlin de Thionville, Tallien, Fréron parcourent
alors les prisons : ils ont aidé à les remplir pour flatter les
passions révolutionnaires; maintenant, ils se plaisent à les
vider pour acquérir de la popularité et devenir les héros du
jour. Ces mises en liberté sont accueillies par des transports de
joie. La Convention commençait donc à s'occuper du peuple,
et cherchait à lui rendre moins insupportable le fardeau du
gouvernement révolutionnaire! on la vit aussitôt se diviser;
les membres des anciens comités, les montagnards, mon-

trèrent immédiatement beaucoup de dépit et d'inquiétude.

Mais on reconnaît bien vite qu'il ne suffit pas de diminuer le nombre des détenus de Paris : il faut aussi faire quelque chose pour la province, et la Convention limite les missions des députés à six mois près des armées, à trois mois dans les départements, et rappelle ceux qui ont déjà dépassé ce terme. Elle prit aussi le 29 thermidor une autre décision qui allait diminuer singulièrement le nombre des suspects en province, et surtout dans la classe qu'elle tenait le plus à ménager.

Le 21 messidor précédent (9 juin 1794), la Convention avait, sur le rapport de l'odieux Vadier, ordonné la mise en liberté provisoire des agriculteurs et artisans des communes, dont la population n'excédait pas 1,200 âmes, mais c'était dans l'intérêt seul des jacobins. Au plus fort de la terreur politique et de la persécution religieuse, des terroristes, des persécuteurs furieux avaient reconnu que de nombreux paysans étaient incarcérés pour refus d'assister à la messe constitutionnelle, et qu'on avait absolument besoin de leurs bras pour les travaux de la campagne, pour nourrir les sans-culottes fainéants ; car toute cette populace révolutionnaire dénonçait, pérorait, et consommait beaucoup, mais ne produisait rien. Cette loi ne s'appliquait qu'aux artisans et aux laboureurs ; les bourgeois n'en pouvaient pas profiter. On avait emprisonné tant de paysans pour des motifs religieux que déjà avant la loi du 21 messidor, des proconsuls très féroces et très persécuteurs, avaient pris des arrêtés pour mettre les cultivateurs en liberté, et les employer à nourrir leurs oppresseurs (1). Le 29 thermidor (16 août) Dubois Crancé obtint que la loi du 21 messidor fût étendue à toutes les communes sans distinction. Beaucoup de suspects de la classe laborieuse furent ainsi libérés du même coup (2).

(1) Nous avons mentionné plusieurs de ces arrêtés dans la *Constitution civile du clergé*, t. III et t. IV.

(2) Un arrêté du comité de sûreté générale du 4 fructidor (21 août 1794) supprima les gardiens des personnes mises en arrestation chez elles et mit fin à une multitude de vexations et d'extorsions. La Terreur avait créé de nombreux métiers à l'usage des jacobins fainéants : celui de gardien à domicile, à huit livres par jour, sans compter les profits, était un des plus aisés et des plus lucratifs ; naturellement les vertueux citoyens qui l'exerçaient si avantageusement pour eux crièrent avec une indignation profonde que la Convention favorisait l'aristocratie et le modérantisme, et opprimait les sans-culottes !

Les terroristes de la Convention étaient très inquiets. Le 2 fructidor un jacobin entêté, Louchet, engagea la lutte contre les nouveaux convertis à la modération, demanda que la Convention maintînt partout la terreur à l'ordre du jour, et proposa les mesures les plus tyranniques. Tallien lui répondit avec beaucoup d'énergie. Les thermidoriens, loin de se laisser intimider, résolurent de modifier profondément le gouvernement révolutionnaire. Il avait été établi le 10 octobre 1793, amplifié, perfectionné par le décret du 14 frimaire (4 décembre) qui tout en déclarant la Convention centre d'impulsion et de gouvernement, avait en réalité donné un pouvoir absolu à ses comités et réduit toutes les autorités locales, à n'être plus que de simples agents d'exécution, à la merci de ces comités. Sous la direction de Robespierre, le comité de salut public avait fini par annihiler complètement la Convention et le comité de sûreté générale : son despotisme était illimité. Le 7 fructidor seulement la Convention modifia cette organisation robespierriste en établissant seize comités indépendants les uns des autres.

C'étaient : 1° le comité de salut public, 2° celui de sûreté générale, 3° celui des finances : puis les comités spéciaux, 4° de législation, 5° d'instruction publique, 6° d'agriculture et des arts, 7° du Commerce et des approvisionnements, 8° des travaux publics, 9° des transports, postes et messageries, 10° militaire, 11° de la marine et des colonies, 12° des secours publics, 13° de division (1), 14° des procès-verbaux et archives, 15° des pétitions, correspondances et dépêches, 16° des inspecteurs du palais national.

Le comité de salut public, composé de douze membres, conservait la direction de la diplomatie et de la guerre; celui de sûreté générale avait la police générale : il était composé de seize membres; le comité des finances, à cause de la multiplicité de ses opérations, en avait quarante-huit (2). Les autres

(1) Ce comité était chargé de recueillir les tableaux de population, l'indication des emplacements des autorités constituées, et la distribution du territoire (art. 18).

(2) Un crédit de dix millions était ouvert au comité de salut public pour dépenses secrètes et extraordinaires; le comité de sûreté générale n'avait pour ces dépenses qu'un crédit de trois cent mille livres.

comités sont composés, les uns de seize, les autres de douze membres. Nul ne peut être membre de deux comités en même temps.

Des comités révolutionnaires composés des plus ignobles jacobins, tous partisans zélés de Robespierre, étaient établis dans toutes les communes, même dans les plus petites; leur unique occupation était de vexer et de spolier les honnêtes gens de toutes les classes de la société. La majorité de la Convention comprit enfin que le véritable peuple, après avoir accueilli comme une délivrance la chute de Robespierre, ne supporterait plus longtemps cette foule de petits Robespierres de village et de petite ville qui, du reste, était animée des plus mauvaises dispositions contre elle et décida qu'il n'y aurait plus désormais qu'un seul comité révolutionnaire par district, et dans toutes les communes de 8000 âmes. Ce fut pour le pays un grand allègement (1). Elle décida aussi que les assemblées de sections n'auraient plus lieu que le décadi, et que l'on cesserait de payer quarante sous aux citoyens présents, c'est-à-dire, d'entretenir une multitude de fainéants et de bandits aux frais des contribuables déjà écrasés (2). En établissant le régime révolutionnaire, les terroristes avaient eu soin de différer les élections jusqu'à la paix. Les thermidoriens se gardèrent bien de rendre aux électeurs l'exercice de leurs droits, mais ils chargèrent les représentants en mission d'épurer les autorités dans toute la France. Déjà le 4 fructidor la Convention avait envoyé dans les départements un certain nombre de députés. Bientôt plusieurs proconsuls qui avaient exercé la tyrannie la plus odieuse furent rappelés. On commençait déjà à dénoncer leurs crimes. Maignet fut attaqué, mais il se défendit habilement; Mallarmé fut accusé d'avoir déporté des

(1) Les quarante-huit comités de Paris furent réduits à douze. On exigea pour les mandats d'amener la signature de trois membres au moins, celle de sept pour les mandats d'arrêt. Ces comités devaient se renouveler par moitié tous les trois mois.

(2) A Paris, on payait par section douze cents membres prétendus présents, tandis qu'il y en avait à peine trois cents! Dans la même séance la Convention décréta qu'on ne pourrait plus porter de noms de fantaisie, et contraignit à reprendre leurs véritables noms tous les Brutus et tous les Publicola dont la France était inondée.

prêtres mariés. Quelques jours après, le 12 fructidor, Lecointre
dénonça hardiment les crimes de Billaud, Collot et Barère,
membres du comité de salut public; et de Vadier, Amar, Vouland et David, du comité de sûreté générale; mais cette demande de mise en accusation était prématurée, car ces hommes
étaient encore très puissants, et très redoutés : ils repoussèrent aisément cette fausse attaque, et Lecointre fut conspué,
traité de calomniateur (1). Deux mois après, la Convention reprenait sa dénonciation, et ces odieux proscripteurs étaient
couverts d'opprobre et proscrits à leur tour.

La réorganisation du 7 fructidor inaugure une période
nouvelle dans l'histoire du gouvernement révolutionnaire. Le
pays va commencer enfin à manifester sa volonté. Bientôt les
thermidoriens, ou plutôt leurs partisans, entrent en lutte avec
la société des jacobins. Cette fois la Convention suivit l'impulsion du véritable peuple qui s'était enfin décidé à châtier
l'insolence de la populace terroriste. Les jacobins de Paris
avaient été suspendus dans la nuit du 9 au 10 thermidor. On
leur permit de se reconstituer, à condition de s'épurer, et
en excluant tous ceux qui s'étaient mis du côté de la commune contre la Convention. Dans les villes de province, les
nouveaux commissaires procédèrent eux-mêmes aux épurations
mais bien des exclus se firent ensuite réadmettre. A Paris, cette
opération fut à peu près éludée, et la société des Jacobins
devint le refuge des robespierristes, le repaire du terrorisme,
et un foyer ardent d'opposition contre la nouvelle majorité
conventionnelle. Les révolutionnaires qui voulaient comme
Billaud et Collot, continuer le régime de la Terreur, y venaient
pérorer avec fureur, contre l'aristocratie de Tallien, Fréron etc.
En outre, le fameux club électoral, composé des anciens cordeliers et des plus furieux jacobins, siégeait toujours à l'évêché.
Depuis la révolution de thermidor, l'ignoble armée de terroristes subalternes qui tenait la France sous un joug à la

(1) Cette discussion est très curieuse : Billaud le prend de très haut et se vante
d'avoir envoyé Danton à l'échafaud. Vadier, transporté de rage, vient à la tribune
un pistolet à la main. Évidemment la majorité a encore peur d'eux. Tallien lui-
même louvoie tout en les menaçant; il trouve avec tous ses partisans qu'il
n'est pas encore temps.

fois si honteux et si dur, avait été en partie licenciée ; aussi toute la queue de Robespierre, les jurés et juges destitués du tribunal révolutionnaire, les quatre cents membres des anciens quarante-huit comités de Paris, les sbires de ces comités, les espions de Robespierre et Saint-Just, les gardiens de scellés etc., etc., tous ces drôles qui non seulement vivaient de la Terreur, mais s'enrichissaient scandaleusement grâce à elle, et que le 9 thermidor avait ruinés, venaient aux Jacobins et au club électoral exhaler leur colère contre les thermidoriens. Dans toute la France, les sociétés de jacobins étaient les lieux de ralliement et les refuges de ces brigands terroristes.

Mais la patience échappait enfin à ceux qui depuis plusieurs années s'étaient laissé outrager, spolier, emprisonner sans résistance ; qui avaient vu sans se lever en masse, profaner leurs temples, et traîner à l'échafaud leurs amis et leurs parents. Les prisonniers libérés, retrouvaient leurs maisons vidées, pillées, leurs biens ravagés par les jacobins, et criaient vengeance. Beaucoup de gens se demandaient comment ils avaient pu se laisser fouler aux pieds si longtemps par une bande de brigands dont ils connaissaient pourtant la lâcheté. Ces brigands venaient d'être congédiés par les thermidoriens ; on respirait plus à l'aise ; mais ces espions, ces voleurs, ces proscripteurs réunis dans leurs clubs, parlaient hautement de rétablir le régime de la terreur, demandaient à la Convention « le régime révolutionnaire ou la mort » (1), et semblaient persuadés que les Français se laisseraient encore, comme un troupeau de moutons, tondre et mener par eux à la boucherie, aussi leur insolence exaspérait les gens qu'ils avaient si longtemps opprimés, et allait en faire parfois de véritables moutons enragés.

Le 23 fructidor Tallien qui était continuellement dénoncé par les Jacobins comme le chef des modérés, fut victime d'une tentative d'assassinat. La Convention en fut très émue, et Merlin de Thionville lui déclara qu'elle devait « aborder franchement cette question importante. Existe-t-il des conti-

(1) Le 9 fructidor un député proposa de faire élire les fonctionnaires ; la Montagne fit un vacarme affreux, et le soir même les jacobins crièrent que l'hydre de l'aristocratie relevait la tête.

nuateurs de Robespierre? » Suivant lui la question est décidée
par cet attentat, « le peuple veut que le règne des assassins
finisse. » Tous les députés se lèvent en criant : Oui, oui, et
applaudissent. Merlin dénonce alors les motions incendiaires
du club des Jacobins; les partisans et les adversaires de ce
club s'accusèrent réciproquement avec beaucoup de violence.
Mais un fait nouveau se produisit dans cette séance : les vrais
modérés, pour la première fois depuis bien longtemps, osèrent
dire quelques mots. Durand Maillane fit une timide attaque
contre les jacobins, et Lanthenas protesta avec lui contre les
menaces adressées par eux aux crapauds du marais (1). *Le
Ventre*, au grand étonnement des révolutionnaires, commençait
à prendre part aux discussions de la Convention, et les thermidoriens les plus avisés étaient obligés de reconnaître qu'il
leur faudrait sur certains points transiger avec lui pour lutter
efficacement contre la queue de Robespierre, maintenant
coalisée contre eux avec la clique de Billaud et de Collot.

Les thermidoriens pour amuser les badauds, en bonnet
rouge, décidèrent que le dernier jour des sans-culottides, une
fête serait célébrée en l'honneur de Marat, dont le corps serait
transféré solennellement au Panthéon, à la place de celui de
Mirabeau qui devait en être honteusement expulsé.

La chute de Robespierre avait amené peu à peu la désorganisation du régime terroriste. Et pourtant après le 9 thermidor, on n'avait pas vu surgir un parti, ni même un groupe de
députés, agissant d'après un plan bien arrêté, et sachant bien
où il va. Le parti révolutionnaire est maintenant divisé en trois
groupes : la queue de Robespierre, la bande Billaud et Collot,
qui veut continuer le régime de la Terreur, et se rapprochera
peu à peu des robespierristes, puis un troisième groupe dont
Tallien, les deux Merlin, Legendre, Bourdon de l'Oise, Barère,
sont les chefs; il a peur à la fois de la queue de Robespierre et
des anciens membres des comités; il est aussi tyrannique, aussi
sanguinaire que les autres, mais il comprend maintenant que
le régime de la Terreur ne peut durer indéfiniment. Robespierre

(1) « Les crapauds du marais lèvent la tête, avait dit Duhem; tant mieux, elle
sera plus facile à couper. »

a voulu se servir des comités et des tribunaux terroristes pour se débarrasser des anciens dantonistes de ce groupe ; pendant six mois ils ont été menacés de la guillotine, et ils ne sont pas encore remis de leur effroi : aussi les Tallien, les Legendre se sont mis immédiatement à affaiblir ce gouvernement révolutionnaire dont ils ont failli être victimes. Bientôt ils sentiront la nécessité de se concilier ces modérés tant méprisés par eux, et avec leur aide ils détermineront la Convention à transformer complètement, souvent même à détruire de nombreuses institutions révolutionnaires, que peu auparavant ils déclaraient absolument indispensables à la France.

Pour les opprimés, qui commencèrent à relever la tête peu de temps après thermidor, les jacobins personnifiaient ce régime de la Terreur, encore resté debout malgré l'exécution de quelques-uns de ses chefs, et qu'il fallait absolument détruire. Les jacobins, par leurs violences dans la rue, aux abords et dans les tribunes de la Convention, avaient aidé puissamment la minorité montagnarde à établir le régime de la Terreur : ils avaient ainsi brisé les résistances d'une majorité que personne n'osait soutenir ouvertement. Maintenant les modérés nouveaux entreprennent de rendre du cœur à la Convention, en châtiant ceux qui cherchent à continuer la tradition jacobine, à peser par leurs cris et leurs menaces sur ses délibérations. Ces jacobins, qui avaient été si longtemps les tyrans de la rue et les oppresseurs de la Convention, et dont les violences avaient toujours été tolérées ou encouragées par les autorités, s'entendent maintenant reprocher publiquement leurs crimes par les modérés, et ceux-ci ont même l'audace de leur tenir tête, et de repousser rudement leurs manifestations. Suivant leur vieille habitude, ces patriotes par excellence accablent d'invectives leurs adversaires, et les menacent de la guillotine ; mais, à leur grande stupéfaction, les coups de canne pleuvent sur leur dos, et ces grands pourfendeurs en paroles font alors la plus piteuse mine. Les premiers jours, les bourgeois effrayés de tant d'audace, contemplent prudemment de leurs fenêtres, ces petites scènes de bastonnade, mais bientôt ils s'enhardissent, et se tiennent les côtes de rire, en voyant ainsi étriller tous ces drôles, membres ou agents des comités révolutionnaires, qui avant thermidor venaient l'injure à la bouche et en les menaçant de la prison et de la guillotine, les pressurer et les taxer. Les agents du pouvoir, déconcertés par ce réveil inattendu de l'opinion publique, un peu effrayés pour eux-mêmes, et pressentant de grands changements, interviennent tout juste pour prévenir l'effusion de sang, mais ne se donnent aucune peine pour empêcher les jeunes gens de châtier ces terribles jacobins, qui poussent des cris désespérés, mais se laissent rosser très facilement.

C'est la *jeunesse dorée* qui accomplit ces exploits rendus faciles, du reste, par la couardise de ces anciens lanterneurs et guillotineurs. Deux ou trois mille jeunes gens se réunissent tous les jours au Palais-Royal et aux environs de la Convention avec des bâtons et des cannes à épée; ils sont habillés « à la victime » et portent pour la plupart les cheveux retroussés par des tresses appelées cadenettes, pour rappeler la tenue des malheureux condamnés envoyés à la guillotine; ils n'appartiennent nullement à l'aristocratie : ce sont presque tous des bourgeois, des commerçants, des littérateurs, des commis; ils ne sont guère riches. Toutefois, quand on les compare à ces jacobins grossiers, sordides, qui ont si longtemps tenu, avec tant d'insolence, le haut du pavé à Paris, on s'étonne moins que cette avant-garde du parti modéré ait été alors qualifiée de jeunesse dorée. En chantant le *Réveil du peuple* (1), elle réprime les manifestations terroristes. Elle n'a encore formé aucun plan pour l'avenir, elle ne songe qu'à empêcher le retour de la tyrannie des jacobins. Ces derniers gourmandent la Convention, recommencent sans cesse leur éternelle antienne du modérantisme, et veulent terroriser encore la nouvelle majorité qui s'est formée depuis thermidor. Les jeunes gens crient : Vive la Convention ! par haine pour les jacobins, et aussi pour donner du cœur à ces députés qui ont tant besoin d'être soutenus. Les thermidoriens, après

(1)   Peuple français, peuple de frères,
      Peux-tu voir, sans frémir d'horreur.
      Le crime arborer les bannières
      Du carnage et de la Terreur.

avoir eu longtemps pour alliés, les braillards et les agitateurs des rues, les ont maintenant pour adversaires. Presque toutes les fonctions sont encore occupées par des gens façonnés au régime de la Terreur, et habitués à trembler devant les manifestations les plus illégales des jacobins; ils ont absolument besoin d'être soutenus publiquement par des gens énergiques. Depuis 1789 la canaille jacobine est maîtresse absolue de la rue; elle a, par les tribunes, opprimé et poussé vers la révolution violente toutes les assemblées qui se sont succédé; et elle compte venir à bout, par les mêmes moyens, des nouveaux modérés thermidoriens.

Mais Paris a vu surgir tout à coup, depuis thermidor, des contre-jacobins très décidés : c'est pour les thermidoriens une bonne fortune inespérée! Aussi Tallien et Fréron qui ont accueilli avec joie ces nouveaux auxiliaires, sont accusés d'être les chefs de cette jeunesse dorée qui traite ouvertement les terroristes de misérables et de buveurs de sang, tombe sur les groupes de jacobins qui menacent les comités et la Convention, et les disperse à coups de bâton. La masse timide de la population et les partisans des thermidoriens voient battre les terroristes avec le plus grand plaisir; les jacobins qui s'entendent à chaque instant jeter à la face leurs vols et leurs assassinats, et reçoivent des coups, quand ils s'avisent de faire les matamores, crient partout que l'aristocratie triomphe, et que c'est la fin de la république.

Ils n'avaient pas seulement essayé de relever la tête à Paris, mais dans toute la France : à Dijon, à Toulouse, ils avaient fait les démonstrations les plus terroristes. A Marseille, et dans toute la Provence, ils étaient bien déterminés à maintenir leur tyrannie par la violence, et annonçaient la répétition des massacres de septembre. Les représentants en mission, Auguis et Serres, écrivaient qu'à Aix, Toulon, Marseille, la révolution de thermidor était comme non avenue : et le cinquième jour des sans-culottides (21 septembre 1794), la Convention prit contre les terroristes de Provence, un décret énergique qui prescrivait de dissoudre et d'épurer la société populaire de Marseille. Jean Bon Saint-André écrivait en même temps de Port-la-Montagne (Toulon) qu'on devait s'attendre à voir les terro-

ristes se livrer à d'odieux excès (1). Le 2 vendémiaire an III
(23 septembre), Auguis et Serres annonçaient à la Convention
que la gendarmerie était à la disposition des jacobins, et que
dans leur club on avait osé proposer de déclarer traître à la
patrie quiconque dénoncerait comme fripon, ou agitateur, un
membre de cette société. Ces représentants avaient pourtant
affirmé des principes très révolutionnaires, à la société populaire et au temple de la Raison, mais les terroristes les avaient
interrompus par des clameurs : en réalité, ils refusaient de
reconnaître l'autorité des commissaires envoyés par les vainqueurs de thermidor; aussi Auguis et Serres durent successivement renouveler toutes les autorités. Le 4 vendémiaire ils
firent apposer les scellés sur les portes et sur les papiers de la
société populaire, et ordonnèrent d'arrêter vingt-sept individus qui avaient délivré de force un terroriste mis en arrestation pour avoir annoncé de nouveaux massacres de septembre (2). Alors les Jacobins de Marseille s'insurgèrent et vinrent assaillir les commissaires qui faillirent être écharpés.
ces derniers furent délivrés par des soldats restés fidèles à la
Convention : les gendarmes étaient passés à l'émeute, avec
quelques soldats.

A Lyon, la société populaire avait été épurée après le
9 thermidor, mais les robespierristes y étaient rentrés bien
vite. Le 29 fructidor un orateur de la société avait proclamé
hautement en séance que « le souverain est immédiatement
dans les sociétés populaires; la volonté générale se compose
du vœu de chaque société populaire ». Aussi le 3 vendémiaire

---

(1) Il écrivait le 24 fructidor au commissaire de la marine, sur les terroristes
de Marseille : « Je ne serais pas surpris qu'on vînt aujourd'hui même nous apporter la nouvelle d'une Saint-Barthélemy politique exécutée par ces hommes
féroces. » « Encore un coup, il est instant que l'on prenne un parti. » (Archives
nat., A. F3, 95.)

(2) En exécution du décret du cinquième jour sans culottide, les représentants
composèrent aussitôt une commission militaire. Elle condamna à mort le jacobin André Marion, qui était à la tête du mouvement, et quatre gendarmes. Ils
furent mis à mort immédiatement, mais après leur exécution les commissaires
suspendirent les fonctions de cette commission, pour n'être pas accusés de terroriser. Le 12 vendémiaire la Convention approuva leur conduite, licencia les
gendarmes de Marseille, et décida que les gendarmes et canonniers qui avaient
participé à l'insurrection, seraient jugés par cette commission.

les représentants en mission Charlier et Pocholle prirent des mesures énergiques contre la société des jacobins, et suspendirent ses séances.

A Toulouse, les jacobins très fortement organisés avaient formé un comité de surveillance qui tyrannisait le Midi. Ils étaient en lutte ouverte avec les représentants thermidoriens, et des révolutionnaires très accentués déclaraient à la Convention qu'un pareil état de choses ne pouvait durer. Beaucoup d'autres villes, et même de très petites localités, étaient troublées par les jacobins. Si la révolution de thermidor ne provoqua au début aucun soulèvement important, il faut l'attribuer uniquement à ce qu'elle avait pris tout à fait à l'improviste les frères et amis de province.

La Convention comprit enfin que la suppression des jacobins était pour elle une question de vie ou de mort. Cette société était arrivée à constituer en France un second centre d'autorité contre la Convention (1). « Déjà, disait Bourdon de l'Oise, les journaux étrangers demandent avec qui on traitera de la paix, si ce sera avec la Convention ou avec les jacobins. »

Ces paroles eurent d'autant plus de retentissement qu'elles caractérisaient très exactement la situation de la Convention, en présence de plusieurs États qui auraient désiré pouvoir traiter avec la France.

Le 25 vendémiaire (16 octobre) la Convention interdit aux sociétés populaires toute affiliation, fédération, correspondance entre elles ainsi que toute pétition en nom collectif. Les jacobins furent très irrités contre ce décret facile à éluder, mais qui faisait présager d'autres décrets beaucoup plus sérieux. Bientôt l'enquête commencée sur les actes de Carrier porta leur exaspération à son comble. Alors Billaud-Varennes, accusé par eux de pusillanimité, traita dans leur club, les thermidoriens de contre-révolutionnaires, et de proscrip-

---

(1) « Depuis le 10 thermidor, disait Merlin de Thionville, ces sociétés n'ont cessé de froisser la représentation nationale : *il est temps d'aborder la caverne, et de mettre au grand jour les cadavres qui y sont amoncelés;* il est temps que ces sociétés soient organisées, que les fripons et les assassins en disparaissent. » (*Débats et décrets,* vendémiaire an III, p. 396.)

teurs des patriotes « mais qu'ils ne s'imaginent pas triompher, s'écria-t-il, les patriotes ont pu garder un instant le silence ; *mais le lion n'est pas mort quand il sommeille, et à son réveil il extermine tous ses ennemis.* » Le lendemain 15 brumaire (5 novembre), Billaud interpellé à la Convention, donna une pitoyable explication de ces fières paroles. « Quels sont ceux qui blâment nos opérations? s'écria Legendre, *ces hommes de proie*; regardez-les en face, et vous verrez leur visage couvert d'un vernis qui se compose du fiel des tyrans. » La Convention, qui avait devant elle la figure sombre et livide de Billaud, applaudit avec frénésie.

Les comités n'osaient pas demander carrément la dissolution de la fameuse société. En attendant, les jacobins ne cessaient d'exciter le peuple à la révolte, de traiter les thermidoriens de complices des émigrés, et de les comparer à Brunswick et à Cobourg. Si les modérés de Paris étaient restés inertes, les thermidoriens, malgré leur haine contre les jacobins, auraient longtemps tergiversé, mais depuis la mise en accusation de Carrier, la jeunesse dorée faisait dans les rues de Paris, une guerre encore plus acharnée aux terroristes. Le 19 brumaire, les jacobins enfermés dans leur salle durent soutenir un véritable siège. Le 21 (11 novembre), les esprits étaient tellement exaspérés, et les rassemblements si nombreux, qu'on pouvait craindre une émeute véritable : les comités de la Convention en profitèrent pour décider que les séances des jacobins seraient suspendues, leur local fermé, et la clef déposée au secrétariat du comité de sûreté générale. La Convention approuva cet arrêté avec des transports de joie, car elle était débarrassée d'une véritable contre-Convention, seule obéie par cette tourbe qu'on avait appelée jusqu'alors le peuple français.

III.

En même temps, Carrier était mis en arrestation pour être jugé prochainement. La Convention par ces deux actes se fit d'innombrables partisans. La fermeture des Jacobins rassurait les citoyens paisibles, et la mise en jugement de Fouquier-Tinville et de Carrier donnait un commencement de satisfaction à la conscience publique.

La Convention n'avait point livré spontanément Carrier à la justice; elle avait même fait assez longtemps la sourde oreille à ses accusateurs : elle dut cependant céder devant l'indignation publique. Le procès de cent trente-deux Nantais accusés de s'être insurgés contre la révolution du 31 mai, et d'avoir eu des relations avec les Vendéens, attira l'attention du public, sur les horreurs commises à Nantes par Carrier (1). Fort heureusement ces girondins Nantais, réduits au nombre de quatre-vingt-quatorze par dix mois de souffrances et de captivité, n'avaient comparu que le 22 fructidor an II, devant le tribunal révolutionnaire qui venait d'être épuré, et ils avaient été expédiés à Paris par le comité révolutionnaire de Nantes qui lui-même depuis le départ de Carrier, le 25 prairial an II, avait été également traduit en bloc, devant le tribunal révolutionnaire de Paris. Comme les accusateurs devaient être jugés après les accusés, les membres de ce comité étaient extraits de leur prison pour venir déposer contre les Nantais. Ceux-ci se défendaient énergiquement, et portaient contre leurs dénonciateurs les accusations les plus terribles. Carrier fut appelé à déposer dans ce procès. Phélippes Tronjolly, l'un des prévenus, l'interpella, et lui reprocha publiquement ses fusillades et ses noyades. Cette scène eut un immense retentissement. Les témoins firent des révélations effroyables. L'accusation de fédéralisme était encore terrible, mais les crimes des accusateurs étaient si nombreux, si atroces, et l'opinion publique était tellement surexcitée, que le tribunal révolutionnaire acquitta les survivants des cent trente-deux Nantais (2).

(1) Campardon, *Histoire du tribunal révolutionnaire*, t. II, p. 209, Carrier et le comité révolutionnaire de Nantes avaient compté se débarrasser d'eux pendant leur voyage de Nantes à Paris. Carrier s'en était ainsi vanté devant témoins « J'avais écrit à Francastel, qui était à Angers, de les faire noyer là, ou aux Ponts de Cé; mais ce f... c... n'a pas osé : » (Rapport de la commission des Vingt-et un; dénonciation du chirurgien Chéreau. *Débats et décrets*, brumaire an III, p. 847).

(2) Les gens au pouvoir répétaient encore que le 31 mai avait sauvé la France aussi le président, après avoir prononcé leur acquittement (28 fructidor) donna clairement à entendre qu'ils l'avaient échappé belle.

Les membres du comité de Nantes et leurs agents comparurent devant lui le 25 vendémiaire. Ils furent complètement convaincus des crimes les plus odieux; mais ces crimes, il était évident que Carrier les avait commandés, ou tout au moins autorisés. Bientôt tous ces accusés réclamèrent sa comparution, en déclarant qu'ils avaient simplement exécuté les ordres sanguinaires du proconsul, et qu'ils auraient été fusillés ou guillotinés s'ils avaient refusé de lui obéir. A chaque déposition de témoin, le public demandait bruyamment Carrier. Il n'était plus question que de lui dans ce procès : on avait demandé d'abord sa comparution comme témoin, puis comme accusé après certaines révélations; puis enfin comme accusé principal. Déjà l'on avait dénoncé à la Convention les crimes commis dans l'Ouest au nom de la république, et Carrier avait été attaqué très vivement. Le 22 vendémiaire, la Convention émue par le récit d'une de ses noyades, permit indirectement de l'impliquer dans le procès. Comme les preuves devenaient tous les jours plus fortes contre Carrier, elle prit le 8 brumaire un décret qui réglait la manière dont une dénonciation contre un député devait être portée devant elle. Le 9, conformément au décret, les trois comités réunis de salut public, de sûreté générale, et de législation, décidèrent qu'il y avait lieu à examiner la conduite de Carrier, et, toujours d'après le décret, une commission de vingt et un membres fut tirée au sort : elle présenta son rapport le 21 : il concluait à la mise en accusation de Carrier. Celui-ci prononça pour sa défense un discours qui dura plusieurs heures. Il déclara que la Convention ne pouvait le laisser mettre en jugement, car « tout est coupable ici, jusqu'à la sonnette du président. » Il soutint habilement qu'on n'attendait que la fin de son procès pour poursuivre les anciens membres des comités, et tous les représentants qui avaient été en mission. La Convention le mit en arrestation chez lui, sous la garde de quatre gendarmes. Les séances des 1, 2, 3 frimaire (22, 23, 24 octobre) furent consacrées à entendre sa défense. Il s'écria avec l'impudence habituelle aux terroristes :

« J'ai conservé Nantes à la république; j'envisage le brasier de Scé-

vola, la ciguë de Socrate, la mort de Cicéron, l'épée de Caton, l'échafaud de Sidney : j'endurerai leurs tourments si le salut du peuple
l'exige. Je n'ai vécu que pour ma patrie, je saurai mourir pour elle. »

On devait voter par appel nominal. Il n'y eut que cinq cents
votants. Quatre cent quatre-vingt-dix-huit se déclarèrent pour
le décret d'accusation ; deux (Boyaval et Belley) le votèrent
conditionnellement (1). Carrier avait adroitement invoqué la
solidarité atroce qui existait entre tous les terroristes, et leur
avait prouvé qu'ils avaient le plus grand intérêt à le soutenir,
mais de nombreux égorgeurs crurent avoir un intérêt beaucoup plus grand à le sacrifier, et à s'ériger impudemment
en justiciers (2); ils abandonnèrent Fouquier-Tinville et Lebon
pour la même raison.

Carrier fut traduit devant le tribunal révolutionnaire, et
condamné à mort le 26 frimaire (16 décembre) avec deux abominables assassins, Grandmaison et Pinard. Les autres accusés au nombre de vingt-sept furent convaincus d'assassinats,
de noyades, d'exactions de toutes sortes, mais acquittés aux
termes de la législation en vigueur, pour avoir commis tous
ces crimes *sans intention contre-révolutionnaire*. Tout Paris attendait avec une fiévreuse impatience le résultat de ce procès.
Le haine contre Carrier était si violente, les honnêtes gens re-

(1) Maignet, l'incendiaire de Bédoin, Collot-d'Herbois, le mitrailleur des Lyonnais ; Léonard Bourdon, l'assassin des Orléanais ; Billaud-Varenne, et bien d'autres
septembriseurs et égorgeurs, déclarèrent Carrier coupable ! Du reste plusieurs
terroristes donnèrent comme principal motif de leur vote, l'attentat que Carrier
avait commis contre la Convention, en faisant arrêter son collègue Tréhouart
envoyé comme lui en Bretagne, et en suspendant audacieusement ses pouvoirs.
Ainsi Couturier dit à l'appel nominal : « Ce ne sont point les noyades, les fusillades,
ni même les soupapes prétendues de l'invention de Carrier qui fixent mon opinion,
parce que ce mode de destruction des ennemis et brigands contre la république,
ne peut être jugé criminel que par son intention bonne ou mauvaise. » Mais il
vote l'accusation parce que Carrier a été l'affidé de l'ancien comité de salut public
(voilà l'intention mauvaise), et à cause de son arrêté contre Tréhouart. Certains
conventionnels ne manquèrent pas une si belle occasion de débiter des phrases
ridicules. Ainsi Milhaud s'écria : « Oui, la Convention est, aux yeux de l'univers,
une famille de frères de Brutus qui frappe avec douleur un de ses membres. »
(*Débats et décrets*, frimaire an III, p. 1206.)

(2) Dans une lettre qui fut lue à la Convention le 25 frimaire an II, Carrier raconta facétieusement sa noyade du 19. La Convention devint ce jour-là sa
complice : il s'en prévalut avec raison dans sa défense. (V. *Constitution civile
du clergé*, t. IV, p. 220.)

doutaient si fort de le voir échapper à l'échafaud, qu'au premier moment, on fit peu attention à ce scandaleux acquittement de vingt-sept scélérats convaincus des crimes les plus atroces (1).

Mais le 8 nivôse (28 décembre) la Convention réorganisa complètement le tribunal révolutionnaire : ce nouveau tribunal ne fut installé que le 8 pluviôse (27 janvier 1795). Fouquier-Tinville comparut devant lui le 8 germinal (28 mars) avec vingt et un juges ou jurés de l'ancien tribunal révolutionnaire. Pendant le procès, plusieurs individus furent joints aux accusés. Le 17 floréal (16 mai) Fouquier-Tinville fut condamné à mort avec quinze de ses coaccusés. Le tribunal révolutionnaire qui avait été rétabli pour trois mois seulement, fut supprimé définitivement le 12 prairial an III (31 mai 1795).

L'abolition de l'espèce de culte que les terroristes rendaient à Marat fut exigée impérieusement par l'opinion publique, dont la jeunesse dorée se fit l'interprète, et la Convention dut lui donner cette satisfaction. La réaction devenait tous les jours plus forte contre la république cynique et grossière de Marat, la république du bonnet rouge sur des cheveux gras, et Marat personnifiait à la fois la révolution sanguinaire et la révolution ignoble et populacière. Paris a repris le goût du plaisir ; il s'y livre même avec passion. Cette société frivole et licencieuse, qui vient de subir les plus terribles épreuves, a gardé tous ses défauts : comme elle est sans foi, elle n'a pas le moindre désir de racheter ses erreurs, et ne songe uniquement qu'à se dédommager des années de tristesse et de contrainte qu'elle vient de traverser. Les thermidoriens qui se sont enrichis à travers la révolution et la terreur, veulent à tout prix se donner des jouissances. Pour le moment, et les thermidoriens, et les modérés amis du plaisir, sont unis d'une haine commune contre les grossiers jacobins qui affectent ridiculement l'austérité. Les thermidoriennes, avec Mmes Tallien et Rovère à leur tête, se livrent aux plaisirs les plus bruyants. La révolution avait mis des bustes de Marat dans tous les lieux publics, les *musca-*

(1) D'après un contemporain, le jour de l'exécution de Carrier, « on retrouva dans l'expression de la joie publique le même sentiment d'indignation et de félicitation générale que lorsque Robespierre avait été traîné au supplice. »

dins les renversaient avec éclat dans les théâtres, les barbouil-
laient de sang, et les jetaient dans l'égout ; et la population de
Paris s'associait joyeusement à ces exécutions. Les jacobins furieux voulaient défendre leur idole ; mais les thermidoriens
comprirent qu'il serait très imprudent de résister à l'indignation générale. Ils firent donc disparaître les bustes de Marat ;
et bientôt la Convention rapporta le décret qui l'avait mis au
Panthéon.

Les gouvernants nouveaux ne pouvaient pas toujours
lutter contre le courant. La révolution de thermidor avait été
faite par des hommes qui cherchaient à sauver leurs têtes,
mais ne voulaient aucune des conséquences qu'elle a nécessairement entraînées. Elle est l'œuvre des proscripteurs du 31 mai,
et elle a vite abouti à la rentrée triomphale des députés proscrits dans cette fatale journée. Évidemment la terreur régnait
déjà en France, au moment du 31 mai, et presque toutes les victimes de cette violente épuration avaient très follement contribué
à l'établir. Mais cette organisation effroyable de la Terreur qui
tenait la France tout entière, comme dans un immense ré-
seau aux mailles extraordinairement serrées, était la conséquence directe de cette révolution qui avait fait les terroristes
systématiques maîtres absolus de la France, et il était impossible d'adresser le plus léger blâme au 31 mai, tant que l'organisation terroriste restait intacte. Mais si les thermidoriens reconnaissaient la nécessité de modifier cette organisation, la Convention
ne pouvait pas ne pas être amenée à discuter certaines conséquences du 31 mai : il n'était plus possible de ne pas se préoc-
cuper du sort de certains proscrits. En voyant les places vides
de ces quatre-vingts députés, si peu dangereux pourtant, qui
avaient été arrêtés le 3 octobre 1793, comme coupables de
désapprouver secrètement le 31 mai, de nombreux conventionnels disaient en eux-mêmes, que la Convention devrait bien
s'inquiéter un peu du sort de ceux de ses membres qu'on était
venu, sans jugement, enlever de la salle de ses séances pour
les jeter en prison.

Le 4 fructidor, Bourdon de l'Oise avait insinué qu'ils ne couraient plus aucun danger sérieux, mais qu'il ne fallait point parler
d'eux. Pendant quelque temps les hommes de la Plaine accep-

tèrent cette sorte de transaction provisoire : mais le 12 vendémiaire an III (4 octobre), les auteurs du 31 mai se divisèrent ;
les thermidoriens se prirent violemment de querelle avec les
anciens membres des comités. Legendre surtout les attaqua
avec beaucoup de violence. Cambon voulant défendre Barère,
révéla que certains membres du comité du salut public du 31
mai, Bréard, Lindet, Cambon, Guiton, Delmas et Barère,
avaient signé secrètement une dénonciation contre Danton et
Robespierre, qui préparaient alors la révolution du 31 mai. « Je
n'ai jamais cru sincèrement, dit Cambon, que les entrepreneurs
du 31 mai aient eu de bonnes intentions (1). » Cette révélation ne
pouvait que jeter de la défaveur sur cette journée. On allait
bientôt l'attribuer au tyran Robespierre, et déclarer qu'elle faisait partie de son système. Cambon venait de donner le branle.
Les thermidoriens commencèrent à renier le 31 mai et à amnistier les insurrections qu'il avait provoquées (2).

Mais les députés qui avaient signé en cachette une protestation contre ce coup d'État étaient bien moins coupables que
ceux qui avaient pris (3) les armes contre lui. Ils s'empressè-

---

(1) D'après Cambon, Robespierre, Danton, Pache et quelques autres s'étaient
réunis un peu avant le 31 mai pour former mystérieusement à Charenton un
second comité de salut public en opposition au comité légal. On disait qu'il
était question dans ce contre-comité de dissoudre la Convention, et de proclamer
Louis XVII ! Danton interrogé par Cambon aurait simplement répondu qu'il sauverait la patrie. Ainsi Cambon, et plusieurs jacobins devenus depuis thermidoriens, qui représentaient alors le gouvernement légal, auraient signé depuis longtemps une protestation secrète contre les agissements suspects de ceux qui
préparaient le 31 mai : il leur était donc bien difficile de s'opposer à la mise en
liberté de ces députés de la Plaine, qui n'étaient coupables que d'avoir fait
comme eux, et signé une autre protestation secrète. (*Débats et décrets*, vendémiaire an III, p. 202.)

(2) La Convention rendit un décret favorable à la malheureuse ville de Lyon qui
était soumise à un régime exceptionnel pour s'être insurgée contre le 31 mai.
Elle déclara en outre que *Commune affranchie* reprendrait son ancien nom,
et rapporta le décret du 24 vendémiaire an II qui avait ordonné d'élever à Lyon
une colonne avec cette inscription : « Lyon fit la guerre à la liberté ; Lyon n'est
plus. » Elle décida aussi que la ville de Lons-le-Saulnier qui avait été rigoureusement traitée comme fédéraliste, n'était plus en état de rébellion.

(3) Une protestation fut signée secrètement contre les événements du 31 mai
et du 2 juin par soixante-quinze députés : elle était restée entre les mains de
Lauze Duperret. Après le meurtre de Marat, on fit une perquisition chez lui ;
cette pièce fut saisie et envoyée au comité de sûreté générale qui la garda pour
s'en servir au moment opportun, car on voulait avant tout se défaire des gi-

rent d'adresser une pétition à la Convention pour réclamer leur mise en liberté. Le 1er brumaire, Penières soutint énergiquement leur cause et demanda que la fameuse protestation fût imprimée, car les proscripteurs l'avaient aussi tenue secrète. La situation était très grave. « C'est le 31 mai que vous allez juger, disait Merlin de Thionville; c'est cette journée qui a sauvé la république. » Les thermidoriens étaient cruellement embarrassés : il s'agissait pour eux de renier leur passé, de désavouer un coup d'État, si hautement proclamé par eux comme un acte de dévouement sublime à la république, et qui devait être célébré tous les ans par une fête solennelle. Mais s'ils ne revenaient pas sur les proscriptions du 31 mai, ils devaient s'attendre à être abandonnés par les modérés! Thuriot qui avait été l'un des principaux auteurs du 31 mai, trouvait que son parti allait trop loin dans la voie de la modération. » Il s'agit disait-il, de savoir si vous ferez oui ou non le procès à la révolution. » C'était parfaitement vrai, lui seul avait posé la question avec franchise, mais sans aucune intelligence politique. Il reprit les vieilles accusations contre les girondins, s'opposa avec violence à la mise en liberté des protestataires, et soutint la pure doctrine jacobine (1). Tallien arriva très adroitement à conseiller la réintégration des députés arrêtés le 3 octobre. Cambon répéta et compléta son récit du 12 vendémiaire; il déclara que l'intrigue avait amené le 31 mai,

---

rondins les plus marquants. Mais lorsque leur parti fut complètement écrasé, le 3 octobre, Amar proposa à la Convention de mettre en arrestation tous les signataires de cette protestation, s'ils n'étaient déjà renvoyés devant le tribunal révolutionnaire. On ferma immédiatement les portes, et les malheureux protestataires furent envoyés en prison. Quatre d'entre eux, Duperret, Duprat Lacaze et Mazuyer furent guillotinés le 31 octobre. Cinq députés de la Haute-Vienne qui avaient signé une protestation séparée, furent dénoncés par leur collègue Gay-Vernon, évêque intrus de Limoges, et arrêtés avant les soixante-quinze. L'un d'eux, Lesterp Beauvais, fut guillotiné le 31 octobre. Neuf députés de la Somme avaient signé aussi une protestation, mais Devérité seul fut inquiété. Dans la suite sept députés, qui pourtant n'avaient point signé de protestation, furent mis en arrestation à différentes époques, et réunis aux protestataires du 31 mai. Sur les quatre-vingts signataires des protestations incriminées, onze avaient voté la mort de Louis XVI sans condition, sept autres avec sursis.

(1) Il osa dire que « sans le 31 mai il n'y avait pas de liberté en France. » On voit par là ce que le mot liberté signifiait pour les jacobins. (*Débats et décrets*, brumaire an III, p. 455.)

mais que le peuple l'ayant régularisé, on devait le proclamer une heureuse révolution (1).

Cambon et les thermidoriens comprenaient que la simple mise en liberté des députés protestataires entraînerait nécessairement l'adoption de mesures très graves dans un avenir peu éloigné (2).

Après les singulières révélations de Cambon et des membres du comité de salut public, le 31 mai perdit tout prestige pour les révolutionnaires naïfs; les timides se mirent à le discuter, et beaucoup de thermidoriens se décidèrent à le rejeter le plus possible sur Robespierre. En attendant le rapport que les comités devaient présenter, beaucoup de députés détenus obtinrent de la Convention d'être transférés dans leur domicile pour rétablir leur santé. Les thermidoriens voulaient absolument en finir avec les membres des anciens comités. On avait arrêté quelques robespierristes subalternes; le 5 frimaire Legendre dénonça « les grands, les vrais coupables » qui siègent toujours à la Convention. « Il est trois membres, dit-il, que je ne cesserai de poursuivre au péril même de ma vie. » Et il leur déclara une guerre acharnée! Les amis des girondins en profitèrent, car le même jour Tallien plaida la cause des fédéralistes bordelais, et le 12 la Convention revint sur le décret du 6 août 1793 qui les avait mis hors la loi. A la séance du 15, on lut à la Convention une lettre de Lanjuinais. Il protestait éloquemment contre sa mise hors la loi et rappelait l'odieuse

(1) Il affirma positivement que Danton, Pache, Henriot et leur bande conspiraient à Charenton pour enlever vingt-deux membres de la Convention : c'était le premier fait consigné dans la déclaration secrète du comité; il accusa Danton d'avoir tout dirigé lui-même. Delmas qui avait été son collègue au comité, confirma ses révélations ainsi que Barère. Cambon prétendit qu'il avait essayé vainement de dévoiler le complot, et insinua que Camille Desmoulins avait conspiré avec Dillon en faveur de Louis XVII (*Débats et décrets*, brumaire an III, p. 464). Ainsi le comité de salut public qui avait si puissamment aidé à faire le 31 mai, et s'en était vanté si longtemps auprès des révolutionnaires, trouvait prudent de s'en laver les mains!

(2) « Je suis d'avis, dit Cambon, qu'il ne faut pas regarder en arrière. Voyez déjà des gens vous dire : tel a émigré par peur, tel a été légèrement condamné; *bientôt on compromettrait la fortune publique et la liberté.* » Les révolutionnaires se trahissent constamment : les émigrés ou prétendus tels, sont pour eux avant tout, des gens à spolier; il en faut absolument pour leurs finances! Leurs déclamations ne sont pas inspirées par un franc patriotisme; elles sont faites uniquement pour masquer leur cupidité aux yeux des naïfs.

violence subie par la Convention le 31 mai et le 2 juin. Puisqu'elle avait fait justice de ses proscripteurs, il demandait à
être jugé, à jouir de la même faveur que Carrier; « qu'en un
mot je ne sois pas massacré, que je sois jugé! » Cette lettre
courageuse fut jugée sans doute inopportune par les timides,
car elle soulevait la question si épineuse du rappel des députés mis hors la loi, question intimement liée à celle des
protestataires; elle détermina pourtant la volte-face des thermidoriens. Le même jour les habitants de Bédoin dénoncèrent les atrocités que Maignet avait commises; Legendre
stigmatisa une fois de plus la conduite du comité du salut
public, et la Convention très émue décida qu'il serait fait un
rapport sur Maignet. Lecointre profita de l'indignation générale pour annoncer que depuis le 13 fructidor il avait
réuni tous les renseignements et toutes les preuves à l'appui
de sa première dénonciation contre les anciens membres du
comité de salut public et qu'il la renouvelait, et la Convention décida qu'elle serait renvoyée avec celle de Maignet à
l'examen de ses trois comités. Elle était enfin décidée à sévir
contre les proscripteurs. Aussi le 18 frimaire (8 décembre)
lorsque Merlin de Douai vint demander au nom des trois comités la réintégration des députés protestataires contre le
31 mai, l'assemblée tout entière se leva et les plus vifs applaudissements éclatèrent de toutes parts. Couppé et Dévérité,
déclarés abusivement démissionnaires, et Thomas Payne exclu
comme étranger, furent rappelés avec eux.

Le 19, les députés réintégrés reprirent tranquillement leurs
places. La Convention était revenue bien en arrière du 3 octobre, jour de leur arrestation. Car tous ces modérés se sentaient
alors sous le couteau, et n'osaient dire le moindre mot, de peur
d'attirer l'attention des proscripteurs. Leur situation était
même bien meilleure qu'en avril et mai 1793. Ils rentraient la
tête haute pour renforcer cette majorité nouvelle de la Convention qui, à l'inverse de l'ancienne majorité conduite par les
girondins et écrasée le 31 mai, avait su secouer le joug des
tribunes et des clubs, et tenait tête victorieusement aux terroristes.

Le parti modéré reçoit donc un renfort considérable, mais

2.

la rentrée des protestataires va éloigner de lui certains thermidoriens. La Convention, en rappelant les *soixante-treize*, s'était mise dans la nécessité de rappeler tous les autres girondins proscrits. Il fut décidé qu'un rapport lui serait présenté sur eux. Le 27 frimaire (17 décembre) Merlin de Douai présenta au nom des trois comités un projet de décret d'après lequel les représentants *mis hors la loi* ne pourraient pas rentrer dans le sein de la Convention, mais aucun tribunal ne pourrait exercer de poursuites contre eux. Les anciens terroristes écumaient de rage à la seule pensée que les proscriptions du 31 mai pourraient être abolies. Les thermidoriens qui avaient contribué à ce honteux coup d'État, sentaient la nécessité de le renier en principe et de ne plus traquer ses victimes, mais ils ne pouvaient encore se résigner à laisser rentrer et siéger à côté d'eux, les survivants des vingt-deux et de la commission des Douze. En voyant Lanjuinais, Isnard Kervélégan, etc., reprendre leurs places à la Convention, et les modérés de la Plaine et le public gémiraient tout bas sur le sort de Vergniaud, Brissot, Gensonné et tant d'autres que les thermidoriens, de concert avec les jacobins, avaient envoyés à l'échafaud. Mais quand bien même (et c'était absolument invraisemblable) ces députés rentrés ne chercheraient point à tirer vengeance de l'égorgement de leurs amis et de la proscription qu'ils avaient si longtemps subie, les thermidoriens devaient, à un autre point de vue, appréhender vivement leur retour, car ils étaient assurés de trouver en eux de redoutables rivaux. Quelques-uns de ces proscrits avaient sur les vainqueurs de Robespierre la supériorité du talent; tous avaient le prestige de la persécution subie. Aussi les comités proposaient une sorte de cote mal taillée; leur projet de décret n'était précédé d'aucun rapport; on en fut très scandalisé; car ils avaient admis, en interdisant toute poursuite contre eux, que les proscrits n'étaient pas des conspirateurs, et ils reconnaissaient implicitement qu'ils ne pouvaient donner aucun motif avouable de leur exclusion comme députés. On voyait trop bien qu'ils voulaient absolument tenir éloignés de la Convention des rivaux redoutables d'influence et de talent. Ils étaient décidés d'avance à escamoter cette discussion scabreuse; les modérés essayèrent de combattre le projet du comité, mais les thermidoriens, pour les empêcher de parler, firent le tumulte le plus scandaleux (1). On cria, on s'injuria longtemps des deux côtés, et le décret reconnu, encore une fois indéfendable par ses auteurs, fut déclaré voté, sans discussion !

Pour calmer l'indignation des modérés, les thermidoriens se remirent à attaquer vigoureusement les membres des anciens comités (2) ; les jacobins s'agitaient, on disait qu'ils continueraient partout leurs mouvements tant que leurs chefs seraient impunis ; aussi le 6 nivôse (26 décembre), après un discours très habile de Clauzel, la Convention décida que ses comités lui présenteraient le lendemain leur rapport sur la dénonciation portée contre Billaud-Varenne, Collot-d'Herbois, Barère, Vadier, Vouland, Amar et David. Le 7, le rapport fut présenté par Merlin de Douai : les comités estimaient qu'il y avait lieu à examiner cette dénonciation, mais seulement à l'égard de Billaud, Collot, Barère et Vadier. Conformément à la loi du 8 brumaire, une commission de vingt et un députés fut tirée au sort, au milieu d'un tumulte affreux. Elle ne donna son rapport que plus de deux mois après. Les jacobins, qui avaient déjà subi tant de défaites, furent exaspérés au dernier point, en voyant la Convention traiter de puissance à puissance avec les Vendéens et les chouans. Le 28 pluviôse, la paix fut signée avec plusieurs chefs Vendéens à la Jaunais ; elle fut acceptée le 8 floréal par des chefs de chouans à la Mabilais. Nous raconterons plus loin cette négociation. Les jacobins firent alors tous leurs efforts pour soulever le peuple contre la Convention et provoquer un mouvement insurrectionnel, afin de délivrer les membres des comités. Enfin le 12 ventôse (2 mars 1795), Saladin présenta le rapport de la commission. C'est un

---

(1) « Si l'on entame la discussion, s'écriait Legendre, il faudra dire toute la vérité, mais je regarde cette discussion comme une calamité publique. « J'y vois un déchirement pour la république. » Bientôt il changera complètement d'avis. Rewbell, qui présidait, agitait constamment la sonnette et ne laissait parler personne.

(2) Le 30 frimaire Clauzel dirigea une première attaque contre les comités les terroristes, suivant leur habitude, poussèrent des cris de rage et soutinrent qu'on voulait persécuter les patriotes. Ruamps cria qu'il valait mieux maintenant être Charette que député.

excellent exposé des principaux crimes des anciens comités. L'organisation du régime de la Terreur y est indiquée de la manière la plus saisissante. Il faut lire en entier et avec beaucoup de soin, cet acte d'accusation dressé contre le régime révolutionnaire, par des gens qui n'avaient aucun intérêt à le calomnier (1), et qui se sont bornés à exposer des actes très récents et connus de tout le monde (2).

Le rapport déclare classer les faits dénoncés dans ces deux chefs principaux : « tyrannie exercée sur le peuple français, oppression de la représentation nationale », et prouve ensuite catégoriquement chacun de ces deux chefs. Il demande que les quatre accusés soient mis en jugement. Legendre réclama leur arrestation immédiate. Il fut décidé qu'ils seraient mis en état d'arrestation chez eux, sous la surveillance de gendarmes. On leur accorda le temps de préparer leur défense.

L'opinion publique était enfin satisfaite par la mise en jugement des membres des anciens comités; mais depuis l'odieux décret du 27 frimaire, elle n'avait cessé de réclamer avec la même énergie la rentrée des députés proscrits : les thermidoriens savaient que les terroristes ne leur feraient à eux jamais quartier : pour leur échapper, ils se résignèrent à partager le pouvoir avec les girondins qu'ils espéraient bien exploiter et duper. Le 18 ventôse (8 février), les comités devaient présenter un rapport sur les pétitions, qui avaient été adressées à la Convention en faveur des députés proscrits. Chénier prit la parole en leur faveur; il n'eut aucune peine à établir que la loi du 27 frimaire était injuste à leur égard. Il traita avec le plus grand dédain les accusations qui avaient été portées contre ces proscrits (3), et réclama énergiquement leur rappel.

(1) Il a été rédigé par un régicide, au nom d'une commission qui sur vingt et un membres comptait douze régicides. (*Débats et décrets*, nivôse an III, p. 86.)

(2) Il établit admirablement les principaux traits de la tyrannie des comités. Il ménage souvent les passions révolutionnaires, mais sans leur faire de honteuses concessions; il confond les accusés en se plaçant simplement au point de vue de la légalité révolutionnaire, et leur prouvant que cette légalité si rigoureuse, ils l'ont odieusement violée. On ne retrouve dans ce rapport ni le jargon à la mode, ni les accusations absurdes que les révolutionnaires triomphants aimaient alors à lancer aux révolutionnaires vaincus.

(3) « Mais ils ont fui. O les grands coupables qui ouvertement condamnés

Aussitôt après ce discours, il se passa au sein de la Convention une scène très curieuse. Beaucoup de complices du 31 mai se mirent à le désavouer, à le conspuer publiquement. Ainsi André Dumont le renia avec une admirable désinvolture : les chefs seuls ont été coupables, d'après lui; le peuple a été trompé. Sieyès qui se taisait depuis bien longtemps reparut à la tribune, et établit que depuis l'ouverture de la Convention jusqu'au 31 mai, il y avait eu « oppression de la Convention par le peuple trompé; après le 31 mai jusqu'au 10 thermidor, oppression du peuple par la Convention asservie. » Merlin de Douai, rapporteur convint que la stricte justice aurait exigé que les proscrits fussent rappelés immédiatement. Si la Convention a voté le décret incomplet du 27 frimaire, c'est uniquement parce qu'elle craignait de provoquer des troubles et de susciter d'abominables calomnies.

« Mais aujourd'hui que vous n'avez plus rien à redouter, ni des tyrans, ni des factieux, aujourd'hui les portes des Jacobins sont fermées (1) *sans que nous ayions à craindre qu'ils n'aillent en nous en accusant, ouvrir celles du Temple,* » on peut renier le 31 mai et rappeler ses victimes. Merlin accuse donc les jacobins d'avoir voulu couronner Louis XVII !! La Convention, sur la proposition des comités, vota d'enthousiasme un décret par lequel les proscrits du 28 juillet et du 3 octobre étaient rappelés : le seul Lahaye, qu'on avait accusé de s'être joint aux chouans, fut provisoirement excepté du bénéfice de ce décret (2). Le len-

par le dictateur ont osé échapper à sa vengeance ! ô les scélérats qui ont douté de la justice impartiale de Robespierre, de Hébert, de Henriot, de Fouquier-Tinville ! Ne devaient-ils pas en effet attendre respectueusement leurs bourreaux et vanter en expirant la clémence de leurs assassins ! Et l'on ne rougit pas de présenter des objections aussi absurdement féroces... (*Débats et décrets,* ventôse an III, p. 251.) Impossible de mieux dire ! Mais tout cela s'applique, parfaitement au dix-neuf vingtièmes des émigrés; et Chénier et son parti s'obstineront toujours à présenter contre eux avec rage « *ces objections absurdement féroces.* »

(1) *Débats et décrets,* ventôse an III, p. 264. Cette excuse était absolument inadmissible, car les Jacobins avaient été fermés le 21 brumaire.

(2) L'inculpation portée contre Lahaye ayant été reconnue inexacte, il fut réintégré le 25 germinal suivant. Les députés rappelés le 18 ventôse sont Lanjuinais, Louvet, Bergoing, Chasset, Defermont, Kervélégan, Lesage d'Eure-et-Loir, Meillan, Daulcet Pontecoulant, Isnard, Gamon, Mollevaut, Vallée, Bonnet, Hardy, Savary, Andréi. Leurs indemnités devaient leur être acquittées à partir

demain, plusieurs députés réintégrés reparurent à la Convention et furent chaudement félicités surtout par ceux qui les avaient mis hors la loi! La réaction contre le 31 mai était complète!

La rentrée des girondins proscrits jeta le trouble dans le parti thermidorien. Thuriot, Lecointre, Foussedoire, Léonard Bourdon, Bentabole, se séparèrent définitivement de Tallien et de Fréron, et s'unirent aux amis de Collot et de Billaud et à la queue de Robespierre contre la coalition formée par l'autre groupe de thermidoriens et les hommes de la Plaine.

du dernier payement reçu. La Convention décida également la réintégration de Vitet, que les comités déclarèrent avoir été victime de la haine de Couthon, et de Larévellière Lépeaux que les terroristes avaient odieusement traqué après lui avoir extorqué sa démission.

CHAPITRE II.

DÉFAITE DES JACOBINS.

I. — Coup d'œil sur la situation morale et matérielle de la France après thermidor. — Cruelles souffrances du peuple. — Dégoût général de la république et surtout des républicains. — Les partis dans la Convention et dans le pays en nivôse an III. — Misère horrible causée par la loi du *maximum*.

II. — Abolition du *maximum*. — La Convention décide que les pauvres seuls ont eu le droit de fuir la tyrannie, à partir d'une certaine date. — Procès des anciens membres du comité de salut public. — Journée du 12 germinal. Déportation par décret, de Barère, Collot et Billaud.

III. — On prépare une constitution nouvelle. — Disette à Paris. — Agitation terroriste. — Vengeances contre les jacobins. — Les biens des victimes des tribunaux révolutionnaires sont restitués à leurs héritiers. — Journée du 1er prairial. — Troubles de Toulon. — Plusieurs députés jacobins condamnés par une commission militaire. — Poursuites contre les proconsuls de la Terreur. — Le parti royaliste constitutionnel semble prendre le dessus. — La mort de Louis XVII change la situation et bouleverse les plans de certains révolutionnaires.

I.

Il est maintenant nécessaire d'interrompre un instant le récit des actes de la Convention, pour jeter un coup d'œil sur la situation morale et matérielle du pays, quelques mois après la révolution de Thermidor.

La majorité des thermidoriens a jugé indispensable de renier le 31 mai : on parle, on écrit beaucoup plus librement sur tous les actes de la révolution ; on peut impunément flétrir le 31 mai : mais on remonte jusqu'à l'abolition de la royauté, jusqu'au 10 août ; on discute aussi cette révolution et l'on commence à la condamner hautement. Du reste, les excès et les crimes des révolutionnaires, inspirent le plus profond dégoût pour le régime républicain ; le pays devient de plus en plus impatient de voir la fin de la révolution, et de jouir d'un gouvernement qui châtie les terroristes, prenne de grandes mesures réparatrices, et présente assez de garanties de stabilité pour décider les États étrangers à traiter de la paix avec lui, sur des bases sérieuses.

La misère est horrible : le peuple rationné, comme dans une place étroitement assiégée, exténué par les privations, commence à dire hautement que sous Louis XVI, il avait du moins de quoi se mettre sous la dent; maintenant il donnerait pour quelques livres de pain, tous les décrets, tous les discours, toutes les proclamations, dont il a été saturé pendant plusieurs années. Il a le ventre affamé, et même dans les meilleurs jours ne mange jamais sa faim, mais il peut contempler à son aise le luxe impudent et tapageur, les grossières ripailles de ses législateurs et de leurs suppôts, aussi dit-il tout haut qu'il a été bien sot de tant s'agiter pour engraisser de pareilles gens, et les plus violents se rangent du côté des terroristes, croyant que des massacres, et le rétablissement de la guillotine, leur donneront du pain. D'autres disent carrément qu'ils en ont assez; qu'il faut absolument en finir, ouvrir les portes du Temple et proclamer le jeune roi. La masse du peuple, complètement découragée, ne demande que du pain, et ne tient à rien. Elle n'attaquera pas la république, mais elle ne remuera pas le bout du doigt pour la défendre, si on l'attaque. Que demain elle apprenne qu'on a tiré le dauphin du Temple, que la paix va être faite, que les vivres vont arriver, elle criera: Vive Louis XVII! avec transport; et malheur à ceux de ses anciens tribuns qui oseraient manifester leur mécontentement!

Les bourgeois, dans les premiers jours qui suivirent thermidor, jouissaient avec délices du bonheur de respirer plus librement, et ne songeaient pas à faire de politique proprement dite. On est alors uniquement préoccupé de mettre la Convention en garde contre un retour offensif des robespierristes. Mais bientôt le désir de la vengeance s'empare des esprits : on harcèle la Convention pour qu'elle fasse juger Carrier, certains terroristes fameux, et les membres des anciens comités; on veut avant tout déblayer un peu le terrain, et des lois terroristes et des terroristes eux-mêmes. On crie : Vive la Convention; on la flatte sans l'aimer, afin de lui faire prendre des décrets réparateurs. C'est la seule autorité qui existe, on veut se servir d'elle contre les terroristes. On l'accepte provisoirement, malgré le juste mépris qu'inspirent la plupart de ses membres : il est donc impossible de ne pas accepter tacitement la république ; mais on ne pense pas qu'elle survive à la Convention, qui a été établie seulement comme un gouvernement temporaire. On vit au milieu des ruines entassées par la révolution ; on se défend contre les bandes de brigands qu'elle a lâchées sur la France ; on n'a pas encore le temps de penser aux principes politiques. Un grand fleuve a-t-il rompu ses digues et inondé une vaste région : aussitôt que ses eaux se sont retirées, les habitants de ce pays ruiné se mettent à déblayer les décombres, à élever au milieu d'elles des abris provisoires, à rétablir au plus vite les voies de communication, défoncées, rompues par cette terrible inondation ; ensuite ils rebâtiront solidement leurs maisons et feront de nouvelles digues, et des travaux de toute sorte, afin de prévenir un nouveau désastre. Après la chute de Robespierre, les Français se trouvaient absolument dans la même situation. Au premier moment on songea uniquement à réclamer la liberté de cette multitude innombrable de suspects, qui étaient enfermés dans les bastilles nouvelles, et les thermidoriens qui mirent fin à leur captivité furent regardés d'abord par cette foule d'opprimés, comme des modérés véritables. Elle ne songeait alors ni à leur passé, ni aux motifs intéressés qui les faisaient agir ainsi. Beaucoup de thermidoriens croient naïvement que cet enthousiasme durera, qu'on ne leur demandera rien de plus, et que la France sera trop heureuse de les avoir pour maîtres. Mais le procès de Carrier, les dénonciations contre les proconsuls, rappellent au pays leur complicité avec les plus féroces jacobins ; il se souvient alors de leurs fautes et de leurs crimes, et n'éprouve plus pour eux que du dégoût. La rentrée des proscrits donne à l'ancien parti de la Plaine un prestige qui lui manquait ; et aussitôt l'influence des thermidoriens néo-modérés commence à baisser. Le procès des comités leur porte un coup terrible : les accusateurs sont si bien convaincus par les débats, d'une multitude d'actions atroces et de crimes honteux, que l'opinion publique les condamne presque aussi sévèrement que les accusés ! Tout ce

personnel révolutionnaire est déshonoré. Aussi ceux-là mêmes
qui n'étaient point d'abord royalistes par principe sont absolument las de la république et des républicains, et reviennent
vers la royauté, telle qu'ils l'avaient comprise en 1789 et
1790. Une foule de citoyens pense à la royauté, et l'appelle
de ses vœux, mais elle ne la croit possible que lorsque le terrain aura été bien déblayé. A la Convention on se préoccupe
secrètement de la royauté, et parmi ceux-là même, qui la
maudissent à la tribune, il en est qui au fond du cœur désirent son retour, et qui prennent même des arrangements particuliers pour la restaurer, et s'y préparer une situation avantageuse.

Vers nivôse an III (janvier 1795), après la rentrée des protestataires contre le 31 mai, on peut distinguer dans la Convention, non pas précisément des partis, mais des groupes
ou plutôt des cabales, qui très souvent contredisent en secret, par leurs manœuvres, les maximes que leurs adhérents débitent à la tribune avec beaucoup d'emphase.

Les jacobins ou montagnards forment le groupe le plus
compact : ce sont les robespierristes, réunis aux anciens membres des comités, traqués maintenant par les autres thermidoriens. La haine générale les poursuit; ils ne sont guère
plus de cinquante à soixante, mais ils représentent le parti
révolutionnaire le plus violent et le plus compromis. Un coup
de main hardi peut leur rendre le pouvoir, et le 1er prairial il
s'en faudra de bien peu qu'ils ne le reprennent par force.

Les thermidoriens sont leurs adversaires habituels; on les
appelle aussi *les modérés;* mais même en y mettant beaucoup de complaisance, ils ne peuvent être ainsi qualifiés que
relativement aux terroristes. « Sans la conduite des jacobins
actuels, dit Mallet Du Pan, celle des modérés pendant le
cours de la révolution ne devrait les conduire qu'à l'échafaud (1). » En effet, les principaux membres de ce groupe ont
voté la mort de Louis XVI, terrorisé, guillotiné dans les départements. Ils s'étaient précédemment rangés sous la ban-

(1) *Correspondance inédite de Mallet du Pan avec la cour de Vienne.* —
Tome I, p. 25.

nière de Danton, et ils ont dû faire le 9 thermidor pour n'être pas proscrits. Ils ont compris que, pour se faire tolérer, il leur était indispensable de modifier le régime de la Terreur : de là leur conduite, très relativement modérée. Ces hommes absolument dépourvus de convictions, vivent au jour le jour. Ils désireraient sans doute conserver la république pour en être les maîtres, et s'en partager les profits ; mais ils se sentent pris entre les terroristes d'un côté et les vrais modérés de l'autre. Leur déconsidération augmente tous les jours ; aussi beaucoup d'entre eux pensent à sauver leurs situations acquises par un coup hardi. Si les alliés avaient mené plus habilement leur campagne contre les armées françaises, si la paix était devenue absolument nécessaire, ils auraient brusqué le dénouement et rétabli la royauté à leur profit, en obtenant ainsi de meilleures conditions. Cependant ils ont assez de finesse pour comprendre que cette situation ne peut se prolonger indéfiniment, et qu'une royauté faite par eux-mêmes, leur serait bien plus avantageuse, qu'une république qui a déjà failli les guillotiner, et dont la direction peut tout à coup leur échapper. Bien entendu le nouveau roi, quel qu'il fût, devait leur garantir l'impunité complète, la sûreté des fortunes qu'ils avaient acquises pendant la révolution, et des places importantes dans son gouvernement. Les girondins avaient été déjà séduits par la perspective d'une régence, avec un roi enfant dont la minorité serait longue. Plus puissants et plus énergiques, les thermidoriens pouvaient établir cette régence à leur profit. Néanmoins leur haine pour les émigrés, et surtout la question du régent, les faisaient hésiter ; quelques-uns d'entre eux préféraient donner la couronne au duc d'Orléans, ou même à un prince d'une dynastie étrangère (1). Mais il fallait absolument que cette royauté nouvelle fût rétablie par eux, et à leur profit.

Les membres du marais, les anciens modérés qui n'avaient pas voté la mort de Louis XVI formaient un troisième groupe. C'étaient pour la plupart des hommes faibles qui avaient en

---

(1) Les *Brissotins* avaient songé en 1792 au duc d'York ; certains conventionnels, après thermidor, avaient repris ce projet.

1792 voté l'établissement de la république par crainte et sans aucun enthousiasme, mais n'avaient plus pour elle que du dégoût et désiraient revenir à la monarchie. Ils soutenaient les thermidoriens par nécessité, tout en les méprisant : ce groupe était le plus nombreux; en désignait souvent ses membres par le nom de fédéralistes.

Il y avait aussi un groupe intermédiaire entre les jacobins et les thermidoriens; il était composé de révolutionnaires ardents; partisans zélés de la république pour des motifs très différents : quelques uns lui étaient attachés par fanatisme philosophique, le plus grand nombre par leurs crimes : c'étaient ces ex-proconsuls qui méprisés, haïs de tous, ne se croyaient assurés de l'impunité que sous une république. Mallet du Pan appelle ces révolutionnaires, les *républicains mitigés*, et croit que leur nombre pouvait s'élever à deux cents.

Tous ces groupes s'entrechoquent, contractent des alliances momentanées, et se neutralisent réciproquement. Mais les haines personnelles occasionnent à chaque instant les scènes les plus scandaleuses au sein de la Convention, et font dévier les discussions les plus importantes.

Au point de vue moral; Mallet du Pan, porte sur la majorité de la Convention le jugement suivant :

... Jacobins, *modérés*, républicains mitigés, sont à peu près au même niveau de bassesse, d'endurcissement dans le crime et d'audace à le commettre. C'est un assemblage d'histrions, de copistes, de procureurs, de gens d'affaires subalternes qui ont volé les dépouilles de leurs maîtres, de curés qui ont renié Dieu, de folliculaires, de sujets de la plus vile origine, perdus de dettes, de mœurs, de réputation... Ils étonnent la ville la plus corrompue du monde par leurs débordements...

« Presque tous ont fait à Paris et dans les départements le commerce des emprisonnements, des délivrances, des morts et des vies; ils ont mis à prix les têtes et les fortunes; mille fois ils ont envoyé à l'échafaud celui dont ils avaient reçu des sommes énormes pour le sauver. Partout ils ont forcé des femmes chastes à se prostituer pour racheter leurs jours ou ceux de leurs maris. Tout ce que l'impiété peut vomir de blasphèmes, tout ce que l'immoralité peut dicter de turpitudes, forment leur habitude et leur conversation. Ils ont acquis les hôtels, les fermes des propriétaires qu'ils ont fait assassiner; leur luxe est celui des satrapes de l'ancienne Perse.....

« La plupart de ces députés sont sortis de la canaille : à ses vices, ils ont ajouté celui d'une hypocrisie plus effrontée que leurs mœurs, et ils donnent le premier exemple connu de l'impudence dans le crime, et de la profanation journalière des mots de *justice*, de *vertu*, de *probité*, de *désintéressement*, de *clémence* (1).

Et ce n'est pas un émigré, ce n'est pas un prêtre persécuté qui stigmatise ainsi les conventionnels (2), c'est un royaliste constitutionnel, un vrai libéral, d'une grande largeur de vues, et qui n'a aucun préjugé de l'ancien régime !

La France n'était pas tout à fait aussi divisée que la Convention. A cette époque, Mallet du Pan évalue au quart de la population, le nombre des révolutionnaires qui poursuivent invariablement le maintien de la république. Ce chiffre est exagéré. La population urbaine était alors beaucoup moins nombreuse que maintenant, et dans presque toutes les villes les républicains ne constituaient qu'une simple minorité, très audacieuse, très oppressive, sans doute, mais souvent faible numériquement. Dans les campagnes, en dehors des acquéreurs de biens nationaux qui étaient tout prêts à abandonner la république, pour tout régime qui garantirait leurs acquisitions, les républicains étaient extrêmement clairsemés.

Mallet du Pan évalue au tiers de la population les véritables royalistes de toute catégorie. Mais cette fraction si importante du peuple français est elle-même très divisée, et beaucoup de royalistes sont dans l'impossibilité d'agir. La noblesse est fort réduite par l'émigration et par l'échafaud; les confiscations, les séquestres ont mis les survivants dans la misère. Les chouans et les Vendéens sont les seuls royalistes actifs, mais les alliés et les émigrés ont commis l'énorme faute de les abandonner à eux-mêmes : accablés par le nombre, et perdant tout espoir d'être secourus, ils vont se laisser prendre aux trompeuses promesses de la Convention.

(1) *Correspondance inédite*, t. I, p. 96-97.
(2) Leur collègue Grégoire, les comparait à Busiris, et à Mezence, et flétrissait « ces deux ou trois cents membres de la Convention qu'il faut bien n'appeler que des scélérats, puisque la langue n'offre pas d'épithète plus énergique... » et ces proconsuls « près desquels, Néron, Sardanapale et Cartouche auraient été des hommes à canoniser. »

Beaucoup de gens qui ont d'abord accepté les idées de 89 en tout ou en partie, soupirent après la monarchie, et ne songent plus à lui faire de conditions : ils veulent avant tout être débarrassés des révolutionnaires. Le parti royaliste constitutionnel veut toujours la monarchie, mais sous certaines conditions; et bien que très décimé, il prétend encore la diriger exclusivement. Ses nombreuses fautes, qui ont entraîné de désastreuses conséquences et pour lui et pour la France, ne lui ont rien enlevé de sa confiance en lui-même. Ce parti comprend dans les villes la plupart des bourgeois et des marchands, et dans les campagnes beaucoup de propriétaires, mais il manque complètement de ces hommes d'action qui sont, si nécessaires dans les moments de troubles; et ses chefs sont, pour comble de malheur, des esprits irrésolus et qui se laissent trop souvent prendre à l'improviste par les événements. Il a l'avantage précieux de former une sorte de lien entre les royalistes qui ne tiennent guère à une constitution, les fédéralistes de la Convention et les républicains ralliables.

La Révolution a créé des intérêts nouveaux qui jettent presque forcément, une foule de gens dans tel ou tel parti. Beaucoup d'individus libérés des droits féodaux, les soldats devenus officiers, puis les acquéreurs de biens nationaux, et surtout cette masse de gens qui ont péché plus ou moins en eau trouble depuis 1789, sont par la force des choses absolument hostiles au rétablissement de l'ancien régime, et méfiants à l'égard de la monarchie constitutionnelle.

Leur zèle républicain n'est, chez la plupart d'entre eux, que la crainte de se voir enlever leurs acquisitions; ils n'accepteront un roi que s'il s'engage à les leur garantir. Mais par malheur, la question n'est pas aussi simple pour beaucoup de gens : il ne leur suffit pas que les effets de telle loi et de telle vente soient respectés; il leur faut, et pour cause! la certitude complète que le régime nouveau ne se permettra aucune recherche indiscrète sur une foule d'actes odieux commis pendant la Révolution. Comme ils ne veulent point paraître exclusivement préoccupés de leurs intérêts nouveaux, ni réveiller certains souvenirs, ils déclament contre l'absolutisme, contre l'ancien régime et ils ont soin de ne présenter la garantie des acquéreurs de biens nationaux, que comme une conséquence naturelle de l'établissement d'un gouvernement libre et constitutionnel. Vienne Bonaparte, ils feront litière de la liberté, et bien certains que leurs acquisitions seront respectées, ils diront qu'il comprend admirablement la Révolution !

Les partisans de la constitution de 1791, sagement révisée, sont encore en dissentiment avec les autres royalistes sur un point très important : la plupart d'entre eux se méfient du comte de Provence, futur régent, et voudraient que les émigrés n'eussent aucune part du pouvoir dans la monarchie restaurée.

« Presque autant que les républicains, disait Mallet du Pan, ils redoutent de se trouver jamais livrés à discrétion, à l'autorité du régent, à la domination des émigrés, *dont ils fondèrent la persécution, la spoliation, et les infortunes.* Tel est le motif principal qui les fixe au profit d'une monarchie limitée. Qu'on mette à couvert le pardon, la sûreté, la considération personnelle et la vanité de ce parti, on le trouvera en général très disposé à sacrifier la plupart des institutions populaires. » *Correspondance inédite*, t. I, p. 48.

Et c'est un partisan du gouvernement constitutionnel, un censeur sévère des émigrés qui caractérise ainsi l'attitude des constitutionnels à l'égard du régent et des émigrés ! Mallet du Pan a exprimé sous une forme brève et saisissante, une vérité très évidente pour ceux qui ont étudié sérieusement la Révolution à son début, mais singulièrement obscurcie par l'esprit révolutionnaire, surtout par les constitutionnels et les libéraux, tous très intéressés à égarer l'opinion sur ce sujet.

Sans doute les émigrés faisaient montre trop souvent, d'une aversion insensée pour les constitutionnels, mais ils ne les détestaient pas exclusivement à cause de leurs principes, comme les constitutionnels le prétendaient pour se faire valoir auprès des révolutionnaires, et aussi pour détourner l'attention de leur conduite passée. Il est prouvé que la très grande majorité des émigrés a été contrainte de quitter la France, par les pillages des châteaux, les attentats contre les personnes et les propriétés, les avanies des clubs et des autorités révolutionnaires, les fustigations des femmes qui allaient à la messe catholique, etc. Le parti constituant était alors au pou-

voir, mais les administrateurs, les fonctionnaires qui lui appartenaient en grande majorité, avaient en présence des excès,
des attentats des révolutionnaires, fait preuve d'une imprévoyance, d'une ineptie, et très souvent même d'une poltronnerie
dépassant tout ce qu'on peut imaginer; quelques-uns même,
soit pour satisfaire des rancunes personnelles, soit pour acquérir de la popularité, avaient favorisé ces excès. Comme il
n'entrait pas dans la pensée des hommes du parti constituant,
que la tourbe jacobine pût un jour se retourner contre eux, ils
l'avaient vue, non sans plaisir, maltraiter, piller les gens qui
ne voulaient pas se laisser mener par eux !

Aussi les constituants étaient-ils très animés contre les émigrés, car ils se savaient en partie responsables des avanies
qui les avaient contraints à fuir la France. Il va sans dire
qu'ils attribuaient à leur ardent amour pour la liberté cette
haine contre l'émigration.

Ils avaient aussi contre le régent et ses partisans un autre
grief très important dont ils ne parlaient qu'entre eux. Ils
craignaient que dans la monarchie future le régent n'accordât
un trop grand nombre de places aux émigrés et aux royalistes peu zélés pour une constitution. Ils les regardaient toutes
comme dues à leur parti. Du reste, ils étaient aussi divisés en
coteries que les royalistes purs : il y avait parmi eux la cabale
Lafayette, la cabale Lameth, et d'autres encore plus petites;
ils en étaient beaucoup trop restés à leurs idées et à leurs
rivalités de 1791. Ce parti, bien qu'il renfermât beaucoup
d'hommes très honorables et très éclairés, cédait trop souvent à de mesquines préoccupations.

Le parti royaliste ne forme donc en 1795, comme l'a si bien
dit Mallet du Pan, « *qu'une faction dormante*, et dont la faiblesse s'aggrave par la diversité de leurs sentiments. »

Cinq années de changements continuels, d'échafauds et
de bouleversements, avaient conduit près de la moitié de la
population à l'indifférentisme politique. On méprisait la Convention; on se plaignait amèrement de la misère publique,
du renchérissement prodigieux des denrées, de l'effroyable
dépréciation des assignats, sans pouvoir se décider à faire
le moindre effort pour sortir d'une situation aussi lamen-

table (1) : Les Français découragés, hébétés par la terreur, sont prêts à crier tout ce qu'on voudra, et à subir le joug de n'importe quel dictateur. A Paris et dans les grandes villes, pour oublier leurs terreurs passées, pour faire trève à leurs embarras présents, ils ne songent qu'à s'amuser, et se montrent trop peu difficiles dans le choix de leurs plaisirs. Cette masse inerte, si elle apprend que la royauté est proclamée, l'acceptera avec satisfaction, mais elle ne fait absolument rien pour préparer son avènement. En somme, le vœu de la grande majorité de la population est de voir finir la révolution : on préférerait généralement, mais sans aucun fanatisme, la monarchie limitée (2).

La misère générale détournait de la politique la masse des citoyens : les cruelles difficultés de la vie matérielle réduisaient une multitude de Français à ne s'intéresser qu'aux lois concernant les subsistances. Le gouvernement de Robespierre avait anéanti toutes les industries : l'ouvrier et le paysan ne voulaient plus travailler pour voir les produits de leurs travaux réquisitionnés par les agents de l'État. La récolte avait été bonne; mais le gouvernement révolutionnaire avait amené la famine, par sa fameuse loi du *maximum*, par ses réquisitions de chevaux et de denrées, par ses gaspillages sans nombre, par l'emprisonnement d'un si grand nombre de cultivateurs et de simples laboureurs. Aussi le blé manquait partout. A Paris on manquait aussi de viande, parce qu'on ne recevait plus de bestiaux des provinces de l'Ouest, dévastées par la guerre civile : pendant l'automne de 1794, il n'était permis d'en délivrer chaque jour qu'un quart de livre par personne. L'État s'est fait seul agriculteur, il s'est fait aussi seul fabricant, car il a obligé la plupart des fabriques à fermer, en réquisitionnant et les ouvriers et les matières premières. Aussi le commerce extérieur est complètement ruiné. La valeur

(1) « Ils reçoivent la loi, la misère, la mort, comme on reçoit la grêle. Le fer n'est plus levé, mais l'imagination le voit toujours.. La nation considérée en masse n'a plus de volonté politique. » (Mallet du Pan, *Correspondance inédite*, t. I, p. 50-51 — (8 janvier 1795).

(2) Si la contre-révolution s'opérait en France par mouvement subit, populaire, monarchique, en proclamant le jeune roi, Paris proclamerait aussi l'ancien régime, *car on n'aurait ni la patience ni le temps d'en choisir un autre.* » (Mallet du Pan, *ibid.*, p. 46.)

des assignats diminue chaque jour, et la Convention par des émissions continuelles précipite encore leur chute (1).

II.

Pour les jacobins, la loi du *maximum* était l'arche sainte : ils poussaient des cris furieux toutes les fois qu'il était question d'y toucher. Les thermidoriens furent, au bout de quelques mois, obligés de reconnaître qu'il fallait absolument modifier cette absurde législation ; mais ils craignaient que l'abolition du *maximum* ne fît baisser encore les assignats, au grand détriment de l'État dont ils constituaient la seule ressource. Un décret du 19 brumaire (9 novembre 1794) limita un peu les réquisitions. Un autre décret du même jour fixa le maximum des prix de chaque espèce de grains, des foins, paille et fourrages, sur le prix commun de 1790 augmenté de deux tiers en sus : ainsi, dans les endroits où le froment était à douze livres le quintal, il était fixé à vingt ; on accordait ainsi une petite augmentation, mais elle était bien insuffisante devant la dépréciation du papier-monnaie. Pour avoir, le 19 brumaire, l'équivalent des douze livres, prix de 1790, il aurait fallu recevoir au moins quarante-sept livres en papier au lieu de vingt, et l'assignat allait toujours en baissant :

Il fallait bien s'occuper aussi du commerce extérieur. Le 6 frimaire (26 novembre 1794) la Convention décréta que toutes denrées et marchandises non prohibées importées par le commerce extérieur ne pouvaient plus être soumises à réquisition. Jusqu'alors elles avaient pu être arrêtées et saisies à la frontière par un commissaire quelconque, moyennant un prix dérisoire. Aussi les négociants étrangers n'osaient plus rien expédier en France. Le 13 frimaire (3 décembre), Legendre déclara à la Convention qu'il fallait aborder avec netteté et franchise la question du maintien de la loi du *maximum* qui n'était observée nulle part. On manquait alors, et de pain, et de bois, et de charbon, et l'on ne savait comment faire pour s'en procurer. Le 17 frimaire Thibaudeau exposa d'une

---

(1) Le 11 thermidor an II (29 juillet 1794) le louis de 24 livres en vaut 74 en assignats ; le 5 fructidor il en vaut 77 et 10 sols, le 5 vendémiaire (26 septembre) 83, le 10 brumaire 94, le 8 frimaire 98, le 10 nivôse (30 décembre), 120.

manière saisissante les effets désastreux de la loi du *maximum*, et la Convention ordonna à ses comités de lui présenter un rapport sur son abrogation. Ils lui envoyèrent le 2 nivôse (22 décembre) deux rapporteurs : le premier, Johannot, rendit compte de l'état des finances. Il reconnaît qu'on est obligé tous les jours d'émettre des assignats, mais il affirme avec un prodigieux aplomb que leur gage est de *quinze milliards* de biens nationaux (1). (Cambon évaluait seulement le 1er février 1793 les biens du clergé et de la couronne vendus et à vendre à deux milliards quatre cent millions, et ceux des émigrés à quatre milliards huit cent millions, et cette estimation était exagérée). Johannot eut aussi l'impudence ou la sottise de dire : « Jamais papier-monnaie a-t-il porté sur une base aussi solide. » Cependant il démontre que le commerce est dans un état déplorable (2) et propose de le débarrasser de ses entraves, de lever le séquestre des biens des étrangers, de réduire les droits de douane, et enfin d'abolir le *maximum*. L'autre rapporteur Giraud s'attacha surtout à dénoncer les abus de pouvoir et les voleries dont le *maximum* avait été le prétexte (3).

Le 4 nivôse la Convention abolit formellement le *maximum* (4). Le 13 (2 janvier 1795) elle abolit encore l'interdiction d'exporter le numéraire à l'étranger ; c'était comme le *maxi-*

---

(1) *Journal des Débats et décrets*, nivôse an III, p. 62. — Johannot évalue les biens invendus à douze milliards, les maisons non louées à deux milliards, et il compte les successions futures des émigrés pour un milliard !

(2) Avant 1788 la balance comparée de notre commerce était pour nous en avantage de quatre-vingts millions : elle est maintenant à notre grand désavantage. « L'état des revenus effectifs des colonies françaises était en 1788 de 235 millions, la source des richesses coloniales est momentanément fermée. » Elle le sera longtemps ! « La fabrique de Lyon faisait entrer environ soixante millions dans l'intérieur. » Elle est ruinée. « Le commerce de nos échelles du Levant produisait un revenu de trente millions. » Il est suspendu jusqu'à ce que le pavillon français ait reconquis la Méditerranée. On a crié bien à tort que notre territoire produisait tout ce qui était nécessaire à nos besoins : cette grave erreur a produit le *maximum*, cause unique de tant de désastres.

(3) Des agents mettaient les matières premières en réquisition, les faisaient livrer au prix du *maximum*, et les revendaient à un prix quadruple. » Rapport de Giraud. (V. *Débats et décrets*, nivôse an III, p. 95 et 166.)

(4) Elle décida en outre que toutes les procédures commencées pour violation de cette loi étaient anéanties, qu'il ne pourrait être donné suite aux jugements déjà rendus sur cet objet qui ne seraient pas encore exécutés, et que les citoyens détenus en vertu de ces jugements seraient mis immédiatement en liberté.

mum une des lois caractéristiques de la révolution. Le 14 elle
décréta la levée du séquestre sur les biens des habitants des
pays (1) en guerre avec la République.

Le parti modéré renforcé par les députés rentrés le
18 frimaire, s'enhardissait à demander réparation de certaines iniquités jacobines lorsque les victimes n'étaient ni
des nobles ni des prêtres. Le 28 frimaire, il avait fait décider que le représentant Bar serait envoyé dans les départements du Haut et du Bas-Rhin, pour recevoir les réclamations
des malheureux qui avaient fui devant la tyrannie de Schneider et de Saint-Just, et se trouvaient ainsi sous le coup des
lois atroces qui proscrivaient les émigrés. On évaluait à vingt
mille, au moins, le nombre des Alsaciens qui, par peur de la
fusillade et de la guillotine, avaient passé la frontière. Mais
bientôt les thermidoriens envisagèrent avec effroi les conséquences possibles d'un décret réparateur.

Tous les révolutionnaires avaient jusqu'alors proclamé
l'émigration un crime irrémissible ; c'était pour eux un dogme
politique ; aucune discussion, aucune explication n'était admise : celui qui émigrait était un traître, un criminel, un
parricide. Ceux qui déclaraient n'avoir émigré que pour sauver leurs vies, étaient des misérables qui calomniaient leur
patrie ; et la Convention avait reconnu, par un décret, qu'on
n'était point forcé de rester dans son pays, pour y être fusillé
ou guillotiné par un Schneider ou un Saint-Just ! Mais si l'on
admettait cette distinction si naturelle et si juste, entre l'émigration déterminée par l'esprit d'opposition, et l'émigration
nécessitée par la tyrannie, et la crainte trop fondée de la guillotine, il fallait aussi amnistier bien d'autres malheureux, qui
pendant la terreur avaient voulu échapper à des tyrans tout
aussi cruels que Schneider et Saint-Just. Il fallait, ce qui était
bien plus grave, examiner aussi les réclamations de ceux qui
s'étaient enfuis à d'autres époques de la révolution, au moment

---

(1) Déjà le 19 brumaire Johannot avait réclamé cette mesure. Le gouvernement
français avait séquestré, suivant Ramel, pour vingt-cinq millions de biens, mais
les gouvernements étrangers, par représailles, en auraient pris aux Français
pour cent millions ! Les déclamations contre les tyrans étrangers firent repousser d'abord cette proposition si utile par la question préalable.

des massacres de septembre! La logique et la justice ordonnaient même de remonter jusqu'au 14 juillet, et de cesser de
proscrire ceux qui avaient pris la fuite pour n'être pas brûlés
vifs dans leurs châteaux, comme M. de Falconnaire! La révolution allait donc s'infliger à elle-même un éclatant démenti,
car toutes les lois contre les émigrés repoussaient cette distinction si nécessaire, et proscrivaient impitoyablement celui
qui n'avait pas attendu les égorgeurs. De plus, il était impossible d'enlever leurs biens aux émigrés reconnus ainsi non
coupables. On risquait évidemment, par le décret du 28 frimaire, de faire tomber un des étais qui soutenaient cet édifice
de violence et de mensonge appelé le gouvernement révolutionnaire : Jacobins et thermidoriens le comprirent bien vite,
et le 18 nivôse, par l'organe de Merlin de Douai, ils réclamèrent le rapport de ce décret et le vote de lois plus rigoureuses
encore contre les émigrés et les prêtres. Les victimes de Lebon,
disaient-ils, réclamaient déjà la même faveur que les Alsaciens; il faudrait étendre ce décret à une multitude de personnes, et le crédit de la révolution, qui reposait sur les assignats et les biens des émigrés, en serait ébranlé. Peu leur
importait que 20,000 paysans fussent condamnés à mort injustement : n'avaient-ils pas fondé leur système révolutionnaire sur l'injustice et la persécution!

La Convention se laissa intimider par leurs déclamations
furieuses et, le 22 nivôse, elle rapporta le décret. Néanmoins,
elle fit une exception en faveur d'une catégorie d'émigrés qui
ne pouvaient guère enrichir le trésor public. Elle décida que les
ouvriers ou laboureurs, non ex-nobles, ou prêtres, et travaillant
habituellement de leurs mains, ne seraient pas réputés émigrés,
ainsi que leurs femmes et leurs enfants au-dessous de dix-huit ans,
s'ils n'étaient sortis du territoire de la république que depuis
le 1er mai 1793, et s'ils rentraient avant le 1er germinal pro-
chain, en justifiant de leur profession. La convention décida
donc qu'ils avaient pu fuir l'oppression depuis le 1er mai 1793,
mais non avant; et que le devoir des prêtres, des nobles, des
bourgeois et des gens qui ne vivaient pas du travail de leurs
mains, avait toujours été, même depuis le 1er mai 1793, de se
laisser égorger par les Schneider et les Saint-Just! C'était bien

le système révolutionnaire : des privilégiés à rebours! Les
biens non vendus des rentrants leur seraient restitués : s'ils
avaient été vendus, le prix en serait rendu à *titre de secours* (1).
Vu la position de fortune de ces émigrés, la république ne
s'imposait qu'un très léger sacrifice (2). Pour bien montrer
ses intentions, la Convention ordonna de poursuivre sévèrement les émigrés et les prêtres rentrés (article 2).

Les révolutionnaires violents paraissaient avoir remporté
une victoire, et cependant cette séance devait leur être fatale,
car la convention avait involontairement porté une atteinte
très grave au système qui avait été suivi invariablement depuis le commencement de la révolution, au nom du salut
public : ce système consistait à tenir toujours pour bon, pour
irrévocable, tout ce qui avait été fait à n'importe quelle
époque de la révolution et par n'importe quelle espèce
de révolutionnaires. La Convention avait fait une restriction
aux lois sur les émigrés, en considération d'une certaine époque, et de certains individus; la logique lui imposait d'aller
beaucoup plus loin dans cette voie.

Un peu plus tard la Convention, en rappelant les proscrits
du 31 mai, feignit d'ignorer que quelques-uns d'entre eux
avaient franchi la frontière, émigré, en un mot, pour échapper aux jacobins. Ils auraient dû s'en souvenir, mais les survivants des girondins rappelés par la Convention, dans un
moment de crise, ne devaient pas exercer sur ses décisions
une salutaire influence. Soit à la Législative, soit à la Convention, ils avaient déjà fait beaucoup de mal par leur impiété persécutrice et leur manie de propagande révolutionnaire à l'étranger, plus forte peut-être chez eux que chez les

(1) On rendra en assignats : ils perdent déjà près de 80 pour 100, car le louis
de 24 livres en vaut 120 en papier: le 5 pluviôse il en vaudra 130, le 6 ventôse
137, le 1er germinal 204. On voit que les propriétaires dépossédés seront singulièrement frustrés. On dira que ces biens avaient été nécessairement payés en
assignats, mais à la fin de l'an II le louis valait seulement de 80 à 70 livres;
l'État s'enrichit donc de la différence : et beaucoup de ces ventes avaient été
faites sans tenir compte des formalités légales.

(2) Les fugitifs non compris dans cette catégorie, qui seraient rentrés en
France par suite d'une confiance anticipée dans le décret du 28 frimaire, obtinrent, sur la demande de Bourdon de l'Oise, un délai raisonnable pour repasser la frontière.

jacobins, et par leur lâcheté devant les attentats des révolutionnaires violents. Peu de temps après leur rentrée, on eût pu dire de ces révolutionnaires si étrangement surfaits, qu'ils n'avaient rien oublié ni rien appris.

Ils étaient arrivés à la Convention en 1792, très imbus d'utopies républicaines. Les chefs du parti avaient voté la mort de Louis XVI, ils se refusaient par orgueil à renier ce vote donné par lâcheté, ils en étaient même plus éloignés que certains jacobins. Rappelés à la Convention par un heureux concours de circonstances et non par la résurrection de leur parti, ils se croient redevenus les maîtres de la situation. Quand bien même la France tout entière se serait soulevée en leur faveur, et aurait immolé Marat, Danton et Robespierre pour punir le 31 mai, et venger leur injure, il leur aurait été difficile de se montrer plus présomptueux. Ni le 31 mai ni la Terreur n'ont pu dissiper leurs illusions (1). Ces hommes qui malgré tant de concessions honteuses, aux passions et aux convoitises jacobines, s'étaient montrés en 1792 et 1793 si impuissants à fixer la révolution à leur profit, veulent après tant de bouleversements recommencer l'entreprise qu'ils avaient conduite avec tant d'ineptie : ils s'opposent par tous les moyens, au retour de la monarchie de 89, qu'il repoussent tout autant que celle de l'ancien régime. Ils recommencent contre les royalistes constitutionnels, cette guerre acharnée qui avait déjà abouti au 10 août. Ils maintiennent les lois de persécution religieuse qu'ils ont votées avant le 31 mai, avec les terroristes, et ils feront plusieurs fois décréter par la Convention que ces odieuses lois doivent être strictement appliquées. Maintenant que les thermidoriens les ont débarrassés de leurs redoutables rivaux, les jacobins du 10 août, ils reviennent à leurs illusions de 1792, et rêvent une république dont ils seront les maîtres; mais ils n'ont pour établir cette république aucun plan sérieux, et ne sont du reste guidés par aucune conviction réfléchie. Leur révolution du 10 août a renversé la royauté constitutionnelle : il

_____

(1) « Les écrits qu'ont publiés plusieurs d'entre eux depuis leur résurrection font horreur. On est à comprendre comment des hommes qui ont passé par de pareilles épreuves sont encore aussi aveugles et aussi forcenés.. » (Mallet du Pan, *Correspondance*, t. 1, p. 153.)

ne faut plus de roi! La Convention, chargée de fabriquer une constitution nouvelle, a été empêchée par le 31 mai d'adopter la constitution girondine, et les jacobins lui ont imposé la leur : qu'elle se remette à la besogne, et que la Révolution poursuive sa marche en arborant cette double devise : « Haine à la royauté, et Persécution religieuse. » Ils vont s'obstiner dans cette œuvre de négation, et de concert avec les jacobins, frayer la voie au despotisme consulaire et impérial, dont ces farouches républicains prendront aisément leur parti.

Pour le moment, girondins et thermidoriens sont unis contre les membres des anciens comités, et les terroristes vont faire de grands efforts pour sauver ces derniers. Afin de détourner l'attention de ce procès, ils soulèvent la question si grave du gouvernement définitif, et demandent qu'on applique la constitution de 93. Ils s'agitent toujours dans le Midi (1). A Paris, il y eut des troubles assez graves dans le jardin des Tuileries le 1er germinal (21 mars). Ensuite les jacobins qui avaient envoyé la section des Quinze-Vingts faire à la Convention une sorte de sommation de proclamer la constitution de 1793, organisèrent contre elle un mouvement assez sérieux ; mais les jeunes gens qui étaient leurs adversaires habituels, les renvoyèrent dans leurs faubourgs après leur avoir administré force coups de cannes. D'après les terroristes, les modérés et les girondins rentrés veulent enterrer la constitution de 93. Les thermidoriens, pour parer le coup, protestent qu'ils aiment, qu'ils adorent cette constitution, et jurent de la mettre à exécution, lorsque la Convention aura fait de bonnes lois organiques, qui sont indispensables à son fonctionnement. Mais la Convention, très inquiète, vote le 1er germinal, sur le rapport de Sièyes, un décret contre les séditions royalistes et anarchistes. En cas de violence, elle se retirera à Châlons-sur-Marne, et y rassemblera une armée.

(1) A Avignon les terroristes voulant imiter la révolte de leurs frères de Marseille contre Auguis et Serres, avaient fait une émeute et tué un portefaix. Le 29 ventôse, l'agent national écrivait au comité : « Je m'empresse de vous apprendre que aujourd'hui, à dix heures du matin, sept des scélérats qui avaient trempé leurs mains criminelles dans le sang du brave Pothier, et qui voulaient aussi égorger le représentant du peuple Jean Debry, votre digne collègue, ont subi sur l'échafaud la peine due à leurs forfaits. Quatre autres monstres de la même bande ont été aussi condamnés à mort par contumace. » (Arch. nat., C, II, 153.)

Les terroristes réclament à grands cris la constitution de 93 ;
c'est pour eux un moyen commode d'agitation pendant le procès des membres des anciens comités. Le 2 germinal, la Convention commença l'examen des accusations portées contre
eux. Billaud, Collot et Barère comparurent devant elle ; Vadier
s'était enfui. Deux membres du comité de salut public, qui
n'avaient point été mis en cause, mais qui avaient signé avec
les prévenus des arrêtés fortement incriminés, Robert Lindet
et Carnot, demandèrent à être entendus. Carnot voulait répudier la responsabilité morale de ses signatures, surtout de
celles qu'il avait mises à la suite de l'instruction donnée par
le comité de salut public à la sanglante commission d'Orange, et
d'une lettre adressée par ce comité à Joseph Lebon pour étendre ses pouvoirs. Il prétendait avoir longtemps ignoré l'existence de la commission d'Orange, et n'avoir cessé de demander
le rappel de Lebon ! Il essaya donc de démontrer que les signatures des membres des comités, mises au bas des arrêtés traitant
une matière qui ne leur était pas particulièrement confiée, ne
pouvaient les engager en aucune façon, et n'étaient « que de simples vus, une opération purement mécanique (1). » Carnot sentait la nécessité de s'excuser d'être resté si longtemps associé
à des scélérats ; mais il ne trouvait pour se justifier que de pitoyables raisons et des sophismes à la fois odieux et absurdes.

La discussion des actes de l'ancien comité occupa la plupart des séances de la Convention jusqu'au 12 germinal. Souvent dans cette discussion les amis des accusés embarrassent
singulièrement certains de leurs accusateurs, en rappelant
qu'ils ont proscrit et terrorisé avec eux. Ces deux groupes de
révolutionnaires luttent d'impudence et de mauvaise foi, et
se renvoient d'atroces accusations, trop souvent méritées des
deux parts.

Les jacobins de Paris se sentent perdus s'ils ne reprennent
le pouvoir par un coup de force contre la Convention : aussi

---

(1) Il rejeta commodément sur Robespierre et ses complices, tous les actes
criminels de la Terreur ; mais son système de défense consiste à soutenir que
le peuple avait voulu tout ce qui avait été fait, et que ses représentants avaient
dû se conformer à sa volonté, quelle que fût leur opinion intime. « Le peuple peut
se tromper, *mais jamais il n'est coupable, car il le serait contre lui-même.* »
C'est la théorie de Robespierre ! (*Débats et décrets*, germinal III, p. 55.)

profitent-ils de la misère publique dont ils sont pourtant les auteurs, pour affoler cette populace qui manque de pain, et la jeter sur la Convention. Ils sont parvenus à lui faire croire que la constitution de 93 lui donnera du pain, et qu'il faut envahir la Convention, pour lui arracher la proclamation de cette bienheureuse constitution (1) à laquelle ils tenaient plus que jamais, car elle leur fournissait un prétexte de rappeler au pays qu'il vivait sous un régime de dictature provisoire, et d'accuser les thermidoriens d'usurpation. Le mot d'ordre, dans les faubourgs, est de se porter à la Convention pour demander du pain, la constitution de 93, et la liberté des patriotes déte- nus, c'est-à-dire des voleurs et des assassins terroristes. Comme en 1789 ils ont soin de pousser une foule de femmes en avant : les unes tricoteuses de la guillotine, filles publiques ; les autres appartenant au vrai peuple, et souffrant très réellement, mais affolées par la misère. Par malheur le 7 germinal (27 mars) la farine manqua ; on ne put distribuer que la moitié de la ra- tion ordinaire, et il y eut une émeute de femmes. On voyait que les jacobins allaient exploiter la disette pour tenter un coup désespéré. En Provence, ils se soulevaient de nouveau. Certains députés s'effrayaient, et proposaient à la Convention d'étran- ges expédients pour en finir avec le procès des comités (2). D'autres se demandaient s'il n'était pas opportun d'enlever aux jacobins leur grand prétexte d'agitation, en annonçant la mise à exécution très prochaine de la constitution de 93. Merlin de Thionville proposa de l'appliquer immédiatement, en orga- nisant seulement le pouvoir exécutif, de renvoyer le procès des comités à la prochaine législature, et de convoquer les assemblées primaires pour le 10 floréal. Merlin de Douai demanda qu'elles fussent convoquées le 1er floréal; la Con- vention ferait aussitôt les lois organiques qui étaient indis- pensables, et elle serait remplacée le 1er prairial par la nouvelle assemblée. La Convention parut favorable à cette

(1) Déjà le 27 ventôse de prétendus pétitionnaires étaient venus sommer à grands cris la Convention de faire cesser la famine ; le tumulte se communiqua au vestibule où se trouvait une populace furieuse qui essaya de forcer les portes de la Convention.

(2) Ainsi le 8 germinal Rouzet proposa de recourir à l'ostracisme contre les députés accusés.

proposition et ajourna la discussion à trois jours ; mais le 10, les thermidoriens qui avaient pris l'alarme firent rejeter la proposition de Merlin (1) ; elle décida toutefois qu'une commission de sept membres lui présenterait une série de lois organiques. Les violents comprirent que c'en était fait de leur constitution de 93. Depuis quelque temps, ils méditaient avec la fraction des thermidoriens revenue à la Montagne après la rentrée des girondins, un coup de force contre la Convention : ils le tentèrent le 12 germinal (1er avril) (2). La Convention fut pendant quelque temps envahie par une foule ignoble d'hommes et de femmes réclamant du pain, la constitution de 93, et la liberté des patriotes détenus, mais elle fut enfin délivrée par la jeunesse dorée et par les bataillons des sections fidèles. Pris en flagrant délit, les terroristes, avec leur impudence habituelle, rejetaient l'envahissement de la Convention sur les royalistes et sur l'Angleterre. La connivence de plusieurs députés avec les envahisseurs était évidente : la Convention décréta d'abord l'arrestation de Chasles, Choudieu et Foussedoire, et nomma Pichegru général en chef de la force armée de Paris. L'attention publique était alors portée sur lui à cause des brillants succès qu'il venait de remporter en Hollande ; il était en outre en grande faveur auprès des modérés. Les thermidoriens profitèrent de l'attentat du 12 germinal pour se débarrasser d'un procès qui donnait lieu à des révélations très dangereuses pour eux-mêmes. Sur la proposition d'André Dumont, la Convention décréta brusquement la déportation sans jugement des quatre prévenus : Huguet. Léonard Bourdon, Ruamps, Duhem furent en outre décrétés d'arrestation.

(1) Elle parut prématurée à bien des gens qui s'effrayaient à la pensée de voir disparaître la seule autorité existante au moment d'une crise terrible sur les subsistances. Les thermidoriens avaient d'abord approuvé cette proposition dans l'espoir de prendre la France à l'improviste par des élections inattendues et de se faire réélire seuls. Mais les ennemis de la royauté réfléchirent bien vite que le royalisme avait regagné beaucoup de terrain et que la masse des électeurs, craignant toujours le retour de la Terreur, et désireuse d'en finir, les élaguerait et voterait pour des royalistes ou des constitutionnels. Aussi le 10, Louvet et Chénier parlèrent avec vigueur contre la proposition. « Oui, s'écria Chénier, l'aristocratie médite des complots ; le royalisme nourrit un espoir coupable. »

(2) La ration venait d'être réduite à un quart de livre !

La Convention était d'autant plus inquiète que les terroristes
ne s'insurgeaient pas seulement à Paris : ils venaient de susciter
des émeutes à Toulon, et d'y commettre des assassinats. Le 16
germinal elle décréta encore d'arrestation, Moyse Bayle, Cambon, Granet, Hentz, Levasseur de la Sarthe, Crassous, Lecointre,
et Thuriot; et le 20, elle prescrivit le désarmement immédiat
« des hommes connus dans leurs sections comme ayant participé aux horreurs commises sous la tyrannie qui a précédé
le 9 thermidor, » c'est-à-dire de tous les jacobins.

Il y eut aussi dans plusieurs villes des troubles très graves.
L'insurrection du 12 germinal à Paris eut son contre-coup à
Amiens. Le 14, il y eut dans cette ville une émeute où les
femmes jouèrent le principal rôle, mais elle fut réellement amenée par la famine (1). Il y eut à Rouen, les 12, 13 et 14 germinal, des soulèvements très graves, mais dans le sens
royaliste et sans aucune liaison avec l'émeute de Paris. La population avait désarmé la garde nationale, abattu les arbres
de liberté, arraché les cocardes nationales en demandant
un roi, la paix et du pain. Au lieu de profiter de l'effervescence
du peuple, les royalistes qui craignaient des scènes de pillage,
se donnèrent beaucoup de peine pour apaiser le tumulte. Le
sage Mallet du Pan, quoique toujours hostile aux moyens violents, déclara qu'ils avaient agi très sottement (2).

La Convention était décidée à en finir non seulement avec la
Montagne, mais avec la constitution de 93. Le 29 germinal (18
avril), Cambacérès présenta le rapport de la commission nommée le 10 pour préparer des lois organiques. Il démontra

(1) Le représentant en mission, Blaux, déclara qu'on distribuait ordinairement
à Amiens, deux, trois onces par jour. A la fin de germinal, les rations furent
encore plus faibles. Le 21 on ne donna qu'une once, le lendemain deux. Le 26
le conseil général constate « qu'il n'a été distribué *hier au soir aucun grain aux
boulangers, que la presque totalité des habitants de la commune sont exténués,
de besoin et tombent d'inanition.* » (Arch., AF, II, 94).

(2) « Depuis les ducs et pairs jusqu'aux boutiquiers, les propriétaires aisés
voudraient obtenir un roi, sans risque personnel pour eux. Toute insurrection,
même celle qui favoriserait la royauté, leur fait peur... L'émeute de Rouen, le
mois dernier, était de telle nature, qu'elle eût entraîné la proclamation subite
du roi si les propriétaires royalistes ne se fussent opposés à ses progrès, pour
prévenir le pillage possible de quelques magasins. » (*Correspondance*, t. I,
192.)

que la constitution était incomplète, et la Convention vota qu'il serait nommé le 2 floréal une commission chargée de présenter des lois sur tous les sujets que la constitution devait traiter. Par hypocrisie, on dit que ces lois étaient destinées à « mettre en activité la constitution. » Mais elle était évidemment chargée d'en faire une nouvelle. Les révolutionnaires ne pouvaient s'y tromper.

Réduits à leurs seules forces, les jacobins n'étaient pas très redoutables, mais la Convention avait tout lieu de craindre d'être envahie de nouveau et chassée par cette multitude d'affamés qu'ils ne cessaient d'exciter contre elle. Paris souffrait horriblement de la famine, et le jour où le pain manquerait tout à fait, ne fût-ce que pour quelques heures, il fallait s'attendre à voir une multitude innombrable se ruer sur la Convention. Aussi le comité de salut public faisait venir à grands frais des blés des départements voisins, au risque d'affamer de nombreuses localités, mais tout était sacrifié au Paris révolutionnaire. Plusieurs départements n'avaient pas fourni assez de blé pour leur subsistance; et bien des villes souffraient aussi de la famine; dans certaines campagnes on ne vivait que de pain de son, d'herbes bouillies, et les paysans, faute d'une nourriture suffisante, n'avaient plus assez de force pour travailler (1).

L'alimentation de Paris, si insuffisante pourtant, nécessite des mesures exceptionnelles et des dépenses effrayantes. Car le gouvernement fait les distributions de ce pain si péniblement obtenu à un prix très inférieur à celui d'achat; et à mesure que l'assignat baisse, la dépense augmente dans des proportions fabuleuses. En floréal an III, le pain qu'on livre à trois sous revient à quatre francs; avec huit mille quintaux que l'on consomme par jour, il faudrait à ce taux dépenser douze cents millions par an ! Mais l'assignat baisse toujours, et quelques mois plus tard, le sac de farine revient à 13,000 livres, et en frimaire an IV cette même dépense revient à cinq cent quarante-six millions par mois pour nourrir bien peu les Parisiens (2). En ventôse an III

(1) M. Taine, *Révolution*, t. III, p. 523 et suiv., donne de nombreux documents, établissant qu'une grande partie de la France était alors désolée par la famine.

(2) Il envoyait dans les départements voisins des députés chargés de prendre des mesures extraordinaires pour assurer l'approvisionnement de la capitale.

la ration de pain fut réduite à une livre et demie ; à la fin du mois, elle fut maintenue pour les travailleurs, mais réduite à une livre pour les autres (17 mars 27 ventôse). Le 11 germinal (31 mars) le comité de salut public, à bout de ressources, réduit toutes les rations à un quart de livre. C'est la moyenne ! on donne tantôt un peu plus, tantôt un peu moins, et ce pain est détestable. On délivre un quart de viande tous les cinq ou dix jours. Comme avant thermidor, il faut faire la queue dès l'aube pour tenter d'obtenir quelques aliments.

Le comité de salut public prenait sans cesse, dans l'intérêt de la population de Paris, des mesures exceptionnelles, et cependant cette malheureuse population était épuisée par la faim. Les rapports de police font connaître une quantité de faits navrants (1).

Le mal vient surtout de la cherté des vivres qui est effroyable, et qui augmente constamment avec la baisse des assignats. Ainsi le boisseau de pommes de terres est à quinze livres en germinal, à vingt à la fin du mois, à quarante-cinq en messidor ; il montera jusqu'à 224 (2).

Le 12 germinal, beaucoup d'affamés s'étaient joints aux

Le 18 ventôse, sur la demande du député Fleury, qu'il avait envoyé dans le département de l'Eure, il prit un arrêté déclarant que tous les blés de ce département étaient réputés préachetés pour Paris, et pourtant « Paris touche au moment de sa perte, si vous ne venez promptement à son secours. » Le 19, il pousse encore un appel désespéré : l'arrivage a complètement manqué et il est à craindre qu'il n'en soit de même pendant plusieurs jours. (*Revue de la Révolution*, t. 10, p. 137, article de M. Philippe Muller. *La Disette en 1795*).

(1) Ainsi le 21 floréal « les inspecteurs déclarent que dans les rues on rencontre beaucoup de personnes qui tombent de faiblesse et d'inanition. » Le 25, « dans la section des Gravilliers, on a trouvé deux hommes morts d'inanition. » Le 28, « quantité d'individus tombent de faiblesse faute de nourriture ; hier un homme a été trouvé mort, et d'autres épuisés de besoin ; » 19 messidor « il a été trouvé au coin d'une borne, un homme qui venait de mourir de faim. » Les rapports de police signalent fréquemment des suicides causés par l'extrême misère.

(2) Le beurre qui le 14 germinal est à huit francs la livre, est monté à 16, le 28 messidor trois mois et demi plus tard, et ainsi de toutes les denrées. Il ne faut pas s'en étonner. Le louis de 24 livres valait le 11 thermidor 74 livres assignats. Mais la guillotine cesse de soutenir l'assignat, l'on fait des émissions nouvelles : et il baisse tous les jours. En fructidor, le louis vaut 77 livres, en vendémiaire 83, trois mois après, en nivôse, 120, en floréal, 229. Alors le papier descend plus rapidement que jamais. Le 9 prairial le louis vaut 415, le 17, 577, le 1er messidor 893, à la fin de l'an III il vaut 1169, deux mois plus tard il dépassera 3000.

émeutiers pour demander du pain avec eux, mais il ne se souciaient guère de la constitution de 93. On en avait même entendu
crier : « Du pain, et ouvrez les portes du Temple! » Les révolutionnaires en furent très effrayés. Sans doute les esprits revenaient à la monarchie, mais les royalistes trop confiants ne
savaient pas s'organiser contre des adversaires sans scrupule,
qui disposaient en outre de toutes les forces de l'État.

Bien que les partisans de la royauté fussent venus au secours
de la Convention, les thermidoriens se mirent à déclamer
comme du temps de Robespierre, contre la prétendue coalition
des royalistes et des terroristes, et à réclamer des mesures rigoureuses contre les premiers. Fréron proposa le 17 germinal
de supprimer la peine de mort pour tous les délits révolutionnaires, sauf la trahison militaire, l'intelligence criminelle avec
l'étranger, la fabrication de faux assignats, l'émigration et la
provocation à la royauté. Maintenant les thermidoriens, malgré
le 12 germinal, cherchent à se concilier les terroristes en frappant sur les royalistes, qui ont fait de grands progrès grâce au
procès des comités si malencontreux pour les faux modérés.
Pour amadouer les violents, ils chargent une commission, de
préparer des lois organiques : en réalité elle doit fabriquer
une constitution très bourgeoise à leur usage.

Mais les terroristes ne sont point découragés par leur défaite du 12 germinal. Dans le Midi, à Avignon, à Marseille, à
Toulon, ils continuent à menacer les populations du retour
de la Terreur. Les modérés de toute catégorie leur tiennent
tête. Les anciens partisans des girondins proscrits en 1793, désireux de venger leurs parents et amis égorgés par les jacobins,
et craignant pour eux-mêmes, se livrent parfois à de sanglantes
représailles. Ces actes de vengeance commis par des girondins ou même par des dantonistes qui voulaient châtier les *robespierrots*, étaient imputés alors, et sont imputés encore par
les historiens révolutionnaires et libéraux, aux royalistes et
aux émigrés rentrés. A Paris, les terroristes se préparaient à
envahir de nouveau la Convention pour lui faire réintégrer les
députés détenus à cause du 12 germinal, annuler les condamnations portées contre les membres des anciens comités,
chasser les girondins, et enfin proclamer la constitution de

1793. Le coup devait être fait le 7 floréal, mais l'un des conjurés dénonça le complot : le député Montaut fut arrêté immédiatement. La découverte de cette nouvelle conspiration jacobine surexcita vivement les esprits. Les Lyonnais, dont les parents et amis avaient été fusillés, sabrés, mitraillés en masse
par les terroristes, envahirent les prisons, le 5 floréal (24 avril)
et y massacrèrent soixante-dix à quatre-vingts jacobins. Les
thermidoriens furent très effrayés de cette justice sommaire
qu'ils avaient applaudie, et même pratiquée contre les prêtres
et les modérés. Les populations du Midi étaient altérées de
vengeance contre les agents de la Terreur.

La Convention est alors méprisée, haïe au dernier point, et
par le peuple et par la partie éclairée de la population, mais
celle-ci reste dans l'inertie la plus complète ; on ne songe qu'à
s'amuser. Les thermidoriens ont peur des terroristes, mais affectent de craindre encore plus les royalistes. Le 11 floréal la
Convention reprend la persécution religieuse, et ordonne de
faire la chasse aux prêtres. Cependant elle n'adopte pas une
ligne de conduite invariable, et ne rend que des décrets de circonstance. Le gouvernement semble toujours sur le point de
tomber, mais personne ne l'attaque résolument ; l'indignation,
le mépris qu'il inspire s'exhalent en vaines paroles (1). La
terreur a usé toutes les énergies (2). Les thermidoriens ont
peur maintenant d'être punis sévèrement de leur participation
aux crimes de la Terreur. Ils cherchent à entraver la liberté
de la presse, ils suspendent le désarmement des terroristes
malgré les réclamations des sections. Sauvés par les modérés,
le 12 germinal, ils se retournent maintenant contre eux.

De nombreux partisans de la Révolution avaient été vic-

---

(1) La discussion des principes était devenue moins dangereuse. Les lois
infligeaient la peine de mort à quiconque parlait de royauté : cependant l'a-
vocat Lacroix qui avait commis ce crime, fut absous à l'unanimité au commencement de ventôse. Il avait, entre autres choses, proposé de faire voter les
citoyens par oui, ou par non, sur la constitution de 1791, sur celle de 1793, sur
une paix honorable si elle était offerte par les coalisés,

(2) « Quant à la classe des propriétaires et des gens honnêtes, ils raisonnent
comme raisonnaient les constitutionnels en 1792. « On vit d'espérances. « L'égoïsme
et la peur sont encore là les sentiments dominants. On ne veut rien risquer :
on redoute les crises ; on n'a pas le courage de les prévenir une fois pour
toutes. » (Mallet du Pan, t. I, p. 187-188).

times des tribunaux révolutionnaires, et leurs biens confisqués à la suite de ces prétendus jugements; leurs familles se trouvaient dans la détresse la plus complète. Les modérés et les girondins rentrés auraient voulu abolir les effets de cette odieuse confiscation, pour leurs seuls amis; mais il aurait fallu reviser chaque procès, et c'était impraticable pour beaucoup de raisons. Ils se trouvèrent donc dans la nécessité de rompre complètement avec la révolution violente, et d'exiger la restitution des biens de tout individu condamné par un tribunal révolutionnaire quelconque. Partout on flétrissait les tribunaux révolutionnaires, on proclamait l'iniquité et la scélératesse des juges, et Fouquier-Tinville allait rendre compte de ses crimes; comment pouvait-on maintenir les confiscations prononcées par des hommes que tout le monde qualifiait de prévaricateurs et d'assassins (1)! Les thermidoriens l'essayèrent pourtant, mais l'indignation publique était trop forte, et les girondins étaient trop intéressés dans la question. Ils demandèrent nettement la restitution des confiscations le 29 germinal, à propos de la condamnation inique de leur collègue Dechézeaux. Le 14 floréal (3 mai), après une longue lutte, la Convention déclara le principe de la confiscation maintenu « à l'égard des conspirateurs, des émigrés et de leurs complices, des fabricateurs et distributeurs de faux assignats, de fausse monnaie, des dilapidateurs de la fortune publique, et de la famille des Bourbons. » Mais vu l'abus qui a été fait des lois révolutionnaires, les biens des condamnés, depuis le 10 mars 1793, seront rendus à leurs familles, sauf les exceptions à établir. Le 21 prairial (9 juin) (2) les confiscations

---

(1) Les jacobins prétendaient qu'il y avait eu des coupables parmi les condamnés. Louvet leur répondit ainsi le 13 floréal : « Ils ont été déclarés *contre-révolutionnaires*, par qui? par des hommes qui massacraient aux portes des prisons au mois de septembre, *et qui depuis, sans changer de rôle*, *changeant d'habits*, osèrent s'asseoir sur les bancs d'un tribunal et s'appeler des juges.. » (*Débats et décrets*, floréal, an III, p. 220.)

(2) Le 20 frimaire la Convention suspendit provisoirement la vente des biens mobiliers des condamnés pour mettre fin à un infâme pillage. Une quantité de commissaires, d'agents de toute sorte, venait fondre sur les maisons des malheureux déférés au tribunal révolutionnaire, et même avant le jugement, pillait le mobilier du condamné et en même temps celui qui appartenait à sa femme et à ses enfants. Les révolutionnaires furent consternés. Le 22, Lecointre et Clauzel sup-

des biens des criminels indiqués dans la loi du 14 floréal, de Louis XVI, de sa veuve, de sa sœur, et de Philippe d'Orléans, des membres de la famille des Bourbons et des Dubarry furent maintenues, avec celles des robespierristes exécutés à la suite du 9 thermidor. Les autres confiscations n'étaient annulées que pour les jugements rendus jusqu'au jour de l'installation du tribunal révolutionnaire réorganisé en exécution de la loi du 8 nivôse an III.

Les ventes déjà faites des biens confisqués, avant de décret de surséance du 30 ventôse, furent maintenues. Le prix seul qui avait été, ou qui serait payé devait être restitué aux héritiers par respect pour le principe de la stabilité des ventes des biens nationaux. Les héritiers qui se trouvèrent dans cette situation subirent un préjudice considérable, car on les remboursa en bons au porteur admissibles seulement en payement de biens d'émigrés, et qui subirent immédiatement une dépréciation très considérable (1).

plièrent la Convention de ne point rétrograder, et elle eut la faiblesse de rapporter son décret et de déclarer qu'elle n'admettrait jamais aucune revision des jugements révolutionnaires. Mais les girondins proscrits ne tinrent aucun compte de cet engagement et s'élevèrent avec force contre les confiscations des tribunaux révolutionnaires. Les jacobins et les thermidoriens objectaient sans cesse que la Convention commettrait une grave inconséquence en restituant les biens des condamnés, et maintenant la confiscation contre les émigrés; en effet, la plupart d'entre eux n'avaient émigré que pour échapper à ces tribunaux iniques dont on annulait les jugements parce qu'ils n'avaient pas jugé mais assassiné, comme Louvet (qui avait émigré lui-même) le proclamait hautement; et les révolutionnaires non girondins criaient avec rage, que dans la suite on en viendrait à distinguer diverses catégories d'émigrés. Mais les émigrés après tout sont-ils plus coupables que les condamnés? Qui prouve, disait Villetard, que celui qui s'est rangé ouvertement parmi les ennemis, est plus criminel que celui qui est resté pour faire une guerre sournoise? (13 floréal). Ce raisonnement est très juste et il stigmatise la législation faite contre les émigrés. La logique et la prudence obligeaient en effet de traiter les suspects restés en France aussi durement que les émigrés, car ils étaient plus dangereux.

(1) La loi du 6e jour complémentaire de l'an III, décide comment ces bons seront expédiés. Il sera fait des coupures de 500 livres, de 2000, de 5000 et de 10,000. Tout payement de moins de 500 livres aura lieu en assignats, ce qui aggrave beaucoup la situation des héritiers. Supposons en effet un bien vendu, en prairial an II, 450 livres en assignats, le louis est alors à 80 livres; l'état a reçu 135 livres en argent : il restitue le 1er brumaire an IV; alors le louis vaut 1685 livres, il ne donne que 6 francs! un peu plus tard il ne rendra plus que quelques sous.

Heureusement pour les intéressés, la loi de 1825 sur la restitution des biens des émigrés leur remboursa la différence entre la valeur réelle de ces bons et celle des immeubles aliénés par la révolution.

La restitution décrétée des biens des victimes de la justice révolutionnaire, et l'exécution de Fouquier-Tinville et de quinze de ses complices (19 floréal), ne pouvaient manquer d'exaspérer les terroristes. Bien loin de se laisser amadouer par la faveur que la Convention leur montrait depuis quelque temps, ils avaient formé un comité d'insurrection. Le 30 floréal au soir (19 mai) ce comité fit répandre dans Paris un manifeste, au nom du peuple qui veut avoir du pain et recouvrer ses droits. Il enjoignait aux habitants de Paris de se rendre en masse à la Convention, en portant sur leur chapeau ces mots : « Du pain et la constitution de 93. » Ils doivent en outre demander la destitution des membres du gouvernement et l'arrestation de certains d'entre eux, la mise en liberté des patriotes détenus, etc. Les barrières doivent être fermées, tout pouvoir non émané du peuple est suspendu, les soldats sont invités à passer à l'émeute. Le lendemain, au point du jour, tous les quartiers populeux de Paris étaient en insurrection : les jacobins y sonnaient le tocsin et battaient la générale. Plusieurs sections révolutionnaires en armes, et une multitude de femmes, de gens ivres, de bandits armés de piques, de sabres, d'armes de toute espèce, se dirigèrent vers les Tuileries pour envahir de nouveau la Convention.

Nous n'essayerons pas de refaire le récit de la terrible journée du 1 prairial (20 mai). Nous n'écrivons point l'histoire détaillée de la Convention ; nous voulons seulement attirer l'attention du lecteur sur les événements qui ont amené l'établissement en France du régime directorial... La Convention, après avoir été pendant de longues heures, accablée d'outrages, après avoir vu égorger un de ses membres, le malheureux Féraud, fut sauvée par ces sections quatre-vingt-neuvistes qui désiraient vivement être bientôt débarrassées d'elle. Et la Convention délivrée, annule aussitôt les prétendus décrets, rendus pendant son envahissement, fait brûler les feuilles et décrète d'arrestation, les députés Bourbotte, Duquesnoy, Duroy, Prieur de la Marne, Romme, Soubrany, Goujon, Albitte aîné, Peyssard, Pinet aîné, Borie, Fayau, Rühl et Lecarpentier, complices de ses envahisseurs.

Le lendemain, faute de précautions suffisantes, elle se laissa surprendre par trois bataillons armés du faubourg Saint-Antoine, et faillit être encore envahie. Elle profita du moins de cette leçon, et agit désormais avec plus de prévoyance et de vigueur, sous l'impulsion des sections fidèles qui venaient l'inviter à punir sévèrement les perturbateurs. Le 3 prairial, elle apprit qu'un des assassins de Féraud, condamné à mort par une commission militaire qu'elle venait d'établir, avait été délivré par la populace, au moment où il allait être exécuté, et mené par elle en triomphe au faubourg Saint-Antoine, dont l'émeute était encore maîtresse. Réconfortée par la présence des troupes régulières, la Convention montra cette fois une énergie inaccoutumée, et mit en mouvement plus de vingt mille hommes contre le faubourg Saint-Antoine qui s'empressa de capituler (1). Elle décida que les rebelles seraient jugés par une Commission militaire et que les sections en révolte seraient désarmées. Elle résolut de punir Barère, Billaud, Collot et Vadier de l'attentat commis par ceux qui voulaient les délivrer; le 5 prairial (24 mai) elle rapporta le décret qui les bannissait et décida qu'ils seraient jugés par le tribunal criminel de la Charente. Elle renvoya aussi Pache, Audoin, et Bouchotte devant le tribunal d'Eure-et-Loir, et décréta d'arrestation les députés Esnue Lavallée et Forestier, et le fameux Rossignol. Les thermidoriens sont maintenant décidés à se débarrasser de certains terroristes. La Convention décréta en outre, sur la demande de Barère, que les membres de la fameuse commission révolutionnaire d'Orange, seraient jugés par le tribunal de Vaucluse : d'autres terroristes furent renvoyés devant le tribunal des Ardennes. On se mit à désarmer très sérieusement les anarchistes et à réorganiser la garde nationale; les jacobins de Paris furent complètement réduits à l'impuissance.

Le 1er prairial, la Convention avait failli être complètement balayée. « Si les jacobins eussent eu des chefs de quelque habileté, dit très bien Mallet du Pan; si au lieu de tuer un député, ils en avaient tué dix, la Convention disparaissait pour toujours. » Les sections modérées étaient venues d'abord assez

---

(1) Les fiers-à-bras du fameux faubourg se gardèrent bien de tirer un coup de fusil, et rendirent leurs canons avec l'assassin de Féraud qui fut exécuté.

lentement à son secours, car elles la détestaient et la méprisaient au fond du cœur; les partisans de Lafayette avaient donc sauvé les Tallien, les Legendre, les Barras qui, six mois plus tard, en vendémiaire, devaient si bien les mitrailler avec l'appui de leurs envahisseurs du 1er prairial!

Le plan des meneurs terroristes était de susciter à peu près le même jour des émeutes dans de nombreuses localités. Le 29 floréal les ouvriers de l'arsenal de Toulon et les révolutionnaires locaux, au nombre de plusieurs milliers, s'emparèrent des armes de l'arsenal, se portèrent aux prisons, et pour donner un semblant de légalité à leurs actes, sommèrent les commissaires de la Convention, Niou et Brunel, de signer la mise en liberté des patriotes qu'ils venaient délivrer de force. Les députés eurent la faiblesse de leur céder, mais Brunel, dans son désespoir, se tira presque aussitôt un coup de pistolet. Niou se réfugia sur un bâtiment de guerre. Toulon se trouvait à la discrétion de huit mille émeutiers en armes : ils voulaient empêcher l'escadre de quitter la rade, et s'en rendre maîtres avec l'aide d'une fraction des équipages; mais le but principal de l'insurrection était de s'emparer de Marseille avec l'aide des frères et amis de cette ville, puis de former avec les jacobins du Midi, et les soldats séduits, une armée qui marcherait sur Paris. Le député Charbonnier s'était mis du côté des Jacobins; à Toulon comme à Paris, le cri de ralliement était la constitution de 93. La Convention exaspérée, vota une série de mesures vigoureuses, et renvoya les députés Rühl, Romme, Duroi, Goujon, Forestier, Albitte aîné, Bourbotte, Duquesnoy, Prieur de la Marne, comme auteurs ou complices de l'insurrection du 1er prairial, devant la commission militaire. En outre, elle décréta d'accusation les députés Salicetti, Escudier, Ricord, Panis, Laignelot et Thirion. Charbonnier, compromis dans l'insurrection du Midi, devait être jugé à Toulon. La Convention, après la terrible journée du 1er prairial, après les décrets qu'elle venait de rendre contre les députés complices des insurgés, devait être naturellement entraînée à sévir contre ceux des terroristes qu'elle avait ménagés jusqu'alors; on réclama vivement l'arrestation de tous les membres des anciens comités de salut public et de sûreté

4.

générale. La Convention ne fit grâce qu'à Louis du Bas-Rhin, Prieur de la Côte-d'Or, et Carnot. Les autres membres des anciens comités, Robert Lindet, Vouland, Jagot, Élie Lacoste, David, Lavicomterie, Dubarran, Bernard de Saintes, furent décrétés d'arrestation ainsi que Jean Bon Saint-André. Le lendemain 10, le comité de sûreté générale annonçait à la Convention que Rühl, mis en arrestation chez lui, venait de se poignarder.

La commission militaire instituée le 4 prairial par la Convention pour juger les insurgés, en condamna trente-six à mort (dont six députés), douze à la déportation (dont un député), sept aux fers, trente-quatre à la détention ; en outre, neuf prévenus furent renvoyés au tribunal criminel, et six à la police correctionnelle. Elle en remit soixante en liberté.

Le 1er prairial un détachement de gendarmerie qui gardait le poste important de l'arsenal, était passé aux insurgés ; son chef, le lieutenant Legrand, fut condamné à mort le 5 prairial par la commission militaire (1).

Le même jour la commission condamne à mort deux meneurs de l'insurrection, Delorme, capitaine de canonniers de la section Popincourt, et Gentil, menuisier, ci-devant membre du comité révolutionnaire de la section du contrat social.

Le 6, elle condamne à la même peine, Boucher, marchand de vins, faubourg Martin, âgé de vingt-six ans, né à Montdidier, « convaincu par les pièces du procès et par son propre aveu d'avoir coupé la tête du représentant Féraud, assassiné le 1er de ce mois. » Le même jour elle jugea vingt-trois gendarmes qui avaient passé à l'émeute avec le lieutenant Legrand, condamné la veille. Dix-huit furent condamnés à mort ; cinq autres qui n'étaient pas présents lorsque le poste de l'arsenal avait été livré par Legrand et sa troupe, furent seulement condamnés à une année de fers.

Le 11, la commission condamna à mort Jean-Louis Chauvel, serrurier, âgé de cinquante-deux ans, né à Paris, demeu-

(1) Le jugement le déclare en outre convaincu « d'y avoir laissé le représentant Dentzel exposé à la fureur des rebelles. » Il avait rejoint les insurgés : et il fut arrêté parmi eux avec ses gendarmes, lorsque le faubourg Saint-Antoine fut forcé. (Arch., C, II, 157.)

rant dans la section Popincourt, comme convaincu d'avoir promené au bout d'une baïonnette la tête de Féraud dans la place du Carrousel, et d'avoir dit : « que si on l'eût laissé faire, il eût porté cette tête au faubourg Antoine. »

Le même jour, deux autres individus furent condamnés à mort : c'étaient Chebrier, membre du comité révolutionnaire de la section de l'arsenal, pour avoir été l'un des meneurs de l'insurrection du 1er prairial, et s'être trouvé parmi ceux « qui investissaient et menaçaient le président » ; et un autre envahisseur nommé René-François Duval, cordonnier, âgé de vingt-cinq ans qui avait monté à la tribune de la Convention, proposé des décrets, et harangué les factieux.

Le 15, la commission envoie à l'échafaud un misérable qui avant, ou après Chauvel, a promené la tête de Féraud : c'est René Mauger, âgé de 28 ans, perruquier, né à Louviers (Eure) (1).

Le 18, elle condamne encore à mort Limé, âgé de 23 ans, graveur, un des chefs les plus actifs des insurgés pendant les journées des 1 et 2 prairial.

Le procès des députés renvoyés devant la Commission militaire ne commença que le 29 prairial (17 juin) ; c'étaient : 1° Gilbert Romme, âgé de 45 ans, député du Puy-de-Dôme, natif de Riom ; 2° Jean-Michel Duroi, 41 ans, député de l'Eure, né à Bernay ; 3° Jean-Marie-Claude-Alexandre Goujon, âgé de 29 ans à peu près (sic) (Seine-et-Oise), né à Bourg (Ain) ; 4° Pierre-Jacques Forestier, 56 ans (Allier), né à Vichy ; 5° Pierre Bourbotte, 32 ans (Yonne) né à Veaux, district d'Avallon ; 6° Ernest-Dominique-François-Joseph Duquesnoy, 47 ans (Pas-de-Calais), né à Bouvigny Boyeffe, district de Béthune (c'était un moine défroqué) ; 7° Pierre-Amable Soubrany, 42 ans (Puy-de-Dôme), né à Riom ; 8° Jean-Pascal-Charles Peyssard, 40 ans moins quelques mois (Dordogne), né à Aymac, district de Périgueux. Tous, sauf Goujon, qui n'était entré à la Convention qu'en ger-

---

(1) La commission le déclara convaincu d'avoir, malgré les cris d'horreur qui étaient répétés par la multitude, persisté avec acharnement, promené cette tête au bout d'une pique non seulement dans les cours des Tuileries, mais encore dans les rangs des bataillons, sur la place du Carrousel. Les témoins s'accordent à déclarer qu'on n'est parvenu à lui faire laisser cette horrible proie, qu'en le maltraitant et le faisant arrêter. (Arch., C, II, 157.)

minal an II, avaient voté pour la mort de Louis XVI, contre l'appel au peuple et le sursis. Le 29 Romme, Duroi, Goujon, Bourbotte, Duquesnoy, Soubrany, furent condamnés à mort. Peyssard « attendu qu'il n'a pas déployé le même caractère de rébellion », fut condamné seulement à la déportation. Quant à Forestier, la commission décida que rien ne prouvait qu'il eût pris une part active aux événements du 1er prairial; mais comme il était prévenu de faits antérieurs au 12 germinal et au 1er prairial, il ne fut pas mis en liberté.

Aussitôt après leur condamnation, les députés prairialistes se frappèrent l'un après l'autre d'un couteau qu'ils avaient soigneusement dissimulé (1). Bourbotte, Duroi et Soubrany ne réussirent point à se blesser mortellement et furent portés sanglants à l'échafaud.

Après le jugement des députés, la commission militaire ne prononça qu'une seule condamnation à mort, celle de Martin Tacque, âgé de 36 ans, né à Bourbon (Allier), meneur de bœufs, convaincu d'avoir promené la tête de Féraud au bout d'une pique (12 messidor — 30 juin) (2).

Beaucoup de femmes avaient participé très activement à l'envahissement de la Convention. Plusieurs d'entre elles furent condamnées à diverses peines par la commission militaire pour avoir tenu des propos incendiaires, suscité des troubles à la porte des boulangers, et excité le peuple à l'insurrection.

La commission du 4 prairial ne fut supprimée que le 16 ther-

---

(1) Romme se frappa d'abord, puis passa le couteau à Goujon, et des mains de Goujon ce couteau passa successivement à Duquesnoy, Duroi, Bourbotte et Soubrany. Le 1er messidor la commission militaire écrivait au comité de sûreté générale : « Le citoyen Fabre, un de nos membres, vient de nous faire le rapport qu'hier matin, la sœur du condamné Goujon s'est présentée chez lui, et qu'après diverses plaintes de ladite citoyenne contre la Convention, elle lui a avoué que c'était elle qui lui avait fourni les moyens pour empêcher qu'il ne tombât entre les mains de l'exécuteur... » signé : Capitain, vice-président; Rouhière, secrétaire. (Arch. nat., F, 7, 97.)

(2) Une femme fut condamnée à la déportation, plusieurs autres à des peines moindres. Ainsi Marguerite d'Arras, femme de Michel Cosmans dit Flamand, 41 ans, tailleuse, rue de Chartres, est condamnée le 15 prairial (3 juin) à trois ans de détention, comme convaincue « d'avoir participé et pris une part très active aux attroupements, d'avoir excité au pillage, et *applaudi de sa fenêtre lorsqu'on traînait le corps du représentant Féraud.* » (Arch., nat., F, 7, 97.)

midor (3 août). Le tribunal révolutionnaire avait été judicieusement réorganisé ; néanmoins la Convention le supprima le 12 prairial et renvoya aux tribunaux criminels compétents le jugement des délits, dont la connaissance leur était attribuée.

Avant la journée du 1er prairial, les thermidoriens, tournant le dos aux modérés, cherchaient visiblement à se concilier les jacobins. Cette terrible insurrection leur enleva certaines illusions : ils reconnurent que l'alliance des girondins leur était absolument indispensable, et pour le moment présent contre les terroristes, et pour l'avenir contre les royalistes constitutionnels ou autres. Ils prirent donc le parti de faire avec eux une guerre acharnée aux chefs du parti terroriste, et à ceux des leurs qui étaient revenus à la Montagne. Aussi le comité de législation fit présenter le 13 à la Convention par le modéré Durand Maillane, un rapport sur les dénonciations portées contre les députés qui avaient rempli des missions dans les départements. A la suite de ce rapport, la Convention (1) décréta d'arrestation Dartigoyte, coupable d'avoir commis d'horribles cruautés, et en outre de s'être permis les plus sales obscénités (2); Sergent qui, en septembre 1792, avait avec Panis, Marat et Desforges, signé une circulaire par laquelle les départements étaient invités à suivre l'exemple des massacreurs de Paris ; Lejeune, accusé d'actes de cruauté ; Javogues, grand admirateur de Marat, qui avait amèrement reproché à Couthon d'être trop doux (3); Jean-Baptiste Lacoste et Baudot, tyrans de l'Alsace ; Mallarmé, Monestier, Allard qui avaient terrorisé avec rage. En outre Génissieux, au nom des trois comités, présenta le 16 un rapport très important sur les crimes des juges du tribunal révolutionnaire de Brest. Le président, l'accusateur pu-

---

(1) Durand Maillane déclare qu'il ne s'est pas cru tellement lié par la lettre de décret du 5 prairial, qu'il n'ait pu rappeler à la Convention des crimes tout aussi punissables que ceux dont il est question dans les dénonciations, tels que « les réquisitions de filles et femmes ». (*Débats et décrets*, prairial an III, p. 608).

(2) Pérès du Gers, dit le *Moniteur*, l'accuse « d'avoir insulté publiquement dans la comédie, à un entr'acte, les femmes qui s'y trouvaient, de leur avoir donné les qualifications les plus humiliantes, et d'avoir fini cette scène scandaleuse en se montrant *à nu* au grand sentiment d'indignation de tous les spectateurs. »

(3) V. *Histoire de la constitution civile du clergé*, t. IV, p. 41.

blic, les juges, les greffiers, dix jurés et le bourreau, furent mis en jugement, mais les principaux coupables étaient déjà en fuite, et ces scélérats restèrent impunis.

La Convention apprit seulement le 19 prairial, par des lettres de ses commissaires datées du 10 et du 11, la défaite définitive des jacobins du Midi (1).

Les insurrections de prairial avaient eu pour conséquences directes le désarmement de toute la populace jacobine, l'incarcération de nombreux terroristes et d'une vingtaine de montagnards, l'épuration de la garde nationale où les partisans de l'ordre allaient prévaloir, et de plus le renouvellement des autorités constituées, qui se trouvaient ainsi composées en grande majorité de royalistes constitutionnels ou de républicains fatigués de la république et de ses agitations : elles avaient donc mis de grandes forces à la disposition du parti royaliste, et ranimé en outre dans toute la France, la haine et l'horreur du terrorisme. Les vaincus de prairial n'inspiraient aucune pitié, mais la masse de la nation ne ressentait que du dégoût pour les conventionnels, leurs vainqueurs, et désirait vivement en être débarrassée le plus tôt possible. Aussi la bourgeoisie parisienne, tout en détestant le parti émigré, revenait presque tout entière à la constitution de 91, sagement révisée. Le parti constitutionnel avait à lui un certain nombre de bataillons de la garde nationale qui avaient sauvé la Convention, et le désarmement des terroristes lui assurait la prépondérance dans la capitale, pourvu toutefois

(1) Girondins et royalistes s'étaient ligués contre eux, avec le plus ardent désir de les mettre enfin hors d'état de nuire. Les révolutionnaires étaient sortis de Toulon, au nombre de trois mille, avec douze pièces de canon. Après avoir franchi les gorges d'Ollioules, qui par suite d'une fâcheuse négligence, n'avaient pas été occupées, ils attaquèrent un détachement des troupes de la Convention entre Beausset et Cajès, mais au même moment le général Pactod arrivait de Marseille avec des troupes bien supérieures en nombre et en discipline. Les insurgés furent repoussés, perdirent leur artillerie, avec 45 ou 50 tués. D'après les rapports officiels, trois cents prisonniers furent conduits à Marseille. A la suite de cette défaite, Toulon se rendit à discrétion : les commissaires de la Convention, Chambon, Guérin, Cadroy, Chiappe, Isnard, y entrèrent le 11 avec leur petite armée ; les terroristes les plus ardents s'étaient sauvés dans les communes voisines. Charbonnier avait disparu : il fut arrêté quelques jours après. Un autre député, Escudier, s'était également compromis dans cette révolte.

qu'il sût montrer un peu d'énergie. En outre, de nombreux révolutionnaires, désireux de s'assurer l'impunité et un refuge sûr contre les terroristes, persuadés qu'ils ne pourraient plus rester longtemps au pouvoir, trouvaient qu'une monarchie établie par eux-mêmes, avec la perspective d'une longue régence, servirait admirablement leurs intérêts. Mais la Providence réservait encore à la France une bien longue suite d'épreuves! Le 20 prairial (8 juin 1795) le jeune Louis XVII, exténué par les atroces souffrances qu'on lui avait fait si longtemps endurer, mourait dans sa prison du Temple. Les monarchistes étaient tous consternés, et beaucoup d'entre eux découragés; et certains révolutionnaires voyaient avec stupeur leurs adroites combinaisons complètement bouleversées.

Ces révolutionnaires, s'ils avaient pu s'entendre avec les royalistes sur la question de la régence, auraient proclamé Louis XVII quelques mois après thermidor; l'assaut qu'ils venaient de subir le 1.er prairial les aurait probablement déterminés à en finir. Quand on réfléchit sérieusement à la situation dans laquelle se trouvaient les thermidoriens, on voit que la pensée de rétablir Louis XVII et de régner sous son nom devait naturellement se présenter à leurs esprits. Ils étaient menacés à la fois d'être supplantés et proscrits, et par les royalistes, et par de nombreux révolutionnaires; et dans ce dernier parti ils n'avaient pas seulement contre eux les hébertistes et les robespierristes, mais aussi les girondins qui désiraient ardemment punir tous les complices des proscripteurs du 31 mai. Ces mêmes girondins avaient du reste, en 1792, formé le projet de régner sous le nom de Louis XVII (1).

En 1795, les thermidoriens songèrent naturellement à re-

(1) Les uns auraient voulu extorquer à Louis XVI une abdication sans révolution; les autres faire la révolution du 10 août, pour anéantir politiquement le parti constituant, et proclamer ensuite une régence à leur profit exclusif. Suivant leur constante habitude, ils ne s'entendirent point, et ne surent que faire le jeu de leurs mortels ennemis.

Le 10 août Vergniaud, en faisant décréter par une absurde et maladroite inconséquence, qu'on s'occuperait du gouverneur du prince royal, trahit les secrets desseins de la Gironde au moment même où elle était forcée de les abandonner.

prendre ce projet à leur profit ; mais il fallait pour réaliser leur
plan que la royauté fût rétablie ouvertement par leur parti
tout seul (1). Rétablie par une coalition avec les modérés,
elle ne les aurait pas suffisamment garantis de tout danger,
ni placés, ni enrichis suivant leurs désirs. Ils pouvaient alors
proclamer Louis XVII à Paris ; ils se seraient ainsi assuré
l'impunité de leurs attentats politiques, et des crimes de toute
espèce, proscriptions, pillages, qu'ils avaient commis ; ils
auraient en outre mis leur butin en sûreté et pris les meilleures places dans la monarchie restaurée. Il leur eût été facile
de faire la paix avec les puissances étrangères en renonçant au
système de propagande révolutionnaire, et de pacifier l'Ouest
immédiatement, en arrêtant la persécution religieuse. La
paix une fois faite, la disette n'aurait pas duré longtemps.
Débarrassée de ces deux fléaux, et gratifiée en outre de la
paix religieuse, la grande masse de la population aurait regardé la révolution comme finie, accueilli cette restauration
avec transport, et amnistié ses auteurs (2).

Il existait malheureusement en France de fortes préventions

(1) Au plus fort de la Terreur, l'existence au Temple du jeune roi obsède
secrètement les terroristes ; elle leur sert de prétexte pour colorer la proscription de leurs rivaux. Danton est accusé d'avoir voulu restaurer Louis XVII : la
même accusation sera lancée contre Robespierre et bien d'autres ; plus tard un
groupe révolutionnaire prétendra qu'un autre l'a menacé *de lui jeter le petit Capet dans les jambes*, et il pense lui-même à se ménager cette ressource. Si les
thermidoriens se refusent obstinément à rendre aux Bourbons d'Espagne le
jeune captif du Temple, ce n'est point uniquement par férocité, et pour s'en
faire un otage, mais pour l'avoir sous la main, et si leur situation devient in-
tenable, se tirer d'affaire, avec les royalistes et les puissances étrangères, en
prenant audacieusement l'initiative d'une restauration qui leur serait très profitable.

(2) Les thermidoriens n'auraient eu qu'à proclamer une constitution très libérale dans la forme, et la nation très blasée sur les discussions politiques et
constitutionnelles, les aurait laissés l'appliquer comme bon leur aurait semblé.
Ils seraient ainsi devenus les maîtres, et auraient tenu tête parfaitement, et
aux anciens constituants et aux émigrés, opposant les uns aux autres, et ne
laissant rentrer en France que ceux qui s'arrangeraient avec eux. Ils auraient,
avec ce coup d'État, obtenu aisément le même succès que Bonaparte devait obtenir avec celui du 18 brumaire : et l'on ne peut dire qu'ils auraient eu contre
eux les royalistes exaltés ! Bien que ces derniers fussent très intransigeants
en théorie, le fait seul de la restauration du jeune roi eût entraîné la plupart
d'entre eux vers le nouveau gouvernement ; et ils se seraient consolés de bien
des déceptions en pensant que Louis XVII avait été rétabli sur son trône, par
d'autres que Lafayette et les constituants !

contre le comte de Provence; bien des gens qui désiraient voir proclamer Louis XVII, refusaient de l'admettre pour régent. On parlait, il est vrai, de faire nommer un régent soit par la Convention, soit par les assemblées primaires; cette solution avait un caractère révolutionnaire qui atténuait pour beaucoup de gens la mortification de revenir à la royauté légitime; ce même sentiment mesquin leur aurait fait accepter un prince non désigné par le droit monarchique, même un prince étranger! N'était-il pas toujours question d'élever au trône le duc d'Orléans? Certaines gens parlaient d'un prince d'Espagne, d'autres du prince Henri de Prusse, dont les révolutionnaires étaient alors complètement engoués. Mais le comte de Provence aurait fait sans doute de grandes concessions pour éviter un pareil désastre, et les thermidoriens, de leur côté, auraient craint en écartant complètement et les royalistes purs, et la famille royale, de donner la prépondérance à ces constituants qu'ils détestaient profondément (1).

La mort de Louis XVII changeait complètement la situation. Les thermidoriens n'avaient plus les mêmes facilités pour proclamer son oncle, et quand bien même Louis XVIII leur eût fait les offres les plus séduisantes, ils devaient renoncer à faire un coup d'État qui ne leur assurait aucun profit certain. Ils vécurent donc au jour le jour, pendant plusieurs années, grâce à une série d'usurpations et de coups d'État; et après avoir sacrifié longtemps l'intérêt de la France et de la liberté à leurs propres intérêts, sous prétexte de sauver la république, ils sacrifièrent avec bonheur cette république à un César qui leur assurait l'impunité et des places!

1) En 1791 et 1792, les royalistes purs ne voulaient pas que Louis XVI abdiquât parce qu'ils redoutaient la régence de Lafayette : en 1795, les thermidoriens et les survivants des girondins n'auraient jamais admis que la régence pût être confiée à un constituant, surtout à Lafayette rentré en France après la paix conclue.

Après la mort de Louis XVII, Talleyrand et Sieyès cherchèrent un roi en Prusse : ils avaient déjà pensé au duc de Brunswick, puis au vieux prince Henri frère du vainqueur de Rosbach : il fut ensuite question d'un frère du roi le prince Louis.

CHAPITRE III.

SITUATION RELIGIEUSE APRÈS THERMIDOR.

I. — Résultats désastreux de la constitution civile du clergé. — Les thermidoriens aussi persécuteurs que les robespierristes. — Leur triomphe profite à la liberté religieuse par la division des révolutionnaires.

II. — La Convention proclame que la république ne salarie aucun culte. — Les révolutionnaires comptent venir à bout du christianisme par la famine. — Ils favorisent dans une certaine mesure les prêtres constitutionnels. — L'argenterie des églises dilapidée par les jacobins. — Rapport caractéristique de Boissy d'Anglas sur les cultes. — La loi du 3 ventôse ratifie presque toutes les mesures persécutrices.

III. — Les nouveaux commissaires continuent partout la persécution malgré les populations. — Prêtres mis à mort.

IV. — La Convention cherche à négocier avec les insurgés de l'Ouest, sans leur accorder franchement la liberté religieuse. — Traités de la Jaunais et de la Mabilais. — Mauvaise foi des révolutionnaires. — Excès de confiance des Vendéens. — Bientôt les hostilités sont reprises.

V. — La loi du 11 prairial restitue au culte les églises non vendues. — Elle exige perfidement des prêtres un nouveau serment qui va servir de prétexte à des persécutions.

VI. — Situation très critique de l'Église constitutionnelle après la Terreur. — Prétendue encyclique des évêques *réunis*. — Ils modifient la constitution civile et cherchent à se réorganiser.

1.

Depuis quatre ans, la France était désolée par la persécution religieuse la plus acharnée. De toutes les plaies que la révolution lui avait faites, c'était la plus ancienne et la plus profonde ; elle menaçait le corps social d'une désorganisation complète, et le régime de la Terreur n'en était aucunement responsable !

Le signe par excellence du révolutionnaire, qu'il soit girondin, jacobin, socialiste, babouviste, guindé, débraillé, c'est la prêtrophobie ! On est sûr de retrouver ce trait caractéristique et immuable, dans les nombreuses variétés de l'espèce.

Les révolutionnaires de toute catégorie, si ardents à s'entre-dévorer, ont toujours été parfaitement d'accord pour persécuter. Le 9 thermidor ne donna point à la France la vraie liberté : il fit seulement disparaître les plus puissants de ses oppresseurs, et jeta la division parmi les survivants. Par malheur, l'oppression des consciences, plus atroce peut-être encore que l'oppression politique, ne datait pas de 1793, mais de 1790. Elle était plus difficile à secouer; car elle était l'œuvre de la Révolution et non de la Terreur.

A cette époque, toutes les églises sont profanées et converties en magasins de fourrages, l'exercice le plus timide du culte est impossible ; les fidèles, coupables de ce crime, doivent s'estimer heureux d'être simplement emprisonnés comme suspects. Tous les prêtres catholiques qui osent exercer leur ministère sont condamnés à mort par des lois formelles, et bons à exécuter dans les vingt-quatre heures ; et ceux qui les cachent doivent être mis à mort avec eux. Et la persécution n'est pas limitée aux catholiques. La Révolution les a d'abord persécutés, afin d'imposer aux fidèles un catholicisme par elle revu, corrigé, émondé, considérablement diminué. Après avoir eu recours inutilement aux moyens les plus odieux pour implanter le schisme, elle a tourné sa rage contre son église d'État; elle l'a brisée violemment, elle l'a chassée des temples d'où elle avait chassé les catholiques pour l'y installer; elle a contraint une partie de ses ministres à une abdication déshonorante. Dans sa fureur, elle s'est ruée sur les protestants et les Juifs, elle a contraint certains de leurs ministres à apostasier aussi, à brûler leurs saints livres (1). Elle a accablé d'avanies et livré à la persécution, et le catholicisme, et son église d'État, et les autres cultes, en les confondant tous sous le nom de superstition.

La persécution religieuse n'a pas été un incident de la Terreur, comme trop de gens se l'imaginent encore : elle l'a précédée, elle a donné lieu dès le début de la révolution à une terreur véritable, restreinte aux catholiques. Si la France

---

(1) V. *Constitution civile du clergé*, t. III, p. 127, et t. IV, p. 171.

a subi, de 1792 au 9 thermidor, le joug le plus cruel et le plus honteux, si les proscripteurs et les bourreaux ont été ses maîtres absolus, la constitution civile du clergé y a largement contribué, car les luttes religieuses, les mesures de persécution qui occupèrent la fin de 1790, et les années 1791 et 1792 avaient opéré dans le pays une véritable désorganisation sociale, et préparé l'avènement des jacobins au pouvoir.

Qu'était-ce donc que cette constitution civile du clergé (1)? A peu près le système de l'église anglicane, avec la franchise en moins. Malgré leurs déclamations contre les abus vrais ou supposés, les philosophes de 1789 en voulaient beaucoup moins au clergé considéré comme corps politique, qu'à la religion elle-même : c'était la religion qu'ils voulaient asservir et exploiter, en attendant qu'il leur fût possible de la détruire complètement. Le salaire du clergé par l'État fut proclamé par la Constituante un véritable dogme politique, dans l'espoir hautement avoué de se créer ainsi un clergé servile et prêchant une religion arrangée par l'État (2).

(1) V. *Constitution civile du clergé*, t. I.

(2) Un enfant terrible du parti révolutionnaire, Garat jeune, déclarait à l'Assemblée le 11 octobre 1789, que les prêtres devaient être payés par l'État, car « s'ils sont propriétaires, ils peuvent être indépendants; *ils attacheront cette indépendance à l'exercice de leurs fonctions.* »

Mirabeau avait osé dire, à propos du salaire du clergé : « Je ne connais que trois manières d'exister dans la société : il faut y être mendiant, voleur ou salarié. Le propriétaire n'est lui-même que le premier des salariés, *la propriété n'est pas autre chose que le prix que lui paye la société, pour les distributions qu'il est chargé de faire aux autres individus par ses consommations et ses dépenses;* les propriétaires sont les agents, les économes du corps social. » (10 août 1789). Il est difficile de professer sur la propriété et sur le salariat, une théorie plus ridicule et plus dangereuse à la fois. Mirabeau était hostile à la propriété ecclésiastique pour le même motif que Garat; il a du reste déclaré cyniquement à la Constituante (séance du 26 novembre 1790) que le rôle du clergé était d'user et d'abuser de son pouvoir spirituel au profit de l'État, de faire des mandements pour louer la révolution, et même de se servir du confessional pour propager ses doctrines !

Aveuglé par le fanatisme anti-religieux, Mirabeau, prêcha une doctrine destructive de la propriété; il est en réalité le précurseur de Babeuf : et les hommes de 89 lui emboîtent le pas, et débitent à l'envi des insanités qu'ils croient très sottement ne devoir être dangereuses qu'au clergé seul. Du reste, les révolutionnaires, éblouis par une si riche proie, ne s'inquiéteront plus des finances que pour émettre indéfiniment des assignats; et cette confiscation amènera la plus effroyable banqueroute. Il est vrai qu'elle aura fait la fortune politique et matérielle de nombreux révolutionnaires, ralliés ensuite à l'em-

La constitution civile du clergé, votée le 12 juillet 1790, n'était pas civile le moins du monde. De quoi traitait-elle en effet? du mode de nomination des pasteurs de tout ordre. Elle réglait leur nombre (1), supprimait beaucoup de diocèses, en créait quelques-uns.

Qu'y a-t-il de civil dans toutes ces dispositions, ou plutôt, ci cela est civil, qu'y a-t-il donc de religieux dans l'Église?

Ce titre est absurde dans l'état politique créé par la Constituante : une constitution vraiment civile n'aurait pu exister que sous l'ancien régime, où le clergé formait une corporation politique possédant des privilèges, des justices particulières, etc.

La constitution civile contenait plusieurs doctrines hérétiques, bouleversait la hiérarchie et la discipline, supposait à l'État le pouvoir de conférer la juridiction spirituelle, asservissait l'Église au pouvoir civil (2), et la constituait en état de schisme à l'égard du saint-siège et du reste de la catholicité (3). Les croyants avaient le droit de la repousser énergiquement, et en l'envisageant à un point de vue purement politique, il était impossible de ne pas la considérer comme une œuvre dé-

pire : cela suffit pour soutenir avec acharnement qu'elle a été utile à la révolution et que tous ceux qui la critiquent, méritent d'être conspués au nom de la liberté!

(1) Le droit d'élire les curés est donné aux électeurs du second degré, nommés par des citoyens actifs censitaires, formant les assemblées de district. Les évêques devaient être élus par ces électeurs du second degré de tout le département, chargés de nommer l'administration départementale et les députés. Une seule condition leur était imposée, c'était d'avoir assisté à la messe paroissiale dont l'élection devait être précédée. Moyennant cette formalité dérisoire, et dépourvue de toute sanction, les athées, les incrédules, les protestants, les juifs, pouvaient coopérer à la nomination des pasteurs d'un culte auxquels ils étaient étrangers.

(2) Les évêques et les curés, ne pouvaient s'absenter de leurs diocèses, ou de leurs paroisses, sans un congé formel des autorités civiles, sous peine d'être privés de leurs traitements. (Articles 2, 3, 4 du titre 10.) Si le métropolitain refusait l'institution canonique à l'évêque élu, si l'évêque la refusait au curé élu, le *tribunal de district* jugeait qui des deux suivait la pure doctrine; et s'il donnait raison à l'élu il l'établissait dans sa fonction, malgré son supérieur. (Art. 9 du décret complémentaire du 15-24 novembre 1790.)

(3) « Le nouvel évêque ne pourra s'adresser au Pape pour en obtenir aucune confirmation, mais il lui écrira, comme au chef visible de l'Église universelle en témoignage de l'unité de foi et de communion qu'il doit entretenir avec lui. » (Titre II, art. 19). D'après la constitution civile, il suffisait donc d'une lettre à la poste et de beaucoup d'aplomb, pour être en communion avec le Pape, malgré lui-même!

plorable. Digne produit de la coalition des jansénistes, et des révolutionnaires de toute catégorie (1), la constitution civile n'était qu'un monstrueux amalgame de philosophie encyclopédique, de gallicanisme parlementaire, de jansénisme, et même de protestantisme. La Constituante s'est hâtée de coudre ensemble des lambeaux de toutes ces doctrines. Rien de plus incohérent, de plus contradictoire que cette œuvre de haine et de mauvaise foi !

Les auteurs de la constitution civile savaient bien qu'ils allaient entrer en lutte au moins avec une partie du clergé. Mais ils ne demandaient pas mieux que de faire naître l'occasion de maltraiter les prêtres qui voudraient tenir haut et ferme le drapeau du catholicisme. Pour les fidèles, ils n'en tinrent aucun compte. Ces arrogants philosophes, dans leur mépris pour les croyants, s'imaginaient qu'il fallait simplement laisser les églises ouvertes sans toucher au rituel, et qu'on les verrait toujours accourir comme un stupide bétail, là où ils avaient l'habitude d'aller les dimanches et fêtes. Peut-être çà et là quelques fanatiques crieraient, mais ils seraient très peu nombreux et sans influence sur la masse, et on en ferait des exemples. Les philosophes virent bientôt combien ils s'étaient trompés !

La liberté de conscience était inscrite dans la constitution générale, mais la constitution civile la restreignait singulièrement. On était libre d'être protestant, mais on n'était libre d'être catholique qu'à la manière de l'Assemblée, et le catholique réfractaire à sa théologie n'avait pas sa place au soleil de la liberté.

La nouvelle Église d'État imposait aux catholiques un épiscopat qu'ils repoussaient énergiquement; elle leur enlevait tous leurs temples, et jusqu'à leurs vases sacrés, et n'était suivie que par une faible minorité, ignorante ou terrorisée; elle exerçait la même tyrannie que l'Église anglicane d'Irlande, avant l'émancipation des catholiques, et au temps où *la conformité* était exigée par les plus cruelles persécutions.

(1) Mirabeau, Barnave et Robespierre se sont fraternellement réunis pour imposer la Constitution civile à la France.

Car la conformité était exigée à l'Église constitutionnelle comme à l'Église anglicane, mais par des hommes qui ne croyaient pas en elle! Les prêtres ne pouvaient pas exercer le culte en dehors de cette Église officielle, et les fidèles qui ne voulaient point la suivre, devaient renoncer à la messe et aux sacrements, et n'avaient point droit à la liberté accordée aux protestants et aux juifs.

Nous allons maintenant indiquer très sommairement la marche de la persécution jusqu'à la chute de Robespierre, en notant les principales lois de proscription.

Par les lois des 12 juillet et 27 novembre 1790 la Constituante impose le serment à la constitution civile : la révolution devait encore en imposer *quatre autres*.

Ce serment a été condamné par les brefs du pape du 10 mars et du 13 avril 1791. Le clergé et les catholiques n'attendirent point cette condamnation pour repousser l'Église constitutionnelle comme schismatique.

Ses conséquences. Il était imposé aux évêques, curés, vicaires, et en outre aux prédicateurs (5 février 1791), sous peine de destitution. Ce serment, qui dans ses termes ne paraissait s'appliquer qu'à la constitution de 1791, contenait une adhésion à l'Église schismatique créée par la constitution civile du clergé, loi du 12 juillet 1790. En effet, le curé qui le prêtait, parce qu'il le regardait comme politique et s'adressant à la constitution de 1791, mais ensuite refusait de reconnaître le nouvel évêque nommé en vertu de la constitution civile, était déclaré rétracté, et chassé de sa cure comme s'il n'avait prêté aucun serment!

Pénalités. Le serment était exigé des évêques, curés, etc., sous peine d'expulsion de leurs fonctions. Le décret du 27 novembre 1790 (art. 6, 7 et 8), pour assurer la conformité à l'Église d'État, frappe en outre les insermentés *d'incapacités politiques*, en déclarant que tous ceux d'entre eux qui *s'immisceraient* dans leurs anciennes fonctions, c'est-à-dire se diraient toujours évêques et curés, et formeraient ainsi une Église libre, seraient poursuivis comme perturbateurs, privés de leurs traitements, *déchus des droits de citoyens actifs, et incapables d'aucune fonction publique*. Mêmes peines pour les laïques qui se coaliseraient avec eux.

Cette loi pose le principe de la persécution contre les non-conformistes. Les évêques et les curés, soutenus par les fidèles, ayant élevé autel contre autel, les révolutionnaires, pour imposer à tous la conformité, recoururent à la violence et à l'illégalité.

A la violence! car à Paris et dans beaucoup de localités, comme à Nantes, Bordeaux, etc., etc., ils se plaisaient à maltraiter prêtres et laïques, à fouetter impunément les religieuses et les femmes qui allaient à la messe des prêtres catholiques, dits *réfractaires*. Ces excès furent répétés pendant les années 1791 et 1792.

A l'illégalité! car de nombreux départements empiétèrent audacieusement sur le pouvoir législatif, et prirent des arrêtés qui éloignaient les curés catholiques, à quatre, six, dix lieues de leurs paroisses, parfois même les internaient ou les emprisonnaient. La Constituante les laissa faire, mais non par impuissance; elle destitua même les administrations du Bas-Rhin et du Haut-Rhin, comme trop tièdes pour la constitution civile.

Après avoir annoncé par la loi du 7 mai une tolérance absolument dérisoire, elle revint à la persécution ouverte, par la loi du 19 juin, qui ordonnait de poursuivre les évêques et les curés exerçant le culte non-conformiste, et surtout par celles du 17 juillet, internant à Strasbourg tous les prêtres insermentés du Bas-Rhin, et du 23, internant également ceux du pays de Caux.

Assemblée législative. Plus franche et plus logique que sa devancière, elle cherchera constamment à rendre le culte catholique impossible par l'anéantissement de son clergé. Pour y arriver, elle le proscrira toujours *administrativement et en masse*.

Le 29 novembre 1791, elle déclare les prêtres catholiques *suspects de révolte*, donne aux administrations le droit de les interner, et prive les fidèles de tout culte, en interdisant aux insermentés de louer des églises, comme les protestants et les juifs.

Ce décret est frappé de veto, mais il est exécuté par les administrations dans la moitié de la France, en violation de la constitution. Roland déclare, le 23 avril 1792, que 42 départements ont interné ou emprisonné le clergé en masse, et rendu impossible le culte non-conformiste.

Règle invariable. Pendant toute la révolution, de 1790 à la fin de 1799, les lois de persécution n'ont jamais été comminatoires : les plus atroces étaient constamment *élargies et dépassées dans l'exécution*.

Le 6 avril 1792, la Législative supprime le costume religieux.

Le 27 mai, elle vote la déportation de tous les ecclésiastiques insermentés, au gré des administrations, ou sur la dénonciation de vingt citoyens. Vergniaud, Isnard, Guadet, Fauchet, Roland et les autres girondins sont les plus ardents à réclamer la proscription.

Ce décret fut encore frappé de veto, mais les départements continuèrent de plus belle à interner et emprisonner les prêtres. Les révolutionnaires continuaient toujours leurs violences, leurs avanies, leurs fustigations de femmes.

Le 10 août, le décret du 27 mai devient exécutoire.

Deuxième serment de liberté-égalité (14 août). La législative l'impose aux seuls anciens bénéficiers et religieux, supprimés, et pensionnés comme tels.

Le refus est puni par la perte de la pension. Les uns le refusèrent, les autres le crurent licite. Le pape ne l'a point condamné.

Le décret du 18 août anéantit les dernières congrégations religieuses.

Le décret de proscription générale du 26 août 1792 divise le clergé pour ainsi dire, en deux bans. Le clergé paroissial astreint au serment de 1790, et dont il importe le plus de se débarrasser dans l'intérêt de l'Église d'État, est proscrit en bloc. Tous ses membres doivent quitter la France dans la quinzaine, sinon ils seront déportés en Guyane. Tous ceux qui rentreront seront condamnés à *dix ans de détention*. Ainsi *l'émigration est obligatoire* pour le clergé paroissial.

En outre, tous les autres ecclésiastiques non constitutionnels sont déportables au gré des administrations, ou sur la dénonciation de *six citoyens*, s'ils veulent exercer à la place des exilés.

Le culte est donc complètement supprimé. Ce qu'on appelle l'abolition du culte en 1793, c'est simplement l'abolition de l'Église constitutionnelle. Le culte catholique a été aboli légalement en France par la constitution civile, et la loi du serment, ensuite les départements l'ont aboli en fait dans leurs ressorts, et la Législative l'a aboli dans toute la France par la proscription générale du 26 août.

L'exécution de cette loi donne lieu aux massacres de septembre.

La Convention complète la persécution contre les catholiques, mais elle persécute aussi l'Église d'État, et finit par l'abolir.

17 décembre 1792. Ordre du jour approbatif du mariage des prêtres.

30 novembre 1792 et 11 janvier 1793. La convention déclare qu'elle n'a jamais voulu priver la France du clergé constitutionnel.

22 janvier 1793, Circulaire du conseil exécutif, tendant à imposer au clergé d'État l'obligation de marier les divorcés et les prêtres.

Ces actes regardent les constitutionnels. Voici maintenant pour les catholiques :

Loi du 14 février 1793, accordant une prime de 100 livres à celui qui arrête un prêtre déportable.

Loi du 18 mars 1793. Les émigrés et les prêtres dans le cas de la déportation, *seront mis à mort dans les vingt-quatre heures*.

Loi du 23 avril : 1° les ecclésiastiques assujettis au serment du

14 août qui ne l'ont pas prêté, seront, même les frères convers et lais, déportés en Guyanne ; 2° ceux qui l'ont prêté seront déportables pour *incivisme* (c'est-à-dire s'ils parlent seulement religion). Les vieillards et les infirmes seront reclus. Ceux qui ne se soumettront pas à cette loi seront *mis à mort dans les vingt-quatre heures.*

Ainsi par les lois des 18 mars et 23 avril 1793, tous les membres du clergé catholique qui exerceront le culte seront punis de mort. Ceux qui ont prêté le serment du 14 août ne seront d'abord que déportables ; mais s'ils se cachent pour exercer le culte, ils seront mis à mort.

Cette législation durera et sera appliquée jusqu'au consulat. Girondins et jacobins l'ont votée de concert.

Maintenant la Convention s'en prend à l'Église officielle.

19 juillet et 17 septembre 1793. Elle maintient le traitement des prêtres qui se marient.

19 juillet et 12 août. Lois déportant tout évêque ou prêtre qui s'opposerait au divorce ou au mariage des prêtres, *soit directement, soit indirectement*; et maintenant les curés mariés.

La loi du 29 vendémiaire an II (20 octobre 1793) codifie les lois de proscription, et condamne à la déportation tout receleur d'un prêtre proscrit.

Pour préparer l'abolition de l'Église constitutionnelle, elle déclare que ses prêtres seront aussi déportables pour *incivisme* (c'est-à-dire s'ils n'abandonnent point leur ministère).

Abolition de l'Église constitutionnelle. La Convention fait semblant de se conformer aux vœux des communes.

17 brumaire (7 novembre). Scène de l'apostasie de Gobel.

20 brumaire. Loi faisant de Notre-Dame un temple *de la Raison.*

Loi du 23 brumaire. Toutes les autorités peuvent recevoir les abdications des prêtres.

25 brumaire. Les prêtres qui se marieront seront exemptés de la déportation, sauf dénonciation d'incivisme.

Partout les proconsuls et les autorités locales dépouillent les églises et y installent le culte de la Raison. De nombreux arrêtés internent ou emprisonnent les prêtres constitutionnels, ou leur imposent la *déprétrisation* et le mariage.

2 frimaire (22 novembre). Secours annuels aux prêtres qui abdiquent.

16-18 frimaire (6-8 décembre). La Convention proclame la liberté des cultes, et maintient les lois de persécution.

22 germinal an II (11 avril 1794). *Les receleurs de prêtres punis de mort.*

22 floréal (11 mai). *Les prêtres reclus trouvés hors de leurs prisons seront mis à mort.* Ces deux lois complètent la proscription du clergé catholique.

En outre, par la loi du 5 octobre 1793 sur le calendrier républicain, et l'instruction du 3 brumaire an II, la Convention et ses proconsuls qui voulaient remplacer l'Église constitutionnelle par un système d'institutions composant un nouveau culte officiel, avaient imposé de chômer le décadi et de travailler le dimanche, en punissant très rigoureusement les récalcitrants. Ce culte décadaire, après thermidor sera un prétexte à vexations; sous le Directoire, il donnera lieu à une persécution véritable.

Si la persécution religieuse devint beaucoup moins violente après le 9 thermidor, il ne faut attribuer ce changement, ni à la Convention ni aux progrès de l'esprit public, mais seulement à la division du parti révolutionnaire. Beaucoup d'ecclésiastiques, qui se tenaient près de la frontière, rentrèrent bien vite. Bien que les persécuteurs en fussent arrivés à se dévorer entre eux, les prêtres réfractaires couraient encore les plus grands dangers, car beaucoup de révolutionnaires modérés étaient aussi animés contre eux que les robespierristes, et plusieurs furent mis à mort après la chute de Robespierre. Cependant ils exercèrent le culte avec bien moins de mystère, et virent accourir à leur messe une foule de personnes qui, pendant le règne de Robespierre, n'avaient pas osé se rendre aux réunions secrètes. Beaucoup d'enfants, que leurs parents n'avaient pu présenter à un prêtre, furent baptisés; de nombreux mariages furent bénis. Bien que la Convention n'eût abrogé aucune loi de persécution, bien que les prêtrophobes fussent à la tête de la plupart des administrations, les catholiques réclamèrent la liberté religieuse, et la prirent même dans certaines localités. Les campagnes, bien moins asservies que les villes au jacobinisme, revendiquèrent leurs droits avec beaucoup plus d'énergie. Dans certaines communes, très peu de temps après le 9 thermidor, les paysans, sans s'inquiéter de la Convention et de ses commissaires, réinstallèrent tout simplement leurs curés dans les églises, et reprirent l'exercice du culte; des croix abattues furent même replacées sur le bord des chemins, à la grande indignation des prêtrophobes jacobins et thermidoriens. Loin d'encourager ce mouvement religieux, les commissaires envoyés par les thermidoriens, à la place de ceux qui avaient tyrannisé les départements pendant la Terreur, firent tous leurs efforts pour l'entraver; quelques-uns mêmes prirent des arrêtés de persécution dignes des plus odieux terroristes.

Malheureusement le catholicisme n'avait pas à lutter seulement contre la persécution, mais aussi contre le schisme que la révolution avait fabriqué en 1790. L'Église constitutionnelle avait été brisée, comme un instrument inutile. Plusieurs de ses évêques et beaucoup de prêtres s'étaient couverts de honte par des mariages sacrilèges, par d'ignobles apostasies. Quelques-uns de ses membres les plus recommandables avaient été mis à mort pendant la Terreur, comme révolutionnaires modérés. Beaucoup de diocèses constitutionnels étaient privés de leurs chefs, morts ou apostats. Le gouvernement reniait cette Église qu'il avait inventée et imposée violemment au pays : il lui refusait tout caractère officiel, tout traitement, et comme son organisation était essentiellement politique et dérivait directement du pouvoir civil, elle ne pouvait tenter de se réorganiser, sans se mettre en contradiction flagrante avec elle-même. Beaucoup de prêtres constitutionnels entraînés dans le schisme par peur, par défaut de lumières, ou par une naïve confiance dans les promesses de la révolution, furent désabusés complètement par les persécutions qu'ils avaient subies, ainsi que par les apostasies d'un grand nombre de confrères, et revinrent à l'orthodoxie. On vit dans presque tous les diocèses, des jureurs faire des rétractations publiques dans les églises, et maudire leur lâcheté devant les fidèles.

Il eût été fort heureux, non seulement pour l'Église, mais aussi pour la France, que les constitutionnels désabusés par les excès de la révolution, et par les violences qu'ils avaient eux-mêmes subies, fussent tous revenus à l'orthodoxie après thermidor. Mais l'ambition et l'intrigue avaient joué un trop grand rôle dans l'établissement de ce schisme pour qu'il se terminât aussi facilement. Les évêques intrus qui n'avaient pas formellement apostasié, sauf cinq ou six, qui sans revenir ostensiblement à l'Église catholique, ne reprirent point leur prétendu épiscopat, firent au contraire tous leurs efforts pour perpétuer le schisme. Après s'être tant compromis pour avoir la crosse et la mitre, ils ne pouvaient se rési-

gner à rentrer en pénitents dans les derniers rangs du clergé.
L'Église constitutionnelle, quoique très affaiblie, essaya donc
de se réorganiser. Les révolutionnaires étaient à la fois disposés à la protéger et à la persécuter. Après l'avoir abolie avec
tant de scandale, ils étaient furieux de ne pouvoir l'empêcher
de reparaître, et cependant il leur arrivait souvent de la soutenir, pour combattre les progrès des prêtres réfractaires. Ils
éprouvèrent un vif dépit en voyant nombre de prêtres, qui
avaient livré leurs lettres de prêtrise et renoncé au sacerdoce,
reprendre l'exercice du culte, en déclarant publiquement que
cette renonciation leur avait été extorquée par la violence.
Ces rétractations exaspéraient à la fois les schismatiques, les
jacobins, qui voyaient s'écrouler leur œuvre de déprêtrisation,
et les philosophes ennemis des deux Églises : ils réclamaient
hautement la persécution, et contre les schismatiques repen-
tants, et contre ceux qui les réconciliaient avec l'orthodoxie.
Les schismatiques constitutionnels, revenant à leurs premiers
errements, se remirent à déclamer plus que jamais contre les
catholiques, à les traiter de conspirateurs, d'ennemis de la
révolution. Ils essayèrent sans vergogne d'acheter la tolérance
et l'appui de ces révolutionnaires, dont ils connaissaient trop
bien la brutale impiété, en se faisant les dénonciateurs, les
espions des catholiques.

Vis-à-vis des fidèles, ils se servirent d'une autre tactique : ils
eurent l'impudence de s'ériger en victimes, en persécutés et de
parler des souffrances qu'ils prétendaient avoir endurées pour
la foi. En même temps, ils lançaient contre les prêtres réfractaires les plus absurdes accusations. Les constitutionnels avaient
été les complices, et trop souvent les promoteurs de la persécution épouvantable que les catholiques subissaient depuis plusieurs années : ces schismatiques eurent l'impudence de nier
cette persécution; en dehors des assermentés, il n'y avait pas eu
de persécutés et de martyrs; la persécution avait commencé
seulement en octobre 1793, lorsque les jacobins s'étaient mis à
dépouiller leurs églises. Comme aux premiers temps du schisme,
ils flattaient les passions révolutionnaires et répandaient en
même temps les bruits les plus absurdes pour attirer à eux
les populations; ils prétendaient qu'il n'y avait plus d'Église

constitutionnelle, qu'il ne pouvait plus exister aucune différence entre les catholiques et les constitutionnels, que le pape
avait approuvé leur conduite. L'existence de ce parti peu nombreux à la vérité, mais actif, brouillon, et très compromis
dans la révolution, encourageait beaucoup les impies qui occupaient le pouvoir, à continuer la persécution ; car ils se
berçaient de l'espoir de venir à bout du christianisme en se
servant d'abord des constitutionnels pour battre les catholiques : ce serait ensuite le tour de leurs alliés.

II.

Pendant les premiers mois qui suivirent thermidor, la Convention, laissant les choses en l'état, s'occupa fort peu de la
question religieuse. Heureusement les catholiques purent
bénéficier quant à la liberté, et à la sûreté de leurs personnes
de plusieurs décrets nouveaux. Ainsi celui du 29 thermidor
rendit la liberté à des milliers d'ouvriers et de laboureurs détenus pour leur attachement à la religion.

Mais le 2° jour des sans-culottides, à l'occasion des pensions ecclésiastiques, la Convention prit sur les cultes une décision de la plus haute importance. Sur la proposition de Cambon,
elle accorda à tous les prêtres, sans s'inquiéter s'ils avaient
abdiqué ou non, les secours donnés aux apostats par la loi du
2 frimaire, et proclama le principe que « *la république française ne paie plus les frais ni les salaires d'aucun culte* » ; les
pensionnés détenus seraient nourris dans leur prison aux
frais de la république, à raison de quarante sous par jour.

Ainsi la Convention, en partie délivrée de l'oppression des
terroristes, ratifiait leur œuvre de destruction religieuse. Le
fanatisme antireligieux des thermidoriens se révolta devant
l'idée de rétablir la Constitution civile, dont ils avaient du
reste constaté l'impuissance. Tout culte, chrétien ou non, leur
était odieux : celui que Robespierre (1) avait créé était pour
eux un objet de risée et de mépris. Ils proclamèrent donc que

(1) Le *Catilina moderne*, disait Cambon. Quelques jours après, Merlin de Douai
assurait que le pape avait été désolé de la chute de Robespierre !

l'État ne salarie aucun culte. On s'est plu à célébrer cette déclaration comme consacrant la liberté. Le rapport de Cambon
prouve seulement que les révolutionnaires espéraient venir à
bout du christianisme par la famine. Tel est le véritable sens
de cette célèbre déclaration : elle consacra simplement l'abolition de l'Église constitutionnelle, mais en maintenant, malgré
toute logique, la persécution religieuse contre ceux qui avaient
refusé de se conformer à cette Église ; et la convention tenait à
l'exercer, car le même jour elle enjoignait au comité de législation de veiller à l'exécution des lois sur la déportation des
prêtres.

Le 12 brumaire suivant, les dilapidations honteuses des spoliateurs des églises, furent dénoncées et flétries, au sein de la
Convention, par un montagnard prêtrophobe et persécuteur
acharné, mais d'une probité incontestée. Cambon établit nettement, que les jacobins qui avaient apporté tant de vases sacrés et d'ornements d'église à la Convention, en avaient pillé la
plus grande partie lors du transport de ces objets de la Convention à l'hôtel des monnaies. Un décret ordonna de faire le
compte de ces envois d'or et d'argent, et de prendre les noms
des personnes à qui ces offrandes patriotiques avaient été remises (1).

Lorsque les modérés de la Convention parlaient de tolérance,

---

(1) On n'a jamais pu parvenir à connaître même approximativement la valeur
de l'argenterie des églises, confisquée par la révolution. Ramel l'a évaluée à
quarante-cinq millions, « Cambon, seulement à vingt-cinq ! Le 15 mai 1792 il déclarait dans un rapport fait au nom du comité des finances, que sur 6,169,510 livres
qui auraient dû être versées pour cette confiscation, à la trésorerie, 1,142,275
seulement l'avaient été réellement, et qu'il y avait en conséquence plus de cinq
millions d'arriéré : on dut continuer ainsi, car en l'an III, il avoue franchement le
pillage. Il résulte de tous les documents officiels qu'à trois époques la confiscation de l'argenterie d'église a enrichi les bons jacobins, et qu'une minime
partie seulement de ces quarante-cinq millions, d'après Ramel, de ces vingt-
cinq millions d'après Cambon, a été versée au trésor public.

Les cloches, d'après Ramel, ont produit trente millions de livres pesant, soit
quinze millions en comptant dix sous la livre. En 1790 le rapport de Nouris-
sart au nom du comité des finances (20 août) annonçait à la Constituante qu'on
en tirerait cent quatre-vingt-quatre millions de recette, en comptant vingt
sous la livre. Or Cambon contredit Ramel et déclara que pour faire de la monnaie avec le métal des cloches, on avait acheté cher du cuivre, dépensé cinq à
six millions et que l'on se trouvait ainsi en perte. (V. Stourm, *Finances de l'Ancien régime et de la Révolution*, t. II, p. 465).

c'était uniquement au profit des schismatiques. Les progrès du catholicisme les alarmaient : et bien que l'Église constitutionnelle eût cessé d'être officielle, ils prétendaient, comme auparavant, qu'on ne pouvait ni contester son orthodoxie, ni la quitter, sans se rendre gravement coupable envers le pouvoir civil. Ainsi, le 23 brumaire, Durand Maillane, l'un des fabricateurs de la Constitution civile, fit décider, qu'au point de vue des mises en liberté, il fallait faire une grande différence entre les prêtres constitutionnels, qui avaient tant souffert pour la révolution et les insermentés; le 18 frimaire, le protestant Boissy d'Anglas fit un discours extrêmement violent contre plusieurs constitutionnels de l'Ardèche qui s'étaient rétractés, et la Convention sur sa demande décréta qu'ils seraient poursuivis.

Comme le peuple désertait les fêtes républicaines, les révolutionnaires tentèrent de réorganiser leur culte officiel républicain sans dogmes définis et consistant seulement en cérémonies comme le paganisme antique, car ils avaient fondé sur lui de grandes espérances. Mais le culte de la raison rappelait des souvenirs tellement odieux et ridicules que la Convention n'osait pas y revenir. Celui de l'Être suprême, inventé par Robespierre, était condamné à cause de son auteur ; et l'on se battait les flancs pour organiser un troisième essai de culte républicain.

Le 1er nivôse Chénier, le 17 pluviôse Eschasseriaux, présentèrent des rapports sur les fêtes décadaires. On y voit clairement le parti pris de déchristianiser la France : mais les révolutionnaires ne venaient pas à bout de s'entendre sur la morale qui devait être prêchée dans ces fêtes! Cette question proclamée si importante fut donc ajournée. Il fallut se contenter de célébrer chaque décadi, des parades républicaines fréquentées seulement par les fonctionnaires, les clubistes et quelques badauds (1)!

(1) Une loi du 27 brumaire avait affecté au service des écoles les presbytères non encore vendus. Il va sans dire que l'enseignement religieux était soigneusement banni de ces écoles : on devait le remplacer par la déclaration des droits de l'homme et la constitution (qu'on était bien décidé à ne pas appliquer), « et des instructions élémentaires sur la morale républicaine » dont la loi ne faisait même pas connaître les bases. On était bien décidé à faire du

Après le 9 thermidor la Convention continua à recevoir solennellement les dépouilles des églises. Ainsi le 9 brumaire les profanateurs de la Belgique vinrent lui offrir un grand nombre de saints d'or et d'argent : on se serait cru aux beaux jours de l'hébertisme ! Cinq mois après la chute de Robespierre, le 12 nivôse, an III, la Convention, qui avait rappelé depuis quelque temps les soixante-treize, reçut du district d'Évaux (Creuse), 679 marcs d'or et d'argent provenant des églises pour la plus grande partie. Comme aux plus mauvais jours de la Terreur, elle décréta la mention honorable et l'insertion au bulletin.

Du reste, en vertu des lois révolutionnaires, on guillotinait encore de temps en temps un prêtre réfractaire.

La Convention qui avait absolument besoin d'en finir avec la guerre de l'Ouest, fut contrainte de s'occuper de la question religieuse. Elle se résigna, pour faire déposer les armes aux Bretons et aux Vendéens, à leur promettre cette liberté de conscience qui leur avait été déniée si obstinément depuis le début de la révolution. Mais pour leur donner confiance, il fallait que la liberté religieuse ne parût pas absolument restreinte aux pays qui s'étaient insurgés pour elle.

Les conventionnels firent donc, en persécuteurs obstinés, mais hypocrites, la fameuse loi du 3 ventôse. Ils avaient pourtant une occasion admirable d'en finir complètement avec l'agitation religieuse. La Terreur en brisant la Constitution civile, avait détruit un grand obstacle à la pacification. La seule abrogation des lois de proscription eût été accueillie avec le plus

culte décadaire, un culte officiel, exclusif des autres, car le 27 frimaire le comité de sûreté générale prenait l'arrêté suivant : « Il ne sera arrêté par le comité *aucune mise en liberté pour les ci-devant prêtres, jusqu'à ce que les fêtes décadaires soient décrétées et organisées.* » (*Débats et décrets*, frimaire an III, p. 1301).

Aussi Chénier dans son rapport blâme hypocritement les énergumènes du culte de la Raison « trop peu politiques pour *savoir attendre* » et qui ont tout gâté. *Savoir attendre*, aller *lentement et sûrement*, c'est là le secret de la modération que Chénier conseille avec tant d'emphase. Il ne faut pas comme les jacobins, employer ouvertement la violence contre la religion, il faut procéder contre elle par surprise et trahison, retenir ses prêtres en prison, prendre les autres par la famine, et désoler la patience des fidèles. Ce système va être suivi jusqu'au Consulat.

grand enthousiasme ! Les jacobins auraient poussé des cris de rage ; mais on était déjà habitué à les entendre traiter de royalistes les thermidoriens, et appeler la Convention un Coblenz : d'ailleurs la satisfaction donnée alors à leur fanatisme a-t-elle empêché les insurrections du 12 germinal et du 1er prairial ? Malheureusement, ce parti violent n'était pas le grand obstacle à la pacification religieuse !

Après tant d'épreuves, si tristes et si solennelles, la grande majorité des modérés de la Convention était restée profondément hostile non seulement à la liberté de l'Église, mais à la liberté religieuse en général. Elle comptait la proclamer théoriquement, et la rendre illusoire par des mesures de détail. Elle allait déclarer bien haut qu'il ne fallait pas voir, dans l'octroi du libre exercice des cultes, la reconnaissance d'un droit du citoyen, mais une marque de compassion pour la crédulité et l'aveuglement d'un grand nombre de Français. Du reste, cette condescendance et cette compassion ne pourraient être de longue durée ; les citoyens allaient être prévenus qu'elle comptait sur la philosophie pour venir à bout de la religion, et que le premier devoir de l'État était de travailler au triomphe de la philosophie.

Le rapport présenté sur les cultes le 3 ventôse (21 février) par Boissy d'Anglas, au nom des comités réunis de salut public, de sûreté générale et de législation, reproduit fidèlement les préoccupations antireligieuses de la Convention. Il commence par déclarer qu'un décret spécial sur les cultes est devenu nécessaire à cause des guerres de la Vendée. Voulant préciser le but de cette loi, il part de ce principe commun aux philosophes, auteurs de la constitution civile, et aux terroristes, que la religion est en elle-même une erreur, une absurdité, le produit de l'ignorance et de l'abrutissement ; « c'est à la philosophie à éclairer l'espèce humaine » (1).

Si de nombreux chrétiens réclament leur culte : cette renaissance religieuse tient à la crédulité, à la barbarie de cer-

---

(1) Examiner s'il faut une religion aux hommes c'est se demander s'il n'est pas nécessaire de les tromper. En tout cas, il trouve que « la religion a vendu bien cher aux hommes les consolations qu'ils en ont reçues », et se livre contre elle à des déclamations dignes des hébertistes.

tains idiomes, à la persécution des jacobins; ces causes ont soutenu suivant lui une ferveur qui s'éteint, et qui succombera sous les efforts de la raison, *quand elle sera secondée et dirigée par le gouvernement lui-même.*

Donc le gouvernement doit faire la guerre à la religion : mais le rapporteur concède que ce ne doit pas être une guerre sanglante. Les jacobins en versant des flots de sang faisaient les mêmes déclarations.

Il reconnaît que la Constitution civile a été une faute, et blâme les violences qui ont accompagné son abolition. « Cet établissement sacerdotal qui *devait expirer sous les coups d'un gouvernement sage et ferme*, fut abattu avec le scandale d'une orgie. »

Il conclut donc à une tolérance étroite et précaire fondée sur le mépris de tous les cultes. L'homme sous la monarchie a besoin pour se consoler d'illusions, de chimères, comme la religion : sous la république, la religion lui est donc inutile. Le devoir de l'État est de faire triompher la philosophie, et d'arriver graduellement à l'anéantissement des religions. Mais la tolérance qu'il prêche est absolument dérisoire (1).

« Que toutes cérémonies soient assez libres pour qu'on n'y attache plus aucun prix, pour que votre police surtout en puisse surveiller sans cesse les inconvénients et les excès; *que rien de ce qui constitue la hiérarchie sacerdotale ne puisse renaître au milieu de vous sous quelque forme que ce soit.* Mettez au rang des délits publics tout ce qui tendrait à rétablir ces corporations religieuses que vous avez sagement détruites. Qu'il n'y ait aucun prêtre avoué parmi vous, aucun édifice destiné aux cultes, aucun temple, aucune dotation; en un mot, *en respectant toutes les opinions, ne laissez renaître aucune secte.* Les cultes quels qu'ils soient n'auront de vous aucune préférence; vous n'adopterez point celui-ci, pour persécuter celui-là, et ne considérant la religion que comme une opinion privée, *vous ignorerez ses dogmes, vous regarderez en pitié ses erreurs*, mais vous laisserez à chaque citoyen la liberté de se livrer, à son gré, aux pratiques de celle qu'il aura choisie. »

(1) Il ne faut pas persécuter (les jacobins ont dit la même chose) ! parce que la persécution, comme l'expérience vient de le prouver, affermit dans leur foi les fanatiques et les imbéciles; à ce propos, il lance cette fameuse phrase : « *Il faut des martyrs à la religion, comme il faut des obstacles à l'amour.* » Et le pauvre Boissy d'Anglas se crut ce jour-là aussi profond que spirituel.

Ainsi l'on ne pourra pas constituer une hiérarchie : et ce pro-gramme sera si bien appliqué que bientôt on défendra aux constitutionnels eux-mêmes de se dire évêques ! On ne laissera renaître aucune secte ! mais la liberté religieuse a pour consé-quence nécessaire la réapparition des sectes, c'est-à-dire des religions catholique, constitutionnelle, luthérienne, calviniste, juive. L'État ignorera les dogmes ! cela revient à dire « vous ferez semblant d'ignorer les dogmes pour mieux heurter les consciences » la persécution du décadi qui a duré jusqu'au concordat a été faite d'après ce système (1). Cette prétendue neutralité n'est qu'une odieuse tartuferie !

Le rapporteur déclare en outre que la morale prêchée par les cultes « ne doit jamais être en opposition avec les lois de l'État et les principes du gouvernement : » Et quels sont-ils ces principes ? Le rapporteur vient de déclarer que le plus im-portant de tous est de propager cette philosophie qui doit anéantir les cultes ! Ceux-ci devront donc accommoder leur doctrine aux exigences gouvernementales (2) !

L'instruction, dirigée philosophiquement par l'État, viendra à bout de toutes les sectes, dit le rapporteur ; on ne connaîtra plus les dogmes « *que pour les mépriser* ».

La Convention vota ce projet sans discussion sérieuse.

L'article 1ᵉʳ déclare hypocritement que l'exercice des cultes ne peut être troublé. L'article 2, que la république ne salarie aucun culte. L'article 3 : « Elle ne fournit aucun local ni pour l'exercice du culte, ni pour le logement de ses ministres. » Boissy d'Anglas a eu soin de dire dans le rapport que les églises ne pouvaient être prêtées à aucune secte : elles sont donc confis-quées pour toujours. « Toute cérémonie du culte est interdite en dehors de l'enceinte où il est exercé : aucun prêtre ne peut se montrer en public avec ses ornements. (Articles 4 et 5.) Il ne sera même pas permis à la religion de paraître aux enterrements.

---

(1) Le gouvernement ordonnait formellement de travailler le dimanche, et quand on lui objectait les prescriptions religieuses, il répondait qu'il ne con-naissait pas le dimanche.

(2) Le mariage est réglé par la loi civile : pourra-t-on prêcher qu'il est indis-pensable à un chrétien de se marier à l'église ? L'État déniera formellement ce droit jusqu'au concordat, et déportera comme factieux les constitutionnels eux-mêmes lorsqu'ils prêcheront la nécessité du mariage religieux.

L'article 7 défend d'exposer en public, ou extérieurement, aucun signe particulier à un culte, et de désigner par aucune inscription le lieu qui lui est affecté. C'est traiter l'église ou le temple en maison de débauche ! Il défend d'inviter les citoyens à venir au temple par aucune proclamation, ni convocation publique : qu'entendait-on par là? Cette défense devait-elle s'étendre aux affiches, ou même à un avis inséré dans un journal? La Convention, qui se reposait sur le fanatisme antireligieux d'un grand nombre de fonctionnaires, avait eu soin de ne pas préciser :

« ART. 8. Les communes ou sections de communes en nom collectif, ne pourront acquérir ni louer de local pour l'exercice des cultes.

« ART. 9. Il ne peut être formé aucune dotation perpétuelle ou viagère, ni établi aucune taxe pour en acquitter les dépenses.

« Il ne peut être établi aucune taxe. » On comprend que l'État fasse cette interdiction aux communes, mais il est évident que cet article ne peut être invoqué pour empêcher les cotisations consenties par les fidèles. Cependant on s'en servit fréquemment jusqu'au consulat, pour tourmenter ceux qui recueillaient des offrandes destinées à subvenir aux frais du culte.

La Convention espère que les fidèles se fatigueront de dépenser toujours pour leur culte, sans pouvoir faire aucun établissement solide, et que dans beaucoup d'endroits, leur pauvreté ne leur permettra pas de faire les dépenses les plus indispensables.

L'application de la loi du 3 ventôse donna lieu immédiatement à une foule de difficultés et de vexations. Cette loi ratifiait en somme les actes les plus graves de la Terreur contre le culte. Dans beaucoup de localités les chrétiens s'étaient remis en possession de leurs églises, et elle les en chassait ! De nombreuses communes envoyèrent des adresses à la Convention pour la remercier d'avoir proclamé la liberté religieuse, mais en même temps pour protester contre la disposition de la loi du 3 ventôse qui les privait de leurs églises. Cette disposition excitait partout une indignation si vive que certains agents de la Convention, pour calmer les popula-

tions, voulurent leur persuader que la loi du 3 ventôse ne les
privait pas de leurs églises, mais déclarait seulement que l'État
ne leur en construirait plus à l'avenir. Mais certaines communes demandèrent à la Convention si cette explication était
vraie, et elle fut obligée de les détromper (1).

Le 25 germinal (14 avril) la Convention eut le courage d'a-
méliorer un peu la situation des parents des prêtres déportés
dont les biens étaient frappés de séquestre comme ceux des
parents d'émigrés. Mais à cette même séance André Dumont
et Rewbell demandèrent avec une extrême violence qu'on fît
la chasse aux prêtres ; « *la Terreur ne doit être que pour eux,* »
criait André Dumont. Rewbell avec ce mélange de violence
et d'hypocrisie, qui se retrouve dans la bouche et sous la
plume des révolutionnaires de tout temps, déclara qu'il fallait
poursuivre les prêtres, non comme prêtres, mais comme sédi-
tieux : « ce sont des bêtes fauves qu'il faut exterminer ». D'autres conventionnels réclamèrent la persécution : très inquiets
de voir le culte se réorganiser, ils cherchaient déjà à empêcher les souscriptions en traitant de factieux ceux qui les
recueillaient. Le 28 germinal il fut décidé que les administrations départementales rendraient compte chaque décadi, au
comité de sûreté générale des lois relatives aux prêtres réfractaires, et *au libre exercice* des cultes.

III.

Après la révolution de thermidor les commissaires qui ter-
rorisaient les départements continuèrent à appliquer les lois
de persécution dans toute leur rigueur. Des prêtres furent
mis à mort. Pourquoi le supplice du conspirateur Robespierre
aurait-il profité aux fanatiques? Tel était aussi l'avis presque
unanime des nouveaux commissaires envoyés par les thermidoriens. Aussi la situation religieuse ne s'améliora que peu à
peu par la force des choses, et grâce aux divisions des traqueurs de prêtres.

(1) Ces communes réclament énergiquement leurs églises parfois bâties récemment de leurs propres deniers. La Convention passe à l'ordre du jour
motivé sur la loi du 3 ventôse. (Arch., C, II, 153-154.)

Les nouveaux commissaires sont en lutte avec les terroristes, mais ils continuent la persécution avec le même zèle.

A Toulouse, Mallarmé, qui avait remplacé avec son collègue Bouillerot les fameux montagnards Chaudron, Rousseau et Dartigoyte, vomit les plus ignobles injures contre le culte chrétien le (1) proscrit absolument, par son arrêté du 14 vendémiaire, et déclare qu'il ne faut pas en laisser subsister les moindres traces. Cet arrêté est tout à fait digne de Dartigoyte : toutes les croix, toutes les chapelles doivent être détruites « de sorte qu'il n'en reste plus le moindre vestige. » Quant aux prêtres, Mallarmé les interne au district, et n'en dispense que ceux qui sont mariés, ou veufs avec enfants, ou *qui se marieraient*. Du reste l'arrêté de Dartigoyte du 8 germinal an II contre les prêtres est formellement maintenu. En outre pour continuer la tyrannie de son digne prédécesseur, Mallarmé arrête (art. 14) que quiconque n'observera pas les décadis, ou solennisera les dimanches, soit en cessant de travailler, *soit par l'affectation d'un costume particulier*, sera incarcéré pendant une décade, pendant deux décades en cas de récidive. Il en sera rendu compte au représentant pour la troisième fois.

Les presbytères sont mis en location : toutes autres réunions que les sociétés populaires sont interdites; quand bien même elles prendraient le titre de *société maçonnique*. Cet arrêté sera appliqué dans les départements du Gers, et de la Haute-Garonne : il montre combien la Terreur avait été impuissante à détruire la foi chrétienne dans les cœurs puisque, malgré le zèle infernal de ses agents, elle n'avait pas même réussi à faire disparaître les signes extérieurs du culte!

Les autres proconsuls agissent de même et font les plus

---

(1) Il adjure les citoyens d'adorer la révolution. « *A la création des sept jours, a succédé la création de la constitution française : au lieu du dimanche, nous avons le décadi. Ce n'est plus une vierge enfantant sans douleur un homme-dieu, c'est le peuple, toujours pur et incorruptible, mettant au monde la liberté. Nous n'avons plus à honorer cette trinité hétéroclite et incompréhensible des chrétiens : liberté, égalité, fraternité, voilà celle que nous devons encenser; d'elle procède la république, une et indivisible, et impérissable.* » (Constitution civile du clergé. Les commissaires thermidoriens, t. IV, chap. VIII, p. 312.)

grands efforts pour maintenir contre les catholiques le régime de la Terreur dans toute son atrocité.

Bordas, envoyé dans la Gironde, la Charente et la Dordogne, poursuit les jacobins dilapidateurs et dénonce leurs effroyables concussions, mais il s'oppose violemment à l'exercice du culte, et le 26 nivôse dans une proclamation en style des halles, il insulte et les prêtres et les principaux dogmes du catholicisme. Musset, prêtre défroqué, envoyé dans les départements du Puy-de-Dôme, de la Corrèze et du Cantal, interdit le culte et impose le décadi : ceux qui par *leurs discours ou leurs exemples* cherchent à ressusciter les dimanches doivent être emprisonnés comme suspects. Le 28 thermidor Méaulle déclare, à Valence, au sein de la société populaire, que la liberté religieuse ne gagnera rien à la révolution qui vient de s'accomplir à Paris. Jean Debry fait la même déclaration dans une proclamation adressée aux départements de la Drôme, de Vaucluse, et de l'Ardèche. Gauthier, envoyé en Savoie, interdit le culte et fait aux prêtres une chasse acharnée.

En Franche-Comté, il y eut après thermidor plusieurs exécutions pour cause de religion, M. Augustin Roch vicaire insermenté de Landresse fut immolé à Besançon, quatre jours après la mort de Robespierre. Il était rentré de Suisse en France en mai 1794, et avait évangélisé les campagnes au milieu des plus grands dangers. Un curé constitutionnel, en se donnant pour prêtre insermenté, découvrit le secret de sa retraite, et le fit arrêter.

M. Roch avait trouvé dans sa prison un jeune homme et une jeune fille qui étaient frappés comme lui par les lois révolutionnaires. Ils avaient voulu faire bénir leur mariage, et comme ils habitaient près de la frontière, ils étaient entrés furtivement en Suisse pour s'entendre avec un prêtre exilé, et à leur retour, ils avaient été dénoncés et arrêtés. Ces malheureux jeunes gens furent mis à mort comme émigrés.

Le 6 frimaire an III (26 novembre 1794), le père Élisée, capucin, et le 29 frimaire le père Cortot, cordelier, furent exécutés.

Même après thermidor les autorités du Doubs extorquèrent un certain nombre d'apostasies (1).

Mais les autorités révolutionnaires en Franche-Comté, comme dans tout le reste de la France, écrivaient avec dépit aux comités de la Convention que les populations tenaient absolument à leur culte.

Beaucoup de prêtres déportés en Suisse repassèrent secrètement la frontière, sans se laisser décourager par le supplice de M. Roch et du père Élisée. Dans certaines paroisses où aucun ecclésiastique ne pouvait pénétrer, les paysans se réunissaient pour célébrer le culte comme ils pouvaient. Aussi le 30 brumaire, les commissaires Besson et Pelletier prirent un arrêté très violent contre ces pieux rassemblements et contre tout exercice du culte. Les temples (art. 7) *ne seront ouverts que les jours de décade*, et seulement pour la célébration de la décade, et fermés aussitôt après par l'agent national qui en gardera la clef. Le 15 frimaire, Sévestre et Pelletier adoptèrent cet arrêté pour la Haute-Sône.

Du reste, à l'ouest comme à l'est, au nord comme au midi de la France, les paysans privés de prêtres exerçaient cette sorte de culte, qui exaspérait les thermidoriens.

Des ministres protestants qui avaient abdiqué furent inquiétés, comme ayant voulu reprendre leurs fonctions.

Bailly, commissaire chargé de l'Alsace, des Vosges, du Mont Terrible et du Jura, fut assez modéré. Mais Calès envoyé à

(1) M. Sauzay, *Histoire de la persécution révolutionnaire dans le Doubs*, t. 6, p. 470 et suivantes, à force de longues et minutieuses recherches, a pu dresser la liste complète des prêtres constitutionnels de Franche-Comté qui ont abdiqué. Il en a trouvé jusqu'au 8 thermidor près de deux cents. Mais la déprêtrisation n'a pas été arrêtée dans cette contrée par la révolution de thermidor; les autorités ont continué à imposer des apostasies. M. Sauzay a relevé après thermidor, dans le district de Besançon, 2 apostasies et 2 démissions, dans celui de Baume, 14 abdications, 3 dans celui d'Ornans, 15 dans celui de Saint-Hippolyte, ce qui fait 34 abdications postérieures à thermidor.

La persécution était encore si violente, qu'un prêtre rentré en cachette dans sa paroisse, l'abbé Richard, curé de Laviron, se sentant près de mourir, et ne voulant pas que la découverte de son cadavre fît appliquer par les jacobins l'atroce loi du 22 germinal, à ceux qui lui avaient donné l'hospitalité, invita ces derniers à l'enterrer secrètement dans une cave ; c'était le 30 ventôse an III : plus tard ses restes furent pieusement exhumés, lorsque les chrétiens n'eurent plus à craindre de persécutions. Bien des prêtres furent ainsi enterrés secrètement.

6

Dijon et dans la Côte-d'Or déclara hautement qu'il était absurde et criminel de s'attendre à la réouverture des églises, et se conduisit en persécuteur et en iconoclaste furieux.

Albert, envoyé à Troyes en pluviôse, se montra moins terroriste que la plupart de ses collègues. A cette époque on commençait à réagir contre la Montagne. Les autorités, dans des rapports adressés au député, reconnaissent que les parents sont hostiles aux instituteurs nouveaux, parce qu'ils « voudraient qu'on fît entrer dans l'éducation de leurs enfants les notions premières de la religion chrétienne, » c'est-à-dire le catéchisme. Voilà un aveu très précieux ! Elles reconnaissent aussi, que malgré les violences exercées contre les curés, bien des communes (presque toutes, dit le district d'Arcis), célèbrent toujours les dimanches à leur manière, et que les fêtes décadaires sont négligées.

Aussitôt après thermidor de nombreuses communes du département de l'Aube avaient repris l'exercice du culte, et les agents de la Convention essayèrent inutilement d'arrêter ce mouvement. Le 11 germinal, l'agent du district d'Ervy écrivait à Albert que malgré la loi du 3 ventôse, les croyants reprenaient les églises. « Les municipalités, disait-il, n'ont ni assez de forces ni assez de moyens pour s'y opposer, et d'ailleurs *la volonté générale* se prononce *si fortement qu'il y aurait danger à lui opposer des obstacles.* » (Arch. D. § I.)

Albert mit en liberté dix-sept prêtres emprisonnés à Saint-Loup, en tournant humainement la loi, et s'appuyant sur des arrêtés des comités. Mais il prit le 30 germinal un arrêté, pour contraindre les constitutionnels, qui se rétractaient en masse, à rester dans cette Église que la révolution avait reniée avec tant de scandale.

Suivant Albert, on trouble la paix quand on invite les constitutionnels à se rétracter. Il fait l'éloge des anciens serments : la république ne peut tolérer qu'on en fasse des crimes religieux ; on n'est libre ni d'en prêcher aux autres la rétractation, ni de les rétracter soi-même. En agissant ainsi on abjure « sa qualité de citoyen ». Les prêtres suspectés de se rétracter sont soumis à une surveillance inquisitoriale; les juges de paix de l'Aube et de la Marne doivent informer « *de toutes les démarches et tentatives qui peuvent avoir été faites directement ou indirectement* » pour obtenir des rétractations, ainsi que des rétractations faites, pour les dénoncer aux accusateurs publics et à Albert. On revient donc au système de persécution antérieur à l'abolition de l'Église constitutionnelle. Mais maintenant, l'État ne reconnaît ni ne salarie aucun culte! Qu'importent aux révolutionnaires les plus monstrueuses contradictions, pourvu qu'ils persécutent!

Dans le département de la Somme le représentant Sautereau signifia violemment aux populations qu'elles devaient se passer des offices comme avant thermidor (1). Par arrêté du 23 brumaire il interdit aux citoyens d'aller dans les églises sous peine d'être arrêtés comme suspects. Les populations manifestèrent un tel mécontentement que Blaux, son successeur, dut en rabattre. Comme Albert, Blaux persécutait les constitutionnels qui se rétractaient.

Delacroix, envoyé d'abord dans la Meuse et les Ardennes, puis à Versailles, fit preuve partout de la plus brutale intolérance. Dans beaucoup de communes les paysans privés de prêtres, faisaient célébrer des offices, comme ils pouvaient, par des chantres et des maîtres d'école. Delacroix prit le 12 nivôse un arrêté furieux contre ces pieuses et inoffensives réunions, et ordonna de faire arrêter ces chantres et ces maîtres d'école.

Legot, proconsul dans la Manche, offrait une prime de mille livres pour tout prêtre réfractaire qui lui serait livré. A Rouen, le 20 fructidor an II, l'abbé d'Aufernet fut mis à mort. Il exerçait le culte en secret, et avait en dix-huit mois parcouru soixante communes du pays de Caux, portant avec lui un calice et une patène, et célébrant la messe où il pouvait. A Caen, le 25 thermidor, l'abbé Riblier, prêtre réfractaire, montait sur l'échafaud, et avec lui une pieuse femme, Mlle Desacres, âgée de cinquante-huit ans, qui l'avait caché. Le 9 fructidor suivant, un autre réfractaire, l'abbé de Saint-Agnan, était exécuté dans la même ville.

(1) « ART. 2. Il est défendu à tout citoyen, de quelque sexe qu'il soit, de provoquer aucun rassemblement dans les édifices servant aux ci-devant cérémonies du culte, *sous prétexte d'en continuer l'exercice, et il est également défendu d'y assister, à peine d'être déclaré suspect et arrêté comme tel.* (Arch., AF, II, 143).

Tous les commissaires thermidoriens ont continué les procédés de persécution en usage au plus fort de la Terreur, afin
de mettre les prêtres catholiques ou constitutionnels dans
l'impossibilité d'exercer leur ministère. Mais les populations
voulaient absolument que la révolution de thermidor leur
profitât au point de vue du culte : on n'osait plus emprisonner
en masse et guillotiner comme sous la Terreur, les prêtres
déportés rentraient à la connaissance de tout le monde, et les
prêtrophobes n'étaient plus assez forts pour empêcher les populations de courir à leur messe et souvent de reprendre leurs
églises. Ils s'en vengeaient en immolant çà et là quelques prêtres.

IV.

Pendant les premiers jours qui suivirent la révolution de
thermidor, les proconsuls et les autorités révolutionnaires dans
les départements de l'Ouest continuèrent à persécuter avec
la même fureur qu'auparavant. Mais les thermidoriens comprirent bientôt qu'il était absolument nécessaire de montrer moins
de prêtrophobie pour en finir avec une guerre civile qui
avait été si évidemment amenée par la persécution religieuse. De toutes parts on dénonçait les horreurs commises
dans l'Ouest; la Convention s'occupait du procès de Carrier.
Les incendiaires et les assassins, envoyés par le comité de salut
public, avaient été privés de leurs commandements, et des révolutionnaires décidés, les accusaient hautement d'avoir par
leurs pillages et leurs cruautés poussé les populations au
désespoir et provoqué ainsi de terribles représailles. Les
mangeurs de prêtres, bien qu'il leur en coûtât beaucoup,
durent se résigner à compter avec les convictions religieuses
des populations.

Les commissaires leur firent d'abord des offres insuffisantes et maladroites (1). Le 12 frimaire (2 décembre 1794)

___

(1) 3 vendémiaire, proclamation de Boursault et Bollet; 23 brumaire, proclamation de Hoche à Rennes; 5 frimaire, proclamation de Guyardin, Dornier, Auger,
à Angers. Le 5 nivôse arrêté excentrique de Boursault, Bollet, Guezno : ils
reconnaissent toutefois « que le moyen de leur faire aimer la république,
n'est point de *dévaster leurs propriétés, et de porter le fer et la flamme dans
leurs habitations.* »

Carnot vint au nom du comité de salut public présenter à la Convention un projet de proclamation aux Vendéens, avec un décret d'amnistie qu'elle accepta (1). Mais la proclamation contenait des injures contre les prêtres et le fanatisme, et ne promettait point la liberté religieuse. Ce décret n'eut aucun résultat immédiat.

Après avoir tâtonné encore, les commissaires durent se résigner à aborder la question religieuse. Le 12 nivôse Guezno, Guermeur et Brue adressèrent de Vannes aux paysans, une proclamation qui leur promettait de comprendre les prêtres dans l'amnistie. Seulement ils les invitaient à se constituer eux-mêmes en arrestation, et à se fier à générosité de la Convention.

Les commissaires de la Convention vont maintenant parler de la liberté religieuse. Mais non seulement les arrêtés de ces divers commissaires manquent de clarté et de précision, mais ils se contredisent souvent d'une manière scandaleuse.

Ainsi Brue, dans une proclamation du 19 ventôse, déclarait formellement qu'il n'y avait plus de question religieuse, plus de constitutionnels, plus de réfractaires, et que la Convention accordait la liberté la plus absolue; que les prêtres qui se sont cachés « viennent au *milieu de nous sans crainte, ils n'y trouveront que des amis* ». Au contraire Guezno et Guermeur déclarèrent qu'ils entendaient appliquer strictement la loi du 3 ventôse; et firent un long arrêté rempli de réticences calculées, de promesses fallacieuses, démenties par des dispositions sournoises (6 germinal). Ils ordonnaient aux prêtres de venir se livrer et de s'engager à vivre *paisibles*, et prêcher la concorde, ce qui dans le jargon révolutionnaire a toujours signifié qu'ils devaient renoncer à combattre l'Église constitutionnelle et à exercer leur ministère. Cet arrêté, rédigé avec un odieux charlatanisme, ne satisfaisait nullement des populations qui réclamaient le libre exercice de leur culte. Si la Convention avait

---

(1) Carnot déclare que la Convention doit s'adresser elle-même aux Vendéens. « Ils ont été trompés si souvent, qu'aucune promesse ne peut les rassurer si elle n'est émanée de la Convention elle-même : je ne retracera   point les perfidies qui peuvent justifier cette défiance invincible. » (*Débats et Décrets*, frimaire an III, p. 1029).

été sincère dans ses protestations, elle aurait assimilé aux proscrits du 31 mai les prêtres déportés ou exilés pour avoir refusé d'adhérer à la constitution civile.

Les religieuses populations du Maine n'étaient pas mieux traitées par les thermidoriens que celles de la Bretagne. Le commissaire Geñissieux (1) persécutait également les catholiques et les constitutionnels ; mais ses efforts furent inutiles. Prudhomme, évêque intrus de la Sarthe, qui avait abdiqué lâchement pendant la Terreur, osa reprendre ses fonctions ; mais de nombreux constitutionnels refusèrent de le suivre et se rétractèrent. Dans le Maine, beaucoup d'églises étaient rouvertes en nivôse an III, à la grande colère des jacobins : on replantait même des croix.

Plusieurs prêtres du Maine furent lâchement égorgés par les révolutionnaires en l'an III (2).

On comprend aisément que la Convention ait tenu à faire la paix avec les insurgés de l'Ouest, elle y trouvait en effet le double avantage de mettre fin à une guerre civile atroce (3), et de pouvoir disposer contre les coalisés, de troupes nombreuses qu'elle était obligée sans cesse d'expédier dans l'Ouest. Malheureusement elle ne chercha qu'à leurrer les royalistes.

La grande armée vendéenne avait été détruite à la fin de 1793, mais la Convention avait toujours à lutter contre les armées de Charette, de Stofflet, de Sapinaud, et contre

---

(1) Son autorité s'étendait aussi sur le département de l'Orne. L'évêque constitutionnel Lefessier, qui avait abdiqué scandaleusement, écrivit le 6 brumaire à Genissieux, une lettre doucereuse pour savoir s'il le laisserait tranquillement réorganiser le culte constitutionnel. Aussitôt Genissieux lui fit subir un interrogatoire, et l'envoya en prison où il resta six semaines. Lefessier avait adressé probablement cette timide supplique aux robespierristes, et ils ne l'avaient pas aussi maltraité que le proconsul thermidorien !

(2) Ainsi l'abbé Defay, constitutionnel rétracté, fut égorgé au Mans, le 26 avril 1795 (7 floréal); l'abbé Bachelier fut égorgé à la Guyonnière par des soldats, ainsi qu'un fermier chez qui il s'apprêtait à célébrer la messe. L'abbé Charles Dehayes, un rétracté, après avoir été criblé de balles par des jacobins, fut jeté encore vivant dans un bûcher que ces misérables avaient allumé. Plusieurs personnes connues pour aimer les prêtres et les secourir, furent également victimes des révolutionnaires.

(3) J'ai vu massacrer des vieillards dans leur lit, avait dit le général Danican; égorger des enfants sur le sein de leurs mères, guillotiner des femmes enceintes, brûler des magasins immenses, etc.

les chouans de la Bretagne et du Maine. Le général Canclaux, qui avait pris le commandement des troupes de la république à Nantes au commencement de l'an III, avait déclaré formellement que son armée était épuisée, et qu'il fallait absolument que le gouvernement fît aux Vendéens les premières propositions de paix. Les généraux républicains annonçaient au comité de salut public, que le nombre des chouans augmentait (1), et demandaient trente mille hommes de renfort (2). Hoche, qui commandait l'armée des Côtes-du-Nord, écrivait au comité que la chouannerie faisait tous les jours des progrès alarmants, et que l'ennemi était insaisissable; et il lui adressait en même temps des plaintes très graves sur l'indiscipline et les excès de ses soldats.

Des deux côtés, on était très fatigué de cette guerre si cruelle et si acharnée. Un tiers de la population de la Vendée avait été massacrée, ou avait succombé à la misère; la plupart des villages étaient détruits; des populations nombreuses étaient réfugiées dans les bois. Les puissances étrangères n'avaient pas reconnu à temps, l'importance de l'insurrection catholique et royaliste de l'Ouest, dont elles auraient dû tirer parti pour rétablir la royauté en France et enrayer ainsi le mouvement révolutionnaire dans toute l'Europe. L'Angleterre seule pouvait la soutenir efficacement. Elle savait très bien que si un prince de la famille royale venait se mettre à la tête des insurgés de l'Ouest, toute compétition cesserait entre les nombreux chefs royalistes; toutes ces petites armées, tous ces rassemblements qui agissaient trop isolément, ne formeraient plus qu'une armée formidable, secondée certainement par des insurrections dans le Midi; les révolutionnaires ainsi pressés de tout côté, finiraient par céder. Mais l'Angleterre n'avait pardonné la guerre d'Amérique ni à la France ni aux Bourbons, et elle désirait voir la France s'épuiser peu à peu par la guerre civile. Elle comprenait beaucoup mieux que les autres

---

(1) Le 25 pluviose, le district de Craon annonçait que les chouans levaient des contributions forcées sur les acquéreurs de biens nationaux; et, pour le prouver, il envoyait 35 quittances en règle de cet impôt forcé, toutes signées de noms de guerre, tels que Joli-Cœur, Mousqueton, Fleur-d'Epine, etc. (Archives, AF, II, 270.)

puissances, le caractère absolument destructeur de la révolution, mais elle se croyait moins directement menacée; elle sut exploiter habilement l'indécision des princes, et plusieurs fois elle les empêcha formellement de rejoindre les royalistes de l'Ouest. Elle chercha seulement à prolonger une lutte avantageuse à sa politique, sans prendre les moyens nécessaires pour assurer le triomphe de la royauté.

Désoteux de Cormatin, soi-disant baron, ancien officier émigré de la garde constitutionnelle, profita de la lassitude des deux partis pour négocier une entente. Il n'était ni Vendéen, ni chouan, il avait débarqué depuis peu de temps en Bretagne avec une recommandation du conseil des Princes et un certificat très flatteur du marquis de Bouillé auquel il avait été attaché. C'était un homme adroit, intrigant, très ambitieux. Le comte Joseph de Puisaye commandait alors en Bretagne; il avait appartenu au parti constituant, et s'était uni aux girondins en Normandie pour faire la guerre à la Convention. A force d'habileté, il était parvenu à s'imposer aux chefs bretons, qui cependant n'avaient pas en lui une entière confiance. Cormatin sut habilement le circonvenir, et bien qu'il ne connût aucunement la guerre qui se pratiquait en Bretagne, Puisaye le nomma major général de l'armée royaliste, chargé de le représenter pendant un voyage qu'il allait faire en Angleterre pour demander des secours. Le général partit, et Cormatin eut le champ libre. Il n'était aucunement propre à la guerre de partisans; on disait même qu'il n'avait jamais vu un champ de bataille. Le rôle de négociateur flatta sa vanité qui était excessive; il voulut traiter avec la Convention, de puissance à puissance. Le moment était favorable: Vendéens et chouans sentaient le découragement les gagner, ils demandaient avec anxiété quand viendrait enfin ce fameux débarquement si souvent promis, quand arriverait avec des renforts et des munitions, le prince français qui devait être leur chef suprême, et faire taire toutes les rivalités par sa seule présence. Les thermidoriens, de leur côté, étaient très pressés de mettre fin à une guerre acharnée qui avait été signalée par tant d'incendies et d'égorgements. Ils avaient adopté pour système de rejeter sur Robespierre et sa bande toutes les atrocités commises en Vendée, mais ils savaient très bien que leurs soldats les renouvelleraient, si cette guerre durait encore quelque temps. D'ailleurs il était très important pour eux d'être acceptés par les Vendéens, et de devenir libres d'envoyer contre les alliés, les généraux de mérite et les nombreux régiments qui étaient retenus dans l'Ouest. Même une pacification partielle leur était fort utile à ce point de vue : les alliés, absorbés par des préoccupations égoïstes, ne s'en rendirent pas suffisamment compte.

Cormatin sut habilement circonvenir certains chefs chouans, entre autres Boishardy, et détermina ce dernier à écouter les propositions du général républicain Humbert. Le 3 janvier 1795 (14 nivôse an III), on signa une suspension d'armes.

Canclaux et les commissaires de la Convention qui étaient à Nantes, entrèrent en négociation avec Charette. Après avoir consulté ses officiers, il leur envoya MM. de Bruc et de Béjarry. Les conventionnels leur tinrent les discours les plus flatteurs, et déclarèrent que les deux partis n'avaient plus qu'un pas à faire pour se rejoindre et s'embrasser. Les Vendéens voulaient garder leurs armes, et exercer librement leur religion. « Nous voulons tout ce que vous voulez, disaient les conventionnels à l'oreille des envoyés de Charette, ce n'est plus qu'une *question d'à-propos.* » Comme il arrive souvent, on se perdit, en voulant être habile. Les révolutionnaires dans cette négociation eurent pour système d'annoncer que tout ce qui était désiré par les Vendéens, liberté religieuse, sûreté des personnes, même la restauration de Louis XVII, ils le leur donneraient *à propos.* Seulement ils ne pouvaient rien brusquer. Il paraît (et ils en étaient bien capables) qu'ils firent de véritables simagrées royalistes. Stofflet, sollicité de traiter, s'écria : « Le roi ou la mort! » et refusa énergiquement.

Néanmoins les conférences s'ouvrirent à La Jaunais, à une lieue de Nantes, le 15 janvier 1795. Charette dit sévèrement aux représentants et aux généraux républicains : « Messieurs, vous savez que je viens ici pour la paix, et non pour l'amnistie. — Et nous, répondit le général Canclaux (marquis passé à la révolution), nous venons réunir des Français qui n'auraient jamais dû se séparer. »

Les révolutionnaires les plus goujats, se donnèrent beaucoup de mal pour dire des choses aimables aux royalistes.

Trois jours après, la liberté religieuse fut reconnue, et le 28 pluviôse (18 février), les négociations étaient terminées. Ce traité garantissait la sécurité de tous ceux qui avaient pris part à la guerre, soit comme chefs, soit comme soldats, et accordait en même temps la liberté religieuse aux populations de l'Ouest. Des mesures furent prises pour adoucir les maux causés par cette longue guerre civile. La république, pour avoir la paix, alla jusqu'à promettre aux chouans que ceux d'entre eux qui étaient sujets à la réquisition resteraient dans leurs départements, afin de relever un peu l'agriculture, le commerce et l'industrie.

On voulut célébrer la pacification avec beaucoup d'éclat. Charette entra solennellement à Nantes avec les généraux Canclaux et Beaupuy; les états-majors des deux camps étaient mêlés et confondus. On fraternisa solennellement; chacun des deux partis fit beaucoup d'efforts pour paraître rassuré sur l'avenir.

Beaucoup de gens ont cru que le traité de la Jaunais avait des articles secrets extrêmement graves. Napoléon, qui devait être bien informé, qui avait tenu sous sa dépendance les révolutionnaires soupçonnés d'avoir ainsi pactisé avec les royalistes, a affirmé très nettement l'existence de ces articles secrets, et donné le texte de ce traité en huit articles. Il a dit que cette convention secrète donnait une juste idée de l'habileté (malhonnête) des négociateurs républicains et de la crédulité des Vendéens. Ces articles, vrais, ou supposés, promettent le rétablissement de la monarchie et de la religion dans toute sa splendeur; en attendant, les troupes royalistes resteraient maîtresses du pays, et seraient soldées par l'État; leurs chefs et leurs soldats seraient largement indemnisés de leurs pertes; les émigrés qui se trouvaient alors en Bretagne, en Anjou et en Poitou, seraient censés n'être jamais sortis de France, parce qu'ils s'y étaient battus pour le roi (1). Il paraît certain, que les commissaires de la Conven-

---

(1) Si les conventionnels n'avaient pas pris l'engagement secret de laisser

tion avaient pris des engagements verbaux extrêmement graves. Non seulement des royalistes, mais des révolutionnaires l'ont affirmé : le conventionnel Boursault, commissaire dans l'Ouest, qui était resté étranger à la pacification, parce qu'il était en mésintelligence avec Hoche et ses collègues, et qui la qualifia de monstrueuse, déclara positivement que la remise de Louis XVII aux Vendéens avait été la condition formelle du traité (1).

Ces promesses secrètes, écrites ou verbales, peuvent seules expliquer l'adhésion à ce traité de tant de chefs déterminés. Peu leur importait, en effet, d'accepter la république officiellement, lorsque ses agents déclaraient officieusement aux royalistes qu'ils travaillaient à la renverser et leur promettaient la monarchie! Du reste, il n'y a pas lieu de se récrier tant sur la crédulité des Vendéens. A cette époque les thermidoriens pour la plupart

dormir la loi à l'égard de ces émigrés, en attendant une amnistie formelle, qui suivant eux ne pouvait être donnée immédiatement, puisque les principaux girondins n'avaient pas encore été rappelés par la Convention. les chefs royalistes en n'exigeant pas formellement, pour leur camarades cette dérogation aux lois barbares contre l'émigration, auraient manqué à toutes les convenances, on pourrait même dire à l'honneur. L'absence de cette disposition dans les articles officiels du traité, donne tout lieu de croire qu'il existait des articles secrets; d'autant mieux qu'il était encore difficile à la Convention d'annoncer une pareille concession !

(1) « L'article concernant Louis XVII et sa remise aux mains de Charette, dit Boursault, a existé séparément. » Il affirme aussi l'existence du traité en huit articles promettant le rétablissement de la monarchie. Cambacérès l'aurait communiqué à Bonaparte. On s'expliquerait ainsi comment Bonaparte n'a pas parlé de la remise du Dauphin. Barère a dit dans ses mémoires :« L'histoire recherchera quels traités étranges et imposteurs autant qu'anti-nationaux furent faits entre ce comité et les chefs de l'armée catholique, traités qui trouvèrent une *solution quelconque* dans la mort précoce du fils de Louis XVI, détenu au Temple. »

Ces articles ont été révélés en partie par les chefs vendéens, lors de la reprise des hostilités. Charette n'a-t-il pas dit, dans une proclamation : « Ils (Canclaux et Ruelle) nous entraînèrent dans plusieurs conférences secrètes : « Vos vœux seront remplis, nous disaient-ils, nous pensons comme vous, nos désirs les plus chers sont les vôtres ; ne travaillez plus isolément. Travaillons de concert, et dans le mois au plus, nous serons au comble de nos vœux. Louis XVII sera sur le trône, nous ferons disparaître les jacobins, les maratistes, etc.; la monarchie s'établira sur les ruines de l'anarchie populaire. » Les représentants Morisson, Gaudin, Delaunay et plusieurs autres, manifestent dans les conférences les mêmes intentions et soutiennent que ce sont celles de la Convention, mais qu'il faut de la prudence et de la circonspection. (Archives, AF, II, 260). Bien d'autres que Charette ont tenu le même langage.

songeaient très sérieusement à rétablir la royauté à leur profit;
et pour qu'elle leur fût réellement profitable ils avaient besoin
de se ménager l'appui de ces vaillants royalistes, et contre les
révolutionnaires mécontents, et contre les constitutionnels qui
auraient voulu eux aussi profiter exclusivement du rétablissement de la royauté. Seulement ils voulaient agir, à leur manière, à leur heure. La mort déplorable de Louis XVII qui
suivit de si près la pacification, changea complètement la situation (1). Le traité de la Jaunais ne pouvait être accepté même
provisoirement, par les gens les plus simples, qu'avec la promesse de grands changements. La France était alors régie par
un gouvernement qui ne pouvait durer longtemps et devait
bientôt céder la place à un autre organisé constitutionnellement. Évidemment pour que le traité public fût exécuté sérieusement, il fallait qu'un gouvernement modéré fût établi dans
un très bref délai.

Cormatin fit aussitôt les plus grands efforts pour déterminer
les chouans à accepter ce traité. A son instigation, de nombreux
officiers royalistes se réunirent. Les conférences s'ouvrirent le
1er avril au château de la Prévalaye, près de Rennes. Mais
Cormatin, grâce à sa vanité, et à son faste, devint bien vite
suspect à beaucoup de chouans qui ne l'avaient jamais vu se
battre. Sur cent vingt-cinq chefs royalistes qui s'étaient rendus
à son appel, vingt et un seulement acceptèrent le traité à la

(1) Il n'est nullement absurde de croire que les émissaires de la Convention
ont promis le rétablissement de la royauté et qu'ils l'ont *alors* promis sincèrement. Ils étaient du reste bien capables, pour obtenir la pacification, de faire
aux royalistes cette promesse, avec celle de la liberté religieuse, tout en ayant
la ferme intention de ne tenir aucune des deux! Hoche, tenu à l'écart par les
commissaires de la Convention, les traitait en secret comme les derniers des
hommes.

« Voilà donc les soutiens de ma triste patrie; ô douleur! En quelles mains
sont confiés les intérêts de la république? Hommes petits et bas que cherchez
vous ici? Ennemis implacables de toute *honnêteté, ivrognes, débauchés, ignorants
et vains,* tel est, à l'exception de Fermont et de Lanjuinais, le caractère des membres de notre congrès... Dans la délibération nul ordre : l'un crie, son voisin
dort, un troisième!... est-ce ainsi que se comportent nos ennemis? leurs repas
sont moins longs et moins fréquents... Indigne Ruelle, reçois ici le tribut de mon
indignation : Après avoir rampé devant Charette tu fais servilement ta cour à
Cormatin. » (*Essai sur la vie de Lazare Hoche,* par M. Bergouniaux: Notes extraites
des papiers de Hoche), Ruelle devint sous-préfet de Bonaparte.

Mabilais le 19 avril (8 floréal). Le fameux Georges Cadoudal était parmi les refusants; mais sans souscrire au traité il fit de louables efforts pour remédier aux maux de la guerre civile (1).

Les Vendéens et les chouans auraient dû, pour leur liberté religieuse, exiger des garanties effectives. Ils eurent le plus grand tort de se contenter d'une promesse vague, car ils connaissaient parfaitement l'esprit anti-religieux et la mauvaise foi des conventionnels dans toutes les questions qui touchaient de près ou de loin à la religion : l'exécution d'un pareil traité présentait des difficultés presque inextricables : et les conventionnels désireux avant tout d'annoncer à l'Europe qu'ils en avaient fini avec cette terrible guerre étaient résignés sans doute à faire quelques sacrifices; mais ils comptaient surtout exploiter la bonne foi des Vendéens, leur promettre monts et merveilles, et esquiver ensuite l'exécution de leurs engagements.

En voyant les thermidoriens maudire la Terreur aussi fort qu'eux-mêmes, et faire rigoureusement justice de ses principaux agents, guillotiner Carrier, les chefs royalistes avaient eu la naïveté de croire à une conversion complète, d'autant mieux que dans leurs entretiens privés, les conventionnels faisaient de belles promesses pour l'avenir. Il fallait, disaient-ils, la paix et l'union avant tout, pour venir à bout des terroristes; il était dangereux de revenir officiellement sur certaines lois, et ils se chargeaient de les laisser dormir. Bien des choses sans doute restaient à faire, mais que de chemin parcouru depuis le 9 thermidor! Ils pouvaient exiger qu'on leur fît un peu crédit! En outre, ils annonçaient mystérieusement que bientôt on assisterait encore à de nouveaux changements.

La question religieuse dans ces négociations fut abordée avec trop de confiance d'une part, et une entière mauvaise foi de l'autre. Peu importait que la Convention promît la liberté religieuse, elle avait toujours persécuté en la proclamant. Peu importait aussi qu'elle promît de ne tourmenter aucun

----

(1) *Georges Cadoudal et la chouannerie*, par Georges de Cadoudal, 1 vol. 1887. Plon, p. 68 et suiv.

prêtre pour refus d'adhésion à la constitution civile. Si elle ne déclarait pas formellement abrogées, au moins pour le clergé et les fidèles des départements pacifiés, les lois postérieures à la constitution civile qui punissaient ce refus des peines les plus terribles, la liberté religieuse promise était escamotée une fois de plus.

Le 13 floréal, Ruelle, Bollet, Jarry, Dornier font une proclamation enthousiaste, déclarant que la guerre de l'Ouest a été causée par la clôture des temples, et que la pacification assure une liberté religieuse complète. Mais ils ont soin de ne rien préciser. Aussi le 20, Guezno, Guermeur et Grenot, à Rennes, déclarent que les lois déportant la presque totalité du clergé, sont scrupuleusement maintenues dans leurs dispositions les plus iniques, et les plus capables d'eterniser la guerre civile. Et l'arrêté qui menace d'incarcération ceux qui détourneront de la *soumission aux lois*, comment sera-t-il appliqué? On sait, par une longue et sanglante expérience, ce que signifient ces hypocrites paroles! Les persécuteurs ont déblatéré contre la persécution pour faire déposer les armes : la paix vient d'être signée, ils reprennent la persécution!

Mais certaines clauses politiques du traité devaient être interprétées et appliquées comme les clauses religieuses; aussi les hostilités furent-elles reprises au bout de très peu de temps. Les excès des soldats contribuèrent encore à rompre la pacification, qui, du reste, fut pour ce motif très incomplète dans certaines localités (1).

Ainsi les habitants de l'Ouest durent bientôt reconnaître que les républicains les avaient trompés, en leur promettant la liberté religieuse. Ils eurent bien vite d'autres griefs. Les révolutionnaires étaient habitués depuis plusieurs années à imposer avec les procédés les plus brutaux des extorsions, des

(1) Les généraux, les représentants en mission, les administrations diverses dénoncent les excès des soldats. Le 22 messidor, le tribunal militaire séant alors à Auray, écrit au comité de sûreté générale que *le pillage, l'assassinat, le viol et tous les crimes que la barbarie et la férocité peuvent inventer*, sont commis dans le département du Morbihan par les soldats républicains; le 8 les députés Montmayon et Guyomar rendent compte au comité de salut public des excès des troupes dans la Mayenne. *La dévastation accompagne leur marche; le pillage, le viol, le meurtre même signalent leur passage.*

réquisitions de toute espèce aux campagnards qui dans le reste
de la France les subissaient la rage dans le cœur sans oser
toutefois se révolter : mais les Vendéens et les chouans qui
avaient accepté une pacification, n'entendaient nullement
supporter ces avanies et ces exactions. Ils avaient la naïveté,
sous un gouvernement révolutionnaire, de protester, contre
l'arbitraire et les extorsions, et de vouloir être traités en
hommes libres !

En réalité le dernier traité de la Mabilais n'avait nullement
pacifié la Bretagne : on avait fait la paix avec quelques chefs
importants, mais on restait en guerre avec un grand nombre de
royalistes. Les hostilités continuaient donc sur beaucoup de
points, et les républicains à Paris et dans le reste de la France,
affectaient de prendre un air indigné, et accusaient de violer
le traité de paix, des gens qui n'avaient jamais souscrit à ce
traité. Lorsque les républicains faisaient la guerre à une bande
qui n'avait pas accepté la pacification, ils en profitaient pour
surprendre et fusiller des gens qui dépendaient d'un chef signa-
taire du traité, et qui avaient déposé les armes. Du reste, l'observation exacte des trèves et des pacifications conclues avec
des bandes de partisans est toujours très difficile ; souvent
des individus isolés refusaient de les reconnaître. Le chouan
n'était pas un soldat : il combattait volontairement, et bien
souvent pour venger ses propres injures. Celui dont la maison
avait été brûlée, les enfants embrochés au bout des baïonnettes
républicaines, dont la femme, la sœur ou la fille avait été violée
par les bleus, cherchait avant tout sa vengeance dans cette
guerre de ravins et de buissons, se souciait fort peu des capitulations, et croyait fermement, et non sans raison, que s'il mettait ses armes de côté, il serait bientôt égorgé. On ne pouvait
donc s'attendre à voir des chouans observer les conditions de
la paix, comme des troupes régulières ; et d'ailleurs celles de
la Convention les violaient constamment.

Les soldats bleus étaient habitués au pillage et à tous les
excès ; et certains chefs étaient encore plus scélérats que leurs
hommes, car ils pillaient systématiquement, et pour s'enrichir.
La pacification ruinait leurs espérances, et dans l'espoir de la
rompre et par amour du butin, ils commettaient des excès

qui attiraient des représailles de la part des chouans. Ces représailles étaient regardées par les républicains, comme des
actes d'agression, comme des violations de la paix, ils en
profitaient pour arrêter par surprise et tuer certains chefs, ou
des chouans courageux qui étaient restés tranquilles, mais dont
ils voulaient se débarrasser.

Aussi les chouans qui n'avaient pas traité étaient plus
que jamais décidés à résister aux révolutionnaires, et les autres craignaient d'être assassinés en détail. Cependant les
hostilités paraissaient suspendues en fait; mais les républicains
étaient décidés à se débarrasser de tous les chefs qui pourraient un jour reprendre les armes, en les accusant de violer
le traité de paix. Le 23 mai, Cormatin, qui n'avait réussi qu'à
se faire regarder comme un traître par les deux partis, se plaignait au commissaire Bollet des arrestations arbitraires et des
violations du traité commises par les bleus. Aussi le surlendemain, après un dîner très cordial à Rennes, Cormatin, sur l'ordre de Bollet et de Grenot, était arrêté par Aubert Dubayet
avec les chefs royalistes, Dufour, Delahaye, du Boisgontier
de Solilhac, Jarry et la Nauray; on les accusait de préparer
la guerre. Le 27, Grenot et Bollet disaient dans une proclamation emphatique : « Français républicains, lisez, lisez ! Voyez
la bonne foi trahie, les serments violés et la plus épouvantable hypocrisie à l'ombre des douces paroles de la paix médi-
tant la révolte et le massacre » et ils publiaient trois lettres qui
ne prouvaient rien contre Cormatin (1). Le même jour Guermeur et Brue prenaient à Quimperlé un arrêté, ordonnant de
s'emparer de tout chef ou sous-chef de chouans, de faire des
perquisitions dans les domiciles de tous ceux qui avaient alors
quitté Vannes, et d'attaquer immédiatement Grandchamp, Plu-
vigner et Lanvaux qui étaient occupés par les chouans; les troupes républicaines se jetèrent aussitôt sur eux. Grandchamp

---

(1) Dans la première il demandait simplement de l'argent au comte de Silz.
On en concluait que ce devait être pour préparer une insurrection. La seconde
lettre était de plusieurs chefs chouans au comité royaliste du Morbihan, et semble
annoncer des intentions assez peu pacifiques, mais aucun des chefs arrêtés ne
figurait parmi les signataires. La troisième était écrite par Cormatin aux membres de ce conseil qui n'avaient jamais traité, et il les dissuadait vivement de
déclarer la guerre.

fut surpris pendant la nuit et le comte de Silz tué en le défendant. Georges Cadoudal qui était sur ses gardes à Lanvaux,
fit une énergique résistance. La guerre avait été jusqu'alors
suspendue de fait avec les chefs qui n'avaient pas accédé au
traité. Le 19 juin, Cadoudal avec une audace extraordinaire,
dirigea une expédition sur la manufacture de poudre de Pont-
de-Buis, s'en rendit maître et enleva les munitions, qui y
étaient déposées.

En Vendée, les hostilités recommencèrent bientôt. Stofflet,
après avoir longtemps résisté, avait signé à contre-cœur le
traité de la Jaunais : la Vendée semblait donc complètement
pacifiée ; Charette, Stofflet, Sapinaud faisaient exécuter les traités de leur mieux, mais des conflits surgissaient à chaque
instant. Un officier royaliste fut enlevé par trahison, et traîné
prisonnier à Saumur. Les chefs se disaient tous qu'on allait
ainsi les emprisonner ou les exterminer en détail ; les paysans,
qu'on allait tout à coup se jeter sur eux par surprise, et saccager de nouveau leur pays. La nouvelle de la mort de
Louis XVII produisit sur eux tous la plus pénible impression.
Quand bien même certaines promesses auraient été sincères,
il n'était plus possible d'en tenir compte pour l'avenir. Du reste,
la Convention n'accordait ni liberté religieuse ni liberté politique et ne faisait que piétiner honteusement dans l'ornière
révolutionnaire : il ne fallait plus évidemment se bercer de
l'espoir de voir s'établir à Paris un gouvernement modéré,
même sous l'étiquette républicaine. Charette reprit les armes
au cri de : Vive Louis XVIII.

Obligée d'accorder pour l'instant un semblant de tolérance
aux départements insurgés, la Convention s'en dédommageait
en pressant encore l'exécution des lois de persécution contre
les prêtres du reste de la France. Le 12 floréal, Chénier lui
présenta, au nom des trois comités réunis, un projet de décret
contre les émigrés, les prêtres déportés et les jacobins. Son
rapport contient une diatribe violente contre les prêtres : « De
toutes les frontières, des hommes déportés pour n'avoir pas
voulu se soumettre aux décrets rendus par l'assemblée constituante, *pour avoir refusé de faire partie du corps social*, rentrent aujourd'hui sur le territoire français. » Cette constitution

civile, maintenant la convention la déclare détestable, absurde, à jamais abrogée comme loi de l'État; et pourtant les prêtres n'en sont par moins des scélérats pour lui avoir jadis refusé leur adhésion (1). Mais Chénier a peur de mécontenter les catholiques de l'Ouest, il les flatte maladroitement. Il reconnaît que leur clergé n'a pas cessé de recommander aux populations d'observer fidèlement les conditions de la paix : voilà un aveu dont il faut prendre acte !

L'article 2 du décret rendu sur le rapport de Chénier portait que les *individus déportés* rentrés (on eut l'hypocrisie de ne pas dire les prêtres !) devraient quitter la France dans le délai d'un mois, et que passé ce délai ils seraient punis comme les émigrés, c'est-à-dire mis à mort. La constitution civile n'était donc abolie qu'au point de vue du budget; elle subsistait toujours comme instrument de persécution (2). Beaucoup de prêtres sont rentrés; si la Convention réussit à les faire arrêter et condamner presque tous, la France fatiguée des scènes sanglantes verra avec horreur cette épouvantable boucherie, et les suites de cette indignation générale seront peut-être très redoutables. La Convention accorda ce délai, espérant que les prêtres rentrés prendraient peur, et qu'elle en serait délivrée sans avoir l'embarras, et l'odieux de nouvelles exécutions.

Cette discussion fit ressortir les graves défauts de la loi du 3 ventôse : mais plus le parti modéré grandit en nombre et en influence au sein de la Convention, plus elle semble préoccupée de rendre impossible la pacification religieuse : les prétendus modérés depuis la constitution civile n'ont rien oublié ni rien appris.

V.

Le 11 prairial, Lanjuinais présenta à la Convention, au nom

(1) « Ce n'est pas l'opinion religieuse, dit ce persécuteur hypocrite, qu'il faut poursuivre, mais la loi violée. » Avons-nous besoin de relever ce sophisme effronté ! Quand une loi viole la liberté religieuse, celui qui revendique cette liberté blesse la loi; par conséquent, le persécuteur audacieux peut assouvir à son aise sa rage persécutrice, en déclarant hypocritement qu'il venge seulement la violation de cette loi, qui fait sa honte ! C'est ainsi que la révolution a toujours procédé !

(2) Avec ce système on aurait dû tout en flétrissant le 31 mai, maintenir les proscriptions dont il était la seule cause.

des trois comités réunis, un décret qu'ils méditaient, dit le rapporteur, depuis plusieurs décades. Presque toutes les autorités interprètent la loi du 3 ventôse comme défendant de rendre aux chrétiens leurs églises, et, quoi qu'en dise Lanjuinais, l'article 3 est formel sur ce point. Une revision de cette loi est donc indispensable, car les populations sont très mécontentes d'être privées de leurs anciennes églises qu'on laisse tomber en ruines. Elles ont été rendues aux habitants de l'Ouest, il serait injuste de traiter moins bien les habitants des pays qui ne se sont point soulevés : d'ailleurs les réunions religieuses seraient bien plus faciles à surveiller dans les églises.

Jusqu'ici tout va bien; mais les révolutionnaires soi-disant modérés excellent dans l'art de faire passer une disposition perfide et venimeuse, à la suite de plusieurs autres qui, prises en elles-mêmes, paraissent tout à fait inoffensives. *In caudâ venenum!* La Convention vota sans discussion sur la demande de Lanjuinais, un nouveau serment sous le titre fallacieux de promesse de soumission aux lois et au gouvernement. Les églises seraient livrées provisoirement aux communes qui s'en serviraient à la fois pour les décades et pour les cultes, à la charge de les entretenir « sans aucune contribution forcée ».

« Art. 5. Nul ne pourra remplir le ministère du culte dans lesdits édifices, *à moins qu'il ne se soit fait décerner acte, devant la municipalité du lieu où il voudra exercer, de sa soumission aux lois de la république.* Les ministres des cultes qui auront contrevenu au présent article, et les citoyens qui les auront appelés ou admis, seront punis chacun de mille livres d'amende par voie de police correctionnelle. »

On voit que le parti de la Constitution civile a repris le dessus dans la Convention. Cette loi est faite pour perpétuer la division et relever la situation du clergé constitutionnel (1).

(1) En rendant au culte les églises non vendues, qui étaient toutes d'anciennes paroisses constitutionnelles, les philosophes et les auteurs du schisme comptaient qu'elles seraient immédiatement accordées par les administrateurs révolutionnaires, aux prêtres constitutionnels, qui les desservaient auparavant; et que beaucoup de personnes fatiguées d'entendre la messe dans des chambres ou dans des granges, accourraient dans les églises rouvertes. Ainsi les chrétiens de France continueraient à être divisés en deux cultes, s'injuriant, se déchirant mutuellement, et ils espéraient que la philosophie profiterait de cette division.

La loi du 11 prairial bouleversait complètement le système établi par la loi du 3 ventôse. Cette dernière consacrait ce qu'on peut appeler l'indépendance matérielle des cultes à l'égard de l'État : ils ne recevaient rien de lui, absolument rien, et il les surveillait sans leur demander rien. Au contraire, la loi du 11 prairial leur donnait la jouissance des églises, et l'État la leur faisait immédiatement payer, en exigeant de leurs ministres un acte de soumission. Les intentions des auteurs de la loi du 11 prairial sont faciles à deviner. Ils avaient essayé, d'abord, d'entraver les progrès du catholicisme; Boissy d'Anglas l'avoue naïvement dans son rapport sur la loi du 3 ventôse. Ils trouvèrent bientôt cette loi insuffisante, et exigèrent l'acte de soumission, dont le refus devait servir de prétexte à de nouvelles rigueurs. Ils comptaient sur lui pour jeter le trouble parmi les chrétiens, et fournir à la révolution des occasions de persécuter. Les philosophes avaient prévu que les esprits seraient divisés sur le caractère et sur l'opportunité de ce serment ; ils comptaient bien exploiter cette division, tâcher d'assimiler dans l'opinion publique, les prêtres soumis aux constitutionnels, recommencer la persécution contre les insoumis, et peut-être édicter contre eux de nouvelles lois pénales.

Il importe de préciser la situation légale du clergé de France au moment où on lui demandait ce nouveau serment, et de voir s'il la modifiait de quelque manière.

On n'exigeait point de lui cette soumission en échange de la liberté religieuse : car la convention venait de déclarer le 12 floréal que les lois qui condamnaient à mort la presque totalité du clergé subsistaient toujours, et elle avait prescrit aux autorités de les exécuter strictement! le nouveau serment ne changeait donc rien à la situation, et se livrer aux bourreaux était le seul acte de soumission possible aux déportés rentrés. Le serment du 11 prairial, en le supposant licite, ne pouvait donc être prêté que par le petit nombre de prêtres catholiques, vieillards et infirmes pour la plupart, qui pouvaient séjourner en France sans encourir la peine de mort; par les constitutionnels rétractés, et les prêtres qui auraient été ordonnés depuis les lois de persécution ! On voit que ce serment

ne remplaçait pas l'ancien, mais se combinait avec lui, pour
vexer ceux qui avaient échappé aux plus horribles conséquences de la persécution (1).

Les constitutionnels prêtèrent naturellement ce serment;
comme il n'impliquait dans ses termes aucune adhésion formelle au schisme, des esprits éclairés et bien intentionnés,
l'apprécièrent différemment.

Cette controverse fut très vive. On fit valoir de part et
d'autre une multitude d'arguments. Les adversaires de la
soumission disaient à ceux qui l'acceptaient qu'ils seraient
dupes de leur fausse habileté, car l'intention des auteurs de
la loi du 11 prairial était mauvaise, et la révolution inaugurait
ainsi un nouveau système de vexations, tout en maintenant
les lois les plus atroces. L'événement donna raison aux pessi-
mistes. Ceux qui après avoir fait l'acte de soumission combattirent les innovations de la constitution civile et le divorce, voulurent en un mot rester catholiques, furent accusés d'insulter
les lois, de provoquer des troubles, poursuivis, et même après
fructidor déportés en Guyane.

Le but des auteurs de la loi du 11 prairial, avons-nous dit,
était de perpétuer l'agitation religieuse en France et de fournir
en dessous main au schisme constitutionnel les moyens de se
relever. Les commissaires de la Convention obéissent à ce mot
d'ordre; et les persécuteurs les plus brutaux s'arrangent de
manière à favoriser les constitutionnels. En Normandie, Bouret
prend, le 10 prairial, un arrêté très long et très oppressif, ordonnant aux municipalités de surveiller avec grand soin *la conduite, les démarches, les relations* des prêtres rendus à la liberté

---

(1) Le comité de législation déclara le 29 prairial (17 juin), que cet acte de
soumission n'avait aucun rapport avec les anciens serments, et que la constitution civile, n'était plus une loi de la république; mais le comité de sûreté
générale, qui était pour les cultes le pouvoir exécutif, continuait, en vertu
des lois que le comité de législation disait abrogées, et que la Convention avait
maintenues, à traquer les prêtres, pour déporter les uns et condamner à mort
les autres! Le comité de législation ne voulait pas que la municipalité fît une
enquête sur le prêtre qui venait faire l'acte de soumission, mais il lui fallait
bien livrer son nom, et se dénoncer aux autorités chargées par le comité de
sûreté générale de faire la chasse aux prêtres déportables. Ainsi la prétendue
tolérance du comité de législation aboutissait, contre son intention, il faut l'espérer, à tendre, un traquenard à une nombreuse catégorie d'ecclésiastiques.

et des rétractés. Il sera pris des mesures sévères contre ceux qui « seraient prévenus d'*alarmer les consciences* des citoyens, » c'est-à-dire traiteraient les jureurs de schismatiques. Il prétend en outre interdire les rétractations.

Comme tant d'autres révolutionnaires, Bouret, après avoir forcé les constitutionnels à renier leur Église, veut maintenant les contraindre à y rester.

La loi du 11 prairial fut accueillie dans l'Ouest avec beaucoup de méfiance; à Rennes elle suscita presque des troubles. Le commissaire Grenot prit, le 11 messidor, pour calmer les populations, un arrêté qui l'atténuait sensiblement et la Convention n'osa le désavouer que par ses actes. Mais dans les autres provinces les députés en mission prenaient des arrêtés persécuteurs, faisaient la chasse aux prêtres, et violaient même contre eux la loi du 11 prairial. Les jacobins commirent de nouveaux excès. Beaucoup d'administrateurs recommençaient à persécuter les catholiques au profit des constitutionnels, et appliquaient la loi du 11 prairial de la manière la plus vexatoire.

Le comité de sûreté générale avait ordonné, le 3 et le 12 messidor, de poursuivre impitoyablement les prêtres rentrés. Le 13 thermidor, le comité de législation rappelait aussi aux autorités que ces prêtres avaient encouru la peine de mort, seulement le 22 il prétendait qu'on ne pouvait l'appliquer à ceux *dont la déportation n'avait pas été exécutée*, sous la condition de prouver leur résidence sans interruption depuis le 9 mai 1792. Quelle contradiction, quel gâchis! Les prêtres qui se sont soustraits à l'exécution de la loi sont beaucoup mieux traités que ceux qui lui ont obéi!

Malgré toutes ces menaces de mort, les prêtres déportés rentraient en masse : on les arrêtait souvent, mais souvent aussi les paysans s'attroupaient par centaines, et les arrachaient aux gendarmes.

VI.

L'Église constitutionnelle, bien que sournoisement soutenue par les autorités, se trouvait alors dans une situation très cri-

lique. La révolution l'avait reniée, et en la reniant elle ne l'a-
vait pas seulement privée de ses traitements, elle l'avait anéantie
légalement. Dès que l'État ne mettait plus en mouvement le
corps électoral pour nommer ses évêques et ses curés, sa
hiérarchie était détruite! Ce schisme ne pouvait plus vivre par
lui-même, à moins de briser, lui aussi, cette constitution civile
qui était sa seule raison d'être.

Les rêves ambitieux des évêques intrus s'étaient bien vite
évanouis : après avoir été persécuteurs, ils furent persécutés.
Ils se trouvèrent donc, après thermidor, sans titre officiel, réduits à de petites pensions, abandonnés par une partie de
leurs protecteurs politiques et de leurs adhérents, et décon-
sidérés par les apostasies particulièrement scandaleuses de
quinze de leurs collègues, et la lâcheté de bien d'autres. Néanmoins, quelques intrus appartenant à cet élément janséniste
qui seul avait donné à cette Église schismatique quelque apparence de vitalité, essayèrent de la reconstituer. C'étaient
Grégoire, évêque du Loir-et-Cher, Saurine, des Landes, Royer,
de l'Ain, Gratien, de la Seine-Inférieure, Desbois, de la
Somme (1).

Ils formèrent, à Paris, un comité dit *des évêques réunis*. Le
15 mars 1795 (25 ventôse an III), ils envoyèrent à leurs collègues une circulaire qu'ils osèrent qualifier d'encyclique. Ils
déclarent impudemment qu'ils veulent remédier aux maux
qui ont affligé l'Église de France, et soumettent à leurs collègues un projet de règlement. Fidèles à leur système primitif d'hypocrisie, ils font profession d'appartenir à l'Église
catholique, apostolique et romaine, et reconnaissent la primauté de Saint-Pierre, avec une citation de Bossuet. Ils condamnent le presbytérianisme, et très sincèrement du fond
de leur cœur, par la raison bien simple que leurs prêtres
étaient de moins en moins disposés à s'incliner devant leur
autorité.

(1) Les trois premiers étaient membres de la Convention : Saurine et Royer
avaient fait partie des soixante-treize. La constitution civile était une création
politique; ceux qui essayèrent d'en ramasser les débris, étaient à la fois évêques et députés, et comptaient surtout sur cette dernière qualité pour relever
leur Église révolutionnaire.

Ils protestent de leur soumission aux lois de la république; mais refusent d'admettre le divorce et le mariage des prêtres. Ils font un appel aux catholiques : « Institués canoniquement, ils protestent de leur désir d'union. »

La constitution civile sera nécessairement refondue par les évêques réunis. Ils conservent ses démarcations diocésaines pour flatter les révolutionnaires, mais annoncent qu'ils vont présenter un mode d'élection conforme à la primitive Église : ils avaient déjà dit la même chose du système de la constitution civile qu'ils vont abandonner. Ils flétrissent les apostats.

Ils reçurent les adhésions de trente-trois évêques constitutionnels, et de cinq presbytères ou réunions de constitutionnels, dans des diocèses dont l'évêque était mort, absent ou apostat (1).

Tous ces évêques se mirent à lancer des mandements et des circulaires sur la persécution qui venait de désoler la France, et sur la réorganisation de leur Église. Chacun d'eux déclare, comme avant la persécution, qu'il est soumis au pape, tout en déblatérant contre lui; le plus souvent il nie effrontément l'authenticité des brefs qui ont condamné la constitution civile. Le ton de ces circulaires est beaucoup moins assuré qu'en 1791 et 1792 : Néanmoins l'intrus se pose en seul représentant de la véritable religion. Bien que les ecclésiastiques orthodoxes aient été immolés en grand nombre, au vu et au su de tout le monde, il a l'effronterie de dire qu'il a seul soutenu le poids de la persécution! qu'il a sauvé la religion! Les autres ne comptent pas! bien plus, ce sont des lâches! Ces réfractaires qui ont été déportés ou bannis de France, sur ses instances, il a l'infamie de soutenir que, prévoyant la persécution des hébertistes et des jacobins, ils se sont fait expulser à dessein pour sauver leurs vies; comme s'il n'était pas à la connaissance de tous, que, depuis trois ans, beaucoup de prêtres

(1) Quelques-uns de ces intrus faisaient partie de ces lâches ministres que l'encyclique avait flétris; mais ses auteurs tenaient avant tout à présenter au public de nombreuses adhésions. L'épiscopat constitutionnel était bien diminué, six de ses membres avaient été guillotinés. Neuf après avoir apostasié avec le plus grand scandale avaient définitivement abandonné l'état ecclésiastique; un autre (Panisset) cherchait à rentrer dans l'orthodoxie; plusieurs étaient complètement découragés.

rentrés ou qui ont refusé de partir, ont été mis à mort à cause
de leur obstination à rester en France, et à évangéliser les
fidèles, et que trop souvent des constitutionnels les ont livrés
aux bourreaux !

Naturellement, les catholiques réfutèrent et les erreurs théo-
logiques, et les grossiers mensonges dont les écrits des constitutionnels étaient remplis. Les deux Églises reprirent, avec
la même animosité, la guerre de pamphlets qui avait été interrompue par la Terreur.

Les populations si longtemps privées de tout secours religieux, accueillaient avec transport les ecclésiastiques qui venaient s'établir au milieu d'elles : les constitutionnels cherchaient à exploiter ce mouvement religieux à leur profit, en
disant qu'il n'y avait plus de schisme depuis la suppression de
la constitution civile, que la situation religieuse était rede-
venue la même qu'avant la révolution. Très souvent ils affir-
mèrent que le pape avait approuvé ou du moins amnistié leur
conduite. Leurs impostures variaient naturellement d'après
l'esprit des localités, mais ils ne manquaient jamais de dire
aux paysans que les réfractaires voulaient faire revenir la
dîme et les droits féodaux. Heureusement les prêtres catholiques avaient depuis le commencement de la révolution mis
les fidèles en garde contre leurs mensonges et leurs calomnies,
et ces manœuvres eurent peu de succès.

Malgré tous les efforts des constitutionnels, malgré tous les
faux bruits qu'ils mettaient en circulation et les dénonciations
dont ils accablaient les réfractaires, ceux-ci étaient beaucoup
mieux accueillis par les populations. Le journal des intrus, *les
Annales de la religion*, reconnaît alors avec un dépit amer qu'à
Nîmes, à Langres, les constitutionnels sont annihilés; qu'à
Toulouse, à Bourges, à Nancy, et dans bien d'autres endroits
les catholiques remportent de grands succès.

Partout les schismatiques étaient affaiblis par des rétractations : à Paris plusieurs ecclésiastiques étaient revenus à l'orthodoxie, et la secte était dans une grande exaspération.

Certains prêtres mariés voyant combien les populations étaient
désireuses d'assister de nouveau aux offices, se dirent qu'elles
aimeraient mieux encore accueillir des prêtres mariés que se

passer de messe. Ils comptaient sur l'appui des révolutionnaires. Ils reprirent donc leur sacerdoce comme un métier,
pour recevoir quelque chose de ceux qui voulaient des offices.
Les constitutionnels flétrirent leur conduite, et les dénoncèrent
au mépris des populations. Mais beaucoup de prêtres, qui s'é-
taient mariés pour n'être pas envoyés à la guillotine par un proconsul, déclarèrent hautement qu'ils avaient cédé à la peur, et
réprouvèrent publiquement leur lâcheté. On vit des prêtres
mariés civilement par force, pendant la Terreur, profiter de la
loi du divorce pour rompre leur mariage, et réparer autant
que possible le scandale qu'ils avaient donné.

Avant 1790, la société frivole et corrompue du dix-huitième
siècle, et les novateurs de toute catégorie, depuis les gentilshommes libéraux jusqu'aux scribes du ruisseau, proclamaient
que la religion était morte en France, et qu'il fallait en conserver
seulement quelques formes extérieures, pendant un certain
temps, pour ne pas troubler dans leurs habitudes les badauds
et les naïfs. Mais après quatre années d'une persécution aussi
atroce qu'impuissante, il avait bien fallu reconnaître la prodigieuse vitalité du catholicisme en France. Partout en 1795 on
ouvrait des chapelles, elles étaient trop étroites pour la foule
qui s'y pressait, et les fidèles, malgré leur misère, trouvaient
moyen d'orner dignement les autels qu'ils venaient de relever. Du
reste, la persécution avait ranimé le sentiment religieux chez un
grand nombre de personnes. En dépit des lois de proscription,
des paroisses envoyaient chercher leurs curés exilés en Suisse,
et les suppliaient de reprendre hardiment leur ministère (1).

---

(1) Près de neuf cents prêtres français étaient réfugiés dans le seul canton de
Fribourg, et les agents et espions révolutionnaires écrivaient au comité que
très souvent leurs paroissiens venaient les chercher. Un espion écrivait de Lau-
sanne le 3 septembre 1795 : « On a vu plusieurs lettres écrites des départements les
plus éloignés, soit aux baillifs, soit aux juges ou aux pasteurs de différentes villes
du pays de Vaud pour les prier d'indiquer où s'étaient réfugiés les curés vivement
réclamés par les communes, afin qu'elles pussent s'adresser directement à eux,
leur envoyer de l'argent et des conducteurs, et les déterminer à rentrer. » (Arch.
AF, III, 81.) Ce même espion, quelques jours auparavant, ne pouvait s'empêcher
de faire à leur sujet quelques réflexions très justes : « Tantôt on a sévi contre les
prêtres jusqu'à aller les massacrer inhumainement dans les grottes où ils
étaient cachés, sans prendre la peine de les traduire à aucun tribunal..., tantôt
on a fermé les yeux sur leur rentrée. »

Malheureusement à Paris et dans les grandes villes, une partie de la population affichait bruyamment le plus honteux scepticisme, et recherchait avec une sorte d'affectation les plaisirs les moins délicats. Les Parisiens surtout semblaient mettre leur amour-propre à convaincre l'Europe entière, que pendant la Terreur, malgré tant de souffrances et de désastres, il ne leur était pas entré une idée grave dans la tête. Ils avaient éprouvé d'horribles angoisses, et l'avenir était bien sombre. Quel sort leur réservait-il? *Carpe diem,* telle était leur devise : on voulait s'amuser à tout prix. Les étrangers contemplaient ce honteux spectacle avec stupéfaction et mépris : bien peu d'entre eux se demandaient, si derrière cette foule bruyante, enfiévrée de plaisirs, il n'existait pas cependant à Paris des gens laborieux et recueillis. Mais si par hasard ils se rendaient, le dimanche, dans une des nombreuses chapelles qu'on venait d'ouvrir, ils voyaient avec une grande surprise qu'elles regorgeaient de monde, et constataient l'existence d'une autre population, digne d'estime, digne d'être gouvernée par d'autres que les conventionnels.

CHAPITRE IV.

PAIX DE BALE.

I.

Dès 1789 la révolution française ne s'est pas seulement acharnée à détruire les vieilles institutions de la France, mais tous les gouvernements établis. Mallet du Pan l'a très justement caractérisée en disant que « son seul élément immuable est de renverser tout ce qui n'est pas elle-même. » Tous les révolutionnaires, même les plus modérés, même les membres du parti constituant, sont atteints de cette rage de destruction générale. Il n'y a entre eux de divergence que sur le choix des moyens, et sur les gouvernements qu'il faut renverser les premiers au nom des idées nouvelles. Les plus modérés refusent de recourir à la simple persuasion et aux moyens légaux, d'attendre que les peuples réforment librement leurs institutions après un mûr examen : ils cherchent à provoquer contre les gouvernements étrangers des mouvements révolutionnaires, à soulever les minorités turbulentes et pleines de convoitises, contre des majorités trop inertes et trop confiantes. Ils veulent contraindre les peuples de l'Europe à suivre servilement l'exemple de la France, à copier tous ses procédés révolutionnaires. Des clubs, des comités s'organisant eux-mêmes, et s'emparant du pouvoir au nom du peuple, l'armée tenue à l'écart, quelques arrestations tout au moins de nobles et de fonctionnaires, une garde nationale, inoffensive pour les brigands véritables, et se pavanant sous les armes, voilà ce dont les hommes de 89 les plus modérés tenaient absolument à gratifier les peuples voisins. Il fallait que chacun d'eux eût aussi son 14 juillet, et quelques petits meurtres de nobles, de prêtres ou de militaires auraient, en complétant la ressemblance, troublé fort peu ces hommes *sensibles*.

« La cocarde tricolore fera le tour du monde, » avait dit Lafayette en 1791; et il avait essayé par ses intrigues de lui faire faire tout au moins le tour de la Belgique. La guerre déclarée le 20 avril 1792, fut la cause première de toutes les guerres de la république et de l'empire, des massacres de septembre et de la Terreur : elle a été imposée au gouvernement par les girondins. Vergniaud, Isnard, Guadet, Brissot surtout l'ont réclamée à grands cris. Au contraire Robespierre, Billaud-Varennes, Camille Desmoulins, les montagnards (1)

---

(1) Depuis la fin de 1791 les girondins demandent la guerre continuellement. Dans *le Patriote Français* du 15 décembre, Brissot réclame « la guerre expiatoire qui va renouveler la face du monde, et planter l'étendard de la liberté sur le palais des rois, sur le sérail des sultans, sur les châteaux des petits tyrans féodaux, sur les temples des papes et des muphtis. » Le 4 janvier 1792 Isnard s'écrie à la tribune de la Législative : « Une guerre est prête à s'allumer, *guerre indispensable pour consommer la révolution.* » Au contraire, Robespierre, le 18 décembre 1791 et le 2 janvier 1792, prononça aux Jacobins deux grands discours contre la guerre : les montagnards lui étaient opposés, parce que les victoires des armées françaises pouvaient relever le prestige de la royauté. « Une armée victorieuse sous des généraux nommés par la cour peut faire plus de mal que la réunion totale des forces de l'Europe », écrivait Prudhomme dans les *Révolutions de Paris.* Les Girondins au contraire voulaient la guerre, parce qu'ils comptaient que nos armées seraient battues, et qu'ils pourraient alors crier à la

craignaient que la guerre ne fût nuisible aux révolutionnaires.

La Convention, toujours sous l'impulsion des girondins, déclara solennellement la guerre aux rois. Le 19 novembre 1792,
de prétendus envoyés du bailliage allemand de Bergzabern,
vinrent implorer son appui contre le duc des Deux-Ponts. Elle
prit à l'unanimité, sur la proposition de la Révellière, un décret
déclarant que la France accordera secours et fraternité à tous
les peuples qui voudront recouvrer leur liberté, et chargeant le
pouvoir exécutif de donner ordre aux généraux des armées
françaises de secourir les citoyens qui auraient été vexés ou
qui pourraient l'être pour la cause de la liberté. La Convention
ordonna en outre que ce décret serait traduit et imprimé dans
toutes les langues de l'Europe.

Et l'on se mit immédiatement à réaliser ce programme (1).
Le 23 novembre le conseil exécutif écrivait au pape une lettre
insolente pour lui déclarer qu'il serait bientôt renversé par la
révolution. Vers la fin du mois, la Convention appliqua hardiment le système d'intervention qu'elle avait proclamé le 19.
Les révolutionnaires de l'évêché de Bâle, excités sans cesse par

trahison et renverser Louis XVI. Brissot s'est hautement vanté d'avoir répondu
à Robespierre le 30 décembre 1791. « *Je n'ai qu'une crainte, c'est que nous ne
soyons point trahis. Nous avons besoin de trahisons; notre salut est là.* » (Lettre
à tous les républicains de France par la société des jacobins). Louvet dans ses
mémoires, déclare que son parti voulait alors la guerre « parce que la paix continuée pendant six mois affermirait aux mains de Louis XVI un sceptre despotique, ou bien aux mains de d'Orléans un sceptre usurpé. »

(1) Déjà les révolutionnaires se flattaient de susciter dans les îles britanniques
une révolution qui leur donnerait les républiques d'Angleterre et d'Irlande pour
alliées. L'ambassade française à Londres était un foyer d'intrigues, et bien que
la France et l'Angleterre fussent en paix, les agents du ministre français Lebrun,
distribuaient des armes, enrôlaient des bandits, dans le fol espoir de s'emparer
par un coup de main de la tour de Londres et de son arsenal, d'armer aussitôt
les démocrates de Londres, et d'établir en Angleterre une Convention et une
république. Les révolutionnaires se faisaient sur l'Angleterre les plus étranges
illusions. Le 28 novembre 1792 des démocrates anglais vinrent présenter des
adresses louangeuses à la Convention. Grégoire, qui présidait, leur répondit entre
autres absurdités, « les ombres de Penn, de Hampden, de Sidney, planeront
sur vos têtes, et sans doute *il approche le moment où les Français iront féliciter
la Convention nationale de la Grande-Bretagne.* » (*Débats et décrets*, novembre
1792, p. 451.) Il est depuis longtemps à la mode de déclamer avec mépris contre les folles rêveries des émigrés; mais jamais, alors même qu'ils s'illusion-
naient le plus complètement, ils n'ont rien débité d'aussi insensé!

les révolutionnaires français, s'étaient mis en insurrection (1).
Aussitôt, la Convention prit cette nouvelle république *Raura-cienne* sous sa protection, et ordonna au général Biron de la protéger. Custine faisait aussi appel à l'esprit révolutionnaire dans les villes d'Allemagne, mais avec peu de succès.

Le décret du 19 novembre n'avait pas été seulement inspiré à la Convention par la haine des gouvernements hostiles à la révolution, mais par le désir de la spoliation et du pillage. Au nom de la liberté, on opprimait, on spoliait en France : les révolutionnaires mis en goût par les confiscations qu'ils avaient faites récemment, pressés par d'immenses besoins d'argent, et du reste très désireux individuellement de s'enrichir, souhaitaient ardemment envahir des pays riches et rançonner les peuples, sous prétexte de leur faire rembourser les dépenses qu'ils auraient faites pour leur apporter la liberté. L'opulente Belgique en fit presque aussitôt l'expérience. Il fut décidé que la France en sa qualité de libératrice, devait lui prendre ses richesses, et lui donner des assignats en échange. Le 15 décembre Cambon déclara à la Convention que « destruction des palais, paix aux chaumières, tel est le but de la guerre ». « Tout peuple qui ne veut pas être complètement libre est votre ennemi. » Il faut donc, en entrant dans un pays, avoir pour premier soin de prendre pour gage des frais de la guerre les biens appartenant aux princes, aux nobles, aux communautés. On prendra tous ces biens et, en compensation, on inondera le pays d'assignats. Il faut aussi, pour amadouer le peuple, supprimer les impôts, et en remplacer le produit par nos assignats qui vont trouver un débouché sûr dans les pays occupés par nos troupes. La Convention adopta avec empressement les doctrines de Cambon et en ordonna l'application par un décret formel. L'article 10 désigne les gages dont la France s'emparera pour se faire payer des avances qu'elle est censée avoir faites. Dans l'article 11 elle se déclare résolue à faire de la propagande révolutionnaire par les armes.

(1) Le 29 octobre précédent, le conseil exécutif avait chargé Gobel, l'évêque intrus de Paris, qui était de ce pays, d'aller trouver Biron et de lui fournir des renseignements capables de le guider pour l'occupation de l'évêché de Bâle. (Arch. nat., AF, III, 83.)

« La nation française déclare qu'elle traitera comme ennemi le peuple qui, refusant la liberté ou l'égalité, ou y renonçant, voudrait conserver, rappeler ou traiter avec le prince et les castes privilégiées ; elle promet et s'engage de ne souscrire aucun traité, et de ne poser les armes qu'après l'affermissement de la souveraineté et de l'indépendance du peuple, sur le territoire duquel les troupes de la république sont entrées, qui aura adopté les principes de l'égalité, et établi un gouvernement libre et populaire. »

Par le décret du 15 décembre, les révolutionnaires français se déclarent hautement des pirates, décidés à piller les peuples voisins sous prétexte de leur apporter la liberté, et leur apportant en effet la liberté révolutionnaire dont ils ont déjà gratifié la France, c'est-à-dire l'oppression du peuple par une infime minorité, la persécution religieuse, un papier-monnaie avili, la délation organisée, l'excitation continuelle au pillage et à l'assassinat. Les principes proclamés par le décret du 15 décembre dirigeront désormais la politique révolutionnaire alors même que, par prudence et par ruse, elle déclarera vouloir respecter les traités.

Le crime du 21 janvier excite l'indignation de tous les gouvernements : quelques jours après, le 1er février, la Convention prend les devants et, sur la demande de Brissot (1), déclare la guerre à l'Angleterre et à la Hollande. L'Espagne hésitait : le 7 mars la Convention prend encore les devants, et déclare la guerre à l'Espagne, qu'il était alors facile, avec un peu d'adresse, de faire persister dans son système de neutralité.

La révolution se proclame donc résolue à s'immiscer dans les affaires de tous les peuples, afin de renverser leurs anciens gouvernements, et de leur imposer par force certaines institutions, certaines spoliations, et ses assignats en plus. Les gou-

---

(1) Il prétend que le gouvernement anglais, en donnant publiquement des marques de douleur sur le sort de Louis XVI, a déclaré la guerre. Il célèbre les assignats, « Georges a déclaré sa chute, et la *banqueroute d'Angleterre* quand il vous a déclaré la guerre. *Pour quiconque sait calculer les chances de cette guerre extraordinaire, cet événement est inévitable* ». La nation anglaise va se révolutionner et guillotiner les ministres et les prêtres « les échafauds serviront encore une fois aux *Straffords* et aux *Laud* du régime actuel. » (*Débats et décrets*, février 1793, p. 6-7).

vernements se trouvent donc à son égard en état de légitime défense : elle ne peut le contester, car elle les avertit assez bruyamment de ses desseins. Plus tard elle comprendra que cette jactance lui est préjudiciable, car elle l'empêche de faire des dupes, et soulève contre elle le sentiment national. Alors elle reviendra officiellement sur ses tapageuses déclarations. Pour détacher des États de la coalition et conclure avec eux des traités lucratifs, elle soutiendra qu'elle ne veut point se mêler des affaires ni du gouvernement des autres peuples, mais ses actes démentiront constamment ses paroles ; elle ne cessera de fomenter des troubles chez les neutres et même chez ses alliés, afin d'en prendre prétexte pour faire irruption chez eux à un certain moment, et les rançonner. Sa politique sera toujours celle du décret du 15 décembre avec l'hypocrisie en plus, politique aussi oppressive pour les peuples que pour les gouvernements, car elle impose aux peuples, sous prétexte de révolution et de liberté, le despotisme d'une poignée d'hommes turbulents et avides, et ce despotisme elle le soutiendra par les confiscations, les proscriptions, les incendies, les fusillades. « C'est pour dépouiller les nations, disait Mallet du Pan, qu'elle les révolutionne : c'est pour subsister elle-même qu'elle les dépouille (1). » Mais les gouvernements alliés ne surent point exposer à leurs peuples cette vérité si claire, et les prémunir ainsi contre les impostures que les révolutionnaires ne cessaient de leur débiter.

II.

Vers le milieu de l'année 1794 (thermidor an II) les opérations militaires s'étaient un peu ralenties partout. La bataille de Fleurus avait jeté le découragement parmi les coalisés, et les avait déterminés à évacuer la Belgique (2). Les armées de la

(1) *Mercure Britannique*, t. II, p. 130.

(2) Jourdan avait occupé, le 11 juillet (23 messidor), Bruxelles, abandonné par le prince de Cobourg, qui s'était retiré du côté de Maëstricht. Les places fortes tombées au pouvoir des alliés furent bientôt reprises, savoir Landrecies le 28 messidor (16 juillet), le Quesnoy, le 29 thermidor (16 août), Valenciennes, le 10 fructidor (27 août) et Condé, le 18 fructidor (4 septembre).

Moselle et du Rhin occupaient le Palatinat et Trèves, et avaient contraint Mollendorf à se replier sur Mayence.

Aux Pyrénées-Orientales, Dugommier, après avoir repris Collioure aux Espagnols, bloquait Bellegarde et s'en rendait maître le 6 vendémiaire an III (27 septembre 1794). L'armée des Pyrénées-Occidentales, commandée par Moncey, avait envahi l'Espagne, pris Fontarabie le 14 thermidor (1er août) et Saint-Sébastien le 17.

Les armées des Alpes et de l'Italie étaient maîtresses de la grande chaîne, mais ne prenaient point l'offensive. On avait compté assez témérairement sur un complot révolutionnaire à Turin qui aurait livré le Piémont tout entier aux soldats du comité de salut public, mais ce complot fut découvert (1).

Le roi d'Angleterre, en se faisant proclamer roi de la Corse (2), avait, mécontenté l'Autriche, et surtout les puissances maritimes. L'Espagne et Gênes furent très inquiètes de la prépondérance que la possession de la Corse allait donner aux Anglais dans la Méditerranée, et le grand-duc de Toscane, qui trouvait déjà le joug de l'Angleterre très pesant, n'en fut que plus disposé à traiter avec la France.

Dans le Nord, les coalisés étaient complètement découragés; ils se méfiaient en outre les uns des autres; aussi les troupes françaises purent aisément les pousser jusqu'au Whal. Le duc d'York, qui commandait les armées anglaise et hollandaise,

(1) Pendant l'hiver de 1794, l'agent français Tilly avait organisé à Gênes le parti révolutionnaire dans l'intention de renverser le Sénat, s'il ne voulait pas sortir de sa neutralité, et favoriser un plan d'invasion en Piémont. Le secrétaire royal, Dufour, pensionné par le comité de salut public auquel il livrait les plans de guerre et la correspondance du roi de Sardaigne avec l'Autriche, avait formé à Turin une conspiration révolutionnaire dans le but de livrer cette ville à l'armée française. Le général Dumerbion devait à l'improviste violer le territoire neutre de Gênes et envahir ainsi le Piémont par un côté qui n'était pas défendu. A son approche, les conspirateurs devaient mettre le feu au théâtre, à des églises, aux édifices publics, et profiter du tumulte et de la confusion pour livrer les portes de la ville aux Français. Ce plan n'aurait pu être exécuté qu'avec la complicité du gouvernement de Gênes : les révolutionnaires génois, malgré son refus, continuèrent leurs complots. (Voir M. de Sybel, *Histoire de l'Europe pendant la Révolution française*, t. III, p. 19, traduction Dosquet).

(2) Paoli avait soulevé les Corses contre les révolutionnaires, et avait réussi, avec l'aide des Anglais, à les chasser de l'île. Il rédigea avec l'amiral Hood et le ministre Elliot une constitution qui fut acceptée par le peuple au congrès de Corte, et Georges III fut proclamé roi.

fit preuve d'une grande incapacité. Il avait laissé envahir le Brabant septentrional, et s'était retiré derrière la Meuse; cependant les alliés possédaient encore Bois-le-Duc, les forteresses de Crèvecœur, Grave, Venloo, Bréda, Berg-op-Zoom qui auraient pu être facilement défendues, car l'armée française était très fatiguée par une longue campagne, et manquait d'artillerie de siège. Mais les troupes hollandaises étaient complètement démoralisées, et ces places capitulèrent sans résistance sérieuse. Le 27 septembre Crèvecœur se rendit à un petit détachement commandé par Daendels, un des chefs du parti révolutionnaire en Hollande, expulsé en 1787. On y trouva beaucoup de canons de gros calibre, dont on se servit aussitôt pour assiéger Bois-le-Duc. Cette ville fit très peu de résistance et capitula le 10 octobre. Venloo se rendit au bout de deux jours. Le 18 et le 19 les Français passèrent la Meuse, en repoussant partout les alliés. Le 1er novembre ils étaient devant Nimègue, place très importante mais mal armée, qui fut évacuée le 3; ils se trouvèrent ainsi maîtres de tout l'espace compris entre le Rhin et la Meuse. Le duc d'York, dont l'incapacité avait gravement compromis son armée et exposé la Hollande à une invasion, retourna en Angleterre. Cette brillante campagne fait sans doute beaucoup d'honneur aux généraux et aux soldats français; mais même en n'admettant pas que l'Autriche n'ait opposé qu'une feinte résistance, il faut reconnaître que les maladresses nombreuses et les divisions des alliés facilitèrent beaucoup la réoccupation de la Belgique et l'invasion de la Hollande (1).

Cobourg avait laissé le commandement de l'armée autrichienne à Clerfayt. Le 18 septembre Jourdan battit son aile gauche commandée par le général Latour, qui s'appuyait sur l'Ourthe. Le 2 octobre Clerfayt essaya vainement d'empêcher l'armée de Jourdan de passer la Roër (2); les Autrichiens se

(1) L'Angleterre, la Prusse et l'Autriche ne surent pas s'entendre pour défendre la Belgique; la Prusse, ne voulait pas s'engager de ce côté, à cause de la Pologne. (De Sybel, t. III, p. 68.)

(2) Thiers (t. VI, p. 313) représente le passage de la Roër comme une bataille importante; les Autrichiens auraient perdu alors huit cents prisonniers et trois mille hommes hors de combat; l'armée française comptait environ « cent mille jeunes républicains. » Le récit qu'en fait de Sybel (Histoire de l'Europe pendant

replièrent sur Cologne en bon ordre, mais en n'opposant qu'une médiocre résistance ; et les 5 et 6 octobre ils passèrent sur la rive droite du Rhin. Jourdan occupa Cologne le 6 octobre (15 vendémiaire), le 8 Bonn, quelques jours après Coblenz. Ainsi l'Autriche avait rapidement abandonné et la Belgique et la rive gauche du Rhin. En Allemagne on expliquait alors sa conduite par une entente secrète avec la France à qui la Belgique aurait été livrée en échange de la Bavière. L'Autriche et la Prusse étaient tout à fait en dissentiment au sujet du partage de la Pologne, et Thugut, qui dirigeait alors la politique de l'Autriche, aurait voulu que toutes les forces autrichiennes fussent dans les mains de l'empereur pour le cas où la Prusse viendrait attaquer ses États héréditaires (1).

La France se trouvait donc, à la fin de 1794, dans une situation très avantageuse pour traiter avec honneur.

Elle avait perdu la Corse et ses colonies, mais partout sur le continent elle avait remporté des victoires éclatantes, et elle était maîtresse de la Savoie, du comté de Nice, du Porentruy, de la Belgique, de l'évêché de Liège, des provinces méridionales de la Hollande, et de la rive gauche du Rhin : l'orgueil national avait le droit de se tenir pour satisfait. On pouvait accepter une pacification générale avec honneur et profit. L'immense majorité de la population la souhaitait ar-

---

la révolution française, t. III, p. 255, traduction Dosquet) est tout différent : « Les chiffres que présentent les États autrichiens du 21 septembre au 7 octobre nous montrent clairement quel esprit a présidé aux dernières opérations de cette malheureuse campagne : les forces effectives de Clerfayt étaient alors de 76,968 hommes, ceux-ci avaient devant eux 75,000 Français environ, et ils leur abandonnèrent la rive gauche du Rhin, après avoir perdu *cent soixante et onze morts*, vingt-huit blessés et quatre cent soixante-huit prisonniers.

(1) Lord Spencer et Thomas Grenville, envoyés à Vienne par le cabinet britannique, pour demander à l'Autriche de faire un vigoureux effort en faveur de la Belgique et lui offrir des subsides, trouvèrent que Thugut montrait une singulière indifférence pour la conservation de la Belgique et l'indépendance de la Hollande : ils l'attribuèrent à sa méfiance envers la Prusse. Thugut, malgré les offres avantageuses que l'Angleterre lui faisait, s'obstina à restreindre les opérations militaires en Belgique. (Voir De Sybel, t. III, p. 249 et suiv.). L'auteur allemand, après avoir raconté le passage de la Roër par les Français, ajoute : « L'armée arrachée à la Belgique se trouvait sur le sol allemand, prête *au besoin à se tourner contre la Prusse.* » (*Ibid.*, p. 256). Huffer, *Ostreichen und Prussen* (p. 64 et suiv.) réfute longuement cette accusation de trahison portée contre l'Autriche.

demment car toutes les ressources intérieures étaient épuisées.
La Terreur avait couvert la France entière de ruines. Pour les
relever, pour remettre un peu d'ordre dans cet immense
chaos, il fallait absolument être délivré de la guerre, et des
dépenses énormes qu'elle entraînait, et des abus d'autorité,
des gaspillages sans nombre dont elle était l'éternel prétexte,
Les terroristes avaient spéculé odieusement sur la guerre pour
opprimer la France; pour sucer son sang comme de véritables
vampires, ils avaient imposé avec la guillotine *jusqu'à la paix
générale,* les mesures les plus tyraniques, les plus ruineuses
pour la fortune publique et pour les fortunes particulières;
ils avaient de même enchaîné la liberté des citoyens, *jusqu'à
la paix générale,* aussi la grande masse de la population, après
avoir été si souvent excédée de cet odieux refrain, qui lui annonçait toujours de nouvelles avanies, désirait très vivement
la fin de cette guerre qui non seulement la rendait misérable,
mais prolongeait indéfiniment le despotisme d'une bande d'individus qu'elle méprisait profondément. Les victoires de nos
armées produisaient peu d'effet sur elle; car sa situation
était trop pénible : elle voyait de trop près ce que ces victoires coûtaient, et elle n'en retirait aucun soulagement :
d'ailleurs les préoccupations de la vie matérielle de chaque
jour étaient tellement poignantes qu'elle pensait beaucoup
plus à la cote des assignats, à l'approvisionnement général,
au prix de la viande, de l'huile, du bois, de la chandelle,
qu'aux incidents de la guerre.

Les alliés désiraient secrètement en finir. La Prusse et l'Autriche étaient tout à fait divisées au sujet de la Pologne, et
chacune d'elles souhaitait faire une paix honorable avec la
France, et retrouver ainsi sa liberté d'action, dans l'est de
l'Europe. Les petits États de l'Allemagne soupiraient après la
paix, car depuis l'occupation par les Français de la rive gauche du Rhin, la guerre allait être pour eux plus désastreuse
que jamais, et ils ne pouvaient espérer aucune compensation.
Épuisée par la campagne du Rhin et par celle de Pologne,
la Prusse redoutait l'hostilité de l'Autriche et de la Russie,
et désirait en finir avec la France. L'Espagne était également
lasse de la guerre.

8

L'insuccès de la coalition contre les révolutionnaires ne doit pas être seulement attribué aux divisions des alliés et à leurs mauvaises dispositions militaires. Malgré tant d'efforts apparents, elle a été défaite, parce qu'elle n'a point cherché à s'éclairer sur la situation intérieure de la France et surtout parce qu'elle n'a pas compris que la révolution française est essentiellement destructive. Non seulement elle détruit ce qui la gêne, à l'intérieur et à l'extérieur, et cherche constamment à détruire les autres gouvernements mais déjà en 1795 il devient tous les jours de plus en plus évident que sa loi est de détruire, car en France même où elle est maîtresse absolue, on la voit battre en brèche et anéantir rapidement les institutions qu'elle vient de créer sur les ruines des anciennes. Il fallait s'attendre à la voir faire constamment une terrible propagande anarchique dans les autres pays, et après avoir ruiné notre patrie, se ruer sur eux dans le double but de les piller, et de maintenir par la guerre sa dictature en France. La coalition ne s'est pas suffisamment rendu compte de la situation : cet esprit si menaçant de subversion universelle, elle aurait dû dans son propre intérêt le combattre sans relâche, méthodiquement, et sans se flatter de pouvoir jamais composer avec lui; toute autre préoccupation, si importante qu'elle leur parût, aurait dû être momentanément sacrifiée par les États de l'Europe, à la nécessité de se défendre contre un aussi effroyable danger.

Pour empêcher cet esprit révolutionnaire destructeur, si différent en lui-même et dans ses conséquences du véritable esprit de réformes, d'étendre sa malfaisante influence en Europe, il était sans doute nécessaire de l'étouffer dans son berceau, en France même, mais il ne fallait pas se flatter d'y entrer en vainqueurs, et de lui imposer un gouvernement fabriqué par la coalition. Il fallait mener cette guerre de manière à se servir des Français eux-mêmes pour détruire dans leur pays cet esprit révolutionnaire, si fatal à l'Europe et à leur patrie. Les gouvernements alliés devaient avant toute chose, viser à rétablir la royauté en France, mais non la royauté discréditée de l'ancien régime, et la rétablir par les Français eux-mêmes. Il fallait leur montrer qu'on s'ar-

mait seulement contre une secte éminemment destructive
qui les pillait et les opprimait, et que la guerre des nations
était légitime contre cette secte qui avait pour système avoué
de mettre le feu aux quatre coins de l'Europe. La coalition
aurait dû agir avec le plus grand ensemble, entourer la France
révolutionnée d'un véritable cordon sanitaire, bien faire
comprendre à ses peuples la nécessité d'une pareille guerre
et des sacrifices qu'elle leur imposait, et en même temps prouver à la France qu'on ne voulait nullement la démembrer,
mais simplement l'empêcher de mettre le feu chez les nations
voisines. Elle devait imposer alors comme condition *sine qua
non* de la paix, le rétablissement de la royauté, sans intervenir dans les institutions de la France, sans exiger qu'elle
rétrogradât à 1788. Si les coalisés avaient suivi ce système
avec énergie et persévérance, et en évitant de blesser le
sentiment national par la crainte de l'oppression étrangère,
et d'un démembrement, la situation aurait été tout autre
à la chute de Robespierre. Le pays exaspéré de l'oppression qu'il venait de subir, ayant perdu toutes ses illusions,
désireux avant tout de la paix et du repos, et très pressé
d'être débarrassé de ces révolutionnaires qui avaient attiré
sur lui tant de maux, aurait accepté avec le plus vif empressement cette manière de finir la révolution.

Tel est le système que Mallet du Pan n'a cessé de conseiller aux alliés (1). Au milieu de la lutte, et du tourbillon
des événements, il a su parfaitement discerner le véritable
caractère de la révolution et montrer comment elle pouvait
être combattue avec succès. Parce qu'il était profondément
libéral, dans le véritable sens du mot, ce républicain genevois était profondément antirévolutionnaire, et ne voyait pour
la France qu'une seule ressource contre l'anarchie et la dic-

_____

(1) « Il demeure douteux si les puissances coalisées ont fait la guerre à la
révolution régicide de France, ou à la France même..... Des esprits éclairés
avaient averti de bonne heure ceux des cabinets à qui l'on imputait cette politique : elle n'a pas changé, probablement elle ne changera pas ; la guerre
s'est tellement compliquée d'intérêts divers et contraires à son but apparent,
qu'elle est devenue étrangère à son principe... » (Mallet du Pan, *Correspondance politique pour servir à l'histoire du républicanisme français*. Avant-pro-
pos, p. III. Hambourg, 1796.)

tature : le rétablissement de la royauté. Une coalition peut
être redoutable par les forces dont elle dispose, mais leur
supériorité numérique est en partie contrebalancée par le
manque d'unité dans la direction de la guerre. Or l'unité
de vues, l'unité d'impulsion ont toujours manqué à la
coalition. (1) En outre les alliés, faute d'avoir saisi le véritable caractère de la Révolution, et d'avoir observé suffisamment les procédés révolutionnaires, se sont donné une cause
très grave d'infériorité, en faisant la guerre à la France révolutionnée, comme ils l'auraient faite à la France monarchique.
Ils ont supposé que pour éviter tel ou tel désastre politique
ou financier, pour ne pas ruiner la France, par crainte du
mécontentement général et des séditions, les révolutionnaires reconnaîtraient à un certain moment que les ressources du pays étaient épuisées, et se résigneraient tout au
moins à certaines conditions. C'était une erreur grossière,
et il est singulier, qu'ils s'y soient autant obstinés, car le
caractère jacobin s'est bien vite révélé. Le propre du révolutionnaire, c'est de n'être retenu par aucune des considérations qui mettent un frein aux gouvernements monarchi-
ques les plus absolus. Il a pris le pouvoir par la violence,
il s'y maintient par la terreur. Les nouveaux maîtres de la
France vivent essentiellement au jour le jour, et suivent à
l'intérieur comme à l'extérieur une politique de casse-cou.
Par nature, ils aiment à gaspiller et à détruire : la guerre extérieure leur fournit un superbe prétexte de mettre la main
sur tout ce qui n'a pas été encore saccagé. Souvent leur ineptie les empêche de prévoir les désastreuses conséquences de
leurs prétendues mesures de salut public, mais chez eux la
rage de tout bouleverser ne cède à aucune considération vrai-

(1) Mallet du Pan a fait ressortir avec beaucoup de force le désavantage de
la coalition en présence du comité de salut public. « On ne donna qu'une attention légère à cette puissance inouïe, à cette concentration d'un despotisme
qui embrassait tout, depuis la direction de douze armées, jusqu'à la représentation d'un opéra..... Vouloir, ordonner, et être obéi, était pour ces décemvirs,
l'ouvrage d'un seul instant. Cet exemple ne put déterminer les alliés à avoir
aussi leur comité de salut public, soit un congrès placé au voisinage des armées,
muni d'instructions générales et absolues..... maître enfin de communiquer
aux opérations une impulsion aussi prompte que les circonstances. » (Correspondance politique, etc., Introduction, p. 53.)

ment patriotique. Ils jettent toutes les ressources du pays dans la guerre sans penser à l'avenir : l'argent manque, ils le prennent dans la poche des particuliers ; ils vont saisir le drap nécessaire pour habiller leurs troupes dans les boutiques des marchands, le blé, les fourrages chez le cultivateur, et donnent à leur place du papier sans valeur. Les souffrances de ce peuple dont ils parlent tant, leur sont absolument indifférentes ; il peut mourir de faim, eux s'arrangent toujours depuis les dictateurs jusqu'aux sbires les plus infimes pour avoir le ventre plein. Les princes les plus durs craignent que l'excès de misère ne donne lieu à des révoltes ; mais avec les révolutionnaires les populations sont terrorisées et aplaties, et si par hasard elles se soulèvent sur certains points, ils lancent sur elles des bandes jacobines, qui viennent à bout de la sédition par l'incendie, le massacre, l'extermination en masse. Du reste leur tyrannie a besoin de quelques révoltes pour proscrire et pressurer encore plus. Après certaines défaites, le prince le plus absolu juge indispensable de demander la paix, de peur de ruiner son royaume : eux n'ont pas cette crainte ; la guerre à outrance sous prétexte de patriotisme leur permet de recourir aux moyens les plus violents, pour assouvir leurs convoitises, exercer des vengeances, et prolonger leur tyrannie.

Non seulement les alliés, faute d'unité de direction, ont mal conduit leur guerre contre la France révolutionnée, mais dans la pratique journalière de cette guerre, ils ont entassé faute sur faute, et montré qu'ils ne se rendaient aucun compte, ni de la véritable force, ni des côtés faibles de l'ennemi qu'ils venaient combattre. D'abord ils comptaient vaincre aisément les troupes françaises par ce qu'elles étaient composées en partie de nouvelles levées. Sans doute, les chefs de l'armée française ne pouvaient compter ni sur leur patience

---

(1) « Eh qu'importe l'économie politique à une assemblée dont aucun membre n'est personnellement responsable, qui ne voit la patrie que dans son tripot, qui est une faction et non un gouvernement! Elle ne poursuit qu'un objet, c'est de maintenir la révolution ; il ne faut pas lui objecter les maux qui font ses ressources, ni des destructions dont les matériaux servent de leviers à l'anarchie. » (Mallet du Pan, *Considérations sur la nature de la Révolution*, p. 40.)

ε.

dans les fatigues, ni sur leur docilité aux commandements, mais seulement sur leur impétuosité. Aussi le gouvernement révolutionnaire eut-il toujours pour système de les pousser en avant, et de les lancer sur l'ennemi, quoi qu'il en pût arriver. La tactique suivie jusqu'alors fut donc changée complètement. On déclarait en style pompeux, que l'impétuosité des soldats républicains ne pouvait s'assujettir aux règles d'une tactique surannée. La vérité était qu'on n'avait pas le temps de leur apprendre cette tactique, et que pour, compenser ce désavantage, il fallait absolument tirer parti de l'impétuosité naturelle aux Français. Ce système réussit parfaitement. On a constaté avec raison que les Vendéens n'avaient pas lutté autrement contre les troupes régulières de la révolution; ces paysans qui n'avaient aucune notion de tactique commençaient le combat en tirailleurs derrière les haies, et s'élançaient ensuite avec impétuosité, sur les bleus; et bien souvent dans ces luttes corps à corps, ils les défirent complètement, et leur enlevèrent leurs canons. Les alliés, au contraire, se renfermaient dans la vieille routine, assiégeaient en règle la plus petite bicoque, avançaient pas à pas, ne risquaient jamais une pointe hardie, et ne savaient même pas profiter des chances que leur offrait la témérité de leurs adversaires.

Le caractère essentiellement propagandiste et destructeur de la Révolution, n'a pas été plus compris par les gouvernements de l'Europe qu'il ne l'avait été par de nombreux Français, destinés par la force des choses à devenir ses victimes, malgré leur prétendue habileté et leurs calculs. Bien des gentilshommes libéraux, bien des bourgeois vaniteux l'ont flattée au début, ont même applaudi à ses confiscations, et acheté des biens nationaux à bon compte, croyant acheter en même temps leur sûreté et même la faveur des révolutionnaires. Fiers d'avoir fait une si bonne affaire à un double point de vue, ils narguaient les imbéciles scrupuleux qui refusaient de se présenter aux enchères et se faisaient dénoncer ainsi comme des fanatiques. Beaucoup de ces habiles, malgré ces preuves de patriotisme, entendirent des juges révolutionnaires les déclarer dignes de l'échafaud, comme faux patriotes et exploiteurs du peuple, et prononcer la confiscation de ces acquisitions qui devaient leur servir de sauvegarde. De même certains gouvernements pactisèrent avec la révolution par peur ou par cupidité. Afin de désunir la coalition et d'obtenir des traités de paix isolés, la révolution spéculait avantageusement sur les ambitions et les convoitises des princes. Elle leur offrait des biens confisqués, des échanges avantageux, des sécularisations d'États ecclésiastiques, l'annexion de petites principautés, de villes libres. Elle trafiquait indifféremment des États ecclésiastiques et laïques, et même des républiques. Après avoir pressuré les faibles, elle les vendait aux forts. Dans la suite, plusieurs gouvernements payèrent bien cher ces honteuses transactions. Mais c'est la France qui en a été la dupe! la Révolution a anéanti beaucoup de petit États, pour fortifier les plus grands ; elle a aidé singulièrement à l'accroissement de la Prusse, et par la destruction du vieil empire d'Allemagne, l'échange, l'absorption d'un si grand nombre de principautés, elle a favorisé l'idée de l'unité germanique, et préparé la formation du nouvel empire. Se plaçant à ce point de vue, des Allemands, admirateurs de M. de Bismarck, disent comme les libéraux, que la révolution française a été un bienfait pour l'humanité.

III.

Le roi de Prusse, Frédéric Guillaume II avait, bien mieux que les gens habiles de son entourage le sentiment des dangers qui menaçaient tous les États de l'Europe (1) aussi s'était-il toujours montré fort hostile aux jacobins. Ses ministres Haugwitz, Alvensleben, Finkestein, le maréchal Mœllendorf, le général Manstein, trouvaient que la guerre avec la France était trop désintéressée, et n'avait valu à la Prusse que des déceptions (2) : et après l'avoir fait dévier de son

(1) Le grand-duc de Toscane a traité avec le Directoire quelques semaines plus tôt que le roi de Prusse, mais nous avons pensé qu'il valait mieux rendre compte de l'importante négociation de la paix de Bâle sans interruption.

(2) « La Prusse, dit de Sybel, fut la puissance qui la première, depuis 1791, et depuis la menace d'une guerre française, parla d'étendre son territoire et d'obtenir des indemnités, et qui introduisit par là l'égoïsme, la désunion et l'émoi dans une coalition qui n'avait d'abord pour but que de se défendre, sans qu'il s'y mêlât aucun sentiment d'intérêt. » (Tome 2, p. 203.) Nous n'avons pas besoin

but primitif, ils cherchaient à détourner le roi de cette guerre en lui conseillant de s'agrandir du côté de la Pologne. Pendant l'année 1794, le roi de Prusse s'était trouvé dans la nécessité de faire à la fois la guerre en Pologne et sur les bords du Rhin. Le 22 janvier 1793, par un traité conclu en dehors de l'Autriche, la Prusse et la Russie avaient fait un second partage de la Pologne, en prétendant qu'elles ne pouvaient se défendre autrement contre les principes révolutionnaires qui avaient pénétré à Varsovie (1). La Prusse avait

de faire ressortir la gravité de ce jugement d'un historien éminent si favorable à la Prusse. Pour se dédommager de l'ennui de la campagne de France, le roi de Prusse demanda le 25 octobre 1792 à Merle, près de Luxembourg, aux envoyés de l'Empereur, la cession d'une province polonaise, subordonnant son concours à cette condition. (V. de Sybel, t. I, p. 595. Hulfer, *Ostreichen und Prussen*, p. 41.)

(1) Après le premier partage de la Pologne, l'impératrice Catherine se rapprocha de l'Autriche. Joseph II s'associa à ses projets ambitieux en 1788, mais la Prusse et l'Angleterre les entravèrent. Léopold, successeur de Joseph II, adopta une politique différente, se montra assez favorable à la Pologne, et à sa constitution nouvelle du 3 mai 1791 qui établissait un gouvernement régulier à la place de l'anarchie aristocratique. La Prusse désirait comme la Russie que la Pologne restât faible et troublée, et que la royauté n'y fût point déclarée héréditaire; mais par défiance de la Russie, elle conclut le 25 juillet 1791 un traité d'alliance provisoire avec l'Autriche, et le 7 février 1792 un traité définitif, par lequel Léopold promettait sa protection à *une libre constitution polonaise*. L'impératrice Catherine qui ne voulait pas laisser les puissances allemandes intervenir dans les affaires de la Pologne, fut très irritée de ce traité; elle soutenait l'ancienne constitution polonaise, parce qu'elle fournissait des prétextes à l'intervention de la Russie, et elle reprochait à Léopold de soutenir le plan d'union saxo-polonaise qui aurait peut-être sauvé la Pologne; aussi désirait-elle vivement que la guerre avec la France empêchât d'autres États, l'Autriche surtout, de s'occuper de la Pologne. Elle disait, en 1792, qu'elle se cassait la tête pour amener les cabinets de Vienne et de Berlin à intervenir dans les affaires de France, afin d'avoir les mains libres (de Sybel, t. II, p. 142). Les événements la favorisèrent, le gouvernement prussien résolut de se faire donner une province polonaise. A la fin de 1792 l'Autriche se décida à faire un effort pour reconquérir la Belgique qu'elle voulait depuis longtemps échanger contre la Bavière; elle avait alors besoin de la Prusse, et elle consentit à ce qu'elle s'emparât d'une partie de la Pologne, tout en faisant certaines réserves. Catherine, irritée contre l'Autriche à cause de la combinaison saxo-polonaise, qu'elle protégeait, et craignant qu'elle ne voulût compenser la perte de la Belgique par l'annexion d'une partie de la Pologne, invita la Prusse à envahir immédiatement la Pologne avec la Russie. Par un manifeste du 6 janvier 1793, la Prusse annonça qu'elle était obligée, à cause des menées des jacobins, d'occuper des provinces polonaises limitrophes. Bien que les révolutionnaires français eussent tenté d'organiser des conspirations en Russie, le prétexte était dérisoire. Le 14 janvier, les Prussiens entraient en Pologne; le 22, le traité de partage fut signé avec la Russie.

obtenu ainsi, sans lutte, un vaste territoire comprenant les villes de Dantzik et de Thorn, et renfermant un million et demi d'habitants. La Russie s'en était adjugé le double ; mais par le prétendu traité d'alliance du 16 octobre suivant, elle mit tout le reste du royaume nominal de Pologne sous sa dépendance la plus étroite, et en fit une province russe. L'Angleterre protesta vivement. Pitt s'efforça de maintenir la paix, car il comprenait très bien que Catherine désirait voir les autres puissances occupées à combattre la France, pour avoir le champ libre du côté de la Pologne et de la Turquie ; mais Catherine sut calmer le mécontentement de l'Angleterre en lui promettant de renoncer au système de neutralité maritime qu'elle avait soutenu, jusqu'alors, et lui faisant espérer un traité d'alliance contre la France (1). L'Angleterre renonça en échange à soutenir la Pologne : elle ne pouvait du reste la protéger sérieusement contre la Russie et la Prusse.

Les patriotes polonais firent un effort désespéré pour secouer le joug de l'étranger ; l'insurrection éclata à la fin de mars 1794, à l'occasion du licenciement des troupes polonaises, et se propagea avec une grande rapidité. Le 18 avril, les Russes furent chassés de Varsovie ; Kosciusko, chef des patriotes polonais, s'était préalablement entendu avec le comité de salut public de Paris qui désirait naturellement susciter de graves difficultés aux puissances allemandes. Les Polonais allaient, sans s'en douter, faire une diversion précieuse pour les révolutionnaires français, mais bien désastreuse pour eux-mêmes. Le roi de Prusse allait être obligé d'abord de négliger la guerre contre la France, à cause de la Pologne, et conduit un peu plus tard à l'abandonner complètement.

Déjà il avait rompu avec la coalition en septembre 1793, par ce que Thugut avait décidé l'empereur à ne point souscrire à ses projets de partage de la Pologne. Il avait promis de coo-

(1) En 1780, Catherine avait dénié énergiquement à l'Angleterre le droit de perquisition sur les vaisseaux neutres, restreint la portée du terme : contrebande de guerre : et déclaré qu'elle ne reconnaîtrait le blocus d'une place, que lorsqu'elle serait effectivement bloquée par les vaisseaux ennemis. L'abandon de ces principes était alors d'une importance capitale pour l'Angleterre.

pérer à la campagne de 1793, en posant comme condition qu'il
obtiendrait une province polonaise; il se regardait comme en
droit de ne fournir désormais contre la France que son contingent comme prince de l'Empire, et de réserver ses armées pour
une entreprise plus avantageuse. Ainsi les alliés, en se disputant
la Pologne, avaient déjà rendu à la France un service inappréciable. Thugut, animé de la plus vive défiance contre la Prusse,
craignait toujours que si les Russes et les Autrichiens étaient
trop occupés ailleurs, elle ne s'étendît en Pologne, et même
n'attaquât la Bohême. L'Angleterre, pour assurer à la coalition
l'appui de la Prusse, lui fit offrir par lord Malmesbury un subside de deux millions de livres sterling, si elle mettait sur pied
une armée de cent mille hommes. Le roi accepta le 12 février
1794, mais Thugut déclara que l'Autriche ne pouvait prendre
à sa charge même le cinquième de ce subside. Alors il fut décidé à Berlin que les troupes prussiennes quitteraient le Rhin.
Mais le roi de Prusse n'abandonnait qu'avec regret la guerre
contre les jacobins, et il conclut à la Haye un traité avec l'Angleterre, par lequel il promettait une armée de 62,400 hommes, moyennant un subside de 87,000 livres sterling par
mois : l'armée devait entrer en campagne un mois après le
premier payement, et les pays conquis par elle devaient être
mis à la disposition des puissances maritimes (1er avril 1794).

Telle était la situation, lorsque l'insurrection de la Pologne
mit le roi de Prusse dans le plus grand embarras. Probablement la Pologne prussienne allait se soulever : on lui représenta que pour la dompter, et pour contenir l'ambition
de l'Autriche, il avait besoin de toutes ses forces, et devait
rappeler des troupes des bords du Rhin pour prendre l'offensive sur la Vistule. Malgré sa répugnance, il quitta Berlin
en mai 1794 pour prendre le commandement de son armée
de Pologne. Cracovie fut occupée par les troupes prussiennes,
au grand mécontentement de l'Autriche. Thugut, plein de méfiance à l'égard de la Prusse, résolut, afin de lui en imposer,
de ramener les armées autrichiennes en Allemagne le plus
vite possible (1). Le but du roi de Prusse n'était pas seule-

(1) En vue de l'intervention de la Prusse en Pologne et de l'occupation éven-

ment de garder ce qu'il avait acquis en Pologne, mais d'y
prendre position, afin de ne pas permettre à la Russie de
s'emparer complètement de ce pays. Les Russes l'avaient bien
deviné, aussi les deux alliés se tenaient en méfiance réciproque,
et les opérations militaires furent menées assez mollement.
Le 13 juillet, Russes et Prussiens vinrent assiéger Varsovie,
mais les deux armées restèrent dans l'inaction : les
Russes auraient été humiliés, de voir les Prussiens entrer vainqueurs
dans Varsovie (1). Le ministre Lucchesini profita habilement
pendant ce siège des ennuis et des incertitudes du
roi de Prusse pour obtenir de lui de faire quelques tentatives
en faveur de la paix. Au moment où il préparait un
assaut, le roi apprit qu'il ne pouvait compter sur aucun aide
de l'Autriche, et que Catherine voulait faire retirer l'armée
russe en Lithuanie. Frédéric Guillaume ainsi abandonné,
leva assez piteusement le siège, le 6 septembre, ramena ses
troupes dans la Prusse méridionale, et revint à Berlin, malade
de dépit, et beaucoup plus disposé qu'auparavant à en finir
du côté du Rhin, pour être mieux en état de tenir tête à la
Russie, qui voulait évidemment se faire en Pologne la part du
lion.

L'Angleterre et la Prusse n'avaient pu s'entendre sur l'exécution
du traité de la Haye. L'Angleterre avait beaucoup
tardé à expédier les subsides à Berlin ; et le maréchal Mœl-

---

tuelle de Cracovie, l'Autriche ralentit ses opérations militaires, et bientôt un
conseil de guerre déclara la Belgique indéfendable. A Vienne comme à Berlin,
on négligeait la grande guerre pour une autre plus fructueuse, et on abandonnait
l'Angleterre.

(1) Par suite d'arrangements récents avec la Porte, les troupes russes qui se
trouvaient sur les frontières méridionales allaient être disponibles, et Catherine
voulait reprendre Varsovie sans l'aide des Prussiens ; aussi le siège traîna en
longueur, bien que les partis fussent en lutte dans la ville assiégée. L'Autriche,
de son côté, faisait entrer des troupes en Pologne. Le roi de Prusse qui s'était
laissé décider à temporiser, voulait être appuyé franchement dans cette guerre
par l'Autriche et par la Russie, mais de graves événements venaient d'avoir lieu
dans l'Ouest, les Autrichiens évacuaient la Belgique. « La Prusse, dit de Sybel
(t. III, p. 233), était partagée entre la crainte que l'empereur par une paix préparée
avec la France, ne devint maître d'employer toutes ses forces en Pologne,
et la crainte non moins vive que, par un redoublement d'efforts contre les Français,
il ne s'assurât toute la bienveillance de l'Angleterre et de la Russie, et ne
réduisît par là l'influence prussienne à néant. »

lendorf, commandant des troupes prussiennes, avait refusé à lord Malmesbury d'entrer en Belgique, et était resté sur le Rhin. Très irrité contre les Autrichiens et les Anglais, il désirait vivement que son gouvernement fît la paix avec la France, pour être libre de s'étendre en Pologne. Il s'entendit avec Lucchesini pour assurer au roi qu'il serait opportun de faire la paix avec les révolutionnaires. Le roi entra d'abord dans une violente colère (1); Lucchesini obtint de lui à grand'peine l'autorisation de parler à Vienne de la nécessité de terminer la guerre, pourvu qu'il ne compromît son gouvernement d'aucune manière, et ne parût exprimer qu'une opinion personnelle.

La Prusse devait, dans la pensée de Mœllendorf et de Lucchesini, proposer à la France, comme représentant l'empire allemand, une paix fondée sur le *statu quo ante bellum*. La France, laissée en possession de la Belgique, pourrait très bien accepter cette condition, et comprendre la Hollande dans le traité de paix. L'Angleterre et l'Empereur verraient ensuite si la Belgique devait être abandonnée, moyennant une indemnité, comme Thugut le désirait, ou simplement échangée contre les colonies que la France avait perdues pendant la guerre. Les alliés renonçaient complètement au rétablissement de la royauté en France.

Mœllendorf envoya donc à Berlin son adjudant, le major Meyerinck, qui trouva le roi fort triste et découragé; mais ses déceptions l'avaient rendu beaucoup plus accessible à l'idée de traiter avec la Convention. Il comprenait parfaitement que pour prendre sa revanche en Pologne, il fallait envoyer dans ce pays une partie des troupes qui gardaient le Rhin, et qu'il devenait alors nécessaire de faire avec la Convention un arrangement quelconque. Cependant sa répugnance à traiter officiellement avec les jacobins régicides était toujours très forte. Il permit seulement à Mœllendorf d'entrer en relations avec un diplomate français pour traiter de l'échange des prisonniers : il devait profiter de ses relations pour lui faire connaître adroitement que le gouvernement prussien était disposé à une paix

---

(1) « Nul homme, s'écria-t-il, ne me décidera à faire une démarche déshonorante, à traiter avec des régicides. » (De Sybel, t. III, p. 241.)

honorable. Lucchesini désigna Barthélemy, l'ambassadeur français en Suisse, homme très modéré, de bonnes manières, et appartenant à l'ancienne diplomatie. Mœllendorf s'empressa de lui envoyer un agent secret : en même temps il prévint l'électeur de Mayence des nouvelles dispositions de sa cour, et lui demanda d'obtenir de la diète de l'Empire qui siégeait à Ratisbonne, une démonstration quelconque en faveur de la paix. Ce prince qui avait eu beaucoup à souffrir de la guerre, et qui craignait d'être complètement dépossédé, provoqua, le 24 octobre, cette démonstration, mais il mécontenta vivement le gouvernement impérial en proposant comme médiateurs les rois de Danemark et de Suède. Thugut montra à Lucchesini des dispositions peu pacifiques : la question polonaise empêchait toute entente entre la Prusse et l'Autriche.

Pendant qu'on essayait de négocier, la retraite de Clerfayt sur la Roër mettait les Prussiens dans une situation désavantageuse. L'alliance anglo-prussienne venait de se rompre. Pitt trouvant que le traité de la Haye avait été mal exécuté, déclara le 1er octobre à la Prusse que son gouvernement suspendait l'envoi des subsides : aussi le 19 octobre le roi de Prusse très mécontent ordonnait à Mœllendorf de ramener son armée sur la rive droite du Rhin, et il en tira aussitôt vingt mille hommes pour les envoyer en Pologne : il n'était donc plus lié avec la coalition et se trouvait parfaitement libre de faire la paix avec la France. Les succès de la Russie l'inquiétaient vivement. Après la levée du siège de Varsovie, la Russie débarrassée des Prussiens avait mené la campagne avec beaucoup d'énergie. Le fameux Suwarow battit les Polonais à Brezc ; le 10 octobre il remporta encore sur eux à Maciejowice une victoire complète où le héros de la Pologne, Kosciusko fut blessé et fait prisonnier. La cause polonaise était tout à fait perdue. Le 4 novembre Suvarow s'emparait de Praga, faubourg de Varsovie, sur la rive droite de la Vistule, et quatre jours après il était maître de Varsovie. La Pologne entière était à la discrétion de Catherine II. Elle avait déclaré le 3 juillet précédent à la Prusse et à l'Autriche, qu'il fallait que les trois grandes puissances voisines s'entendissent pour décider de son sort : la Prusse et l'Autriche allaient se disputer sa bienveillance pour obtenir une meilleure part. La Prusse avait envoyé le 19 août le comte de Tauenzien à Saint-Pétersbourg. Thugut en septembre avait demandé au nom de l'Autriche une partie de la Pologne et l'appui de la Russie pour obtenir les provinces vénitiennes de terre ferme ; il laissait la Russie libre de prendre ce qu'elle voudrait, et prétendait que la Prusse, agrandie par le dernier partage, ne devait cette fois rien réclamer (1). Catherine devenue l'arbitre des puissances allemandes, fit à Cobentzel, l'ambassadeur autrichien, une réponse assez satisfaisante, sans lui accorder toutes ses demandes en ce qui concernait la Pologne ; elle présenta à l'ambassadeur prussien un projet d'après lequel la Russie devait acquérir plus de deux mille lieues carrées en Pologne, l'empereur mille, le roi de Prusse sept à huit cents (30 octobre). Tauenzien protesta, mais Catherine témoigna son mécontentement de la rupture du traité de la Haye, et demanda en vue de quel ennemi la Prusse augmentait son armée de Pologne (2). La nouvelle de la prise de Praga et de Varsovie, ne fit naturellement qu'augmenter les prétentions de la Russie.

Telle était la situation de la Prusse au moment où elle commença à négocier avec la France. Meyerinck fut envoyé à Bâle ; le 12 novembre il eut une entrevue avec Bacher, secrétaire de la légation française, qui le reçut très bien et lui déclara que la France était prête à faire la paix non seulement avec la Prusse mais avec l'Empire. Déjà les Landgraves de Hesse-Cassel et de Darmstadt, l'électeur de Trèves et la Hollande, sollicitaient l'intervention de la Prusse auprès des Français victorieux. Aussi le parti de la paix soutenu par le prince Henri de Prusse, frère du grand Frédéric, oncle du roi, et adversaire acharné de l'Autriche, finit par l'emporter (3). Les

(1) A moins toutefois que le roi n'envoyât sur le Rhin des forces considérables qui seraient sous le commandement d'un généralissime autrichien. (De Sybel, t. III, p. 292.)

(2) Le ministre russe Markoff déclara que la Prusse avait été déjà largement indemnisée par le traité de 1793, et qu'en outre elle ne tenait pas compte de l'article de ce traité, qui l'obligeait à continuer la guerre jusqu'à ce que les révolutionnaires français fussent vaincus. (De Sybel, t. III, p. 284.)

(3) Ce prince âgé alors de soixante-dix ans avait la réputation d'aimer la France, et certains révolutionnaires le portaient aux nues ; quelques-uns d'entre eux avaient même formé l'étrange projet de le faire roi de France.

conseillers du roi avaient décidé que le projet de partage présenté par Catherine ne devait pas être accepté. Il fallait alors prévoir une rupture, et avec l'Autriche et avec la Russie. On résolut donc, pour être libre, de traiter avec la République On espérait aussi que l'Autriche et la Russie, voyant la Prusse en paix avec la France, et libre de transporter toutes ses forces militaires en Pologne, accepteraient ses demandes, dans la crainte d'une coalition entre la France, la Prusse et la Pologne (1). Le roi se décida enfin à traiter. Le 1er décembre, il chargea de Golz, son ancien ambassadeur à Paris, d'aller à Bâle pour entrer en négociation avec Barthélemy. Ses instructions inspirées par le prince Henri, lui ordonnaient de bien convaincre les Français de la sincérité de la Prusse, et de demander d'abord un armistice, dans lequel Mayence serait comprise. La Prusse s'engagerait à reconnaître la République française, et entretiendrait avec elle des relations amicales, sans conclure une alliance particulière, comme les agents français semblaient le proposer, mais elle obtiendrait en échange l'évacuation de la rive gauche du Rhin. Les princes allemands qui demanderaient l'intervention de la Prusse, seraient compris dans la trève et dans la neutralité. Le roi de Prusse proposait en outre sa médiation en faveur de la Hollande et des princes de l'Empire, et se montrait disposé à l'offrir à la France en faveur de la Sardaigne, de l'Autriche, de l'Angleterre et de l'Espagne (2). Golz devait demander que la République garantît le traité de Westphalie, et par conséquent prît pour base du traité futur l'intégrité de l'empire germanique. On s'attendait néanmoins à la voir déclarer qu'elle n'abandonnerait point la rive gauche du Rhin : c'était le grand obstacle à la conclusion d'un traité.

En France, le parti modéré qui gagnait du terrain tous les jours, désirait vivement la paix. Aussi le comité de salut public demanda au gouvernement prussien de lui envoyer à Paris un

---

(1) De Sybel, t. III, p. 286.

(2) Golz devait en outre tenter d'obtenir quelque chose en faveur des émigrés français et chercher à découvrir ce que le Comité pensait du projet de Thugut d'échanger la Belgique contre la Bavière. La Prusse voulait à la place de la Bavière proposer l'évêché de Salzbourg.

homme de confiance pour s'expliquer directement avec lui. Et le roi de Prusse ordonna aussitôt au secrétaire de légation Harnier qui dirigeait les négociations à Bâle, de se rendre auprès du comité (19 décembre). Les petits États allemands soupiraient après la fin de la guerre. Le 22 décembre, la diète de Ratisbonne, sur la proposition de l'archevêque électeur de Mayence, se prononçait formellement en faveur de la paix, et sommait l'Empereur et le roi de Prusse de travailler ensemble à cette œuvre bénie.

Le 28 décembre, M. de Golz arrivait à Bâle, mais les graves événements survenus récemment en Hollande entravèrent la négociation, et permirent au comité de salut public de se montrer beaucoup plus exigeant sur les conditions de la paix.

Les victoires des Français avaient produit en Hollande le plus grand découragement. Le parti qui s'intitulait patriote s'agitait beaucoup et organisait des sociétés populaires. Les patriotes émigrés dirigés par Daendels faisaient pénétrer dans le pays des pamphlets révolutionnaires, et les populations étaient fort irritées des excès des soldats. Ni l'Angleterre, ni la Prusse, ni l'Autriche ne paraissaient disposées à faire un effort énergique en faveur de la Hollande : le prince d'Orange résolut de demander la paix. Ses envoyés Repelaer et Brantsen, se mirent en rapport avec le commissaire de la Convention Bellegarde qui leur laissa espérer des conditions de paix assez favorables. Du reste les généraux français trouvaient que leur armée avait besoin de repos : on resta donc pendant quelque temps dans l'inaction.

Mais par malheur pour les Hollandais un hiver exceptionnellement rigoureux facilita singulièrement l'envahissement de leur pays. La Meuse et le Whaal qui jusqu'alors le protégeaient furent complètement gelés, et présentèrent une surface solide. Le 27 décembre (7 nivôse) par un froid de dix-sept degrés, Pichegru chassa les Hollandais de l'île de Bommel, qui avait été précédemment attaquée sans succès, les poursuivit sur le Whaal qui était assez gelé pour porter les soldats, mais non l'artillerie, et s'empara de Thiel sur l'autre rive. Le 29 il fut obligé de rétrograder, mais il conserva l'île de Bommel, et la place de Grave tomba en son pouvoir. Le 8 janvier (19 nivôse) le Whaal était assez gelé pour porter l'artillerie; les Français le passèrent. L'armée anglaise, commandée par Walmoden, battit en retraite, et leur abandonna les provinces d'Utrecht et de Gueldre; puis se retira en Allemagne, de l'autre côté de l'Ems, dans le plus grand désarroi.

Les envoyés du prince d'Orange furent reçus par le comité de salut public, le 8 janvier, mais déjà le comité comptait être bientôt maître de la Hollande avec l'aide des prétendus patriotes. Une invasion française dans les Provinces-Unies était imminente, et loin de chercher à la repousser, une fraction importante de la population l'appelait alors de tous ses vœux, car le parti des *patriotes* ou *républicains* comptait sur elle pour abolir le stathoudérat, reprendre le pouvoir, et satisfaire son ardent désir de vengeance contre les Orangistes.

Depuis deux siècles, la république des Provinces-Unies était troublée par la lutte des *patriotes* ou *républicains,* qui en réalité constituaient une aristocratie, contre la maison d'Orange-Nassau, investie du stathoudérat. Tout récemment, en 1787, la guerre civile avait éclaté, et elle avait été terminée par l'intervention armée de la Prusse (1). Le parti patriote avait été complètement défait, et beaucoup de ses membres s'étaient réfugiés à l'étranger, en France surtout, où ils avaient trouvé beaucoup de sympathies (2). La royauté française ne les regardait nullement comme des perturbateurs, comme des révolutionnaires : elle les avait soutenus ouvertement, en haine de l'Angleterre, et si elle ne s'était pas opposée à l'intervention de la Prusse en faveur du prince d'Orange, c'était uniquement parce qu'elle n'était pas prête (3).

Le roi de France, en effet, ne considérait pas le prince d'Orange comme un souverain, mais comme le premier fonctionnaire héréditaire de la République des Provinces-Unies. L'union d'Utrecht en 1579 avait établi une fédération de sept provinces parfaitement indépendantes les unes des autres. Les

---

(1) Voir le très intéressant ouvrage de M. Pierre de Witt : *Une invasion prussienne en Hollande en* 1787. Paris, Plon, 1886, in-12.

(2) Le gouvernement français permit à plusieurs officiers et à deux cents canonniers de servir dans l'armée des patriotes. (P. de Witt, p. 264.)

(3) Cent quarante officiers furent admis au service de la France. (P. de Witt, p. 298.)

États généraux, composés de députés nommés par chacune de ces provinces, faisaient les traités, déclaraient la guerre, tranchaient en souverains toutes les questions qui intéressaient l'ensemble de la confédération. Les États provinciaux, composés des députés des villes et de la noblesse, étaient souverains, mais seulement pour l'administration générale de la province, car chaque conseil ou régence de ville était souverain dans la cité. Ces derniers conseils se composaient de membres nommés à vie ou se recrutant eux-mêmes, étaient maîtres des finances, distribuaient les charges, et confiaient aux leurs l'exercice du pouvoir administratif et du pouvoir judiciaire; ils se recrutaient en réalité dans une aristocratie municipale devenue héréditaire. Les conflits étaient fréquents entre ces trois sortes de conseils, qui s'accusaient volontiers les uns les autres d'empiétements et d'abus d'autorité.

D'un autre côté les pouvoirs du Stathouder étaient mal définis, et les conseils étaient fréquemment en lutte avec lui : d'ailleurs l'aristocratie bourgeoise des Provinces-Unies détestait le stathoudérat, et avait plusieurs fois réussi à le supprimer (1). Mais il fallait à la confédération un commandant général de l'armée et de la flotte, un représentant auprès des autres puissances, et par la force des choses cette fonction avait été rétablie à titre héréditaire dans la maison d'Orange, qui était restée populaire auprès d'une partie de la nation. De glorieux souvenirs, les services de ses ancêtres, ses alliances avec les maisons royales de l'Europe la désignaient toujours aux Hollandais pour remplir cette charge.

Aussi existait-il en Hollande un antagonisme constant entre les Orangistes et cette riche aristocratie municipale, devenue héréditaire en fait, très zélée sans doute pour la conservation des vieilles libertés, mais dont l'orgueil était blessé par l'existence du stathoudérat héréditaire dans une maison

(1) En 1619, le Stathouder Maurice fit décapiter Barnevelt, chef du parti des États. Le stathoudérat fut aboli à la mort de Guillaume 1er, en 1650, mais le peuple hollandais, effrayé de l'invasion française, le rétablit en 1672, en faveur de Guillaume II, qui devint Stathouder héréditaire. A sa mort, en 1702, le stathoudérat fut de nouveau aboli, et la souveraineté complète des États généraux fut rétablie, mais en 1747, encore par crainte de la France, le stathoudérat fut rétabli et déclaré héréditaire en faveur de Guillaume IV d'Orange.

princière, et qui aurait voulu voir le pouvoir exécutif exercé
uniquement par des hommes sortis de sa caste. Ce parti était
surtout puissant dans la province de la Hollande, de beaucoup
la plus riche de toutes, et qui exerçait une sorte de suprématie
sur le reste de l'Union. Le Stathouder, au contraire, était soutenu par la majorité de l'ancienne noblesse, et aussi par le petit peuple des villes, qui jalousait naturellement cette aristocratie municipale et préférait la monarchie à cette oligarchie
très fière et très dédaigneuse. En réalité, le populaire était pour
la maison d'Orange; et les prétendus patriotes, gens riches, très
dévoués à leurs vieilles institutions, étaient des aristocrates et
des privilégiés. Il n'était donc pas étonnant qu'en 1787, la cour
de France, très mal disposée pour la maison d'Orange, leur
fût favorable; elle aurait vu avec plaisir l'expulsion de cette
famille, et le pouvoir exécutif exercé en Hollande par un grand
pensionnaire sorti du parti patriote. Mais il était tout à fait
anormal que le Comité de salut public thermidorien héritât de
ses bonnes dispositions à leur égard, et considérât comme des
frères et amis des admirateurs de La Fayette (1), des hommes
attachés à des institutions qu'il abhorrait, et qu'il détruisait
partout avec acharnement : ils le crurent pourtant! Cette illusion devait leur coûter cher.

Mais ce parti s'était vainement flatté de devenir maître de la
Hollande par l'abolition du stathoudérat. Pendant la seconde
moitié du dix-huitième siècle, il s'était, par la seule force des
choses, formé dans chaque ville, un nombreux parti de bourgeois inférieurs, jaloux de la bourgeoisie dominante; ces révolutionnaires, modérés pour la plupart, ne désiraient point un
bouleversement général, ni même des changements bien radi-
caux, mais des modifications dans l'état de choses actuel qui
entraîneraient leur participation au pouvoir et à ses profits,
par leur accession aux charges. Ce parti novateur, comme le
parti aristocrate, comptera naïvement sur l'intervention des
révolutionnaires français pour réformer les Provinces-Unies
suivant ses idées : les Français s'appuieront sur lui, tout d'a-

---

(1) Les patriotes, en 1787, songèrent à donner à La Fayette le commandement
d'un corps de volontaires de vingt mille hommes.

bord, puis le mèneront beaucoup plus loin qu'il ne le voulait.

Il s'était également formé dans les grandes villes un parti réellement révolutionnaire, peu nombreux, mais très audacieux, et très turbulent : les révolutionnaires français s'en servirent d'abord, mais dans la suite ils durent le brider.

Les envoyés du prince d'Orange comprirent bien vite que le comité de salut public, était très décidé à chasser le Stathouder et à s'emparer de la Hollande avec l'aide des prétendus patriotes. Repelaer lui proposa, en désespoir de cause, une rançon de quatre-vingts millions de florins pour obtenir une suspension d'armes; mais les patriotes hollandais firent aussitôt une surenchère, et promirent au comité cent millions de florins, s'il s'emparait d'Amsterdam et renversait la maison d'Orange. Le Comité prit le parti de s'emparer de la Hollande, sous prétexte de l'affranchir, avec la ferme intention de l'exploiter lui-même, et d'en tirer bien plus de cent millions de florins.

Le prince d'Orange, voyant les Français approcher de La Haye, s'enfuit en Angleterre le 18 janvier. Amsterdam fut occupé le 20, La Haye le 23; Pichegru sut imposer aux troupes françaises la plus stricte discipline. Les matelots hollandais, qui étaient tous zélés orangistes, auraient volontiers ramené la flotte en Angleterre, mais le Zuydersée était gelé, et des vaisseaux pris dans les glaces durent se rendre à des escadrons de cavalerie. Néanmoins l'Angleterre s'empara d'une partie de la flotte.

La conquête de la Hollande (1) portait un coup terrible à la coalition. La Convention venait de s'emparer d'une escadre, d'approvisionnements considérables pour son armée du Nord, et d'une marine marchande très importante qu'elle allait employer à son profit. L'Allemagne du Nord, dont les ressources étaient déjà presque épuisées se trouvait très menacée. Peu im-

---

(1) La province de Zélande posa des conditions assez fières, entre autres celle de ne pas recevoir d'assignats, et la faculté, pour les émigrés français, de se retirer sains et saufs. Les représentants en mission firent certaines promesses, annoncèrent qu'ils en référeraient au comité, et, en attendant, ils firent occuper le pays par les troupes françaises qui eurent la sagesse de se bien conduire, et de ne pas provoquer une insurrection. Les provinces de Frise, de Drenthe, de Groningue furent occupées sans résistance.

portait, en effet, que la Convention fît de la Hollande une république vassale ou la traitât en pays conquis, toutes ses richesses n'en seraient pas moins à sa disposition. Cette brillante expédition allait exalter les passions révolutionnaires, et donner beaucoup de force au parti qui voulait garder la plupart des pays envahis, et accusait de trahison les modérés disposés à accorder la paix avec les anciennes limites de la France. Cependant cet éclatant succès ne produisit à Paris qu'une exaltation très passagère.

La Hollande, au début, fut beaucoup mieux traitée par les révolutionnaires que ne l'avait été la Belgique (1). On promit de respecter toutes les propriétés, excepté celles du Stathouder qui furent confisquées. La République française proclama qu'elle venait affranchir les Hollandais et remit le pouvoir (en apparence du moins) au parti patriote, tout en se réservant des moyens sûrs de le brider, s'il avait par hasard l'inconvenance de trouver que les libérateurs de sa patrie la tondaient d'un peu trop près. Les membres des États partisans du Stathouder furent exclus; et ces états épurés à qui l'on avait donné pour président Peter Paulus, ministre de la marine, avant la défaite du parti républicain en 1787, s'empressèrent de déclarer le stathoudérat aboli, et de proclamer la souveraineté du peuple, ce qui, dans les circonstances équivalait à proclamer la souveraineté de la France révolutionnaire. Les affaires du pays furent confiées à une administration provisoire, et son armée réorganisée par Daendels.

L'armée française fit des réquisitions de draps, de souliers, de vivres, de munitions, etc.; la charge fut assez lourde, mais Pichegru montra beaucoup de fermeté et de vigilance, et les Hollandais lui en furent très reconnaissants. Cette fois, les réquisitions ne paraissent pas avoir donné lieu à ces monstrueux abus, à ces dilapidations ignobles qui d'habitude étaient inséparables des réquisitions faites par les armées révolutionnaires. Les libérateurs de la Hollande auraient bien voulu l'inonder d'assignats, mais ses habitants savaient combien leurs voisins

(1) Et les républiques vassales de l'Italie et de la Suisse! ce n'est pas étonnant, les modérés avaient quelque influence sur le nouveau comité de salut public.

9.

les Belges en avaient souffert : aussi patriotes et orangistes repoussaient les assignats avec la même énergie. Leurs prétendus sauveurs craignirent donc de les réduire au désespoir. On fit une sorte de cote mal taillée. Comme les soldats français ne recevaient que des assignats pour leur solde, le nouveau gouvernement les autorisa à donner ces assignats aux marchands au taux de neuf sous par franc, et les marchands ne pouvaient vendre pour plus de dix francs au même soldat : à la fin de la semaine ils devaient présenter les assignats reçus aux municipalités qui les reprenaient au taux de neuf sous (1).

Déjà le 7 janvier (17 nivôse) lorsque Harnier fut introduit au sein du comité de salut public, les dispositions des gouvernants français étaient très modifiées (2). La paix ne suffit plus, le comité veut conclure avec la Prusse une alliance capable de faire contrepoids aux forces de l'Empereur et de la Russie, et exige la limite du Rhin. Il compte rattacher à l'alliance franco-prussienne, la Suède, le Danemark, la Turquie et la Pologne. Le Hanovre serait cédé à la Prusse, et l'on prendrait, où l'on pourrait, des indemnités pour les princes dépossédés de la rive gauche du Rhin.

Harnier combattit énergiquement, mais sans succès, la double prétention du comité de garder la rive gauche du Rhin et d'obtenir de la Prusse une alliance active qui dans sa pensée deviendrait une vassalité. Le comité n'acceptait point sa demande de médiation entre la France et l'empire, et subordonnait en même temps ses offres de compensation territoriale, à la conclusion d'une alliance effective. On ne s'entendait donc sur aucun point. Cependant, après une longue discussion, le comité déclara qu'il lui fallait absolument la rive gauche du Rhin, mais qu'il ne s'opposerait pas à ce que la Prusse acquît un territoire équivalent sur la rive droite, qu'il pourrait même l'aider à le prendre! sur qui? sur des princes allemands : le comité voulait entraîner la Prusse à désorganiser et bientôt détruire avec lui l'empire germanique (3).

---

(1) Le louis à la fin de pluviôse an III vaut 130 livres assignats : la dépréciation véritable est donc beaucoup plus forte.

(2) Il eut encore le 8 et le 9, des conférences avec le comité.

(3) Un agent français, Desportes, adressait l'année précédente à Héraut Sé-

Harnier revint à Bâle où de Golz et Barthélemy entrèrent
en négociations. De Golz commença par demander un armistice (1). Barthélemy répondit qu'il devait traiter immédiatement de la paix, de Golz insista; tous deux convinrent d'en
référer à leurs gouvernements respectifs. Mais le cabinet de
Berlin et le comité de salut public se trouvèrent d'accord pour
déclarer à leurs représentants qu'ils ne devaient pas traiter
d'une suspension d'armes, mais travailler à conclure la paix
le plus vite possible. Le comité déclara ne rejeter la suspension
d'armes que parce qu'elle retarderait probablement la conclusion de la paix (2).

chelles, membre du comité de salut public, un mémoire intitulé : « Simple aperçu sur les bases de la négociation projetée avec le roi de Prusse et les motifs de
ce prince pour désirer la sécularisation des trois électorats ecclésiastiques. »
Il exprime assez bien les sentiments de la plupart des révolutionnaires à l'é-
gard de la Prusse. Il faut, suivant Desportes, exploiter l'ambition du roi de Prusse,
« Frédéric Guillaume ne sait pas qu'en s'unissant à nous, il *vient se consumer
lui-même aux rayons sacrés de la liberté*; il ne voit pas que ses propres mains
vont ouvrir le tombeau de la tyrannie. Que ce motif *philanthropique* nous rende
moins odieuses nos relations avec un roi ; et puisque la paix est nécessaire pour
le triomphe et la propagation de nos principes, voyons si les ambitieux désirs
d'un despote, pourront concorder pour un moment avec nos grandes vues révolutionnaires. » La succession de Juliers tente sa cupidité; il verrait avec effroi
la Bavière réunie à l'Autriche; c'est par là que le comité doit agir secrètement
sur lui. Il faut donc séculariser les trois électorats ecclésiastiques, les partager
à peu près entre la Prusse et la Bavière; indemniser à leurs dépens certains
princes allemands, et arriver ainsi au renversement de la constitution germanique féodale. (Arch. nat., AF, III, 76.)

(1) Lettre de Barthélemy au comité, 5 pluviôse an III (24 janvier 1795) (Arch.
nat., AF, III, 82). Le négociateur comte Bernard Guillaume de Golz, général major
au service de S. M. le roi de Prusse, et *chanoine* de la cathédrale de Magde-
bourg, avait reçu des pouvoirs, « au sujet d'une suspension d'armes, et du rétablissement de la paix entre le roi de Prusse et la France. Berlin le 8 décembre
1794. » Dans une partie de ses instructions, communiquée à dessein à Barthélemy qui en a envoyé copie au comité, il est dit que le roi « n'avait pu qu'être
révolté des horreurs qui surtout sous le *régime affreux de Robespierre*, ont
marqué l'époque de la Révolution, » mais qu'il n'a jamais pensé à opprimer la
nation française. Maintenant Sa Majesté, charmée *du changement décisif qui
paraissait être survenu dans le principe et dans la marche du gouvernement,
depuis la chute du parti jacobin*, en tirait le plus heureux augure pour le rétablissement de la tranquillité. On a pris habilement à Berlin le jargon thermidorien, mais on compte encore sur de grands changements.

(2) Barthélemy, dans sa lettre du 5 pluviôse, fait part au comité d'une proposition très grave de M. de Golz, au sujet de Mayence alors assiégée par les
Français. Il lui a dit que la France en ce moment ne peut prendre cette ville
de vive force, l'honneur du roi de Prusse y est intéressé; mais on pourrait

Les conseillers du roi de Prusse n'étaient point d'accord sur les conditions à poser. Alvensleben était d'avis de faire le sacrifice de la rive gauche du Rhin, parce que l'Autriche pouvait bien l'abandonner à la France par une paix séparée. D'ailleurs il trouvait que dans les circonstances actuelles tout succès de l'Autriche contre les Français serait très préjudiciable à la Prusse. Sur l'avis d'Haugwitz qui ne voulait ni rupture, ni alliance étroite, mais laisser la République offrir des compensations, le roi envoya le 28 janvier à M. de Golz des instructions nouvelles lui enjoignant de déclarer que la cession de la rive gauche du Rhin ne devait être discutée que lorsqu'on traiterait de la paix générale, et par conséquent ne pouvait être le sujet d'un traité particulier entre la France et la Prusse. C'était un commencement de capitulation (1).

Mais le comte de Golz tomba gravement malade, et quelques jours après, 6 février (18 pluviôse) il fut emporté par une fièvre bilieuse. Harnier chargé de continuer provisoirement la négociation, fut informé le 13 février de la décision prise par

s'arranger ainsi : Le roi de Prusse enverrait un courrier à Vienne pour inviter l'empereur à retirer ses troupes de Mayence, et en assurer la neutralisation pendant les conférences de Bâle, et aussi pour lui annoncer qu'il va retirer ses troupes des bords du Rhin. Si l'empereur refuse, et il refusera certainement, la France attaquera Mayence et s'en emparera, et le roi de Prusse pourra se justifier auprès de l'Empire de la perte de cette place qui ne devra plus être considérée que comme une place autrichienne. Mais si la cour de Vienne consent à évacuer Mayence, ses troupes seront remplacées par celles du cercle qui garderont la ville jusqu'à la fin des conférences de Bâle. Elle serait alors remise aux Français. « D'une manière ou de l'autre, dit Barthélemy, la France aura Mayence, excepté si elle veut l'attaquer en ce moment, sans rien conclure, et elle l'aura avec la rive gauche du Rhin. » La cour de Prusse est très pressée d'en finir. Golz avoue que Mayence le gêne beaucoup. « Il assure que le maréchal Mœllendorf éprouvera une grande joie, lorsqu'il pourra perdre de vue ses clochers, et qu'à Berlin on serait fort aise qu'elle pût être au fond du Rhin. » Barthélemy et Bacher cherchent à exciter l'ambition du roi de Prusse contre l'Autriche ; ils regrettent naïvement qu'il n'ait pas assez d'énergie « pour établir un nouvel équilibre de l'Allemagne du Nord et pour *délivrer la malheureuse Pologne,* » mais ils reconnaissent que si on l'invite à chercher aux dépens de l'Autriche une compensation de la rive gauche du Rhin, « il trouvera plus simple de la chercher en Pologne ». (Arch., AF, III, 82.)

(1) « Le caractère de cette décision, dit de Sybel (t. III, p. 379) ne peut être méconnu. Sans doute ce n'était pas encore la cession définitive des provinces rhénanes, cependant c'était la renonciation de la Prusse au rôle de grande puissance, et de l'influence qu'elle avait exercée jusque-là sur les affaires d'Allemagne. Un tel procédé ne peut jamais se justifier de la part d'une nation. »

le roi, le 28 janvier précédent. Barthélemy proposa des compensations.

« Je lui ai fortement annoncé, écrit-il, que loin de vouloir travailler à la diminution de la puissance prussienne, la République française travaillera à étendre son influence et sa force, et à lui faire jouer en Allemagne un rôle d'autant plus brillant qu'il sera fondé sur l'abaissement réel de l'ambitieuse maison d'Autriche. » (Lettre du 29 pluviôse, 17 février, Arch., A F, III, 76.)

Ainsi donc les révolutionnaires chercheront toujours à agrandir la Prusse aux dépens de l'empire germanique. Ils ont la rage de détruire cette lourde et inoffensive machine, pour renforcer la Prusse, et faire sentir aux États allemands la nécessité de se concentrer contre la France.

Le grand-duc de Toscane vient de traiter, et de se retirer de la coalition. Barthélemy mande au comité que l'ambassadeur de Venise, San Fermo, vient d'envoyer un courrier à Turin pour inviter le roi de Sardaigne à suivre cet exemple.

Barthélemy et Harnier tombèrent d'accord pour déclarer que la délimitation des frontières entre la France et l'Allemagne serait renvoyée à la paix générale; que le comité proposerait un traité de paix, et qu'en attendant la France continuerait à occuper la rive gauche, et qu'on pourrait adopter une ligne de démarcation bien nette pour les pays qui seraient déclarés neutres. Le comité de salut public qui avait compté sur la cession immédiate de la rive gauche, entra en colère, et pour intimider la Prusse, menaça presque de reprendre les hostilités; mais Barthélemy déclara à l'envoyé prussien qu'il ne fallait pas s'en inquiéter, et Harnier écrivit à son gouvernement que ces menaces n'étaient pas sérieuses; le comité se calma et envoya un projet de traité, se rapprochant du système d'Haugwitz : seulement il n'y était question ni de dédommagement pour les provinces rhénanes, ni de la ligne de démarcation, ni d'une indemnité pour le prince d'Orange, beau-frère du roi. Le comité déclarait que c'était un ultimatum et demandait une acceptation immédiate.

Hardenberg, partisan décidé de la paix, mais d'une simple neutralité, et très opposé à une alliance étroite avec la France,

fut désigné pour succéder au comte de Golz. Les négociateurs
français le trouvèrent difficile et exigeant, parce qu'il avait
mieux compris que les ministres prussiens, combien la situation intérieure de la France lui rendait la paix nécessaire (1). Aussi Barthélemy écrivait à Paris : « Nous sommes
tombés dans de mauvaises mains. » Le 21 mars Hardenberg
demanda que le traité ne fît mention de la rive gauche du
Rhin que dans un article secret, avec promesse d'indemnité, et
parla encore d'armistice. Le comité se récria (25 mars) et le
prit d'abord de très haut, mais après réflexion il se radoucit et
fit cette concession, car il ne pouvait se faire céder la rive
gauche par le roi de Prusse, mais seulement par l'empire germanique; « en attendant, lui écrivait Barthélemy, si nous faisons la paix avec lui (le roi), il n'entreprendra point de troubler notre possession de toute la rive gauche du Rhin » (2). Mais
comme l'ultimatum du comité acceptait l'intervention de la
Prusse en faveur des États allemands qui voudraient traiter
avec la République, Hardenberg, demanda en outre que la
France s'engageât à ne point regarder comme ennemis les
États allemands de la rive droite qui réclameraient cette intervention dans les trois mois (3). Le comité de salut public fut
encore très irrité de cette nouvelle prétention ; il écrivit le 30
mars à Barthélemy que des gens soupçonneux considéreraient
Hardenberg comme le ministre de la coalition, et exigea « un
oui ou un non définitif et immédiat. » Quand cette lettre arriva à Bâle, les négociateurs étaient d'accord sur tous les autres points. Hardenberg tint bon, en déclarant que l'Autriche

(1) De Sybel, t. III, p. 385 et suiv. Huffer, *Ostreichen und Russen*, p. 115 et suiv.
(2) Lettre du 16 ventôse Arch., AF, III, 76. Le roi, dans une note adressée à
Harnier le 15 février, a déclaré formellement que la Prusse ne peut rien céder
sur la rive gauche du Rhin, que même dédommagée elle ne peut donner l'exemple du démembrement de l'empire germanique. Il était très effrayé des
conséquences d'un pareil acte : seulement ses conseillers le déterminèrent à
le laisser faire, et à s'en laver les mains officiellement, tout en bouleversant
l'empire germanique pour recevoir le prix de la complaisance. Barthélemy
fait en outre observer que ce prince ne veut pas imiter le grand-duc de Toscane, en insérant dans le traité ce terme odieux qu'il se retire de la coalition.
Mais en fait, il suit son exemple.
(3) Il soutint habilement que l'Autriche ferait tout son possible pour détourner les petits États d'accéder au traité, et qu'il fallait leur offrir un avantage
immédiat. (De Sybel. *ibid.*)

ne pouvait profiter de la faveur qu'il réclamait pour les autres États allemands, et que la Prusse prendrait le Hanovre sous sa garde s'il n'observait pas la neutralité. La Prusse comptait ainsi compenser ses sacrifices, en obtenant une très grande influence en Allemagne au détriment de l'Autriche : aussi Hardenberg resta absolument inébranlable, et Barthélemy crut prudent de passer outre sans tenir compte de la lettre du 30 mars. Il pensait que le comité aimerait encore mieux sanctionner cette concession que recommencer la guerre ; et l'événement lui donna raison.

Le traité fut donc signé le 5 avril (16 germinal). Les articles patents portent qu'il y aura paix, amitié, bonne intelligence, entre la république française et le roi de Prusse, et que les troupes françaises évacueront dans les quinze jours de la ratification, les parties des États prussiens qu'elles pourraient occuper sur la rive droite du Rhin : ceci ne s'appliquait qu'à une petite partie de la principauté de Clèves, au nord de la Lippe. Les Français continueront à occuper la partie des États du roi de Prusse située sur la rive gauche. « Tout arrangement définitif à l'égard de ces provinces sera renvoyé jusqu'à la pacification générale entre la France et l'empire germanique » (art. 5). Les deux puissances contractantes feront tout leur possible pour éloigner du nord de l'Allemagne « le théâtre de la guerre ». Tous les prisonniers seront rendus dans les deux mois après l'échange des ratifications : cette disposition comprend les Saxons, Palatins, Mayençais, Hessois, qui ont servi avec l'armée prussienne. La République accueille les bons offices du roi de Prusse en faveur des États allemands qui, pour traiter avec elle, ont réclamé ou réclameront son intervention. Elle consent à ne pas traiter en ennemis pendant les trois mois qui suivront les ratifications, les princes et États de la rive droite du Rhin qui réclameront cette intervention (art. 11).

Par les articles secrets de ce traité, la Prusse s'oblige à n'engager aucune hostilité ni contre la Hollande, ni contre tout autre pays occupé par les Français; elle abandonne donc le prince d'Orange, et accepte la république batave. Mais la France, si en traitant avec l'empire elle obtient la limite du Rhin, s'engage formellement à procurer une compensation territoriale à la Prusse. Une ligne de démarcation est établie afin de garantir le nord de l'Allemagne contre la guerre (1). Les troupes françaises ne pourront la dépasser, pourvu que la Prusse oblige tous les États protégés par cette ligne à garder la neutralité. L'article 11 du traité public sur la médiation ne peut être invoqué par l'Autriche.

Ce traité fut voté par la Convention le 25 germinal. Hardenberg resta à Bâle pour régler les détails de la ligne de démarcation (2) et surtout pour surveiller les agissements de Barthélemy. « C'est la première fois, disait alors Mallet du Pan, que le monde a vu faire un traité avec un corps politique à l'instant où il propose sa dissolution. » En effet, le 8 germinal (28 mars) la Convention ne sachant plus comment sortir du procès des anciens membres du comité de salut public, avait presque décidé que les assemblées primaires se réuniraient le 1er floréal suivant pour nommer un corps législatif nouveau. Deux jours après, elle avait brusquement changé d'avis; mais au moment du traité, on était encore dans un effroyable gâchis. Il est certain que le cabinet prussien, ordinairement si habile, n'a pas su tirer parti de la situation presque désespérée dans laquelle se trouvait alors le comité de salut public (3). Sa conduite

(1) Elle fut réglée le 28 floréal suivant; elle part de l'Ost-Frise, passe par Munster, Clèves, longe le Rhin jusqu'à Duisbourg, longe la frontière du comté de Marck, puis la Lahn, puis gagne le Mein, suit la frontière du duché de Darmstad, le Neckar, et protège les cercles de Franconie et de Haute-Saxe. Il avait été décidé que, si les États du duc de Deux-Ponts étaient cédés avec la rive gauche à la France, celle-ci se chargerait d'une dette de 1,500,000 thalers dont il était redevable envers la Prusse.

(2) Le 24 avril (5 floréal) Hardenberg adresse une réclamation au gouvernement français en faveur des habitants de Clèves pays prussien sur la rive gauche du Rhin, occupé par la Convention, qui avaient temporairement quitté leurs domiciles pour se réfugier dans des villes prussiennes. A peine les troupes françaises entraient-elles dans un pays, que les agents de la Convention y introduisaient de suite avec les assignats les lois sur les émigrés, et le plus souvent la persécution religieuse. Les commissaires Roberjot et Dubois avaient pris le 4 germinal, à Aix *libre*, un arrêté établissant de nombreuses catégories d'émigrés, et frappant surtout ceux qui avaient exercé un emploi public. Hardenberg fit valoir avec fermeté que depuis le traité de paix, cette qualification d'émigré, avec ses terribles conséquences, quant aux personnes et aux biens, ne pouvait être maintenue aux habitants de Clèves. Il envoya une seconde note le 29. (Arch., A F, III, 76.)

(3) En concluant ce traité au milieu d'une crise aussi grave, le gouvernement prussien rendait au comité de salut public un grand service, car il le rele-

fut jugée peu honorable par les révolutionnaires eux-mêmes, à qui ce traité était si avantageux, et elle excita chez les modérés véritables les soupçons les plus graves. En Allemagne et surtout en Autriche, elle fut très sévèrement blâmée. Ce traité fut proclamé une faute politique, et l'on cria même à la trahison envers l'Allemagne (1).

On croyait généralement qu'il vaudrait de graves déceptions aux contractants. A Paris, l'impression produite d'abord par la nouvelle de cette paix partielle dura fort peu; les assignats se relevèrent seulement pendant deux ou trois jours, puis ils continuèrent à descendre (2). On demandait avant tout quand la crise des subsistances finirait, et quelles mesures la Convention allait prendre contre le parti qui l'avait envahie le 12 germinal. De l'avis de tout le monde, la paix générale pouvait seule modifier heureusement cette triste situation.

Pendant que la Prusse négociait avec la France, Tauenzien continuait à négocier à Saint-Pétersbourg au sujet de la Pologne. Mais il ne put s'entendre avec la Russie et l'Autriche. Ces deux puissances signèrent ensemble, le 3 janvier 1795, un traité de partage. Par une autre convention secrète, l'empereur acceptait le traité prusso-russe de 1793, en ce qui concernait les intérêts des deux cours, l'échange de la Belgique contre la Bavière, les acquisitions russes en Pologne. Chacune des deux cours s'engage à secourir l'autre en cas d'attaque de la Prusse. Si la guerre éclate entre les puissances contractantes et la

vait aux yeux de la population. « Six semaines de temporisation, disait alors, Mallet du Pan, achevaient l'assemblée » le parti modéré triomphait, et rendait certainement les pays enlevés à l'Allemagne. « La Convention ne l'ignorait pas, le baron de Hardenberg ne l'ignorait pas davantage, car je lui ai moi-même fourni des preuves de cette vérité avant son arrivée à Bâle. » Cet esprit si peu crédule soupçonne fortement le gouvernement Prussien d'être de connivence avec les révolutionnaires. « La précipitation de ce traité indique la crainte qu'a eu le cabinet de Berlin de voir ressusciter la monarchie avec laquelle s'évanouiraient tous les desseins de sa politique. » *Correspondance avec la Cour de Vienne*, t. I, p. 173-177. Barthélemy était assez inquiet.

(1) Ce traité en effet ne stipulait aucune garantie pour l'intégrité du corps germanique.

(2) Du 16 au 30 germinal le cours le plus élevé du louis est 221 en assignats le 19, les plus bas cours sont 185-180-195, les 16, 17 et 18; — et 191 le 22; et la fin du mois le louis est à 217, le 1er floréal il est à 229, le 15 à 329, le 20 à 399.

Turquie, l'Empereur fera son possible pour faire exécuter les conventions stipulées en 1782, entre Catherine et Joseph II. Ils avaient décidé, alors que la Valachie, la Moldavie, la Bessarabie, seraient érigées en un État indépendant en faveur d'un membre de la famille impériale de Russie. Catherine s'engage à livrer à l'Empereur la Bosnie et une partie de la Servie comme il en avait été convenu en 1782, à soutenir ses prétentions sur une partie des États de la terre ferme de Venise qu'il prétendait avoir été jadis enlevées à l'Empire, et à lui donner son aide pour trouver partout ailleurs des compensations à sa convenance. Si la Prusse ou tout autre État cherche à empêcher l'exécution de ce traité, ou se livre à des démonstrations hostiles, à des actes de violence contre l'empereur, les deux cours réuniront toutes leurs forces contre l'ennemi commun. Si le roi de Prusse avait connu l'existence de ce traité, il se serait certainement pressé encore plus d'en finir avec la France. La situation était très grave, car la Prusse occupait Cracovie, cédée par ce traité à l'Autriche, qui ne voulait à aucun prix l'abandonner. Cependant la Prusse, après de longues négociations, accepta en octobre 1795, avec de légères modifications, la partie de ce traité qui était publique et qui réglait le partage de la Pologne.

L'armée de Clerfayt, au moment où la France et la Prusse traitaient ensemble, était dans les provinces situées entre la Lahn et le Mein. Le cabinet de Vienne venait de lui ordonner de passer le Rhin, afin d'occuper Coblenz et de débloquer Mayence. Mais la paix de Bâle bouleversa tous ses plans. Thugut déclara que la trahison de la Prusse était manifeste, et il fut décidé que l'armée de Clerfayt resterait immobile tant que la question polonaise ne serait pas tranchée, car l'Autriche voulait avoir cette armée à sa disposition pour défendre la Bohême en cas de rupture avec la Prusse. L'Angleterre fit inutilement les plus grands efforts pour déterminer l'Autriche à agir contre la France; elle s'engagea à lui fournir des subsides, et le 20 mai un traité d'alliance fut conclu; mais Thugut qui redoutait toujours une perfidie de la Prusse, ne cessa d'enjoindre à Clerfayt de se tenir sur la défensive. Les Français, fort heureusement pour eux, car leurs troupes étaient très fatiguées, et leurs généraux, malgré les instances du comité de salut public, se refusaient à prendre l'offensive, restèrent tout l'été possesseurs paisibles de la rive gauche du Rhin, car Thugut songeait surtout à faire sortir la Prusse de Cracovie, et s'inquiétait peu de l'Allemagne.

Les États de l'Empire désiraient vivement la paix, mais ils n'osaient prendre parti ouvertement, ni pour la politique de l'Autriche, ni pour celle de la Prusse. Néanmoins le 11 fructidor (28 août) le landgrave de Hesse-Cassel signa un traité à Bâle, avec Barthélemy, d'accord avec Hardenberg, et se mit complètement à la suite de la Prusse.

IV.

Tout en négociant avec le roi de Prusse, le comité de salut public avait organisé sur la frontière du nord une république vassale qui pouvait devenir très dangereuse pour la Prusse et pour l'Allemagne du Nord. Sieyès et Rewbell, membres du comité du salut public, furent envoyés en Hollande pour régler définitivement le sort de ce pays. Ces révolutionnaires systématiques tenaient obstinément à imposer aux États voisins, et leurs idées et leurs procédés gouvernementaux, tout en leur faisant payer de fortes contributions. Ils trouvaient que ce n'était pas assez d'avoir aboli le stathoudérat et mis le parti soidisant patriote au pouvoir; ils entendaient l'y maintenir, au besoin malgré la Hollande elle-même, mais en compensation faire de lui un bailleur de fonds, et l'instrument d'une annexion mal déguisée. Ils conclurent donc le 27 floréal an III (16 mai), avec Peter Paulus, Lestevenon, Mathias Pons, et Huber, nommés négociateurs par les états, un traité par lequel la République française assurait aux prétendus patriotes le gouvernement des Provinces-Unies, mais soumettait ce pays à une étroite vassalité. Elle garantissait *sa liberté, son indépendance*, et l'abolition du stathoudérat. Jusqu'à la fin de la guerre les deux républiques contractaient une alliance offensive et défensive contre leurs ennemis, et cette alliance devait toujours durer contre l'Angleterre. Aucune d'elles ne pouvait traiter avec cette puissance sans le concours et la volonté de l'autre. La

république des Provinces-Unies devait fournir douze vaisseaux
de ligne et dix-huit frégates, et ces forces pouvaient être aug-
mentées pour la prochaine campagne. Elle devait en outre
fournir, lorsqu'elle en serait requise, la moitié de ses troupes
de terre ; son contingent, sur terre et sur mer, devait être toujours sous les ordres des généraux français. La République
française gardait comme *juste indemnité*, la Flandre hollandaise, Maestricht, Venloo, avec les enclaves et possessions au
sud de Venloo. Le port de Flessingue devait rester commun,
et recevoir garnison française. La France pouvait mettre toujours garnison dans les places de Bois-le-Duc, Grave et Berg-
op-Zoom, si elle le jugeait utile ; du reste, pendant la présente
guerre, elle pourrait occuper toutes les places et positions
qu'elle voudrait. L'article 16 promet à la Hollande, lors de la
paix générale, dans les pays conquis et restés à la France,
l'équivalent des territoires qu'elle vient de lui céder. La navigation des fleuves est ouverte aux vaisseaux français aussi bien
qu'aux vaisseaux hollandais. La France abandonne aux Provinces-Unies les biens immeubles de la maison d'Orange, et
même ceux des meubles et effets mobiliers dont elle ne jugera
pas à propos de disposer. Mais elle ne se contente pas des
cessions de territoire ; par l'article 20, les Provinces-Unies
s'engagent à lui payer, à titre d'indemnité et de dédommagement des frais de guerre, cent millions de florins. On sait que
cette somme avait été offerte au début par les patriotes ; elle
équivalait alors à plus de trois milliards en assignats (1). En
outre, les Provinces-Unies ne donneront retraite à aucun émigré français, et la France ne recevra aucun émigré orangiste :
c'est un échange de bons procédés révolutionnaires et proscripteurs. Il y eut aussi des articles secrets : par l'article 1er la
Hollande prête pour toute la durée de la guerre trois vaisseaux de ligne et quatre frégates gréés en bon état. La France
les montera en officiers et en matelots et s'en servira dans les

(1) Le 27 floréal, jour du traité, le louis vaut 380 livres en papier. Le roi de
Sardaigne avait déposé à la banque d'Amsterdam des diamants pour sûreté, et
remboursement d'un emprunt. La République française s'en empara lorsqu'elle
entra en Hollande. Ces diamants furent estimés quatre millions six cent soixante
huit mille cinq francs (Rapport de Camus sur les opérations de la trésorerie,
germinal an V. Arch., AF³, 69).

mers de l'Allemagne du Nord et de la Baltique. L'article 2 décidait que les pays cédés ne pourraient appartenir qu'à la France. D'après l'article 3, vingt-cinq mille soldats français devaient être soldés et entretenus par la Hollande pour la protéger. L'article 4 fixait les termes du payement de l'indemnité; tout devait être réglé en floréal an IV (avril 1796). D'après l'article 5, les réquisitions faites par les commissaires de la Convention étaient fixées à dix millions et remboursables sur le dernier terme de l'indemnité. Par l'article 6 la République française prenait l'engagement téméraire de ne pas traiter avec l'Angleterre sans exiger la restitution des colonies hollandaises. Elle s'en servit comme d'un leurre. Par l'article 7, la République française se réserve sur les biens des émigrés français des Provinces-Unies et de leurs dépendances, tous les droits qu'elle y avait à l'entrée de l'armée française.

En faisant ce traité d'alliance, les patriotes et, à leur suite, les révolutionnaires modérés, n'avaient songé qu'à tirer vengeance des Orangistes. L'abolition du stathoudérat, si longtemps poursuivie par ces patriotes ou républicains, leur était garantie par la France : ils se virent tout d'abord au comble de leurs vœux et ne réfléchirent point qu'il ne s'agissait plus de la domination d'un parti, mais de l'indépendance de leur patrie. Ils n'écoutèrent d'abord que leur ambition et leur ressentiment, et se dirent qu'après tout les Provinces-Unies pouvaient bien payer cent millions de florins le bonheur d'être gouvernées par eux, et l'abolition du stathoudérat; que les révolutionnaires français se contenteraient peut-être de cette somme, et trouveraient moyen de leur faire rendre un jour les riches colonies que l'Angleterre allait immédiatement leur enlever. Ces hommes froids et avisés ne réfléchirent pas que leur aristocratie bourgeoise, leurs institutions provinciales et municipales, inspiraient à leurs prétendus libérateurs la plus violente aversion, et qu'ils les détruisaient partout où ils les rencontraient. Ils avaient complètement oublié la fable du cheval qui veut se venger du cerf. Le renversement du stathoudérat par le comité de salut public entraînait le renversement de l'autre parti; ils avaient appelé un troisième larron dix fois plus fort que les deux autres. Ils se faisaient garantir

l'abolition du stathoudérat parce qu'il était, disaient-ils, trop
dangereux pour les libertés publiques, et en réalité, par ce
même traité, ils le transféraient avec de plus grandes préro-
gatives à un gouvernement étranger, bien plus despotique et
bien plus puissant que la maison d'Orange. Il était certain
que les révolutionnaires français étendraient encore ce pacte,
et il fallait s'attendre à l'asservissement le plus ruineux et le
plus humiliant. On ne peut trouver en faveur de ces prétendus
républicains qu'une seule excuse : ils croyaient sans doute
qu'en France des hommes vraiment modérés remplaceraient
bientôt au pouvoir les révolutionnaires thermidoriens.

V.

Ferdinand III, grand-duc de Toscane, fils de l'empereur Léopold, frère de François II, avait toujours ménagé les révolutionnaires avec beaucoup de soin (1). La chute de Louis XVI
ne changea rien à ses dispositions. Après le 10 août presque
tous les ministres étrangers quittèrent Paris; il ordonna au sien
d'y rester. Pour l'en récompenser, le conseil exécutif de la République décida en octobre 1792 que l'escadre française violerait la neutralité du port de Livourne en attaquant des vaisseaux russes qui s'y trouvaient; mais il finit par y renoncer,
parce ce qu'il ne disposait pas de forces assez importantes (2).
Néanmoins le grand-duc profitait de toutes les occasions
pour déclarer qu'il voulait rester neutre (3). Mais devant les
crimes de la Révolution, il lui devint de plus en plus difficile

(1) Le 11 mai 1792 La Flotte, agent de la France en Toscane, mande que le
grand-duc lui a déclaré que la Toscane était indépendante de l'Autriche, et
qu'elle resterait neutre. (Arch., AF, III, 87.)

(2) Le 19 octobre le conseil donne l'ordre à l'amiral Truguet de s'emparer de ces
vaisseaux russes; car on peut se regarder comme en guerre avec Catherine II,
à cause de ses mauvais procédés. Le ministre de la marine proteste, mais le
conseil persiste. Dans une nouvelle délibération du 22, il déclara qu'on ferait la
guerre au grand-duc s'il invoquait sa neutralité pour protéger les Russes.
Mais le 26 il dut revenir sur cette détermination. (Arch., AF3, 87.)

(3) La Flotte présenta le 16 janvier 1793 de nouvelles lettres de créance du gouvernement républicain. Le grand-duc en les recevant lui fit beaucoup de compliments personnels, et déclara en outre dans un langage peu digne, qu'il désirait vivre en bonne intelligence avec la république et garder la neutralité.
(Arch., Ibid.)

de persévérer dans cette attitude et de résister à la pression que l'Angleterre exerçait sur lui. Le 10 octobre 1793 La Flotte annonçait à Desforges, ministre des affaires étrangères, que le grand-duc venait de céder à l'insolente sommation des Anglais qui menaçaient de bombarder Livourne (1). Les Français étaient expulsés de Toscane, sur l'injonction de l'Angleterre, mais La Flotte en partant laissait Cacault à Florence.

Ce diplomate, par sa valeur personnelle, son caractère, ses antécédents, est bien différent des agents que la Convention va envoyer en Italie; la Révolution ne l'a pas métamorphosé subitement en diplomate comme tant d'autres: c'est un homme instruit et de bonne compagnie, un diplomate expérimenté qui connaît très bien l'Italie. Sous l'ancien régime il a rempli avec distinction des fonctions de second ordre. Il a cru sans doute que la Révolution, en faisant disparaître ceux qui occupaient les postes diplomatiques les plus importants, le porterait au premier rang, et il est resté dans sa diplomatie; il lui sera très utile, et elle le récompensera fort peu de ses services. On ne lui pardonnera pas d'avoir acquis sous l'ancien régime cette connaissance des affaires qui lui permet d'être utile à la république. C'est assez pour lui d'occuper une place qu'on aurait pu donner à un bon républicain, au lieu d'être emprisonné comme suspect! C'est un homme d'expérience et d'âge : bien qu'il ait déjà fourni, et qu'il fournisse tous les jours des preuves d'habileté, il est destiné à voir des postes diplomatiques importants et qu'il occuperait très avantageusement, confiés systématiquement à de jeunes journalistes et à des clubistes ignorants, à des aventuriers, capables seulement de faire détester la France à l'étranger par leur insolence jacobine. C'est bien l'homme qu'il faut pour déterminer le grand-duc à traiter

(1) Le 8 octobre lord Hervey, après avoir signalé « l'injuste et notoire partialité de la Toscane pour les Français » exigea du grand-duc que dans le délai de douze heures le ministre français La Flotte et tous ses adhérents fussent expulsés. Sinon la flotte anglaise allait s'emparer de Livourne. Au moment de son départ il avait dit en tirant sa montre « Monseigneur je compterai non seulement les heures mais les minutes. » La Flotte déclara que le grand-duc n'avait pas attendu l'arrivée de l'escadre anglaise parce qu'il craignait une insurrection dans cette ville toute anglaise par ses intérêts. (Arch., *Ibid.*) Les cours de Madrid, Turin, Vienne, Naples, appuyèrent la demande d'Hervey.

avec la république avant tous les autres princes, et pour négocier plus tard avec le pape; car s'il n'est point religieux il n'a pas d'impiété systématique : au fond il trouve la prêtrophobie, à la mode chez les révolutionnaires français, ridicule, odieuse, et tout à fait impolitique en Italie. Par peur et par ambition à la fois, car il se sait suspecté, il insère dans ses lettres au comité des phrases et des tirades intentionnellement révolutionnaires, qui jurent beaucoup avec son style ordinaire : il espère flatter ainsi les puissants du jour, mais ils lui font l'honneur de se méfier de lui et l'utilisent sans le récompenser suivant ses mérites (1).

On devait le retenir en Toscane avec deux commissaires chargés d'expédier des grains, jusqu'à ce que le chargé d'affaires et les consuls de Toscane fussent sortis de France sains et saufs (2); mais il devina tout de suite que le gouvernement Toscan cherchait à se ménager des intelligences secrètes avec la France, et s'entendit avec lui, pour rester sans titre officiel, malgré les Anglais. Aussi dans sa correspondance, a-t-il soin de répéter sans cesse au gouvernement français que le grand-duc a été forcé par les Anglais de rompre avec lui et qu'il est animé à son égard des meilleures dispositions. Hervey l'avait contraint à signer un traité d'alliance effective contre la France (3); mais ce prince, qui désirait vivre en paix au milieu

(1) Cacault avait réussi à se faire nommer en janvier 1793 résident à Rome, où il devait régulièrement remplacer Basseville ; mais celui-ci fut tué dans une émeute qu'il avait imprudemment provoquée. La rupture fut complète entre la France et le pape, et Cacault qui était déjà arrivé en Toscane, s'arrêta à Florence et y resta. Très peu de temps avant que le grand-duc cédât à l'Angleterre, Cacault avait été désigné pour remplacer La Flotte, tombé en disgrâce.

(2) « Nous jouissons du reste, écrit-il le 15 octobre, de notre pleine liberté. » (Arch., AF³, 87.)

(3) Cacault, dans sa correspondance, répète constamment que le grand-duc et son peuple sont bien disposés pour la France, que le gouvernement toscan a été violenté par l'Angleterre, et il le prouve en envoyant sa correspondance avec lord Hervey. Il fait le plus grand éloge du grand-duc et de son ministre, le marquis Manfredini : « le prince et le ministre, n'ont jamais été nos ennemis, nos calomniateurs ; je dois rendre témoignage *qu'ils ont moins que les autres les inconvénients de leur profession de despotes* » : Ceci est à l'adresse du comité de salut public; car on est en pleine terreur (lettre du 3 nivôse an II, Arch., AF³, 87) et il ajoute que le rapport du citoyen Robespierre fait en Toscane beaucoup d'impression : « il est venu ici des exemplaires brochés qui se vendent six livres pièce. » Robespierre est alors le maître absolu de la France ; les agents diplo-

de la conflagration universelle, et se faire oublier des belligérants, voulait esquiver son exécution et sous main essayait de
rentrer en grâce auprès de la France.. En décembre 93 il tenta
une négociation secrète (Carletti l'a déclaré), mais elle n'aboutit
pas. Il essaya encore plusieurs fois de s'entendre avec la République. Le 26 mai 1794 il prit pour intermédiaire un certain
Goupy, banquier à Paris. Mais on était au plus fort de la
Terreur, la négociation traîna. Cacault, qui n'avait cessé
d'encourager le grand-duc à traiter, reçut seulement au mois
d'octobre suivant une note précise sur cette tentative de négociation, tenue très secrète, et sur les pouvoirs donnés à
Goupy. Le comité de salut public accueillit très bien ce négociateur, et admit que le grand-duc avait été contraint par les
Anglais; mais il exigea que préalablement à toute négociation,
la Toscane lui rendît le prix du blé appartenant à la France,
qui avait été confisqué par les Anglais, lorsqu'ils avaient
occupé Livourne (lettre de Goupy 19 novembre). Cette condition ne pouvait soulever aucune difficulté; car le gouvernement toscan avait déjà proposé plusieurs fois à Cacault
de faire cette restitution, et il renouvela son offre de la manière la plus formelle; et, par l'intermédiaire de Villars agent
français à Gênes, qui était comme Cacault très favorable à la
Toscane, il demanda au gouvernement français d'accueillir
le comte Carletti comme son négociateur (11 frimaire an III).

Villars insistait sur la nécessité d'enlever Livourne aux Anglais
par la neutralité de la Toscane. Cacault avait toujours plaidé
la cause du grand-duc par des arguments très capables d'influencer les révolutionnaires; il leur avait déclaré que la
Toscane n'était pas riche, et qu'en cas de guerre, une contribution levée sur Livourne ne couvrirait pas les frais de
l'expédition, et ferait perdre à la France tous ses partisans (1).

matiques ont soin de faire savoir au comité qu'ils répandent partout ses élucubrations. Cacault annonce qu'il a reçu de gros paquets d'exemplaires des
rapports de Robespierre. Les Italiens les lisent avec ardeur « et celui sur le
gouvernement révolutionnaire qui développe une théorie nouvelle, n'est pas
moins admiré que les autres, et encore plus recherché » (11 nivôse). Ceci est
pour flatter le comité, mais Cacault ne cesse de vanter les bons procédés secrets
du grand-duc envers la France et son désir de se débarrasser des Anglais.

(1) Lettre du 5 frimaire. Arch., AF3, 87.

Le 24 frimaire le comité écrivit à Villars qu'il invitait le grand-duc à lui envoyer Carletti, mais que celui-ci devait tenir sa mission secrète (1). La négociation réussit complètement.

Le 25 pluviôse (13 février) le comité de salut public présenta à la Convention le traité conclu le 21 avec Carletti; il portait que le grand-duc de Toscane révoquait toute adhésion à la coalition, et que la neutralité de la Toscane était rétablie sur le pied où elle était avant le 8 octobre 1793. Les grains enlevés à Livourne par les Anglais avaient été restitués : la Convention ratifia ce traité. Le 12 ventôse (2 mars), Cacault écrit de Florence qu'on vient d'apprendre dans cette ville, l'acceptation de la neutralité, « la Toscane entière est ivre de joie ». Il a soin de faire valoir ses services et demande qu'on le laisse à Florence, et qu'on envoie Jacob qui est à Venise, au consulat de Livourne. Malheureusement il n'obtint pas la récompense qu'il méritait, et il eut la mortification de se voir remplacer par le révolutionnaire Miot dans l'ambassade de Toscane. *Sic vos non vobis.*

L'Angleterre fut très mécontente de la défection du grandduc, mais elle ne le traita point en ennemi. Miot prit possession de son poste le 6 prairial et se déclara d'abord très content de la Toscane. Il remit ses lettres de créance au grand-duc, fut présenté à la grande-duchesse, et se conforma en tout au cérémonial « croyant remplir les intentions du comité, » (lettre du 14 prairial) et il ne reçut de Paris aucun reproche.

Le grand-duc faisait tous ses efforts pour vivre avec le gouvernement français, dans l'accord le plus complet; mais ce gouvernement était bien décidé à transformer rapidement sa neutralité en un vasselage étroit. Peu de temps après le traité de paix, il y eut à Livourne, dont la population était hostile aux révolutionnaires, une rixe entre des Français et des gens du port : deux Français furent tués et plusieurs

---

(1) « Carletti que vous allez voir est homme d'esprit et de cœur : il est presque aveugle... » écrit Cacault le 3 nivôse. « Le grand-duc n'a d'autre objet que de se maintenir en Toscane; en lui laissant la couronne, on *pourra tout en exiger.* » Arch. *ibid.* La révolution adoptera ce système à son égard; elle croira obtenir tout de lui, en l'effrayant, mais en lui laissant une ombre de pouvoir.

blessés. Le comité de salut public jeta les hauts cris; mais
Carletti déclara avec preuves à l'appui, que la provocation
venait des Français qui avaient commis de grands excès. Il y
avait à Livourne beaucoup de fugitifs de Toulon et du Midi,
fort mal disposés pour les révolutionnaires français dont ils
avaient été victimes. Aussi Miot, à peine installé en Toscane,
s'empressa de réclamer l'expulsion des émigrés avec d'autant
plus d'ardeur que beaucoup d'entre eux n'étaient ni des marquis, ni des comtes, mais de pauvres gens du Midi très disposés à jouer du couteau contre les matamores révolutionnaires.

Il ne doutait pas du succès; car le gouvernement toscan,
il faut le reconnaître, mettait trop de soin à ménager les susceptibilités révolutionnaires les plus odieuses. On venait d'apprendre en Italie que le jeune Louis XVII était mort au temple :
cette nouvelle avait excité partout la plus vive émotion. Miot,
l'agent de ses bourreaux, caractérise ainsi l'attitude du gouvernement de Florence.

« La cour de Toscane tient dans cette circonstance une conduite
sur laquelle nous avons droit de compter. Elle n'a pas l'air de s'occuper de la fin du petit Capet, et elle a permis à sa gazette placée
sous la censure du gouvernement de l'annoncer dans les mêmes termes
que nos journaux (1). »

Il ajoute néanmoins que cette complaisance est due uniquement à la circonspection et à la crainte, et que les personnes qui entourent le prince ont pour les révolutionnaires
une haine secrète. Mais le prince ne sut même pas se conduire avec dignité dans cette grave circonstance. Après l'arrivée de la triste nouvelle, on attendit plus de quinze jours à
la cour de Toscane, avant de parler seulement de prendre le
deuil : d'après Miot, on attendait les ordres de la cour de
Vienne. Nous croyons plutôt qu'il faut attribuer ce retard à
l'indécision et à la crainte, car le grand-duc envoya son ministre Néri Corsini, demander humblement à Miot, si la cour
de Toscane pouvait, sans le formaliser, insérer dans le billet

(1) Lettre du 14 messidor (2 juillet). (Arch., AF3, 87.)

qu'il allait, suivant l'usage, envoyer aux ministres étrangers, au
sujet de la mort de ce jeune prince membre de la famille ré-
gnante, quelques mots rappelant son ancien titre de Dauphin
de France. Miot protesta vivement, et alla trouver Manfredini
qui lui promit de se conformer à sa volonté! Et pourtant cette
soumission excessive ne profita guère à la cour de Toscane.
Miot ne lui pardonna point d'avoir eu cette simple velléité
de rappeler un fait indéniable, quoiqu'elle l'eût bien vite com-
primée sur son ordre. Il écrivit immédiatement au comité que
cette cour était de plus en plus mal disposée pour la France,
et que l'influence de Manfredini allait en décroissant (30 messidor) et le gouvernement français devint de plus en plus tra-
cassier et exigeant à l'égard de la Toscane.

Il aurait voulu qu'elle bannît les émigrés (1); Miot consentait à faire une distinction en faveur de ceux qui avaient fui, à
cause du 31 mai. Cependant il voulait que les émigrés fussent
au moins bannis de Livourne : on avait pour système de les
rendre responsables des violences que certains Français avaient
subies dans ce port. Le ministre Seristori promit seulement
d'expulser ceux qui abuseraient de l'hospitalité de la Toscane
pour tendre des pièges à la France, mais il déclara qu'il était
bien difficile d'expulser les émigrés d'un port comme Livourne,
où les Algériens, et les Tunisiens, gens en état constant de
guerre contre la France, étaient tolérés. Dans une lettre du
20 thermidor, où il se plaint du nouveau gouverneur de Livourne, Miot se montre très opposé à une paix générale avec
les États de l'Italie « il faut toujours nous conserver un prétexte
pour y entrer avec une armée ». Il compte appliquer ce système à la Toscane, on le voit aisément; et le prétexte d'intervention armée, qu'il ménage à la république, c'est Livourne!

(1) Il voulait aussi qu'il fût interdit aux émigrés tolérés en Toscane, de porter
la croix de Saint-Louis. Cette exigence a toujours été soutenue avec beaucoup
d'obstination, dans tous les pays, par les ambassadeurs et chargés d'affaires du
comité de salut public et du Directoire. Miot fit à ce sujet une véritable sommation à la Toscane. Sans ménager ses légitimes susceptibilités, il déclara qu'il
ne se contenterait pas d'ordres secrets et particuliers, mais qu'il fallait faire
paraître promptement une note officielle (30 prairial). On céda et défense fut
faite aux émigrés de porter la croix de Saint-Louis, sous peine d'être bannis du
territoire. (Arch. *ibid.*)

Cacault, tout en négociant secrètement avec le grand-duc de Toscane, pour le décider à traiter avec la France, avait cherché à se mettre en rapport avec les autres princes d'Italie, surtout avec le roi de Naples. Il rendait compte soigneusement au comité de salut public de ses tentatives de négociation, et se complaisait à disserter sur la situation de l'Italie (1). Dans cette correspondance il cherche à ménager les passions révolutionnaires, et l'on regrette de voir un homme comme lui, s'abaisser assez souvent à les flatter, et à parler leur ignoble jargon, afin de rester en Italie, et d'obtenir enfin un poste officiel en rapport avec son mérite et ses services. Mais il doit perdre ses peines (2)!

Le 19 frimaire (9 décembre 1794) il écrit au comité : « Le pape prétend toujours avoir gardé la neutralité, n'ayant point fait la guerre, ni signé la coalition (ce qui est très exact). La cour de Naples tremble de peur en s'armant jusqu'aux dents. » Lorsque la cour de Naples était en paix avec la France révolutionnaire, celle-ci fomentait des conspirations dans ce royaume. Ses envoyés diplomatiques, son escadre de la Méditerranée encourageaient ouvertement les révolutionnaires lo-

---

(1) Il la juge souvent avec beaucoup de finesse, mais développe très longuement ses idées personnelles; il hasarde cependant d'excellents conseils.

(2) Ainsi le 5 vendémiaire an III, il expose au comité tout un plan de reconstitution de l'Italie. Il propose d'enlever la Sardaigne à la maison de Savoie, en lui donnant à la place le Milanais et même le Mantouan, et de dépecer les États du pape.

« Si nos armées peuvent aller à Rome *déraciner le trône de l'erreur*, Bologne reprendra son gouvernement républicain ; Naples réclamera ses provinces usurpées par l'Église; les ducs de Parme et de Modène, ainsi que la république de Venise, feront la même chose, il n'est donc pas impossible de consolider par un grand concours d'intérêts la suppression du pouvoir temporel du pape. (Arch., AF³, 87.) Il affecte parfois de s'associer aux grossières déclamations des révolutionnaires contre la Rome papale, à laquelle il n'est nullement hostile.

Il est bon de remarquer, qu'il ne parle pas du tout de la république romaine, que déjà en 1792 les révolutionnaires voulaient relever sous l'inspiration du couple Roland. Il sait très bien qu'ils continuent toujours à pérorer sur cette république, mais il trouve cette idée tellement absurde en elle-même, et dangereuse par ses conséquences, que malgré son vif désir de plaire au comité, il ne peut se résoudre à débiter les phrases à la mode, sur la nécessité de restaurer la république des Brutus et des Scipions. Dès le début, il combat adroitement les projets de la révolution sur l'Italie : « J'ai fait voir, écrit-il (5 frimaire) que l'Italie nous deviendrait beaucoup plus utile, *divisée et libre*, que gouvernée par des proconsuls. » Et il continue à se taire sur la république romaine.

10.

caux à renverser les Bourbons. Mais les conspirateurs avaient
été découverts, la république n'était pas en état de les protéger, le gouvernement napolitain sévissait contre eux, et les
proscripteurs français qui avaient fait périr tant de malheureux
sous prétexte de conspirations fantaisistes, jetaient les hauts
cris, et se posaient, avec leur impudence habituelle, en apôtres
de l'humanité. Cacault qui déteste au fond les révolutionnaires
français et italiens, mais qui veut hurler avec les loups de
peur d'être mangé par eux, se livre à des déclamations grotesques contre la reine de Naples et son ministre le fameux
Acton. D'après lui, ils sont « en proie à la peur qui rend cruel,
et *aux agitations furieuses d'un Robespierre* (1) ». Probablement
on lui a fait savoir qu'il était vivement dénoncé auprès du
comité, car il lui envoie encore le 10 nivôse (30 décembre) des
déclamations grossières contre la reine de Naples; les assassins de Marie-Antoinette, ne pouvaient lui pardonner d'être sa
sœur (2), et d'être aussi une femme énergique, capable de la
venger. Les parents des victimes pardonnent souvent aux bourreaux; ceux-ci ne leur pardonnent jamais!

« *Vous sçavez que le ventre de Marie-Thérèse fut celui de Mégère :*
tous ses enfants ont été le fléau du pays où ils ont régné; mais l'Autrichienne de Naples, dont le caractère n'a trouvé nulle contradiction,
nulle résistance au milieu d'une noblesse vile et stupide, près d'un
mari imbécille, est devenue pire de tous les autres, d'autant plus qu'elle
a trouvé dans Acton, un visir aussi pervers qu'elle, et partageant
toutes ses fureurs. » (Arch., A F³, 87, pièce n° 8) (3).

(1) Arch., *ibid.* Le trait est délicieux sous la plume d'un homme qui envoyait
naguère au comité l'éloge de Robespierre.
(2) Marie-Charlotte-Louise de Lorraine, archiduchesse d'Autriche, née le 13 août
1752.
* (3) Certaines gens pendant la Terreur endossaient la carmagnole, et mettaient
le bonnet rouge sur leur tête pour n'être pas déclarés suspects. Cacault ne fait
pas autre chose. En ce moment il sollicite vivement la récompense de ses services : « Il y a trente ans, écrit-il au comité, que je sers avec estime. J'ai été d'abord
professeur de mathématiques et inspecteur des études de l'école militaire, ensuite commissaire des guerres et secrétaire du commandant en chef de Bretagne, ensuite secrétaire d'ambassade, et deux fois chargé d'affaires à Naples. J'ai
cinquante-deux ans, ma vie est sans tache et j'aime le travail; ma fidélité est
éprouvée, je n'ai pas laissé d'avoir des angoisses, me voilà heureux de servir
sous vos yeux la république triomphante; je me sens en état de bien suivre
le fil des affaires en Italie, dont je connais les antécédents. » (27 frimaire)

Et il déclame à la fois contre le roi de Naples, et contre le vieux pape qui tous deux ont perdu la tête, et persécutent les amis de la république. La conquête du royaume de Naples serait, suivant lui, très aisée. Gaëte est très mal fortifié, on pourrait s'en emparer et fondre ensuite sur Naples, mais il ne conseille pas au comité de conquérir Rome. « La ville de Rome est si corrompue qu'il faudrait y arriver avec des forces pour la contenir. » Cependant le 29 pluviôse il parle « d'extirper la papauté, » mais surtout de dompter Naples, et de s'emparer de la Sicile, véritable grenier d'abondance.

Mais le 12 ventôse (2 mars), tout en déclarant que « le pape est un vieux fou opiniâtre et orgueilleux », et qu'il faudra détruire la papauté en temps utile, il annonce qu'il essaie de négocier avec Rome, mais qu'elle ne s'y prête pas. Les injures que ce modéré trop habile adressait aux princes, dans sa correspondance, pour plaire aux révolutionnaires, étaient malicieusement divulguées.

Malgré la grande déception qu'il vient d'éprouver au sujet de l'ambassade de Toscane, il cherche à se rendre nécessaire en Italie, et à se créer de nouveaux droits à un poste important, en entamant des négociations avec cette cour de Naples et ce *sombre* Acton qu'il affecte de mépriser si fort. Il écrit au comité qu'il espère trouver le moyen de dompter cette âme *sombre et faible*. Il prétend que s'il avait été nommé à Florence, il aurait réussi à entrer en négociations avec ce personnage, et qu'il en serait venu à bout. Après tout, la France ne peut guère exploiter utilement la cour de Naples, car « le roi ne peut accorder ni indemnité en argent dont il manque, ni en cession qui nous convienne. » Néanmoins on pourrait exiger de lui, la partie de l'île d'Elbe qui lui appartient, car elle ren-

---

(Arch., AF3, 87.) Le comité cependant fait la sourde oreille. Déjà le 5 vendémiaire précédent Cacault lui a écrit que les coalisés lui en veulent. « Je les ai blessés par mes dépêches dont il était impossible de prévoir *qu'ils auraient des copies de Paris*. » Il est affligé d'entendre dire que le comité évitera de nommer près des puissances, avec qui la paix sera conclue, des agents qui leur ont déplu pendant la guerre. On ne doit traiter ainsi, dit Cacault, que des insolents et des étourdis, et non des agents fermes et utiles (comme lui). Cacault, après son échec, écrivit deux grandes pages de réclamations, mais finit par une soumission adroite.

ferme le port de Longone, et la mine de fer du prince de Piombino, et il faudrait que Cacault pût se rendre à Naples pour intimider Acton (1).

Les révolutionnaires du comité tout en faisant les fanfarons, ne demandaient pas mieux que d'entrer en négociations avec Acton. Cacault reçut le 28 pluviôse la permission de se rendre à Naples si c'était nécessaire, mais il fallait que le sombre Acton l'y invitât. Cacault employa diverses ruses pour lui faire savoir que le comité condescendrait à négocier avec lui (2). Le comité avait entamé à Venise une négociation secrète avec la cour de Naples. Cacault insista inutilement pour qu'on l'envoyât à Naples, en faisant valoir qu'il éprouverait mille ennuis dans cette mission, mais qu'avec lui on saurait bien plus vite à quoi s'en tenir (3).

Tous les agents de la Révolution procèdent ainsi : ils font publiquement les matamores avec les princes, ne parlent que

(1) Arch. nat., 20 ventôse an III, 10 mars 1795. « Si cet homme entrevoit qu'on veut l'attirer, son orgueil sera insupportable. » Il faut lui faire peur « et acquérir une sorte de commandement sur lui pour en avoir raison. Autrement c'est un fourbe, un menteur, un serpent, *un aspic* qui échappera et continuera à nuire et à insulter. » Cacault, qui n'oublie jamais son intérêt, écrit qu'il est apprécié en Italie, mais que la nomination à Florence d'un jeune homme comme Miot, a beaucoup diminué son influence, et fait croire qu'il était en disgrâce. « Mon crédit est à bas par la nomination de Miot, mais mon zèle n'est pas refroidi ; » et il insiste habilement sur ce dernier point. Il se plaint toujours de ne pas recevoir son traitement. Du temps de Robespierre, il adressait au comité la même réclamation.

(2) Cacault reconnaît qu'il a demandé inutilement à Manfredini et au grandduc d'insinuer à Acton, qu'il devait se prêter à une négociation, mais « ils n'ont pas saisi l'affaire en hommes d'État, » et il en paraît très vexé. Il a cherché aussi à se faire mettre en rapport avec le ministre de Naples à Londres par Corsini. Pour avertir Acton de ses projets, il écrivit à un officier général nommé Pommereuil qui avait été au service du roi de Naples, une lettre assez significative, laissant entrevoir les dispositions de la France à négocier : il pensait qu'elle serait saisie et lue par Acton qui l'inviterait à se rendre à Naples. Il prévint le comité de son projet, mais, à son grand dépit, Acton ne mordit point à cet appât. (Lettres du 4 et du 11 germinal, Arch. *ibid.*) Un moment il s'imagina qu'Acton allait fléchir, et il demanda au comité de lui permettre de faire savoir à ce ministre qu'il était autorisé à se rendre à Naples, s'il l'y invitait. Mais le comité (3 floréal) tout en le félicitant de son zèle, et lui faisant de belles promesses, lui enjoignit très crûment de n'en rien faire.

(3) « Je sens qu'après deux jours de conversation à Naples, avec le ministre fourbe et dissimulé qui tremble de peur, j'éclaircirais bien des choses. » Il sait très bien qu'Acton n'est pas si effrayé, mais il veut flatter le comité, et aller à Naples (11 germinal, 31 mars 1795).

de les pulvériser, et en cachette recourent aux plus singuliers expédients pour les amener à négocier (1).

Au commencement de l'an III, le roi de Sardaigne, désireux de se soustraire à la domination de l'Autriche, et se flattant de recouvrer tout au moins Nice et la Savoie pour prix de sa défection, entama une négociation très secrète avec le Comité de salut public, par l'entremise de Barthélemy, ambassadeur de France en Suisse, et du comte de San Fermo, ambassadeur de Venise.

Le 3 frimaire an III, un agent officieux écrit de Berne à Barthélemy que le gouvernement sarde, très obéré par la guerre, désire la paix, et qu'il a chargé son ministre, le baron Vignet des Éoles, de le faire savoir secrètement au gouvernement français. Le comité de salut public, prévenu par Barthélemy, lui répond le 16, qu'il est assez disposé à traiter (2).

La négociation marche lentement, dans le plus grand secret. Le 21 nivôse, le comité enjoint formellement à Barthélemy de déclarer que les Alpes étant la barrière naturelle de la France, le roi de Sardaigne doit renoncer absolument à la restitution de la Savoie et de Nice. Mais Barthélemy paraît assez désireux de gagner la Sardaigne à la République, par la cession du Milanais que la maison de Savoie convoite depuis longtemps.

---

(1) Cacault se plaignit au comité des indiscrétions dont il avait été victime. La cour de Naples savait comment il la traitait. Il proteste qu'il est très réservé dans son langage, qu'il n'est pas assez inepte pour redire en public ce qu'il écrit au comité. (Lettre du 3 floréal, Arch. *ibid.*) Mais qu'importe, si ses déclamations contre la reine et Acton, et sa phrase odieuse et ridicule sur le *ventre de Marie-Thérèse* semblable à celui de Mégère, dans sa lettre du 10 nivôse, ont été divulguées par de bons républicains qui veulent accaparer toutes les places. Et le comité qui n'aurait pas écouté les réclamations des cours étrangères contre un grossier républicain, est enchanté de pouvoir, sous prétexte de ménagements indispensables, mystifier un homme qu'il suspecte justement de jouer la comédie avec lui. Cacault acquit bientôt la certitude que ses lettres étaient communiquées de Paris à Acton; il s'en plaint un peu plus tard dans sa lettre du 21 thermidor : il a appris que dans les négociations qui se poursuivent à Venise, Acton l'a accusé « de parler comme un politique de cafés ». Le reproche est assez juste : Cacault a adopté ce style pour plaire aux révolutionnaires et obtenir une belle place; et ceux-ci la lui refusent sous prétexte qu'il les compromet par ce beau style : la comédie est complète! On voit combien était difficile à cette époque la situation des fonctionnaires qui n'étaient pas sortis des clubs!

(2) Archives nationales, AF3, 79. La lettre du Comité est signée par Merlin de Douai, Delmas, Carnot, Cochon, Cambacérès, Bréard, Guyton, Pelet.

San Fermo plaide très vivement auprès du gouvernement français la cause de la Sardaigne ; ce malheureux pays est, d'après lui, obéré par la guerre, son gouvernement veut la paix ; mais il ne peut encore revenir ostensiblement à la France : le petit territoire qui lui reste est ruiné peu à peu par les Autrichiens. Ils soupçonnent la négociation avec Barthélemy, et en sont furieux (1).

En réalité, le roi de Sardaigne est très fatigué de la guerre : elle lui a déjà fait perdre la Savoie et Nice ; et les Autrichiens agissent en maîtres dans le reste du royaume, et pèsent très lourdement sur lui : pour comble de malheur, ils vont attirer les armées françaises en Piémont. Le gouvernement sarde désire naturellement mettre fin à un état de choses aussi désastreux, mais il a en même temps bien d'autres visées ; il espère se faire payer sa défection. La maison de Savoie a depuis longtemps l'habitude de tourner casaque moyennant un accroissement de territoire ; elle voudrait faire de même avec l'Autriche. Cette puissance n'a pas été heureuse : en passant à son vainqueur, le gouvernement sarde espère toujours recouvrer la Savoie et Nice, et peut-être se faire donner quelques lambeaux de territoire. S'il faut absolument renoncer à ses anciennes possessions, il espère obtenir le Milanais qu'il convoite depuis si longtemps, et des agrandissements du côté de la république de Gênes, qui étendraient ses États jusqu'à la mer et les mettraient ainsi en communication directe avec la Sardaigne. Cette politique, habile en apparence, mais mesquine et très imprudente avec un gouvernement révolutionnaire, mènera peu à peu la maison de Savoie à subir un joug ignominieux, et lui fera perdre son royaume.

Le Comité de salut public déclara encore, le 9 pluviôse, qu'il tenait essentiellement à la limite des Alpes. Mais il laissait vaguement entrevoir au gouvernement sarde la cession du Milanais, comme prix d'une défection éclatante. Dans un entretien avec San Fermo, Bacher, secrétaire de la légation française à Bâle, proposa un odieux marché. Comment, disait

(1) San Fermo prétend même qu'ils auraient fait assassiner un courrier, pour s'en procurer la preuve. (Arch., AF3, 79.)

San Fermo, le roi de Sardaigne garrotté par les Autrichiens, peut-il aider la France à conquérir le Milanais? Alors Bacher déclara que le gouvernement sarde devait s'allier secrètement à la France, et, tout en paraissant rester l'allié de l'Autriche, agir en dessous main contre elle, et travailler traîtreusement à livrer aux Français les places occupées par les Autrichiens. Ces places une fois reprises, le roi se rangerait ouvertement du côté de la République, ferait avec elle la guerre à l'Autriche, et recevrait une récompense (1). San Fermo dut transmettre cette proposition à la cour de Turin.

Il avait paru dans cette entrevue avec Bacher, renoncer à la Savoie, mais il avait insisté sur la restitution de Nice. Le 4 ventôse, le Comité de salut public déclara formellement, qu'il ne renoncerait jamais au comté de Nice. Ce refus péremptoire arrêta la négociation. Le roi de Sardaigne craignait la colère de l'Empereur; et l'Angleterre le dissuadait vivement de traiter avec le Comité. Celui-ci d'ailleurs, refusait de lui restituer la moindre parcelle de son territoire, et ne lui faisait aucune promesse précise.

Il fallait donc que pour un profit très incertain, le roi se livrât complètement à sa discrétion, et commît une honteuse trahison. N'étant pas assez fort pour rester réellement neutre, il devait forcément tomber sous la dépendance des Français; et il avait sujet de craindre que cette dépendance n'excitât en même temps dans son royaume l'esprit révolutionnaire, et l'indignation de ses partisans les plus dévoués, qui se croiraient livrés par sa faute à la révolution. Il resta donc l'allié de la coalition.

La cour de Naples avait fait des ouvertures secrètes à Lallement, l'ambassadeur français de Venise (2). Le 10 ventôse (28 février) il annonce la reprise prochaine de cette négociation qui lui semblait désespérée. Le 22 ventôse (12 mars) le chevalier Micheroux, envoyé du roi des Deux-Siciles à

----

(1) Lettre de Barthélemy du 28 pluviôse. Le jacobin Bacher était en réalité le surveillant de Barthélemy, dont les révolutionnaires se méfiaient à cause de sa modération : il était chargé d'espionner et de mener certaines négociations que Barthélemy ne voulait pas suivre lui-même. (Archives, AF, III, 78.)

(2) Il les avait annoncées à Paris le 16 frimaire.

Venise, lui écrivait qu'il avait reçu de pleins pouvoirs pour traiter, et l'invitait à en prévenir le comité de salut public pour terminer l'affaire au plus vite. Le 5 germinal (25 mars) le comité envoyait ses instructions à Lallement. Il devra montrer à Micheroux la loi du 30 ventôse qui autorise le comité de salut public à traiter de deux manières, l'une ostensible, l'autre secrète, afin de proposer un article préliminaire ou condition *sine qua non*, que probablement le gouvernement napolitain n'aimera pas et voudra tenir secrète. La république prétendait se faire livrer comme indemnité cinq cent mille quintaux de blé de la meilleure qualité, qui devaient être transportés, sous pavillon napolitain, et avec escorte napolitaine dans les ports de Marseille, Villefranche et Toulon, et dans le mois de la ratification du traité. Si la cour de Naples se montrait décidée à refuser cette indemnité, Lallement pourrait ne pas exiger que le blé fût transporté, mais se contenter de l'engagement de le tenir à la disposition de la France dans plusieurs endroits. Il pourrait même descendre au chiffre de trois cent mille quintaux, mais jamais plus bas, en maintenant toujours le même terme de livraison. Il devait aussi présenter un article séparé portant que le roi de Naples remettra une somme de... pour être répartie entre les Français qui ont souffert des dommages de la part de son gouvernement. Lallement annonça qu'il avait vu l'envoyé napolitain changer de contenance, en entendant cette proposition. Micheroux déclara qu'elle était tout à fait imprévue, et qu'il n'avait pas reçu d'instruction à ce sujet (1). Quelques jours après, il demanda à Lallement une nouvelle entrevue et lui raconta longuement les propos injurieux que Cacault avait tenus à Florence contre les souverains de Naples. Cette demande d'indemnité lui semblait confirmer les menaces que Cacault avait proférées contre sa cour ; elle était d'ailleurs par trop humiliante. Il se déclara autorisé à traiter immédiatement si elle était abandonnée. Lallement démentit à tout hasard les propos attribués à Cacault, mais soutint que quand

_____

(1) Lettre du 22 germinal de Lallement. (Arch., AF 3, 89). Lallement lui adressa alors des reproches et même des menaces, qui durent nuire à la négociation.

même ile seraient exacts, la situation n'en serait pas changée, et qu'il ne pouvait pas renoncer à cette clause préliminaire sans l'ordre de son gouvernement. Aussi Lallement est obligé d'annoncer quelques jours plus tard que la négociation ne marche plus (1). Micheroux fit cependant une tentative pour écarter la fameuse condition, mais il fut impossible de s'entendre.

Le 12 prairial (31 mai), le comité de salut public écrivit à Lallement qu'il ne s'étonnait pas de voir les négociations avec Naples suspendues à cause des discours de Cacault. Mais la dignité nationale exigeait, suivant lui, que Lallement ne fît point d'avances pour les renouer. Cependant Lallement ne désespérait pas encore de traiter avec le roi de Naples; il conseillait au comité de maintenir la grande condition, et en outre de lui imposer « en sa qualité de seigneur suzerain, de la Sicile et des îles qui en dépendent; » de ne préjudicier en aucun cas à l'indépendance de l'île de Malte : c'était, disait-il, dans le but de prévenir les intrigues de la Russie, de l'Angleterre qui, toutes deux, convoitaient cette île (2).

(1) Lettre des 13 et 20 floréal. Lallement attribue tout ceci à l'indiscrétion de Mme Micheroux qui a tout communiqué à d'Antraigues. Celui-ci a écrit à Hamilton qui a prévenu la reine de Naples des propos offensants de Cacault. Mais il ne s'agit ici que de simples propos, et non des dépêches de Cacault qui ont été perfidement divulguées, comme on l'a vu un peu plus haut.

(2) Arch. nat., AF³, 69. Lettre du 16 messidor an III. — Il est tout à fait curieux de voir affirmer ainsi cette suzeraineté du roi de Naples, qu'on niera hautement un peu plus tard. Le 18, Lallement écrivait pour se plaindre de la pauvreté où on le laissait, et demander de l'argent. Les traitements étaient toujours en retard.

CHAPITRE V.

LA CONVENTION ET LES ROYALISTES.

I.

La mort de Louis XVII avait éloigné définitivement de la monarchie certains révolutionnaires très puissants, qui auraient désiré régner sous son nom. Cette chance sérieuse de rétablissement de la royauté était complètement perdue : néanmoins la situation des républicains n'en était guère améliorée. La Convention était de plus en plus méprisée. On désespérait de rétablir la royauté immédiatement, mais on n'en sentait pas moins les dangers, et les hontes du régime que la France était obligée de subir. Les thermidoriens et les républicains systématiques étaient très inquiets, déblatéraient sans cesse et contre les royalistes et contre les terroristes, et cherchaient à les opposer les uns aux autres. Comme l'opinion publique se prononce tous les jours avec plus de vivacité pour la dissolution de la Convention et de nouvelles élections, les thermidoriens et de nombreux girondins, tout en continuant à crier avec rage contre les buveurs de sang, vont pour maintenir leur coterie au pouvoir, s'allier de plus en plus étroitement aux terroristes et parfois même reprendre leurs odieux procédés!

Certains girondins exercent maintenant dans la Convention une influence propondérante : ce sont des utopistes à l'esprit faux et étroit, des hommes infatués d'eux-mêmes et sans scrupule sur le choix des moyens. Le 31 mai et la Terreur ne les ont éclairés sur rien; ils veulent se perpétuer au pouvoir; ils ont toujours la monomanie de la persécution religieuse, et se croient de grands philosophes et de grands politiques, parce qu'ils déblatèrent à tort et à travers contre la royauté; ils tiennent plus que certains jacobins désabusés par la terreur et les événements de prairial, à maintenir la France dans l'ornière révolutionnaire. Toutes les inepties, toutes les mauvaises actions qu'ils ont commises, ou dont ils ont été complices en 1792 et 1793, leur sont sacrées.

La mort de Louis XVII, en décourageant certains royalistes, en éloignant les espérances des autres, dispose les esprits à accepter la constitution nouvelle que les meneurs de la Convention veulent imposer à la France; mais ceux-ci comptent bien l'obliger à les prendre eux et leurs amis pour appliquer cette constitution. Le projet d'imposer au pays la majeure partie de la Convention, date de loin et a été divulgué de bonne heure. Sûrs d'être repoussés par les électeurs, les régicides voulaient absolument former eux-mêmes le nouveau gouvernement, car une majorité de députés vraiment modérés leur demanderait toujours compte et du crime du 21 janvier et de beaucoup d'autres, quand bien même le gouvernement continuerait à porter l'étiquette républicaine. N'avait-on pas massacré les terroristes lyonnais en criant : Vive la Convention! Ils ne devaient pas redouter seulement les émigrés, mais les modérés de toute catégorie. Il ne faut pas oublier que de nombreux conventionnels avaient mérité l'exécration des honnêtes gens par leurs proscriptions et par leurs voleries, et que si leurs actes avaient été sérieusement examinés, bien des gens qui, par lassitude, auraient pu amnistier le vote régicide, s'il eût été leur seul crime, se seraient montrés impitoyables à leur égard, à cause des attentats qu'ils avaient commis dans leurs missions. Ils couraient grand risque, sous une république gouvernée par les modérés qu'ils avaient op-

primés et pillés, d'être envoyés, après jugement, les uns à
l'échafaud, comme Fouquier-Tinville et Lebon, les autres
au bagne. Même en supposant que cette république ne les tra-
duisît point en justice et qu'elle réussît à les protéger contre
toute vengeance, ils devaient s'attendre à être couverts de
mépris, exclus de toute fonction, et traités en révolutionnaires démodés et compromettants, par les gens les plus disposés à ne pas les tourmenter pour leur passé; et ces hommes, avides de pouvoir et de jouissances, étaient prêts à
commettre tous les attentats, pour n'être pas réduits à cette
misérable existence.

Les thermidoriens, grâce aux modérés, ont remporté en prairial une victoire éclatante : ils en ont profité pour écraser leurs
adversaires terroristes, et désorganiser leur parti. Mais la lutte
avec leurs anciens complices a fait ressortir davantage leurs fautes et leurs crimes, aux yeux des modérés, et de tous ceux qui
ont été victimes de la Terreur. Le véritable peuple montre maintenant, de la manière le plus significative, qu'il est absolument las de leur domination et n'éprouve pour eux que du
mépris et de l'horreur. Les thermidoriens, après avoir envoyé
à l'échafaud ceux de leurs collègues qui s'étaient associés aux
envahisseurs du 1er prairial, et quelques obscurs émeutiers,
s'alarmèrent vivement des actes de vengeance qui avaient été
commis dans certaines localités. Après thermidor, quelques
grands criminels avaient été punis; mais comme on l'avait
très bien dit, la Convention avait distillé sa justice goutte à
goutte, et beaucoup de scélérats jouissaient de la plus scandaleuse impunité. Aussi des scènes terribles de *lynchage* eurent lieu en l'an III! dans plusieurs communes. Quelques terroristes furent assassinés, et la justice, si mal organisée par
les lois révolutionnaires, ne réussit guère à découvrir les
meurtriers. Les témoins étaient introuvables : c'était à qui
ne parlerait pas, les uns par peur, les autres par haine pour
les victimes. Le parti révolutionnaire jetait les hauts cris : tous
ces petits Robespierre, tous ces petits Collot d'Herbois de
village, ne voyaient plus que des Cécile Renault et des Lad-
miral; ils accusaient la justice de complicité avec les meurtriers. Elle aurait dû procéder dans ces affaires comme le tri-

bunal révolutionnaire, contre les prétendus assassins de Léonard Bourdon, contre Cécile Renault et ses parents; frapper à tort et à travers sur toutes les personnes suspectes de religion, de royalisme ou de girondinisme, comme au beau temps de la Terreur.

Le 21 floréal, les prisons d'Aix furent forcées par une bande arrivée de Marseille : trente et un jacobins qui y-étaient détenus à cause de l'insurrection de Toulon en vendémiaire, furent égorgés. A la nouvelle dés massacres de Lyon (1), les anti-jacobins de Marseille se levèrent en masse : les esprits étaient exaspérés au dernier point contre ces terroristes qui avaient commis de si horribles excès à Marseille et dans toute la Provence (2), et qui tout récemment encore égorgeaient de prétendus émigrés qui n'avaient jamais quitté le pays. Le 17 prairial (5 juin) une troupe de furieux envahit le fort Saint-Jean, où de nombreux jacobins étaient prisonniers, et égorgea quatre-vingts d'entre eux (3). Il y eut aussi quelques meurtres isolés.

Les révolutionnaires relativement modérés, furent très effrayés de ces actes de vengeance qui étaient commis systématiquement, au cri de : « Vive la Convention! » Ce n'était pas qu'ils plaignissent beaucoup les victimes, mais ils redoutaient, non sans raison, que ce parti antijacobin, après avoir fait justice sommaire des assassins de la Terreur, ne balayât la Convention elle-même comme le dernier reste du régime ré-

---

(1) Le conventionnel Cadroy, qui était alors en mission à Lyon, fit entendre aux Lyonnais exaspérés le langage de la légalité et de la justice, et leur reprocha d'avoir égorgé des criminels, dont il [leur était interdit de se venger eux-mêmes. « Nous n'avons pas, dit-il, à pleurer sur des patriotes, mais sur la violation de la loi. » Ce langage irrita violemment les révolutionnaires qui le traitèrent d'égorgeur.

(2) Les révolutionnaires ont par système attribué ces massacres aux seuls royalistes, mais parmi ces anti-jacobins on comptait de nombreux partisans des girondins, qui vengeaient ainsi l'exécution ou la proscription de parents et d'amis. Quelques-uns de ces girondins avaient été complices des meurtres si nombreux commis en 1791 et 1792 contre les prêtres, et les prétendus aristocrates. A Marseille, en 1792, écrit un contemporain, « on allait à la Bourse en passant sous des cadavres, et le meurtre quotidien était pour ainsi dire l'état normal du pays. »

(3) Les terroristes les plus compromis échappèrent au massacre. *Mémoires de Montpensier.*

volutionnaire; et d'ailleurs, beaucoup d'entre eux avaient tout
à craindre si l'on faisait justice complète, car ils avaient été
instigateurs ou complices de ces jacobins qu'on égorgeait.
Aussi le 30 prairial, Mollevaut dans un rapport fait au nom
des trois comités, assimilait les auteurs de ces actes de vengeance, à Bouillé et d'Autichamp dans leur Coblenz, et aux
plus affreux terroristes. Ils disent : « Nous ne voulons pas que
la Terreur se rétablisse. » Eh quoi! s'écrie Mollevaut, ils re-
créent le régime de la Terreur, et l'objet de leur massacre
serait d'en empêcher le retour! » Les tribunaux, disent-ils,
ne punissent pas! Est-ce donc aux violateurs de la loi à s'en
plaindre? Mollevaut a parfaitement raison : seulement le principe qu'il est interdit de se faire justice soi-même, ne peut
être sérieusement invoqué que dans une société où la justice
fonctionne régulièrement, où les criminels sont poursuivis et
punis. La France à cette époque n'avait qu'une justice très
faible, très intermittente (1), punissant çà et là quelques criminels, parce qu'ils appartenaient à une faction hostile aux
gouvernants : justice impuissante, et désarmée à l'égard
d'une foule de scélérats que ces gouvernants protégeaient
ouvertement. Les thermidoriens disaient d'un ton de componc-
tion qu'il fallait attendre patiemment les résultats des recherches de cette justice; mais les opprimés de la Terreur, les
parents des guillotinés et des fusillés, voyaient dans un pareil langage une amère dérision! d'autant mieux que la
plupart des thermidoriens avaient en 1791 et 1792 poussé
ouvertement au mépris de la justice, et approuvé la populace, lorsqu'elle immolait elle-même ceux qu'ils lui dénon-

(1) Si l'on n'avait pas fait autour du tribunal révolutionnaire des démonstrations qui en tout autre temps, auraient été absolument scandaleuses et insul-
tantes pour la justice, la Convention ne se serait pas décidée à poursuivre
Carrier. Elle ne s'était guère pressée de poursuivre Lebon; et Maignet, l'incendiaire, l'égorgeur, devait jouir de l'impunité la plus complète. Les Parisiens
étaient indignés de voir que la Convention ne poursuivait pas les septembriseurs. Le 20 germinal an III, la section de l'Unité prit un arrêté constituant
une commission de cinq membres, chargée de recevoir toutes déclarations,
tous renseignements pouvant tendre à faire connaître les septembriseurs, et
de transmettre son rapport aux comités de salut public et de sûreté générale.
La Convention, accablée de réclamations de ce genre, finit par ordonner, le
4 messidor, de poursuivre les assassins.

çaient comme des conspirateurs. Ils trouvaient alors fort bons patriotes ceux qui égorgeaient, ou lanternaient, non pas des égorgeurs célèbres, mais des prêtres coupables d'avoir refusé leur serment à la constitution civile du clergé, maintenant mise ignominieusement au rebut. Et, bien loin de recommander d'attendre les arrêts des tribunaux, ils les insultaient ouvertement; et la situation était pourtant bien différente : ces juges ne laissaient pas des égorgeurs impunis : ils s'abstenaient simplement d'inventer des lois contre les gens qui leur étaient dénoncés par les clubs (1)! Mollevaut avouait du reste dans son rapport que la crainte des vengeances terroristes avait peut-être rebuté le zèle des tribunaux. Le 4 messidor, Bailleul dénonça des compagnies d'assassins de révolutionnaires, et la Convention pour enlever tout prétexte aux vengeances particulières, décréta que les tribunaux criminels connaîtraient *immédiatement* des meurtres et des assassinats commis depuis le 1er septembre 1792.

Le 6, Chénier présenta un important rapport sur les meurtres de Lyon, qu'il attribua et à la *Compagnie de Jésus*, et aux terroristes eux-mêmes, qui coalisés avec elle, auraient assassiné leurs camarades (2)! Il déclara que les excès commis

---

(1) A Bordeaux, le 14 juillet 1792, deux prêtres, M. de Langoiran, vicaire général, et M. Dupuis, furent égorgés par un rassemblement d'une trentaine d'individus. Le 23 juillet, le ministre de l'intérieur fit part de ce double meurtre à l'Assemblée. La conduite des députés de la gauche pendant cette courte discussion fut tout à fait ignoble. Ducos, député de la Gironde, prononça des paroles dignes de Couthon ou de Collot d'Herbois.

« J'ai l'honneur d'annoncer à l'Assemblée que ces deux prêtres ont semé le feu de la discorde. Ils avaient lassé par leurs complots la patience du peuple. Le tribunal criminel n'a pas fait son devoir. Certes, quand les tribunaux ne font point justice... je n'achève point, je demande qu'on passe à l'ordre du jour. »

Ainsi Ducos, pour favoriser les assassins de deux prêtres, débite absolument les mêmes calomnies qui lui paraîtront si odieuses dans la bouche des massacreurs de septembre qui ont aussi égorgé beaucoup de laïques. Telle était la morale des girondins : deux prêtres égorgés à Bordeaux, quelques autres par ci par là, cela ne vaut vraiment pas la peine d'en parler.

L'Assemblée eut l'infamie de voter l'ordre du jour pur et simple.

(2) « Les partisans de l'anarchie révolutionnaire, disait Chénier, *chose étrange, et pourtant prouvée*, les terroristes du Midi, d'accord sur ce point avec les émigrés et les fanatiques, participent à ces attentats, et versent le sang de leurs complices, soit qu'ils veuillent étouffer avec eux des souvenirs et des regrets dangereux, soit qu'ils espèrent que les crimes de la compagnie de Jésus

à Lyon par les terroristes avaient rendu les Lyonnais presque indifférents à ces crimes. On prétend que les terroristes
sont impunis; il faut, suivant lui, avoir confiance dans la Convention! Mais tout le monde était persuadé qu'elle ne voulait
ni ne pouvait punir les terroristes. On doit sévèrement ré-
prouver ces actes de vengeance; mais qui donc avait ainsi
désorganisé la société, fait de la justice elle-même un moyen
d'oppression, et ramené les Français à la barbarie, si ce
n'est les Legendre, les Chénier, etc.? Seul le sentiment religieux, le respect de la justice divine, aurait pu retenir des
hommes altérés de vengeance après les massacres et les
mitraillades de Collot d'Herbois; mais les révolutionnaires
alors au pouvoir n'avaient jamais cessé de persécuter la
religion, et de bafouer ses préceptes.

Le 6 messidor, la Convention prit un décret rigoureux
contre Lyon : le maire fut mandé à la barre, l'état-major de
la garde nationale, cassé; ceux qui avaient tué les jacobins
furent déférés au tribunal de l'Isère.

Les comités effrayés de l'effervescence du Midi s'étaient décidés seulement, le 6 prairial, à faire juger les membres de la
fameuse commission d'Orange qui depuis longtemps étaient
en prison. Les opprimés de la Terreur, les parents des victimes de la commission d'Orange, et des autres commissions
révolutionnaires, réclamaient impétueusement leur châtiment,
et menaçaient de se faire justice : ils avaient même déjà
lynché certains terroristes! Il est malheureusement bien probable que si les gens des compagnies du *Soleil*, etc., s'étaient
bornés à demander justice, les thermidoriens auraient fait la
sourde oreille, et attendu qu'une amnistie ouvrit aux assassins de la commission d'Orange la porte de leur prison. Mais
les anti-jacobins ne se sont pas contentés de crier, ils ont

feront oublier les leurs, et que cette nouvelle domination provoquant la haine
de tout ce qui n'est pas meurtrier, pourra nécessiter un changement, et leur
rendra l'empire despotique qu'ils ont exercé durant dix-huit mois. » La vérité
est que certains révolutionnaires, soit à Lyon, soit dans d'autres localités, ont
profité des événements de thermidor pour exercer des vengeances. Certains
robespierrots tombèrent victimes des dantonistes, et des hébertistes, et
même *d'amis de Chénier* qui trouvaient trop lente la justice de la Convention,

versé le sang ; alors les thermidoriens, effrayés, leur ont jeté quelques têtes de coupables. Si une populace furieuse leur avait demandé des têtes d'innocents, ils les lui auraient jetées beaucoup plus tôt !

Le procès commença le 2 messidor ; le 8, Fauvety président, Viot, Roman Fonrosa, Meilleret, Ragot, membre de la commission, et Barjavel accusateur public, furent guillotinés à Avignon (1).

Chambon, envoyé en mission dans le Midi, déclara formellement à la Convention, dans une lettre du 13 messidor, que Chénier avait été trompé, et que les prétendus massacres d'Arles, signalés dans son rapport, n'avaient jamais eu lieu. Le 28, il écrivit encore à la Convention pour démentir une

(1) La commission révolutionnaire d'Orange du 1er messidor (19 juin) au 17 thermidor an II (4 août 1794) prononça 332 condamnations capitales, Elle immola trente prêtres et trente-sept religieuses. Le jugement qui condamne ses membres, constate entre autres monstruosités « qu'il est résulté encore de ces mêmes débats, qu'ils ont condamné à la peine de mort une personne (Latour-Vidau) dont *la démence a été constatée exister depuis cinq ans, et qui était alors âgée de quatre-vingt-quatre ans.* »

Trois des membres de cette commission, Ragot, Viot et Barjavel, se convertirent, et avant de monter à l'échafaud, rendirent hommage à la religion qu'ils avaient persécutée.

Leur collègue Fernex, ouvrier en soie à Lyon, avait réussi d'abord à s'évader. Après s'être caché quelque temps, il eut l'imprudence de se montrer à Lyon : la veuve d'une de ses victimes le reconnaît, et l'accable d'injures ; au lieu de se sauver bien vite, il la frappe ; alors la foule s'attroupe, l'assomme, et le jette dans le Rhône.

Napier, huissier de la commission, reconnu coupable d'avoir volé les effets des victimes, fut condamné à douze ans de fers et à l'exposition publique. Pendant qu'il subissait cette dernière peine, il répondit par des injures à la foule qui lui témoignait son mépris : alors une troupe de furieux l'arracha du poteau, le déchira, et le jeta dans le Rhône (de Beaumefort, *Tribunal révolutionnaire d'Orange*).

Le 20 thermidor an II les membres du tribunal révolutionnaire de Nîmes, furent arrêtés avec le fameux maire Courbis et plusieurs autres jacobins. Bourdon, l'un des juges, se suicida aussitôt ; son collègue Giret, prêtre défroqué, se pendit dans sa prison. Le 6 prairial an III, on transféra le vice-président Roumet et l'accusateur public Bertrand, de la prison du Palais à la citadelle. Une foule furieuse se jeta sur eux et les massacra avec deux autres jacobins. La prison fut ensuite envahie ; Courbis fut mis à mort avec le geôlier Allien, célèbre par ses odieux procédés à l'égard des prisonniers, et un autre jacobin. Le 20 messidor, deux juges et onze autres terroristes comparurent devant le tribunal criminel : les deux juges furent condamnés à mort, mais le tribunal de cassation annula leur jugement. Leurs coaccusés furent condamnés à diverses peines.

11.

autre calomnie qui avait été artificieusement répandue dans la presse.

« Ne pouvant plus disconvenir qu'ils avaient trompé la bonne foi de notre collègue Chénier, les méchants font écrire à présent, *qu'effectivement on n'assassine plus à Arles, mais qu'on y emprisonne sans relâche, et qu'on y a le projet et les espérances de faire main basse sur les détenus, lorsque le roi aura été proclamé : chimère, ajoute-t-il, qu'ils ont toujours dans la tête et dans le cœur.*

Ils ont beaucoup incarcéré, oui, et malheureusement ils n'ont pas encore incarcéré tous leurs meurtriers! Ils ne tiennent pas tous ces monstres, qui traînaient dans les rues les débris sanglants de leurs parents et de leurs amis, et qui en suçaient le sang. Ils ne tiennent pas tous ceux qui ont pillé, incendié leurs propriétés, qui ont flagellé dans les places publiques leurs femmes et leurs filles, tous ceux qui se sont souillés de tous les crimes ensemble; mais ils les auront pour ne les livrer qu'à la justice... » (*Débats et décrets*, thermidor an III, p. 551.)

Sans doute, dit Chambon, des vengeances terribles ont été exercées dans le Midi : on a massacré par deux fois dans les prisons de Tarascon environ cinquante égorgeurs, qui ont été jetés dans le Rhône; et depuis les malheureux événements des prisons d'Aix et de Marseille, douze à quinze individus ont été assassinés dans diverses localités des départements des Bouches-du-Rhône et de Vaucluse. Il a employé tous les moyens « pour faire cesser ces horreurs et en rechercher les auteurs. » Mais il déclare que l'impunité de ces scélérats « dont il suffit de savoir les noms pour en connaître les crimes », est la cause de tous ces meurtres. « Vous feriez cesser toutes ces agitations et ces actes arbitraires, en accélérant les jugements des buveurs de sang et des brigands qui ont survécu au 9 thermidor. »

Durand Maillane, qui fut envoyé aussi dans le Midi comme commissaire de la Convention, fournit des renseignements précieux sur l'état de cette partie de la France à la fin de l'an III (1).

(1) Durand Maillane, janséniste zélé, l'un des fabricateurs de la constitution civile, fut d'abord chargé d'une mission peu de temps après thermidor, « L'arrêté du comité de sûreté générale, dit-il, fut pris pour m'y envoyer, et suspendu bientôt après. Pourquoi cette suspension? On me dit que c'était à cause de mes

Il avait été chargé du département du Var, Guérin devait s'occuper des Bouches-du-Rhône, Boursault de Vaucluse. Ils comptaient se concerter ensemble à Avignon : déjà les terroristes de cette ville avaient, en ventôse, essayé de se révolter. Durand Maillane blâme énergiquement ceux qui voulaient alors se faire justice eux-mêmes; il constate que les gens du Midi étaient remplis de fureur contre les terroristes, mais...

« Il n'entrait là, ni royalisme, ni fanatisme, ce n'était que vengeance et avarice de la part de gens qui, échappés comme par miracle à la guillotine de Marseille ou d'Orange, avaient trouvé à leur retour, leurs biens vendus, ou leurs parents guillotinés; et pourquoi? pour un fantôme de fédéralisme, qui a été finalement reconnu pour une vertu, puisque la Convention nationale a déclaré par un décret que tous ceux qui l'avaient suivi, avaient bien mérité de la patrie... Rien de plus faux que les amphithéâtres, que les journalistes ont bâti sur le spectacle des prisonniers jetés dans le Rhône. » (Arch. nat., AF, II, 59).

Il déclare aussi qu'on a fait beaucoup de contes sur la domination, dans le Midi, des prêtres et des émigrés.

« Avec ces deux mots, tout orateur en est cru sur parole, ou il ne lui faut pour convaincre que la lettre de quelque ennemi, *ou la fausse plainte de quelque usurpateur de biens nationaux qui craint de les perdre.* »

Il y a eu des actes de vengeance dans le département des Bouches-du-Rhône « dans le département du Var, *où l'on est tombé comme des pirates sur les biens meubles et immeubles des malheureux fugitifs (girondins et Toulonnais); il ne s'est commis rien de pareil.* » Rappelés par la loi du 22 germinal, ils ont trouvé leurs biens « plutôt envahis que vendus »; ils ont réclamé devant les autorités, il y a eu des transactions, mais ceux qui s'étaient emparés indûment de ces biens, ont crié aux émigrés, aux prêtres réfractaires : des révolutionnaires de mauvaise foi

opinions religieuses. On venait de publier, avec un grand débit, celle que j'avais émise sur les fêtes décadaires, ou sur la liberté des cultes, et cependant je m'y suis expliqué de manière à ne pas flatter les prêtres qui contrariaient les principes de la Révolution... » Il a voulu, dit-il, prouver la souveraineté du peuple par Gerson! peine perdue : on s'est obstiné à voir en lui un fanatique Arch. nat., AF, II, 59).

comme eux, ont crié partout que le Midi était livré aux royalistes, et les acheteurs de biens nationaux persécutés; et beaucoup
de gens crédules ont répété ces absurdités. Les envahisseurs
des biens de ces girondins qu'ils avaient fait proscrire, traitaient les propriétaires d'émigrés rentrés, en dépit de la Convention, et voulaient les assassiner. Cependant les députés en
mission avaient obligé les émigrés toulonnais et fédéralistes à
prouver qu'ils étaient rappelés par la Convention; et ils avaient
pris en outre des précautions minutieuses pour empêcher
d'autres émigrés de rentrer avec eux. Durand Maillane déclare
que pendant sa mission, on ne lui a dénoncé aucun émigré
antérieur au 31 mai. Ainsi donc, dans ce pays, les scènes violentes dont on a tant parlé, se passent au sein de la grande
famille républicaine, entre girondins et jacobins!

Durand Maillane se défend d'avoir persécuté les prêtres soumis, et se vante d'avoir fait la chasse aux réfractaires : on
peut l'en croire! Plus tard Fréron a été envoyé en Provence
sous prétexte d'empêcher les assassinats. Durand Maillane
soutient qu'alors ils avaient cessé. En réalité Fréron fut
chargé de terroriser au profit du parti qui voulait prolonger
à tout prix la domination des conventionnels.

On voit que les émigrés, vrais ou supposés, pour cause de girondinisme, étaient aussi victimes que les royalistes de la rapacité jacobine. On avait envoyé pêle-mêle à l'échafaud royalistes et girondins; on pillait avec le même plaisir et royalistes
et girondins! Mais il arrivait de temps en temps que ces derniers tiraient vengeance de leurs spoliateurs, par des procédés tout à fait révolutionnaires; alors on mettait systématiquement sur le compte des royalistes les scènes sanglantes
par lesquelles se terminaient ces querelles de famille entre
révolutionnaires. Le 16 vendémiaire an IV, Durand Maillane
écrivait au comité de sûreté générale qu'un décret du 20 fructidor, défavorable aux émigrés du Midi, avait été rendu sur un
faux exposé. Il faut, disait-il, en protégeant les acquéreurs de
biens nationaux, les maintenir seulement dans la jouissance
de ceux qu'ils ont acquis légalement. Or, beaucoup de prétendus acquéreurs de biens nationaux détiennent ces biens très
illégalement. Il y a eu des dilapidations horribles.

Il est prouvé par d'innombrables documents que l'État avait été indignement spolié, à la suite d'usurpations audacieuses; mais les voleurs et les usurpateurs de biens nationaux, lorsqu'on les invitait à restituer ce qu'ils avaient pris, criaient à tue-tête à la réaction, au royalisme, tout comme les terroristes lorsqu'on avait cessé de guillotiner et d'emprisonner en masse. On a vu que des milliers de paysans alsaciens, chassés de leur pays par l'abominable tyrannie de Schneider, avaient été spoliés de leurs biens par les terroristes, qui s'opposaient à leur retour, en invoquant les lois irréformables de l'émigration, et même repoussaient par force ceux qui étaient autorisés à rentrer. Dans tout le reste de la France, il y avait des usurpateurs nombreux de biens nationaux qui s'en étaient souvent rendu maîtres par d'odieux trafics, des adjudications frauduleuses faites de concert avec des agents concussionnaires, ou qui les avaient simplement envahis, et ces gens-là poussaient les hauts cris, se déclaraient victimes de la réaction, ameutaient les jacobins et les révolutionnaires naïfs, lorsqu'on les invitait, dans l'intérêt du fisc, et nullement dans celui des malheureux spoliés, à montrer des titres de propriété réguliers d'après les lois révolutionnaires.

II:

Le mauvais état des finances avait été le grand prétexte de la révolution (1), mais malgré tant de mesures hardies, tant de confiscations, les révolutionnaires avaient rapidement conduit la France à un effroyable désastre financier. Le régime de la Terreur n'avait pas seulement ruiné les finances déjà si compromises de l'État, et détruit un grand nombre de fortunes : par ses lois sur le *maximum*, ses réquisitions, ses prohibitions de toute sorte, il avait atteint tous les citoyens indis-

(1) En mai 1789, le déficit était, d'après Necker, de 56 millions sur les dépenses ordinaires; mais il fallait ajouter 29 millions sur les dépenses extraordinaires et 76 millions de remboursements annuels pendant une assez longue période; en tout 162 millions. Déjà en mars 1790 le comité de la Constituante prévoit un déficit de 350 millions de dépenses extraordinaires : en avril 1791 ce déficit est certain, et il y a en plus 300 millions de dépenses extraordinaires, et la situation va toujours en s'aggravant.

tinctement dans leur fortune acquise, ou dans leur commerce, ou dans leur travail.

Les thermidoriens se trouvèrent bientôt dans le plus grand embarras. Les conséquences désastreuses de la tyrannie terroriste pesaient lourdement et sur le propriétaire et sur l'ouvrier. Les difficultés financières paraissaient insurmontables. L'État, complètement ruiné, ne pouvait songer à augmenter les impôts, car il aurait excité un mécontentement très dangereux, sans recueillir un sou de plus. Depuis plusieurs années, on ne payait plus guère les impôts; les contribuables qui consentaient à s'exécuter les soldaient naturellement en papier-monnaie. Les assignats, en thermidor, étaient à peu près à 34 pour cent; en nivôse en III, ils étaient à 18, pour tomber rapidement, en messidor, à moins de 3. L'État recevait donc fort peu de chose : il est vrai qu'il payait avec ce papier avili et ses employés et ses rentiers; mais ses fournisseurs, ses ouvriers, tous ceux avec qui il passait un marché quelconque, n'acceptaient l'assignat qu'à sa valeur réelle. L'État se trouvait donc obligé d'en faire des émissions nouvelles, de plus en plus fortes et de plus en plus rapprochées, qui produisaient une dépréciation fabuleuse et jetaient employés et rentiers dans la misère la plus lamentable. La Convention s'obstina toujours à fermer les yeux à la lumière, et à ne pas reconnaître les véritables causes de cette prodigieuse dépréciation. Elle l'attribuait officiellement aux manœuvres des agioteurs, des prêtres réfractaires, de l'Angleterre, des émigrés, etc., etc., aux causes les plus absurdes, plutôt que de convenir qu'elle était due à l'excès des émissions qui était la conséquence forcée de la politique révolutionnaire. Bien que ses membres fussent presque tous d'une remarquable incapacité en matière de finances, on ne peut les supposer assez stupides pour n'avoir pas aperçu une chose aussi évidente, mais ils se sentaient engagés par les innombrables fanfaronnades qui depuis le début de la Révolution avaient été faites au sujet des assignats, et tout leur savoir financier, comme celui des assemblées qui avaient précédé la Convention, consistait à confisquer et à émettre constamment des assignats pour vivre au jour le jour, et « au bout du fossé, la culbute ».

Et la culbute eut lieu beaucoup plus vite qu'ils ne le pensaient (1).

La Convention avait trouvé deux milliards sept cent millions d'assignats en circulation (2), elle en créa pour près de huit milliards. Elle les imposa comme seule monnaie et décréta, pour les maintenir, les pénalités les plus draconiennes (3). Mais la Terreur fut absolument impuissante à les

(1) La politique financière de la Constituante consista uniquement à émettre toujours des assignats. Le 28 août 1790, on demandait d'élever leur circulation de quatre cents millions à douze cents. Lebrun, membre du comité des finances, combattit énergiquement cette proposition : « Vous jetez, dit-il, un milliard de papier à vos créanciers, ils n'ont ni pain ni argent. Il faudrait donc que votre papier devînt du pain et de l'argent. *Tout dans le gouvernement se changera en papier.* » Maury dit aussi avec beaucoup d'esprit et de raison : « On me dit : vous ne voulez pas d'assignats, que mettrez-vous à la place? *Que voulez-vous que je mette à la place de cette bête féroce qui va nous dévorer?* En 1795, les prédictions de Lebrun et de Maury furent complètement réalisées ! Mirabeau soutint, au contraire, que les assignats opéreraient des merveilles et en demanda deux milliards. La Constituante créa en tout pour dix-huit cents millions d'assignats, sans avoir cherché de meilleurs moyens de relever les finances, et sans avoir, comme la Convention, l'excuse de la guerre. Ce funeste exemple fut constamment suivi. « Il faut, disait Cambon, le 1er février 1793, avoir recours à cette terre en friche qu'on nous a conservée, et créer de nouveaux assignats. » Il ne fut que trop écouté !

(2) D'abord les émissions d'assignats furent décrétées par la Convention en séance. Mais cette publicité était dangereuse car elle révélait la pénurie des finances. Bientôt les comités de salut public et des finances décrétèrent les émissions dans leurs séances secrètes.

(3) La vente du numéraire fut interdite par la loi du 11 avril 1793 sur le territoire de la république, et dans tout pays occupé par les armées françaises; sous peine de *six années de fers.* Même pénalité pour tous ceux qui avaient arrêté, ou même proposé des prix différents suivant que le paiement aurait lieu en numéraire ou en assignats. Toute personne qui refusera des assignats en paiement, sera contrainte à les recevoir et condamnée à une amende égale à la somme refusée. Le décret du 1er août prononça contre celui qui aurait refusé des assignats ou bien les aurait soit donnés, soit reçus à perte, une *amende de trois mille livres et six mois de détention;* en cas de récidive, l'amende sera du double, et il sera condamné à *vingt ans de fers.* Et le 5 septembre la Convention décréta que les individus coupables de ces délits, et même d'avoir *tenu des discours tendant à discréditer les assignats, seraient punis de mort,* avec confiscation de tous leurs biens, s'ils étaient convaincus d'avoir agi dans l'intention de favoriser les ennemis de la république, et l'on sait que les tribunaux de la Terreur, quand on le leur demandait, proclamaient toujours cette intention. Le dénonciateur devait recevoir une gratification de cent livres pour chaque condamné. La loi du 21 floréal an II (10 mai 1794) réunit toutes ces dispositions, et fait juger sans instruction préalable, sans recours en cassation, par un jury spécial, toutes les personnes coupables de ces délits et aussi (art. 6) « d'avoir demandé avant de conclure, ou même d'entamer un marché, en

relever, et malgré la menace de la guillotine, il s'était établi
partout deux prix de chaque chose, l'un en argent l'autre en
assignats, et le gouvernement était lui-même contraint par la
nécessité à violer les terribles lois qu'il avait édictées.

La législation sur les assignats amenait les résultats les
plus odieux, et consacrait de véritables friponneries. Celui
qui avait emprunté en juillet 1789 cinq cents louis pouvait en
prairial an II s'acquitter avec 12,000 livres en assignats qui
équivalaient seulement à 166 louis, — c'est-à-dire au tiers de
la somme prêtée, car le louis valait alors environ 72 livres en
assignats; un an plus tard, le 24 prairial, par exemple, on s'en
tirera en achetant le paquet de douze mille livres en assignats
avec un peu moins de quinze louis, car le louis est à 810; et
le 12 brumaire an IV il est à 2720; la créance est réduite à
quatre louis et demi; et dans les derniers jours des assignats,
en prairial an IV, le louis dépassera 12,000 livres ! La tentation
de s'acquitter à si bon compte était au-dessus des forces d'un
grand nombre de débiteurs. Le dépositaire d'une somme d'argent rendait sa valeur nominale en assignats. Plus d'un intrigant épousa par spéculation une femme bien dotée, puis profita du divorce pour rompre son mariage, et dépouilla scandaleusement sa femme, en lui remboursant sa dot avec des
assignats très dépréciés.

Après la suppression du maximum il fut évident que tout
objet valant un louis d'or devrait être payé de la quantité
d'assignats nécessaire pour acheter un louis, et comme tous
les jours l'assignat baissait, tous les jours également les prix
devenaient plus élevés. A la fin de nivôse an III, ils ont au
moins quadruplé; la mesure de bois jadis de 30 à 36 livres, en
coûte au moins 120; une paire de souliers coûte 36 livres, une
paire de bottes 135; la journée de travail n'a pas suivi la
même progression, elle n'est guère que du double ou du
triple, car on fait seulement travailler en cas de nécessité absolue. A Paris, le moindre repas coûte un prix excessif; néanmoins les agioteurs et les gens qui se sont enrichis à travers

quelle monnaie le paiement serait effectué. » La peine de mort est toujours
prononcée si le délit est réputé commis pour favoriser les ennemis soit inté-
rieurs soit extérieurs de la république.

la Révolution font bombance. Les fermiers si écrasés pendant les dernières années, trouvent leur avantage à cet état de choses, car un seul sac de blé payé en argent suffit souvent pour acquitter un fermage entier en assignats.

Comme tous les jours l'assignat baisse et les denrées augmentent, chacun achète des marchandises quelconques, afin de les revendre un peu plus tard, et de compenser ainsi ses pertes : on a dit avec justesse que tout le monde était alors devenu brocanteur. Les opérations de banque avaient été rendues à peu près nulles par la rareté du numéraire, et le taux de l'intérêt s'était élevé à douze pour cent dans les départements, à treize à Paris.

La Convention ne savait que faire. On ne pouvait dresser un budget véritable : en fait de recettes et de dépenses, on ne lui présentait que des chiffres arbitraires, d'après des évaluations tout à fait fantaisistes, et sur une masse immense d'assignats, grossie sans cesse par de nouvelles émissions, mais dont la valeur réelle diminuait avec une rapidité effrayante. Beaucoup de projets furent présentés à la Convention dans le but de relever les assignats et d'améliorer l'état des finances. Le 6 nivôse an III (26 décembre), Johannot osait évaluer à *quinze milliards* les biens nationaux formant l'hypothèque fictive des neuf milliards d'assignats déjà émis (1). Mais il était facile de prouver qu'il se trompait de plus de moitié. Des gens très compétents n'évaluaient les biens nationaux qu'à cinq ou six milliards, dont il fallait déduire près de deux pour les dettes dont ils étaient grevés, dettes que la Convention avait reconnues à la charge de l'État, ce qui réduisait le gage à quatre milliards, et cette somme fut encore diminuée par la loi très juste du 14 floréal (3 mai 1795), qui restituait les biens

---

(1) « Il n'est aucun homme tant soit peu versé dans ces matières qui ne rie de pitié d'une semblable estimation, » dit Mallet du Pan (t. I, p. 87). S'agissait-il de milliards en argent ou en papier ? c'est ce que Johannot se garde bien de dire. Il prétend que les biens nationaux rapportent trois cents millions de rente, et que la rente représente le quarantième de la valeur du bien ; il trouve ainsi douze milliards d'immeubles. Avant la révolution, cette évaluation aurait été déjà très hardie, mais en nivôse an III la valeur des biens avait singulièrement baissé, même pour les plus petits ; et ceux d'une certaine importance perdaient jusqu'aux quatre cinquièmes de leur valeur.

de condamnés révolutionnairement à leurs familles. Il est établi maintenant par des recherches consciencieuses qu'au maximum les biens nationaux s'élevaient à cinq milliards et demi (1).

Le 3 pluviôse (22 janvier 1795) Cambon fit un curieux rapport sur les moyens de retirer les assignats de la circulation. Il répète les ridicules fanfaronnades débitées si souvent sur la solidité des assignats; cependant il fait des aveux intéressants (2). Il proposa de créer une loterie pour retirer quatre milliards d'assignats; mais ce projet fut peu goûté par la Convention. Thibaut proposa un emprunt en tontine. Vernier demanda l'établissement d'un impôt extraordinaire qui serait employé uniquement à diminuer la masse des assignats en circulation : c'était le moyen le plus sage, mais le comité des finances déclara que l'industrie et le commerce avaient trop souffert du *maximum* et des réquisitions pour qu'il fût prudent d'établir ce nouvel impôt. Bien d'autres projets furent mis en avant, et la Convention n'en adopta aucun : du reste, rien n'aurait pu arrêter la chute de l'assignat. La Convention discuta longtemps sur les avantages et les inconvénients de l'impôt en nature (3); en même temps elle cherchait des expédients

---

(1) M. Stourm, *les Finances de l'Ancien régime et de la Révolution*, t. II, p. 461, a établi, d'après des évaluations basées sur des enquêtes officielles antérieures aux troubles monétaires, que les biens nationaux ne s'élevaient qu'à trois milliards pour ceux du clergé et de la couronne, et deux milliards et demi pour ceux des émigrés et des condamnés, en prenant pour base le travail fait en vertu de la loi de 1825 sur l'indemnité des émigrés.

(2) Il déclare que depuis le 1er juillet 1790 les dépenses sont de huit milliards 500 millions : la révolution et la guerre ont coûté là-dessus cinq milliards 350 millions, en sus des dépenses ordinaires qui, sous la monarchie, montaient à 700 millions, et auraient fait en quatre ans et demi trois milliards 150 millions. (*Débats et décrets*, pluviôse an III, p. 234). Ainsi depuis le 1er septembre 1793, la Révolution aurait coûté deux milliards 800 millions. En effet, dans un rapport présenté antérieurement le 3 germinal an II (23 mars 1794) au nom du comité des finances, il déclare que jusqu'au 1er septembre 1793 *les dépenses propres* à la révolution s'élevaient à deux milliards 558,461,000 livres, plus trois milliards 685,539,000 livres que l'ancienne monarchie aurait nécessairement dépensées, dont un milliard de remboursement; mais il n'évalue, d'après Necker, son budget qu'à 532 millions par an. Dans son rapport du 3 pluviôse an III, pour atténuer l'effet produit par les dépenses de la révolution, il porte ce budget à 700 millions. Mais il ne compte pas les dépenses énormes faites contre les règles pendant la révolution et surtout pendant la Terreur. Il avoue que l'emprunt décrété le 3 septembre 1793, au lieu d'un milliard, n'a fourni que 180 à 200 millions.

(3) « Le setier de blé, disait Bourdon de l'Oise, le 15 floréal, se vend cinq cents

pour vendre le plus possible de biens nationaux. Le 12 prairial (31 mai) elle décida que tout citoyen pourrait se faire adjuger sans enchère, par le directoire du district, tout bien national à vendre, en s'engageant à payer en assignats, *soixante-quinze fois* le *revenu annuel* de 1790, par quatre payements à l'espace de trois mois. Ce décret, qui bouleversait complètement le système suivi jusqu'alors pour la vente de biens nationaux, donna lieu immédiatement à de graves difficultés. A ce taux, les ventes étaient beaucoup trop avantageuses; et l'on s'entendit en outre pour faire baisser les assignats, afin de s'en procurer une plus grande quantité, et les calculs de la Convention se trouvèrent complètement erronés (1). Elle suspendit le 19 prairial, l'exécution du décret du 12, et en outre l'exécution des ventes déjà faites en vertu de ce décret, mais les assignats continuaient à baisser et le crédit de l'État reçut une nouvelle atteinte, et la Convention fut enfin obligée de constater solennellement le désastre financier dont les assignats étaient la cause.

Le 3 messidor (21 juin) elle établit dans certains cas « une échelle de proportion pour les payements et recettes calculée sur les progrès de l'émission, ou de la rentrée des assignats. » Le premier terme de proportion est fixé à l'époque où circu-

---

livres, et tel cultivateur a payé une ferme de cinq mille livres avec la vente d'un seul cheval. » Il soutint qu'il ne fallait pas attribuer uniquement les difficultés présentes à l'abondance du papier. « Un autre mal, *c'est que longtemps, sous prétexte de sans-culottisme, on enlevait les culottes à ses voisins...* alors se sont enrichis, un tas de fripons, sans connaissances, sans industrie, sans propriétés.. » et tous ces gens-là agiotent. (*Débats et décrets*, floréal an III, p. 274).

(1) Le rapporteur Balland prétendit comme Johannot, que les biens se vendaient en 1790 quarante fois le revenu, et cependant proposa de ne les vendre que soixante-quinze fois le revenu, c'est-à-dire moins du double, à un moment où l'assignat perd à peu près quatre-vingt-quatorze sur cent. Un bien loué mille livres en 1790 peut donc être vendu 75,000 livres en assignats, en réalité près de 4,500, c'est-à-dire moins de cinq fois le revenu, en supposant toujours que le chiffre indiqué dans les baux de 1790 fût le revenu réel, et qu'une partie de ce revenu ne fût pas payée à part comme c'était l'habitude dans beaucoup de localités. Les acheteurs se présentèrent en foule tout naturellement. La loi décidait que le premier arrivé aurait la préférence, et s'il n'était pas possible de le reconnaître parmi ceux qui se précipitaient dans le bureau, on devait tirer au sort. Mais pour multiplier les chances, certains amateurs envoyaient une douzaine de domestiques ou d'ouvriers qui se présentaient comme acquéreurs. Il y eut des gens qui firent soumission pour tous les biens du district.

laient seulement deux milliards d'assignats, et les payements
sont élevés d'un quart au-dessus de leur valeur nominale à
partir de chaque augmentation de cinq cents millions d'assignats dans la circulation. Les payements décroîtront dans la
même proportion du quart quand la masse en circulation
aura diminué de cinq cents millions (1).

Le 2 thermidor (20 juillet) la Convention prit une décision
très grave contre les assignats, à l'occasion de la contribution foncière. Toutes les réquisitions en grains sur les propriétaires fermiers, cultivateurs doivent cesser à partir du 1er
vendémiaire. La contribution foncière pour l'an III sera fixée
d'après les bases adoptées pour 1793; elle sera payée moitié
en assignats, valeur nominale, moitié en grains.

L'imposition des maisons et des usines sera comme auparavant payée en assignats, valeur nominale. Les locataires ou
fermiers des maisons et usines payeront de même leurs
loyers (2).

Les fermiers de biens ruraux et de moulins à grains, à
prix d'argent, devront avancer la moitié de la contribution en
nature; ils payeront aux bailleurs la moitié de leur fermage
en nature, par la quantité de grains que la moitié du
prix du bail représentait en 1790. Le fermier qui était jugé
n'avoir pas assez de grains (art. 11), payait cette moitié en
assignats, mais suivant le prix commun des grains qui était
alors élevé, ce qui diminuait un peu la perte du propriétaire.

---

(1) D'après le décret du 3 messidor, les contributions indirectes en sommes
fixes établies avant qu'il y eût plus de deux milliards dans la circulation,
seront payées, un quart en plus de la valeur nominale ainsi que la contribution
foncière. Le 3 messidor, le louis de 24 livres vaut 837 livres en assignats, le papier perd plus de 97 pour cent. La contribution foncière de l'an III sera payée
sur cette base.

On a un mois, à partir de la promulgation de cette loi, pour se libérer des
contributions arriérées avec des assignats *au pair*. Après ce mois, on paiera
d'après l'échelle de proportion à partir de l'échéance. Il en sera de même des
débiteurs de l'État pour prix de rentes ou baux arriérés non en denrées. Les
débiteurs de prix de biens nationaux, *dont les termes ne sont pas échus*, peuvent se libérer en assignats au pair dans les quarante jours.

Les malheureux créanciers de l'État, pour rentes constituées et viagères, seront
payés en assignats au pair, pour le dernier semestre de l'an III et le premier
de l'an IV.

(2) Ainsi une maison louée mille livres en rapportait trente, car le louis
valait alors à peu près 800 livres; six semaines plus tard il en valait 1100.

Le 7 thermidor la Convention décréta une contribution personnelle de cinq livres par an, et des taxes somptuaires. Les célibataires, hommes et femmes, âgés de plus de trente ans, seront tenus (art. 4) de payer un quart en sus de toutes leurs contributions personnelles et taxes somptuaires; les veufs et veuves qui ont des enfants ou qui n'atteignent le veuvage qu'après quarante-cinq ans, en sont exempts. On établit aussi des taxes somptuaires sur les cheminées (autres que celles de la cuisine et du four); sur les poêles, sur les domestiques, les chevaux et les mulets de luxe, les voitures. Ces taxes ne furent pas aussi profitables au trésor, qu'on l'avait espéré, et la Convention légua au Directoire la situation financière la plus détestable qu'on puisse imaginer. Mais les hommes du Directoire, tous sortis de la Convention, en étaient responsables.

La majorité de la Convention, bien qu'elle essayât de se concilier les révolutionnaires violents, crut nécessaire de sacrifier Joseph Lebon à l'indignation des honnêtes gens. Elle l'avait gardé plusieurs mois en prison, espérant peut-être lasser la patience de ceux qui réclamaient sa juste punition; mais ce calcul fut déjoué : elle sentit la nécessité de nommer une commission de vingt et un membres pour examiner les accusations portées contre ce proconsul. Le 1 messidor (19 juin) Quirot déclara au nom de cette commission qu'il y avait lieu à accusation, et le 14 Lebon comparut devant la Convention, et se défendit très librement. Il se déclara calomnié : à l'entendre sa docilité aux ordres du comité de salut public aurait été sa grande faute. « S'il m'eût ordonné de me jeter au feu, je l'aurais fait. » Il essaya de prouver, non sans quelque succès, que malgré la loi du 27 germinal ce comité l'avait autorisé à conserver son tribunal. Ces dictateurs auraient été des dieux pour lui. « Quand je parlais à ces gens-là, disait-il, je m'imaginais parler à la justice, à la droiture, à toutes les vertus personnifiées. » Comme Carrier, il osa se proclamer une victime; parler de Socrate, de Régulus, etc, Il fut décrété d'accusation le 22 messidor (10 juillet) (1).

---

(1) Il fut condamné à mort le 13 vendémiaire an IV (5 octobre 1795) par le tribunal d'Amiens, et exécuté le 24 (16 octobre).

La mise en jugement de Carrier avait été très utile à la Convention. Mais le procès de Lebon avait été décidé trop tard pour lui ramener de nouveau les modérés : ils s'étaient alors éloignés d'elle irrévocablement. Ils trouvaient que la punition de ce digne émule de Carrier s'était fait trop attendre. D'ailleurs l'opinion publique mieux éclairée sur les crimes de la Terreur, ne se contentait plus du supplice de quelques égorgeurs : elle voulait justice égale pour tous les grands criminels; mais elle voulait surtout voir la fin du règne des terroristes. On attendait avec impatience que la Convention se retirât. On acceptait une constitution nouvelle avec n'importe quelle étiquette, parce qu'elle mettrait fin à la tyrannie intermittente des thermidoriens, et fournirait les moyens de les faire disparaître de toutes les fonctions publiques. Les modérés, bien que très divisés sur des questions importantes, sont alors unanimes pour déclarer indignes du pouvoir presque tous les révolutionnaires qui l'ont occupé depuis le 10 août : et les conventionnels leur sont devenus encore plus odieux depuis qu'ils flattent les terroristes, et prétendent s'éterniser, en déclarant modestement que seule leur présence au pouvoir peut garantir les Français contre le retour des abus de l'ancien régime. Cette impudente prétention faisait bondir de rage les quatrevingtneuvistes qui ne cessaient, par des démonstrations dans les rues et dans les théâtres, par des députations de sections à la Convention, de leur témoigner leur aversion et de les sommer de déguerpir. Ils avaient vu les comités depuis quelque temps suspendre les poursuites contre ces prairialistes qu'ils avaient d'abord dénoncés avec tant de fureur, décacheter les lettres à la poste, rétrograder à la fois vers les jacobins et vers le système jacobin. Aussi furent-ils très irrités, lorsque ces comités prirent le 28 messidor un arrêté défendant de chanter dans les théâtres et ordonnant de jouer à la garde montante la *Marseillaise*, qui était devenue le chant des jacobins depuis que les modérés avaient adopté le *Réveil du peuple*, et réprouvé la *Marseillaise* comme le chant des terroristes traînant leurs victimes à l'échafaud. Les jeunes gens protestèrent vivement, et l'exécution de ces arrêtés donna lieu à de véritables

émeutes. Le 29 les spectacles furent agités, car la *Marseillaise*
y devait être jouée. On cria contre elle avec fureur. Au théâtre
des Arts le tumulte fut très grand; et l'arrestation de deux
artistes du Théâtre Français, Gavaudan et Micalef, acheva de
surexciter les esprits. Le lendemain, on organisa une grande
démonstration au théâtre des Arts : des attroupements se dirigèrent vers le comité de sûreté générale pour demander la
mise en liberté des deux artistes, mais le comité s'était fait
bien garder : soixante-individus furent d'abord arrêtés; on en
relâcha immédiatement une partie.

Cette manifestation produisit une très vive émotion; au
point de vue moral et politique, elle était très significative : la
Convention était évidemment usée, discréditée; car ceux-là
même qui l'avaient si longtemps défendue contre les jacobins, la maudissaient hautement, et manifestaient contre elle,
comme ils manifestaient quelques mois auparavant contre le
club des Jacobins. Et la Convention était menacée de finir
comme ce fameux club, à moins de se mettre à la discrétion
des terroristes, et de leur rendre des armes qu'ils tourneraient
bientôt contre elle. Le 1er thermidor, Boissy d'Anglas, au nom
des comités, repousse vivement l'accusation portée contre
eux de remettre la Terreur à l'ordre du jour : encore quelques
instants de patience, on aura une constitution, et la liberté publique sera fondée pour toujours. La Convention vota l'envoi
aux départements et aux armées de ce rapport et d'une proclamation rédigée par Chénier, qui répétait avec plus d'emphase les protestations de Boissy d'Anglas, mais déclamait
beaucoup plus violemment contre la royauté et ses partisans.
Cette émeute ou plutôt cette démonstration avait prouvé à
la Convention, combien elle était devenue impopulaire auprès
de ceux qui l'avaient sauvée deux fois des terroristes.

C'est fini! la bourgeoisie parisienne est devenue si hostile à
la Convention, que des victoires éclatantes sur les émigrés et
les Vendéens, ne lui rendront auprès d'elle aucun prestige. Elle
déteste les émigrés, ne connaît les insurgés de l'Ouest que par
des récits mensongers, et d'ailleurs elle est dans sa masse
incapable de comprendre les motifs religieux qui les ont
déterminés à se lever contre la Révolution : elle croit ferme-

ment que tout changement de gouvernement doit se faire à
Paris, et par certains procédés parisiens; tous ceux qui se
permettent d'attaquer hors de Paris, le gouvernement qu'elle
exècre, sont pour elle des présomptueux, destinés d'avance
à être battus; si l'émigration a le tort grave de ne point s'é-
clairer suffisamment, ni sur l'état moral, ni sur la situation
matérielle du pays, le Parisien quatre-vingt-neuviste, lui, ne voit
que les rues de Paris, et dans sa folle confiance, il ne saura
même pas s'en rendre maître! Pour chasser les révolutionnaires obstinés, il est tout disposé à se servir des moyens
révolutionnaires, mais étourdiment et sans suite; tout en se
moquant des émigrés, il arrivera à se faire battre comme eux,
mais en gaspillant des chances bien plus grandes de succès.

Malheureusement les royalistes purs se berçaient aussi de
chimères, et intriguaient partout, sans habileté ni circonspection : ils entretenaient des intelligences à la fois avec Tallien
et de nombreux conventionnels, et avec Charette et Stofflet,
et les autres chefs Vendéens, et les émigrés de Suisse et ceux
de l'armée autrichienne. Mais leur activité était mal dirigée.
A la fin de 1794, une agence avait été établie à Paris; elle recevait alors des instructions de Vérone où Louis XVIII était
retiré (1). Elle se composait de l'abbé Brottier, Lemaître et le
chevalier des Pomelles. Elle avait le grand tort de ne pas
tenir compte des faits accomplis, et de croire que tous ceux
qui réprouvaient la Convention étaient prêts à rétablir la
monarchie sans aucune condition. Le membre le plus actif
de cette agence était l'abbé Brottier, esprit étroit et brouillon,
qui haïssait profondément le parti constitutionnel, et ne voulait avoir rien de commun avec lui. Ainsi donc les forces dont
le parti royaliste disposait s'annihilaient mutuellement par
la faute des deux principaux groupes de ce parti.

III.

Juste au moment où la Bretagne et la Vendée étaient épui-

_____

(1) Il s'était fixé à Vérone, sous le nom de comte de Lille, en mai 1795 ; la république de Venise l'avait bien accueilli, sur la recommandation du ministre de
Russie.

sées, où de vigoureuses attaques des Anglais et des émigrés
dans l'Ouest pouvaient très bien rendre la dictature aux révolutionnaires violents et désorganiser le parti modéré dans le reste
de la France, les Anglais se décident à faire en Bretagne cette
expédition d'émigrés, dont ils leurraient Puisaye et les royalistes depuis si longtemps. Une flotte importante est équipée,
on appelle des émigrés de tous les points de l'Europe, on en
forme plusieurs régiments, mais on introduit dans leurs rangs
de nombreux prisonniers français des armées républicaines,
qui lâcheront pied et trahiront au moment décisif (1). Mgr de
Hercé, évêque de Dol, accompagne l'expédition comme aumônier général. Le commodore Warren commande la flotte.
Puisaye et d'Hervilly se prétendent tous deux investis du
commandement des troupes françaises, et de l'aveu du ministre
anglais Wyndham, qui en est responsable, cette rivalité perdra
tout. Puisaye en pleine mer prend connaissance des dernières
instructions de Wyndham qui lui confient la conduite de
l'expédition; mais le ministre a négligé d'en prévenir d'Hervilly, qui déclare avoir lui aussi ses instructions : elles ne lui
permettent pas de compromettre ses troupes en s'avançant imprudemment dans l'intérieur; il se croit tenu de s'y conformer
sous sa responsabilité personnelle, et ne se considère point
comme le subordonné de Puisaye.

Sans doute la grande masse de la population en France aspirait à un changement, mais l'intervention anglaise lui était
odieuse, et les royalistes purs, jouant maladroitement le jeu
des révolutionnaires, faisaient redouter à bien des gens le rétablissement de la royauté par leurs mains. Le parti constitutionnel était naturellement hostile à cette tentative, comme à toute
autre qui aurait été faite hors de Paris, et sans lui. Aussi
exclusif que les émigrés, il entendait que la monarchie devait
être rétablie par lui seul : il avait la naïveté de croire que les
révolutionnaires se soumettraient à des élections qui porte-
raient au pouvoir ses hommes à lui. Il était évidemment inutile
de chercher à s'entendre avec ce parti lorsqu'il s'agissait de

_____

(1) Cette incorporation, au moins imprudente, valut aux Anglais, après le
désastre, des accusations très passionnées.

12

se battre, mais il aurait fallu s'assurer le concours des Vendéens, et mettre un prince de la maison de France à la tête de l'expédition pour réunir autour de lui tous les royalistes de l'Ouest. La mésintelligence qui existait entre Stofflet et Charette fut, dit-on, perfidement exploitée. Du reste, le lieu du débarquement était mal choisi à tous les points de vue (1).

L'escadre républicaine est battue à Belle-Isle (2) (23 juin 1795), et les émigrés débarquent le 27 sur la plage de Carnac; une foule immense salue leur arrivée des cris répétés de : Vive la religion! Vive le roi! Les révolutionnaires étaient frappés d'épouvante. Hoche allait se replier sur Rennes. Il fallait marcher résolument dans l'intérieur en ralliant les petits corps d'armée des chefs bretons; l'expédition serait ainsi arrivée tout près de Rennes, presque sans coup férir. Cette marche était beaucoup moins téméraire qu'on aurait pu le supposer au premier abord, puisque l'armée royaliste n'avait pas à craindre d'être attaquée par derrière : elle se serait ainsi appuyée sur les deux mers, et aurait été à portée de recevoir facilement des secours avant que Hoche eût reçu des renforts. C'était, paraît-il, le plan de Puisaye et de Georges Cadoudal, mais le parti de l'inaction l'emporta.

Le pays était couvert de garnisons républicaines : au moment du débarquement, Cadoudal et ses chouans chassèrent les bleus de Carnac. On envoya neuf cents hommes le reprendre, mais ils furent repoussés après avoir subi des pertes considérables. Tinténiac enleva le poste du Mont Saint-Michel. L'armée royaliste du pays était remplie d'enthousiasme, et

---

(1) On a prétendu que l'agence royaliste de Paris avait recouru aux plus honteuses manœuvres pour faire manquer l'expédition par haine pour Puisaye. Brottier aurait écrit à Charette que le débarquement de Quiberon n'était qu'une fausse manœuvre destinée à dérouter l'ennemi; que le vrai débarquement aurait lieu en Vendée, et qu'il devait l'attendre. On a dit aussi que Brottier avait envoyé aux chefs chouans de faux ordres de Louis XVIII qui leur prescrivaient de rester tranquilles. Une autre agence toute dévouée au comte d'Artois aurait déterminé Stofflet à rester inactif. Mais l'action de ces agences fut d'abord inaperçue en Bretagne. Puisaye, après le désastre, a pour se justifier dénoncé ces prétendues manœuvres, et fait un véritable roman. On a dit mille choses odieuses contre Puisaye, et il en a débité d'aussi absurdes contre Brottier et sa coterie.

(2) Elle perdit trois vaisseaux, les autres se réfugièrent dans le port de Lorient; beaucoup de matelots bretons désertèrent pour rejoindre les royalistes.

grossissait sans cesse ; il y eut bientôt quinze mille hommes sous les armes. Tinténiac s'empara de Landevant et Bois-Berthelot d'Auray où la garde nationale, forte de quatre cents hommes, se joignit aux royalistes.

Malheureusement les deux chefs ne s'entendaient pas, et ils avaient chacun leur parti dans l'armée. Les émigrés soutenaient d'Hervilly, à cause de son expérience et de ses talents militaires ; ils se méfiaient des intrigues de Puisaye et ne le prenaient pas au sérieux, comme général. Mais d'Hervilly était raide, cassant, beaucoup trop méthodique pour la guerre de partisans qu'il n'avait jamais faite et qu'il ne comprenait pas. Il avait, ainsi que la plupart des officiers émigrés, le tort très grave de montrer un étonnement dédaigneux devant ces braves chouans, en haillons, et bien incapables de faire l'exercice, mais qui n'en savaient pas moins se battre aussi bien, et même mieux, que des soldats en bel uniforme, et manœuvrant très correctement. Puisaye, comme général, était sans doute fort discutable, mais c'était alors un véritable chef de parti, et pour le moment il était sympathique aux gens du pays, qui avaient été tout de suite rebutés par les manières raides et hautaines de d'Hervilly. Si les militaires émigrés et les chouans s'étaient mis immédiatement en campagne contre les bleus, comme le bon sens l'ordonnait, ces braves gens se seraient bien vite appréciés mutuellement, mais la rivalité entre les deux chefs fit perdre un temps précieux et s'étendit aux deux armées.

Après cinq jours d'inaction, il fut décidé qu'on s'emparerait du fort Penthièvre et de la presqu'île de Quiberon qu'il commandait. Les Anglais avaient prescrit à d'Hervilly d'occuper d'abord un point fortifié sur la côte pour en faire une place d'armes, une base d'opérations. Malheureusement la configuration de la presqu'île de Quiberon était défavorable à l'exécution d'un tel plan (1). Le 30 juin, d'Hervilly marcha avec quinze cents hommes sur le fort Penthièvre qui défendait l'entrée de la presqu'île ; ses défenseurs, au nombre de six cents, étaient

---

(1) Ce plan aurait dû être réalisé lorsque la grande armée vendéenne était victorieuse. C'est en suivant ce système que Wellington triompha plus tard en Portugal aux lignes de Torrès Vedras ; mais les circonstances étaient toutes différentes, et ce plan fut alors exécuté et suivi avec des forces suffisantes.

des soldats d'un ancien régiment; ils capitulèrent immédiatement, et quatre cents d'entre eux s'enrôlèrent dans l'armée royaliste; les autres furent envoyés en Angleterre comme prisonniers de guerre. Mais on commit la faute énorme de laisser dans le fort un grand nombre de ces transfuges.

Heureusement pour les révolutionnaires, Hoche était là, il ne perdait pas de temps, et faisait venir des troupes de tout côté. Lors du débarquement, il n'avait guère que deux mille hommes à sa disposition : le 5 juillet il en avait treize mille. Il dirigea d'abord deux attaques successives contre Auray et fut repoussé, mais des renforts lui arrivaient à chaque instant. Il attaqua cette ville des deux côtés et l'emporta (1), puis il délogea Tinténiac de Landevant. Les chouans n'avaient perdu ces positions que parce qu'ils n'avaient pas été soutenus par les troupes émigrées. Le 5 juillet il fut décidé qu'on marcherait ensemble pour les reprendre, mais d'Hervilly, à la grande colère de Puisaye fit rétrograder ses soldats. Les chouans étaient exaspérés : ils durent le 6 juillet se retirer dans la presqu'île avec des milliers de femmes, de vieillards et d'enfants. Le comte de Vauban, et Georges Cadoudal dirigèrent cette retraite difficile, avec une énergie et un sang-froid que Hoche fut obligé d'admirer. A mesure que les chouans se retiraient, les soldats républicains commettaient dans le pays reconquis les mêmes atrocités que les fameuses colonnes infernales en Vendée. Les maisons furent incendiées (c'était alors la moindre des choses), des malheureux furent coupés en morceaux, des enfants embrochés à la pointe des baïonnettes (2).

---

(1) On lit dans une note du comité de sûreté générale, rédigée d'après les rapports des autorités : « Les chouans en s'emparant d'Auray, maintenant en notre pouvoir, n'ont, *par une perfide politique*, *ni pillé ni égorgé*, et en placardèrent même l'assurance à la porte de la maison commune. » (Arch., AF², 270).

(2) Hoche écrivait au comité de salut public : « J'ai l'âme déchirée des horreurs qui se sont commises dans les campagnes. Il n'est-sorte de crimes que n'aient commis les soldats de l'armée. Le viol, l'assassinat, le pillage, rien n'a été excepté. Mon pouvoir se borne à faire arrêter les délinquants et à les envoyer à un tribunal militaire qui juge l'intention, ce qui ne produit pas grand effet. Cependant, beaucoup de coupables sont arrêtés : ce sont principalement les officiers que je rends responsables... » Il écrivait aussi à Lanjuinais : « On ne vous a pas dit toute la vérité en accusant mes soldats de piller; on aurait dû ajouter : ils as-

Près de vingt mille personnes se trouvaient entassées dans cette étroite presqu'île, etc. On avait fort peu de vivres (1); il était impossible de rester dans cette situation. Georges Cadoudal proposa de faire une diversion, de débarquer deux corps de troupes qui se réuniraient pour attaquer les derrières de Hoche. Après avoir encore perdu du temps, on finit par prendre ce parti. Il fut décidé qu'un corps de deux mille cinq cents chouans commandé par Tinténiac, qui aurait avec lui Cadoudal et plusieurs chefs connus, serait débarqué dans la presqu'île de Rhuys. Un nombre égal de chouans, commandé par Jean Jan et de Lantivy, devait descendre l'embouchure de la rivière de Quimperlé (2). Le corps de Tinténiac fut appelé l'armée rouge, à cause des uniformes dont ses soldats furent revêtus. Il débarqua très heureusement le 11 juillet, repoussa les bleus à Sarzeau, s'avança audacieusement dans l'intérieur et battit encore plusieurs fois les révolutionnaires. Mais des contre-ordres inexpliqués le troublent, le font changer de direction, et le 17 juillet, le valeureux Tinténiac est tué dans une escarmouche; un officier émigré, tout à fait inconnu des chouans, prétend que le commandement lui revient, et la discorde s'introduit dans la petite armée. Néanmoins, elle se dirige vers la baie de Saint-Brieuc, mais l'escadre anglaise

sassinent, ils violent... » Les lois sont impuissantes, et le malheureux général est obligé d'en faire justice le sabre à la main. « Je ne connais pas de métier plus horrible que de commander à des scélérats qui se repaissent de tous les crimes. » (Correspondance de Hoche, 8, 9, 11 juillet 1795. V. *Georges Cadoudal et la Chouannerie*, p. 92, par Georges Cadoudal.)

(1) Aussi d'Hervilly donna seulement demi-ration aux chouans. Il eut la maladresse de leur proposer ration et solde entière, à condition de s'engager dans les troupes de ligne qu'il commandait : c'était dévoiler sa pensée, qui était de se former une armée régulière qui eût été tout entière sous ses ordres directs.

(2) Cette expédition, composée en majeure partie de pères de famille que l'on faisait sortir de la fatale presqu'île, débarqua heureusement, mais ne tenta rien de sérieux. Elle servit à désencombrer un peu Quiberon, et à sauver de la catastrophe finale beaucoup de braves gens qui n'auraient pu l'empêcher.

Georges Cadoudal disait : « C'est avec la plus grande répugnance que j'avais vu nous engouffrer tous le 6 juillet dans Quiberon. Ce fatal engouffrement me parut une faute impardonnable, s'il ne me semble pas quelque chose de pire encore peut-être. Il éteignait l'enthousiasme chez nous, chez nos partisans l'espoir, et les reportait sur un ennemi qui s'enrichissait de nos pertes, et saurait s'en prévaloir au besoin. » (*Georges Cadoudal et la Chouannerie*, p. 103). L'expédition de l'armée rouge y est racontée avec de curieux détails, p. 105 et suiv.

sur laquelle elle comptait ne paraît pas, et l'on apprend alors
le désastre de Quiberon. L'armée rouge va être cernée et écrasée par les bleus, mais George Cadoudal dirige sa retraite, et à
force d'habileté parvient à la sauver.

A Quiberon, on attendait l'arrivée d'un second corps d'armée qui devait partir de Portsmouth (1). Le 16, d'Hervilly
fit un effort désespéré pour rompre le blocus de la presqu'île.
Mais Hoche avait été prévenu par deux transfuges (2); les
royalistes se laissent attirer sous le feu de batteries masquées,
récemment construites, et la mitraille balaye des compagnies
entières. Les paysans et les émigrés confondus meurent en héros; d'Hervilly tombe mortellement blessé. Les Anglais débarquent la division de Sombreuil, forte de quinze cents hommes,
mais elle ne servit qu'à grossir le nombre des victimes. Puisaye, resté seul général, se montra tout à fait insuffisant.

Hoche redoutait beaucoup l'arrivée des secours anglais :
tout à coup des soldats de son armée passés aux royalistes, et
qui voulaient se faire pardonner leur défection, l'avertirent
que les transfuges si imprudemment laissés au fort Penthièvre voulaient le lui livrer. Il envoie pendant la nuit des troupes attaquer ce fort; les traîtres assassinent les royalistes endormis, font entrer par surprise les soldats de Hoche et massa-
crent tout ce qui résiste. Le lendemain, Hoche annonçait qu'il
s'était rendu maître du fort après un combat acharné.

Les royalistes sont donc pris entre la mer et la puissante
artillerie de l'armée révolutionnaire : ils sont perdus si les
Anglais ne les rembarquent point immédiatement, mais leur
escadre, quoique prévenue, reste immobile. « Nous sommes
trahis, crient beaucoup de royalistes, les Anglais veulent notre mort! » Le temps se passe : Puisaye oubliant que le devoir
d'un général en chef est de rester jusqu'au dernier moment
avec son armée, se jette dans un canot et va trouver l'amiral
anglais. On croit qu'il se sauve, et cette foule éperdue pousse
des cris de rage et de désespoir. Cependant Sombreuil rallie

---

(1) Les vents contraires retardèrent ces renforts. Le comte d'Artois arriva avec
eux dans la baie de Quiberon quelque temps après le désastre.

(2) Hoche l'a déclaré au comité de salut public. Il prétend que ses adversaires
ont laissé 300 morts, et accuse seulement 23 tués et 91 blessés. (Arch., AF2, 270.)

un certain nombre de royalistes et repousse les révolutionnaires à la baïonnette. Enfin on voit arriver lentement les cha-
loupes anglaises qui luttent contre la tempête : elles ne peuvent sauver qu'une partie de l'armée. Environ cinq cents
royalistes déterminés se sont retirés dans une espèce de fort,
protégés par le feu de la flotte anglaise, ils sont décidés à vendre chèrement leurs vies. Sombreuil avec une troupe de braves
protège l'embarquement, et tient tête à toute l'armée des bleus.
Les soldats républicains émerveillés de tant de courage leur
crient : « Rendez vous, vous serez épargnés. » Le général Humbert (ce fait a été attesté par plusieurs témoins), s'avança entre les deux armées et cria aux royalistes : « Rendez-vous prisonniers, bas les armes ou la mort! » Sombreuil espère que
les chefs ratifieront une capitulation que les soldats et les officiers ont proposée spontanément. Il entre en pourparlers avec
Humbert, puis avec le général en chef qui vient d'arriver. Hoche refuse de laisser les royalistes s'embarquer, mais promet
de les traiter en prisonniers de guerre, sauf les chefs. Sombreuil
obtient d'être seul excepté de cette capitulation, et il est décidé
qu'il ira sur parole, s'entendre avec les Anglais (1). Il avait
mille fois tort de croire à l'humanité, et à la loyauté des révolutionnaires : ils cèdent aux soldats lorsque ceux-ci exigent le
meurtre et le pillage; cette fois, par extraordinaire, ces soldats demandent qu'on n'égorge pas les vaincus : les révolutionnaires ne paraissent un moment les écouter, que pour tendre un piège ignoble à ces mêmes vaincus, et esquiver une lutte
désespérée. Ils vont prétendre que la capitulation ne vaut
rien; mais elle vaut un moment pour obtenir que l'on dépose
les armes et que les Anglais cessent le feu (2)!

(1) Lorsque Sombreuil proclama à haute voix cette capitulation (sans dire
qu'il en était excepté), des royalistes déclarèrent qu'ils aimaient mieux mourir
en se défendant. Sombreuil fit à l'un de ces mécontents, cette belle, mais naïve
réponse. « Eh quoi, Monsieur, vous ne croyez pas à la parole française! » Les
révolutionnaires avaient changé tout cela. Que voilà bien une illusion d'émigré!

(2) Les officiers républicains sommèrent aussitôt Sombreuil de faire cesser le
feu des Anglais : le lieutenant de vaisseau Gesril se jeta à la nage pour leur
annoncer la capitulation. Ils se montrèrent très sceptiques sur la loyauté républicaine, et l'engagèrent à rester sur leur bord, mais ce héros trop naïf
déclara qu'il était prisonnier, que sa parole était engagée; et se jeta de nouveau à la mer pour rejoindre ses bouchers.

Hoche n'était pas, il faut le reconnaître, tout à fait libre de suivre les lois de l'humanité et de l'honneur. Il avait la responsabilité, les périls de la guerre; les commissaires de la Convention, Blad et Tallien, étaient là pour singer les consuls romains, quant à l'autorité et au faste, pour se poser en triomphateurs devant la Convention, et égorger les prisonniers que Hoche avait faits au péril de sa vie. La bataille finie, les hyènes et les vautours allaient arriver : les vrais soldats devaient désormais faire le métier de bouchers de chair humaine. Sur le moment les proconsuls acceptèrent la capitulation, mais Tallien qui s'était si vivement défendu d'avoir été un septembriseur, confirma dans leur opinion ceux qui se refusaient à le tenir pour calomnié. Hoche avait accepté sur le champ de bataille une capitulation verbale (nous exposons plus bas les raisons de notre conviction sur ce point); il n'osa point insister sur son exécution. Seulement il eut soin de faire mal garder ses prisonniers; mais ceux-ci comptaient sur la capitulation verbale, et très peu d'entre eux profitèrent de la négligence systématique du général et de ses soldats.

Les prisonniers furent traités par les soldats et les officiers républicains avec une courtoisie, on pourrait presque dire une cordialité, bien rare dans les guerres de l'Ouest. On mit en liberté un certain nombre de paysans réfugiés, de femmes et d'enfants. Une colonne de trois mille royalistes arriva à Auray le 21 juillet dans la nuit, avec une escorte très faible et très négligente : on la renferma dans une église; une seconde colonne presque aussi nombreuse arriva quelques heures après : beaucoup d'autres royalistes qui n'avaient pu suivre les colonnes arrivèrent dans la journée suivante à Auray isolément et volontairement, tant leur confiance était grande. Pendant huit jours, ils furent absolument traités en prisonniers de guerre. Aussi, lorsqu'on apprit que Tallien avait débité une horrible carmagnole à la Convention, et que le massacre était décidé, ce fut un coup de foudre, non seulement pour les vaincus, mais pour tous les républicains qui n'étaient pas de véritables buveurs de sang (1).

(1) Lorsque Sombreuil apprit cette horrible nouvelle, il courut chez le géné-

Une commission militaire fut nommée pour juger les prisonniers. Elle était présidée par un brave soldat, Laprade, chef de bataillon à la 72e demi-brigade (1). Sombreuil fut conduit devant cette commission, et protesta qu'il y avait eu capitulation (2). La commission se retira pour délibérer, et se déclara incompétente d'après les affirmations solennelles de Sombreuil, et les témoignages qui lui avaient été apportés. Elle fut cassée immédiatement par un arrêté des représentants en mission qui se garde bien d'indiquer les motifs de cette cassation, et nomme une autre commission (3). Le général Lemoine établit aussitôt quatre autres commissions, car une seule ne pouvait

ral républicain lui reprocha vivement la violation de la capitulation, et dans son désespoir d'avoir décidé ses compagnons à se livrer aux bourreaux, il se tira un coup de pistolet, mais ne se blessa que légèrement. L'évêque de Dol lui reprocha la lâcheté d'un suicide, et lui fit promettre de mourir en chrétien et en soldat. Le même jour il écrivit une lettre à l'amiral anglais sir John Warren ; mais elle passa par les mains des révolutionnaires qui la publièrent peut-être après l'avoir falsifiée.

(1) L'arrêté du 5 thermidor signé Blad, livre en réalité à la commission tous ceux, prêtres ou laïques, nobles ou non nobles, émigrés ou non émigrés, qui ont été pris à Quiberon. Sont exceptés : « 1° les habitants de la presqu'île ; 2° les soldats de la garnison du fort de la presqu'île, faits prisonniers par les émigrés ; 3° les marins et les soldats arrachés des prisons d'Angleterre et enrôlés par la violence. » Les soldats du fort avaient pour la plupart déserté devant l'ennemi et beaucoup de prisonniers n'avaient pas été enrôlés par violence, mais on affectait de le croire pour les reprendre comme soldats, car on décida d'abord que Hoche les enverrait à l'armée des Pyrénées-Occidentales contre l'Espagne. Mais sur les instances du général Villaret, il fut décidé que cette dernière disposition pourrait être modifiée. Un arrêté du 11 déclara que ces prisonniers enrôlés de force qui servaient sur les bâtiments de l'État seraient envoyés à Lorient « pour y servir avec leurs grades respectifs ; » et le même jour, sur l'avis du général Lemoine, les représentants décidèrent que tous les militaires de l'armée de terre, anciens prisonniers des Anglais « redevenus libres lors de la prise de la presqu'île », seraient renvoyés à leurs corps : on ne dit même plus qu'ils ont été enrôlés par violence ! c'est un parti pris de ne pas examiner leur conduite et de laisser dormir la loi pourtant si précise contre ceux qui ont déserté aux royalistes pendant les hostilités. (Arch., AF2, 270.)

(2) Les paroles de Sombreuil furent soigneusement recueillies par les spectateurs. « Prêt à paraître devant Dieu, je jure qu'il y a eu une capitulation, et qu'on s'est engagé à traiter les émigrés comme prisonniers de guerre. » Et il fit appel aux soldats qui l'entouraient, et ceux-ci proclamèrent avec la plus grande énergie qu'il y avait eu capitulation.

(3) Elle est ainsi composée : François Bouillon, capitaine au 2e bataillon des tirailleurs, président ; Ignace Bischop, Julien Carpin, lieutenants au même corps ; Jourdan Bellepointe, adjudant sous-lieutenant ; Duhem, sous-lieutenant au 16e chasseurs à cheval, juges ; Tillay, quartier-maître au 2e bataillon de tirailleurs, secrétaire-greffier. (Arch., AF2, 270.)

suffire (1). La garnison d'Auray qui attestait la capitulation, fut changée. Deux commissions nouvelles furent établies à Vannes, une à Auray, une à Quiberon.

Elles jugèrent absolument, comme le prétendu tribunal de Maillard à l'Abbaye, comme les commissions de Lyon, comme celles de Carrier. On y mit des militaires belges par défiance des vrais soldats français ; Sombreuil et l'évêque de Dol furent immolés les premiers (2). Le général Lemoine dirigeait, dit-on, ces exécutions avec d'ignobles plaisanteries de septembriseur. Comme à l'Abbaye, on s'empressait de dépouiller les victimes aussitôt après la fusillade ; comme à Nantes, après les exécutions en masse ordonnées par Carrier, on lançait des chiens dévorer les cadavres nus des fusillés. Malgré la loi du 25 brumaire an II, les commissions militaires firent fusiller des enfants qui n'avaient pas encore seize ans (3). Ces prétendus juges ne savaient qu'envoyer à la boucherie, et d'ailleurs le massacre des enfants était passé à l'état d'habitude dans les guerres de l'Ouest (4).

(1) Le député Bodin écrivait de Nantes le 9 thermidor au comité. d'après un état dressé par l'ordonnateur de l'armée : On a trouvé à Quiberon : 1° 278 officiers émigrés, 2° 260 soldats id., 3° 492 habitants de Toulon, 4° 1632 prisonniers *enrôlés de force*, 5° 3600 chouans ; en tout 6562, non compris les femmes et les enfants. On aurait encore arrêté depuis 300 prisonniers (Arch., *ibid*).

(2) Le comte Joseph de Broglie, qui fut exécuté avec Sombreuil, invectiva vivement les généraux et les représentants, les traita de lâches, et reprocha aux juges leur faiblesse en leur jetant à la face qu'ils connaissaient tous la capitulation.

(3) Ainsi un des frères Lassénie, et le fils du marquis de Talhouët, n'avaient pas plus de quinze ans ; le jeune Le métayer avait quatorze ans, le jeune de la Cherrière treize ans ! L'article 3 du titre IV de la loi du 25 brumaire an III portait que les enfants, émigrés rentrés, âgés de moins de seize ans, seraient simplement déportés. Toutefois, des juges moins ignorants et moins sanguinaires que les autres, prévinrent secrètement certains accusés de cette disposition légale, et la leur firent invoquer. Il y en eut même qui par humanité l'appliquèrent à des prisonniers de plus de seize ans.

(4) Le 9 thermidor Tallien débita à la Convention une carmagnole sur Quiberon, et se distingua par un beau trait de charlatanisme jacobin. Il lui présenta un poignard, en disant, que c'était « un de ceux dont tous ces chevaliers étaient armés, qu'ils destinaient à percer le sein des patriotes, *et dont ils n'ont pas fait usage pour eux-mêmes, parce qu'ils connaissaient le venin que cette arme recélait.* Il faut apprendre à toutes les nations qu'un animal en ayant été frappé, il a été vérifié que la blessure était empoisonnée. » C'est la seule fois qu'on ait dit que les émigrés eussent des poignards ! ils avaient l'armement des régiments anglais d'infanterie. Seuls les marins anglais ou français avaient des poignards : on a bien pu ramasser à Quiberon un poignard venant de quelque marin ;

Les commissions accordèrent des sursis à un certain nombre de prisonniers : sur l'ordre du comité de salut public ils furent fusillés longtemps après (1). On n'a jamais pu recueillir le nombre exact des victimes. Les commissions ne rendaient pas de véritables jugements : elles ne tenaient que des notes informes qui ont été presque toutes soigneusement détruites, comme du reste la plupart des pièces qui se rapportent à l'affaire de Quiberon. Le nombre des fusillés de toute condition a été évalué à deux mille.

On égorgea ainsi pendant quelques semaines. Le 20 fructidor (6 septembre) le député Mathieu, voyant que les chouans usaient de représailles, résolut d'épargner les paysans qui n'avaient pas encore été fusillés. Il prit un arrêté supprimant cinq des six commissions, et déclarant que les communes, si elles avaient déposé les armes, pouvaient réclamer les prisonniers, en remettant pour chacun une amende en grains ou en avoine et en fourrage, égale au tiers de son revenu; et qui ne pourrait être moindre de trois quintaux. Ceux qui ne possèdent rien peuvent être *rédimés* (*sic*) à ce prix par un propriétaire ou fermier. Ceux que les commissions militaires ont condamnés à un ou plusieurs mois de détention, peuvent être ainsi rachetés. Il faudra, pour être admis au bénéfice de l'arrêté, prouver sa résidence en France depuis le 9 mai 1792. Sont exceptés les individus étrangers au département (les Toulonnais), *les habitants des villes*, les jeunes gens de la première réquisition, les chefs ou instigateurs de troubles, ceux qui ont le grade de capitaine, ou un grade supérieur (2).

Le massacre des prisonniers n'avait servi qu'à exaspérer encore plus les royalistes de l'Ouest. Le 29 thermidor précédent, le même Mathieu écrivait de Rennes que les chouans étaient très nombreux et qu'il faudrait pour les réduire quinze mille

mais ce cabotin sanguinaire savait très bien que l'armée émigrée n'en portait pas. Pourquoi n'a-t-il pas dit que les épées et les baïonnettes étaient empoisonnées? C'eût été moins inepte; mais les menteurs ont de singulières maladresses !

(1) Des sursis avaient été accordés à cent cinquante personnes environ ; vingt jours après arriva l'ordre de les tuer. Ce nouveau massacre dura huit jours. Très peu de prisonniers réussirent à s'évader. Des domestiques, bien que n'ayant pas porté les armes, furent fusillés comme leurs maîtres.

(2) Arch. nat., AF², 270.

hommes de plus dans chaque armée. Le 25, Lomont et Bailleul écrivent de Nantes, que malgré la victoire de Quiberon, cette ville court de grands dangers : les rebelles ont attaqué cette nuit plusieurs postes militaires; ils interceptent les routes et empêchent les vivres d'entrer : il importe beaucoup de mettre fin à cette guerre cruelle. Ils ajoutent que l'état des objets pris à Quiberon ne sera pas aussi considérable qu'on l'avait espéré d'abord, car les soldats en ont pillé une grande partie (1). La Bretagne, la Vendée, le Maine, la Basse-Normandie sont fort troublées, et les troupes commettent de graves excès (2). Le massacre des prisonniers donnera désormais à la guerre civile un caractère tout particulier d'atrocité. Charette fit fusiller en représailles plusieurs centaines de prisonnniers bleus, et les chouans vengèrent sur de nombreux révolutionnaires les royalistes égorgés à Vannes et à Auray (3). Trois mille personnes environ, dont neuf cents officiers et soldats, débris des quatre mille trois cents émigrés débarqués en quatre régiments, quatorze cents chouans, huit cents vieillards, femmes et enfants, avaient pu se réfugier sur la flotte anglaise. Les blessés furent transportés en Angleterre; les autres furent déposés dans la petite île d'Houat, où ils restèrent longtemps, manquant de vivres, d'eau douce, de médicaments, de médecins,

---

(1) Arch., A F 2, 270. Les Anglais avaient apporté à Quiberon de faux assignats; mais les soldats français les ont pillés et ils en inondent le pays. Afin de prévenir leur diffusion, Mathieu prend un arrêté à Rennes le 27 thermidor.

(2) Le procureur général syndic des Côtes-du-Nord écrivait le 30 messidor au comité : « L'indiscipline des troupes est à son comble, ce qui ne contribue point à ramener les campagnes à la tranquillité. » Le 30 thermidor, les administrateurs du département écrivent de Nantes que la majorité des habitants du chef-lieu est républicaine, mais qu'il s'y trouve beaucoup de royalistes. Dans les campagnes, la haine et le fanatisme redoublent d'atrocités. La demi-brigade de l'Allier, en arrivant à Nantes, le 28, a fusillé sans jugement un chouan qu'elle avait pris sur la route. Le 29, ces soldats ont maltraité des hommes et des femmes, à cause de leur costume breton, et assassiné un prisonnier qui sortait de chez le commandant de place et qui était soupçonné d'être chouan. Le 30 ils ont égorgé onze prisonniers chouans, et un vieillard qui avait été arrêté. Ils montrent en outre des dispositions à se révolter. Le 1er fructidor le comité de sûreté générale transmet une lettre du procureur syndic de Mortagne annonçant que les soldats par leurs pillages, augmentent le nombre des chouans. (Arch., *ibid*.)

(3) Ils s'acharnèrent spécialement après les quatre bataillons, qui avaient fourni des juges et des fusilleurs, et refusèrent impitoyablement quartier à tous les soldats qui en faisaient partie. Ils les détruisirent en fort peu de temps.

et furent bientôt attaqués d'une fièvre maligne, qui en fit périr, dit-on, en un mois, plusieurs centaines (1).

L'expédition de Quiberon avait été si mal conçue, à tous les points de vue, et si mal exécutée, que bien des royalistes de toute catégorie accusèrent les Anglais de trahison. Mallet du Pan écrivait le 18 juillet (30 messidor) : « Paris ne parle de cet événement que pour dire des injures aux Anglais. Toute la France est convaincue qu'ils n'ont d'autre *but que de se défaire des émigrés en les jetant au milieu de leurs ennemis*, et de s'emparer de Brest : royalistes et républicains sont infatués de ces préventions. » Comme tous les royalistes prudents, il blâmait beaucoup cette expédition entreprise avec des forces insuffisantes (2), qui d'ailleurs blessait le sentiment national, et fournissait aux révolutionnaires un excellent prétexte pour opprimer les royalistes et les modérés dans le reste de la France.

« Renonçons pour jamais, disait-il, à toutes ces expéditions chevaleresques qui n'ont pas le sens commun, et qui brisent toutes les ressources intérieures. Nous voilà reculés peut-être de plusieurs années, *au moment où avec de la prudence, de l'art, de la conduite*, on fût arrivé au port. »

Hélas! c'était trop présumer de ces ex-constituants qui se décernaient à eux-mêmes dans les cafés et les salons de Paris, des brevets de sages et d'habiles! Mallet du Pan lui-même se plaint à chaque instant de leur manque d'art et de conduite, et de leur vaine jactance. Les émigrés ne se sont pas inquiétés de l'opinion publique et ont montré une témérité excessive. « C'est une partie d'échecs que vous avez à jouer », leur disait Mallet du Pan (3). Mais les constitutionnels, les quatrevingtneuvistes

---

(1) Puisaye repoussé par les Anglais fut relégué d'abord dans cette île avec ces malheureux qui avaient longtemps cru en lui, et maintenant le maudissaient. Il voulut de nouveau faire le général, mais ne rencontra que le mépris et la haine, et faillit être fusillé comme un traître. (V. *Georges Cadoudal et la Chouannerie*, p. 114 et suiv.) Devenu un véritable bouc émissaire, il recourut souvent à la calomnie pour se justifier.

(2) T. I, p. 255 et suiv. Mallet du Pan se plaint surtout que la descente n'ait pas été opérée par vingt ou trente mille hommes.

(3) La situation des émigrés, qu'ils fussent à l'étranger ou rentrés en France, ne leur permettait guère d'attendre patiemment; et l'événement a trop bien prouvé qu'ils avaient raison de se défier de la perspicacité des monarchistes de l'intérieur et de leur force aux échecs.

s'inquiéteront tellement de l'opinion publique, qu'ils en verront plusieurs à la fois, ne sauront à laquelle se rattacher, et perdront toutes les occasions par imprévoyance et excès de timidité. D'ailleurs, comment jouer une partie d'échecs avec des révolutionnaires qui trichent constamment, et qui assomment les gagnants, si leurs tricheries n'ont pas réussi !

A Paris et dans une grande partie de la France, dès que la nouvelle fut répandue de la descente en Bretagne, des Anglo-émigrés, tout le monde, dit Mallet du Pan, parut devenir républicain, « personne n'osait parler de royauté, puisque ce mot semblait déceler une collusion avec les projets tentés en Bretagne ». Mais ce masque de républicanisme tomba bientôt : ni la victoire de Quiberon, ni le traité de paix avec l'Espagne (14 thermidor) ne firent respecter davantage la Convention par les Parisiens et les monarchistes quatrevingtneuvistes des départements. Tout en flétrissant les cruautés des vainqueurs, ils étaient satisfaits de voir le parti émigré réduit à l'impuissance, et comptaient bien remplacer la convention sans avoir besoin des royalistes de l'Ouest. Ces paysans, conduits par quelques gentilshommes campagnards qui avaient soutenu une guerre de géants pendant que leur parti à eux, gens éclairés et savants en constitutions, courbait la tête sous le joug, leur inspiraient une secrète envie. Ils s'étaient soulevés non pour des théories philosophiques, mais pour défendre des principes religieux que la plupart des constitutionnels bourgeois ne comprenaient guère, qu'ils avaient souvent même méconnus et outragés. Et ces derniers redoutaient d'avoir à compter, après la victoire, avec des gens animés de convictions si différentes, si peu soucieux de leurs théories constitutionnelles et de leur étroit parlementarisme, si étrangers aux préoccupations de la bourgeoisie, et peu disposés à la reconnaître pour maîtresse. Depuis le désastre de Quiberon, ils se croyaient beaucoup plus libres, beaucoup plus maîtres de la situation.

Mais les terroristes allaient de nouveau les menacer. Comme les envahisseurs de germinal et de prairial, certains conventionnels prétendaient que les prisons étaient pleines de patriotes injustement détenus et réclamaient leur mise en liberté. Le 6 thermidor, Lahaye présenta, au nom des comités de sûreté générale et de législation, un projet tendant à faire juger ces détenus par les tribunaux. Mais certains députés prétendaient qu'un système de persécution était organisé et se suivait partout contre les patriotes, et que les royalistes proscrivaient comme terroristes tous ceux qui depuis 89 s'étaient montrés amis de la révolution. Gourdon proposa de nommer dans le sein de la Convention, au scrutin secret, une commission de douze membres chargés d'examiner les motifs des arrestations : elle mettrait en liberté les détenus qu'elle ne croirait pas coupables, et renverrait les autres devant la justice ordinaire (1). Cette proposition fut adoptée en principe, et le comité de législation fut chargé de faire un rapport sur le mode d'exécution. Mais beaucoup de députés exigèrent qu'avant la nomination de cette commission, le comité fût tenu de présenter enfin le fameux rapport dont il avait été chargé sur les députés en mission avant le 9 thermidor (2). Les protecteurs des terroristes essayèrent inutilement de parer le coup; la majorité pensa qu'elle apaiserait un peu les modérés en leur abandonnant certains montagnards dont elle se défiait.

Néanmoins, l'adoption de la proposition de Gourdon produisit une vive émotion. La Convention allait donc s'ériger en tribunal, et parodier la justice, afin d'amnistier les voleurs et les égorgeurs terroristes! Les Parisiens protestèrent avec beaucoup d'énergie : diverses sections, vinrent ré-

(1) La discussion fut très significative. Quirot, Berlier, Lehardy, accablèrent d'outrages les tribunaux et les jurés, et les proclamèrent indignes de juger les terroristes.

(2) On fit valoir habilement que ce rapport était nécessaire pour éclairer la Convention, sur le choix des membres de cette commission chargée de statuer sur le sort des terroristes, car autrement elle serait exposée à y introduire des députés compromis dans les excès de la Terreur, ce qui causerait un immense scandale, et jetterait le plus grand discrédit sur les opérations de la Commission, et sur les décisions de la Convention elle-même.

A la séance du 8, Lehardy déclara que *si les émigrés étaient jugés dans leurs départements respectifs*, ils seraient tous *acquittés*, et demanda l'établissement à Paris d'une commission spéciale pour les juger. Il exagérait, dans le but de faire créer contre les émigrés un véritable tribunal de sang; mais les énergumènes de cette espèce étaient forcés de reconnaître que l'opinion publique protestait contre l'atrocité des lois sur l'émigration, et qu'en dehors des égorgeurs révolutionnaires, on trouvait bien peu de fonctionnaires disposés à les appliquer strictement. (*Débats et décrets*, thermidor, III, p. 535.)

clamer à la barre de la Convention (1). Les départements envoyèrent aussi de vives protestations : les révolutionnaires violents en étaient exaspérés. Dubois Crancé insulta l'un de ces pétitionnaires : il y eut entre eux une rixe véritable, et le montagnard dut avouer à la Convention que les torts étaient de son côté; mais il eut l'impudence de crier à la proscription et de comparer les terroristes frappés après le 12 germinal aux victimes du 31 mai, ce qui lui valut une foudroyante apostrophe de Larivière. La Convention lui témoigna sa désapprobation. Dubois Crancé avait maladroitement ravivé les rancunes des girondins contre les thermidoriens; certains girondins avaient voté le décret du 6, ils en comprirent alors le danger. Le 19, Larivière prononça un éloquent discours contre la Terreur, prouva que les terroristes n'étaient nullement opprimés, et au nom des trois comités demanda le rapport du décret du 6 (2), et proposa différentes mesures pour accélérer le jugement des accusés d'assassinats, vols, dilapida-

(1) La section des Quinze-Vingts, qui était la plus révolutionnaire de Paris, vint protester contre le décret du 6 et demander qu'aucun terroriste ne fût mis en liberté sans avoir été jugé par un tribunal. Celle des Gravilliers se présenta ensuite à la barre. « Quels sont, dit l'orateur, ces hommes au teint livide qui s'avancent vers vous, le poignard dans la main, et du sang dans la bouche? Ils sortent de leurs cachots; et c'est vous, représentants, qui prononcez leur liberté. Avez-vous donc oublié qu'ils ont égorgé nos femmes et nos amis? Avez-vous oublié qu'ils ont couvert de bastilles et d'échafauds le sol de notre malheureuse patrie? C'est le silence des lois qui a réveillé les vengeances et amené les massacres du Midi. Que les tribunaux marchent, et qu'eux seuls aient le droit de mettre en liberté les détenus. Un décret surpris à votre religion, contraire aux principes... » Les conventionnels protestèrent violemment; le président la Révellière déclara aux pétitionnaires que la Convention ne se laisserait pas insulter, et leur enjoignit de se retirer, s'ils n'avaient pas autre chose à dire. L'orateur continua et demanda que le décret fût rapporté et que le tribunal criminel de Paris fût augmenté pour juger plus rapidement cette classe de détenus. La section de la Butte des Moulins vint ensuite réclamer contre la mise en liberté des terroristes. (*Débats et décrets*, thermidor an III, p. 572.)

(2) « Qu'est-ce qui peut donc autoriser une mesure aussi désastreuse? l'intérêt des patriotes opprimés? Hé! l'eussent-ils été jamais si l'on avait respecté les principes? Mais que signifient ces mots sans cesse rebattus, de patriotes opprimés? Les assassins, les voleurs, les dilapidateurs, les concussionnaires, les faux témoins, les dénonciateurs calomnieux, les auteurs d'actes arbitraires, les provocateurs au meurtre et au pillage, sont-ils donc des patriotes opprimés? Ne sont-ce pas eux, au contraire, qui ont opprimé et oppriment journellement les patriotes. comme ceux qui ne le sont pas. Hé bien, voilà ceux qu'il s'agit uniquement d'atteindre... » (*Débats et décrets*, thermidor an III, p. 667.)

tions, concussions, etc. Après une discussion très violente, le décret fut rapporté.

Mais on s'en était habilement servi pour presser le rapport qui devait être fait sur les actes des anciens commissaires de la Convention avant thermidor, et ce rapport était terminé, et il n'existait aucune raison avouable de différer cette enquête qui devait nécessairement aboutir à une nouvelle épuration. Le 21, Girot Pouzol en donna lecture. La Convention dut s'occuper d'abord de Lequinio, et de l'horrible tyrannie qu'il avait exercée à Rochefort avec Laignelot. Il fut mis en arrestation (1). La Convention prit la même mesure contre Lanot qui avait été envoyé en mission dans le département de la Corrèze, et Lefiot qui avait fait guillotiner quatre citoyens de Montargis pour avoir jadis présenté une adresse à Louis XVI sur les événements du 20 juin. Le 22, Dupin, Bô, Piorry, l'évêque constitutionnel apostat Massieu, Chaudron-Rousseau, Laplanche furent mis en arrestation (2). La conduite de Fouché fut ensuite examinée : il avait commis des extorsions tellement scandaleuses que les efforts de la coterie thermidorienne pour le soustraire à un décret d'arrestation furent inutiles. La Convention décida en outre qu'un autre rapport spécial lui serait présenté sur Francastel, accusé d'horribles cruautés.

Mais ces poursuites tardives contre quelques proconsuls, n'apaisaient point l'hostilité des sections parisiennes. Tous les jours de nombreux journaux attaquaient la Convention avec une extrême violence. Dès le début de la révolution la liberté de la presse n'avait existé qu'au profit des révolutionnaires, et de bons jacobins venaient avec la complicité de la police briser les presses des écrivains indépendants. Aussi les révolution-

---

(1) Nous en avons parlé dans l'histoire de la Constitution civile du clergé, t. IV, p. 168 et suiv. Lequinio était accusé en particulier d'avoir fait de l'échafaud une tribune aux harangues, et forcé, dans une cérémonie, les citoyens à y monter et à fouler le sang de leurs parents. On l'accusait aussi d'avoir envoyé par mer deux barils remplis d'argent à son frère, qui était un défroqué. Ces deux barils avaient été saisis par les autorités à Vannes, et Prieur de la Marne, alors en mission, avait essayé, dans l'intérêt de Lequinio, de s'emparer des minutes des procès-verbaux de saisie, sous prétexte de collationner les copies. (Débats et décrets, thermidor an III, p. 689).

(2) V. Constitution civile du clergé, pour Laplanche, III, p. 536 ; pour Chaudron-Rousseau, IV, p. 118.

naires même relativement modérés regrettaient cette heureuse
époque ; les violents déploraient amèrement de ne plus avoir la
guillotine à leur disposition (1). Le comité de sûreté générale,
effrayé des attaques dirigées contre la révolution, fit arrêter
plusieurs journalistes et mettre les scellés sur leurs presses :
ce fut un *tolle* général non seulement chez les écrivains, mais
chez les modérés de toute catégorie qui voyaient renaître la
tyrannie révolutionnaire. Les sections protestèrent avec éclat ;
le comité crut prudent de lever les scellés. Déjà sur la réclamation énergique des sections, la Convention avait renoncé à
une mesure bien longtemps proclamée indispensable par les
révolutionnaires : le 18 thermidor (5 août 1795) les certificats
de civisme qui avaient servi de prétexte à une multitude innombrable de vexations, d'emprisonnements et d'extorsions
péouniaires, furent abolis (2).

Malgré sa victoire sur les émigrés, malgré son traité avec
l'Espagne, qui fut sur le moment accueilli, paraît-il, avec plus
d'enthousiasme que le traité prussien de Bâle, et produisit
même une baisse momentanée dans le prix des denrées, la
Convention était à chaque instant sommée fort peu respectueusement de déguerpir au plus vite. Jusqu'alors beaucoup de
gens l'avaient soutenue parce qu'ils ne pouvaient rien mettre
immédiatement à sa place. Son autorité, disait très bien Mallet
du Pan (t. I, p. 261), « ressemble à une maison que chacun
paraît soutenir de peur qu'elle ne vous écrase » ; mais aussitôt
que la constitution nouvelle fut un peu avancée, tous les modérés l'abandonnèrent. Ce n'était pas que personne au fond
fût enthousiaste de cette constitution. Comme elle devait
mettre fin au régime révolutionnaire, ceux-là mêmes qui l'a-

(1) « La liberté d'écrire a produit la révolution ; cette même liberté la tuera en
se révoltant comme elle le fait chaque jour contre son propre ouvrage. » (Mallet
du Pan, t. I, p. 283.)

(2) Lahaye, au nom des comités de législation et de sûreté générale, demanda
leur suppression « l'invention des certificats de civisme, ne servit qu'à entraver
toute espèce de liberté.... C'est par les certificats de civisme qu'on parvint à
placer dans les comités révolutionnaires cette multitude d'hommes que l'habitude d'un pouvoir inconnu et nouveau corrompit bientôt et rendit les tyrans
des citoyens lorsqu'ils en devaient être les protecteurs. Il n'est pas de départements, de villes et de petits villages, qui n'aient ressenti la maligne influence
de cette institution perfide ». (*Débats et décrets*, thermidor an III, p. 655.)

vaient faite craignaient que son application ne les anéantît politiquement. Les royalistes modérés qui devenaient de plus en plus hardis à Paris (1) désiraient son application légale, parce qu'elle prouverait bientôt l'absurdité d'un gouvernement à cinq têtes, et surtout parce qu'elle ferait cesser le despotisme révolutionnaire, assurerait la liberté de la presse, et bien d'autres libertés souvent violées par les comités de la Convention, et installerait, malgré les survivants des partis révolutionnaires, ce gouvernement quatrevingtneuviste qu'ils n'avaient pu encore établir, et qu'ils avaient cru un instant menacé par l'expédition de Quiberon. Mais ils supposaient naïvement que les électeurs seraient libres de choisir leurs députés, et que cette constitution serait appliquée par des gens qui la respecteraient.

Nous croyons utile d'attirer l'attention de ceux qui cherchent exclusivement la vérité sur une question historique très vivement débattue.

Les écrivains favorables à la révolution ont soutenu qu'il n'y avait eu à Quiberon aucune capitulation; que les soldats républicains, sans y être aucunement autorisés, avaient crié aux royalistes de mettre bas les armes, qu'on leur ferait quartier, et les royalistes auraient eu, suivant eux, l'extrême naïveté de prendre ces offres généreuses pour une capitulation. Ils croient ainsi détruire l'impression douloureuse causée par la violation de la foi jurée et l'horrible massacre des prisonniers; en outre quelques-uns d'entre eux qui cependant se prétendent modérés, soutiennent avec une singulière désinvolture, que ce massacre étant commandé par les lois, ne pouvait être évité.

(1) La Convention fit célébrer l'anniversaire du 10 août, mais cette fête révolutionnaire n'eut aucun succès; les rapports de police disent « 23 thermidor » que les femmes de la halle disaient qu'il vaudrait mieux s'occuper de faire baisser les denrées que de donner des fêtes inutiles, et le 24 qu'on parlait dans les endroits publics, avec beaucoup d'indifférence de la fête, et que l'on témoignait que ce n'était guère l'instant de se livrer à la joie, lorsque la misère se faisait sentir partout. En effet, le louis vaut, le 23 thermidor (10 août), 795 livres en papier, et il montera encore le 30 à 865. L'indigence était si grande à Paris que le comité de salut public, quelques jours après, ordonna de faire aux citoyens peu aisés, aux rentiers, aux fonctionnaires (tous payés en assignats) une distribution de chandelle, de sucre, de morue, à des prix trois fois inférieurs à la vente ordinaire. Il résulte des rapports de police que cet arrêté ne produisit point les heureux effets qu'on en attendait.

Il n'est pas nécessaire qu'il ait été conclu une capitulation écrite, signée, paraphée, datée : pour prouver qu'il n'y avait pas eu de capitulation, n'a-t-on pas soutenu que Hoche et Sombreuil étaient alors dans l'impossibilité matérielle de la rédiger par écrit faute d'encre et de papier! C'est un bien pauvre argument! en guerre on peut parfaitement faire des capitulations verbales qui engagent l'honneur de ceux qui ont ainsi traité. Du reste, si un acte avait été rédigé, il aurait été remis à Tallien, qui, décidé par des raisons à lui particulières à faire massacrer les prisonniers, l'aurait anéanti pour nier impudemment l'existence de toute convention, et sur sa foi, pour excuser les révolutionnaires, on nierait maintenant la capitulation, on dirait : « Montrez-la ! »

Mais Hoche, dira-t-on, aurait été incapable de se prêter à une telle infamie? N'avait-il pas, s'il osait lui résister, tout à craindre d'un proconsul comme Tallien? N'était-il pas très ambitieux?

Les pourparlers avec Humbert et Hoche, a-t-on dit, ne prouvent pas l'existence de la capitulation. Non sans doute; mais comme il est prouvé que ces pourparlers ne pouvaient avoir d'autre but que d'obtenir une capitulation, comme ils ont suspendu le combat, comme ils ont été suivis des actes les plus significatifs, l'existence de la capitulation verbale avec Hoche paraît démontrée. En effet, on a très justement dit qu'elle imposait aux royalistes, d'après leur récit, et devait naturellement leur imposer quatre conditions : 1° faire cesser le feu des Anglais; 2° ne pas se rembarquer; 3° déposer leurs armes; 4° se rendre prisonniers; moyennant quoi leur vie était garantie. Elles ont été toutes réalisées par eux.

Ainsi, Hoche (Rouget de l'Isle qui ne croit pas à la capitulation en convient) exigea qu'on fît cesser le feu des Anglais et déclara qu'il ne pourrait plus laisser personne s'embarquer. Bien plus, il fit cesser son feu. S'il n'y avait pas eu de capitulation, si les émigrés et les chouans n'avaient pas été considérés comme prisonniers de guerre, la conduite de Hoche serait aussi inexplicable que celle des royalistes qui ont fait cesser leur feu et celui des Anglais, et seraient donc restés pour se faire égorger de sang-froid et en détail.

Du reste, l'opposition que Sombreuil, à son retour, rencontra dans ses propres troupes, les protestations de certains émigrés et leur obstination à s'embarquer, prouvent que Sombreuil avait annoncé une capitulation, et que quelques-uns des siens, doutaient avec trop de raison, de la loyauté républicaine. Pourquoi a-t-il dû réitérer l'ordre de cesser le feu quand déjà les révolutionnaires avaient cessé le leur? Pourquoi aussi les bleus voyant des émigrés qui ne croyaient pas à la loyauté de leurs ennemis continuer les embarquements, s'en sont-ils plaints à Sombreuil, au lieu de les en empêcher à coups de canon, ce qui leur était si facile, s'ils n'avaient pas réclamé l'exécution d'une capitulation? Depuis les pourparlers le combat avait cessé; les révolutionnaires ne tiraient même plus sur les Anglais, qui eux continuèrent à tirer jusqu'à l'arrivée à leur bord de Gesril qui les invita à cesser leur feu en vertu de cette capitulation. Et ils le cessèrent en effet, tout en prédisant que cette capitulation serait violée.

« N'eût-ce point été démence à M. de Sombreuil de se livrer, de livrer les siens sans autre garantie que les clameurs d'une soldatesque inconsidérée. » (Rouget de l'Isle). Rien de plus vrai! C'est pourtant ce que prétendent les écrivains qui nient la capitulation! Sombreuil n'était pas fou; c'était un militaire, connaissant très bien les usages de la guerre, absolument incapable de prendre pour une capitulation véritable les cris de quelques soldats, ce que même des femmes et des enfants, dans cette atroce guerre de l'Ouest, n'auraient jamais fait. Il a conféré avec Humbert et Hoche; des témoins très véridiques l'ont vu et ont affirmé qu'une capitulation avait été décidée entre eux, et ce fut dans cette confiance que trois mille cinq cents hommes armés, dont cinq cents au moins retranchés dans le fort neuf, décidés tous à vendre chèrement leur vie, ont mis bas les armes, quand une partie d'entre eux, grâce à une résistance désespérée, aurait pu se rembarquer. Est-ce que les chefs de l'armée révolutionnaire, pour éviter ce dernier assaut qui devait coûter la vie à des centaines de soldats, auraient trop habilement équivoqué dans les pourparlers? On dirait que les écrivains amis de la Révolution ont voulu le faire croire! Nous ne voyons pas quel bénéfice moral la Révolution pourrait en retirer? Si ses fidèles avaient fait croire à une capitulation, pour faire cesser le combat dans la presqu'île et le feu des Anglais, et égorger ensuite à leur aise, et sans l'ombre de danger des ennemis ainsi désarmés, leur crime serait tout aussi odieux que s'ils avaient violé une capitulation conclue avec toutes les formes.

Il est impossible d'admettre que ces trois mille cinq cents hommes dont beaucoup d'émigrés, la plupart condamnés à mort d'avance et le sachant très bien, se soient rendus aussi légèrement, à des troupes révolutionnaires commandées par des proconsuls féroces et incapables de la moindre générosité. Il leur fallait des affirmations bien positives, et ils n'ont pas pu ne pas y penser. Ils auraient donc lorsque la flotte anglaise canonnait les révolutionnaires, livré leurs armes, renoncé à toute chance d'embarquement, pour se livrer eux-mêmes à l'abattoir.

Aussi les prisonniers ont-ils prouvé de bien des manières qu'ils

13.

croyaient fermement à la capitulation. Prêtres et laïques ont protesté au moment d'être égorgés, qu'elle avait eu lieu. Comment de pareils hommes auraient-ils tous menti ? et à quoi bon ce mensonge dans leur situation ? Dira-t-on qu'ils voulaient émouvoir les membres des commissions ; mais cette ruse eût été bien naïve, et d'ailleurs après, tant de massacres, tant de sang versé, pouvait-on se flatter d'émouvoir les agents de la Révolution, des brutes et des esclaves tremblants ! On ne songeait pas plus à discuter avec eux qu'avec le bourreau, ou le peloton d'exécution ! A Lyon et dans l'Ouest, on avait conduit à l'échafaud ou à la fusillade des troupeaux de prisonniers de tout âge et de toute condition, après les avoir fait défiler devant des commissions : les seuls prisonniers de Quiberon ont fait entendre une protestation, et elle a été appuyée par les soldats ! On est réduit à soutenir que ces prisonniers ont cru à une capitulation, c'est-à-dire qu'ils ont tous rêvé la même chose !

Mais cette capitulation, les républicains y ont cru, et ces militaires savaient très bien la différence qui existe entre une capitulation simplement sollicitée et une capitulation effectuée ! Et ce qui est bien plus fort, quelques-uns en ont prévu la violation par les proconsuls et ont invité vainement les royalistes à s'enfuir ! Et s'il n'y avait pas eu de capitulation à violer, ce qui est une chose grave, même pour des consciences de conventionnels, aurait-on commencé les exécutions si longtemps après la victoire ? Pourquoi n'a-t-on pas immédiatement procédé contre les émigrés rentrés les armes à la main, comme la loi l'ordonnait formellement ? On n'avait pas besoin d'attendre les ordres de la Convention, on ne le devait même pas, et l'on n'a pas hésité par humanité : la férocité froide et réfléchie avec laquelle le massacre a été ensuite accompli ne le démontre que trop !

La première commission est immédiatement cassée parce qu'elle refuse de juger et déclare son incompétence « fondée sur quoi, je l'ignore, » dit bien vite Rouget de l'Isle, et il ne se demande pas ce que contenaient certaines pièces concernant cette commission qui ont été soigneusement anéanties. Tant les partisans les plus honnêtes de la Révolution ont peur de la lumière ! beaucoup d'officiers refusent de faire partie des commissions, des soldats de la ligne refusent de fusiller les condamnés, voilà des preuves. Vit-on jamais rien de semblable ! Pour que des refus aussi contraires à la stricte discipline et aux habitudes révolutionnaires fussent possibles dans une armée où d'habitude on versait avec bonheur le sang des émigrés, ou de ceux qui étaient désignés comme tels, il fallait que l'honneur militaire se sentît bien gravement atteint.

On a allégué qu'une capitulation avec des émigrés était impossible.

Mais il y avait à Quiberon un mélange d'émigrés et de chouans, et déjà la république avait, à la Jaunais et à la Mabilais, peu de temps auparavant, traité d'égal à égal avec les Vendéens et les chouans qui avaient parmi eux des émigrés. Ses généraux, ses conventionnels avaient traité avec un émigré Cormatin, avec d'autres émigrés rentrés, et pour proclamer la paix s'étaient montrés aux populations avec eux bras dessus bras dessous. Et pour exécuter ces traités ils avaient dérogé aux lois sur les émigrés; ils avaient mis en liberté, sous les yeux de Hoche, Boisbaudry, Vasselot, Prigent et de Pange, tous émigrés rentrés et bien reconnus pour tels. Mais les révolutionnaires n'hésitent jamais à violer, lorsqu'ils y trouvent leur profit, les lois qu'ils proclament les plus inviolables. A Quiberon même, ils n'ont pas inquiété de nombreux soldats républicains, qui avaient passé aux royalistes, et étaient aussi sévèrement proscrits que les émigrés! Du reste, on s'entendit avec la flotte anglaise.

D'ailleurs, la capitulation n'était pas simplement un acte d'humanité, l'armée de la Convention avait intérêt à terminer les hostilités. Pour anéantir les royalistes, il fallait encore sacrifier beaucoup de monde, et des renforts anglais pouvaient arriver d'un moment à l'autre.

Les écrivains libéraux ont adopté la version de Puisaye et de Vauban qui nient la capitulation. Mais aucun d'eux n'était présent au moment où cette capitulation fut décidée. Les mémoires de Vauban sont très suspects, d'abord à cause de la situation très difficile de leur auteur, ensuite il y a lieu de croire qu'ils ont été en partie dictés par Fouché, et il paraît que Vauban les a désavoués plus tard. Puisaye avait déserté son armée quelques heures auparavant; flétri par son parti, il a essayé par tous les moyens possibles de faire retomber sur les siens le désastre dont on lui imputait la responsabilité. Dans l'espoir de se justifier, il a accusé, calomnié, lancé les assertions les plus invraisemblables.

Quant aux dénégations de Tallien et de Blad, elles ne peuvent avoir aucune valeur, car elles sont trop intéressées. Quelle foi méritent d'ailleurs les discours de pareilles gens? Quand bien même Tallien n'aurait pas été un septembriseur il ne devrait pas moins être considéré comme un drôle dont la parole, même dans une circonstance où il n'aurait pas le plus grand intérêt à mentir, ne devrait avoir aucun poids. Les proconsuls après la reddition de Quiberon n'avaient manifesté aucune intention sanguinaire. Rouget de l'Isle qui est allé de Quiberon à Paris avec Tallien, affirme que pendant ce long trajet il ne songeait qu'à sauver les émigrés, et à faire appel habilement à la générosité de la Convention. Il aurait donc joué une

vile comédie, car c'est lui qui est venu demander à la Convention
d'égorger les prisonniers, qui pour exciter encore sa soif de sang,
a fait devant elle l'ignoble parade du poignard empoisonné! Pourquoi a-t-il agi ainsi? parce que sa femme venait de le prévenir que
le comité du salut public avait des preuves de ses relations secrètes
avec les royalistes, grâce à Sieyès qui les avait disait-on trouvées en
Hollande. L'aveu d'un traité avec les royalistes vaincus achevait de
le perdre. Aussi a-t-on anéanti toutes les pièces de quelque importance sur Quiberon. Croit-on qu'un misérable comme Tallien, pour
conjurer un aussi grand danger, ait pu hésiter à nier une capitulation? Et il aurait fait de même pour se sauver d'un danger moins
pressant. Ce fourbe avait intrigué avec l'Espagne dans l'intérêt du
Dauphin, et après sa mort il intriguait encore pour mettre sur le
trône de France un infant d'Espagne, et pour masquer ses diverses
machinations, il proposait les mesures les plus terroristes (1).

Hoche s'est tu : ceux qui ont ordonné le massacre des prisonniers
et l'ont imposé à l'armée indignée ont enjoint au général et à ses
officiers de garder le silence. Et Hoche qui était en réalité l'inférieur
des proconsuls, qui peu de temps auparavant avait été destiné à
l'échafaud par des conventionnels, leur a obéi. S'il protestait, ce
pouvait être une lutte à mort entre lui et Tallien. Il s'est dit qu'après
tout les proconsuls et la Convention étaient seuls responsables de
cette violation atroce de la foi jurée : il s'est lavé les mains du sang
des prisonniers! Il faut vraiment bien peu connaître les hommes
politiques et les généraux de la Révolution pour soutenir que si la
capitulation avait existé, Hoche aurait fait une protestation cheva-
leresque extrêmement périlleuse pour lui-même, et très probablement inutile aux prisonniers. Le 9 thermidor l'avait sauvé de l'échafaud; mais comme tant d'autres, cet homme si brave sur le champ
de bataille, était resté terrorisé à l'égard du gouvernement révolutionnaire. Une protestation de sa part pouvait amener un scandale
épouvantable et le perdait certainement : Tallien était capable de
l'accuser devant la Convention de quelque noire trahison; et le général connaissait déjà par une triste expérience la crédulité des révolutionnaires en pareille matière, et prévoyait que son désir de sauver

(1) A la séance du 1er brumaire suivant (23 octobre) Thibaudeau accusa formellement Tallien « Les agents du gouvernement à Gênes et à Venise ont écrit,
il y a quelque temps, que les émigrés comptaient beaucoup sur Tallien pour
rétablir le royalisme. Une lettre du prétendant Monsieur, signée de lui, annonce
qu'il a de grandes espérances sur Tallien. Les pièces existent aux comités. »
(Débats et décrets, vendémiaire an IV, p. 465-505) Voir aussi la lettre de Wickham
citée plus bas p. 260. Le 2, Boudin reconnut que le Comité avait reçu ces dé-

les prisonniers serait odieusement exploité contre lui. Il se croyait
appelé à de hautes destinées, et son ambition ne se laissait pas arrêter par des scrupules : il l'a bien montré lors du coup d'État de fructidor. D'ailleurs un général victorieux devenait bien vite suspect à la
Convention et il fallait peu de chose pour en faire un traître à ses
yeux. Déjà Hoche avait été sur le point d'être récompensé comme
Custine, Houchard, Beysser, Westermann. Il se dit qu'il y allait
de sa situation militaire, peut-être de sa vie; et que les prisonniers
ne seraient pas épargnés. Il se résigna donc à courber la tête et
à paraître accepter les affirmations des proconsuls. Mais pour s'être
abstenu de les démentir, il se trouva lié à eux, et intéressé comme
eux à faire croire qu'il n'y avait pas eu de capitulation. Peut-être
crut-il qu'il lui suffisait pour être en règle avec l'honneur de ne pas
diriger lui-même le massacre, et de le laisser faire par un autre?
Il n'est même pas impossible qu'il ait été obligé de soutenir à ce
sujet une lutte très vive contre les exigences des proconsuls!

Nous croyons (1) à l'existence d'une capitulation verbale tout au
moins, à une violation odieuse des lois de l'honneur. Les partisans de
la Révolution se récrient contre cette accusation, mais ils laissent très
bien voir que si la violation était authentiquement prouvée, ils l'ex-
cuseraient et croiraient même pouvoir la justifier. Si la Convention
avait refusé de tenir compte d'une capitulation hautement avouée, ces
modérés qui cherchent toujours des excuses à la révolution jacobine,
dans l'espoir constamment déçu de se concilier les jacobins modernes,
s'ingénieraient à excuser ce massacre, en essayant de démontrer
que la Convention était dans son droit strict et que cette violation
n'était qu'une vétille!

nonciations contre Tallien, mais on garda le silence, dit-il, et sa conduite à Quiberon le justifia. Il dut s'arranger avec certains collègues.

(1) Avec bien d'autres. Voir notamment sur Quiberon, les lettres de M. de la
Villegourio échappé au massacre et l'ouvrage de M. Chasles de la Touche (1838).

CHAPITRE VI.

PAIX AVEC L'ESPAGNE.

I.

Les révolutionnaires français cherchèrent constamment à exploiter et opprimer la république de Gênes (1). Au début

(1) On ne peut même pas soutenir, pour excuser la conduite des révolutionnaires, envers Gênes, que cette république était usée, décrépite. Cette prétendue excuse est profondément immorale. Mais Gênes était toujours florissante, et son peuple montrait beaucoup d'activité et de vigueur. Depuis deux siècles et demi, son gouvernement aristocratique n'avait pas été modifié. Ses deux conseils étaient composés de nobles, et le Grand Conseil nommait le Doge; mais cette oligarchie n'était point tyrannique. « Il y avait, dit Botta, révolutionnaire indé-

des guerres de la révolution, elle s'était décidée à garder une
neutralité désarmée. Voisine de la France et du royaume de Sardaigne, elle avait d'autant plus de peine à faire respecter sa
neutralité que la Sardaigne possédait des enclaves sur son territoire. D'un autre côté, Anglais et Français semblaient prendre plaisir à violer la neutralité de ses ports; chacune de ces
deux nations cherchait à compromettre Gênes avec l'autre. En
1793 la frégate française *la Modeste*, mouillée dans le port de
Gênes, fut attaquée par deux vaisseaux anglais qui s'en emparèrent après avoir massacré une partie de l'équipage; les
Français protestèrent avec indignation. Les représentants Robespierre jeune et Ricord lancèrent une proclamation furieuse.
Le Sénat de Gênes maintint sa neutralité, et, pour éviter une
invasion, s'engagea à payer quatre millions tournois, moitié
au trésor national à Paris, moitié à la caisse de l'armée d'Italie. Néanmoins, le comité de salut public chercha un prétexte
pour entrer sur le territoire génois, et déclara le 19 ventôse an II
(9 mars 1794) qu'il lui était indispensable d'attaquer Oneglia,
ville appartenant au roi de Sardaigne et enclavée dans le territoire de la République (1). Le 10 germinal, les représentants
Robespierre jeune, Ricord et Salicetti signifièrent aux Génois
que leur territoire allait être traversé par les troupes françaises
qui devaient attaquer Oneglia. Ils leur firent les plus belles
promesses : d'ailleurs, le peuple français, instruit du dessin
conçu par les tyrans « de s'emparer des États de Gênes pour
les mettre sous la domination du despote piémontais » et at-

pendant, une vigilance continuelle; tous les yeux y étaient ouverts sur la souveraineté des nobles, non qu'elle fût tyrannique, mais parce que, dans le principe, elle n'avait pas été saisie par la noblesse, mais accordée par le peuple. »
Aussi, le véritable peuple tenait énergiquement à sa vieille et glorieuse République, à sa religion si atrocement persécutée par les révolutionnaires; il se
lèvera tout à coup pour les défendre, et donnera ainsi un démenti sanglant à
ces révolutionnaires, étrangers pour la plupart, qui prétendent les renverser en
son nom. La République de Gênes n'est point morte de vieillesse; elle a été
anéantie par la force brutale.

(1) « On nous opposait des arguments diplomatiques, disait Barère à la Convention, mais cette *science mensongère et astucieuse* devait disparaître devant le
droit éternel des nations et devant les besoins impérieux de la liberté... Ce
n'était pas un succès militaire qu'il nous fallait, mais un succès politique
dans le midi de l'Europe... » Séance du 26 germinal. (*Journal des Débats et décrets*, germinal an II, p. 427.)

taquer la France plus aisément, a été obligé de les prévenir. Le comité a l'impudence de se poser en protecteur, presque en libérateur des Génois dont il envahit le territoire.

Cette République était dans le plus cruel embarras. Drake, amiral d'Angleterre, et Moreno, amiral d'Espagne, lui ordonnaient brutalement de rompre avec la France. En effet, grâce à sa situation, la neutralité de Gênes se trouvait être plus avantageuse à la France qu'à ses ennemis. L'Angleterre exigea qu'elle lui livrât tous les bâtiments chargés de vivres pour Marseille. Le Sénat refusa et maintint la neutralité; mais Drake lui déclara le blocus. Gênes se voyait donc menacée sur -mer par les Anglais, et envahie dans son territoire par les Français, pour avoir voulu garder la neutralité; et chaque nation l'accusait de se départir de cette neutralité en faveur de son ennemie.

Paoli, secondé par les Anglais, avait soulevé la Corse contre la Convention, et de nombreux corsaires corses, protégés par la marine anglaise, parcouraient la Méditerranée; Paoli les lança contre Gênes. L'Angleterre leva le blocus, mais déclara que les corsaires corses autorisés pouvaient capturer tous les bâtiments en destination pour la France ou venant de ses ports.

Ainsi les nombreux bâtiments génois qui portaient des vivres en France étaient livrés aux corsaires; le commerce génois subissait de grandes pertes, et les révolutionnaires, privés d'une partie des avantages que la neutralité de Gênes devait, suivant eux, leur procurer, s'en prenaient à la malheureuse république.

Ils ne se contentèrent point d'occuper Oneglia : Français et Autrichiens passèrent et repassèrent sur le territoire génois pour s'y livrer bataille; les troupes françaises s'y cantonnèrent et commirent de graves dégâts. Néanmoins, le gouvernement génois, contraint par la nécessité, s'attacha à ménager la Convention. L'agent français Tilly ne se contentait pas de faire hautement le jacobin, il organisait presque ouvertement le parti révolutionnaire à Gênes afin de renverser son gouvernement s'il ne se conduisait pas en vassal du comité de salut public. Il fut remplacé, en fructidor an II, par Villars. Le gouvernement génois n'avait pu voir qu'avec satisfaction la révolution de thermidor; aussi Villars, dans sa correspondance, déclare que ce gouvernement est très aimable pour lui. Il jouit à Gênes d'une grande influence; il a fait remettre en liberté des patriotes génois accusés de tentatives révolution-naires; il fait une guerre acharnée aux émigrés; le gouverne-ment le seconde très activement dans ses recherches contre les fabricateurs de faux assignats :

« Tous les vrais Français sont protégés ici comme en France; en un mot la nation y est respectée, considérée à ce point que les ministres des autres cours sont réduits à y traîner une existence pénible. Celui d'Angleterre a déjà pris congé. Voilà des faits, ils suffiront pour vous fixer sur mon existence politique dans ce pays.

« Je viens d'apprendre que le *roi des marmottes* va me faire sonder sur nos dispositions à son égard, et l'on doit finir, m'a-t-on dit, par des ouvertures de paix. J'ai l'orgueil de croire que vous vous repose-rez sur moi du soin de traiter le porteur de paroles comme vous le traiteriez vous-même (1). »

Ce fier républicain déborde de vanité, parce qu'il va peut-être conférer avec un agent du roi de Sardaigne.

Il se vante sans doute; mais il est clair que la République de Gênes ménage beaucoup la République française. Celle-ci ré-clame impérieusement la neutralité de Gênes; mais elle ne veut en prendre que ce qui lui est commode et sans lui tenir aucun compte des obligations que cette neutralité lui impose à l'égard des autres États. Elle s'appliquera de plus en plus à se servir de la République de Gênes, à l'exploiter même, en in-voquant sa neutralité, mais en lui demandant avec persistance de la violer plus ou moins secrètement à son profit. Au début, elle fera quelques efforts pour éviter de la compromettre. Plus tard elle formulera publiquement des exigences tout à fait incompatibles avec la neutralité. Le Sénat de Gênes la maintient; mais chacun des belligérants la viole un peu, et reproche amèrement au Sénat de la laisser violer, comme s'il était assez fort pour imposer à la fois à l'Angleterre et à la France le respect scrupuleux de cette neutralité. La révolu-tion française finira par se montrer la plus exigeante.

(1) Lettre du 13 brumaire an II. — (Arch. nat., AF, III, 65.)

Le gouvernement génois, qui est de beaucoup le plus faible, se défend avec habileté; et les révolutionnaires ne cesseront de l'accuser de fourberie, de trahison, parce qu'il refusera de prendre sournoisement parti pour eux, parce qu'il
protestera contre leurs agents qui veulent le traiter en vassal
et même en pays conquis, et cherchent secrètement à le renverser par les manœuvres les plus déloyales. Il faut reconnaître que le comité de salut public thermidorien se montra
d'abord plus loyal dans ses rapports avec la République de
Gênes que le Directoire, gouvernement beaucoup plus régulier en apparence, Ainsi Boccardi, chargé d'affaires de la
République de Gênes à Paris, était fréquemment obligé de
défendre son gouvernement contre des accusations d'agents
révolutionnaires infimes qui intriguaient à Gênes, et prétendaient que le Sénat apportait des entraves au transport des
fourrages pour l'armée d'Italie. Boccardi, tout en donnant des
explications précises sur cette accusation, dénonça au Comité,
par une note très probante et très digne à la fois, les étranges
procédés de ses chargés d'affaires. Tilly, prédécesseur de
Villars, avait distribué des patentes et des cocardes à une collection de médecins, chirurgiens, pharmaciens et gens de
diverses professions pour les services qu'ils étaient censés
rendre à l'ambassade française, et cette ambassade prétendait
que tous ces individus, munis de ses cocardes et de ses brevets, étaient par là même soustraits à la juridiction de leur
pays, et couverts par l'immunité diplomatique. Ces révolutionnaires ardents, chefs de sociétés secrètes, étaient associés
aux intrigues de ces nombreux révolutionnaires français du
Midi qui venaient à Gênes faire les matamores, et insulter publiquement le gouvernement, et le Sénat n'osait pas les poursuivre, de peur que l'ambassade française ne lui cherchât une
mauvaise querelle, sous prétexte de protéger ses nationaux.
Les patentés de cette ambassade étaient donc citoyens génois
pour exercer leurs droits, pour crier contre leur gouvernement,
pour organiser des conspirations; mais ils devenaient Français et inviolables aussitôt que la justice prétendait examiner
leurs actes. Boccardi établit catégoriquement que Tilly avait
empiété de la manière la plus audacieuse sur les droits de la

République, en essayant d'assurer, par un stratagème déloyal, l'impunité la plus complète à une bande de perturbateurs, et demanda que les patentes ainsi distribuées fussent annulées. Le Comité de salut public (qui ne connaissait peut-être pas les agissements de Tilly), fut un peu ému de la note de Boccardi. Il se montra raisonnable, et répondit, le 5 germinal, qu'il ne pouvait approuver ces manœuvres et qu'il donnerait satisfaction si ces faits étaient prouvés; et le lendemain il écrivit à Villars d'éclaircir cette affaire et de retirer ces patentes, « à moins que des circonstances particulières ne justifient les mesures prises par le citoyen Tilly ». Ce groupe révolutionnaire franco-génois avait été organisé par Tilly au beau temps de la Terreur; il fut bientôt en guerre avec son successeur (1). Aussi Villars finit par déclarer, le 25 messidor, qu'il abandonnait presque toutes les patentes délivrées par son prédécesseur, sauf deux qu'il expliquait par des services médicaux rendus à l'armée française. Mais l'ambassade française n'en continua pas moins de protéger des perturbateurs génois, et le groupe révolutionnaire français ne fut pas dissous mais réorganisé d'après les procédés thermidoriens.

Le Comité se montra encore très raisonnable avec la République de Gênes dans une autre affaire. Le général Pigeon, commandant des troupes françaises qui occupaient Vado, pays génois, voulait que ses officiers et ses soldats fussent autorisés, par le gouverneur de Savone, à payer en papier, et que le gouvernement lui-même obligeât les Génois, par une proclamation, à recevoir des assignats. Boccardi protesta vivement, le 6 floréal (25 avril), contre cette exigence et prouva qu'elle nuirait bientôt à l'approvisionnement de l'armée (2). Le 9 le Comité lui répondit qu'il ne tolérerait pas une semblable pré-

---

(1) Le 22 floréal Villars dénonce très vivement au Comité ces Français qui à Gênes profanent la cocarde nationale, déblatèrent contre leur gouvernement, et surtout depuis les événements du 12 germinal, le calomnient « avec une impudence sans égale ». Ce sont des hommes affreux, immoraux, sanguinaires, qui ont surpris des commissions au gouvernement. La lutte entre les thermidoriens et la queue de Robespierre est très vive à Paris : Villars voudrait être débarrassé des Robespierristes de Gênes organisés par son prédécesseur, et qui entretiendraient encore, s'il faut l'en croire, une correspondance active avec lui.

(2) Archives, AF, III, 65. Le louis de 24 livres valait alors 238 livres en papier. L'assignat perd donc près de 90 pour cent.

tention, et le 11 il enjoignit aux représentants en mission de ne pas laisser les généraux imposer les assignats ; et le conventionnel Beffroy réprimanda l'un d'eux assez sévèrement pour cet excès de zèle (1). Le Directoire, au contraire, ne devait négliger aucune occasion de dépouiller la république amie.

Le gouvernement génois avait tout lieu de craindre que la France ne s'emparât d'une partie de son territoire, soit pour l'annexer, soit pour faire la paix à ses dépens avec le roi de Sardaigne. Il manœuvra avec son habileté bien connue, et obtint du Comité de salut public la promesse formelle de ne pas conclure des arrangements qui lui seraient préjudiciables (2). Aussitôt, il lui demanda de restituer à Gênes, à la paix prochaine, le pays de Viosenna, situé entre le Piémont et le comté d'Oneille, et envahi depuis 1788 par le roi de Sardaigne (13 prairial). Mais le Comité, assez embarrassé d'être si vite pris au mot, lui fit une réponse évasive.

Le Sénat fait de grandes avances au Comité, supporte patiemment l'arrogance et les incartades des agents français et de leur séquelle, mais se trouve bientôt obligé de résister à des exigences nouvelles. L'Autriche et la France comprennent sa neutralité chacune à son avantage. Le général autrichien de Vins déclare envahir le territoire génois parce que les Français l'ont occupé, et menacent ainsi la Lombardie. Gênes répond que, s'ils occupent son territoire, c'est bien malgré elle, et proteste contre toute occupation autrichienne. Le 4 messidor (22 juin 1795), un détachement français, se prétendant poursuivi par les Autrichiens, veut se retirer sur le glacis de la forteresse de Savone. Le commandant génois fait tirer dans sa direction pour l'éloigner. Le lendemain les Français, poussés par les Autrichiens, malgré le feu de la forteresse, gagnent le glacis, sautent les palissades, baissent les armes et demandent l'asile et la protection du fort. Les Autrichiens

(1) « J'ai peine à croire que vous vous soyez écarté à ce point et de la ligne de vos devoirs, et des principes qui doivent vous diriger avec une nation neutre. » (11 prairial. Arch., *Ibid.*)

(2) « M. Boccardi voudra bien assurer son gouvernement, que *dans aucun cas*, il ne pourra entrer dans les principes des représentants du peuple français de consentir à des arrangements préjudiciables aux droits d'une nation voisine et amie. » (Note du Comité de salut public du 23 floréal an III. Arch. nat., AF, III, 65.)

tirent toujours, et les Français ripostent; les Autrichiens
finissent par se retirer; mais Français et Autrichiens se plain-
dront également du commandant génois. Dans une note du
4 thermidor, le Comité prétendit que les Gênois, pour faire
respecter leur neutralité, montraient beaucoup plus d'énergie
contre les Français que contre les Autrichiens. Le Comité
était de très mauvaise humeur, parce qu'il désirait secrètement s'emparer de la forteresse de Savone; il aurait voulu que
les soldats français eussent pu profiter de cette bagarre pour
s'y introduire et y rester indéfiniment. Aussi, le mois suivant,
ses agents proposèrent, avec son approbation, au Sénat de
Gênes, d'introduire secrètement dans cette forteresse des officiers et sous-officiers français d'artillerie, déguisés, parce que,
disaient-ils, les artilleurs génois n'étaient pas assez exercés;
on introduirait plus tard dans la forteresse des troupes d'artillerie, d'accord avec le Sénat. Mais celui-ci ne pouvait tomber dans un piège aussi grossier. Le Comité, furieux d'avoir
été deviné, se mit à lui envoyer des notes très aigres en l'accusant de favoriser les ennemis de la France (1).

Et pourtant les Autrichiens et les Anglais venaient de déclarer formellement à Gênes que son système de neutralité admettait trop d'accommodements en faveur des révolutionnaires.
Le 18 août (1 fructidor), le général de Vins avait fait à la République une déclaration solennelle. Il annonça la restitution d'un
navire pris par un corsaire, mais signifia qu'à la suite de la
paix qui venait d'être conclue entre la France et l'Espagne, tous
les bâtiments génois chargés de blé, comestibles et provisions
quelconques pour l'Espagne, seraient capturés, et irrémissi-
blement déclarés de bonne prise. En outre, le général déclara
que la République de Gênes était en faute pour avoir laissé
les Français envahir son terroire (2). Ils avaient ainsi occupé

(1) Le 15 fructidor, le Comité écrivait à Villars qu'il avait permis l'introduction de Français dans la forteresse de Savone, mais que le gouvernement
génois était presque gagné à la coalition Austro-Sarde, et que la neutralité
n'était pour lui qu'un moyen de nuire à la France. Les Anglais avaient envahi
la rade d'Alassio et enlevé sept péniches chargées de provisions pour l'armée
française; par sa note du 14 fructidor (31 août), le Comité en rendait presque
la République de Gênes responsable. (Arch., AF, III, 65.)

(2) Ainsi chacun des belligérants reproche à la République de Gênes d'avoir

certaines localités, dont les Autrichiens ne les avaient débusqués qu'en sacrifiant des hommes; aussi ce territoire aurait pu être considéré comme conquis, et la Sérénissime République ne doit qu'à la bonté de l'empereur d'avoir conservé sur lui tous ses droits de souveraineté. Cette bonté est d'autant plus grande, que l'empereur est en droit de se plaindre vivement des procédés de la République à l'égard de son armée. Et il récrimina tout autant que les Français contre la conduite de Spinola, commandant de la forteresse de Savone. L'Angleterre interdit également à Gênes d'expédier des provisions en Espagne, en déclarant que ses vaisseaux seraient de bonne prise.

Le Comité, voyant que Gênes allait être obligée de se renfermer à son égard dans une stricte neutralité, résolut de la contraindre à changer de politique, pour devenir son alliée effective, et bien plus sa vassale. Le 24 fructidor (10 septembre), il signifia très nettement à Villars ses intentions.

« Dans la privation absolue où nous sommes de vos lettres, nous sommes obligés de fonder sur deux hypothèses les instructions que nous allons vous donner.

« 1° Si c'est par pusillanimité que le Sénat de Gênes continue à essuyer les insultes de l'Autriche et de l'Angleterre, nous sommes disposés à le rassurer, en employant tous les moyens qui sont en notre pouvoir pour maintenir son autorité et l'intégrité de la République génoise. Pour cet effet, nous vous autorisons à *proposer formellement un traité d'alliance offensive et défensive pour toute la durée de la guerre*, par lequel nous nous engagerions à ne poser les armes que lorsque la liberté du commerce génois serait complètement rétablie, et les troupes étrangères chassées du territoire de Gênes.

« 2° Si au contraire il était évident que le Sénat favorise secrètement les ennemis de la France, vous déclarerez, en prenant pour texte la dernière note du général de Vins, qu'à l'exemple des Autrichiens la France considérera comme pays ennemi le territoire génois occupé par l'armée impériale, et que, suivant l'exigence des cas, elle traitera comme pays conquis la partie de ce territoire occupée par ses propres troupes (1); qu'après tant d'infractions aux lois de bon

---

(bien malgré elle) laissé entrer l'autre. Mais les Français sont entrés les premiers.

(1) L'Autriche avait déclaré précisément qu'elle n'agirait pas ainsi.

voisinage, il n'y aura plus lieu d'opter entre une *neutralité perfide* et une guerre ouverte, et que ce dernier parti conviendra le mieux à la loyauté du peuple français.

« S'il était nécessaire d'en venir à cette extrémité, vous auriez soin de répandre indirectement dans le public que c'est à regret que le Comité de salut public se voit obligé de rompre avec un peuple qu'il avait toujours considéré comme l'allié naturel de la France, mais que la politique astucieuse du Sénat et son attachement pour la coalition lui imposent ce devoir rigoureux, et que les hostilités n'auront d'autre objet que de soustraire le peuple génois à un joug d'autant plus humiliant que le Sénat lui-même paraît s'être ligué avec ses ennemis pour l'opprimer. »

En un mot, il faudra soulever la révolution dans cette République, et, sous prétexte de l'affranchir, en faire un État vassal comme la République Batave.

« Nous n'avons pas besoin de vous dire, citoyen, que la démarche dont il s'agit dans la deuxième hypothèse doit avoir pour objet principal *d'intimider le Sénat,* et qu'avant de prendre un parti décisif vous devez attendre les ordres ultérieurs que nous vous donnerons (1). »

Le lendemain, 25 fructidor, le Comité envoya une note à Boccardi pour protester vigoureusement contre les déclarations de l'Angleterre et de l'Autriche, et sommer Gênes de se ranger de son côté, de se prononcer « d'une manière ferme et courageuse (2). » Il déclarait avoir trop haute opinion de la sagesse et la prévoyance du Sénat pour croire que, soutenu par lui, il sacrifierait les intérêts véritables de son pays « à la faible considération de *quelques inconvénients* qui pourraient résulter d'une opposition ferme et généreuse. » Mais ces inconvénients paraissaient énormes au Sénat, car il s'agissait tout simplement de l'asservissement le plus complet à la France, et du renversement de l'antique constitution de Gênes. La République devait s'attendre à être durement traitée par

---

(1) Cette lettre est signée Sièyes, Berlier, Daunou, Le Tourneur. — (Arch., *ibid.*)

(2) « Ce n'est que par des mesures vigoureuses que la République de Gênes pourra conserver sa souveraineté, et convaincre le peuple Français de la sincérité de ses sentiments. »

les coalisés, si la France était vaincue; mais la victoire de cette terrible alliée lui coûterait certainement son indépendance.

Le Comité, qui veut commander à Gênes comme à Amsterdam, écrit à Villars qu'il ne doit accepter aucun subterfuge, « notre situation à l'égard de Gênes devenant de jour en jour plus critique » (29 fructidor). Il cherche des prétextes pour s'établir en maître sur le territoire génois. Selon lui un parti dans la République est systématiquement hostile aux Français; ce parti veut peut-être livrer Savone aux Autrichiens. Ici l'on voit passer le bout de l'oreille. Il feint de s'inquiéter de cette place; le gouverneur a-t-il ordre de se défendre? a-t-il ce qu'il lui faut? Villars, ainsi prévenu, va jouer la comédie (1). Mais, comme les Génois sont des négociateurs habiles, on lui adjoint Cacault : « la longue expérience et les connaissances locales de cet agent vous seront du plus grand secours. »

A Paris, Boccardi négocie habilement avec le Comité. Le Sénat de Gênes joue serré et n'oublie rien. Des plénipotentiaires sont réunis à Bâle; on parle de négociations entre la France et le roi de Sardaigne. Le Sénat de Gênes envoie à Bâle un agent, Assereto, pour le tenir au courant, et rappeler aux plénipotentiaires réunis les traités qui garantissent les droits de la République. Boccardi en fait part au Comité le deuxième jour complémentaire (18 septembre) dans une note très habile où il le flatte beaucoup. Son gouvernement, dit-il, a été alarmé « de nouvelles tentatives ambitieuses d'une puissance voisine et ennemie naturelle de Gênes, et les mauvais tours que le cabinet de Turin a joués à la République de Gênes, quoique neutre, lors des traités de Vienne et de Worms, sont de nature à justifier ses appréhensions. » Il rappelle adroitement les engagements déjà pris par le Comité, et vante la modération dont il vient de faire preuve dans son traité avec l'Espagne. Le Comité, qui aurait fait volontiers la paix avec la Sardaigne aux dépens de Gênes, fut peu satisfait

---

(1) Le Comité envoya en même temps une note en réponse à celle du général de Vins. Il prétendait avoir simplement prévenu les Autrichiens.

de la prévoyance des Génois; cependant il répondit à Boccardi le 1ᵉʳ vendémiaire qu'il était « contraire à ses principes et à ceux de la République française d'accéder à aucune stipulation préjudiciable aux droits des puissances qui n'auront pris aucune part à la guerre (1). »

Mais il n'en était pas moins décidé à compromettre Gênes vis-à-vis des coalisés, afin de la tenir à sa discrétion. Dans ce but il travaillait à se faire remettre Savone par intimidation. Il prétendait audacieusement que cette forteresse était menacée par les Autrichiens, et que les soldats de Gênes ne sauraient pas la défendre. Villars envoya coup sur coup au Sénat, les 5, 12 et 19 vendémiaire an IV, trois notes menaçantes sur Savone. Il espérait que le Sénat, effrayé de cette insistance, laisserait entrer des troupes françaises dans cette forteresse; mais, le 19, il lui fut répondu que les Autrichiens n'occuperaient jamais Savone, et qu'on était décidé, s'ils se présentaient dans ce but, à les repousser par la force. Le 20, Villars renouvela encore ses exigences au sujet de cette place : on croit, dit-il, que sa garnison manque d'artilleurs de tous grades; la France en offre aux Génois; et il adressa des menaces très graves au Sénat (2), pour le cas où il s'obstinerait à refuser ce prétendu secours. Mais le Sénat ne se laissa point intimider; il répondit que les artilleurs de la garnison de Savone étaient tout disposés à faire leur devoir et capables de bien défendre la place; qu'il lui était donc impossible d'admettre des étrangers dans cette garnison sans violer la neutralité (1ᵉʳ brumaire). Il se contenta de faire une allusion fine aux menaces de révolution que Villars lui avait adressées dans sa lettre du 20. Villars écrivit au Comité, en lui envoyant cette note, que son plan avait été deviné. Rien n'était plus aisé.

II.

La République de Venise avait toujours observé à l'égard de la France une scrupuleuse neutralité. Elle avait su pourtant que

(1) Arch. nat., AF, III, 65.
(2) Il le menaça de la colère de la France, et lui donna clairement à entendre qu'elle susciterait contre lui une révolution à Gênes. (Arch., *ibid.*)

la République française avait intrigué à Constantinople pour jeter la Turquie contre elle. Aussi l'Empereur eut soin de faire ressortir cette perfidie pour décider Venise à se liguer avec lui contre la France. Il déclara nettement au Sénat que des gens comme les révolutionnaires français ne s'arrête-raient pas à ses frontières « parce qu'ils y verraient écrit, neutralité » et que le salut de tous ne pouvait sortir que d'un effort général. Venise persista dans sa neutralité.

Les victoires des Français sur les Alpes et l'occupation par leurs troupes d'une partie du territoire de la République de Gênes, mirent les Vénitiens dans un grand émoi. Les uns disaient que les armements demandés écraseraient les finan-ces et irriteraient les belligérants; les autres, dirigés par le célèbre procurateur Pesaro (1), tenaient à ce que leur Répu-blique se mît au moins en état de défense, et se déclaraient fort peu touchés d'entendre la République française appeler doucereusement Venise, « sa sœur aînée ». Ils l'emportèrent. Les mesures défensives furent décrétées, mais imparfaitement exécutées. Sur les instances de l'ambassadeur anglais Wors-ley, Venise avait refusé au ministre français Noël, envoyé en mai 1793, le titre de chargé d'affaires (2). Cependant Jacob fut autorisé à séjourner à Venise, non comme chargé d'af-faires de la République, mais de la nation française. Les cours de Naples et de Turin demandèrent inutilement à Venise de s'entendre avec elles pour la défense de l'Italie. Elle en-

(1) Il prononça à cette occasion un discours vraiment prophétique. « Croyez-vous : dit-il aux optimistes, éviter la guerre parce que vous en aurez négligé les apprêts? Les Français et les Autrichiens, s'ils ne sont secourus, se croiront ou-tragés, et la perfidie n'a jamais cherché en vain des prétextes. » Il prédit aussi que les Français susciteraient des troubles au sein même de la République.

(2) Hennin chargé d'affaires depuis le mois de mai 1792, avait, en janvier 1793, fait accepter ses lettres de recréance. Il demanda que Venise reconnût la Répu-blique française; on lui répondit que Venise la reconnaîtrait lorsque les puis-sances prépondérantes lui en auraient donné l'exemple. La nouvelle de l'exé-cution de Louis XVI arriva à Venise le 1er février. « Depuis ce temps, écrivait Hennin, amis et ennemis, tous m'ont fermé leur porte. Je me trouve exclu de toutes les sociétés et réduit à ne voir personne. » Néanmoins, sur les instances des révolutionnaires, il fit exposer devant sa porte les armes de la République, après avoir prévenu le Sénat, et il n'y eut aucun tumulte; mais les membres de l'ambassade étaient toujours tenus à l'écart. Le 24 août, Noël écrivait : « Nous sommes presque aussi isolés que les habitants d'un lazaret. »

voya, à Bâle, le comte San Fermo, son ancien ambassadeur à Turin, afin de s'enquérir des projets des révolutionnaires français. Bien qu'il y eût recueilli des preuves de leurs intrigues contre Venise (1), il se lia si bien d'amitié avec Barthélemy, que l'Autriche l'accusa de violer la neutralité, en favorisant les agissements de l'ambassadeur français. San Fermo apprit par ses agents secrets que Robespierre, Couthon et certains membres du Comité de salut public avaient formé le projet d'envahir l'Italie pour lui enlever ses richesses. Ils comptaient recourir surtout à la ruse contre Venise et l'accuser de protéger les émigrés à cause de son refus d'accepter Noël et de reconnaître immédiatement la République. Ils lançaient aussi contre elle d'autres griefs que Bonaparte reprendra soigneusement deux ans plus tard.

Le comte de Provence, retiré à la cour du roi de Sardaigne, son beau-père, dut se retirer devant l'invasion française, et se réfugia à Vérone. Le Sénat de Venise lui permit de vivre tranquillement dans cette ville sous le nom de comte de Lille. Les révolutionnaires français en furent sans doute très irrités, mais il est impossible de ne pas reconnaître que ce fut pour eux un système d'exploiter déloyalement contre Venise cette hospitalité si peu dangereuse, et que du reste elle s'empressa de lui retirer sur leurs instances.

Après thermidor, le Sénat de Venise chercha à s'attirer les bonnes grâces du nouveau Comité de salut public. Lallement arriva à Venise le 18 brumaire an III, comme chargé d'affaires de la république française. Le ministre d'Angleterre Worsley déclara qu'il se retirerait si le Sénat ne le traitait pas comme Noël (2). Mais le gouvernement vénitien était bien décidé à mé-

(1) Il dénonça les menées d'un certain Gorani, noble lombard, à qui Bailly avait fait obtenir le titre de citoyen français. C'était un ami de Robespierre, et le Comité de salut public l'avait chargé de révolutionner l'Italie. Un agent de San Fermo lui assura que le Comité avait déjà dépensé onze millions pour acheter des intelligences en Italie. Venise lui aurait coûté trois cent cinquante mille livres. (Botta, *Histoire de l'Italie*, t. 1, p. 250, traduction.)

(2) Worsley se prévalut habilement des intrigues que les révolutionnaires cherchaient à ourdir à Constantinople. Leur but était de susciter une guerre entre la Porte ottomane, la Russie et l'Autriche, pour diminuer les forces de la coalition. Worsley prétendait que si la Porte s'obstinait à rester neutre, les agents révolutionnaires comptaient soulever contre elle les populations voisines de

nager les révolutionnaires. Lallement fut donc admis officiellement comme envoyé. A l'audience ducale, il fit de belles
phrases sur les sympathies de la République française pour la
République de Venise, et soutint que cette dernière devait se
méfier des fausses caresses et des menaces de l'Autriche et
de l'Angleterre. Le Sénat lui répondit de la manière la plus
aimable pour lui personnellement et pour ceux qui l'envoyaient, et déclara que Venise persisterait dans sa neutralité.
Cet échange solennel de compliments produisit beaucoup
d'effet. Le Sénat engagea vivement le grand-duc de Toscane à
traiter avec la France et à redevenir neutre.

Le Comité de salut public était décidé à tourmenter Venise
au sujet des émigrés. Lallement paraissait croire que le gouvernement vénitien les éloignerait sur une démarche formelle
du sien; mais quand bien même le succès de cette demande
serait certain, il vaudrait toujours mieux, suivant lui, les
surveiller à Venise, que les faire expulser, car ils viendraient
s'établir plus près encore de la France et rentreraient en grand
nombre (1). Et plus tard on accusera Venise d'avoir soutenu
les émigrés!

Le 11 prairial Lallement écrivait au comité que Venise recevait des menaces et de l'Espagne, et de l'Empire, parce
qu'elle se montrait trop favorable aux Français. Il croyait
qu'elle leur resterait toujours fidèle. Mais on trouvait à Paris
que ce n'était pas assez, on voulait déjà l'obliger à devenir
une alliée effective. Lallement était chargé de lui répéter
qu'elle avait tout à craindre de l'Autriche; et que pour conserver son territoire, elle devait se mettre dans la dépendance de la France. Sa neutralité devenait donc de plus
en plus difficile à conserver. Elle dut rappeler San Fermo
de Bâle sur la demande de l'Autriche. Cette puissance avait découvert que, d'accord avec Barthélemy, il travaillait à un traité
de paix entre la France et la Sardaigne. Naturellement on nia

Venise, pour que la Turquie irritée s'en prît à cet État et le mît dans la nécessité de réclamer, en vertu des traités, le secours de l'Empereur, qui serait
ainsi obligé d'employer contre la Turquie une partie des troupes qu'il employait contre la France.

(1) Arch. nat., AF3, 89.

cette négociation, mais le fait était parfaitement vrai, et l'Autriche était fort irritée parce qu'elle avait deviné que la France, ne rendrait ni la Savoie ni le comté de Nice, et qu'elle offrirait la Lombardie à la Sardaigne comme compensation (1).

L'accueil flatteur que fit la Convention à leur ambassadeur, Aloïse Querini, induisit en erreur les Vénitiens si prudents d'ordinaire. Le 12 thermidor an III (30 juillet 1795), Querini admis aux honneurs de la séance publique, et invité à s'asseoir auprès du président, adressa à la Convention un discours très louangeur. Le président La Révellière lui répondit : « Noble M. Querini, la Convention nationale met au nombre des jours heureux pour la République française, celui où elle reçoit dans son sein l'envoyé de l'illustre République de Venise ». L'alliance sera encore plus étroite, maintenant que la France n'est plus « courbée sous la verge des rois ». Puis il déclame sur les crimes de la Terreur, et prétend impudemment que les adversaires de la Révolution en sont les seuls auteurs. La République de Venise, lorsque la guerre n'avait pas encore prononcé, accueillit avec distinction l'envoyé de la République française. « Nous aimons à le dire, et à publier notre reconnaissance. Dites à votre nation qu'elle doit compter la nation française au nombre de ses alliés les plus sûrs et les plus zélés (2). »

Il finit en annonçant que bientôt « la paix va calmer l'Europe » et que « la France présentera à l'univers le tableau ravissant de la plus parfaite harmonie sociale ». Et l'homme qui faisait à Venise ces belles protestations de loyauté et de reconnaissance devait, deux ans plus tard, la dépouiller traîtreusement et la vendre à l'Autriche ! Les Vénitiens eurent le grand tort de se laisser prendre à ces phrases emphatiques, et beaucoup

---

(1) *Ibid.* L'Autriche l'aurait accusé aussi d'avoir violé la neutralité, en faisant servir sa maison de lieu de conférence entre Barthélemy et M. de Hardenberg. Le Comité s'émut beaucoup de cette affaire. Il écrivit à Lallement de réclamer auprès du gouvernement vénitien en faveur de San Fermo (mais avec ménagement, de peur d'augmenter les soupçons), et de lui insinuer qu'il violerait la neutralité s'il sévissait contre lui. Mais il craignit sans doute de se compromettre, car on voit sur cette lettre la mention « *suspendue* ».

(2) « La Hollande, ajoute-t-il, comprise dans notre traité avec l'Espagne, prouve que nous n'oublions pas nos amis. » Ceci aurait dû faire réfléchir les Vénitiens, car l'avantage procuré à la Hollande était médiocre, et cette république l'avait payé par cent millions de florins et son asservissement complet.

d'entre eux crurent jusqu'au dernier moment qu'ils n'avaient rien de sérieux à redouter des révolutionnaires français. Il paraît que Lallement y crut aussi, car ses gouvernants trouvaient qu'il ne surveillait pas suffisamment le gouvernement Vénitien. En effet, le 3 brumaire an IV, le comité en le remerciant des nombreux commérages qu'il lui avait envoyés sur la petite cour de Vérone, lui reprochait de ne pas s'occuper assez des dispositions de Venise (1), c'est-à-dire de ne pas pratiquer à l'égard du gouvernement vénitien le même espionnage.

III.

Pendant l'été de 1794, l'Espagne avait subi de graves défaites (2). La reine qui dirigeait en réalité le royaume, et son indigne favori, le ministre Manuel Godoï duc d'Alcudia, étaient complètement déçus dans leurs espérances et voyaient avec terreur l'Espagne complètement vaincue, et envahie par les Français. Mais les vainqueurs étaient presque aussi fatigués que les vaincus, d'une guerre qui ne pouvait en aucun cas leur valoir de grands avantages, et qui les empêchait de lancer toutes leurs forces contre l'Autriche et l'Allemagne. Les négociations pour la paix furent entamées d'une manière tout à fait originale. Le général Dugommier, commandant de l'armée des Pyrénées-Orientales, reçut le 4ᵉ jour sans-culottide de l'an III (20 septembre 1794), une lettre singulière d'un payeur nommé Simonin, qui avait été envoyé en Espagne pour adoucir le sort des prisonniers français. On lui a fait, écrit-il de Risbal, des

(1) « Sous ce point de vue vos dépêches nous laissent beaucoup à désirer. » Il envoyait à Paris une foule de récits ou plutôt de cancans sur la cour de Vérone, et les dénonciations d'un cafetier sur les émigrés de Venise, qui venaient chez lui.

Il envoyait aussi, comme tous les agents révolutionnaires, des mémoires sur la politique à suivre en Italie. Ainsi le 12 fructidor an IV, il expédie un long projet de bouleversement. Il veut qu'on chasse l'Autriche de l'Italie. On pourrait alors donner à Venise le Mantouan et le Crémonais. On laisserait aux Romains, la liberté d'exister tels qu'ils sont ; s'ils osaient tenter de se débarrasser du gouvernement des prêtres, on les y aiderait : l'exemple de la Lombardie les y pousserait. On mettrait en république Bologne et Ferrare. (Arch., AF³, 89.)

(2) Louise-Marie-Thérèse de Parme, née le 9 décembre 1751, mariée le 4 septembre 1765 à Charles IV, né le 11 novembre 1748, roi d'Espagne et des Indes le 14 décembre 1788.

propositions de... « je m'arrête, un décret (1) que je respecte m'impose le plus profond silence... le rameau que tu trouveras ci-joint y suppléera, » c'est un rameau d'olivier (2).

Le général en chef communiqua d'abord cette lettre à Delbrel, représentant en mission, puis il en rendit compte le 5 vendémiaire (26 septembre) au comité de salut public. Le brave Dugommier est au fond enchanté d'apprendre qu'on est disposé à négocier ; il a le bon sens et le courage de ne pas se poser en patriote batailleur à outrance. Aussi déclare-t-il franchement, brutalement même, au Comité, que ses troupes sont dans un déplorable état.

« L'armée est considérablement affaiblie par les maladies qui continuent toujours et par la désertion des citoyens de la première réquisition. La plus grande partie ne s'en est approchée qu'avec répugnance : ils ont saisi le premier moment favorable ou le moindre prétexte pour regagner leur gîte... Des matières premières manquent dans les ateliers ; l'habillement en souffre beaucoup et surtout la chaussure. L'armement va bien, *mais nous manquons de poudre* pour entreprendre quelque chose de saillant. »

On ne peut dans les montagnes nourrir la cavalerie, aussi consomme-t-elle au loin, sans servir ; les moyens de transport diminuent, les départements voisins de l'Espagne sont écrasés par cette guerre, « une grande partie des champs est en friche, le reste mal cultivé », l'armée ne peut vivre qu'aux dépens des citoyens de l'intérieur qui souffrent de la faim et sont mal alimentés (3). »

(1) Le 27 mai précédent, la garnison espagnole de Collioure avait été renvoyée par les Français sous la condition de ne plus servir contre eux ; mais le général espagnol refusa de reconnaître cette capitulation : la Convention furieuse ordonna, le 12 thermidor de ne plus faire de prisonniers. En outre, les prêtres et les nobles espagnols devaient être partout pris en otages par les armées des Pyrénées Orientales et Occidentales. Elle avait déjà décrété le 9 prairial qu'on ne ferait plus de prisonniers anglais ni hanovriens.

(2) Dugommier envoya au Comité copie de la lettre de Simonin avec un fragment du rameau d'olivier. Cette lettre et le fragment sont aux Archives, carton AF³, 61, avec la lettre originale de Simonin qui fut ensuite envoyée par Delbrel avec le rameau d'olivier.

(3) Ils sont patients, écrit-il, mais déjà beaucoup ne supportent les réquisitions qu'à leur corps défendant. Qu'arrivera-t-il si leur misère devient encore plus grande ?

Les Espagnols ont été très maltraités ; les prisonniers qu'on leur a faits sont furieux contre l'Angleterre : ce pays doit désirer la paix. Dugommier ne cherche pas à dissimuler qu'il la désire aussi, il envoie en même temps la réponse qu'il a adressée à Simonin. Il se plaint dans cette lettre de la violation de la capitulation de Collioure, et lui annonce qu'il a dû mettre à l'ordre du jour de l'armée le décret de la Convention ordonnant en représailles de ne plus faire de prisonniers espagnols, « ces terribles articles dont l'exécution sera reprochée à l'opiniâtreté du gouvernement ennemi. » Il faut avant tout que la France reçoive satisfaction sur ce point.

Le 16 vendémiaire (12 février), le Comité chargea les représentants en mission près l'armée des Pyrénées-Orientales, de s'occuper de cette négociation. Sa lettre est très raide, très emphatique (1), mais bientôt il changera de ton. Le 26, Delbrel lui écrit que Dugommier ayant déjà répondu le 5 à Simonin, il a craint de montrer trop d'empressement en envoyant une seconde réponse, avant que Simonin eût écrit une seconde lettre : « c'eût été une espèce d'avance, et une grande nation n'en doit pas faire à des esclaves vaincus. » Il attend donc une nouvelle lettre qui ne peut tarder.

Mais Simonin annonce le 21 vendémiaire (12 octobre), que l'exécution de la capitulation de Collioure, posée comme préliminaire indispensable, a indisposé la personne qui lui a proposé de négocier (c'est le général en chef La Union). L'Espagne, suivant elle, offre de se soumettre à l'arbitrage d'un État neutre, au choix de la France, et cette affaire retarderait indéfiniment la négociation. D'ailleurs, exiger ce préliminaire comme *condition sine qua non*, serait la compromettre vis-à-vis de sa cour ; et elle prétend avoir fait à son insu cette tentative de négociation. Cette personne désire qu'on s'entende très rapidement sur les conditions de la paix, afin d'arriver bien vite à un traité définitif qu'on soumettrait aussitôt aux deux nations. Comme l'Angleterre sera très mécontente de voir l'Espagne se retirer de la coalition, il ne faut pas lui laisser le temps

____

(1) « Le peuple ne fait point la paix avec un ennemi qui occupe une partie de son territoire ; mais il pèse dans sa sagesse les propositions d'un ennemi vaincu, obligé de faire la paix sur son propre sol... » (Arch., AF³, 61.)

de manœuvrer de manière à intimider le peuple et la cour.

Le négociateur mystérieux se plaint que la lettre de Simonin ait été lue publiquement, et en est affecté : c'est une conséquence du régime de la Terreur ! Il propose de rendre un nombre de prisonniers français égal à la garnison de Collioure. Delbrel, en envoyant cette lettre au comité le 29, explique pourquoi la Union (car c'est bien lui), se plaint que sa proposition ait été divulguée. Dugommier l'a reçue devant témoins, et l'a lue publiquement, et le trompette qui l'a apportée a été chargé de remettre la réponse à Simonin.

« J'ai demandé au général, dit Debrel, des explications à cet égard ; il m'a répondu qu'il était dans l'usage de ne recevoir ni lettres, ni trompettes, que devant témoins ou assistants ; qu'il en avait usé de même dans cette circonstance, mais qu'aussitôt qu'il eut aperçu le petit rameau d'olivier attaché à la lettre en question, et qu'il eut vu les propositions qui y étaient faites, il se détourna et lut tout bas de manière que le secret ne fût connu de personne. » (Arch., AF³, 61.)

L'explication de Dugommier est tout à fait naïve. En admettant même qu'il ait agi comme il le raconte, il est évident que les personnes présentes ont dû soupçonner une tentative de négociation. Ceci est un trait caractéristique des habitudes que la tyrannie de la Convention et de ses commissaires ont imposées aux généraux. Ils jugent prudent pour eux-mêmes, parfois au détriment du pays, de publier toutes les communications importantes ou non qui leur viennent du camp ennemi ; ils craignent s'ils en gardent quelqu'une pour eux seuls, d'être dénoncés comme traîtres et conspirateurs (1), soit par leurs inférieurs qui les espionnent, soit par les représentants en

---

(1) Cette armée avait été terrorisée. Son commandant, le général de Flers, avait été dénoncé au Comité de salut public et aux députés en mission par le conseil du département, comme traître et conspirateur, à cause d'échanges trop fréquents de trompettes entre les deux armées : c'est d'après ce conseil, au moyen de relations clandestines de général à général que la nation a été trahie, vendue par Custine, et de Flers dénoncé également par certains de ses généraux fut destitué le 7 août 1793, puis guillotiné, le 4 thermidor an II. L'adjudant général Bernède fut aussi guillotiné à Perpignan. Il n'est donc pas étonnant que Dugommier ait pris ses précautions contre les dénonciateurs (V. *Revue de la Révolution*, t. XIII, p. 157, article de M. G. Sorel sur les représentants en mission, et Mortimer Ternaux, *Histoire de la Terreur*, t. 8).

mission, qui les accuseront de correspondre mystérieusement avec l'ennemi, et les enverront peut-être à l'échafaud. Maintenant on est fatigué de la guerre, le Comité du salut public voudrait traiter, mais les habitudes prises pendant la Terreur ralentissent les négociations.

Le 24 brumaire (12 novembre), Vidal, représentant en mission, envoya au Comité une lettre de Simonin, du 14 qui lui transmettait les propositions de la Union : 1° L'Espagne offre de reconnaître le système ou la forme de gouvernement que la France a adopté ou adoptera; 2° La France mettra de suite à la disposition de l'Espagne les deux enfants de Louis XVI; 3° La France rendra au fils de Louis XVI, les provinces limitrophes de l'Espagne, et il y règnera : cet établissement sera fait d'accord entre les deux puissances. Le négociateur demande le secret le plus profond.

Cette proposition est bien singulière en apparence! Mais que dira-t-on bientôt aux chefs vendéens, au nom de la Convention, dans des conférences privées? La cour d'Espagne n'a peut-être pas inventé cette combinaison; il est fort probable qu'elle lui a été suggérée par les discours que certains thermidoriens ont tenus à ses agents. D'ailleurs tout le monde savait que des révolutionnaires très puissants songeaient à mettre Louis XVII sur le trône pour acquérir ainsi l'impunité de leurs crimes passés, et une place importante dans la monarchie restaurée par eux. Tallien intriguait alors avec l'Espagne et lui laissait entrevoir le rétablissement de la royauté par certains conventionnels. Pendant les premiers mois de 1795, il sera en négociation secrète avec les Anglais, et le 20 mai (1er prairial) le fameux Wickham écrit de Suisse à lord Grenville : « Il paraît que certains membres du comité de salut public ont été gagnés, notamment Tallien. Il a demandé que l'affaire soit dorénavant négociée entre le général Delacour et son A. R. le duc d'York qui ont entretenu autrefois une correspondance. D'après les rapports que j'ai reçus aujourd'hui, je crois que la solution est proche... (1) » Wickham semble alors presque certain du succès, et ce n'est pas un

---

(1) Le Bon, *l'Angleterre et l'émigration*, p. 22.

naïf. Il paraît que Simonin était un des agents de Tallien. Les singulières propositions de l'Espagne avaient certainement pour but de forcer le Comité à s'expliquer en secret sur les assertions de Tallien, et sur le sort réservé aux enfants de Louis XVI.

D'ailleurs Vidal avait reçu cette lettre si grave par un pur hasard ; il n'avait été prévenu de cette négociation que trois ou quatre jours auparavant. Les prétentions de l'Espagne le mirent dans une grande colère ; il s'empressa d'écrire à Delbrel qu'il fallait cesser cette correspondance, « qu'il ne peut y en avoir d'autre entre des républicains et des esclaves que celle du canon et de la baïonnette ». Delbrel écrivit aussitôt le 26 au Comité, avec une vive indignation, et répéta à peu près les mêmes phrases que Vidal. Peut-être aurait-il été moins furieux si Vidal ne s'était pas trouvé mêlé à cette affaire, et s'il avait été sûr de sa discrétion ! Le Comité lui répondit le 4 frimaire (24 novembre) : « L'indignation est au comble en lisant l'infâme écrit que vous nous avez transmis, » et lui ordonna de rappeler bien vite Simonin.

Pendant cette négociation, on continuait à se battre ; Dugommier, après avoir pris Bellegarde le 18 novembre (28 brumaire), fut tué à la Montagne noire. Pérignon, qui s'était déjà distingué pendant cette campagne, fut choisi par les commissaires de la Convention pour commander l'armée. Le 6 frimaire il défit complètement les Espagnols à Ascola : d'immenses retranchements leur furent enlevés, avec beaucoup d'artillerie, et le général la Union fut tué. Ce brillant succès entraîna la reddition de Figuières. Les Français y trouvèrent cent soixante-dix canons et une grande quantité de munitions. Ainsi les deux généraux en chef qui ont ébauché une négociation sont tombés victimes de la guerre à quelques jours de distance ! Pérignon entreprit alors le siège de Rosas ; mais cette place devait lui opposer une vigoureuse résistance jusqu'au 15 pluviôse (4 février). Pendant ce temps-là le nouveau général espagnol Urrutia, homme capable et énergique réorganisait son armée. La reine et Godoï restèrent quelque temps dans l'indécision.

Mais le 27 nivôse (16 janvier 1795) Pérignon transmit tout

à coup au Comité une proposition de traiter, qui lui avait été envoyée par Urrutia. Conformément aux instructions des représentants en mission il avait fait une réponse évasive. Mais il ajouta à sa lettre un post-scriptum assez inquiétant. « Le mauvais temps, disait-il, use tous les jours nos petits moyens de transports : nos besoins deviennent plus pressants ; je ne peux m'empêcher de vous le rappeler. »

La lettre du général espagnol est datée de Girona 13 janvier 1795. Il déclare compter sur l'humanité du général français et sur sa discrétion : la fortune a favorisé les Français, mais elle peut tout à coup les abandonner. Son prédécesseur la Union a été vaincu et tué « peut-être il m'est réservé la gloire de te vaincre. » En examinant les papiers de la Union, il a découvert qu'il avait entamé une négociation : il voudrait la continuer. « Nous ne sommes autorisés toi et moi qu'à nous faire la guerre, faisons-la sans manquer à nos devoirs ; mais cherchons en même temps les moyens de faire la paix (1). »

Cette lettre fut envoyée au Comité le 3 pluviôse (22 janvier) par les commissaires Goupilleau de Fontenay, Delbrel et Vidal. Ils étaient persuadés que le général espagnol avait été autorisé à faire cette démarche, et qu'on pourrait aisément conclure un traité de paix. Très probablement ils ignoraient que Tallien avait, le mois précédent, fait secrètement connaître à la cour de Madrid, que la France était disposée à faire la paix pourvu que l'Espagne se séparât de l'Angleterre. Ils envoyèrent en même temps copie d'une lettre du duc de Crillon, général au service des Bourbons d'Espagne, à son fils le duc de Mahon, prisonnier des Français à Montpellier (2). Il exprimait très vivement dans cette lettre son désir de voir la France et l'Espagne faire la paix, et s'unir contre l'Angleterre leur ennemi commun.

Ces nouvelles mirent le Comité en émoi. Il répondit le 13 pluviôse (1 février) que Pérignon avait bien fait de ne pas

---

(1) Nous citons d'après la traduction qui a été faite de cette lettre au quartier général. (Arch., AF³, 61.)

(2) Le duc de Crillon était d'origine française ; sa lettre est du 30 septembre 1794.

négocier lui-même ; mais comme le langage du général espagnol fait présumer qu'il agit d'après les ordres de sa cour, il y a peut-être lieu de regretter que la réponse trop évasive de Pérignon l'ait découragé. Il invite les commissaires de la Convention à profiter désormais de toutes les communications qui peuvent être faites aux généraux ; et il ne cache pas son désir de voir reprendre cette correspondance entre Pérignon et Urrutia. Pérignon ne devait pas négocier, mais simplement remettre les lettres aux commissaires (1). Cette réponse est très grave. Le Comité éclairé sur la véritable situation de l'armée voudrait terminer une guerre qui ne peut valoir à la France aucune conquête avantageuse, et ne sert qu'à occuper des troupes, dont la présence en Allemagne, et en Italie, lui assurerait la victoire, et probablement des conquêtes lucratives. Et il est très pressé d'en finir ! le 18 il l'avoue franchement aux commissaires.

« En regrettant toujours, chers collègues, que vous ayez laissé échapper l'occasion que la lettre du général espagnol à Pérignon nous offrait pour lier avec l'Espagne une négociation, *dont nos besoins incalculables en tout genre de fournitures et d'approvisionnements,* nous font sentir chaque jour l'impérieuse nécessité, nous nous occupons des divers moyens qui peuvent faire renaître cette occasion sans compromettre la dignité du peuple français. »

Il faut dans ce but profiter de la lettre de Crillon : on va envoyer son fils en Espagne, en disant qu'on lui accorde cette faveur à cause des sentiments que son père a exprimés dans cette lettre, mais en réalité pour qu'il aille à Madrid, insinuer, que la France est disposée à entamer une négociation, pourvu que l'Espagne ne reparle plus des propositions ridicules qu'elle a envoyées par l'intermédiaire de Simonin. Il y a urgence !

« Ne perdez pas de vue que la paix avec l'Espagne, nous est nécessaire, si *nous voulons préserver le Midi de la famine,* et de toutes les horreurs qui marchent à sa suite, rasseoir dans l'intérieur, les es-

(1) La lettre du Comité est signée Cambacérès, Carnot, Pelet, A. Dumont, Chazal, Prieur de la Marne, Boissy, Dubois Crancé. C'est un autre comité que celui de vendémiaire précédent, et sa politique est différente.

prits agités, terminer irrévocablement la funeste guerre qui déchire
encore plusieurs de nos départements, diminuer nos dépenses dont
le monstrueux excès nous conduit journellement à notre perte...(1) »

Et le 18 pluviôse, le Comité charge Barthélemy, son ministre
plénipotentiaire à Bâle, d'insinuer au ministre d'Espagne en
Suisse (2), et aussi au ministre de Sardaigne que la République
est disposée à traiter. Il ne comprend point que l'Espagne
après avoir été si complètement battue, ne se décide pas encore à traiter pour ménager l'Angleterre qui convoite secrètement ses riches possessions d'Amérique. Elle le sait bien;
mais elle semble pressentir qu'en traitant avec la France, elle
changera seulement de dépendance, et qu'après avoir vivement mécontenté l'Angleterre, elle sera entraînée par la République dans une guerre désastreuse contre cette puissance qu'elle
a tant besoin de ménager! Le Comité ne semble pas se rendre
compte des motifs de son hésitation et écrit arrogamment à
Barthélemy que sans doute l'Espagne n'ose point parler de
paix, de peur d'être repoussée. Il est si désireux d'en finir, que
le même jour il charge encore Lallement, son agent à Venise,
d'annoncer au ministre d'Espagne à Venise que la France désire la paix.

Et ce n'est pas tout! le 19 pluviôse il écrit aux commissaires
de la Convention de transmettre au général espagnol, une
lettre que Monroë, ministre des États-Unis, puissance neutre,
envoie à son collègue de Madrid, et de profiter de l'occasion.
Goupilleau exécuta les ordres du Comité, et Urrutia envoya
le 16 février (28 pluviôse) une lettre un peu vague, mais ex-
primant le désir d'un arrangement entre les deux nations. Le
duc de Mahon, dont la maladie avait retardé le départ de
Montpellier, fut amené à Goupilleau, qui s'entendit avec
lui(3) et le fit conduire par un trompette au quartier espagnol.

(1) Arc v. AF. 3,64. — Cette lettre est signée, Cambacérès, Merlin de Douai (la
minute doit être de sa main), Chazal, Carnot, Dubois Crancé, Boissy, Lacombe
du Tarn, Pelet.
(2) « Cette insinuation ne doit avoir rien d'officiel, tu dois y employer une personne sûre, discrète, et qui n'ait de notre part aucune mission politique. »
(3) Il fut renvoyé, le 1er ventôse, sur parole d'honneur de revenir au premier
ordre. Goupilleau écrit le 3 ventôse qu'il a tout combiné avec lui; et il en est
enchanté. Le duc lui a dit que son père est un partisan très décidé de la paix

La correspondance avait été reprise entre les deux chefs d'armée. Un officier parlementaire apporta au général Pérignon une lettre d'Urrutia du 25 février. Il annonçait qu'on était très content en Espagne d'un discours très raisonnable de Boissy d'Anglas, que Goupilleau avait eu soin de lui faire parvenir. La Terreur avait produit une profonde impression en Espagne : il était impossible de traiter avec des hommes de sang; maintenant le général espagnol demande que des deux côtés on échange ses idées (lettre de Goupilleau du 9 ventôse).

Mais le Comité qui est trop pressé, et qui a une médiocre confiance dans les talents diplomatiques des commissaires de la Convention, met encore un nouveau personnage en mouvement. Il s'est adressé cette fois à un diplomate de carrière, Bourgoing, qui était chargé d'affaires en Espagne en 1792 (1); sur l'ordre du comité, sous prétexte de réclamer des effets qu'il a laissés à Madrid, il écrit deux lettres à des hommes en place qu'il a connus en Espagne : l'un d'eux, Dominique Yriarte, est devenu un personnage assez important. Mais il était alors en mission; l'autre fonctionnaire lui annonça le 2 mars que le duc d'Alcudia avait très bien accueilli sa réclamation. Bien qu'il feignît de n'avoir point parlé des insinuations faites à Yriarte, Bourgoing et le Comité comprirent très bien que la lettre avait été communiquée au premier ministre; et le 17 ventôse (7 mars) le Comité, chargea Bourgoing de se rendre à l'armée des Pyrénées avec l'adjudant général Roquesante, pour négocier sérieusement avec l'Espagne. Le même jour il écrivit à Goupilleau une lettre très importante pour lui annoncer l'arrivée prochaine de Bourgoing.

---

avec la France, et lui a rapporté une conversation très curieuse qu'il avait eue avec lui à ce sujet. Le duc de Mahon était brigadier dans l'armée espagnole.

(1) Le Comité désire si fort en finir avec l'Espagne, qu'il cherche à négocier avec elle par l'intermédiaire de cinq personnes en même temps : 1° par le duc de Mahon à Madrid; 2° par Barthélemy à Bâle; 3° par Lallement à Venise; 4° par Goupilleau et les commissaires de l'armée; enfin 5° par Bourgoing. Ce dernier négociateur était alors à Nevers d'où il écrivit le 11 ventôse au comité, qu'il lui était nécessaire de conférer avec lui. Mais le représentant en mission Guillemardet venait de le nommer maire de Nevers, et (c'est un trait caractéristique de l'époque) il ne pouvait quitter son poste sans une réquisition formelle du Comité qui la lui envoya par courrier extraordinaire (Arch., ibid.).

« Nous devons commencer par te confier une grande et triste vérité; c'est que si dans le plus court délai, il n'y a pas une paix conclue avec quelques-unes des *puissances marquantes de la coalition, la République peut courir les dangers les plus effrayants, peut-être se perdre sans retour.* Rien de plus critique que notre position : les subsistances manquent sur une infinité de points de la République, et la famine menace de toutes ses horreurs les communes les plus peuplées. Paris même, l'objet de notre principale sollicitude en ce genre, n'est pas à l'abri du péril, et son état à cet égard est d'autant plus inquiétant, que déjà des révoltes ouvertes ont éclaté dans plusieurs communes pour arrêter et enlever les grains destinés à son approvisionnement..... (1).

Tu sens, d'après cet exposé confié à ta discrétion, combien il importe que nous traitions avec l'Espagne, et que, pour le faire promptement nous profitions de l'état de détresse, où nos victoires l'ont réduite. Si dans quinze jours nous pouvions proposer à la Convention nationale la ratification d'un pareil traité, le salut et la gloire de la république seraient à jamais assurés » (Arch. nat., AF³, 61).

Le comité envoie ensuite à Goupilleau de curieuses instructions; il lui fait l'éloge et de Bourgoing et de Roquesante. Mais il devra s'arranger de telle sorte « qu'au besoin ils se surveillent mutuellement. » S'ils se trouvent à leur arrivée, en présence d'un plénipotentiaire espagnol, Bourgoing seul devra figurer officiellement et ouvrir des conférences (2). Mais il devra suivre les instructions contenues dans cette lettre, et Goupilleau y veillera. Si l'Espagne n'a pas encore envoyé son plénipotentiaire, il faudra se servir de Roquesante, qui est militaire, pour entamer les négociations avec le général espagnol, sous quelque prétexte : on pourrait même envoyer Roquesante à Madrid, en feignant de demander un échange de prisonniers (3).

Le Comité lui enjoint de ne consentir à aucun armistice, de presser très vivement la négociation. Il attendra les propositions de l'Espagne avant d'en faire aucune. Quand elle aura

---

(1) Il insiste encore longtemps sur la triste situation du pays.

(2) Le Comité envoie à cet effet à Goupilleau un pouvoir pour le négociateur avec la date en blanc, « *afin que tu puisses en mettre une qui soit postérieure à celle des pouvoirs venus de Madrid,* » afin d'affirmer que l'Espagne a demandé la paix la première. Le trait est joli!

(3) « Échange dont il faut pourtant bien se garder. »

fait les siennes, il exposera celles des gouvernants français. Le
Comité demande que l'Espagne se retire de la coalition (1), c'est
tout simple! mais en même temps il lui offre une alliance offensive et défensive contre l'Angleterre ce qui est un moyen de
la mettre sous sa dépendance. L'Espagne devra fournir à la République, pour continuer la guerre contre l'Angleterre, vingt
vaisseaux de ligne et vingt frégates qui seraient commandés
par des Français, avec des équipages mi-partie. Ainsi il lui demande de faire dans des conditions humiliantes la guerre à
l'Angleterre qui s'emparera certainement de ses colonies.

La France gardera Passage, Saint-Sébastien, Fontarabie et
leurs dépendances, et sera ainsi installée en Espagne. On lui
abandonnera quelques territoires litigieux près des Pyrénées.
L'Espagne réparera tous les dommages causés aux Français
depuis la guerre. Elle fournira une certaine quantité de bre-
bis, béliers mérinos, juments d'Andalousie, ou bien permettra
leur exportation libre par tout Français pendant cinq ans. Les
traités de commerce seront revisés. La partie espagnole de
Saint-Domingue sera cédée à la France. Le Comité y tient
beaucoup (2). Il pense que l'Espagne la refusera d'abord.

« Au reste il y aurait peut-être un moyen de rendre le gouvernement espagnol très facile sur ce point comme sur les autres : ce serait de lui faire entendre que *s'il connaît assez bien ses intérêts pour
réduire le Portugal à son ancien état, c'est-à-dire pour en faire une province espagnole,* le gouvernement français s'engagerait volontiers à
l'aider dans la conquête de ce pays..... »

Le Portugal, dit le Comité, est devenu une des provinces de
l'Angleterre ; en le détruisant on porterait à cette puissance un
grand coup. Au fond, il compte sur un assez beau butin. Ainsi
donc ces révolutionnaires, qui parlent toujours avec tant d'emphase des droits des peuples, veulent réduire à l'état de province espagnole, un pays qui a toujours montré pour la do-

_____

(1) « Révocation par le roi d'Espagne de tout acte d'adhésion, consentement ou
accession à la coalition armée contre la République française. » (Arch., AF 3, 61.)
(2) « *N. B.* Il faut insister le plus que tu pourras sur cet article, sans cependant le regarder comme condition *sine qua non : nous serions plus rigoureux
si la paix nous était moins nécessaire.* » Ibid.

mination de l'Espagne une vive antipathie, et qui momentanément asservi par elle, a su recouvrer son indépendance ; ils veulent reprendre contre le Portugal, l'œuvre de Philippe II, un
monstre abominable à leurs yeux ! Mais il ne faut pas oublier
que leurs actes sont toujours en contradiction absolue avec
les généreux principes qu'ils proclament pompeusement. C'est
le trait caractéristique de la Révolution ! Ses partisans exaltent
la liberté de conscience, et par leurs actes l'oppriment de la
manière la plus atroce ! Ils parlent du respect de la constitution, et ils ne cessent de violer les constitutions qu'ils ont
faites : des droits des peuples, et ils ne cherchent qu'à les fouler aux pieds, pour faire du butin !

Le Comité autorise Goupilleau à ajouter « sans cependant
prendre un engagement formel à cet égard », qu'il désire
beaucoup, afin d'affaiblir l'Angleterre, lui enlever Gibraltar
pour le vendre à l'Espagne. Certains articles devront être tenus secrets (1). Mais ce traité était trop léonin pour être
accepté par l'Espagne. Goupilleau le déclara de suite très franchement (27 ventôse).

Bourgoing et Roquesante arrivèrent à Figuières, le 28 ventôse, mais l'Espagne n'avait envoyé aucun plénipotentiaire.
Bourgoing écrivit le 30 au Comité pour lui annoncer qu'il était
à son poste : il lui présenta de fortes objections contre son
projet de traité, surtout contre la campagne de Portugal, et
l'annexion du Guipuscoa, qui contredirait complètement l'intention proclamée si souvent de ne réclamer que les limites
naturelles de la France. Puisqu'on a besoin de la paix, il ne
faut pas avancer des prétentions par trop élevées.

Mais le gouvernement espagnol ne donne plus signe de
vie. Le Comité croit toujours qu'on va négocier, et envoie des
instructions sur le traité futur. « Le plus important pour nous,

(1) La minute de cette lettre est de la main de Merlin de Douai, signée par lui,
Sieyès, Rewbell, Chazal, Marec, Boissy, Dubois Crancé, Fourcroy, Lacombe du
Tarn. (Arch., *ibid.*) Au moment où le Comité cherchait à faire du Portugal une province espagnole, ce pays était officiellement en guerre avec la France ; mais on
y attachait si peu d'importance, que les commissaires de la Convention en
Hollande, Richard, Cochon et Alquier, offraient le 29 ventôse au Comité, de
faire des propositions de paix à l'Espagne, par l'*intermédiaire de l'ambassadeur
portugais à la Haye* !

écrit-il le 6 germinal (26 mars), c'est de terminer promptement et d'une manière honorable, *une guerre désastreuse sous tous les rapports;* » et le même jour Bourgoing lui écrit qu'il n'a reçu aucune nouvelle et qu'il craint d'attendre longtemps avant de faire usage de ses instructions. Le moindre trompette venant du camp espagnol, met en émoi les négociateurs et les commissaires; mais, hélas, ils attendent sous l'orme! La cour d'Espagne sait pourtant que Bourgoing est arrivé; évidemment elle est moins disposée à traiter (1). Les Français perdent patience. Le 9, Goupilleau, sous un prétexte militaire, envoie Roquesante au général espagnol; l'adjudant général lui porte une lettre écrite par Bourgoing à Ocariz, ancien chargé d'affaires en France, l'un des deux Espagnols auxquels il s'est précédemment adressé. Ocariz lui avait répondu le 3 mars précédent par une lettre pacifique et qui lui semblait avoir été concertée avec Alcudia. Bourgoing, dans cette lettre, invite l'Espagne à conclure la paix et à envoyer un plénipotentiaire, tout en prétendant qu'il est à Figuières seulement pour affaires personnelles : il invite Ocariz à s'y rendre; il serait heureux *si le hasard de ce voyage* ouvrait la porte aux négociations, mais il partira le 7 avril. Ocariz lui demanda le 6 (17 germinal), s'il était autorisé à traiter. Le 23 germinal Bourgoing lui donna quelques explications, fit ressortir la victoire que le Comité venait de remporter le 12 sur les terroristes et le stimula de son mieux. Cependant l'Espagne ne fit aucune proposition. Le Comité, un peu dérouté par ce silence obstiné, juge opportun de réduire singulièrement ses exigences par une lettre du 28 germinal (17 avril) (2). Mais

(1) Bourgoing pose cette question : Où négociera-t-on si l'on négocie? Perpignan présenterait certains avantages; mais à Perpignan, un négociateur espagnol aurait sur nous un « avantage dont il abuserait peut-être, celui d'être témoin de nos embarras pour compléter notre armée, pour la pourvoir de fourrages et de moyens de transport. »

(2) Il ne fallait plus exiger l'alliance offensive et défensive, mais la laisser demander; au lieu d'une flotte, il fallait seulement exiger que l'Espagne remplaçât les vaisseaux français brûlés à Toulon. Les négociateurs devaient insister sur la cession du Guipuscoa, mais demander au lieu de Saint-Domingue, *la restitution de la Louisiane.* Le Comité trouvait (lettre du 4 floréal) qu'il coûterait moins à l'amour-propre de l'Espagne d'accorder la restitution que la cession de cette contrée.

les négociateurs doivent faire l'impossible pour obtenir ce qu'il se contente maintenant de demander.

« Mais dans l'état *de détresse* où se trouvent les deux armées des Pyrénées et vu l'extrême difficulté de les renforcer en hommes et en moyens de transport, nous vous le disons, avec autant de franchise que de douleur, il faut que nous fassions la paix, dussions-nous n'obtenir pour indemnité des frais de guerre, que ce que nous estimons le moins après la vallée d'Arrau, c'est-à-dire la partie espagnole de Saint-Domingue. »

Le Comité est très troublé du silence de l'Espagne : il va se trouver dans la nécessité de rappeler Bourgoing, dont la présence prolongée à Figuières donne lieu de croire que la France a le plus grand besoin de traiter; il en est désolé, et cherche à se mettre en rapport avec n'importe quel fonctionnaire espagnol qui puisse transmettre ses propositions à Alcudia (1).

Ce triste personnage avait été d'abord très ému par le désastre de Figuières; mais il ne manquait ni de finesse, ni de perspicacité, et il avait compris bien vite que l'Espagne pouvait résister encore longtemps, peut-être se relever, et qu'en mettant les choses au pire, les Français se trouveraient embarrassés de leurs victoires et désireraient bientôt transporter leur armée dans un autre pays. Le Comité de salut public avait compté très sottement sur une insurrection en Catalogne; au contraire, les désastres de l'armée espagnole surexcitèrent au plus haut degré le patriotisme de ses habitants. En Navarre et en Biscaye, en Guipuscoa, les violences des soldats de la République, leurs profanations ignobles, les atrocités dont ils s'étaient rendus coupables envers les prêtres et les religieux, atrocités qui furent reconnues par Tallien en

(1) Le Comité voulait d'abord envoyer Roquesante à Madrid, sous prétexte d'un échange de prisonniers : il abandonna ce projet, de peur de paraître désirer trop vivement la paix. Nous avons relaté plus haut que les commissaires français de la Hollande lui avaient proposé de négocier avec l'Espagne par l'intermédiaire de l'ambassadeur de Portugal. Le 4 germinal, il les invita à rester tranquilles; mais le 30 il trouva ce moyen excellent, leur écrivit de s'en servir pour négocier cette paix nécessaire, et leur envoya ses instructions. On peut rouvrir les conférences en Hollande ou à Bâle, ou dans tout autre lieu qui sera proposé. (Arch. *ibid.*)

pleine Convention (1), avaient excité la plus vive indignation.
La résistance acharnée aux Français était très populaire en
Espagne; l'armée battue se reformait, et les Français devaient en outre s'attendre à une terrible guerre de guérillas;
aussi la cour d'Espagne hésitait beaucoup. Le ministre de la
marine Valdès était fort hostile à l'Angleterre et partisan de
la paix. Le comte de Cabarrus, beau-père de Tallien, renoua
avec Alcudia une négociation secrète, le gagna aux révolutionnaires, et dans un grand conseil de ministres tenu

---

(1) Le 28 germinal an III, dans un rapport présenté au nom du nouveau Comité
de salut public. Les habitants de la province de Guipuscoa n'avaient point, dit Tallien, montré de haine pour les armées françaises, et ne s'étaient pas enfuis devant
elles comme les Catalans. Ils en furent récompensés par la profanation de leurs
temples, le pillage de leurs propriétés, et par les attentats les plus hideux contre
les personnes. « ... La capitulation de Saint-Sébastien fut indignement violée;
on chassa ses magistrats et on établit à leur place, une commission municipale
composée d'hommes dont le moindre vice était leur immoralité. On fit fermer
les églises, on mit en arrestation les prêtres; les religieuses même, arrachées
de leurs couvents, furent entassées sur des charrettes, et livrées à un piquet
de hussards, qui leur firent ainsi traverser les pays conquis, et les conduisirent
à Bayonne, où elles furent incarcérées et traitées de la manière la plus barbare... Tous ceux qui avaient les moyens de fuir abandonnèrent leurs foyers,
et la France fut menacée dans le Guipuscoa comme en Catalogne, de n'avoir conquis que des déserts... »

Quant à la Biscaye, elle fut ravagée par des colonnes incendiaires Un grand
nombre de villages et de bourgs furent brûlés. Les habitants virent les troupes
françaises commettre les plus odieux excès : « Ils les virent exerçant tout ce
qu'ont de plus exécrable la destruction, la débauche et le brigandage : les
femmes et les filles furent violées; des malheureux sans défense, et qui demandaient leur vie à genoux, furent massacrés; on emmena un prêtre et on le renvoya après l'avoir mutilé. »

Aussi les populations de ces contrées se sont soulevées en masse, « et nous
n'avons pas maintenant d'ennemis plus acharnés. » Quinze à vingt mille hommes
occupent des défilés et des bois d'où ils tombent sur nos soldats à l'improviste.
On devine aisément que si les excès commis en Espagne n'avaient pas entraîné des conséquences aussi nuisibles à l'armée, Tallien et le Comité ne les
flétriraient pas avec tant d'ardeur; peut-être même n'en auraient-ils aucun souci !
La Convention, sur la proposition du Comité qui voulait à la fois apaiser les
Biscayens furieux et encourager les Espagnols à traiter avec lui, rendit immédiatement un décret par lequel elle déclarait désavouer « les cruautés et les injustices, » commises dans les pays conquis en Espagne « par les agents de
l'ancien gouvernement, » c'est-à-dire du parti vaincu en thermidor. Elle ordonna
la mise en liberté des Espagnols qui étaient en prison, et la mise en jugement
des coupables. Sur la demande de Delacroix, elle décida que ces derniers seraient punis à Saint-Sébastien même. On eut grand soin de répandre ce rapport
et ce décret dans le Guipuscoa et de les faire traduire en langue espagnole. (*Débats et décrets,* germinal III, p. 382, et floréal, p. 277.)

15

le 22 mars en présence du roi et de la reine, on proposa de faire la paix avec la République, en exigeant seulement la liberté des enfants de Louis XVI. Le roi se montra d'abord très indigné de la seule pensée de traiter avec les assassins du roi de France; mais la reine appuya la proposition de son favori, et ce faible monarque céda comme toujours.

Le 4 floréal, Goupilleau annonça au Comité qu'enfin un trompette avait apporté à Bourgoing une lettre d'Ocariz, datée du 16 avril (27 germinal), qui demandait un armistice. Bourgoing répondit qu'il n'en pouvait être question avant que les négociations fussent entamées. Presque aussitôt il reçut une seconde lettre du 18. Mais la cour était moins pressée de traiter : elle avait de nouveau peur des Anglais.

« Les enfants de Louis XVI (dit Ocariz) seront un objet de sollicitude, qui de préférence à tout, motiverait mon prompt départ, et je voudrais laisser ici l'espérance d'obtenir, en preuve de la bonne harmonie qui doit exister respectivement entre les deux pays, un témoignage d'égards que donnerait votre gouvernement, en confiant aux soins du Roi mon maître, la conservation de cette famille innocente, et qui paraît ne servir à rien dans votre pays. Tout autre sacrifice de Sa Majesté catholique serait inférieur à la consolation que lui procurerait cette condescendance, et dès lors elle concourrait avec la meilleure volonté à la prospérité de la France, en dépit des obstacles indirects que pourrait opposer la politique des négociateurs (1). »

Et il demandait avant tout qu'on lui répondît sur ce grand sujet. Bourgoing comprit très bien que tout dépendait de l'acceptation de cette condition préliminaire. Il répondit aussitôt qu'elle serait refusée, et que la difficulté étant insurmontable, il allait repartir. Le 8 floréal il fit part au Comité de la lettre d'Ocariz.

En se dessaisissant du fils de Louis XVI, les révolutionnaires se seraient enlevé la ressource de faire la royauté eux-mêmes et d'exploiter la régence. S'ils avaient été des républicains vraiment intraitables, comme on veut les représenter, ils auraient eu beaucoup moins de répugnance à remettre Louis XVII à l'Espagne, pour obtenir une paix qu'ils

(1) Nous donnons la traduction envoyée au Comité. (Arch., AF3, 61.)

jugeaient absolument indispensable. Au point de vue purement républicain, il valait mieux livrer le jeune prince au
parti émigré que le garder en France, car beaucoup de gens
qui auraient vu avec joie les modérés ou les néo-modérés ouvrir les portes du Temple, étaient très hostiles à une royauté
rétablie par les émigrés. En remettant Louis XVII à l'Espagne liée par un traité de paix, et gouvernée despotiquement
par un Godoï, les révolutionnaires n'avaient rien à craindre
pour la République.

IV.

Tout paraît donc rompu ; Bourgoing va retourner à sa mairie
de Nevers. Mais voilà qu'au moment où l'on s'y attendait le
moins, Barthélemy annonce (15 floréal, 4 mai) que Domingo
Yriarte vient d'arriver à Bâle. Il revenait par Venise de la
Pologne où il était chargé d'affaires. Barthélemy qui l'avait
déjà connu à Vienne et à Londres, le rencontra chez San
Fermo, ministre de Venise (1). Ils échangèrent aussitôt quelques explications préliminaires dont Barthélemy se déclara
très satisfait. Alcudia avait lu la lettre adressée par Bourgoing,
le 19 pluviôse à Yriarte, qui était alors en Pologne ; il avait
préféré le prendre pour négociateur et lui avait envoyé un
courrier à Venise pour lui enjoindre de venir trouver Barthélemy (2).

Juste au même moment (16 floréal), le Comité écrit à
Bourgoing qu'il regrette la rupture de la négociation et l'envoie à Bayonne, en lui recommandant d'écrire à Ocariz pour
lui exprimer le regret de la voir arrêtée par une proposition
intempestive « en laissant entrevoir que cette proposition,
quoique de nature à n'être pas adoptée, *au moins quant à présent* » par le gouvernement français... » ne devrait pas empêcher l'ouverture de conférences qui pourraient ramener la
paix entre les deux nations. Il insinuera qu'il va recevoir les
pouvoirs nécessaires.

(1) « Notre reconnaissance d'amitié, a fait scène chez M. de San Fermo » écrit
Barthélemy.

(2) Lettre de Barthélemy du 16 floréal. Arch. *ibid.*

Le 17 floréal, le Comité envoie de nouvelles instructions à Bourgoing; il ne peut remettre les enfants de Louis XVI à l'Espagne, « sans risquer de faire de leurs personnes un point de ralliement pour les factieux, et par conséquent d'entraîner l'Espagne elle-même dans une nouvelle guerre. » Cette dernière raison a bien peu de force !

« Si cependant le plénipotentiaire espagnol insistait *irrésistiblement* sur la proposition dont il s'agit, et qu'il en fît absolument une condition *sine qua non*, le citoyen Bourgoing pourrait consentir par un article formel et patent, à ce que tous les individus de la famille Bourbon fussent remis au roi d'Espagne, *à l'époque de la pacification générale.* »

Ceci est très grave; le Comité veut évidemment faire la paix avec l'Espagne, et se réserver la faculté de se servir du jeune Louis XVII. Bourgoing doit ensuite reprendre à peu près les dernières instructions qu'il a reçues (1). Et le comité le nomme officiellement son ministre plénipotentiaire, et annonce son arrivée aux députés près l'armée des Pyrénées occidentales. Ainsi Bourgoing près des Pyrénées, Barthélemy à Bâle, vont négocier en même temps le même traité. Mais le comité remercie Bourgoing, et le 21 floréal il charge Barthélemy seul de reprendre les négociations et d'insister sur la cession de la Louisiane, et la conclusion de la paix dans un mois, sinon il déclarera que les fortifications de Figuières, Roses, Passage, Saint-Sébastien, seront démolies. Il lui envoie les mêmes pouvoirs qu'à Bourgoing. Le 23 il lui écrit d'*insinuer* seulement que la France est disposée à faire rendre Gibraltar à l'Espagne.

(1) La République aiderait l'Espagne à défendre ses colonies contre l'Angleterre; mais en compensation de cette clause, elle « a le droit d'attendre de l'Espagne quelque chose de marquant. » C'est beaucoup dire, car elle ne peut promettre qu'un secours peu efficace. Le comité veut ou Saint-Domingue ou la Louisiane, ou le Guipuscoa; et restreint « son ultimation à l'un de ces trois objets. » Il désespère du Guipuscoa. Bourgoing devra essayer de se faire demander l'alliance offensive et défensive, et la présentera comme une grande concession. Il s'entendra avec l'Espagne pour faire la distinction des articles patents et des articles secrets. « Il observera surtout que d'après la loi du 30 ventôse dernier, les premiers sont soumis à la ratification de la Convention nationale, et que les seconds ne doivent être ratifiés que par le Comité de salut public. » Signé : Cambacérès, Merlin, Aubry, Tallien, Defermont, Laporte, Treilhard, Vernier, Lacombe du Tarn), Rabaut, Roux, Doulcet, Fourcroy. (Arch., AF³, 61.)

Mais Bourgoing était reparti pour Nevers un peu plus tard qu'il ne l'avait annoncé. Il y trouva les nouveaux ordres du Comité qui l'avaient précédé : depuis son départ on avait reçu par un trompette, une nouvelle lettre d'Ocariz qui lui demandait s'il avait des pouvoirs pour traiter, et lui posait une série de questions. Si le traité pouvait être conçu comme celui de la Prusse. « Quel serait le sort de Louis XVII et de sa sœur? Quelles seraient les pensions qu'on assignerait aux princes émigrés? *Quelle religion existerait dans votre pays?* Quel avantage ferait-on aux cours d'Italie qui prendraient part aux plans de l'Espagne, en y comprenant le Portugal? » Ocariz semble désirer la simple neutralité.

Le 27, Barthélemy écrit de son côté qu'il a conféré avec Yriarte. L'envoyé espagnol lui a montré un mémoire d'Alcudia qui repousse toute cession de territoire; il lui a parlé avec beaucoup de tact des enfants de Louis XVI, en déclarant qu'il y avait là une question d'honneur pour le roi d'Espagne, et qu'il ne renoncerait jamais à cette demande (1). Après de longues discussions, Barthélemy, autorisé par ses dernières instructions, lui déclara que si la paix dépendait de cette condition, on pourrait s'entendre. Yriarte demandait en outre que Turin, Naples et Parme, fussent compris dans ce traité. Le Comité désirait ardemment en finir. Le 1 prairial Pelet de la Lozère, député en mission auprès de l'armée d'Espagne, lui écrivait : « Cette armée n'a que de l'héroïsme, et le Midi épuisé d'hommes et de ressources de tout genre, ne peut plus la renouveler et l'alimenter. »

Les coalisés qui surveillent soigneusement les conférences de Barthélemy et d'Yriarte, cherchent naturellement à rompre la négociation (2). Barthélemy est persuadé que la paix dé-

(1) Barthélemy envoie au Comité la traduction d'une note remise à Yriarte par sa cour; elle porte qu'il demandera « la liberté des prisonniers du Temple pour se retirer en Espagne, avec l'assurance d'une existence convenable et (selon l'expression espagnole) analogue à leur état. » (Arch., *ibid.*)

(2) Yriarte disait à Barthélemy que le prince de Carency, intrigant qui jouait un rôle fort louche, avait reçu cent louis du ministre d'Angleterre à Venise pour le suivre de Venise à Bâle; qu'à Bâle il était surveillé par un espion payé et que l'Autriche intriguait beaucoup pour l'empêcher de faire la paix. (Lettres de Barthélemy du 5 et du 7 prairial.) Peut être Yriarte a-t-il exagéré à dessein les intrigues des coalisés. Le 20 floréal précédent, Barthélemy écrivait au Comité, que

pend de la remise à l'Espagne des enfants de Louis XVI, et que
le Comité finira par l'accorder.

« ... On pourrait bien nous parler pour eux d'un apanage, cela ne
peut pas s'accorder : un traitement annuel aurait l'inconvénient de
rappeler de temps en temps leur souvenir. Il ne serait peut-être
pas bien, *vis-à-vis de l'Espagne, de lui envoyer ces enfants pour qu'elle
les nourrisse.* Ne seriez-vous pas d'avis de lui faire connaître, quand
il en sera temps, qu'en les lui remettant, on lui remettra en même
temps un capital destiné à leur entretien. » (Lettre du 7 prairial 26 mai.
Arch., AF³, 64) (1).

Barthélemy ne croit pas que l'Espagne accepte la proposition de lui remettre les enfants de Louis XVI seulement lors de
la paix générale. Yriarte croit qu'elle s'engagerait très formellement par une convention soit publique, soit secrète « à ne
pas les laisser sortir de son territoire, et à ne jamais permettre
qu'ils pussent y former un noyau d'agitations inquiétantes
pour le gouvernement français. » (Lettre du 12 prairial.) L'Espagne voulait faire reconnaître sa médiation en faveur de plusieurs États, et couvrir sa capitulation par cette reconnaissance
qui flattait sa vanité ; elle voulait un traité semblable à celui de
la Prusse, mais ses prétentions étaient disproportionnées avec
sa puissance réelle.

Le 12, le comité répond à Barthélemy qu'il ne fera ni pension ni apanage aux enfants de Louis XVI. Même s'il les rend
à la paix générale, il n'est pas probable qu'il leur donne rien,
et il lui recommande d'éviter ce sujet. Mais c'est la pierre d'a-
choppement. Yriarte insiste toujours : car c'est une question
d'honneur pour l'Espagne.

« Je vous proteste, a-t-il dit, que si vous étiez dans le cas de nous

Morris, l'ancien ambassadeur des États-Unis à Paris, lui avait demandé une entrevue secrète à Liestal, ville située à peu de distance de Bâle; il s'y rendit avec
son secrétaire Marandet, et fut très surpris de trouver là ce prince de Carency,
fils du duc de la Vauguyon. Il assura à Barthélemy qu'il avait des moyens d'obtenir la confiance de la reine d'Espagne et de son favori, et qu'il saurait conclure
la paix bien plus vite qu'Yriarte. Il lui demanda le secret auprès d'Yriarte, mais
Barthélemy n'eut rien de plus pressé que de lui raconter cette proposition. (Arch.
ibid.) Carency recommencera de nouvelles intrigues.

(1) L'honnête Barthélemy oublie tout à fait qu'il s'adresse à des révolutionnaires.

offrir plusieurs de vos départements voisins, ou ces enfants, nous vous demanderions ces enfants de préférence à tout. Si vous ne vouliez pas nous les livrer et continuer la guerre, vous pourriez détruire tous les Espagnols avant d'en trouver un seul qui ne vous les demande. »

Voilà au moins de nobles paroles! Yriarte assure que la France n'a rien à craindre en rendant les enfants de Louis XVI. Son gouvernement persistera-t-il à demander pour eux un apanage? il ne le sait! mais il regarde comme déshonorant pour le peuple français, de les *livrer nus* à l'Espagne (lettre de Barthélemy du 16 prairial 4 juin).

Avant que cette dernière lettre eût pu lui parvenir, le Comité, avait encore écrit le 17, que si l'Espagne insistait en faveur de la *famille Capet*, elle devait attendre la pacification générale. Aurait-il persisté devant des déclarations aussi formelles? Trois jours après, la mort du jeune prince le tirait d'embarras! Le 21 il l'annonçait à Barthélemy, et déclarait en même temps qu'il n'accorderait à sa sœur aucun apanage. Cette lettre ne parvint pas immédiatement à son ambassadeur.

Juste au même moment, le Comité recommençait à négocier au quartier général de son armée. Un certain d'Yranda, né en France, mais établi depuis quarante ans en Espagne, était venu en Guipuscoa sous prétexte de visiter des propriétés, et son arrivée dans ce pays avait intrigué vivement les représentants en mission. L'un d'eux, Meillan, écrivit au Comité qu'il l'avait vu, et que d'Yranda était envoyé par l'Espagne, et désirait négocier à Bayonne au lieu de Bâle, pour être mieux à l'abri des intrigues des coalisés. Dès les premiers mots de conversation, il réclama comme Yriarte les prisonniers du Temple. Meillan et lui convinrent que leur sort serait réglé par un article secret. Il tint à peu près le même langage que Yriarte.

(1) Le Comité dans cette négociation ne parle pas du tout de la santé de Louis XVII : il aurait pu cependant se servir de ce prétexte pour déclarer à l'Espagne qu'il ne pouvait le lui remettre immédiatement; car un long voyage le tuerait. On serait tenté de se demander si certains révolutionnaires alors au pouvoir, les uns par haine pour la famille des Bourbons, les autres désespérant d'exploiter une régence, mais tous fort pressés de faire la paix avec l'Espagne, n'ont pas hâté la fin du jeune prince, pour rendre possible cette paix qu'ils jugeaient si nécessaire!

Le 26 prairial Barthélemy (1), qui avait appris par les journaux la mort du *fils Capet*, écrivit au comité que cet événement exercerait beaucoup d'influence sur sa négociation. Cette mort, suivant lui, va déjouer certaines intrigues et en faire naître d'autres. Yriarte lui a dit que la remise du jeune prince entre ses mains, aurait fourni à l'Espagne une excuse pour se séparer des coalisés; maintenant elle va peut-être hésiter. Les réponses qu'il attend, ont été faites en raison de cette concession : après cet événement, il aura besoin d'instructions nouvelles (2). Les révolutionnaires ne paraissent pas avoir prévu ce changement d'attitude.

Évidemment le Comité aurait pu spéculer sur la remise des enfants de Louis XVI à l'Espagne et lui faire largement payer cette concession. Elle va peut-être se montrer plus difficile, et la négociation va traîner. Le 27 le Comité insiste encore pour qu'on en finisse, et menace de démolir les citadelles dont il est maître, mais cette bravade ne produit aucun effet. Yriarte, tout en assurant Barthélemy des bonnes dispositions de sa cour, lui déclare que si le Comité veut le faire partir et rompre la négociation, il n'a qu'à exécuter cette menace. (Lettre de Barthélemy du 3 messidor, 21 juin.)

Depuis la nouvelle de la mort de Louis XVII les négociations de Bâle n'avançaient pas. Le 10 messidor (28 juin) Barthélemy donna au Comité l'explication de la mission d'Yranda. Un courrier espagnol avait été obligé de faire un détour immense à cause de la guerre, et Alcudia se trouvant sans aucune nouvelle d'Yriarte, avait envoyé Yranda tâter le terrain. Le Comité pouvait donc choisir entre Bâle et Bayonne pour traiter de la paix : il aima mieux poursuivre

---

(1) Dans cette lettre il exprime le doute que les puissances ennemies reconnaissent Monsieur. « Qui sait donc si Condé et son armée pourront se décider à voir en lui un nouveau roi ? » On voit que les révolutionnaires avaient leurs illusions.

(2) De Sybel (t. III, p. 420 Note) réfute très bien ceux qui ont prétendu qu'un enfant muet avait été substitué au lieu et place du Dauphin, et il trouve entre autres raisons, tout à fait inexplicable, qu'en présence de l'obstination de l'Espagne à refuser la paix, en donnant la captivité du prince comme motif de son refus, le comité ait pu hésiter si longtemps, s'il tenait prisonnier au Temple un enfant substitué au véritable prince. On a pu voir par les détails de cette longue négociation, combien ceux qui gouvernaient alors la France jugeaient cette paix indispensable.

une double négociation. En outre, pour presser l'Espagne, il avait ordonné au général Moncey, commandant de l'armée des Pyrénées occidentales, forte de quarante mille hommes environ, d'agir vigoureusement. Au commencement de messidor, Moncey attaqua la Biscaye et la Navarre, s'empara de Bilbao, capitale de la Biscaye, et atteignit bientôt Victoria et l'Ebre. Le 20 messidor il était à Tolosa. Du côté des Pyrénées orientales, au contraire, les Espagnols empêchèrent les Français d'avancer sur leur territoire; mais la cour de Madrid, plus effrayée encore des succès de l'armée de Moncey, que des menaces pourtant très formelles de l'Angleterre, résolut de presser les négociations.

Le comité avait absolument besoin d'envoyer en Italie, l'armée qui était retenue en Espagne. Elle avait remporté de brillantes victoires; mais il comprenait très bien qu'il serait fort dangereux de s'avancer trop loin dans un pareil pays : elle pourrait peut-être arriver à Madrid, mais elle courrait le plus grand risque de voir sa retraite coupée par un soulèvement général du peuple espagnol; et pour la sauver, il faudrait affaiblir les autres armées, peut-être évacuer des pays conquis. Certains révolutionnaires avaient songé à établir une république dans le pays compris entre les Pyrénées et l'Ebre, cette idée fut bien vite abandonnée. Il était certain que l'Espagne demanderait la liberté de Madame Royale. Le 12 messidor, le Comité pour en finir avec cette question, fit décréter par la Convention que cette princesse serait remise à l'Autriche (avec qui l'on ne négociait nullement), en échange des représentants livrés par Dumouriez et des ministres Maret et Sémonville. Les révolutionnaires aimaient mieux l'offrir spontanément à l'Autriche que la remettre de suite à l'Espagne par un traité formel (1).

Le 18 messidor le Comité prit le parti d'envoyer le général Servan, ancien ministre, négocier avec d'Yranda, de con-

---

(1) L'échange ne fut effectué, comme ils s'y attendaient bien, que le 26 décembre : la captivité de la malheureuse princesse fut donc prolongée de six mois! Peut-être ont-ils craint que l'Espagne, ne s'obstinât à exiger pour elle, une pension où une somme d'argent, et qu'il leur fallût en passer par là pour être enfin débarrassés de cette guerre.

cert avec Meillan. Néanmoins il écrivit à Barthélemy que si, dans l'intervalle, Yriarte recevait des instructions satisfaisantes, il ferait la paix à Bâle. Servan (1) reçut d'abord les injonctions données primitivement à Bourgoing et à Barthélemy, mais le Comité lui envoya des instructions supplémentaires tout à fait caractéristiques. Comme la paix avec l'Espagne est très nécessaire, le négociateur « épuisera tous ses efforts » pour obtenir une indemnité de guerre, mais si l'Espagne se refuse obstinément à toute cession de territoire, il peut abandonner cette prétention. Maintenant le sort de la fille de Louis XVI dépend de l'Autriche; le Comité désire la lui remettre le plus tôt possible. Il voudrait annexer Puycerda, mais ce n'est pas une condition *sine qua non*. Il tient beaucoup à la Louisiane. Il accepte la médiation de l'Espagne pour Turin et Naples comme il a accepté celle de la Prusse pour les princes de l'Empire germanique. Malgré ses victoires, le Comité semble aussi pressé d'en finir que s'il avait été battu, car il a besoin de concentrer ses forces pour tenir tête à une triple alliance nouvelle.

Presque en même temps, le 25, Barthélemy envoie un projet de traité présenté par Yriarte. Certaines dispositions doivent offusquer vivement le Comité, aussi Barthélemy a soin de les qualifier de capucinades, car l'Espagne demandait le rétablissement de la religion en France, le rappel des prêtres proscrits et des émigrés, et des pensions aux divers membres de la famille royale. Du reste, Yriarte déclara bien vite à Barthélemy qu'il n'insisterait pas sur ces demandes (2); c'était un négociateur habile, mais assez sceptique.

(1) Le 23 messidor, le Comité arrêta que la trésorerie nationale tiendrait, dans la caisse du payeur général de l'armée des Pyrénées occidentales, dix mille livres *en numéraire métallique* à la disposition de Servan; elle lui paiera en outre vingt mille livres en assignats à prendre sur les fonds de la commission des relations extérieures. Le louis vaut alors 735 l., en papier; cette dernière somme équivaut à un peu plus de 27 louis., (Arch., AF3, 61.)

(2) Elles formaient les articles 11, 12, 14 et 15 du projet. Les voici, d'après une traduction envoyée de Bâle, qui paraît assez défectueuse.

Art. 11. « La religion catholique sera admise et dominante dans les limites de la République, et le culte divin rétabli; puisque cela n'étant pas contraire à la liberté que le peuple français établit entre ses individus, la conservation de cette religion devient nécessaire sous des lois pures qui la constituent. »

Art. 12. « La République française, pour donner une preuve de déférence

L'Espagne désirait que la République établît chez elle la paix religieuse, et mît fin aux proscriptions : elle lui proposait à peu près d'accomplir immédiatement ce que le premier consul devait faire plus tard, ce que l'Europe entière en 1795 attendait du gouvernement régulier qui succéderait à l'oligarchie conventionnelle. Le Comité de salut public thermidorien déclarait fièrement que l'Espagne n'avait pas le droit de s'immiscer dans les affaires intérieures de la France. Cette réponse est sans doute péremptoire, en temps ordinaire, lorsqu'elle est faite par un gouvernement constitué; mais le Comité n'était qu'un gouvernement intérimaire, très mobile par son organisation, et placé dans des circonstances absolument anormales. Ainsi que la Convention, il se plaisait à couvrir de malédictions le régime de Robespierre et du Comité de salut public d'avant thermidor, et criait à tue-tête qu'il n'avait rien de commun avec cette abominable tyrannie; et on lui disait : « Prouvez-le... » Les puissances qu'il invitait à traiter avec lui, étaient donc autorisées à demander avec qui elles traitaient; quelles garanties de stabilité il leur offrait, et si elles n'allaient pas désarmer pour être assaillies à l'improviste par un autre gouvernement révolutionnaire, issu d'un 9 thermidor en sens contraire. La Convention, que le Comité représentait, reconnaissait hautement qu'elle n'était qu'un pouvoir très provisoire, et n'avait plus d'autre raison d'être, que la nécessité de confectionner une constitution nouvelle? Que serait cette constitution? Les voisins de la France, tout en se déclarant prêts à accepter d'avance le régime inconnu qu'elle allait se don-

à Sa Majesté catholique, assignera aux deux frères, à leurs enfants, aux tantes de défunt Louis XVI, le traitement qu'on croira nécessaire pour leur entretien, et l'établissement sur des hypothèques sûres, aussitôt que le gouvernement de la République sera définitivement organisé. En attendant, Sa Majesté catholique s'en chargera. »

Art. 14. « Les prêtres émigrés pourront rentrer en France avec les assurances les plus amples, au sujet de leur conservation et du bon accueil du gouvernement, et exercer les fonctions de leur ministère, s'ils ont obtenu la bulle du pape, comme les préceptes de la religion catholique l'exigent. »

Art. 15. « On donnera aussi protection aux propriétaires qui rentreront, et on leur rendra (s'il est possible) leurs propriétés, ou d'autres (en équivalent) pour leur subsistance. (Arch., AF3, 61.)

ner, pouvaient très bien demander si elle rompait sérieusement avec ce régime de Robespierre, que d'anciens complices maudissaient avec tant d'affectation; si elle renonçait aux persécutions et aux proscriptions; si elle admettait les mêmes principes d'ordre public que les autres nations? Ces États étaient fondés à poser ces questions à ses gouvernants car les persécutions et les proscriptions révolutionnaires jetaient le trouble en Europe. La Révolution avait inondé de bannis et de proscrits les États voisins. Est-ce que l'Espagne n'avait pas vu en 1792 des vaisseaux français chargés comme des négriers, débarquer tout à coup dans ses ports une foule de prêtres proscrits? Et les auteurs de ces proscriptions, de ces déportations en masse hors des frontières françaises, accusaient encore les gouvernements voisins de trop bien traiter tous ces exilés, qu'ils avaient dû recevoir, et ne cessaient de les harceler ensuite de réclamations, à leur sujet; de demander leur expulsion, en les menaçant; et de s'immiscer réellement sous ce prétexte dans les affaires intérieures de ces gouvernements. Un pareil état de choses créait de continuelles difficultés, et pouvait ramener la guerre; il fallait le faire cesser : la politique était sur ce sujet d'accord avec l'humanité. Le gouvernement issu de thermidor proclamait la liberté religieuse. Pour se distinguer de cet *ancien* gouvernement d'avant thermidor, tant flétri par lui, et qui l'avait proclamée avec la même énergie, il n'avait qu'à accepter les conséquences nécessaires de cette liberté, et ne point s'obstiner comme lui, dans une persécution inutile, et gênante pour ses voisins! Mais cette réunion de sectaires et de tartufes de liberté, ne songeait qu'à perpétuer à son profit la tyrannie révolutionnaire; les victoires de nos soldats devaient profiter uniquement à leurs ambitions et à leurs haines personnelles. Ils auraient cédé, et pour le bonheur de la France, devancé Bonaparte, si l'Europe entière, bien unie, avait exigé cette pacification comme condition indispensable de la paix générale.

Yriarte demandait aussi que le Portugal et tous les États de l'Italie, en y comprenant les États du Pape fussent déclarés, par ce traité, en paix avec la France (si c'est leur

intention); sous l'engagement formel de ne pas laisser passer
de troupes étrangères sur leur territoire. Par amitié pour le
roi d'Espagne, la République française, afin de laisser le
temps à ces États de faire connaître leursintentions, attendra
deux mois avant de les attaquer, à moins qu'elle ne soit attaquée elle-même. L'Espagne voulait évidemment jouer dans le
midi de l'Europe, le rôle de la Prusse dans le nord, et Barthélemy avait raison de trouver cette prétention excessive.
La proposition faite à l'Autriche d'échanger Madame Royale,
n'avait nullement satisfait l'Espagne, aussi Barthélemy proposa d'ajouter au traité, un article séparé et secret ainsi
conçu :

« La République française, en considération de l'intérêt que le roi
d'Espagne, lui a témoigné prendre au sort de la fille de Louis XVI,
consent à la lui remettre, dans le cas où la cour de Vienne n'accepterait pas la proposition qui lui a été faite au sujet de la remise de
cet enfant par le gouvernement français. »

Si, à l'époque de la ratification du traité, la cour de Vienne
ne s'est pas encore expliquée sur l'échange qui lui a été proposé par la France, S. M. C. s'adressera à l'empereur pour
apprendre de lui, s'il accepte cet arrangement. S'il le repousse,
« la République française fera remettre cet enfant à S. M.
C. » (1). Barthélemy proposait aussi un article qui admettait la médiation de l'Espagne en faveur du Portugal et des
États de l'Italie.

« Les mots, et *des autres États de l'Italie,* ne s'y trouvent que dans
l'objet de désigner le Pape. L'Espagne ambitionne extrêmement qu'il
y soit nommé; *mais comment le nommer puisqu'au fond nous ne sommes pas en guerre avec lui.* M. d'Yriarte n'a pas eu de peine à me persuader que sa cour attache un prix infini à faire mention du Pape.
C'est une faiblesse de l'Espagne; mais à la juger de sang-froid, ne
peut-elle pas tourner à notre profit? Il est facile de croire que nous
pourrions avoir un immense intérêt à ménager et à nous concilier le
Pape. » (3 thermidor 21 juillet.)

Mais comme il est difficile d'en parler ouvertement, ils sont

(1) Lettre de Barthélemy du 2 thermidor (20 juillet). (Arch., AF3, 61.)

tombés d'accord pour faire au sujet du Pape un article secret
« que le roi d'Espagne pourrait faire valoir à Rome, pour
son compte et pour le nôtre ».

Barthélemy ne regarde donc point le Pape comme en guerre
avec la République : il pense même comme tous les vrais modérés qu'elle a des motifs sérieux de le ménager. On va voir que
le Comité est au fond de cet avis, et qu'il n'opposera aucune
objection sérieuse à l'article proposé par Barthélemy. Plus
tard, dans un moment de crise, lorsque sa composition aura été
modifiée, il se montrera tout à fait hostile au Pape, mais en
reconnaissant qu'il n'a point fait la guerre à la France. Cet
article secret est ainsi conçu :

Les termes de l'article 16 du présent traité (article 15 du traité
définitif) *et autres États de l'Italie*, ne pourront être appliqués qu'aux
États du Pape, pour le cas où ce prince ne serait pas considéré
comme étant actuellement en paix avec la République française, et
où il aurait besoin d'entrer en négociation avec elle pour le rétablissement de la bonne harmonie. »

Ainsi le Pape est formellement présumé en paix avec la
République.

Le traité définitif fut signé tout à coup le 5 thermidor.
Yriarte déclara à Barthélemy qu'il accordait toutes ses demandes, sauf la cession de la Louisiane; mais, que si le traité n'était
pas signé le soir même, tout était rompu. Barthélemy écrivit au Comité qu'il avait lutté contre cette exigence, mais
qu'Yriarte l'avait maintenue avec une insistance étonnante.
Comme il était devenu indispensable de prendre un parti, il
crut qu'il ne lui était pas interdit d'en finir; il annonça donc
au Comité, avec force excuses, qu'il avait signé, et le traité public et les articles secrets. On se souvient que pour en finir
avec la Prusse, il s'était déjà dispensé d'attendre les dernières
instructions du Comité qu'il redoutait secrètement comme capables de faire tout manquer au dernier moment. Il est probable qu'en signant tout à coup le traité avec l'Espagne, il céda
surtout à des préoccupations du même genre et nullement à
l'insistance d'Yriarte.

Ils firent un nouvel article secret avec un article du projet de traité sur l'importation des mérinos, ainsi que d'un certain nombre de juments et étalons andaloux. L'article 9 contient la cession de la partie espagnole de Saint-Domingue : un mois après la ratification l'Espagne sera prête à la livrer. Pour s'excuser de sa précipitation auprès du Comité, Barthélemy fait valoir, que l'Espagne a l'intention de faire des propositions d'alliance à la Prusse, et que les articles secrets « ne sont que des expressions amicales à l'Espagne, et n'engagent à peu près à rien? » D'ailleurs, la remise éventuelle de la fille de Louis XVI lui paraît justifiée par ses précédentes instructions.

V.

Pendant ce temps-là, le Comité essaie de négocier à la frontière par l'intermédiaire de Servan (1). Le 10 thermidor il écrit à la fois à Servan et à Barthélemy, qu'il faut exploiter dans la négociation la récente victoire de Quiberon. Il annonce à Barthélemy qu'il a chargé Servan de négocier à la frontière dans l'espoir d'arriver plus vite à la conclusion d'un traité. Mais s'il peut tout de suite terminer, à Bâle, on en sera ravi ; il lui fait une objection assez curieuse (2), et lui enjoint de ne rien signer sans autorisation! Il tombe bien, c'est déjà fait (3)!

Le Comité apprit la conclusion du traité, grâce à un incident comique. On avait dans un article secret relevé l'article 16 qui était devenu l'article 15, et Barthélemy avait envoyé le 5 une dépêche pour rectifier cette erreur, mais cette dépêche arriva avant celle qui annonçait la signature du traité; et le

(1) Pour dissimuler sa mission, il l'avait nommé inspecteur général des armées des Pyrénées orientales et occidentales.

(2) « L'article secret présenterait l'inconvénient, en nous enlevant un otage, pour nos collègues, de faire supposer à leur sujet une indifférence bien opposée à nos véritables sentiments. » Qu'on mette seulement « que le roi d'Espagne demandera à l'Empereur la conclusion de cet arrangement et que la République de son côté se prêtera à tout ce qui peut le hâter. »

(3) « Il serait possible qu'on eût dans l'intervalle traité sur la frontière, et nous ne devons pas nous exposer à recevoir une double convention. » Barthélemy le savait bien; c'est peut-être aussi pour n'être pas frustré de l'honneur d'avoir conclu le traité avec l'Espagne, qu'il s'est tant pressé! Du reste il était certain que Servan n'obtiendrait pas de meilleures conditions.

Comité, ainsi prévenu d'une rectification à un traité qu'il ne savait pas exister, n'y comprit absolument rien et continua dans sa réponse à préciser ses dernières exigences. Puisque l'on paraît disposé à céder Saint-Domingue, le dernier obstacle à la paix vient de disparaître. Sans repousser l'article secret sur le Pape, il le critique à un certain point de vue.

« Nous ne concevons pas comment ou pourrait appliquer une disposition qui a pour objet de préparer la paix avec les États avec qui nous sommes en guerre, au *Pape qui n'est pas en guerre avec nous,* et que pourrait signifier, dans cette position, une négociation pour le rétablissement de la bonne harmonie avec le Pape? *Comme prince temporel, il n'y a pas de paix à négocier, puisque nous ne sommes pas en guerre.* Comme chef d'une religion, la République ne le reconnaît pas, puisqu'elle ne reconnaît aucun culte, quoiqu'elle se fasse un devoir de protéger l'exercice de tous : il est donc bien difficile de satisfaire sur ce point le désir de l'Espagne, et si l'on tenait absolument à cet article, il faudrait du moins le concevoir de *manière qu'on ne pût en induire que nous négocions sur le spirituel,* et il conviendrait se borner à dire que le roi d'Espagne emploiera ses bons offices à prévenir toute hostilité avec les États du Pape; mais au fond, on ne peut se dissimuler que cet article ne signifiera rien. » Cambacérès, Treilhard, J. Debry, Louvet du Loiret, Doulcet, Larivière, Aubry, Boissy, Vernier, Marec, Rabaut. » (Arch., AF³, 61).

Le Comité permet à Barthélemy de signer le traité, si d'Yriarte consent à céder Saint-Domingue et à en finir dans les vingt-quatre heures.

Nous n'avons pas besoin de faire ressortir la gravité de cette déclaration du Comité que le Pape n'est pas en guerre avec la République. Le Pape, de son côté, s'étudie à prouver par ses actes, que s'il condamne les schismatiques et les persécuteurs, il ne fait partie d'aucune ligue politique contre la nation française. Il protège ouvertement des marins français naufragés. Cacault écrivait au Comité le 14 thermidor (1 août):

« Les ordres donnés par la cour de Rome pour que le petit bâtiment français échoué pour se sauver de la poursuite de l'ennemi sous le feu d'une des batteries de la côte de l'État ecclésiastique, soit secouru, aidé et protégé jusqu'à une certaine hauteur, et la déclaration du Pape à cette occasion de n'être en guerre avec aucune nation, ont beaucoup excité l'attention du public en Italie (1). »

Le Comité reçoit enfin le traité complet. Le 11 thermidor il le mande à Barthélemy, en lui disant qu'il aurait désiré quelques changements, mais qu'il y renonce pour ne pas rouvrir la négociation (2). « Ce premier traité ne doit être que le prélude d'un second plus important encore ; nous ne tarderons pas à vous écrire à ce sujet. » Le Comité avait raison ; l'Espagne après avoir conclu un traité devait encourir le ressentiment de l'Angleterre. Un gouvernement ferme et habile aurait eu beaucoup de peine à maintenir sa neutralité : dirigée par un Godoï, elle devait, pour son malheur, être bientôt prise dans un véritable engrenage. La nouvelle de la paix avec l'Espagne avait été accueillie avec beaucoup de satisfaction en France par les modérés, parce que la guerre cessait de ce côté ; mais les révolutionnaires systématiques n'avaient tenu si fort à conclure ce traité, que pour transporter l'armée d'Espagne, en Allemagne et en Italie, et faire avec plus d'activité, et de ressources une guerre de propagande. Ainsi cette paix partielle ne conduisait nullement à la paix générale que la masse de la population désirait si vivement, mais que les révolutionnaires cherchaient à éloigner par tous les moyens.

Barthélemy et Alcudia continuèrent à négocier, et pour l'exécution du traité, et aussi en vue du futur traité d'alliance. Alcudia insista pour établir que ni le Pape, ni le duc de Parme, infant d'Espagne, n'étaient en guerre avec la France. Barthé-

---

(1) Arch., AF³., 87. Cacault dans cette lettre cherche à flatter les passions révolutionnaires. Dans le cas où les Français auraient une forte armée en Italie, il vaudrait mieux avoir le Pape pour ennemi que pour ami, car l'État pontifical est riche et mal défendu, et on y ferait un beau butin. Le Pape n'a pas fait la guerre directement, mais par ses écrits sur la question religieuse : comment en exiger réparation ? Il insiste habilement là-dessus ; son avis est qu'il faut intimider Rome et Naples.

(2) Il fut signé dans la nuit du 4 au 5 thermidor, à trois heures du matin (lettre de Barthélemy du 14). Il fallut rectifier encore une grosse erreur dans ce traité : on y mentionnait le *roi* de Portugal, oubliant que ce royaume était alors gouverné par une reine.

lemy était du même avis (1). Mais le Comité envoya le 5 fructidor, un projet d'alliance perpétuelle offensive et défensive qui
aurait astreint l'Espagne à fournir aux révolutionnaires français,
pour toute guerre qui leur aurait convenu, de nombreux vaisseaux et de la chair à canon. Tout est bien combiné dans ce
projet pour que la prétendue alliée de la République soit exploitée et dupée. Le Comité envoya aussi un projet de traité de
commerce extrêmement avantageux pour la France. Il voulait
faire marcher de front la négociation de ces deux traités et
lancer l'Espagne contre l'Angleterre, mais Yriarte était naturellement beaucoup moins pressé (2). Après avoir absolument
exigé la cession de la partie espagnole de Saint-Domingue le
Comité n'était nullement désireux de l'occuper, au contraire
Alcudia le pressait vivement d'en prendre possession (3).

L'Espagne, la Prusse et la Toscane, en traitant avec le Comité, pouvoir essentiellement transitoire, comptaient qu'il serait bientôt remplacé par un gouvernement régulier et modéré, et que l'élément politique représenté par Lanjuinais,

(1) « En effet ce très petit État (Parme) n'a fait ce me semble aucune démonstration contre la France ! » (Lettre du 1er fructidor ; Arch., AF3, 61). Suivant l'usage,
le roi d'Espagne en ratifiant le traité, envoya des présents aux diplomates français « un portrait du roi d'Espagne entouré de diamants, très belle bague de
diamants pour moi ; trois belles bagues pour les secrétaires Bacher, Marandet,
Laquiante, belle montre garnie de quelques brillants pour un des secrétaires
particuliers » (Lettre du 6, *ibid.*).

(2) Barthélemy ne paraît pas très zélé pour l'alliance espagnole. « Nous ne
pouvons pas non plus nous dissimuler que l'Espagne est un allié très maladroit,
indocile et jaloux. » (Lettre du 16 fructidor, *ibid.*).

(3) Le Comité envoya à Barthélemy un curieux mémoire sur Saint-Domingue.
Cette acquisition si désirée d'abord, le gêne beaucoup ; la partie française
donne déjà assez d'embarras. Les Espagnols, par peur des Anglais, veulent s'en
débarrasser au plus vite. Comment en prendre possession ? « Toutes nos côtes
sont investies, nos ports bloqués, et ce qui est pire encore, nous n'avons pas de
biscuit à embarquer sur nos vaisseaux. Cette expédition est donc impossible
dans le moment actuel... Il serait bien important d'obtenir des Espagnols, dans
un arrangement particulier, de conserver à Saint-Domingue, leurs garnisons,
leurs vaisseaux et l'exercice de leur police. » Si les Anglais attaquent le pavillon espagnol, la situation est claire. En effet, le Comité désire vivement compromettre l'Espagne avec l'Angleterre ! Voilà pourquoi Alcudia qui n'a pas encore
pris parti, est si pressé d'évacuer Saint-Domingue. Le Comité craint que beaucoup
d'habitants riches ne fuient la colonie avec leurs fortunes, avec leurs nègres,
parce que la France veut y proclamer la liberté des nègres, et qu'ils s'attendent
à la persécution religieuse. Il craint de trouver un désert, si les Espagnols se
retirent. (Arch., *ibid.*)

Boissy d'Anglas, Pelet, etc., deviendrait prépondérant dans la république organisée d'après la constitution nouvelle. Mais à la fin de l'an III le parti de la propagande révolutionnaire fait un effort désespéré pour s'imposer à la France ; la néfaste influence de Sieyès et des girondins prêtrophobes et propagandistes, qui préparent l'escamotage de la constitution nouvelle et des élections, domine dans les comités de gouvernement. Les persécuteurs n'éprouvent aucun repentir ; ils brûlent au contraire de recommencer la persécution. Le 10 thermidor, le Comité écrivait à Barthélemy, au sujet du Pape, une lettre très mesurée et très pacifique ; mais bientôt les persécuteurs le dominent : ils veulent tourmenter le Pape et lui arracher l'approbation rétrospective de cette constitution civile qu'ils ont abolie. Cacault leur écrit de Florence, le 5 fructidor :

« Le Pape éprouve enfin quelque agitation et inquiétude, depuis la paix avec l'Espagne. Il est averti que vous n'entendrez aucune proposition de paix avec la cour de Rome qu'il n'ait accordé réparation éclatante pour le meurtre de Basseville, et l'expulsion des artistes français, et de plus que vous *exigerez une rétractation publique des décrets et bulles insultants à l'indépendance et à l'honneur de la République*. Les ministres d'Espagne ayant annoncé les difficultés que vous opposez au raccommodement avec Rome, le Pape a expédié secrètement à Bâle M. Piérachi, ci-devant gouverneur de Carpentras et ensuite auditeur du nonce Dugnani à Paris, avec commission de traiter par le moyen du chevalier d'Yriarte (1). »

(1) Arch. nat., AF³, 87, dépêche n° 54. Cacault profite de sa correspondance avec Azara, ministre d'Espagne à Rome, pour recevoir des commérages sur Rome qu'il s'empresse d'envoyer au Comité. Ainsi, le 12 fructidor (29 août), il lui écrit que les émigrés viennent encore cette année de célébrer avec pompe la fête de saint Louis, à Rome, dans l'église Saint-Louis des Français, qui est entre leurs mains. Le cardinal d'York a officié ! Les uns disent que d'Azara n'y était pas, d'autres qu'il y était. Cacault cherche à excuser sa présence, mais le 19 il donne des détails sur cette fête. « M. Azara y a invité, par billets, la noblesse et les ministres étrangers ; il a fait les honneurs de la cérémonie de la même manière que les ambassadeurs de France. *Tout le monde dit qu'il riait de cette farce*, mais il n'en a pas moins joué le plat rôle de ministre du roi de Vérone, lorsqu'il savait fort bien que la paix de la République avec l'Espagne était signée. Il n'en avait pas encore reçu de sa cour la nouvelle officielle : cela peut-il l'excuser de paraître avec éclat à la tête des émigrés, exerçant *des hostilités puériles et outrageantes...* » (*Ibid.*, n° 56.) Le 26 fructidor Cacault lui reprocha sa conduite, mais un peu pour la forme.

Cacault connaît trop bien les gens auxquels il écrit, pour combattre ouvertement leurs ridicules et odieuses prétentions; d'ailleurs, dans cette même lettre, il leur adresse des supplications désespérées, pour obtenir enfin la place qu'il sollicite en vain depuis si longtemps (1). Il entretient des relations avec d'Azara, dans l'espoir d'entamer par l'intermédiaire de l'Espagne des négociations avec Rome et Naples. Mais il ne connaît probablement pas encore l'article secret du traité de l'Espagne, concernant le Pape car le 22 fructidor, il écrit à d'Azara (2), pour l'inviter à séduire la cour de Naples, en lui offrant l'aide de la France pour s'agrandir au détriment du Pape.

« Qui empêcherait Naples, en gardant la neutralité avec nous, d'employer son armée, excellente pour cette seule opération, à reprendre tout ce qui fut usurpé sur ce royaume par l'Église. L'Europe est occupée, le Pape est sans défense; nous ne prendrions pas son parti. » (Arch., AF³, 87.)

Le trait est charmant, car bientôt la République cherchera à intimider le Pape à son profit, en lui disant sans cesse que le roi de Naples veut envahir ses États!

Le 3° jour complémentaire (19 septembre) Sieyès, au nom du Comité, écrivait à Barthélemy une lettre dans laquelle il l'invitait à ne pas parler à ce même Comité de la médiation de l'Espagne en faveur du Pape, et déclamait avec fureur contre le Souverain Pontife. C'est une véritable diatribe de défroqué et d'apostat (3)! Il a dans le Comité un digne compagnon,

---

(1) « Resterai-je toujours le plus vieux et le dernier de la carrière où l'on m'éprouve depuis onze ans, où je n'ai point mal fait ? Les occasions vont renaître de m'accorder une place de ministre en Italie... »

(2) « Il faut une médiation imposante et sévère, et d'autorité comme la vôtre. » (Arch., AF³, 87.) Le sceptique Azara dut sourire en lisant ce compliment.

(3) Le Pape, d'après Sieyès est « l'ennemi sinon le plus redoutable, du moins le plus actif de la France régénérée. S'il n'a pas fourni à la coalition des troupes et des escadres, c'est à sa faiblesse qu'il faut s'en prendre, et nous sommes bien loin de lui faire un mérite de n'avoir pu employer contre nous que (le poison rayé) les poignards. » Il faut éviter toute discussion à son sujet. « Nous vous invitons à écarter désormais les explications touchant cet homme. » On verra plus tard, lorsque l'Espagne exercera sa médiation avec les autres états de l'Italie.

l'ex-oratorien Daunou. Ils ont déterminé le gouvernement à refuser toute négociation avec le Pape.

« Nous joignons ici l'extrait d'une lettre d'Italie touchant la mission de M. Pierachi (ce doit être la lettre de Cacault). Comme nous vous avons déjà informé de nos intentions à l'égard du Pape, vous jugerez facilement que cette mission, si elle a lieu, n'apportera aucun changement à nos relations avec la cour de Rome... (1) » (Arch., AF³, 64.)

Malgré tout, le Comité reconnaît que le Pape n'a pas fait la guerre comme souverain temporel ; c'est contre le chef spirituel de l'Église qu'il déblatère. Mais il ne parle pas à Barthélemy de son odieuse et ridicule exigence au sujet des brefs pontificaux, et ne veut même pas qu'il la discute avec l'envoyé du Pape : il lui fait l'honneur de le considérer comme impropre à une pareille négociation. Du reste, Barthélemy s'est trouvé blessé des procédés par trop jacobins du Comité à son égard, et il finit par le lui faire sentir avec beaucoup de dignité (lettre du 3 vendémiaire). On voit que la France est en pleine crise politique et que Sieyès rédige les dépêches du Comité, car leur ton est singulièrement rogue et cassant.

Le comité avait reproché à Barthélemy d'avoir assimilé la situation du Pape à celle du duc de Parme : Barthélemy, rappela sa lettre du 10 thermidor précédent qui était très explicite. Le 8 vendémiaire le Comité qui craignait la démission définitive de Barthélemy, lui fit une véritable réparation, pour les procédés dont il se plaignait.

Le même jour Barthélemy écrit qu'il ne sait rien de la mission de Pierachi. Les négociations avec l'Espagne sont alors suspendues parce qu'Yriarte est tombé malade. Le Comité veut absolument engager l'Espagne dans une guerre contre l'Angleterre ; il commence déjà à le prendre de très haut avec elle (2), et s'irrite de sa résistance. Cependant l'Espagne a fait

(1) A la Constituante, Sieyès, bien qu'ayant prêté serment à la constitution civile, lutte avec habileté et courage contre le parti de la persécution. Mais depuis son ignoble apostasie, il poursuit de sa haine le pape et le clergé fidèle.

(2) Le 4 vendémiaire le Comité écrit à Barthélemy que M. de la Huerta, ministre d'Espagne à Gênes, aurait dit que l'Espagne en faisant la paix, était sûre que la monarchie serait dans six mois rétablie en France avec un Bourbon ; et il ordonne à Barthélemy de demander formellement au gouvernement espagnol

depuis le traité des armements maritimes, et malgré le déplorable état de ses finances, elle a conclu un emprunt de 240 millions. Alcudia, qui vient d'être créé prince de la Paix, hésite encore, mais bientôt il reconnaîtra que la République française peut seule défendre son insolent despotisme contre le juste mépris des honnêtes gens, et il lui livrera l'Espagne.

VI.

Le Portugal avait été entraîné par l'Angleterre et l'Espagne, à se déclarer contre la France, mais il n'avait pas joué un rôle actif dans la coalition.

Lorsqu'il crut la France délivrée du régime de la Terreur, il tenta de se réconcilier avec elle. D'Araujo, ambassadeur de Portugal en Hollande, fit des propositions de paix aux conventionnels Cochon et Richard qui étaient en mission près l'armée française de Hollande. Le 1ᵉʳ floréal an III (20 avril 1795) ils envoyèrent à Ramel le mémoire qui leur avait été remis par d'Araujo. Depuis longtemps la France et le Portugal n'avaient plus de rapports diplomatiques. Tomasini, chargé d'affaires de Portugal à Paris, avait été arrêté en septembre 1792; son gouvernement n'en avait reçu aucune nouvelle, et ne savait encore s'il était mort ou en vie. Il avait subi à la Force un emprisonnement très rigoureux, et toute communication lui avait été interdite; sa femme et sa fille, après avoir été détenues quatre mois au château de Saint-Germain, avaient été relâchées, mais internées dans la ville.

D'Araujo soutenait dans son mémoire que le Portugal avait été contraint de faire la guerre à la France; qu'en vertu de conventions anciennes, il avait dû fournir un contingent à l'Espagne et à l'Angleterre, la France leur ayant déclaré la guerre. Le gouvernement portugais aurait néanmoins voulu être considéré comme neutre, ainsi que le Danemark et la

sa destitution. Barthélemy profita de la maladie d'Yriarte pour ne pas poursuivre immédiatement cette désagréable affaire. La lettre est signée par Sieyès. Les révolutionnaires ne pouvaient pas ne pas voir qu'en traitant avec la France, on espérait avoir bientôt affaire à d'autres gouvernants, et ils étaient furieux. Le 11, Sieyès se plaint encore des ministres d'Espagne à Rome et à Venise. (Arch., *ibid.*)

Suède qui ont du fournir un contingent à la coalition en leur qualité de membres du Corps germanique. Le gouvernement français s'était montré très irrité de ce que le gouvernement portugais avait en 1793 refusé de recevoir son envoyé, M. d'Arboud, à Lisbonne ; d'Araujo répondait que M. d'Arboud avait commis l'imprudence de proclamer hautement sa mission, à son arrivée. Les cours de Danemark et de Suède n'ont pas reçu ostensiblement les envoyés de la République française, et le Portugal voulait suivre la même ligne de conduite.

« D'ailleurs M. d'Arboud a débuté par une dévotion affectée, cherchant qu'on le vît entendre plusieurs messes, et se prosternant devant les autels. Vous comprendrez, Messieurs, que cette hypocrisie de l'athéisme prêché alors par la faction jacobine, devait produire un singulier contraste, et causer une juste méfiance... (1) »

D'Araujo déclare que le Portugal veut et propose au Comité d'entrer en négociation, pourvu que la paix ne soit publiée « que lorsque l'Espagne négociera et publiera la sienne ». Le Comité répondit le 10 floréal (29 avril) avec une hauteur et une désinvolture tout à fait curieuses (2). Le Portugal, suivant lui, devait *restituer* une partie du Brésil, et payer à la France d'énormes indemnités.

Ce royaume ne devait point traiter aussi rapidement que l'Espagne. Le Comité avait cru bien à tort que le Portugal effrayé, allait lui acheter la paix à tout prix. D'Araujo répondit le 13 mai que son gouvernement ne consentirait pas à payer des indemnités.

« Le grand-duc de Toscane et le roi de Prusse n'en ont pas donné, et sans doute la guerre de ce monarque doit avoir coûté des sommes

---

(1) Arch., AF³, 75. — Les révolutionnaires, quand ils veulent faire les bons apôtres, rappellent souvent la fable du loup devenu berger. Depuis le 21 janvier, les agents de la République étaient poursuivis par l'indignation générale dans certains pays. Le chargé d'affaires de Madrid écrit que d'Arboud à son arrivée à Lisbonne, a été poursuivi par la population, jusqu'à ce que le lieutenant de police lui eût trouvé un logement. Peut-être a-t-il cru apaiser l'irritation des Portugais par de maladroites simagrées ! D'Arboud reçut le 30 mars 1793 l'ordre de partir.

(2) Le Comité demande au Portugal, Para et Pernambouc ; « d'ailleurs, ajoute-t-il, il lui reste, indépendamment de l'un et de l'autre, vingt fois plus de colonies que n'en comporte sa population. »

très importantes à la France. La guerre auxiliaire du Portugal consistant en 6000 hommes fournis une fois à l'Espagne, et une escadre à l'Angleterre de quatre vaisseaux de lignes et deux frégates, qui n'a jamais été employée, ne peut avoir causé qu'une augmentation très peu sensible dans les dépenses de l'État. » (Arch., AF³, 75.)

On pourrait croire que la République veut se dédommager sur le Portugal des dépenses que les autres puissances lui ont imposées. La prétention du Comité de se faire restituer une partie du Brésil est absolument insoutenable : le Portugal n'offre point la paix par nécessité ; et cette guerre peu dispendieuse, ne l'a nullement ruiné.

Ce langage ferme et digne désillusionna quelque peu les révolutionnaires. Ils n'avaient point déclaré formellement la guerre au Portugal, mais ils avaient autorisé les corsaires français à capturer ses vaisseaux. Le 17 prairial (5 juin), Treilhard écrivit au nom du Comité aux représentants délégués en Hollande, qu'il n'importait pas beaucoup de négocier un traité de paix avec un pays aussi peu important ; que peut être cette proposition de paix cachait un piège de l'Angleterre, et qu'il fallait vérifier si d'Araujo était réellement autorisé à négocier. Le 8 messidor, Richard lui répondit que d'Araujo n'avait pas de pouvoirs formels, mais qu'il le croyait parfaitement autorisé à faire cette démarche et que le Portugal enverrait ensuite un plénipotentiaire.

Richard avait donné un passeport au secrétaire de d'Araujo pour qu'il pût se rendre à Paris et, de Paris à Lisbonne. L'ambassadeur de Portugal entra en négociations avec Noël, chargé d'affaires de la République en Hollande. Le Comité n'insista pas sur sa demande de cession d'une partie du Brésil comprenant cinq cents lieues de côtes, et d'Araujo fit valoir auprès de Noël avec une certaine ironie que pour éviter de rendre toute négociation impossible, il avait eu l'attention obligeante de ne pas transmettre à sa cour cette prétention exorbitante : Sieyès averti par Noël lui répondit aussitôt le 2 vendémiaire an IV, au nom du Comité, sur un ton de dépit, que d'Araujo répétait toujours la même chose, et que si la négociation était sérieuse, il devait montrer des pouvoirs, et ne point faire per-

dre de temps en préfaces diplomatiques. Le Portugal était
alors très décidé à ne pas donner d'argent, et les révolutionnaires, assurés d'ailleurs de sa neutralité de fait, n'étaient plus
pressés de traiter de la paix avec lui. Le lecteur verra plus
tard comment les négociations furent reprises.

VII.

Les thermidoriens, tout en essayant de diviser la coalition
et d'en détacher certains États, devaient naturellement entretenir par tous les moyens possibles, les bonnes dispositions
des gouvernements qui jusqu'alors étaient restés neutres.
Aussitôt après la mort de Gustave III, le duc Charles, tuteur
du jeune roi Gustave-Adolphe, avait décidé que la Suède garderait la neutralité; il ne tarda point à offrir son alliance aux
révolutionnaires. Depuis longtemps la cour de Suède recevait des subsides étrangers, et il lui semblait impossible de
s'en passer. Pendant quelques années, elle en avait reçu
de l'impératrice Catherine, mais ils lui avaient été retirés
depuis qu'elle avait déclaré vouloir rester neutre à l'égard de
la France. Désireuse avant tout de retrouver des subsides d'une
autre puissance et redoutant d'ailleurs la colère de Catherine,
elle envoya à Paris, en janvier 1793, le baron de Staël, qui
avait déjà été son ambassadeur en France, avec mission de
proposer à la Convention l'alliance de la Suède moyennant de
forts subsides; elle prenait pour prétexte de cette proposition
la nécessité de protéger le commerce neutre menacé par l'Angleterre. M. de Staël avait déjà commencé à négocier avec
Verninac, ministre plénipotentiaire de la République. Le Comité de salut public accueillit très favorablement cette proposition; et le 17 mai 1793, il conclut un traité secret avec la
Suède. La France s'engageait par ce traité à payer au gouvernement suédois dix millions de livres tournois, au moment de
la signature, et dix-huit millions chaque année, si par suite de
cette alliance la Suède était obligée de subir une guerre, ou de
faire une diversion puissante sur la réquisition de la France.
Celle-ci devait venir à l'aide de la Suède, en cas de nécessité,
avec douze mille hommes d'infanterie, quinze vaisseaux de

ligne, dix frégates; la Suède devait lui fournir en retour,
huit mille hommes, dix vaisseaux de ligne, six frégates (art. 3).
Dans le cas où la Suède aurait droit au subside annuel de
dix-huit millions, elle devrait mettre à la disposition de la
République, au moins quinze vaisseaux, douze frégates, toute
sa flotte, des forces très importantes pour elle.

C'était le premier traité conclu par le gouvernement révolutionnaire avec un État d'ancien régime. Le Comité de salut public en fut naturellement très satisfait : il le remit au baron de
Staël le 17 mai; mais la révolution du 31 le fit complètement
négliger par ceux qui gouvernaient la France. Aussitôt après
la conclusion de ce traité, la Suède avait publié sur le commerce neutre une déclaration qui ne pouvait manquer de dé-
plaire à l'Angleterre; les subsides de la Russie étaient définitivement perdus pour elle. Elle réclama auprès du Comité, qui
lui sut gré d'avoir envoyé une escadre dans la Méditerranée
pour maintenir sa neutralité, et chargea Verninac d'aller s'entendre en Suisse avec M. de Staël. Ils reprirent le premier traité,
en ajoutant (3 septembre 1793), que la France donnerait à la
Suède quatre cent mille livres par vaisseau, deux cent mille par
frégate, et si elle était entraînée dans la guerre, vingt millions
d'indemnité à payer en quatre termes au commencement de
chaque quartier. Mais le Comité de salut public, malgré les
réclamations de la Suède, ne s'inquiéta point de ce traité.

Le 15 germinal an III (4 avril 1795), M. de Staël présenta au
Comité thermidorien un mémoire détaillé dans lequel il rappelait le traité du 17 mai 1793 et les négociations qui l'avaient suivi,
et faisait valoir qu'à la suite de cette convention il avait conclu
à Copenhague un traité de neutralité entre la Suède et le Danemark, que la Suède avait armé des vaisseaux, et que le Comité
prévenu de l'exécution du traité du 17 mai, n'avait rien répondu.
On lui aurait dit depuis que pour l'alliance de la Suède, la
France ne regarderait pas à quelques millions. Il déclare qu'il
est chargé de proposer une ligue entre la France, la Hollande,
les États-Unis d'Amérique, le Danemark, la Suède, la Turquie,
et demande à la France vingt millions tournois. Les dix millions accordés déjà par le traité de 1793, étaient destinés à
mettre la Suède en état de défense contre la Russie. Les dix

autres ne sont, à l'entendre, qu'un faible équivalent des subsides de la Russie, et aideront à couvrir les dépenses que la Suède a faites depuis deux ans à cause du traité de 1793. Il demande que ce traité soit repris, ou qu'on en signe un autre consacrant le même système d'alliance aussitôt après la présentation de ses lettres de créance à la Convention.

Le Comité lui répondit que le traité du 17 mai 1793 n'ayant pas été ratifié, et celui de neutralité armée qui lui avait été substitué n'ayant pas été signé, la France ne devait rien à la Suède; que d'ailleurs elle n'avait jamais entendu lui payer de subsides pour sa simple neutralité. Néanmoins son ambassadeur réclame de l'argent pour des services passés! on pourrait cependant lui en donner pour des services à rendre, et dans cette hypothèse on prendrait en considération les dépenses faites par la Suède en 1794, dépenses pour lesquelles le Comité ne croit lui rien devoir, si elle ne fait pas de nouveaux efforts en faveur de la France. En outre, le Comité se déclare disposé à lui payer des subsides, si elle est attaquée par l'Angleterre ou la Russie.

Cette réponse ne pouvait satisfaire M. de Staël. Il fit valoir (20 germinal) que la défection de la Suède à la coalition, avait été un acte politique très grave. La Suède a fait ce qu'elle a pu pour exécuter le traité du 17 mai 1793, et Catherine II a retiré ses subsides. La Suède aurait peut-être été forcée de revenir à la Russie, si elle n'avait compté sur la France. Le Comité ne peut pas dire que la Suède a gardé la simple neutralité, car elle a fait des armements considérables, et elle y était encouragée par Verninac et par le Comité de salut public. En se déclarant pour la France, elle provoque la Russie; si elle agit ainsi sans argent, et sans espérance d'en recevoir, elle court à un désastre.

La négociation continua. Le 4 floréal (24 avril), M. de Staël fut reçu solennellement par la Convention comme ambassadeur de Suède : le public dut croire à une entente parfaite (1). Le 13

(1) Le Comité avait reproché au baron de Staël de ne point paraître assez pressé d'être reçu solennellement par la Convention. Le 1er floréal, le baron lui écrivit qu'un rapport présenté le jour même, au nom du Comité (par Merlin de Douai), prouvait le prix que la France attachait à l'alliance de la Suède et que c'était

floréal (2 mai), M. de Staël déclara que si la France traitait avec la Suède, celle-ci armerait dix vaisseaux et cinq frégates, et prendrait une attitude menaçante contre l'Angleterre pour la contraindre à restituer des cargaisons françaises en annonçant des représailles en cas de délai ou de refus. M. de Staël annonçait en outre que la Suède faisait tous ses efforts pour déterminer le Danemark à l'imiter, et pour faire entrer la Porte dans cette ligue, afin de réaliser certains projets relatifs à la Pologne. Elle agirait aussi auprès du roi de Prusse.

Mais il demandait douze millions. Le Comité lui répondit qu'un pareil subside ne pourrait être accordé que dans le cas où l'on aurait organisé tout au moins avec le Danemark, une ligue pour la liberté et la neutralité des mers. Néanmoins, pour permettre à la Suède d'armer les dix vaisseaux et les cinq frégates qu'elle offrait, il proposa quatre millions à imputer sur les subsides futurs (1). M. de Staël accepta cette proposition tout en déclarant que c'était bien peu, et que la Suède devrait recevoir vingt millions. Le 19 floréal (8 mai 1795) il présentait au Comité un projet de traité avec des articles secrets. Mais le gouvernement suédois était pressé de toucher ses subsides : le 8 prairial (27 mai), M. de Staël demandait la remise des quatre millions.

« le seul précurseur qui m'était nécessaire pour paraître au sein de la Convention et pour recevoir la garantie que les ennemis de la Suède voudront en vain la punir de sa démarche solennelle ». et il demanda que le jour de sa réception fût fixé au 4 (Arch. AF III, 80). Lorsqu'il fut reçu par la Convention, il lui déclara qu'il venait au nom de la Suède... « au sein de la représentation nationale de France *rendre un hommage éclatant aux droits naturels et imprescriptibles des nations.* » La Convention applaudit avec frénésie, et le président Boissy le félicita vivement de cette déclaration qui « honore le gouvernement qui vous envoie, et doit faire époque dans l'histoire de la liberté. Venez recevoir l'accolade républicaine, qu'elle soit le gage de l'attachement fraternel qui doit unir la République française et le royaume de Suède. » Et le président et l'ambassadeur s'embrassèrent avec effusion au milieu de l'enthousiasme universel (*Débats et décrets*, floréal III, p. 47). On va voir que ce fut un baiser Lamourette, et que la discussion des subsides fut des deux parts aussi serrée qu'auparavant, et aboutit finalement à une rupture.

(1) A condition de cet armement, et que la Suède fera tous ses efforts pour engager le Danemark « à un concert d'opérations pour la liberté des mers, et la réparation des atteintes qui lui ont été portées par l'Angleterre », 11 floréal, Signé Cambacérès, Sieyès, Marec, Merlin de Douai, Creuzé-Latouche, Rewbell, Bréard, Fourcroy, Laporte. (Arch. nat., AF, III, 80.)

Alors le Comité de salut public écrivit à Rivals, ministre de France en Suède, que la France venait, par traité, de s'engager à payer à la Suède quatre millions de livres tournois en papier sur la Hollande, payables, savoir deux millions en messidor, et deux autres en fructidor. Le Comité lui envoie donc deux mandats de deux millions chacun sur les Provinces-Unies, et à son ordre.

« Vous observerez que le premier mandat doit être remis au gouvernement suédois, au *moment de la ratification du traité par le roi de Suède*, et le second, *dès que la flotte suédoise aura mis à la voile, et que les déclarations qui doivent concourir avec cette entrée en campagne auront été faites.* »

Mais le régent se formalisa de cet excès de précautions. Le 26 juillet 1795 (8 thermidor), M. de Staël déclare au Comité qu'il a été blessé de cette défiance imméritée; « quoique pressé par le plus grand besoin d'argent, » il n'a pas accepté. Il n'ose plus maintenant faire une déclaration contre l'Angleterre; il la juge inutile et dangereuse à cause de la grande supériorité de ses forces maritimes, et veut se réduire à la simple neutralité. Néanmoins il demande vingt millions pour cette neutralité, et comme dédommagement de la perte des subsides de la Russie, et des armements que la Suède a faits pendant trois ans à cause du traité de 1793.

On marchanda encore : des deux côtés on essayait très froidement de conclure une affaire dans les conditions les plus avantageuses. Enfin le Comité fit de grandes concessions à M. de Staël.

« Le Comité donnera des ordres pour faire payer les quatre millions stipulés dans ce traité immédiatement après la signature. Six autres millions seront fournis en quatre payements, à raison de 1,500,000 l. à la fin de chaque année. Le Comité ne doute point qu'avant l'arrivée de ce nouvel acte à Stockholm, votre gouvernement n'ait reconnu l'inconvenance des délais qu'il apportait à la réception du citoyen Rivals, en qualité de ministre de la République. Cette formalité préalable est devenue nécessaire... » Signé, Doulcet, Boissy, Merlin de Douai, Marec, Larivière, Gamon. » (Arch., AF, III, 80).

M. de Staël trouva que ce n'était pas encore suffisant pour
indemniser la Suède de ses armements, et de la perte du subside de huit millions qui lui était donné par la Russie, et discuta
encore pendant quelque temps. Le traité fut signé par le roi
le 5 octobre 1795. Le 14 septembre précédent (28 fructidor) le
Comité avait enjoint à Rivals de remettre les quatre millions à
la personne désignée par le roi.

La Suède avait vu avant tout dans ce traité une affaire d'argent, et connaissant l'état des finances de la Révolution, elle
n'était pas sans inquiétude au sujet du payement des subsides.
Ces quatre millions lui avaient été versés, mais en lettres de
change qui furent protestées. Aussi les agents du Directoire en
Suède lui déclarèrent nettement qu'il ne fallait pas compter
sur ce gouvernement, si on ne lui payait pas très exactement ses subsides.

Le 21 avril 1796 (2 floréal an IV), M. de Staël communiqua
au Directoire une lettre du grand chancelier de Suède, lui annonçant que les lettres de change, valeur de quatre millions
866,669 l. tirées sur le ministre des finances de Hollande par
les commissaires du comptoir de liquidation des dettes de l'É-
tat, payables en août et septembre, puis cédées à la commission chargée de la dette nationale pour les bonifier, n'avaient
pas été acquittées; on les avait acceptées pour moitié à 50 % à
différentes époques de l'année, et quelquefois même à un quart.
Les subsides de la Suède sont en retard ou payés incomplètement; elle en a perdu ainsi les trois quarts. M. de Staël a ordre de déclarer que Sa Majesté, faute d'argent, fera cesser l'armement de son escadre, et de témoigner son mécontentement
de l'indifférence du gouvernement français à ses engagements.

Le Directoire répondit à cette réclamation avec beaucoup
de désinvolture. On lit en effet sur cettre lettre reçue le 4 floréal
la note suivante : « Il a été répondu à la dernière note de M. de
Staël que le Directoire serait exact à remplir ses engagements
quand il serait assuré que la Suède a rempli les siens dont
l'exécution doit marcher la première. » Le Directoire faisait le
fier après avoir payé son allié en monnaie de singe (1)! La

_____

(1) Marivault, qui remplaçait alors l'ambassadeur français à Stockholm, joua

Suède se retournait du côté de la Russie. Le 20 floréal, Mari-vault, secrétaire de l'ambassade française, écrivait : « L'accommodement de la Suède avec la Russie se confirme. » Il ne fallait plus après cette banqueroute compter sur l'alliance d'un gouvernement aussi prudent.

Le Danemark ne cherchait pas de subsides et gardait la neutralité ; mais Grouvelle, l'envoyé des révolutionnaires, lui reprochait de ne pas la faire suffisamment respecter par les Anglais. Le ministre Bernstoff lui annonça, le 18 août 1795, que l'Empereur, invité par les membres de l'Empire à traiter de la paix, avait cru devoir faire porter cette proposition à la France par le Danemark, puissance neutre. Pendant les conférences qui auraient lieu à Augsbourg, les habitants des pays occupés par les armées seraient exemptés de toutes réquisitions militaires. Cette offre fut accueillie froidement, car le 14 vendémiaire (6 octobre) suivant, Grouvelle écrit que Bernstoff s'est déclaré surpris du silence des comités sur les propositions de l'Autriche (1). La médiation du Danemark ne leur plaisait guère, parce que cet état remettait indéfiniment la reconnaissance officielle de leur envoyé.

l'étonnement lorsqu'on lui annonça que les lettres de change étaient protestées, et annonça avec aplomb que les subsides seraient payés sur l'emprunt forcé de l'an IV (lettre de Marivault, 5 germinal au IV). Cet emprunt ne produisit presque rien, comme tout le monde l'avait prévu. La cour de Suède vit alors que l'alliance du Directoire ne servirait qu'à la compromettre et se rapprocha de la Russie.

(1) Arch. nat. AFIII-60.

CHAPITRE VII.

LA CONSTITUTION DE L'AN III ET LE PLÉBISCITE.

I.

Il nous faut maintenant revenir un peu en arrière pour montrer comment la constitution de 1793 fut mise de côté, et remplacée par une autre basée sur des principes tout différents (1).

La constitution de 1793 rappelle une époque tellement odieuse, que son nom seul inspire la plus vive répulsion. Elle

(1) Les jacobins et les girondins discutèrent longuement, un projet présenté par Condorcet au nom du comité de constitution. Aussitôt après la proscription des girondins, les jacobins mirent de côté leur projet et bâclèrent en quelques jours une nouvelle constitution qui fut renvoyée pour la forme à l'approbation des assemblées primaires, afin d'escamoter au bon peuple français un vote qui serait interprété comme une approbation du 31 mai. Les badauds ne manquèrent point de tomber dans ce piège, et cette constitution fut sanctionnée par le vote presque unanime des assemblées primaires. La foule des naïfs ne l'avait acceptée que dans l'espérance de voir la Convention s'en aller comme celle-ci l'avait habilement insinué. Mais au lieu d'appliquer cette constitution qu'elle proclamait admirable, la Convention proclama le gouvernement révolutionnaire et l'ajourna indéfiniment.

n'a été réclamée hautement que par les brigands et les assassins de la Terreur, et elle a donné lieu à l'horrible journée du 1er prairial; aussi quand on entend parler de cette constitution, l'esprit se reporte involontairement aux horreurs de 93, et l'on voit des furieux présentant à Boissy d'Anglas la tête de Féraud. On est naturellement porté à croire qu'elle systématise le despotisme minutieux et cruel du régime de la Terreur. C'est la moins connue de nos nombreuses constitutions : elle ne systématise point le régime de la Terreur, mais elle peut très bien y conduire comme du reste bien d'autres constitutions moins mauvaises. Elle n'est point terroriste, mais simplement inepte; elle ne proclame aucun principe sanguinaire, mais elle ne constitue pas un gouvernement réel : elle est essentiellement anarchique. Tenter l'application d'une pareille constitution dans un pays aussi profondément bouleversé eût été un acte de démence. Les thermidoriens avaient parfaitement raison de se refuser à une pareille expérience; et l'absurdité évidente de cette constitution leur fournissait un prétexte spécieux pour prolonger le provisoire à leur profit.

Aux jacobins qui réclamaient son application ils répondaient avec raison qu'elle ne pouvait fonctionner si on ne lui ajoutait pas de bonnes lois organiques. Le 1er germinal an III la Convention harcelée par les jacobins, décida sur la demande de Legendre qu'il serait nommé une commission chargée de les préparer. Sous ce prétexte, elle comptait bien transformer la constitution de 93, qu'on couvrait de fleurs en public, mais qu'on regardait comme un chef-d'œuvre d'ineptie.

Le 10 germinal, la Convention repoussa la proposition que Merlin de Douai lui avait faite de convoquer les assemblées primaires pour procéder à l'élection d'un Corps législatif, d'après la constitution de 93, et décida qu'elle nommerait le lendemain une commission de sept membres, chargée de lui présenter, avant le 1er floréal, un rapport et un projet de décret sur le mode le plus prompt de préparer les lois organiques de la constitution « et sur les moyens de mettre partiellement et successivement en activité les dispositions de l'acte constitutionnel accepté par le peuple en 1793. »

Ce décret devait entraîner les plus graves conséquences : il n'était pas difficile de prévoir que la constitution de 93 allait être définitivement enterrée. Les chefs du parti girondin viennent de rentrer dans la Convention la tête haute : pour eux et pour les députés réintégrés le 18 frimaire précédent, cette constitution faite dans le but d'escamoter un semblant d'adhésion à leur proscription, et le plébiscite qui l'a acceptée n'ont aucune valeur, et doivent être traités avec le même mépris que les décrets de proscription pris contre eux après le 31 mai, et qui ont été annulés et flétris. D'ailleurs, le 31 mai a été renié publiquement par de nombreux conventionnels qui l'avaient vivement applaudi, et les thermidoriens n'ont plus aucun motif de défendre la constitution de 93. Le 14, la commission des lois organiques fut nommée ; elle était composée de Cambacérès, Merlin de Douai, Sieyès, Mathieu, Thibaudeau, Lesage d'Eure-et-Loir, Creuzé Latouche.

Le 29, Cambacérès vint déclarer en son nom qu'elle était chargée d'une besogne énorme, se complut malicieusement à montrer que la constitution de 93 était absolument incomplète (1), et fit voter que la commission actuelle serait remplacée par une autre commission de onze membres. Sieyès n'acceptait qu'une constitution faite par lui seul : il refusa donc de siéger à cette commission, et resta au comité de salut public qu'il espérait diriger. Merlin de Douai et Cambacérès préférèrent tous deux le Comité de salut public. La commission se composa de Daunou, Creuzé Latouche, Baudin des Ardennes, Lanjuinais, Boissy d'Anglas, Berlier, Louvet, Thibaudeau, Durand Maillane, Lesage d'Eure-et-Loir et La Révellière Lépeaux. S'il faut en croire ce dernier (*Mémoires*, t. 1, p. 130), les membres de cette commission tombèrent immédiatement d'accord pour décider qu'ils ne s'inquiéteraient ni de la constitution de 93, ni de ses lois organiques, mais qu'ils confectionneraient une nouvelle constitution.

La Convention avait jusqu'alors déclaré qu'elle appliquerait la constitution de 93, mais l'invasion du 1er prairial devait

---

(1) Dans la séance du 19 germinal, Pelet critiqua très vivement la constitution de 93 ; on lui reprocha de vouloir la changer. Il répondit! « C'est parce que je veux qu'on lui donne des bras et des jambes pour marcher ; » et la Convention applaudit.

fatalement la déterminer à mettre toute hypocrisie de côté. La mort de Louis XVII renversa subitement les projets que de nombreux révolutionnaires avaient fondés sur une régence; ils résolurent donc de constituer le plus solidement possible une république dont ils seraient les maîtres. Le 5 messidor, Boissy d'Anglas présenta au nom de la commission des Onze un projet de constitution avec un long rapport. Il essaya de démontrer que la monarchie et la liberté s'excluaient en France (1), mais insista beaucoup sur les graves défauts de la constitution de 93. Il démontra que le système d'une assemblée unique était très défectueux, et prouva très aisément, en faisant appel à des souvenirs récents, que le gouvernement et la nation étaient ainsi soumis aux caprices et à la tyrannie de la majorité, et même d'une minorité soutenue par des perturbateurs. Du moins on avait profité de cette terrible leçon. S'il avait soutenu une pareille thèse à la Constituante, il aurait été conspué par ses collègues, et menacé de la lanterne en sortant de l'Assemblée. Maintenant celui qui conteste ces doctrines est traité d'anarchiste et de buveur de sang; par qui? par de furieux ennemis des deux chambres en 1789 et 1790!

Les discussions qui eurent lieu sur le projet de constitution, furent assez calmes et présentèrent peu d'intérêt. Sieyès, qui pendant longtemps avait affecté un dédain superbe pour les travaux de la commission, présenta tout à coup un projet complet de constitution. Il soutint que les publicistes confondaient, dans leur langage, *l'unité d'action avec l'action unique*, et établissaient la seconde. Lui, c'est l'unité d'action qu'il veut établir. Il proposa de constituer 1° un corps de représentants appelé *tribunat*, chargé de veiller aux besoins du peuple, et de proposer les lois; 2° un gouvernement composé de sept membres, devant proposer également toute loi qu'il jugera utile, et chargé de l'exécution; 3° une *législature*, chargée de juger et de prononcer sur les propositions du tribunat et du gouvernement; et enfin, 4° un jury *constitutionnaire*, au nombre

_____

(1) La Révellière, dans ses Mémoires, prétend que Boissy d'Anglas, partisan décidé des Bourbons, travaillait alors à les ramener en France, et que dans ce but il s'efforçait de retarder les travaux de la commission.

du trois-vingtième de la législature, chargé de juger et de prononcer sur les plaintes portées contre les décrets de la législature. Tout le monde trouva que ce jury constitutionnaire finirait par absorber tous les pouvoirs et le projet de Sieyès fut rejeté par la question préalable. Il devait pourtant servir de base à la constitution de l'an VIII.

La constitution nouvelle fut terminée le 5 fructidor (22 août 1795). Elle est précédée comme celles de 1791 et de 1793, d'une déclaration des droits proclamée « en présence de l'Être suprême ». Mais les législateurs, un peu instruits par l'expérience, ont fait aussi une déclaration *des devoirs*. La déclaration des droits est en vingt-deux articles; elle est plus concise que celle de 1791, et rédigée avec beaucoup moins de prétention philosophique que celle de 1793 (1).

La constitution de 1795, comme celle de 1793, commence par déclarer que la République française est une et indivisible; elle ajoute : « l'universalité des citoyens français est le souverain ».

Le titre Iᵉʳ donne la division du territoire; le titre II fixe l'état politique des citoyens. Pour être citoyen français il faut être né et résidant en France, s'être fait inscrire à vingt et un ans sur le registre civique du canton, avoir demeuré depuis, pendant un an, sur le territoire de la république, *et payer une contribution directe, foncière ou personnelle* (2).

Parmi les causes qui font perdre l'exercice des droits de citoyen, on trouve « l'affiliation à toute corporation étrangère qui supposerait des distinctions de naissance, *ou qui exigerait des vœux de religion* (3) ».

Celui qui aura résidé sept ans hors de France, sans mission ni autorisation donnée au nom de la nation, devient étranger.

(1) Il n'y est point parlé de ce droit de résistance à l'oppression, qui a été si inutile et si impuissant contre l'oppression terroriste.

(2) Les Français qui ont fait une ou plusieurs campagnes pour l'établissement de la République, sont citoyens sans condition de contribution.

(3) La constitution pose le principe de la séparation absolue de l'Église et de l'État, et décrète la liberté des cultes; mais en même temps elle réserve aux révolutionnaires la faculté d'enlever le droit de voter à un citoyen catholique en alléguant, à tort ou à raison, qu'il appartient, ou qu'il est *affilié* à un ordre religieux. L'article est du reste rédigé de telle façon, que, d'après le jargon révolutionnaire, on peut s'en servir pour enlever même aux prêtres séculiers leur droit de vote.

L'article 16 a été inspiré par Rousseau. « Les jeunes gens pour être inscrits sur le registre civique doivent prouver qu'ils savent lire et écrire, et exercer une profession *mécanique*; les *opérations manuelles* de l'agriculture appartiennent aux professions mécaniques. » Cet article ne devait être exécuté qu'à partir de l'an XII (1).

La constitution de l'an III adopte le système d'élection à deux degrés. Il y a au moins une assemblée primaire par canton. Lorsqu'il y en a plusieurs, chacune est composée de 450 citoyens au moins, de 900 au plus. Elles se réunissent de plein droit le 1er germinal de chaque année et procèdent, s'il y a lieu, à la nomination : 1° des électeurs; 2° du juge de paix et de ses assesseurs; 3° du président de l'administration municipale du canton, ou des officiers municipaux dans les communes au-dessus de cinq mille habitants. Aussitôt après ces élections, il se tient, dans les communes au-dessous de cinq mille habitants, des assemblées communales qui élisent les agents de chaque commune et leurs adjoints.

Toutes les élections se font au scrutin secret. Chaque assemblée primaire nomme un électeur à raison de deux cents citoyens au moins, présents ou non, mais ayant droit d'y voter. De 301 à 500, elle en nomme deux; de 501 à 700, trois; de 701 à 900, quatre. Les électeurs ne peuvent être réélus qu'après deux années d'intervalle.

Pour être électeur, il faut être citoyen français et en outre avoir vingt-cinq ans accomplis, et remplir certaines conditions de cens. Dans les communes au-dessus de six mille habitants, il faut être propriétaire ou usufruitier d'un bien évalué à un revenu égal à la valeur locale de deux cents journées de travail, ou locataire soit d'une habitation évaluée à un revenu égal à cent cinquante journées de travail, soit d'un bien rural d'un revenu de deux cents.

---

(1) La Convention tenait absolument à ce travail manuel et exclusivement manuel. Le savant Fourcroy demanda le 26 thermidor, une exception pour ceux qui se livraient à la culture des lettres, des sciences et des beaux arts. Lehardy l'appuya et soutint qu'il n'était pas un étranger qui ne fût tenté de rire, en lisant dans la constitution un article qui exclut du droit de cité les savants les plus estimables s'ils ne savent faire des sabots ou fendre des allumettes. Creuzé Latouche et La Révellière soutinrent vivement cette exigence.

Dans les communes au-dessous de six mille âmes, il suffit d'un revenu de cent cinquante journées, ou d'une location du revenu de cent journées. Dans les campagnes, mêmes conditions pour le propriétaire ou l'usufruitier, ou bien il faut être fermier ou métayer de biens évalués à deux cents journées.

L'assemblée électorale de chaque département se réunit le 20 germinal. Toutes les élections doivent être faites en dix jours; passé ce terme, l'assemblée est dissoute de plein droit (1). Elle nomme : 1° les membres du Corps législatif : d'abord ceux des Anciens, puis ceux des Cinq-Cents, 2° les membres du tribunal de cassation; 3° un haut juré; 4° les administrateurs du département; 5° les président, accusateur public et greffier du tribunal criminel; 6° les juges des tribunaux civils.

Le Corps législatif prononce seul sur la validité des opérations électorales.

Le pouvoir législatif est exercé par deux conseils. On est revenu au système de deux chambres, si dédaigneusement rejeté, si bafoué au début de la révolution, même lorsqu'on demandait une seconde chambre élue.

La tyrannie des représentants en mission a laissé un souvenir tellement odieux qu'il est interdit formellement au Corps législatif de déléguer à personne aucune de ses fonctions, ni d'exercer par lui-même, ni par des délégués, le pouvoir exécutif ni le pouvoir judiciaire.

Il y a incompatibilité entre la qualité de membre du Corps législatif et l'exercice d'aucune fonction publique, excepté celle d'archiviste de la République.

Chaque conseil est renouvelé *tous les ans par tiers*. Les membres sortant peuvent être réélus pour trois ans encore, après quoi il leur faudra un intervalle de deux ans pour être élus de nouveau. On ne peut être jamais député pendant plus de six années consécutives. Les membres nouvellement élus entreront au Corps législatif le 1er prairial de chaque année.

(1) Cette disposition rigoureuse en apparence avait été rendue nécessaire par les incroyables usurpations de certaines assemblées électorales, lors des élections de la Législative et de la Convention. Il est interdit également aux assemblées électorales, de correspondre entre elles, de faire ni recevoir aucune adresse, d'envoyer ni de recevoir aucune députation comme leurs devancières.

Les deux conseils résident toujours dans la même commune (1), mais en aucun cas ils ne peuvent se réunir dans la même salle. La séparation du Corps législatif en deux chambres doit être sérieuse (2).

Aucun conseil ne peut créer dans son sein un comité permanent, comme les assemblées précédentes.

Les députés reçoivent une indemnité annuelle fixée à la valeur de trois mille myriagrammes de froment (613 quintaux 32 livres).

Article 69. « Le Directoire exécutif ne peut faire passer ou séjourner aucun corps de troupes dans la distance de six myriamètres (douze lieues moyennes) de la commune où le Corps législatif tient ses séances, si ce n'est sur sa réquisition, ou avec son autorisation. »

C'est une précaution contre un coup d'État militaire qui serait tenté par le pouvoir exécutif. Le 18 fructidor en a trop bien démontré l'inefficacité!

Le Corps législatif (art. 70) a une garde de quinze cents hommes au moins, composée « de citoyens pris dans la garde nationale sédentaire de tous les départements, et choisis par leurs frères d'armes. » Encore une précaution naïve!

Le conseil des Cinq-Cents est invariablement fixé à ce nombre. Pour y être élu, il faut trente ans d'âge, et être domicilié sur le territoire de la République depuis dix ans; mais jusqu'à l'an VII, on pourra être élu à vingt-cinq ans. Cette disposition transitoire était faite en faveur de certains conventionnels.

Voici maintenant comment fonctionne la machine législative. Le conseil des Cinq-Cents a le privilège de l'initiative

(1) André Dumont combattit cette disposition et soutint que l'existence des deux conseils dans deux communes séparées, rendrait les envahissements et les coups d'État beaucoup plus difficiles. Il fit valoir qu'on pourrait dédommager Versailles des sacrifices faits par cette commune à la Révolution, en y plaçant un des conseils. (Séance du 28 thermidor, v. *Débats et décrets*, thermidor an III, p. 780.)

(2) Les séances de chaque conseil sont publiques, mais les assistants ne peuvent excéder en nombre la moitié des membres du conseil. On veut en finir avec le peuple jacobin des tribunes, qui a jusqu'alors tyrannisé toutes les assemblées de la Révolution.

des lois; il ne peut délibérer que si deux cents membres sont présents. Les propositions admises par ce conseil s'appellent *résolutions*; elles sont soumises aux Anciens.

Ce conseil se compose de deux cent cinquante membres. Pour y être élu, il faut quarante ans d'âge, être marié (1) ou veuf, et avoir été domicilié dans la République pendant les quinze années qui précèdent l'élection. Pour que ce conseil puisse délibérer, la présence de cent vingt-six membres est nécessaire.

Les résolutions du conseil des Cinq-Cents approuvées par les Anciens, s'appellent *lois*. Ce dernier conseil doit rejeter ou approuver en bloc tous les articles d'une résolution : il ne peut faire aucun amendement.

Il est investi, par les articles 102, 103 et 104, du droit de transférer le Corps législatif dans une autre commune, et de fixer l'époque à laquelle les conseils seront tenus de s'y réunir. Dès que ce décret est rendu, aucun des deux conseils ne peut délibérer dans la commune où ils ont résidé jusqu'alors; les députés qui prétendraient y continuer leurs fonctions, se rendraient coupables d'attentat contre la sûreté de la république : les membres du Directoire qui *retarderaient* ou refuseraient de sceller, promulguer, exécuter ce décret des Anciens, se rendraient coupables du même crime. Ce pouvoir est donné aux Anciens, pour prévenir un coup d'État, et ils s'en serviront pour faire le 18 brumaire !

Si dans les vingt jours après celui fixé par les Anciens, la majorité des deux conseils n'a pas fait connaître à la République son arrivée au nouveau lieu indiqué, ou sa réunion dans un autre lieu quelconque, les administrateurs de départements ou à leur défaut les tribunaux civils, font procéder à l'élection d'un nouveau Corps législatif, qui se réunira au lieu indiqué par les Anciens. Si les députés ne peuvent

---

(1) La Convention exigea que les membres des Cinq-Cents fussent mariés. A cette occasion, Mailhe fit une sortie très applaudie contre les scandales produits par le divorce, et la Convention décréta que le comité de législation lui ferait incessamment un rapport sur la législation du divorce. Mais plus tard elle affranchit les membres des Cinq-Cents de la condition du mariage. Certains députés voulaient exclure les prêtres des fonctions publiques; un célèbre traqueur de prêtres, André Dumont, protesta contre cette proposition.

s'y réunir, « dans quelque endroit qu'ils se trouvent en majorité, là est le Corps législatif. » (Art. 108.)

Le pouvoir exécutif est délégué à un Directoire de cinq membres élu par les conseils. Les Cinq-Cents forment au scrutin secret une liste décuple du nombre des directeurs à nommer, et la présentent au conseil des Anciens qui choisit, au scrutin secret, dans cette liste.

Les membres du Directoire doivent être âgés de quarante ans au moins. A partir de l'an IX, ils ne pourront être pris que parmi les anciens membres du Corps législatif ou les anciens ministres. A compter du premier jour de l'an V, les membres du Corps législatif ne pourront être élus membres du Directoire ni devenir ministres, soit pendant la durée de leurs fonctions législatives, soit pendant l'année qui suit.

Le Directoire est renouvelé tous les ans par la sortie d'un de ses membres. Comme tous vont être élus ensemble, le sort décidera pendant les quatre premières années de la sortie annuelle de l'un d'eux. Aucun directeur sortant ne peut être réélu qu'après un intervalle de cinq années. En cas de vacance par mort ou démission d'un directeur, son successeur est élu dans les dix jours; il ne siégera que le temps d'exercice qui restait à celui qu'il remplace. Mais si ce temps n'excède pas six mois, il restera en fonctions jusqu'à la fin de la cinquième année suivante.

Chaque membre du Directoire le préside à son tour, durant trois mois seulement. On redoute qu'un président du Directoire ne devienne en réalité président de la République.

Le Directoire est chargé de tout le pouvoir exécutif; il dispose de la force armée (1). Il nomme et révoque les ministres, qui ne forment point un conseil. Il a sa garde habituelle et soldée aux frais de la République : elle est composée de cent vingt hommes à pied et de cent vingt hommes à cheval. Il réside dans la même commune que le Corps législatif. Ses

---

(1) Le Directoire ne peut commander la force armée collectivement ni par un de ses membres; aucun ancien directeur ne peut la commander pendant les deux années qui suivent l'expiration de ses fonctions. On voudrait écarter les généraux. Le Directoire nomme les généraux en chef, mais il ne peut les choisir parmi les parents ou alliés de ses membres.

membres sont logés aux frais de la République, et dans un même édifice. Le traitement annuel de chacun d'eux est fixé à 50,000 myriagrammes de froment (10,222 quintaux).

La constitution de l'an III modifie profondément l'organisation administrative et l'organisation judiciaire.

Il y a dans chaque département une administration centrale, comme auparavant, mais les administrations de district sont supprimées, et chaque canton forme une administration municipale au moins. Seulement, toute commune dont la population s'élève de cinq mille à cent mille habitants, forme à elle seule une administration municipale.

Chaque commune dont la population est inférieure à cinq mille âmes a un agent municipal et un adjoint. La réunion des agents municipaux des communes forme la municipalité du canton. Il y a de plus un président de l'administration municipale choisi dans tout le canton. Il y a près de chaque département et de chaque municipalité un commissaire nommé par le Directoire, et révocable par lui.

Les administrations de départements peuvent annuler les actes des administrations municipales, et les suspendre. Les ministres ont les mêmes droits à l'égard des administrations départementales. Ces annulations et suspensions doivent être confirmées par le Directoire, mais celui-ci peut annuler directement les actes de toutes les administrations et les suspendre. Lorsqu'il a destitué les cinq administrateurs d'un département, il pourvoit à leur remplacement jusqu'à l'élection suivante.

Le système d'élection des juges est maintenu ; les juges de paix sont élus pour deux ans, immédiatement et indéfiniment rééligibles. Mais il n'y a plus qu'un seul tribunal civil par département : il est composé de vingt juges au moins élus pour cinq ans, et rééligibles ; d'un commissaire et d'un substitut nommés et destituables par le Directoire, et d'un greffier. Chaque tribunal a en outre cinq juges suppléants. L'âge de trente ans est exigé pour remplir les diverses fonctions judiciaires. L'appel d'un jugement est porté au tribunal civil de l'un des trois départements les plus voisins (art. 219).

Il y a dans chaque département trois tribunaux correction-

nels au moins, six au plus pour juger les délits dont la peine
n'est ni afflictive ni infamante. Ils ne peuvent prononcer de
peine plus grave qu'un emprisonnement de deux années. Les
délits dont la peine n'excède pas, soit la valeur de trois journées de travail, soit un emprisonnement de trois jours, sont
déférés aux juges de paix.

Chaque tribunal correctionnel se compose d'un président
pris tous les six mois, et par tour, parmi les membres du tribunal civil, et de deux juges de paix, ou assesseurs, de la commune où il est établi, d'un commissaire du pouvoir exécutif
et d'un greffier. Il y a appel des jugements correctionnels,
devant le tribunal criminel du département.

Pour les délits emportant peine afflictive ou infamante, un
premier jury déclare si l'accusation doit être admise ou rejetée; le fait est reconnu par un second jury, et la peine est
prononcée par le tribunal criminel. Les jurés ne votent que
par scrutin secret (1). Il y a autant de jurys d'accusation que
de tribunaux correctionnels. Le président du tribunal est
directeur de ce jury.

Dans les communes au-dessus de 50,000 âmes, il pourra être
établi, en outre, des directeurs de jurys spéciaux.

Le directeur du jury d'accusation a la surveillance immédiate de tous les officiers de police de son arrondissement, et
il poursuit immédiatement de nombreux délits, sur les dénonciations de l'accusateur public. Il est président du tribunal
correctionnel, et exerce en même temps une partie des fonctions du procureur actuel.

La constitution de l'an III conserve le tribunal criminel de
département; il est composé d'un président, d'un accusateur
public, de quatre juges pris dans le tribunal civil et siégeant
six mois, du commissaire près le tribunal, et d'un greffier.
L'accusateur public est chargé de poursuivre les délits sur les
actes d'accusation admis par les premiers jurés, de surveiller
les officiers de police du département, et de leur transmettre
les dénonciations qui lui sont adressées directement.

(1) Les jurés révolutionnaires avaient fait prendre en aversion le vote public,
tant préconisé au début de la Révolution. La commission des Onze avait d'a-
bord exigé le vote à haute voix pour les juges.

Le tribunal de cassation est maintenu ; le nombre de ses juges ne peut excéder les trois quarts des départements. Il est renouvelé par cinquième tous les ans; les assemblées électorales des départements nomment ces magistrats. Chaque juge de cassation a un suppléant élu par la même assemblée électorale. Le commissaire (procureur général) et ses substituts sont nommés et destituables par le Directoire.

Les accusations admises par le Corps législatif, soit contre ses membres, soit contre les membres du Directoire, doivent être jugées par une haute cour de justice. Elle est composée de cinq juges et de deux accusateurs nationaux tirés du tribunal de cassation, et de hauts jurés nommés par les assemblées électorales des départements.

La force publique est divisée en garde nationale sédentaire et garde nationale en activité; cette dernière désignation s'applique aux armées de terre et de mer. L'article 286 déclare que l'armée se forme par enrôlement volontaire, et en cas de besoin *par le mode que la loi détermine.* La constitution ne prescrit aucun mode de recrutement, et ne dit rien sur la durée du service. Le commandement des armées de la République ne peut être conféré à un seul homme (art. 289). — Encore une précaution naïve contre un Cromwell!

Le titre X sur l'instruction publique ne contient rien de précis. Il y a des écoles primaires dont les maîtres sont payés par l'État : il devra y avoir au moins une école supérieure pour deux départements. Le droit des citoyens de former des établissements particuliers d'éducation et d'instruction est hautement proclamé. La tyrannie de l'État en matière d'enseignement n'est pas encore érigée en dogme politique.

Les contributions publiques sont délibérées et fixées annuellement et pour une seule année par le Corps législatif. Il peut créer tel genre de contribution qu'il croira nécessaire, mais il doit établir chaque année, une imposition foncière et une imposition personnelle. La trésorerie nationale est administrée par cinq commissaires élus par les conseils.

La guerre ne peut être décidée que par un décret du Corps législatif, *sur la proposition formelle et nécessaire* du Directoire (art. 326). La discussion n'est pas publique.

Le Directoire seul entre en rapport avec les puissances étrangères, négocie avec elle, conclut les traités qui doivent être ratifiés par les conseils et discutés par eux en séance non publique.

Le titre XIII fixe les formalités qu'il faudra suivre pour reviser la constitution. Elles sont très longues.

Le titre XIV, intitulé : « dispositions générales », proclame la liberté de la presse. Le principe de la Constituante que la loi ne reconnaît pas de vœux religieux y est repris.

L'article 354 sur la liberté religieuse est extrêmement grave.

« Nul ne peut être empêché d'exercer, en se conformant aux lois, le culte qu'il a choisi.

« Nul ne peut être forcé de contribuer aux dépenses d'un culte. La République n'en salarie aucun. »

Peu importe que cette constitution proclame ou non la liberté religieuse ; les constitutions de 91 et de 93 l'ont proclamée, et l'on sait comment les révolutionnaires l'ont respectée. Mais cet article dans sa seconde partie adopte définivement la loi du 2e jour des sans-culottides, et détruit ou tout au moins ajourne jusqu'à une revision, les espérances du clergé constitutionnel. Ce fut Berlier qui fit voter cette dernière disposition. Alors on ne prévoyait guère que ce furieux prêtrophobe, serait le courtisan, le fonctionnaire zélé du chef d'État très absolu, qui rendrait au clergé son traitement.

Il y eut une discussion assez curieuse le 30 thermidor sur le premier alinéa de cet article ; il était d'abord ainsi rédigé : « Nul ne peut être empêché d'exercer, en se conformant *aux lois de police*, le culte etc. » Les persécuteurs demandèrent que ces deux mots *de police* fussent écartés par la question préalable. Ils voulaient qu'on mît simplement « en se soumettant *aux lois* », parce qu'ils avaient en vue les lois qui frappaient le refus de certains serments de peines atroces, et qu'ils voulaient appliquer ces lois avec une extrême rigueur. Lanjuinais défendit la rédaction attaquée : Il n'aurait peut-être pas protesté si la persécution avait dû être faite au profit des constitutionnels, mais il savait très bien que les prêtrophobes comptaient persécuter et les catholiques et les constitutionnels, au moyen des lois déjà faites sur le divorce et sur le calendrier républicain, et celle qu'on voulait faire sur les fêtes publiques, et ce troisième essai d'un culte prétendu national que les révolutionnaires annonçaient pompeusement. Avec la rédaction de l'article, par eux proposée, on pouvait forcer les chrétiens à chômer le décadi, et à travailler le dimanche. Aussi la question préalable, vivement réclamée par André Dumont, fut votée sur ce terme : *lois de police ;* autrement il eût été difficile de punir les refus des anciens serments et d'en fabriquer un nouveau. L'article veut donc dire qu'on est libre de professer la religion que le Corps législatif ne tourmente pas.

Il résulte de cette discussion que ce terme, *lois de police*, gênait beaucoup ceux qui tenaient déjà en réserve la loi contre la liberté religieuse qui fut votée le 7 vendémiaire suivant. Ils comprenaient que des mesures aussi graves ne pourraient être présentées comme de simples mesures de police, et seraient regardées comme inconstitutionnelles par tous ceux qui n'étaient pas enragés de prêtrophobie (1).

L'article 361, en souvenir des jacobins, ne permet à aucune assemblée de se qualifier de société populaire.

L'article 372 déclare que l'ère française commence le 22 septembre 1792, jour de la fondation de la République. Tout le monde en conclut qu'il maintenait le calendrier républicain : cet article devait être la cause d'une cruelle persécution. L'article 373 est ainsi conçu :

« La nation française déclare qu'en aucun cas, elle ne souffrira le retour des Français qui, ayant abandonné leur patrie depuis le 15 juillet 1789, ne sont pas compris dans les exceptions portées aux lois rendues contre les émigrés ; *et elle interdit au Corps législatif de créer de nouvelles exceptions sur ce point.* »

« Les biens des émigrés sont irrévocablement acquis au profit de la République. »

Ainsi il est interdit aux Corps législatifs futurs de revenir sur une quantité de lois iniques et absurdes, dont l'abrogation est indispensable pour pacifier le pays. *On a besoin d'avoir des émigrés.*

(1) Ils substituèrent donc à un terme précis, le terme vague de *lois* qui leur avait servi jusqu'alors de prétexte à persécuter.

Et ces lois sont très nombreuses : et beaucoup sont enche-
vêtrées dans d'autres évidemment inexécutables et contraires
à la constitution. — Quelles lois sont maintenues? On n'a garde
de le dire. Et qu'entend-on par les émigrés? S'agit-il des émigrés inscrits à tort et à travers sur les listes, ou des émigrés de
fait? Compte-t-on parmi eux les habitants de certaines villes
qui ont été déclarés en masse émigrés, sans avoir jamais quitté
la France, mais pour être restés dans une ville de France?
Garde-t-on la législation terroriste contre les émigrés ou prétendus tels, avec toutes ses contradictions, ses incohérences, et
toutes ses pénalités atroces? On évite de s'expliquer, on reste à
dessein dans le vague, parce qu'avec ce texte on peut continuer à confisquer des biens en quantité, et priver du bénéfice
de la constitution une partie importante de la population, et
condamner à mort avec confiscation tous ceux dont on veut se
défaire. C'est une législation arbitraire et essentiellement terroriste, qu'on fait coexister à dessein avec la constitution pour
annuler complètement cette dernière. La machine à faire des
émigrés fonctionnera perpétuellement. On peut toujours inscrire sur une liste celui qui déplaît, et ses biens, sa vie ne sont
plus protégés par aucune des garanties constitutionnelles. Le
parti révolutionnaire garde ainsi le droit de mettre hors la
constitution, hors la loi qui il veut, et la constitution n'est
qu'une vaine apparence, disons le mot, qu'une piperie!

« Art. 374. La nation française proclame pareillement, comme garantie de la foi publique, qu'après une adjudication légalement con-
sommée des biens nationaux, quelle qu'en soit l'origine, l'acquéreur
légitime ne peut en être dépossédé, sauf aux tiers réclamants à être,
s'il y a lieu, indemnisés par le Trésor national. »

Cette disposition est parfaitement injuste en elle-même, car
les biens étaient déclarés nationaux et mis en vente très arbitrairement, et dans la pratique elle aboutit à une énorme spoliation. L'indemnité devait être dérisoire si elle n'était pas payée
en numéraire ; or, l'État ne payait qu'en papier horriblement
déprécié (1).

_____

(1) Beaucoup de personnes étaient inscrites à tort sur les listes des émigrés, et
par des gens qui voulaient s'emparer de leurs biens, et avaient assez d'influence

La majorité de la Convention, depuis le 9 thermidor, louvoyait entre les jacobins et les royalistes, pour conserver un pouvoir que ces deux partis, absolument irréconciliables, voulaient lui enlever. Aussi la constitution de l'an III est-elle à la fois dirigée contre les jacobins qu'elle empêche de se réorganiser, et contre la grande masse des modérés, car elle maintient la proscription des émigrés, et les lois absurdes et odieuses qui frappent dans leurs personnes et dans leurs biens des milliers de Français qui n'ont jamais émigré; et loin d'améliorer la déplorable situation religieuse de la France, elle semble chercher à la prolonger. Il était urgent de fermer ces deux plaies. Les constituants de l'an III se sont complu, au contraire, à les raviver, et cette constitution, déjà combattue par les jacobins, fut tout de suite jugée insuffisante et essentiellement provisoire par tous les modérés, même par ceux qui se seraient résignés à l'étiquette républicaine, si la constitution nouvelle avait mis fin aux proscriptions, et apporté la paix religieuse. La constitution de l'an III ne pouvait donc trouver aucun appui sérieux dans le pays dont elle méconnaissait les besoins et les aspirations.

Il faut pourtant reconnaître qu'elle était beaucoup moins défectueuse que celle de 1791 ! car elle établissait deux chambres, et permettait au pouvoir exécutif de gouverner réellement. Le proscrit Lally-Tollendal l'a proclamé hautement (1). Cependant elle a le grave défaut de ne pas constituer sérieusement le gouvernement parlementaire, bien que ses auteurs en eussent la pré-

pour les faire mettre en vente immédiatement. Bien des révolutionnaires thermidoriens avaient fait de bons coups de cette espèce. Si les victimes de ces manœuvres obtenaient leur radiation, leurs biens étaient irrévocablement aliénés et on leur donnait des assignats à la place! Supposons qu'un bien ait été vendu dans ces conditions cent mille livres. Si l'erreur est reconnue, et si le propriétaire est indemnisé, le 5 fructidor an III, les cent mille francs qu'il recevra en assignats, n'en vaudront réellement que 2581, car le louis de 24 livres en vaut alors 930. Si la réparation est faite six mois plus tard, le 5 ventôse an IV, il ne reçoit plus que 318 livres, car le louis en vaut (7550) en papier. Mais l'État dira-t-on, a été également payé en assignats; il rend ce qu'il a reçu : c'est inexact. La dépréciation étant très rapide, l'État qui a reçu un prix en assignats et restitué la même valeur nominale, seulement deux mois après, réalise un gros bénéfice! D'ailleurs l'État est en faute.

(1) « Quelle force a déjà votre puissance exécutive, si on la compare avec ce fantôme de roi *qu'on semble n'avoir laissé en* 1791, *que pour qu'il y eût en France un crime de plus à commettre.* » (Défense des émigrés français, p. 22.)

tention : elle n'accorde pas au Directoire la moindre influence légale sur les conseils. Théoriquement, il n'est que le simple exécuteur de leurs volontés : il n'a pas le droit de dissolution, pas même un veto suspensif! mais par le fait il a le plus grand pouvoir sur l'armée et sur les fonctionnaires. Simple délégué du Corps législatif, ne représentant aucune tradition ni aucun intérêt, n'étant rien absolument par lui-même, il se trouve trop indépendant des conseils; il peut attenter à leurs droits, comme à ceux des citoyens, sans que les conseils puissent examiner ses arrêtés et les annuler. En cas de conflit, il sera tenté de recourir à la force, contre le Corps législatif, qu'il ait tort ou raison, car il n'a aucun moyen d'en appeler à la nation; et les deux conseils étant identiquement recrutés, le pouvoir législatif et le pouvoir exécutif se trouvent en présence, sans aucun intermédiaire. Tout conflit entre les deux pouvoirs devait donc conduire à la violation de la constitution (1), et en outre, il était difficile de bien établir la paix religieuse, et absolument impossible d'en finir avec les proscriptions politiques, et de satisfaire aux vœux du pays sans violer cette constitution, rédigée par une coterie méprisable, pour se maintenir elle-même au pouvoir, et absolument incapable de procurer à un pays épuisé, même une courte période de tranquillité.

II.

Au commencement de fructidor an III tous les partis sont d'accord pour demander que la constitution nouvelle fonc-

---

(1) Après le 18 brumaire, ceux qui avaient exalté la constitution de l'an III s'empressèrent d'en faire ressortir les défectuosités. L'appréciation suivante, faite par Cabanis, nous paraît fort juste. « Est-il possible de jouir d'une liberté absolue, d'une sécurité commune fondée sur la force des lois, et sur l'action toujours mesurée des pouvoirs publics dans un pays où des élections annuelles mettent le peuple en état de fièvre au moins six mois sur les douze : où la proportion des nouveaux législateurs nommés chaque année est telle que, suivant tous les calculs, leur arrivée doit faire presque nécessairement changer la majorité : où par conséquent, la législation n'a rien de fixe : où le pouvoir exécutif a tous les moyens d'usurper, mais manque presque toujours de force pour gouverner et maintenir la paix dans l'État : où l'administration la plus compliquée qui fût jamais coûte des sommes immenses au peuple, et cela seulement pour embarrasser l'action des lois, etc., etc. » (*Débats et Décrets*, brumaire an VIII, p. 273).

tionne le plus tôt possible. On ne discute plus la forme du
gouvernement. Néanmoins le pays est profondément troublé,
car les révolutionnaires sont décidés à escamoter cette constitution républicaine, et vont engager une lutte acharnée contre
les royalistes et les modérés qui veulent l'appliquer, mais l'appliquer intégralement, et donner au corps électoral la liberté
de se prononcer et de congédier les révolutionnaires qui depuis
le 10 août, ont occupé le pouvoir, et se sont mutuellement dé-
cimés. Mais ceux-ci, qu'ils soient jacobins, thermidoriens ou girondins, tout en ayant constamment à la bouche les fameux
mots de liberté et de souveraineté nationale, sont absolument
décidés à esquiver toute consultation populaire, tant ils sont
sûrs d'être balayés impitoyablement par un scrutin libre.
Comme ils ont parfaitement conscience de leur immense impopularité, ils prennent cyniquement leurs mesures pour bâillonner le corps électoral et s'imposer encore au pays.

Les électeurs n'avaient pas à choisir entre la république et
la monarchie. Sans doute il était presque certain que la monarchie serait bientôt rétablie si les modérés entraient en majorité au Corps législatif, mais le peuple les aurait nommés
dans cette prévision : tout le monde le savait; et les révolutionnaires étaient tenus par leurs propres doctrines de laisser le
peuple exprimer librement sa volonté, et de la respecter dès qu'il
l'aurait déclarée. Mais pour eux la souveraineté nationale n'a-
vait jamais été qu'un sujet d'impudentes déclamations : lorsqu'il s'étaient emparés du pouvoir par surprise et par violence,
ils l'invoquaient pour légitimer leur tyrannie, mais lorsqu'ils
se voyaient battus sur le terrain légal et parlementaire, ils
s'insurgeaient contre elle sans vergogne! Pour les excuser, on
a parlé bien à tort de leur amour passionné pour la République.
Quand bien même la majorité nouvelle aurait dû être composée
de républicains modérés dans le genre de Thibaudeau, ils ne
l'auraient pas moins épurée de force. Les girondins étaient bien
décidés à conserver la forme républicaine : on sait comment
les jacobins les ont chassés et égorgés! Si de nombreux républicains non compromis dans les excès de la révolution, et
plus modérés, plus tolérants, que les girondins, s'étaient présentés alors aux électeurs avec de grandes chances de former

une majorité nouvelle, les révolutionnaires qui dominaient
alors la Convention auraient traité ces intrus de royalistes, et
déclaré qu'il était de leur devoir de recourir aux moyens les
plus extrêmes pour les empêcher d'arriver au pouvoir. En effet, la république était leur chose à eux seuls : il fallait pour
leur bien-être personnel et pour leur sûreté qu'elle fût exclusivement entre leurs mains, et ils la voulaient tous plus ou
moins violente et persécutrice! On sait très bien qu'ils ne se
préoccupaient guère ni de la liberté ni du régime parlementaire :
on pouvait cependant croire encore à cette époque qu'un attachement passionné, aveugle pour la forme, pour l'étiquette
républicaine, les avait entraînés à violer les véritables droits
du peuple. Il n'est même plus possible d'invoquer en leur faveur cette misérable excuse, car ils ont fini par sacrifier l'étiquette républicaine à leurs intérêts particuliers.

Les modérés sont unanimes pour réclamer l'application la
plus complète de la constitution de l'an III (2); les uns sont persuadés qu'elle amènera bien vite le rétablissement de la monarchie, les autres veulent avant tout se servir de cette constitution, pour éloigner du pouvoir des hommes tarés, relever les
finances, établir la liberté religieuse, et la sécurité publique;
mais si, pour accomplir cette tâche patriotique, il devient nécessaire d'abandonner la forme républicaine, ils en prendront très
bien leur parti, car la république pour eux n'est ni une idolâtrie,
ni un prétexte pour exploiter la France, mais simplement une
forme de gouvernement qu'il faut rejeter si elle est définitivement condamnée par l'expérience. Tous ceux qui avaient ac-

(1) Les chefs de ce mouvement conventionnel de résistance à la volonté de la
France, ceux qui ont imposé le décret de réélection des deux tiers, et escamoté
la constitution au nom de l'intérêt supérieur de la République. Tallien, Fréron,
Bailleul, Chénier, Berlier, Daunou, Creuzé Latouche, Eschassériaux, Letourneur,
Merlin, Colombel, Pons de Verdun, Roux, Florent Guyot, et bien d'autres, seront
fonctionnaires de l'empire.

(2) « S'il a existé une époque étrange et bizarre depuis la Révolution, écrivait
alors Mallet du Pan (t. 1, p. 287), c'est celle du moment actuel où l'on voit une
grande nation, brisée de lassitude, sans pouvoir trouver le repos, prête à être
gouvernée par une constitution qu'elle ne lit, ne comprend ni n'aime, adoptant
ces lois républicaines précisément par l'espoir de leur fragilité et des ressources qu'elles fourniront pour revenir à la monarchie, payant d'horreur et de mépris les sophistes et les fripons qui la représentent malgré elle, en attendant dans
une soumission passive l'instant d'en être délivrés. »

cepté 89 avec satisfaction se sont ralliés à la monarchie parlementaire avec la constitution de 91 revisée. La grande majorité
de Français veut la monarchie, seulement tous ne la comprennent point de la même manière : le parti communément appelé
constitutionnel paraît prédominer surtout à Paris; c'est lui
qui doit, suivant toutes les probabilités, fournir la majorité
nouvelle du Corps législatif. C'est l'ancien parti constituant de
1789 renforcé de nombreux révolutionnaires désabusés. C'est ce
parti de la révolution modérée qui s'était cru capable d'établir
la monarchie constitutionnelle sur des bases inébranlables, et
qui a été si aisément renversé par les violents. Il représente
en général la bourgeoisie, surtout la bourgeoisie parisienne,
et dispose de la plus grande partie de la garde nationale. Il a
forcément perdu bien des illusions depuis 1789 ; malheureusement, on le croit plus éclairé par l'expérience, qu'il ne l'est
réellement. Ses discours sont pleins de sagesse : il relève très
habilement les fautes des royalistes ardents; ses plans sont fort
ingénieux : s'il ne commet point de lourdes fautes en essayant
de les exécuter, tout ira à merveille. Aussi Mallet du Pan, qui
pourtant voit très bien les côtés faibles de ce parti, constate
avec satisfaction les progrès des anciens constituants, et compte
sur leur succès ; « ils attendent, ils préparent une occasion forte
qui ne peut avoir rien de commun, avec des descentes, des
proclamations chevaleresques, des menaces ridicules d'émigrés » (1). Hélas, avec des ressources bien supérieures à celles
des émigrés, avec toutes les chances pour eux, ils préparaient
leur journée de Quiberon!

Il importe, au point où nous sommes arrivés, de préciser
quelle était la situation des modérés, de quelles forces ils disposaient, et de montrer comment les méfiances réciproques de
l'aile droite et de l'aile gauche de ce parti, ont paralysé son
action. Le parti constitutionnel, après comme avant Quiberon,
était détesté par le parti royaliste ardent, qualifié alors de
parti émigré, et tenu en suspicion par beaucoup de royalistes
plus modérés. Les révolutionnaires le détestaient profondément.
Après l'avoir audacieusement supplanté, puis bientôt après

(1) *Correspondance*, tome I, p. 282 — 16 août 1795.

proscrit et décimé par la guillotine, ils le voyaient peu à peu regagner le terrain qu'il avait perdu depuis la Législative, et tout semblait annoncer qu'il allait prendre bientôt une revanche complète. Aussi, tout en le combattant avec beaucoup de violence, avaient-ils fait quelques efforts pour le séparer des autres royalistes purs. Spéculant sur la jalousie et les craintes qu'inspirait à beaucoup de constitutionnels la perspective du triomphe des royalistes, ils leur promettaient de temps en temps de faire rentrer les émigrés de leur parti, qui pour la plupart avaient quitté la France depuis le 10 août, de leur restituer leurs biens, et de déterminer la Convention à réclamer solennellement la liberté de La Fayette (1), leur ancien chef et leur idole. On avait fait fléchir la rigueur des lois sur l'émigration en faveur des proscrits girondins du 31 mai; certains révolutionnaires songeaient à les faire fléchir encore une fois, en faveur des constituants émigrés depuis le 10 août; leur parti, en échange d'une faveur aussi grande, renoncerait à réclamer contre les lois barbares qui proscrivaient les autres royalistes et les prêtres. Mais Sieyès, qui était devenu un des meneurs de la Convention, combattit ce projet d'arrangement avec beaucoup d'énergie. Ces concessions toutes personnelles auraient-elles entraîné une partie des La Fayettistes vers les révolutionnaires? Mallet du Pan paraît le croire. « Il n'y a pas de doute, dit-il, qu'entre les républicains qui les caressent, et les émigrés qui leur jurent une haine implacable, les constitionnels ne balanceront pas (2). » Il suppose donc à ce parti aussi

---

(1) « Il sera beau, disaient-ils, de voir la Convention s'intéresser à La Fayette qui trahit la république et la déserte, tandis qu'il est prisonnier pour avoir préféré le roi à la république. » On soutient que si les Autrichiens ont traité La Fayette avec une rigueur odieuse et maladroite à la fois, ce fut uniquement pour le punir de son attachement aux principes de 89. Ce n'est pas absolument exact. La cour de Vienne avait contre lui un autre grief très sérieux : il avait dès le début de la révolution, fomenté contre elle des insurrections en Belgique.

(2) Les révolutionnaires qui se sentent si menacés, cajolent quelquefois les constituants; mais ils les détestent profondément, et leur donnent la chasse. Ainsi le 18 floréal an III, Desportes, agent de la république à Genève, dénonce les agissements des Lameth réfugiés à Nyon; le Comité de salut public lui répond, le 27, de faire expulser de Suisse tous les émigrés sans distinction. « Ce serait peut-être donner trop d'importance aux Lameth, que de les expulser spécialement, mais si comme tu l'annonces, ils servent de ralliement aux autres émi-

peu de perspicacité que d'élévation d'esprit! De semblables
négociations avec les révolutionnaires violents ne pouvaient
que raviver l'aversion des émigrés pour les constitutionnels.

Cette aversion se manifestait souvent avec une violence re-
grettable, que les quatrevingtneuvistes et plus tard les historiens partisans de leurs principes et du régime parlementaire
ont exploitée contre les royalistes purs avec beaucoup d'amer-
tume et d'acharnement. Ils ont soutenu que ces royalistes
n'avaient jamais pu pardonner aux constitutionnels d'avoir
supprimé la Bastille, les lettres de cachet, la dîme, les privilèges, etc., etc. Ils ont systématiquement attribué à une haine
furieuse, pour leurs principes et pour les réformes les plus
nécessaires, l'aversion que les royalistes purs témoignaient
aux constitutionnels, moins pour leurs opinions que pour les
actes imprudents ou blâmables que ces derniers avaient commis eux-mêmes, ou laissé commettre par les violents. De
même les jacobins, flétris comme dilapidateurs et guillotineurs
par les royalistes de toute catégorie, ont prétendu que leur
amour pour la forme républicaine était la seule cause de ces
violentes attaques. Les descendants politiques des révolutionnaires modérés ont suivi la même méthode, pour détourner le
public d'examiner leurs actes de trop près.

En 1789 et 1790, les constituants avaient fait preuve à la
fois d'imprévoyance et d'outrecuidance. Devant les excès
commis par les révolutionnaires violents, contre les royalistes
zélés, ou simplement sceptiques sur la révolution, et contre le
clergé, les uns avaient laissé paraître une satisfaction honteuse,
les autres avaient fait preuve d'une mollesse et d'une indifférence coupables. Lorsque des bandits dévastaient les propriétés, pillaient et incendiaient non seulement les châteaux,
mais les maisons de petits propriétaires, de fermiers accusés
de tiédeur pour les idées nouvelles, et commettaient des assassinats, de nombreux constitutionnels narguaient les victimes,

grés, il nous paraît instant d'en demander formellement l'expulsion. » Et le
27 floréal il ordonne d'écrire « à Barthélemy, à Helfinger (son agent dans le Valais) et à Desportes, pour qu'ils insistent de nouveau pour obtenir l'expulsion
totale des émigrés, sans *distinguer les constitutionnels d'avec les autres*, et spécialement des Lameth. » (Arch., AF 3, 67.)

s'associaient aux accusations absurdes que les brigands avaient répandues contre elles, et s'épuisaient à chercher des circonstances atténuantes pour les voleurs et les meurtriers. De pareilles choses ne s'oublient pas! Ces prétendus modérés qui eux gardaient une rancune si profonde, si inguérissable pour des traits de vanité et d'arrogance, pour de simples blessures d'amour-propre, auraient bien dû s'y attendre!

Les autres membres du parti constituant, sauf bien peu d'exceptions, étaient restés comme hébétés, ahuris, devant tous ces excès, et n'avaient su ni les flétrir avec une énergie véritable, ni proposer des mesures capables d'enrayer le mal. Tout esprit impartial doit reconnaître que les royalistes les moins rancuniers ne pouvaient être disposés à remettre exclusivement entre leurs mains, et la royauté nouvelle, et le sort de la France.

Les constitutionnels étaient tous convaincus d'avoir été à la fois bien illusionnés et bien impuissants. Pour dissimuler cette impuissance, ils s'étaient mis d'abord à la suite des violents. Mallet du Pan qui ne peut être suspecté de parti pris contre eux, reconnaît qu'ils ont fondé la *persécution*, la *spoliation* et les *infortunes* des émigrés (1). Après avoir laissé commettre les excès qui ont contraint tant de gens à émigrer; après avoir contribué à jeter les bases de la législation atroce qui fut portée contre l'émigration et déclamé avec fureur contre les émigrés, ils ont jugé prudent d'émigrer à leur tour (2). Depuis thermidor, leur parti divisé en coteries, comme celui de l'émigration, s'était lentement réorganisé : la confiance leur était revenue, et les autres royalistes trouvaient qu'ils le prenaient de trop haut, pour des gens qui avaient été si vite et si complètement battus. Ils avaient malheureusement conservé bien des illusions.

L'ancien parti constituant était également suspect, par sa faute, à tous les gens religieux, quel que fût leur rang social. Au début de la Révolution, il s'était prononcé pour la confisca-

---

(1) T. I, p. 48.

(2) Beaucoup de personnes ont émigré en déclarant au grand scandale des quatrevingtneuvistes, qu'elles étaient effrayées par des crimes horribles, et que l'organisation nouvelle ne garantissait point la sécurité des citoyens. Bientôt la fuite des principaux auteurs de cette organisation leur a donné raison.

tion des biens de l'Église, et le système du salaire annuel du clergé. Il s'était en grande majorité joint aux révolutionnaires pour refuser les quatre cents millions offerts par le clergé sur ses biens, et repousser dédaigneusement le plan si sage de Malouet, dont l'adoption aurait épargné à la France et la persécution religieuse, et un immense désastre financier (1). Beaucoup d'hommes du parti constituant avaient acheté des biens d'Église, et bénéficié de cette spoliation. Certains gentils-hommes libéraux avaient vivement poussé à la confiscation de ces biens, dans l'espoir de se faire pardonner ainsi leur no-blesse par les révolutionnaires, et de trouver en outre un ample dédommagement des sacrifices qu'il avaient consenti avec leur ordre tout entier, dans la fameuse nuit du 4 août; les révolu-tionnaires n'avaient pas été dupes de leur prétendue habileté!

Mais le parti constituant avait commis une faute bien plus grave encore, en faisant la constitution civile du clergé, de con-cert avec le parti de Barnave et celui de Robespierre. De nom-breux voltairiens constituants avaient été tout à coup pris de la rage de reviser le catholicisme; ces théologiens ridicules s'étaient érigés en concile, et avaient prétendu imposer par force aux fidèles, l'observation de leurs burlesques canons, qu'ils avaient décrétés de concert avec les jacobins et les fu-turs iconoclastes. Les gens religieux les avaient vus quatre ans auparavant installer de force des intrus dans les églises, et chasser les pasteurs légitimes, avec cette même populace qui deux ans plus tard devait profaner les églises constitutionnelles, et y installer la Raison. Il leur était impossible de ne pas se souvenir de ces proclamations injurieuses pour leur foi et pour leurs personnes, des insultes prodiguées au clergé et aux ca-tholiques que ces prétendus modérés traitaient d'ignorants, de superstitieux, d'abêtis, etc., et de ces arrêtés persécuteurs rendus par la majorité constitutionnelle de nombreux direc-toires, de ces excitations continuelles, à la haine des prêtres fidèles qui avaient abouti aux lois de déportation en masse et aux massacres de septembre. Des violences hideuses avaient été commises pour imposer le culte constitutionnel,

_____

(1) Voir *Constitution civile du clergé*, t. I, p. 111.

et elles avaient été exercées indifféremment sur les riches et sur les pauvres, sur les citadins et sur les paysans. Dans beaucoup de localités, les femmes avaient été fouettées publiquement par des révolutionnaires lubriques, pour avoir assisté à la messe catholique, et les modérés qui dominaient alors dans la plupart des municipalités et des directoires, laissaient faire presque toujours, ou ne trouvaient dans ces honteux excès qu'un sujet de plaisanteries salées. Ce parti avait cru très habile de livrer en pâture aux révolutionnaires, et le clergé et le peuple chrétien tout entier ; les révolutionnaires ne lui en avaient su aucun gré, et le peuple chrétien le tenait en juste défiance, au moment même où il aurait eu le plus grand besoin de son appui.

Sans doute le parti constituant ne s'est pas associé tout entier à la persécution religieuse (1), mais sauf un petit nombre d'exceptions, les hommes les plus honnêtes et les plus tolérants de ce parti se sont renfermés obstinément dans le rôle de Pilate. Pour se prononcer, ils ont attendu les événements avec beaucoup d'indifférence, ils ont considéré le peuple catholique, comme une *anima vilis*, sur laquelle les philosophes pouvaient faire tout à fait à leur aise les expériences les plus cruelles. Lorsqu'il devint évident que l'expérience de la constitution civile et du schisme hypocrite avait complètement échoué, ils les désapprouvèrent assez timidement ; du reste, leur parti était alors complètement défait et honni par les révolutionnaires en dépit des gages qu'il leur avait donnés, et il lui était devenu très utile de se concilier les catholiques. Aussi beaucoup de constituants qui avaient d'abord adhéré à la constitution civile, qui l'avaient même imposée, l'abandonnèrent sous la Législative.

Le parti constitutionnel réorganisé dans le courant de l'an III, aurait dû, et dans l'intérêt de la France, et dans le sien propre, prendre résolument en main la cause de la liberté religieuse. Il pouvait très bien réclamer comme conséquence logique de la suppression de la constitution civile par la loi du

(1) Quelques administrations composées de modérés luttèrent contre les jacobins pour protéger les prêtres et les religieuses. Nous avons rappelé leurs efforts dans la *Constitution civile du clergé*, t. II et III.

2° jour sans-culottide, l'abrogation formelle de toutes les mesures de persécution, afin d'arriver à la pratique sérieuse du régime de la séparation de l'Église et de l'État inauguré par cette loi. Mais il n'osa point aborder résolument la question religieuse. Pourtant, quelques mois après thermidor, il se présentait une occasion merveilleuse de réclamer la liberté des consciences avec des chances sérieuses de succès. La Convention voulait à tout prix pacifier les départements de l'Ouest, qui s'étaient soulevés pour la liberté religieuse : tout le monde en convenait alors. Il aurait fallu profiter de la circonstance pour faire appel partout au bon sens du pays. Il était facile de soulever un grand mouvement d'opinion, en prouvant qu'on ne pouvait accorder la liberté religieuse aux départements de l'Ouest et amener une pacification sérieuse, sans abroger les lois persécutrices, au moins pour ces départements, et l'on serait arrivé par la force des choses à faire reconnaître la nécessité de les abroger pour toute la France. Les modérés ne cherchèrent point à pousser la Convention dans cette voie, et elle fit à l'unanimité la loi du 3 ventôse, loi tout à fait restrictive et odieuse, précédée d'un rapport inspiré par la plus grande intolérance et le plus insolent mépris pour le christianisme; et ce rapport qui excita le plus vif mécontentement et chez les catholiques, et chez le clergé constitutionnel, était l'œuvre de Boissy d'Anglas, l'un des chefs du parti modéré. Ce parti avait obtenu assez d'influence à la Convention, et surtout dans le pays, pour être en état de faire tout au moins une manifestation sérieuse en faveur de la liberté religieuse. S'il avait insisté énergiquement sur l'insuffisance de la loi du 3 ventôse, et la nécessité d'en finir avec la guerre de l'Ouest, en accordant réellement à cette contrée la liberté religieuse, il est à croire que le traité de la Mabilais, rédigé avec plus de largeur et de netteté, aurait établi une pacification véritable, d'abord dans l'Ouest, puis dans le reste de la France.

Les girondins étaient rentrés à la Convention avec leur esprit persécuteur : à ce point de vue, ils n'avaient rien oublié ni rien appris. Beaucoup de constituants, voltairiens acharnés après l'infâme, n'avaient pas plus qu'eux profité des terribles leçons que les événements leur avaient données. Les survi-

vants des girondins voulaient rétrograder au 10 août, et ces
constituants à l'époque de la proclamation de la constitution
de 91. Ils évitaient de s'expliquer nettement sur la liberté religieuse, et les chefs du parti modéré à la Convention inspiraient aux catholiques beaucoup de défiance. Boissy d'Anglas
avait à la tribune (séance du 18 frimaire), fait l'éloge des prêtres constitutionnels, et réclamé ouvertement la persécution
contre les ecclésiastiques qui rétractaient leur serment à la constitution civile abolie par la Convention. On se souvenait que
Larivière avait réclamé de la Législative avec une extrême
violence, la déportation en masse du clergé fidèle. Aucun modéré n'osait se placer sur le terrain de la liberté religieuse, et répudier les persécutions et la politique antireligieuse suivie par
son parti en 1790 et 1791; et les catholiques avaient tout lieu de
croire que si les constituants revenaient au pouvoir, ils s'ima-
gineraient agir fort généreusement en les gratifiant d'une
constitution civile un peu mitigée dans la forme, mais dictée
par l'insolente prétention des voltairiens à régler la religion,
et à commander aux consciences des croyants (1).

Les conventionnels modérés auraient dû travailler à élargir
la loi du 3 ventôse, et combattre énergiquement celle du 11
prairial qui exigeait un nouveau serment et donnait lieu à de
graves vexations : ils laissèrent passer tranquillement cette dernière loi, dont Lanjuinais, l'un de leurs chefs, fut le trop habile
rapporteur.

Dans la suite, après son désastre de vendémiaire, le parti
modéré reconnut la nécessité de rompre avec les mauvaises
traditions révolutionnaires, et d'en finir complètement avec la
persécution religieuse; s'il avait suivi plus tôt cette sage politique, il aurait attiré à lui la grande masse des populations des
campagnes, et le résultat de la lutte aurait été bien différent.

(1) Cette trop juste défiance a été ensuite représentée par les libéraux, comme
une preuve éclatante de l'attachement des catholiques à l'ancien régime et de
leur incorrigible manie de mêler la religion à la politique. Cette accusation est
tout à fait absurde, car on rencontrait cette défiance surtout chez les paysans
qui ne regrettaient aucunement l'ancien régime, mais ne pouvaient oublier ce
qu'ils avaient subi à l'occasion de cette constitution civile, que les constituants
pour la plupart leur avaient imposée avec tant de rigueur et d'insolence,
comme une conséquence nécessaire de la constitution de 91.

Mais les croyants se préoccupaient presque seuls de reconquérir la liberté religieuse ; bien peu de libres penseurs, même
parmi les plus modérés en politique, en appréciaient l'importance ; ils ne se rendaient point suffisamment compte du trouble
causé dans toute la France par les lois de persécution, ni des
obstacles qu'elles opposaient à une forte organisation du parti
modéré. Ils n'avaient point compris qu'au milieu de cette lassitude, de cet abattement général, le sentiment religieux qui s'é-
tait fortement ravivé par la lutte apporterait une force immense
à leur parti, s'ils se prononçaient nettement pour la liberté religieuse. Mais après une expérience aussi terrible et aussi con-
cluante, l'intelligence des besoins religieux du pays manquait
encore complètement aux partisans les plus distingués de la
révolution modérée (1). Parfois même ils entretenaient avec
une maladresse insigne (2), les inquiétudes des gens religieux.

Il y avait aussi, chez de nombreux royalistes, d'autres motifs
de suspicion contre les constitutionnels. Certains d'entre ces
derniers, pour mieux accaparer le pouvoir, auraient voulu un
roi à eux : ils repoussaient Louis XVIII et le comte d'Artois, à
cause de leurs opinions rétrogrades, disaient-ils tout haut, mais
tout bas ils répétaient entre eux avec une vive irritation, que
toutes les faveurs et toutes les places seraient accordées par

(1) Ils sont alors beaucoup plus préoccupés de mener certaines intrigues
mesquines, que d'attirer à eux des millions de braves gens, sans parti pris. La
peur du rétablissement des privilèges, surtout des privilèges pécuniaires, éloignait bien des gens de la monarchie, surtout d'une monarchie rétablie par les
royalistes purs ; certains royalistes commettaient une grande faute, en autorisant
cette crainte par leurs discours : les constitutionnels le répétaient avec raison,
mais ils oubliaient, eux les gens sages par excellence, que la constitution civile
et les lois sur le serment qu'ils avaient votées quatre ans auparavant, produisaient absolument le même effet sur une foule de Français et les éloignait de
leur régime constitutionnel, et ils ne cherchaient guère à les rassurer.

(2) Si le bourgeois de 89 enviait la noblesse, il professait, en revanche, le plus
profond dédain pour le campagnard. Les marchands, procureurs, etc., qui composaient les directoires de districts, les municipalités des villes, et commandaient
les gardes nationales, l'avaient assez mal traité, parfois même opprimé au
sujet de la constitution civile de 1790 à 1792. Aussi n'était-il guère disposé, au
sortir de la Terreur, à écouter les tirades des bourgeois constitutionnels sur la
liberté, la constitution à faire, etc., et restait inerte... Ceux-ci n'avaient qu'un
moyen de le rattacher à leur parti : ils devaient promettre de lui donner la paix
religieuse, de lui rendre ses églises et de le décharger des frais du culte ; moyen
bien simple qu'il ne fallait pas laisser à Bonaparte.

ces deux princes aux royalistes purs. Quelques-uns manifestaient assez hautement l'intention de proclamer, au détriment de son oncle et de son père, le jeune duc d'Angoulême , dont ils espéraient avoir plus facilement raison. On disait que cercertains constitutionnels voulaient obstinément porter au trône le duc d'Orléans; on parlait aussi de l'intrigue ourdie depuis la mort de Louis XVII avec le fameux Godoï, dans le but de donner la couronne de France à un infant d'Espagne.

Pour toutes ces raisons, le parti modéré ou constitutionnel, qui avait jusqu'alors négligé de se concilier les gens religieux, et d'acquérir ainsi de nombreux et solides partisans dans les campagnes, n'était à la fin de 1795 (sauf quelques gentilshommes de 89), qu'un parti exclusivement bourgeois et ne comprenant même pas la bourgeoisie tout entière. Il renfermait beaucoup de bons esprits, mais il comptait trop peu d'hommes de décision et d'action; et ce devait être pour lui une grande cause de faiblesse, car à cette époque, c'était peu d'avoir pour soi, et le droit naturel, et la loi écrite, puisque les révolutionnaires étaient toujours prêts à les violer brutalement, et sans le moindre scrupule. Au contraire, le parti émigré avait trop de gens d'action, dont l'ardeur se dépensait inopportunément. Si ces deux catégories de royalistes avaient su oublier un instant leur rivalité, et se concerter, comme le faisaient si bien les révolutionnaires les plus décidés à se proscrire mutuellement, après le succès, la monarchie aurait été bientôt rétablie. Le parti constitutionnel reprochait sentencieusement aux émigrés d'être trop pressés, de ne pas savoir attendre. Mais la patience était beaucoup plus aisée aux constitutionnels restés en France qu'aux émigrés. Ceux-ci traînaient leur misère à l'étranger, et étaient souvent chassés de leurs retraites par les armées de la révolution; les émigrés rentrés en France étaient constamment en danger d'être fusillés sur la simple constatation de leur identité. Au contraire, ces quatrevingtneuvistes, qui les trouvaient si pressés, jouissaient pleinement de la détente qui avait eu lieu après thermidor. Ils s'occupaient à rétablir leurs affaires, à renouer les liens de société; certains d'entre eux prenaient leur part des plaisirs à la mode : des mondains aimables et sceptiques qui recommençaient à jouir de leurs spectacles favoris, disaient dans les entr'actes, que les prêtres et les fidèles étaient vraiment trop pressés de rentrer dans leurs églises, et les émigrés trop impatients de rentrer en France sans être fusillés, qu'il fallait les imiter et savoir attendre. Naturellement ces exhortations ne servaient qu'à exaspérer tous ces impatients.

Chacun des deux groupes du parti royaliste voulait rétablir la royauté à lui seul, sans avoir reçu aucune aide de l'autre; les constitutionnels tenaient absolument à dire un jour qu'ils l'avaient rétablie malgré les sottises des émigrés; ceux-ci à soutenir que, sans eux, les combinaisons maladroites des constitutionnels auraient livré définitivement la France aux révolutionnaires. Les émigrés tenaient à rentrer dans leurs biens; les constitutionnels, qui avaient beaucoup moins souffert, voulaient pour eux toutes les dignités et toutes les places de la monarchie nouvelle. Chacun des deux groupes se faisait de déplorables illusions sur ses propres forces, s'obstinait à agir séparément, signalait du reste avec beaucoup de perspicacité les inconséquences de l'autre, déclarait ses projets absurdes, et ne voulait à aucun prix modifier les siens. Aussi malgré leur infériorité numérique et leurs divisions, les républicains avaient beau jeu contre les royalistes.

La bourgeoisie, jadis admiratrice de la constitution de 1791, acceptait en principe celle de l'an III malgré ses nombreuses imperfections, afin d'être débarrassée de la Convention. Elle attendait avec une vive impatience les élections libératrices qui devaient balayer à la fois les derniers jacobins et la coterie thermidorienne. La Convention, au contraire, voyait arriver avec effroi l'époque des élections. Depuis thermidor elle s'était fait tolérer comme gouvernement d'attente, en invoquant successivement la nécessité de faire des lois organiques à la constitution de 1793, puis de fabriquer une meilleure constitution. Elle avait ainsi gagné une année entière, mais la constitution tant promise était finie et il lui fallait céder la place à un Corps législatif nouveau; elle prit le parti de s'éterniser au pouvoir, en formant la grande majorité des deux conseils créés par sa constitution. Cette exorbitante prétention était connue depuis longtemps, et elle excitait l'indignation de tous les modérés.

Le 1er fructidor (18 août) Baudin des Ardennes présenta au

nom de la commission des Onze, un rapport sur les moyens de
clore la révolution, c'est-à-dire sur l'application de la nouvelle
constitution. Il déclara que cette constitution devait être acceptée par le peuple français, réuni dans ses assemblées primaires. On ne pouvait faire moins pour elle que pour la constitution de 1793 déjà mise au rebut. Mais ce rapport soulevait
une question capitale et la tranchait d'une manière tout à fait
opposée aux vœux bien connus du pays. La commission dé-
plora la faute que la Constituante avait commise en interdisant
de réélire aucun de ses membres, et en conclut qu'il fallait faire
une faute tout aussi grave dans un sens opposé, et imposer aux
électeurs la plupart des conventionnels. La constitution avait
établi le renouvellement annuel par tiers : il fallait, pour escamoter des élections générales, composer de plein droit les deux
tiers du nouveau Corps législatif avec les deux tiers de la Convention, et conserver ainsi le pouvoir, et ses jouissances, aux
révolutionnaires de métier qui le détenaient depuis longtemps.
Baudin fit valoir que la Convention avait déjà rejeté ceux de
ses membres « qui sont ou souillés ou soupçonnés de crimes ».
Mais si la coterie alors dominante ne réclamait pas la réélection forcée de tous les conventionnels, c'était moins pour donner une petite satisfaction à l'opinion publique que pour se
débarrasser complètement de la queue de Robespierre. Quant
aux députés non-robespierristes qui seraient éliminés, on les
indemniserait en leur donnant des places ! La Commission chargeait un *jury de confiance*, aidé par le sort, d'éliminer un tiers
de la Convention. Les modérés jugèrent inutile de protester
contre l'entrée obligatoire des deux tiers Conventionnels dans le
Corps législatif, ils réclamèrent seulement que le corps électoral fût chargé de choisir les députés qui composeraient ces
deux tiers dont la réélection lui était imposée. Chénier soutint
que ce système était très dangereux, et le fit rejeter. Celui du
jury de confiance fut également repoussé, et la Convention semblait prête à se prononcer pour le tirage au sort; mais elle réfléchit qu'avec ce dernier système, l'élimination robespierriste
n'était nullement assurée, et la coterie dirigeante demanda que
les deux tiers imposés fussent choisis par la Convention
elle-même. Mais cette fois les modérés soutinrent très énergi-

quement le droit des électeurs; certains thermidoriens s'é-
criaient avec une naïveté cynique : « Mais qui donc protégera
les républicains dans les assemblées électorales? » Enfin, après
quatre jours de vives discusions, le 5 fructidor, la Convention
fit volte-face, et décréta que les deux tiers à conserver seraient
désignés par les électeurs. Pour narguer et intimider la bourgeoisie, elle décida que la nouvelle constitution serait présentée
à l'acceptation des armées. Le 20 fructidor (6 septembre) les
assemblées primaires devaient être réunies pour nommer les
électeurs, et voter sur l'acceptation de la Constitution. Les procès-verbaux de leurs votes devaient être, immédiatement
après leur rédaction, expédiés au comité des décrets de la
Convention, seul chargé de vérifier ces votes et de proclamer
leur validité. Cette précaution parut très suspecte.

III.

Le 13 fructidor, la Convention prit un nouveau décret pour
assurer l'exécution de celui du 5. Chaque assemblée électorale
doit d'abord nommer les deux tiers des députés du département parmi tous les membres de la Convention; mais comme
il est à prévoir que, par tactique, beaucoup de collèges électoraux voteront pour les mêmes conventionnels, les électeurs
devront voter ensuite une liste supplémentaire, triple de la
première, et composée également de noms pris dans la totalité
de la Convention. Ainsi un collège électoral nommant neuf
députés, est forcé d'en prendre d'abord six parmi les conventionnels, puis de former une liste supplémentaire de dix-huit
autres. Mais le décret prévoit que les électeurs des différents
collèges pourront s'entendre encore pour porter les mêmes
noms, et réélire ainsi moins des deux tiers conventionnels;
dans ce cas, les députés qui resteront à nommer pour compléter ces deux tiers obligatoires, seront choisis par les conventionnels réélus.

La Convention s'était donc mise en opposition formelle avec
toutes ces maximes sur la souveraineté du peuple, qu'elle n'a-
vait cessé de répéter, de ressasser *usque ad nauseam* et qui
étaient la seule base de son pouvoir. Il était difficile d'imagi-

ner un mode d'élection plus compliqué, et annihilant plus complètement le droit des électeurs, tout en les faisant voter, revoter, et composer des listes dont une au moins les obligeait à chercher des noms dans toute la Convention. « Ce projet, disait Bentabole, qui n'était pourtant pas suspect de modérantisme, annoncerait, comme disent les royalistes, qu'on ne sait comment s'y prendre pour assurer le maintien des deux tiers... Une partie du Corps législatif ne sera pas nommée, même indirectement, par les corps électoraux. » Il fut bon prophète!

Partout on répétait avec indignation, que les conventionnels, pour se faire réélire, attentaient impudemment au droit des électeurs, et voulaient en outre s'appuyer sur l'armée pour les intimider. Aussitôt après la publication du décret du 5, les journaux avaient vivement protesté, et toute la bourgeoisie parisienne était dans le plus grand émoi. Le 11 fructidor, des sections de Paris vinrent à la barre de la Convention se plaindre en termes très vifs du décret de réélection des deux tiers, et protester contre la présence des troupes à Paris. Charles Lacretelle, depuis membre de l'Académie française, prononça un discours très éloquent au nom de la section des Champs-Elysées « Veillez, législateurs, songez combien le despotisme militaire est à craindre pour les républicains... Venez avec confiance vous présenter aux suffrages du peuple; *méritez ses choix et ne les commandez pas...* » A ce trait sanglant, les conventionnels frémirent de colère. Chénier, qui présidait, répondit avec beaucoup d'irritation. Tallien se mit à déclamer avec fureur contre les royalistes et les anarchistes, au milieu des applaudissements d'une grande partie de la Convention, et des murmures des tribunes. La Convention improuva les adresses, et passa à l'ordre du jour.

Aussitôt après, des députés du camp établi sous Paris, vinrent exprimer à la barre le vœu prétendu unanime de leurs camarades pour l'acceptation de la constitution sans aucune réserve. Cette adresse fut accueillie avec transport, et l'orateur reçut l'accolade fraternelle du président, au milieu des applaudissements des conventionnels et de leurs cris de : Vive la République! A partir de ce moment, la République comptera sur les baïonnettes pour se maintenir contre les électeurs, et reviser leurs choix.

La Convention avait pourtant cherché à contrebalancer, au moyen de quelques démonstrations anti-terroristes, le mauvais effet produit par le décret du 5 fructidor. Ainsi le 6, Mailhe lut un rapport très curieux sur les sociétés populaires. Il fit un parallèle entre les jacobins avant thermidor et les aristocrates avant le 14 juillet, et déclara que les jacobins avaient commis absolument les mêmes abus et les mêmes crimes que les aristocrates (1). Aussi la Convention déclara dissoute toute société populaire.

Le 7, elle enleva aux derniers jours de l'année républicaine, leur nom grotesque de *sans-culottides*, et les appela jours complémentaires. — Le 8, après un discours très remarquable de Lanjuinais, elle corrigea la loi du 17 nivôse an II, qui annulait les testaments, et instituait l'égalité des droits des héritiers. Elle avait osé déclarer alors que cette loi s'appliquerait à toutes les successions déjà ouvertes depuis le 14 juillet 1789 ; elle lui retira son effet rétroactif, en décidant que cette égalité ne serait plus applicable que du jour de la promulgation (2). Mais ces décrets ne pouvaient en aucune façon

(1) « Avant le 14 juillet, un vieux parchemin tenait lieu de talent, d'instruction, de vertu. *Avant le 9 thermidor, le mérite suprême était attaché à une carte de jacobin.* » Le plébéien ne pouvait jadis lutter contre le noble. « Qu'on cite un républicain qui n'ait pas succombé luttant contre un jacobin ! » Il fait le tableau le plus horrible de la féodalité, mais représente ensuite les jacobins nouveaux usurpateurs au nom du bien public, nouveaux tyrans féodaux « encourageant le crime, et désespérant la vertu par les blasphèmes de l'athéisme; se faisant un jeu de séduire et d'immoler la pudeur, *la forçant de se rendre à une fausse protection, et à l'espoir souvent trompé de sauver une mère, un père, un époux* » comme elle (la noblesse) ; enfin, ils s'étaient arrogé le privilège de disposer de la fortune individuelle et publique, de s'enrichir de concussions et de brigandage. »

(2) La Convention avait aussi décidé, le 3, que tout dépositaire qui aurait disposé d'un dépôt, serait tenu de le rétablir en effets de même espèce et de même valeur : si le dépôt consistait en matières d'or et d'argent, il devait le rendre en matières de même nature et de même valeur, sinon payer la somme nécessaire pour trouver des effets de remplacement, eu égard à leur valeur, *à l'époque du jugement*, et en outre une amende égale à cette valeur, attribuée moitié à l'État, moitié au déposant. Depuis la dépréciation des assignats, bien des dépositaires d'une somme d'argent avaient eu l'indélicatesse de rendre aux déposants la même valeur nominale en assignats. Le 2 fructidor, le louis de 24 livres en valait 905 en assignats; celui qui avait reçu un dépôt

calmer l'effervescence causée par celui du 5 : car la question de la liberté des élections primait toutes les autres, et lorsque le 13 la Convention développa l'odieux décret, et assura son exécution intégrale par des précautions minutieuses afin d'escamoter complètement le droit des électeurs, l'indignation des Parisiens, et des modérés dans toute la France, fut à son comble. Partout on déclamait contre la Convention; on affichait contre ses décrets les placards les plus violents. Personne ne lui avait jamais demandé de déclarer, à l'exemple de la Constituante, ses membres inéligibles; mais elle prévoyait que le pays n'en renommerait guère qu'une cinquantaine, depuis longtemps suspects à ses meneurs à cause de leur modération, de leur dégoût pour les intrigues thermidoriennes, et de leur fermeté contre les jacobins. Louvet disait que si le choix du chef du pouvoir exécutif était laissé aux assemblées primaires, il y avait lieu de craindre qu'un Bourbon ne fût élu. La Convention avait donc jeté un défi au peuple français et elle s'en rendait parfaitement compte. Aussi les comités faisaient venir des troupes, et les républicains purs, après avoir tant déclamé contre Cromwell, ne songeaient plus qu'à l'imiter!

En 1789, la presse s'acharnait contre tous les principes; en 1795, au contraire, elle travaille à les rétablir, et les écrivains qui défendent la Convention sont bien plus impopulaires encore que ne l'étaient en 1789 les défenseurs de la royauté. Au début de la Révolution, les embarras des finances servaient de prétextes à de nombreux pamphlets contre la royauté; mais en 1795, la Convention en est cent fois plus accablée, car elle se trouve en face d'une affreuse misère, qu'elle a créée elle-même, après avoir tari par ses décrets toutes les sources de prospérités pour les particuliers, et de revenus publics pour la France!

Ce parallèle est en tout point au désavantage des régicides; mais en compensation, ils ont l'armée, non pas pour eux, ce serait trop dire, mais dans leurs mains. Louis XVI a laissé

de cent louis, pouvait encore se libérer avec 2400 livres en assignats qui ne valaient même pas trois louis!

échapper des siennes la force militaire; on aurait dû voir tout de suite que les conventionnels ne commettraient jamais la même faute : en ce moment ils flattent l'armée, ils l'excitent par tous les moyens possibles contre la majorité de la nation, et ils sont bien décidés à s'en servir, car ils n'ont aucun scrupule de violer la légalité ni la constitution, aucune crainte de verser le sang. Les gens sages, les théoriciens répètent partout que si la Convention remporte la victoire sur le peuple, grâce aux soldats, et la Convention et la France tomberont fatalement sous le despotisme militaire; mais cette perspective n'effraie point les conventionnels. Si Cromwell doit leur donner ce qu'ils désirent, ils crieront : Vive Cromwell! Ils veulent se maintenir quelque temps encore au pouvoir, à tout prix, par tous les moyens, après quoi ils verront à chercher d'autres expédients pour prolonger leur domination. Ne vivent-ils pas depuis trois ans au jour le jour!

Les conventionnels, soutenus par les révolutionnaires, vont jouer une partie tout à fait décisive, et ils la joueront avec beaucoup plus de soin et d'énergie, que les honnêtes gens et les vrais patriotes, leurs adversaires. Car, il ne s'agit pas seulement pour eux, s'ils sont chassés du pouvoir, de vivre méprisés par tous; beaucoup d'entre ces révolutionnaires y sont habitués depuis longtemps! Ils redoutent beaucoup plus d'être réduits à la gêne, ou de perdre des richesses honteusement acquises. On a beaucoup insisté sur les appréhensions des régicides; mais pour beaucoup d'entre eux leur vote du 21 janvier n'était pas le plus grand sujet de crainte, si les modérés triomphaient. Ils avaient sur la conscience bien d'autres assassinats, avec des extorsions, des concussions de toute espèce; et quand bien même on aurait amnistié leur vote régicide, la justice n'aurait pas moins commandé de les envoyer à l'échafaud ou au bagne. Bien d'autres moins coupables méritaient néanmoins d'être rigoureusement punis, pour s'être rendus complices de certains crimes, et en avoir profité (1).

(1) Plus d'un régicide, quand bien même il eût obtenu le pardon formel du frère de Louis XVI, aurait eu raison de craindre d'être tué par quelqu'un de ceux, que dans ses missions, il avait pressurés, emprisonnés, destinés à l'écha-

On a aussi beaucoup parlé de leur peur des vengeances des Bourbons et des émigrés; cette peur aurait déterminé l'usurpation des conventionnels! Mais quand bien même personne n'eût émigré, et la famille des Bourbons eût été complètement anéantie, la situation en 1795 aurait été la même! La grande majorité de la France aurait été remplie de la même indignation contre les crimes de la Terreur, et très impatiente de secouer le joug des conventionnels, et ceux-ci tout aussi affamés de pouvoir et de places. Les quelques républicains par théorie qui ne s'étaient aucunement associés aux excès révolutionnaires, étaient aussi désireux que les royalistes de voir la Convention déguerpir, et réprouvaient les fameux décrets avec la même énergie. On avait horreur de la tyrannie révolutionnaire; on voulait être débarrassé et de ceux qui l'avaient exercée directement, et de ces crapauds qui avaient laissé commettre tant de crimes; et comme il n'y avait pas d'autre dynastie que celle des Bourbons, la royauté légitime profitait seule de cette haine générale contre les conventionnels; mais si la branche aînée avait disparu, on eût pris la branche cadette, et si celle-ci avait fait défaut, la clique Barras, Rewbell, Tallien, n'en aurait pas moins été chassée avec mépris.

La déclaration de Louis XVIII, bien que rédigée en fort bons termes, ne produisit et ne pouvait du reste produire alors que peu d'effet, surtout sur les Parisiens.

« La clémence qu'annonce ce prince, dit Mallet du Pan, contribuera à affaiblir les préjugés; mais sur tous les autres points, il s'est placé à une trop grande distance de l'état actuel du royalisme, des esprits, des changements, des ressources réelles qui sont nombreuses, et dont ses conseillers lui laissent méconnaître et la nature, et l'importance » (1).

Mais comment produire une impression salutaire sur les Français, dans un temps où Mallet du Pan lui-même ne cesse

---

faud. Un gentilhomme ayant à venger sa famille guillotinée par ce terroriste, s'abstiendrait de toute vengeance à cause du pardon de son roi, mais on savait parfaitement qu'un paysan spolié jadis de son pécule, pourrait bien n'en tenir aucun compte et tuer son ancien oppresseur, comme une bête enragée.

(1) *Correspondance avec la cour de Vienne*, t. I, p. 295.

de déplorer leur insouciance et leur légèreté, et constate le peu d'effet produit par des écrits qui répondent parfaitement à leurs préoccupations et à leurs passions actuelles! Les comités de la Convention craignirent pourtant que cette déclaration ne ralliât à Louis XVIII beaucoup d'indécis : ils la firent afficher avec un commentaire destiné à persuader aux quatrevingtneuvistes et aux constituants, que le roi les traiterait aussi mal que les révolutionnaires les plus accentués, et ne reviendrait qu'avec la noblesse, les privilèges, et tous les abus de l'ancien régime. Tout cela n'avait pas beaucoup de prise sur les constitutionnels, car les républicains ne leur offraient rien de positif. Mais ils auraient voulu diriger exclusivement la monarchie restaurée, et craignaient toujours que Louis XVIII ne leur donnât aucune part ni au pouvoir ni aux places. Du reste, quelques actes imprudents du roi, entre autres la disgrâce du prince de Poix (1), n'avaient pas mécontenté les seuls constitutionnels, mais aussi des royalistes dont le dévouement au nouveau roi ne pouvait être contesté. La proclamation de Louis XVIII n'était pas habile, elle pouvait même être exploitée contre lui par ses ennemis, mais elle n'a exercé alors aucune influence sur les esprits : car ce sont les royalistes les plus douteux qui réclament avec le plus d'énergie le départ immédiat de la Convention! Évidemment, cette assemblée devait n'imputer qu'à ses propres actes la haine furieuse que tous les modérés et tous les Parisiens lui témoignaient.

Les massacres de Quiberon avaient exaspéré les royalistes de l'Ouest. Le gouvernement anglais résolut de tenter encore un débarquement d'émigrés. Il envoya à Charette, des armes, des uniformes et des munitions, en lui annonçant l'arrivée prochaine du comte d'Artois qui amènerait avec lui de nombreux officiers. Cette nouvelle remplit d'enthousiasme les Vendéens et les chouans, et Stofflet veut se réconcilier avec Charette. La flotte partie le 25 août de Portsmouth, arriva au bout de quelques jours près des côtes de Bretagne, et le comte d'Artois assista dans l'île d'Houat à un service funèbre pour les victimes de

---

(1) Louis XVIII avait exigé la démission du prince de Poix, ancien capitaine de gardes de Louis XVI, qui avait toujours montré le plus grand dévouement à son roi et à la famille royale. On le disait victime des intrigues des royalistes exagérés.

Quiberon. Mais au lieu de déjouer les intrigues qui l'environnent, et de se jeter bien vite à la côte pour attaquer vigoureusement les troupes de la Convention qui ne sont pas alors très nombreuses, il perd, avec les Anglais, douze jours dans la baie de Quiberon, à délibérer si l'on attaquera Noirmoutier ou l'île d'Yeu. Enfin on descend à l'île d'Yeu. Mais déjà Hoche avait profité de ce retard : il avait reçu des renforts, et vingt mille hommes de l'armée des Pyrénées occidentales devenue libre, grâce à la paix qui venait d'être conclue avec l'Espagne, étaient en marche pour le soutenir. Néanmoins les armées de Charette, de Sapinaud, de Stofflet, de Scépeaux, attendaient le prince avec impatience ; et en dehors de la chouannerie bretonne, soixante mille hommes de l'Anjou et du Poitou étaient prêts à tenter un suprême effort contre la Convention, très menacée à Paris par les bourgeois, et dans l'Est par les intrigues du prince de Condé. Aussi les chefs du gouvernement républicain, tout en affectant de railler cette nouvelle tentative de descente, et d'exalter leur récente victoire de Quiberon, étaient dans le plus grand émoi, car ils soupçonnaient les intrigues de Pichegru sur le Rhin, et craignaient que l'arrivée d'un prince sur le territoire français ne déterminât dans l'Est des défections importantes.

Enfin le 5 octobre (12 vendémiaire), le comte d'Artois écrit pour la troisième fois à Charette qu'il va débarquer. Le 10 octobre, après avoir repoussé un détachement de Bleus, Charette arrive avec quinze mille hommes pour le recevoir près du Pertuis breton. Mais un aide de camp du prince vient lui annoncer que tout est ajourné, et lui remet de sa part une épée d'honneur, sur laquelle a été gravée cette inscription : « Je ne cède jamais, » qui devait valoir bien des sarcasmes amers au donateur, mais convenait parfaitement à l'épée de Charette. Celui-ci rougit de honte, frémit de rage, prit l'arme d'une main crispée, et resta quelques instants sans pouvoir parler. « Monsieur, dit-il enfin, votre maître m'envoie mon arrêt de mort. J'ai aujourd'hui quinze mille hommes avec moi ; demain il ne m'en restera plus trois cents. Dites à Son Altesse Royale que je n'observerai pas moins la devise qu'elle m'adresse ; je ne céderai jamais. Je n'ai plus qu'à fuir ou qu'à mourir en brave :

je saurai mourir. » Le lendemain, il écrivit dit-on, à Louis XVIII :
« Sire, la lâcheté de votre frère a tout perdu. »

Les Anglais avaient changé d'avis. Du reste, l'entourage du
prince était parvenu à le persuader qu'il était indigne de lui
de *chouanner*, et le comte d'Artois qui n'avait pas reçu une
éducation militaire, oublia trop aisément que son aïeul Henri IV
avait conquis son royaume de cette façon. Il était cependant
parti très allègrement pour cette expédition, en se résignant très
bien à faire la guerre de partisans, mais malheureusement ce
prince si différent de Louis XVI, était indécis comme lui, et
les Anglais qui craignaient peut-être que l'enthousiasme des
populations de l'Ouest ne valût aux royalistes un triomphe
trop prompt, surent exploiter cette indécision (1). Un peu plus
tard, le prince sentit toute l'étendue de sa faute, et fut pris
d'un vif désir de la réparer; mais il n'était plus temps, et il ne
put se soustraire à la surveillance des Anglais.

Le cabinet britannique avait toujours empêché Louis XVIII
de se mettre à la tête des royalistes de l'Ouest. Ce prince
comprenait parfaitement que sa présence était indispensable
dans le pays qui s'était soulevé pour lui, mais le gouvernement anglais, qui craignait déjà de trop faire pour la France,
en laissant débarquer le comte d'Artois, ou le duc de Bourbon, n'avait garde d'amener aux insurgés le roi de France;
car il savait très bien que Louis XVIII ne se laisserait pas conduire par lui comme son frère. Aussi déclarait-il, toujours avec
beaucoup de courtoisie, qu'il ne voulait pas exposer une vie
aussi précieuse aux hasards de cette guerre de partisans.
Louis XVIII n'en était pas dupe; aussi écrivait-il le 28 septembre 1795 au duc d'Harcourt, son chargé d'affaires à Londres :

« Je ne peux qu'être très reconnaissant de l'intérêt que le gouver-

(1) Peut-être s'est-il laissé influencer, dans cette circonstance, par les avis de
ceux qui blâmaient toute expédition, comme devant refroidir le zèle des Parisiens qui allaient, suivant eux, expulser légalement la Convention, et faire la place
libre à la monarchie. Des politiques réputés habiles le déclaraient hautement.
Mais l'expédition une fois annoncée aux Vendéens, il fallait résolument se mettre
à leur tête, car une reculade à un pareil moment, devait infailliblement perdre la cause royaliste dans l'Ouest.

nement anglais prend à ma conservation, mais je vois en même temps qu'il est dans l'erreur sur l'importance qu'il y met; et cette erreur est bien naturelle, parce que l'Angleterre se trouve (comme l'Europe entière) à la fin du dix-huitième siècle, tandis que la France en moins de six années est revenue à la fin du seizième siècle, et peut-être à une époque plus éloignée, sans que l'on puisse comprendre comment elle y est arrivée. »

« Ma situation est semblable à celle de Henri IV, sauf qu'il avait beaucoup d'avantages que je n'ai pas. Suis-je comme lui dans mon royaume? Suis-je à la tête d'une armée docile à ma voix? Ai-je toujours porté les armes depuis l'âge de seize ans? Ai-je gagné la bataille de Coutras? Non.......

« Mon inactivité forcée donne occasion à mes ennemis de me calomnier. Elle m'expose même à des jugements défavorables de la part de ceux qui me sont restés fidèles, jugements que je ne puis appeler téméraires, puisque ceux qui les portent ne sont pas instruits de la vérité.(1) ».

Quand bien même la conquête de son royaume serait facile, il n'en serait pas moins indispensable, ajoute-t-il avec finesse, que le roi parût lui-même à la tête de son armée pour acquérir « la considération personnelle qui n'est peut-être pas nécessaire à un roi du dix-huitième siècle, mais qui est indispensable à un roi du seizième siècle, comme je le suis. » On lui donne à entendre que Monsieur le remplacera complètement et qu'on le laissera débarquer en France lorsque la guerre ne présentera plus des dangers aussi grands! Il n'enviera nullement les triomphes de son frère; il entendra même avec plaisir le peuple crier : « Saül en a tué mille et David dix mille. » Mais un roi dans sa situation a besoin d'être personnellement considéré. On craint pour sa vie...

« J'ai bien examiné de sang-froid ma position et jusqu'à quel point ma vie peut être précieuse. » S'il est tué, la couronne passe au comte d'Artois, plus jeune que lui de deux ans, et qui a deux fils âgés l'un de vingt, l'autre de dix-huit ans. « Il n'y a donc rien à craindre pour le roi qui ne meurt jamais en France. » Mais tout dépend de l'Angleterre qui seule peut le conduire en Vendée.

(1) De Guilhermy. — *Papiers d'un émigré*, p. 53 (1886.)

Insistez de nouveau sur cet article; dites aux ministres en mon nom que je leur demande mon trône ou mon tombeau. La Providence en décidera, et je me soumets d'avance à ses décrets. »

Cette lettre fait honneur à l'esprit et au caractère du nouveau roi. On dira peut-être que Louis XVIII, n'ayant aucune expérience militaire, aurait joué en Vendée un rôle ridicule. Celui qui vient partager les dangers de ses fidèles sujets, et s'exposer à être immolé sans merci, s'il tombe par le sort des armes, ou par trahison, entre les mains de ses ennemis, ne saurait être ridicule. Louis XVIII, dans l'Ouest, ne devait pas songer à faire le général, ni à diriger en personne des attaques contre les Bleus : il aurait été roi, il aurait rallié autour de lui tous les chefs, et fait cesser leurs divisions; sa seule présence sur le territoire français, au milieu d'une armée dévouée, aurait ainsi décuplé les forces des royalistes de l'Ouest, et profondément ému les populations de bien d'autres provinces. Le comte d'Artois, au point de vue militaire, n'aurait guère été plus utile que lui, et au point de vue politique il lui aurait été impossible de le remplacer complètement; et cependant les Anglais, toute réflexion faite, ont craint que sa seule présence ne donnât trop de force aux royalistes, et l'ont adroitement empêché de descendre en France.

L'Angleterre et l'Autriche ne comprirent point alors leur véritable intérêt. Le général Pichegru, complètement dégoûté des conventionnels, et persuadé qu'ils ne donneraient jamais à la France un gouvernement acceptable, avait ourdi dans l'Est une singulière intrigue dans le but de rétablir la monarchie. Le prince de Condé était entré en négociation avec lui et plusieurs autres généraux, par l'intermédiaire d'un dangereux intrigant, Montgaillard, et de Fauche Borel, libraire de Neufchâtel. L'armée du Rhin était très dévouée à Pichegru, et paraissait détester fortement la Convention. Le général déclara à Fauche Borel, qu'il était disposé à passer le Rhin pour se réunir à l'armée de Condé et rentrer en Alsace avec elle : en quatorze marches, les armées réunies seraient à Paris. Mais il fallait que le prince s'entendît avec les Autrichiens pour que ceux-ci restassent en arrière : le conseil aulique seul avait le droit de leur en donner l'ordre ; et ce plan ne pouvait être exécuté immédiatement. En outre, Wurmser refusait de laisser les Français passer le Rhin, parce que ce mouvement eût été regardé à Paris comme un succès ; et il ne voulait pas davantage laisser l'armée de Condé passer en Alsace, parce que les Autrichiens convoitaient cette province. Mais Condé était tout aussi peu disposé que Pichegru à l'abandonner aux alliés (1).

Cependant si un prince français avait commandé alors les armées vendéennes, les Autrichiens, pressés d'en finir avec les révolutionnaires, auraient probablement favorisé le plan de Pichegru, et renoncé à leurs exigences.

A Paris, la Convention était tous les jours plus vivement attaquée : les quarante-huit sections étaient continuellement assemblées, et l'on y déclamait contre elle avec fureur : journaux, brochures, affiches dénonçaient les fameux décrets à l'indignation publique. En ce moment, on ne parlait guère de la royauté ; car tous les modérés étaient tombés d'accord pour revendiquer la souveraineté du peuple, et ils étaient persuadés que le peuple, s'il était laissé libre de l'exercer, élirait des députés qui rétabliraient bien vite la monarchie. Les révolutionnaires en étaient profondément convaincus, et cette fois ils criaient sincèrement au royalisme. On disait très nettement qu'on ne voulait pas de la Convention ; on ne disait pas aussi ouvertement ce qu'on désirait établir après elle. Mais on voulait d'honnêtes gens au pouvoir, la liberté individuelle garantie, une justice véritable, une administration régulière, l'abrogation d'une foule de lois oppressives et ruineuses, la fin des guerres de conquête. Ce programme si simple, le parti thermidorien ne voulait ni ne pouvait le mettre en pratique, et le pays sera pendant quatre ans encore obéré et écrasé avant de voir ses vœux réalisés !

La masse de la population était alors revenue des illusions de 89 ; elle ne faisait pas de beaux plans pour l'avenir, elle dé-

---

(1) Fauche Borel (*Mémoires*, t. 2, p. 283) mentionne une lettre de Condé datée de Mulheim, 19 octobre 1795, d'où il résulte que Pichegru a refusé de livrer Strasbourg, Huningue et Neuf-Brisach aux Autrichiens. D'après Fauche Borel, il répétait toujours qu'il ne voulait pas faire le second tome de Dumouriez. Le récit de cette intrigue fait par Montgaillard en 1804 serait très inexact ; Montgaillard aurait même forgé deux prétendues lettres de Pichegru au prince, datées des 21 et 26 août.

sirait avant tout être débarrassée de ceux qui l'avaient opprimée et ruinée. Aussi l'on ne se demandait point par avance si le gouvernement nouveau serait plus ou moins parlementaire, ni sur quels points on réviserait les constitutions de 91 et de 95; on tenait avant tout à déblayer les ruines accumulées par la Révolution, et à sortir de cette situation intolérable que le personnel conventionnel voulait prolonger indéfiniment à son profit (1). *Primo vivere, deinde philosophari!* Et pour le moment, le goût de philosopher sur les constitutions était passé.

Le 16 fructidor un député de la section Lepelletier vint exprimer à la Convention les inquiétudes qu'inspiraient aux Parisiens, les mouvements des troupes, dont les chefs du jacobinisme se réjouissaient avec affectation, et la mise en liberté de terroristes bien connus (2). La Convention comptait faire de tous ces bandits une armée auxiliaire. La section Lepelletier, jadis connue sous le nom des Filles Saint-Thomas, s'était toujours distinguée contre les jacobins. Au 10 août, ses grenadiers avaient glorieusement défendu avec les Suisses, Louis XVI et la monarchie constitutionnelle. Elle avait protégé la Convention contre les jacobins en germinal et en prairial, et depuis que la Convention était revenue au jacobinisme, elle était à la tête de ceux qui réclamaient son prompt départ. Elle prit successivement deux arrêtés énergiques qui mirent les révolutionnaires en fureur.

(1) « Réclamer contre toutes les horreurs qui déshonoraient la Révolution, disait Lacretelle jeune, attaquer toutes les lois qui portent le caractère de l'injustice et de la barbarie, voilà mes principes contre-révolutionnaires. » Mais comme ces odieuses lois assurent l'impunité, le pouvoir, la richesse, à de nombreux révolutionnaires, ceux-ci déclarent naturellement contre-révolutionnaires, les gens qui veulent les balayer. D'anciens membres des Assemblées constituante et législative, Dupont de Nemours, Pastoret, Vaublanc, Quatremère, des publicistes déjà connus comme l'abbé Morellet, Suard, Laharpe, et d'autres qui débutent avec éclat dans la vie politique, tels que Martainville, Fiévée, Richer Serisy, Bertin, Michaud, Delalot, Lacretelle jeune, etc., etc., sont à la tête du mouvement.

(2) Il désigne nominativement trois membres de l'ancien comité révolutionnaires de la section et deux du comité civil, voleurs et brigands reconnus, qui vont venir délibérer sur l'acceptation de la constitution. Par suite du même système, la Convention avait, le 13, suspendu toute radiation d'individus inscrits sur les listes d'émigrés. Déjà, le 1er, elle avait déclaré tous les inscrits sur ces listes suspendus de leurs droits de citoyens, et tout le monde savait que la majorité de ces inscrits n'avait jamais quitté la France et devait être rayée.

Le premier de ces arrêtés, après des considérants sur la souveraineté nationale « vu que tout droit est dérisoire et inutile, s'il n'est garanti par tous envers chacun », constituait en ces termes, un acte de garantie entre les sections :

« Tout citoyen a le droit d'émettre librement son opinion sur la constitution et les décrets : à cet effet, chaque citoyen en particulier, et les citoyens de Paris en général, sont placés sous la sauvegarde spéciale et immédiate de leurs assemblées primaires respectives, et des quarante-sept autres assemblées primaires de cette cité. »

Le second arrêté assurait l'exécution du premier.

« La section Lepelletier, considérant, que le seul moyen de faire connaître à la France entière les sentiments unanimes des citoyens de Paris, est de réunir quarante-huit commissaires nommés par chacune des assemblées primaires, et de charger ces commissaires de la rédaction d'une déclaration authentique au nom de tous leurs commettants;

« Arrête que cette proposition sera faite en son nom, et portée sur-le-champ aux quarante-sept autres sections. »

La Convention affecta de dédaigner le premier arrêté, mais le second l'inquiéta vivement : les modérés commençaient en effet à copier contre elle les procédés des meneurs du 10 août et du 31 mai. Le 21, un décret rendu sur le rapport de Daunou, au nom des Comités de salut public et de sûreté générale, déclara attentatoires à la souveraineté du peuple, ces réunions des commissaires des assemblées primaires, et leurs missions près d'autres communes ou de corps militaires. Mais ce décret ne fut point obéi; les sections continuèrent à rester en permanence et à communiquer entre elles (1).

Les assemblées primaires furent réunies dans toute la France pour voter sur la constitution; une proclamation emphatique du 13 fructidor, rédigée par La Révellière, les invitait à voter aussi sur les décrets. Tout le monde s'attendait à l'acceptation

(1) La veille, les députés Lefèvre et Giroust, commissaires près les armées de Sambre et Meuse, avaient envoyé à la Convention une députation de ces armées avec une adresse qui louait vivement les décrets. La Convention accueillit cette démonstration avec beaucoup de faveur, et l'orateur de la députation reçut l'accolade fraternelle du président.

presque unanime de la constitution, car il n'y avait pas d'autre moyen pacifique, de se débarrasser d'une partie des conventionnels, et d'améliorer quelque peu la situation. Quant au vote sur les décrets, la Convention lui avait par avance enlevé tout caractère sérieux. D'abord aucun article de la constitution, ni des décrets eux-mêmes, n'appelait les électeurs à ce vote. Ils n'y étaient invités que par une simple proclamation. La majorité des citoyens s'abstint de voter sur la constitution (1), et plus des deux tiers de cette minorité s'abstinrent de voter sur les décrets. Comment expliquer et interpréter ces abstentions? Il est certain que de nombreux électeurs crurent qu'en votant sur la constitution seule, ils déclaraient suffisamment ne tenir aucun compte de ces décrets qui faussaient l'application de la constitution.

La Convention eut soin d'envoyer de Paris, aux assemblées primaires, des feuilles imprimées pour consigner leurs votes. Ces feuilles ne portaient que trois colonnes : une pour inscrire le nombre de ceux qui acceptaient la constitution, une autre pour les refusants, la troisième pour mentionner les observations. Comme il n'y avait pas de place pour le vote sur les décrets, bien des électeurs illettrés, ou peu éclairés, durent croire qu'ils ne devaient voter que sur la constitution; d'autant mieux que le décret du 5 fructidor, par lequel ils étaient convoqués, ne parlait que de la constitution. En outre, beaucoup d'électeurs comprenant très bien que cette consultation sur les décrets n'était qu'une vaine comédie, et que le parti révolutionnaire résisterait par force à un vote négatif, gardèrent le silence : aussi de nombreuses assemblées primaires réclamèrent à l'unanimité l'ordre du jour sur les décrets (2). Une faible minorité consentit à voter sur eux. Toutes les sections de Paris, sauf celle des Quinze-Vingts, se prononcèrent contre les décrets; dix-huit les repoussèrent à l'unanimité,

(1) Est-ce que l'immense majorité des citoyens pouvait voter en pleine connaissance de cause sur cette constitution en *trois cent soixante-seize articles*, précédés de *trente* autres sur les droits et les devoirs des hommes? N'est-ce pas une dérision véritable? Les hommes de gros bon sens, étaient les premiers à le proclamer, et ils restaient chez eux!

(2) M. Taine, *la Révolution*, t. III, p. 564, cite une assemblée primaire qui a ainsi procédé, et a été comptée pourtant, comme acceptant les décrets.

et il y eut grande majorité contre eux dans les autres (1).

Le Comité des décrets déclara le 1 vendémiaire que 6,337 assemblées primaires avaient renfermé 956,226 votants, dont 914,803 avaient accepté la constitution, et 41,892 l'avaient rejetée. On n'avait pas encore tous les votes des armées.

Pour les décrets, il y avait eu seulement 270,338 votants, 167,558 les avaient acceptés, 95,378 les avaient rejetés (2). La plupart des armées n'avaient pas encore fait connaître le nombre de leurs votants. Ainsi donc, la Convention qui avait eu soin de se faire adresser directement les procès-verbaux des assemblées primaires, afin de les faire recevoir sans contrôle par son comité, était obligée d'expliquer l'énorme différence de chiffres entre les votes sur la constitution, et les votes sur les décrets au moyen de l'adage « qui ne dit mot, consent » ; et cet adage ne pouvait guère être invoqué dans la circonstance.

Les procès-verbaux de certaines sections portaient que les décrets avaient été repoussés à l'unanimité, sans dire le chiffre des votants; la Convention eut soin de ne pas comprendre ces *non* dans le relevé général, afin de diminuer le nombre total des refusants (3). On estima, qu'en procédant ainsi, elle avait

(1) Dans le département de la Seine, il y eut en tout 70,271 votes sur la constitution, dont 68,226 pour et 1,426 contre, et 379 nuls ; sur les décrets 22,942 seulement, dont 1,151 pour, 21,734 contre et 50 nuls ; à Paris, où les esprits étaient si montés, cette différence ne s'explique guère que par un escamotage.

(2) Le département du Rhône accepta la constitution par 11,187 voix contre 79, et les décrets par 2,143 contre 894. Celui de la Gironde donne pour la constitution, 21,964 voix contre 217, pour les décrets 5,767 contre 374 ; la Haute-Garonne accepte la constitution par 2,228 voix contre 84 ; les décrets par 1,278 contre 161.

Il fallut constater que le département de la Seine n'était pas seul hostile aux décrets. L'Aisne accepte la constitution par 6,568 voix contre 621, et rejette les décrets par 1,706 refusants contre 767 acceptants. L'Allier, l'Ardèche, le Doubs, l'Eure, l'Eure-et-Loir, le Loiret, la Lozère, l'Oise, le Bas-Rhin, Seine-et-Marne, Seine-et-Oise, et la Somme, les repoussèrent également.

(3) M. Taine (t. III, p. 562), cite la section Popincourt qui fut comptée comme zéro dans la récapitulation, et vint déclarer que lorsqu'elle avait émis son vote, le 22 fructidor, elle comptait 845 votants. De même pour la section de la Fidélité qui avait eu plus de 1,300 votants.

Le scrutin sur la constitution de 1793 avait réuni 1,801,918 votes affirmatifs contre 11,000, presque le double des suffrages émis en 1795 ; et l'on ne peut pas alléguer que le 31 mai ait été le produit d'un mouvement d'opinion, ni que ces votes aient été enlevés par la Terreur : les jacobins avaient alors usé de ménagements, et fait luire de fausses espérances. En 1795, le peuple si souvent trompé, était déjà dégoûté des constitutions.

escamoté tant à Paris que dans les départements, 60,000 votes négatifs.

La Convention proclama audacieusement les chiffres du comité des décrets. Pelet de la Lozère demanda que les votes fussent soigneusement vérifiés (1), mais la majorité écarta sa proposition en criant : Vive la république! ce qu'elle ne manquait plus jamais de faire, lorsqu'elle venait de décréter une sottise ou une infamie.

(1) On compléta la récapitulation donnée le 1er vendémiaire : il y aurait eu 1,107,368 votants pour la Constitution, 1,057,390 pour, 49,978 contre, sur les décrets 314,282, dont 205,498 pour, 107,794 contre.

CHAPITRE VIII

LA JOURNÉE DU 13 VENDÉMIAIRE
ET LA RÉACTION JACOBINE.

I.

Malgré de nombreuses tentatives d'intimidation et de corruption faites par les gouvernants, les assemblées primaires nommèrent généralement des électeurs très hostiles à la Convention. A Paris des royalistes mitigés, d'anciens constituants, des membres du Directoire de 1791, d'anciens députés modérés de la Constituante et de la législative, furent élus.

Après avoir proclamé que la Constitution et les décrets des 5 et 13 fructidor étaient acceptés (1), la Convention fixa au

---

(1) Le 4 vendémiaire. Lanjuinais et Boissy d'Anglas réclamèrent en vain la publication du recensement général.

On fit voter et l'armée et les équipages de la flotte. Palasne Champeaux, délégué par la Convention auprès de l'armée des côtes de Brest et de Lorient, annonça le 30 fructidor l'acceptation par l'armée navale à la presque unanimité : dans un seul vaisseau, *le Majestueux*, le vote a été négatif (107 pour, 182 contre). Il prétend que l'armée de mer a été travaillée, « ce n'est qu'avec la plus grande prudence, et en usant de tous les moyens que la raison et la justice ont pu me suggérer, que je suis parvenu à déjouer les projets liberti-

20 vendémiaire, la réunion des assemblées électorales, et au 15 brumaire celle des conseils. Dans l'exposé des motifs, le rapporteur laissa voir très ouvertement combien les républicains redoutaient de voir les Parisiens rétablir la monarchie. « Voyez à jamais, leur dit-il, dans les ruines de la Bastille que vous avez renversée, le titre de votre gloire, mais voyez-y surtout le présage infaillible de la vengeance des rois, si jamais vous vous laissiez entraîner dans les pièges qui vous mettraient sous leur joug. » La royauté avait bien d'autres destructions à venger que celle de la Bastille, et les hommes de 89 avaient de terribles représailles à exercer sur leurs oppresseurs de 1792 et de 1793 qui avaient créé pour eux tant de bastilles nouvelles. Ces derniers ne cessaient de répéter aux modérés que la royauté les punirait de la part qu'ils avaient prise à la révolution, et les modérés leur répondaient : « Nous ne comptons nous laisser opprimer par personne, aussi sommes-nous décidés à vous mettre à la porte. »

Les esprits étaient très surexcités (1). Les sections de Paris protestèrent vivement contre le recensement fait par la Convention. Le 3 vendémiaire la section de la Halle se présente à sa barre. Elle rappelle que plusieurs assemblées primaires ont demandé inutilement, que le résultat de leur vote fût imprimé et envoyé à toutes les assemblées, et qu'il fût vérifié par chacune d'elles, pour s'assurer de l'exactitude du recensement fait par le comité des décrets « la délicatesse seule aurait dû engager la Convention à prendre cette mesure ». De violents murmures interrompent l'orateur, qui répond très vertement. Ensuite il s'élève contre la précipitation avec laquelle on a annoncé les résultats du vote, et rappelle que les journaux publient déjà une foule de réclamations. Il proteste contre la doctrine du comité sur l'acceptation par le silence. Paris a 75000 votants

cides. » En réalité, la pression officielle a été très forte. Néanmoins l'équipage de la canonnière *la Mégère*, à Cherbourg, a rejeté la constitution ; celui de la corvette *Colomb* a rejeté les décrets. (Arch. nat., AII-B-688.)

(1) A Chartres, une troupe de femmes, criant : Vive le roi ! força le commissaire de la Convention, Tellier, à signer une taxe très abaissée. Le malheureux conventionnel, honteux de sa faiblesse, se brûla la cervelle. Il y eut aussi des troubles très graves à Nonancourt. Dans beaucoup de villes, la bourgeoisie était aussi exaspérée qu'à Paris.

dont la presque unanimité a rejeté les décrets et l'on ferait croire qu'il y a seulement 95000 refusants dans la France entière. Baudin qui présidait répondit que le vœu du peuple était connu, et qu'il fallait le respecter.

Beaucoup de sections de Paris refusèrent de publier le résultat officiel du scrutin ; et sur plusieurs points de la capitale, les gens qui étaient chargés de publier le décret de recensement furent bâtonnés et chassés. Il se formait au Palais-Royal des rassemblements tumultueux ; on y déclamait avec fureur contre la Convention, et ses partisans étaient maltraités. Le 3 vendémiaire, plusieurs coups de feu furent tirés et un grenadier de la Convention blessé légèrement (1). Le même jour à la séance du soir, après une déclamation furieuse du rapporteur La Révellière contre les royalistes, les comités font voter une adresse aux Parisiens, *amis de la liberté et de la République ;* les adversaires de la Convention, dit cette adresse, « organisent la dissolution de la République, *la ruine de votre commune, le pillage de vos fortunes, votre propre massacre...* » La bourgeoisie parisienne est accusée de vouloir se piller et se massacrer elle-même ! Sauf certains hommes qui s'étaient enrichis par leurs extorsions et leurs concusssions pendant la Terreur, les seuls Parisiens amis de la République, étaient alors ces déguenillés, ces bandits qui avaient envahi la Convention en prairial, et pour qui la liberté consistait à piller et à promener des têtes au bout d'une pique. La Convention rendit un décret ainsi conçu :

« La Convention déclare formellement qu'elle rend les habitants de Paris responsables de la conservation de la représentation nationale, et si un attentat était commis sur la représentation, le nouveau Corps législatif et le Directoire devront se réunir à Châlons-sur-Marne.

La section Lepelletier répondit le 5 vendémiaire par une proclamation très énergique.

« Qu'avez-vous fait ? Vous avez trompé vos commettants en vous attribuant la majorité sur le décret des deux tiers, en proclamant le vœu de la France, quand deux mille assemblées

_____

(1) V. Rapport de Delaunay. *Débats et décrets,* vendémiaire an IV, p. 53.

primaires ne se sont pas prononcées encore. Tous ces faits sont constants. Quelle a été au contraire la conduite des assemblées primaires? Partout se présente le spectacle imposant d'un grand peuple pénétré de ses droits et de sa dignité, délibérant avec calme sur ses intérêts les plus chers, *acceptant à l'unanimité un gouvernement nécessaire, repoussant avec la même unanimité une usurpation criminelle* (1). » On ne protestait pas seulement à Paris contre la tyrannie conventionnelle : la France était impatiente de secouer le joug qui pesait sur elle depuis si longtemps, mais malheureusement la résistance n'était guère organisée qu'à Paris. La Convention, de son côté, rendait décret sur décret contre les sections, et appelait des troupes; non contente de mettre en liberté les terroristes détenus pour meurtre et pour pillage, elle faisait raccoler partout, même en Belgique, en Suisse, en Savoie, des bandits jacobins, et les faisait venir à Paris pour la défendre. Loin d'intimider les Parisiens, l'organisation de cette garde terroriste ne servit qu'à les exaspérer, et à les rendre plus audacieux contre les conventionnels. Aussi Talot, à la séance du 5, demande « la création d'un conseil de guerre pour juger tous ces contre-révolutionnaires et les faire fusiller à ce Palais-Royal leur infâme repaire (2). »

La Convention, exaspérée par le sentiment de son impopularité, signala les deux derniers mois de son existence par des mesures quasi terroristes, et par des lois de persécution. Le 20 fructidor, elle vota un décret très violent contre les prêtres frappés déjà par les lois de proscription. Quinze jours leur sont donnés pour quitter la France : s'ils rentrent, ils sont punis de mort (3). En outre, les prêtres qui sans avoir fait la soumission, exercent le culte dans des maisons particulières,

---

(1) Puis venaient des reproches trop mérités à ceux qui osaient traiter les sectionnaires d'anarchistes et d'assassins. Cette proclamation devait être publiée, affichée, et envoyée aux autres sections, aux départements et aux armées.

(2) *Débats et décrets*, vendémiaire IV, p. 84. — Legendre crut devoir protester contre une telle proposition.

(3) Le rapporteur Ysabeau, ce constitutionnel défroqué, leur fit le reproche, singulier dans sa bouche, d'imposer des pénitences sévères aux jureurs qui se rétractaient.

seront sur-le-champ mis en prison, et les propriétaires ou locataires de ces maisons auront une amende de mille livres, et en cas de récidive six mois de prison sans appel.

Cependant les biens des prêtres déportés furent rendus à leurs familles. Le 13 messidor, Genissieux avait proposé à la Convention deux décrets importants sur les prêtres, le premier rapportait quant à la confiscation des biens, les lois qui avaient assimilé les prêtres déportés, aux émigrés; il fut adopté un peu plus tard. Le second déclarait que les jugements et les arrêtés contre les prêtres, basés sur le refus de serment et la dénonciation pour cause d'incivisme seraient nuls ; mais comme les prêtres proscrits et rentrés, qui se trouvent actuellement en France, ont pu avoir à l'étranger des relations avec les émigrés, ils seront expulsés de nouveau. Ce système était insuffisant et inique : cependant les révolutionnaires les plus modérés n'osaient pas aller plus loin. Mais la Convention sentait bien que si elle abrogeait seulement les lois de déportation pour une fraction du clergé, elle serait forcée dans la suite de rappeler tous les déportés, et elle ajourna cette discussion embarrassante.

Néanmoins, le 22 fructidor, elle adopta le premier projet de Genissieux, et rendit les biens des prêtres déportés à leurs familles ; à l'égard des prêtres eux-mêmes, elle maintenait les lois de persécution, la déportation ou réclusion à vie, et la mort civile. Leurs biens étaient laissés à leurs héritiers présomptifs au moment de leur déportation, au lieu d'être confisqués par l'État. Cette loi n'avait pas été décrétée dans l'intention d'adoucir la persécution religieuse, mais de calmer le mécontentement d'un certain nombre de familles lésées dans leurs intérêts, et même de faire appel à la cupidité de certains héritiers.

Le 5ᵐᵉ jour complémentaire (21 septembre), la Convention décide que les pères, fils, oncles, neveux et époux des émigrés, les alliés au même degré, les ministres du culte insermentés et les rétractés, cesseront dès la publication du présent décret, à peine de forfaiture et de faux, et sans attendre leur remplacement, toutes fonctions quelconques. Le nombre des personnes inscrites à tort sur les listes des émigrés, étant immensément grand, on voit aisément toute la portée d'une pareille loi : et depuis le décret du 13 les radiations étaient suspendues! La Convention ne pouvant destituer en masse tous les suspects, écarte ainsi des fonctions publiques, un grand nombre de modérés nommés depuis le 9 thermidor, et favorise l'ancien personnel de la Terreur qui sera bientôt en grande partie replacé.

Le 7 vendémiaire, elle vota encore une longue loi très vexatoire contre la liberté religieuse et précédée de considérants hypocrites. Le titre III est intitulé : « De la garantie civique exigée des ministres de tous les cultes. » La soumission exigée par la loi du 11 prairial est sensiblement aggravée : Nul ne peut exercer le culte « en quelque lieu que ce puisse être », s'il ne souscrit, par-devant l'autorité municipale, cette déclaration, dont *deux copies* doivent être constamment affichées et en évidence dans l'endroit où il officie :

« Je reconnais que l'universalité des citoyens français est le souverain; et je promets soumission et obéissance aux lois de la République. »

La déclaration contenant quelque chose de plus ou de moins était nulle. Celui qui l'aurait reçue ainsi, comme celui qui exercerait le ministère sans l'avoir faite régulièrement, serait condamné à cinq cents livres d'amende, et à un emprisonnement de trois mois à un an ; en cas de récidive, le prêtre est condamné à dix ans de gêne. Celui qui rétracte ou modifie sa déclaration, ou fait des protestations et restrictions, sera banni à perpétuité ; s'il rentre, il sera condamné à la gêne à perpétuité.

Le titre IV est intitulé : « De la garantie contre tout culte qu'on tenterait de rendre *exclusif et dominant.* » Comment un État peut-il exiger qu'un culte ne soit pas exclusif? Cette prétention ne peut que servir de prétexte à une foule de vexations, et même de persécutions. Un culte peut être exclusif dans sa doctrine et l'État n'a pas à s'en mêler! Il est certain que tout culte est exclusif des autres, par cela seul qu'il déclare enseigner la vérité! Il n'est pas plus *dominant,* parce qu'il est professé par la grande majorité.

L'article 16 permet seulement de faire des cérémonies du culte dans des maisons particulières, pourvu qu'il n'y assiste pas plus de dix personnes étrangères à la maison. Les catholiques invoquèrent cette disposition à leur profit. D'après l'article 17, l'enceinte où l'on exerçait le culte devait être déclarée d'avance, à peine d'une amende de cinq cents livres, et d'un emprisonnement d'un mois à deux ans; mêmes peines pour la célébration hors de l'enceinte. En cas de récidive, le prêtre sera condamné à dix ans de gêne; même peine s'il paraît en public avec un costume ou ornement religieux. L'article 22 est fort curieux.

« Tout ministre d'un culte qui, *hors de l'enceinte* de l'édifice destiné aux cérémonies ou à l'exercice d'un culte, lira ou fera lire dans une assemblée d'individus, ou qui affichera ou fera afficher, distribuera ou fera distribuer un écrit émané, ou annoncé comme émané d'un ministre du culte qui *ne sera pas résidant dans la République française* ou même d'un ministre du culte résidant en France *qui se dira délégué d'un autre* qui n'y résidera pas, sera *indépendamment de la teneur dudit écrit*, condamné à six mois de prison, et, en cas de récidive, à deux ans. »

La Convention désigne ainsi le pape, les évêques bannis de France, et les grands vicaires qui gouvernent leurs diocèses en leurs noms. Cette disposition a pour but de vexer les catholiques, et surtout de donner sur eux un très grand avantage aux constitutionnels qui peuvent distribuer leurs mandements en toute liberté (1).

L'article 24 décide que, si « par des *écrits*, placards ou discours », un ministre du culte déclare injustes et criminelles les ventes des biens nationaux venant du clergé et des émigrés, il sera condamné à mille livres d'amende, deux ans de prison, et il lui sera interdit d'exercer le ministère; s'il contrevient à cette défense il sera condamné à dix ans de gêne.

(1) Si l'on ne punit pas ainsi la distribution dans l'église, c'est qu'elle peut être frappée par l'article 23 dont les termes sont d'une élasticité prodigieuse, car il permet de frapper tout acte qui déplait, tous les mandements, sous prétexte de *trahison* ou de *rébellion* contre le gouvernement. Ainsi, par exemple, déclarer que les fidèles doivent non seulement se marier à la municipalité, mais à l'église, et qu'ils ne doivent pas divorcer, était alors un acte de rébellion aux lois de l'état. Il ne faut pas oublier que les révolutionnaires regardèrent, jusqu'au concordat, comme très criminelles, une foule de choses qui, depuis sont considérées comme toutes simples.

La question des biens nationaux était devenue, depuis le commencement de la révolution, une source de querelles et de discordes. La Convention, bien loin de chercher l'apaisement, ne songeait qu'à jeter de l'huile sur le feu : et elle avait soin de faire naître des occasions de sévir contre le clergé (1).

On a dit, avec beaucoup de raison, que la Convention, en édictant cette loi, semblait regarder la religion comme une peste, contre laquelle il fallait protéger les citoyens, par tous les moyens possibles. Les plus minutieuses précautions sont prises pour qu'aucun signe religieux ne puisse blesser les regards des iconoclastes : la religion est parquée soigneusement dans l'intérieur des maisons comme une industrie insalubre et honteuse ; le prédicateur est bâillonné, la hiérarchie entravée ! Protestations hypocrites, insultes, provocations directes et indirectes, pièges habilement tendus, rien n'y manque ! La soumission du 11 prairial est aggravée au bout de quatre mois !

Ceux qui acceptaient cette formule disaient qu'elle ne contenait aucun engagement schismatique, et que par cette adhésion politique, on désarmerait la haine révolutionnaire. C'était une illusion ! Les autorités n'acceptèrent cette *garantie civique*, que des constitutionnels et des seuls catholiques qui avaient déjà prêté le serment de liberté, égalité, et qu'ils ne pouvaient exclure (2).

II.

La Convention a brûlé ses vaisseaux ; elle s'impose à la France, et les sections de Paris sont bien décidées à lui tenir tête. Le moindre incident peut faire éclater la guerre civile.

(1) Il ne faut pas oublier qu'il ne s'agit plus ici d'actes du ministère ecclésiastique, et que pour avoir usé de la liberté de la presse, et publié dans un journal un article sur les biens nationaux, un prêtre, parce qu'il était prêtre, pouvait encourir une pénalité exorbitante.

(2) Un peu plus tard, le 4 floréal, en plein conseil des Cinq-Cents, les révolutionnaires osaient avouer qu'ils avaient éprouvé un vif désappointement, en voyant que la formule du 7 vendémiaire n'était pas refusée par tout le clergé, comme ils y avaient compté, et ils proposaient, en conséquence, de nouveaux moyens de persécution !

La Convention accueille avec transport toutes les adresses d'individus quelconques, de corps militaires, d'administrations, qui l'engagent à rétrograder vers le gouvernement révolutionnaire; mais le 6 vendémiaire elle refuse d'entendre désormais les députations des sections de Paris. Le 7 on lui apporte un écrit intitulé : « Déclaration à la représentation nationale, au nom de la majorité des assemblées primaires, signée des commissaires de cette assemblée »; elle refuse d'en prendre connaissance. C'est du reste une véritable sommation. Tout le monde s'attend à de graves événements (1).

Le 9, la Convention vote la réunion de la Belgique à la France. Luxembourg s'était rendu le 7 juin (19 prairial). Cette incorporation qui devait exercer une très grande influence sur les relations de la France avec les puissances étrangères, et sur les traités à conclure avec elles, passa presque inaperçue au milieu de cette crise. Merlin de Douai présenta le projet de réunion, au nom du Comité de salut public, et fit valoir entre autres raisons très contestables, l'avantage pécuniaire qui résulterait pour la France de cette annexion; car les biens du clergé et de la maison d'Autriche équivalaient, d'après le Comité, aux deux tiers de la masse totale des assignats (2). Les richesses de la Belgique avaient toujours tenté la cupidité révolutionnaire : en 1793, elle s'était assouvie sur ce malheureux pays, de la manière la plus honteuse (3). Le Comité fut assez inepte pour soutenir que l'annexion de la Belgique, au point de vue des traités à conclure avec les autres puissances, ne présenterait aucun inconvénient. Ceux qui trouvaient inopportune cette réunion, avaient été traités par

---

(1) Les assignats baissent très rapidement. Le 1er fructidor le louis de 24 livres est à 883; le 8, à 970; le 11, à 1050; le 14, à 1121, le 30, à 1169; le 1 vendémiaire, à 1200, le 12, à 1240; le 17, il redescend à 1180; mais le 18, il revient à 1238, et le 19, à 1300; et le mois finit à 1695.

(2) La Constituante avait émis *dix-huit cents millions* d'assignats; la Législative, *neuf cents*. Déjà la Convention en avait fabriqué pour le moins *six milliards*. La France avait donc le bonheur de posséder alors au minimum huit milliards sept cents millions de papier. Or, les biens nationaux de Belgique ont été parfois évalués à deux milliards, et c'est une estimation très élevée! Ainsi donc, au lieu de deux tiers des assignats, ils n'en auraient même pas valu le quart! On voit combien le Comité était sincère!

(3) V. *Constitution civile du clergé*, t. III, p. 303 et suiv.

avance de royalistes, d'ennemis de la Convention, d'amis de l'Angleterre. Néanmoins, Harmand de la Meuse fit un courageux discours contre le Comité. « Le temps est passé, dit-il, où un maniaque disait à la tribune, que la Convention était le pouvoir révolutionnaire de l'Europe. La réunion qu'on propose sera dangereuse, illusoire si elle n'est consentie par les puissances alliées et neutres. » Il déclara que les Belges ne voulaient pas être annexés, et que le vœu de réunion émis en 1793, qu'on invoquait audacieusement, leur avait été extorqué par violence. Lesage d'Eure-et-Loir soutint vigoureusement la même thèse. La proclamation de la réunion de la Belgique ne change rien à la situation, puisque l'Autriche n'a pas renoncé à ses prétentions. Cette question est restée indécise, depuis deux années ; pourquoi ne pas attendre encore un mois pour la soumettre au nouveau corps législatif ? « Craint-on le calme des esprits ? Craint-on les lumières ? » En la tranchant ainsi on rendrait bien plus difficile tout arrangement avec les États allemands. Il faut répudier le système des conquêtes, et laisser le peuple belge qui ne désire pas la réunion (1) former une république amie.

Mais le système, plus girondin encore que jacobin, de conquête, de propagande révolutionnaire en Europe, avait retrouvé la faveur de la Convention. La réunion de la Belgique fut donc votée. Elle avait pour les conventionnels qui étaient alors au pouvoir, et qui comptaient bien s'y maintenir par tous les moyens, le double avantage d'engager encore plus la France dans la voie révolutionnaire, et de leur livrer un riche pays à exploiter et pressurer. Les meneurs de la Convention avaient, suivant leur habitude, affecté de jeter un défi à l'Europe, tout en essayant de négocier secrètement et d'acheter ce qu'ils paraissent prendre de force. Le Comité de salut public avait, quelques jours auparavant, envoyé à Bâle un ancien employé prussien, maintenant au service de la République, nommé Theremin, en le chargeant de prévenir l'ambassadeur autrichien que la République abandonnerait la Bavière

---

(1) Il rappela l'horrible tyrannie et les concussions de Danton, Lacroix, et de tous leurs agents. (*Débats et décrets*, vendémiaire IV, p. 141).

à l'empereur, s'il lui cédait la Belgique et la rive gauche du Rhin (1).

Le 10 vendémiaire, la Convention, pour se donner l'air de répondre victorieusement au terrible reproche de s'éterniser au pouvoir, décida que l'installation du nouveau Corps législatif aurait lieu le 5 brumaire au lieu du 15. Les élections devaient toujours avoir lieu le 20 vendémiaire. Mais peu lui importait d'avancer de quelques jours la réunion des deux conseils, après les précautions qu'elle avait prises pour assurer la réélection de ses membres : il lui était même très avantageux que la comédie constitutionnelle commençât le plus tôt possible.

Le même jour, la section Lepelletier prit un arrêté qui fut aussitôt répandu dans tout Paris. Trente-deux sections y adhérèrent immédiatement. Il rappelait que, d'après la constitution, « la convocation des assemblées électorales doit être toujours faite après celle des assemblées primaires, et que déjà le temps est passé. » C'était vrai ; les assemblées électorales devaient se réunir vingt jours après l'ouverture des assemblées primaires. Celles-ci avaient été ouvertes le 20 fructidor : avec les jours complémentaires, le délai était expiré le 4 vendémiaire. Il rappelait aussi que des actes de violence avaient été commis contre les assemblées primaires; que le sang avait coulé à Dreux, à Nonancourt, à Verneuil « et que le décret rendu pour ne convoquer que le 20 les assemblées électorales, décèle évidemment l'intention de renouveler à Paris les scènes de Dreux; » qu'il est temps que le peuple songe lui-même à son salut, puisqu'il est trompé, trahi, égorgé, par ceux qui sont chargés de ses intérêts. » En conséquence :

Art. 1er. Demain 11, à dix heures du matin, sans nul délai, les électeurs de toutes les assemblées primaires de Paris se réuniront dans la salle du Théâtre Français.

Art. 2. Aussitôt que les électeurs seront rassemblés, ils en donneront avis aux assemblées primaires des cantons ruraux des départements.

Art. 3. Chaque assemblée primaire ouvrira demain sa séance à 7 heures du matin, et là, les électeurs feront serment, entre les mains de

(1) Le Comité de salut public avait aussi chargé un autre agent secret, nommé Poterat, de négocier avec l'Autriche.

leurs commettants, de les défendre jusqu'à la mort, et les commettants jureront à leur tour de défendre les électeurs tant qu'ils rempliront fidèlement leur devoir.

Art. 4. Chaque assemblée primaire prendra les mesures nécessaires pour que les électeurs soient accompagnés jusqu'au Théâtre Français par une force armée capable d'assurer leur marche.

Art. 5. Dans le cas où la tyrannie oserait empêcher les électeurs de se rendre au lieu indiqué, ils se retireront dans leurs assemblées respectives, et là ils aviseront le moyen de trouver un autre local.

Art. 6. Les assemblées primaires de Paris jurent que regardant cette mesure comme la seule qui puisse sauver la patrie, en mettant promptement en activité la constitution républicaine, elles ne désempareront la séance de demain que le corps électoral ne soit définitivement installé.

Le 11 vendémiaire on devait célébrer, dans la salle même des séances de la Convention, une cérémonie funèbre en l'honneur des députés victimes *de la tyrannie décemvirale*, c'est-à-dire de la Terreur (1). Thibaudeau proposa vainement de la remettre à cause de l'agitation de Paris (2). On procéda immédiatement à cette cérémonie. Ensuite Daunou vient, au nom des comités, proposer un décret portant que les assemblées primaires qui ont terminé leurs opérations, doivent se séparer à l'instant même, et que l'assemblée électorale de la Seine ne devra se réunir que le 20. Le décret est voté et Barras excite la Convention à prendre des mesures vigoureuses.

Mais pendant ce temps-là, on bat la générale dans tout Paris : les sections exécutent leur propre arrêté, et se rendent dans la salle du Théâtre Français (maintenant l'Odéon) avec une multitude de gardes nationaux très animés contre la Convention. L'assemblée choisit pour président le vieux duc de Nivernais.

(1) Un décret du 11 porte qu'elle est faite en l'honneur de quarante-sept députés, nominativement désignés, savoir : les quarante-quatre girondins victimes de la Terreur depuis le 31 mai, et en outre Manuel, Desmoulins et Philippeaux. Ces deux derniers, ont été honorés par la Convention, parce qu'ils avaient fait appel à l'humanité. Mais Danton, Lacroix, Héraut Séchelles, bien que victimes de Robespierre, et exécutés avec eux, sont exclus de cette liste d'honneur.

(2) Tallien insista pour qu'elle fût célébrée. « Je veux pleurer, dit-il, sur les mânes de Condorcet, de Vergniaud; » et il les a proscrits! « Tirons ensuite le glaive, c'est d'ici que nous marcherons *contre la horde succursale* de Charette? » *Débats et décrets*, vendémiaire, an IV, p. 170.

Par cette nomination, la bourgeoisie parisienne semblait protester seulement contre les allures jacobines de la Convention; mais puisqu'elle refusait de tenir compte de ses décrets, elle aurait dû se donner un chef actif et résolu. Malheureusement elle n'avait pas pris encore une décision énergique, et ne faisait que déblatérer contre la Convention. Vers le soir, un officier municipal, escorté de six dragons, vint lire à la foule amassée sur la place du théâtre, le décret qui dissolvait l'assemblée électorale. Il fut accueilli aussitôt par les plus violentes clameurs. Les électeurs sortirent de la salle pour encourager les opposants, et les gardes nationaux se jetèrent sur l'escorte et la dispersèrent. La lutte dans la rue était engagée, mais les insurgés se retirèrent sans rien entreprendre... Les comités envoyèrent des troupes pour occuper le théâtre, mais elles ne trouvèrent plus personne ni dans la salle, ni sur la place. La Convention qui avait tenu une seconde séance à six heures du soir, se sépara à trois heures du matin, pour se réunir, le 12 vendémiaire (4 octobre) à dix heures.

A l'ouverture de cette séance, les sections des Thermes et des Gardes françaises vinrent protester contre les actes des autres sections. La Convention reçut ensuite une députation de soi-disant patriotes de 89 qui n'étaient autres que ces jacobins, anciens septembriseurs, anciens sbires et argousins de la Terreur, prairialistes, etc., qu'on avait tirés de prison, ou raccolés soigneusement pour en faire une sorte de bataillon sacré au service des nouveaux terroristes. Ils déclaraient dans leur adresse qu'ils étaient « ennemis des assassins et des dilapidateurs autant que des royalistes. » Le président Baudin, qui les connaissait très bien, et au fond en avait peur, leur fit une réponse assez embarrassée. On avait ainsi raccolé pour le simple plaisir de faire une démonstration révolutionnaire quelques centaines de jacobins infimes, nullement militaires, sauf un très petit nombre, et d'un courage très douteux. Les Parisiens étaient violemment indignés de ce rassemblement, car s'ils ne redoutaient nullement la vaillance de tous ces drôles, ils les considéraient comme des voleurs et des assassins, que les régicides se réservaient de lâcher sur eux par surprise au moment opportun. Le Comité en avait fait une garde pour la Convention (1). Les soldats eux-mêmes étaient humiliés de leur voisinage. Le général Menou refusa de les commander, et s'exprima sur leur compte avec le plus grand mépris. Traduit plus tard devant un conseil de guerre, le 30 vendémiaire, il reconnut dans son interrogatoire, avoir dit : « que dans le nombre de ceux qui avaient été armés, il s'en trouvait qui déshonoraient le bataillon qui avait été formé, et qui n'étaient pas faits pour servir avec de braves militaires dont un grand nombre avait déjà versé son sang pour la cause de la liberté (2). » Au point de vue militaire, ces sacripants n'étaient absolument bons à rien, mais ceux qui désiraient avoir une journée pour faire écraser les Parisiens par les troupes régulières, et rétablir ensuite le régime révolutionnaire, tenaient beaucoup à ce rassemblement, dont le nom seul exaspérait les vrais patriotes de 89 et les provoquait à la résistance armée. La Convention fit faire le soir une proclamation dans laquelle elle assurait que ces hommes n'étaient pas des terroristes, mais de très intègres républicains. On distribua aussitôt *aux patriotes* des rations de vivres, comme à la troupe.

Les Comités de salut public et de sûreté générale avaient décidé, à la fin de la journée du 11, qu'ils étaient en trop grand nombre pour délibérer *avec l'activité nécessaire* (4) : ils chargèrent donc les représentants Letourneur de la Manche, Daunou, Merlin de Douai, membres du Comité de salut public, Barras et Collombel du Comité de sûreté générale « d'arrêter toutes les mesures de sûreté générale et de salut public que les circons-

(1) Le 11 vendémiaire, les membres du Comité préviennent les députés chargés de la direction de la force armée, que cinq cents patriotes armés sont à leur disposition ; « ils jugent qu'il serait convenable d'en faire marcher un détachement avec la troupe de ligne. » Signé Collombel, Letourneur, Merlin de Douai. (Arch. nat. AF² 52.)

(2) Arch. W² 556.

(3) Le 12, les Comités de salut public et de sûreté générale réunis arrêtent que les représentants chargés de la direction de la force armée sont invités à faire distribuer de l'eau-de-vie *et des cartouches* aux bons citoyens armés qui sont en ce moment près de la Convention nationale. Signé Daunou, Letourneur, Collombel, Barras. Les mots *et des cartouches* sont interlignés : on n'avait d'abord pensé qu'à donner de l'eau-de-vie à ces braves!

(4) Il y avait d'abord « à prendre, avec l'activité nécessaire, les mesures qu'exige le salut de la République dans les circonstances actuelles. » Cette phrase est bâtonnée sur la minute. (Arch. AF² 52.)

tances exigent (1). » Les autorités de Paris avaient été déjà mises en permanence par les comités. Le 12, ils interdirent l'envoi en province de onze journaux.

Les sections étaient de plus en plus agitées; les boutiques se fermaient, les tambours battaient partout le rappel, et la garde nationale courait aux armes. Les comités, après avoir fait entrer à Paris plusieurs régiments nouveaux, ordonnèrent le désarmement de la section Lepelletier. Le général Menou, chargé d'effectuer cette opération, ne marchait qu'à regret, et ses soldats étaient fort peu zélés pour la Convention. Les partisans de la forme républicaine qui, ne s'étant point compromis pendant la Terreur, n'avaient aucun intérêt personnel à maintenir au pouvoir la coterie thermidorienne, hésitaient beaucoup engager, contre la bourgeoisie parisienne, une lutte sanglante qui pouvait bien profiter uniquement au parti terroriste déjà réarmé par la Convention. Le général Desperrières, qui était sous les ordres de Menou, se dit malade et resta chez lui. Le général Verdière reçut l'ordre de prendre avec lui soixante grenadiers de la Convention, cent hommes du bataillon de l'Oise et vingt cavaliers, et de s'emparer du couvent des Filles-Saint-Thomas, où se réunissait la section Lepelletier; il devait ensuite attendre là de nouveaux ordres. Les gardes nationaux en armes occupaient le couvent. Le commandant de la section vint reconnaître les troupes qui s'avançaient et prévint ses hommes. Les gardes nationaux et les soldats de la Convention restèrent en présence pendant près d'une heure, les armes chargées : les plus avancés auraient pu croiser la baïonnette; mais les gardes nationaux voulaient rester sur une stricte défensive, et les soldats attendaient sans aucune impatience qu'on leur donnât l'ordre formel d'attaquer. Menou arriva vers dix heures du soir, avec le député Laporte. Bien qu'ils eussent quatre canons avec eux, ils furent obligés de reconnaître qu'il ne leur serait pas facile d'enlever le couvent de vive force. Pour

(1) Cet arrêté est signé par Cambacérès, Merlin de Douai, Monmayou, J.-B. Louvet du Loiret, Berlier, Marec, P. Barras, R. M. Delaunay, Bailly, Bailleul, Révellière Lépeaux, Baudin, Sieyès, Collombel de la Meurthe, Gauthier, Quirot. Arch. *ibid.*)

arriver à la porte, il fallait entasser les troupes et l'artillerie
dans des rues étroites, occupées par les sectionnaires armés
qui barraient toutes les rues, et se tenaient aux fenêtres des
maisons : le couvent était rempli de gardes nationaux résolus,
qui pouvaient s'y défendre très avantageusement. Menou et le
député se présentèrent à la porte et sommèrent les sectionnaires
de se retirer. Le président de la section était un jeune homme
plein de courage et de talent, qui depuis a joué au parlement
un rôle important, M. Delalot. Il répondit avec la plus grande
énergie que les sectionnaires n'étaient réunis que pour l'exercice légitime de leurs droits, qu'ils étaient bien décidés à ne
pas laisser renaître le régime de la Terreur, et qu'il ne serait
pas si aisé de les écraser, car trente mille gardes nationaux
allaient venir à leur secours. C'était parfaitement vrai : on entendait battre le rappel dans tout Paris, des renforts arrivaient
à la section, et la troupe de Menou pouvait être bientôt cernée. Laporte, qui avait d'abord ordonné aux soldats de charger,
parut alors beaucoup moins résolu. On fit sur place un arrangement : les troupes de la Convention devaient se retirer, la
section armée devait faire de même ; mais elle avait remporté
une grande victoire morale. Cet événement fut aussitôt connu
dans tout Paris et produisit une grande émotion : les gardes nationaux se croyaient assurés du succès ; la Convention atterrée,
criait à la trahison. Si des hommes résolus avaient entraîné
cette nuit quelques milliers de sectionnaires, et les avaient
lancés sur les Tuileries qui n'étaient alors défendues que par
le bataillon sacré des terroristes et des troupes peu nombreuses,
sans artillerie et d'une fidélité douteuse, il n'y aurait eu ni
Directoire ni Empire, le sort de la France et de l'Europe aurait
été bien différent !

Au lieu de profiter immédiatement de ce succès et de l'hésitation des troupes, les sectionnaires laissèrent à la Convention le temps d'organiser sa défense et se contentèrent de
former un comité central à la section Lepelletier, sous la
présidence d'un journaliste très ardent, Richer Serisy. On avait
battu le rappel dans les sections pendant toute la nuit, et les
gardes nationaux étaient accourus en foule : le comité central
pouvait compter sur plus de vingt-cinq mille hommes. On

avait aussi formé un comité militaire; le général Danican,
qui avait servi en Vendée, et avait été disgracié par Hoche,
fut nommé commandant général. Mais il n'avait ni la
promptitude, ni le coup d'œil nécessaires au chef d'une semblable insurrection. On lui donna pour seconds deux hommes
d'un courage à toute épreuve, c'étaient le comte de Maulé-
vrier, officier vendéen, et Lafont de Soulé, garde du corps
de Louis XVI, émigré rentré. Malheureusement le général,
comme les gardes nationaux qu'il était censé commander,
n'avait aucun plan arrêté. L'indécision et l'imprévoyance
des sectionnaires, bien plus encore que le talent de Bonaparte, devaient sauver la Convention.

En effet, les sectionnaires se jettent très étourdiment
dans cette aventure. Depuis longtemps ils foudroient la Convention en paroles, mais celle-ci ne se retirera pas devant
de simples menaces (1).

Menou fut destitué ainsi que les généraux Desperrières et
Debar. Le 13, à quatre heures et demie du matin, la Convention décréta que le représentant Barras, général de brigade,
était nommé commandant de la force armée de Paris; les
députés Delmas, Laporte et Goupilleau de Fontenay lui étaient
adjoints. Barras savait parfaitement déclamer avec une voix
tonnante contre les royalistes, les exterminer en paroles,
s'empanacher, traîner bruyamment un grand sabre, mais ce
n'était pas un général; et malgré ses airs matamores, son
courage comme soldat était assez douteux. Le hasard lui
fit prendre pour second un homme alors très obscur, qui
était destiné à devenir le maître de la France et de presque
toute l'Europe. Le général Bonaparte, sans emploi depuis le
9 thermidor, à cause de ses relations avec Robespierre jeune,
fréquentait depuis quelque temps les bureaux de la direction de la guerre, et leur apportait des plans de campagne
sans jamais se rebuter. Barras avait absolument besoin d'un
officier d'artillerie capable d'établir des batteries pour protéger les approches des Tuileries; il s'adressa au bureau du

---

(1) Laporte lui donna des explications assez incomplètes, et annonça que les
comités préparaient de grandes choses.

Comité de salut public, et on lui désigna le général Buona
Parté (1), qui se trouvait là par hasard. Barras se souve-
nant sans doute du siège de Toulon, le fit venir, le prit pour
adjoint, et lui fit délivrer par le Comité de salut public une
commission de commandant en second. Le général se mit
aussitôt à l'œuvre, et tira parti habilement de toutes les ressources dont la Convention disposait (2). Son premier soin
fut de l'entourer de canons; il envoya aussitôt le chef d'escadron Murat, prendre, avec trois cents cavaliers, le parc d'artillerie qui était au camp des Sablons; et Murat s'empara des
canons au moment même où les sectionnaires venaient les
chercher. Bonaparte évite avec soin la faute commise au 10
août de s'enfermer dans le château (qu'on n'avait même
pas alors l'intention de défendre sérieusement); il fait pla-

(1) Tout le monde prononçait ainsi son nom.

(2) Napoléon a prétendu, dans ses récits de Sainte-Hélène, que dans la soirée du 12 vendémiaire, il était venu en sortant du théâtre Feydeau, dans une
tribune de la Convention, et aurait entendu prononcer son nom en même
temps que celui de Barras pour le commandement des troupes. Il serait resté
incertain pendant près d'une demi-heure, pesant le pour et le contre, et aurait pris parti pour la Convention, parce que sa défaite, « c'est le triomphe de
l'étranger, la honte et l'esclavage de la patrie. » L'étranger n'était pour rien
dans les événements de Paris, et l'on n'avait aucune invasion à redouter : la
défaite de la Convention et l'installation d'un gouvernement sérieux ne pouvaient que relever la France en lui donnant la vraie liberté. Ce récit est d'ailleurs de pure invention. Barras choisi par les comités prit Bonaparte
pour adjoint pendant la nuit. La nomination de Barras ne fut présentée
officiellement par les comités et confirmée que par un décret rendu le 13, à
quatre heures du matin. Or, Bonaparte ne devait pas assister à cette séance,
car il était déjà en fonctions; et y eût-il assisté, il n'aurait pu entendre son
nom, car il n'y fut pas prononcé. Il fut question pour la première fois du général Buona Parté, alors très inconnu, dans le rapport présenté par Barras
après les événements. Bonaparte, sans emploi depuis longtemps, dut se demander en voyant cette crise, s'il n'offrirait pas ses services à l'un des deux
partis; mais il n'entendait point se compromettre dans leur lutte, à moins
d'y trouver un grand avantage. S'il avait été animé du fanatisme révolutionnaire, il aurait immédiatement offert ses services à la Convention, comme
d'autres officiers sans emploi, et on l'eût peut-être adjoint à Berruyer, pour
le commandement de l'ignoble bataillon jacobin, ce dont il se souciait fort
peu. En réalité, il n'avait de préférence pour aucun des deux partis; mais par
la suite, il jugea plus convenable de prétendre qu'il s'était rangé par conviction du côté de la Convention. M. Olivier, depuis banquier et député de Paris,
a raconté à Lacretelle que Bonaparte avait songé un instant à entrer dans le
parti sectionnaire et lui en avait parlé alors. Tout porte à croire que si Danican,
au lieu de Barras, lui avait offert d'être son second, il aurait très bien accepté et
tiré admirablement parti des ressources de l'insurrection.

cer des canons à tous les points qui aboutissent aux Tuileries. La Convention se trouve en outre gardée par cinq mille hommes au moins de troupes de ligne intelligemment distribués. Bonaparte place près d'elle le bataillon jacobin commandé par le vieux général Berruyer, et lui envoie des victuailles (1). Il fait aussi occuper Meudon en cas d'échec, et charge certains agents de réchauffer le zèle de la section des Quinze-Vingts, la seule de Paris qui tienne pour la Convention (2). Après avoir pris habilement toutes ses dispositions, il attend les sectionnaires.

Ceux-ci ont fait quelques coups de main dans la matinée; la section Poissonnière a enlevé des armes expédiées à celle des Quinze-Vingts, celle du Mont-Blanc a saisi des vivres destinés au camp des Tuileries, la section Lepelletier a occupé le Trésor public. Mais le conseil militaire de l'insurrection n'a pas encore su arrêter un véritable plan de campagne, bien que la situation au point de vue militaire soit très nette. Le nombre des sectionnaires en armes est de vingt-cinq à trente mille, et le reste de la population, sauf un très petit nombre d'individus, ne prend point parti pour la Convention. Mais les insurgés n'ont aucune pièce d'artillerie (3), et très peu de poudre à leur disposition: les mieux approvisionnés n'ont guère que cinq à six coups à tirer; ce sont d'ailleurs des bourgeois sans aucune expérience militaire, une direction habile et intelligente pourrait cependant tirer d'eux bon parti, mais cette direction manque. D'ailleurs, ces gardes nationaux s'imaginent qu'il leur suffira de paraître en armes devant la Convention, et qu'elle pliera comme au 31 mai. Ils croient naïvement que

---

(1) « Le jardin et les cours des Tuileries ressemblaient à un camp de bombance où les comités faisaient distribuer des flots de vin et des comestibles de tout genre. Nombre de leurs défenseurs étaient ivres; on maintenait la troupe de ligne à force d'argent et de boisson. » (Mallet du Pan, t. I, p. 336.)

(2) Le Comité de salut public fit aussi appel à d'autres sections. Le même jour 13, il invite et requiert les bons citoyens armés de la section de l'Indivisibilité, de venir sans délai se ranger autour de la représentation nationale, pour défendre la liberté, la République, *et la subsistance de la commune de Paris* contre les *chouans royalistes, émigrés et Anglais*, qui se sont coalisés pour les détruire... » Signé à la minute : Cambacérès président; Merlin de Douai J.-B. Louvet, Daunou, Letourneur. (Arch. nat. W 556.)

(3) Toutes les sections ont remis leurs canons après la journée de prairial.

les démonstrations qui ont suffi aux brigands pour venir à
bout d'une troupe de peureux doivent suffire à d'honnêtes gens
pour faire déguerpir des brigands tout à fait désespérés.

Bonaparte a formé autour de la Convention un véritable
camp retranché, et son artillerie est prête à balayer toutes
les rues qui conduisent aux Tuileries. Les sectionnaires, malgré
la supériorité de leur nombre, sont dans une situation défavorable pour attaquer! Si les constitutionnels qui dirigeaient
le mouvement contre les décrets de fructidor s'étaient bien
rendu compte de la situation, ils auraient prévu que la
Convention n'hésiterait pas à mitrailler les bourgeois pour
défendre ses usurpations. Ils se seraient depuis longtemps
procuré des munitions; ils auraient recruté d'avance parmi les
royalistes d'action des hommes déterminés. Qu'une poignée
d'hommes énergiques, faisant à Paris ce que les paysans de
l'Ouest ont su faire cent fois, ce que les sectionnaires lyonnais
avaient fait le 29 mai 1793, se fût jetée résolûment sur les canons,
et eût enlevé seulement une des batteries, les sectionnaires entraînés par l'exemple, pénétraient en masse dans le camp retranché, et prenaient aisément les autres batteries par derrière,
car la troupe ne se serait pas défendue jusqu'au bout. N'ayant
point de canons, et ne disposant point d'hommes suffisamment aguerris, les sectionnaires devaient adopter un plan tout
indiqué d'avance, faire dans les rues étroites de Paris, des
barricades qu'ils auraient aisément défendues, et bloquer ainsi
le quartier occupé par la petite armée de la Convention qui
aurait bientôt manqué de vivres.

Le génie militaire de Bonaparte aurait été impuissant à forcer un pareil investissement, et d'ailleurs les soldats se seraient
bien vite découragés. On ne se donna la peine de rien prévoir,
et au dernier moment, lorsqu'il fallut choisir entre la résistance ouverte et une soumission qui aurait été abjecte après
tant de protestations énergiques, on crut naïvement qu'il suffirait de se jeter sur les Tuileries, comme au 10 août. Mais les
Tuileries étaient alors occupées par un roi très décidé à ne
pas les défendre, et les envahisseurs ne le savaient que trop
bien! et les sectionnaires du 13 vendémiaire auraient dû connaître assez tous ces buveurs de sang, pour prévoir qu'ils n'au-

raient pas les mêmes scrupules que Louis XVI et n'hésiteraient pas un instant à commettre ce qu'ils avaient si souvent proclamé un crime abominable, à faire tirer par leurs soldats sur le peuple! Égarée par sa vanité, la bourgeoisie parisienne s'attendait à voir la Convention toute éperdue se rendre à sa discrétion; elle négligea donc les précautions les plus élémentaires, et perdit une admirable occasion de prendre une revanche éclatante de l'oppression qu'elle subissait depuis si longtemps. Les sectionnaires s'y prirent encore plus maladroitement que les émigrés, s'entassant dans l'étroite presqu'île de Quiberon; et leur défaite aurait pu être suivie d'une aussi horrible boucherie, si la peur de relever le parti terroriste, et de devenir bientôt ses victimes, n'avait pas arrêté les conventionnels.

Le général Danican ne savait trop que faire, avec une armée dont l'exaltation si vive pour l'instant, pouvait tomber tout à coup. Il envoya un parlementaire demander simplement le désarmement des terroristes. Les comités, malgré leur fier langage, reçurent ce parlementaire, et le général affirme qu'ils l'autorisèrent à lui faire dire « que les représentants du peuple désiraient sincèrement la paix, qu'on allait envoyer des députés porter des paroles de conciliation, et que tout serait oublié et apaisé, si les citoyens restaient tranquillement chez eux (1) »; et Danican, sur cette promesse, aurait couru partout pour retenir l'ardeur des sectionnaires. Sans doute les meneurs de la Convention étaient bien décidés à engager une lutte qui pourrait leur assurer la dictature, mais beaucoup de conventionnels hésitaient, et n'étaient pas sans inquiétude sur les conséquences d'une pareille victoire. A trois heures de l'après-midi, Gamon proposa au nom des comités une proclamation annonçant le licenciement des mauvais citoyens qui se seraient glissés dans les rangs des volontaires. « Retournez dans vos foyers, bons citoyens, disait ce projet, et les armes qu'on a délivrées rentreront dans les arsenaux. » Lanjuinais fit observer que la Convention n'était pas en nombre et blâma le décret qui réarmait les terroristes.

(1) Merlin a déclaré à la Convention que les comités avaient l'intention d'envoyer vingt-quatre députés dans les sections pour les éclairer et chercher la conciliation.

Mais les meneurs de la Convention voulaient absolument courir la chance d'une journée, et sa voix fut étouffée par des clameurs. Néanmoins un député osa rappeler que les sectionnaires avaient proposé de mettre bas les armes, pourvu que les terroristes enrôlés en fissent autant. Chénier réclama avec violence la question préalable. Lanjuinais monta à la tribune; des cris : *à bas!* éclatèrent de toutes parts, et il ne put se faire entendre. La proclamation de Gamon fut écartée par l'ordre du jour. La Convention n'avait encore rien décidé sur la réponse à faire au parlementaire, lorsqu'elle entendit pousser autour d'elle les cris : Aux armes! qui furent suivis, après quelques minutes, de décharges d'artillerie et de mousqueterie.

Comme c'est l'habitude en pareille circonstance, les deux partis se sont rejeté la responsabilité de l'agression (1). Cependant il paraît à peu près certain que des conventionnels réunis chez un restaurateur de la rue Saint-Honoré ont entamé la lutte. D'après Lacretelle, Dubois Crancé tira d'une fenêtre un coup de fusil sur les sectionnaires : la Convention était bien défendue : les montagnards avaient le plus grand intérêt à provoquer une attaque inconsidérée.

Une troupe de gardes nationaux beaucoup trop compacte en présence de l'artillerie, remplissait alors la rue Saint-Honoré; les sectionnaires s'étaient mis à l'entrée de rues où les canons les enfilaient de front. Placés sur les marches de Saint-Roch ils tiraient sur le bataillon des patriotes. Bonaparte leur fit aussitôt subir une triple décharge d'artillerie. Les sectionnaires ripostèrent courageusement par un feu de mousqueterie bien nourri; mais Bonaparte fit avancer ses pièces dans la rue Saint-Honoré, les couvrit de mitraille et les contraignit à se replier sur Saint-Roch. Après une énergique résistance, ils furent complètement défaits. Bonaparte fit ensuite balayer par la mitraille la rue Saint-Honoré dans toute sa longueur, ainsi

(1) « Peu importe, dit M. de Sybel (*Histoire de l'Europe pendant la Révolution*, tome III, p. 503, traduction Dosquet), que le premier coup de feu ait été tiré par Barras et Bonaparte, ou par les agents royalistes : ce qui est certain, c'est que dans la situation telle qu'elle était alors, les premiers seuls avaient intérêt à le faire ». Cette appréciation d'un historien étranger mérite d'être citée. En effet la masse de la Convention était hésitante : si elle finissait par faire des concessions aux sectionnaires, les projets de Tallien, Barras, etc., étaient anéantis.

que toutes les rues qui conduisaient aux Tuileries. Les gardes nationaux, forcés de se retirer devant l'artillerie, se réfugient dans les maisons, tirent des fenêtres, et font subir aux troupes de la Convention des pertes assez importantes, mais faute de munitions, ils sont bientôt réduits à cesser le combat.

Pendant ce temps là, les sectionnaires de la rive gauche attaquaient les Tuileries du côté de la Seine. Sous la conduite de Lafont de Soulé, ils avaient chassé du Pont-Neuf le général Carteaux qui l'occupait avec six cents hommes et quatre canons. Le comte de Maulevrier vint les soutenir avec de nouveaux bataillons. Mais ils marchèrent en colonne serrée pour attaquer le Pont Royal qui était très bien défendu par de l'artillerie. En suivant le quai Voltaire, ils furent pris en écharpe par les canons placés sur le quai de la rive droite, pendant qu'ils étaient mitraillés de front par ceux du Pont-Royal. Le désordre se met alors dans leurs rangs. Lafont de Soulé fait des prodiges de bravoure, et marche résolûment sur les pièces, mais il n'est pas suffisamment soutenu.

A sept heures du soir tout était fini ; quelques centaines d'hommes avaient péri. Bonaparte, quand sa victoire fut certaine fit tirer quelques coups de canon à poudre pour compléter la dispersion des sectionnaires. Il ne cherchait nullement à faire des prisonniers, car il ne désirait point fournir aux égorgeurs de la Convention, enivrés de sa victoire à lui, l'occasion d'imiter Tallien et de faire un massacre de bourgeois, qui le rendrait odieux à tout jamais. La plupart des chefs et orateurs des sections, des officiers de la garde nationale et des écrivains compromis dans ces événements purent sortir de Paris, car il n'avait pas été possible à la Convention de fermer les barrières. La section Lepelletier et tous les points de réunion des sections furent ensuite occupés sans résistance dans la soirée ou dans la matinée du jour suivant. Des détachements des communes voisines étaient déjà en marche pour renforcer l'armée des sectionnaires : ils rétrogradèrent en apprenant sa défaite. Quelques-uns furent désarmés par les troupes que les comités avaient envoyées contre eux (1).

(1) Ainsi deux cents gardes nationaux de Saint-Germain-en-Laye étaient en

III.

Les conventionnels triomphaient, mais ils n'avaient remporté la victoire qu'en faisant mitrailler le peuple, en dépit de leurs belles déclarations. Pendant la lutte, ils avaient éprouvé de cruelles appréhensions, et après la victoire beaucoup d'entre eux se demandaient s'ils n'avaient pas échappé aux sectionnaires pour tomber sous le joug des terroristes qui les traiteraient encore plus durement. Aussi la Convention qui avait accueilli avec une joie si bruyante la nouvelle de la victoire de Quiberon, célébra avec fort peu d'enthousiasme le Quiberon des constitutionnels. Lorsque Merlin de Douai vint annoncer que les rebelles étaient repoussés, on applaudit dans les tribunes qui étaient occupées par les jacobins ; mais de la salle de nombreux députés leur criaient : « Taisez-vous ! ». Lorsque Barras annonça avec son emphase habituelle que les sectionnaires étaient définitivement battus, on réprima également ment les applaudissements des tribunes. A minuit et demi Louvet fit adopter une proclamation préparée par les comités (1), dans laquelle on déclarait que les rebelles avaient calomnié la Convention en soutenant qu'elle allait rétablir le régime de la Terreur. « Non, jamais l'affreux régime de Robespierre ne pèsera sur notre patrie ». On voit que les conventionnels redoutent singulièrement les effets de cette accusation, et qu'ils sont bien décidés à ne pas se laisser supplanter par les Robespierristes, sauf à se servir du pouvoir comme eux. La victoire de

route avec deux pièces de canon pour se joindre aux sectionnaires. (*Rapport de Merlin, Débats et décrets, vendémiaire*, IV, p. 213).

(1) Elle déclare impudemment que « les défenseurs de la Convention avaient ordre exprès de mépriser toutes les injures et d'éviter à tout prix que le sang fût versé ; mais l'étranger perfide, l'émigré féroce et leurs dignes complices ont voulu consommer le crime, ils ont commencé par la plus lâche trahison ».

On affectait de répéter que le mouvement était exclusivement royaliste. « J'ai été pendant un quart d'heure prisonnier des rebelles, dit le député Garrau, j'ai entendu des citoyens égarés criant : *A bas les terroristes !* mais j'ai vu aussi des royalistes qui criaient : *A bas les Deux tiers ! A bas la Convention !* Or qui ne veut pas de gouvernement représentatif veut un roi ». C'était précisément le contraire. Les Parisiens repoussaient les deux tiers parce qu'ils voulaient un gouvernement représentatif sérieux ; mais le grand patriote Garrau ne voulait pas d'autre gouvernement que celui de cinq cents Garrau nommés par eux-mêmes et ne représentant qu'eux-mêmes.

Vendémiaire a assuré l'entrée de près de cinq cents conventionnels dans la nouvelle législature, mais elle a mis la Convention dans une situation extrêmement difficile : elle crie
contre Robespierre, et elle va, comme lui, exercer jusqu'à la
fin de son règne une dictature révolutionnaire (1).

La cause de la vraie liberté avait succombé une fois de plus.
La majorité de la population était évidemment contre la Convention : la bourgeoisie parisienne, si longtemps dupée, opprimée, spoliée par les révolutionnaires girondins ou jacobins, avait voulu secouer le joug honteux qui pesait sur elle.
Elle n'avait d'abord songé qu'à la résistance légale, mais la
Convention, escamotant la constitution nouvelle, prétendait,
lorsque de son aveu sa tâche était finie, se perpétuer frauduleusement au pouvoir malgré la volonté nationale qui s'était si
clairement manifestée. La bourgeoisie parisienne avait déjà vu
les révolutionnaires renverser cette constitution de 91, sur laquelle elle s'était fait tant d'illusions : après le 31 mai ils avaient
fabriqué une autre constitution avec beaucoup de fracas, pour la
soumettre aux votes du pays, en annonçant, pour désarmer toutes les résistances, la dissolution prochaine de la Convention :
puis ils l'avaient escamotée afin d'exercer la plus atroce dictature. Pouvait-on de sang-froid laisser ces hommes jouer encore le même jeu? La constitution de 95, beaucoup moins mauvaise que celle de 93, mais appliquée par cette même bande,
ne pouvait être qu'une odieuse mystification, un instrument
d'oppression, et l'événement l'a bien prouvé.

Les Parisiens auraient dû se borner à la résistance légale, a-
t-on dit? mais la résistance légale, on ne saurait trop le répéter,
n'est possible qu'à l'égard de ceux qui respectent à peu près
la loi ! Le révolutionnaire emploie tous les moyens illégaux et
violents quand il n'est pas au pouvoir. Dès qu'il y est parvenu,

---

(1) « La Convention, dit alors Mallet du Pan, n'est plus ni un corps de représentation nationale, ni un gouvernement : c'est le divan des mameloucks d'É-
gypte, c'est une corporation de brigands qui après avoir usurpé l'autorité sur
le roi au nom du peuple, usurpe aujourd'hui celle du peuple pour pouvoir régner sur lui malgré lui. Le talisman est brisé, les mots révolutionnaires n'ont
plus d'application... La Convention juge sa position, il a fallu ou s'y condamner
ou périr : elle sent qu'il lui est impossible de gouverner; qu'une oppression il-
limitée est sa seule ressource... » *Correspondance*, t. I, p. 341.

il affecte de prêcher la résistance légale à ses adversaires, mais lorsqu'ils y ont recours, il la traite de rébellion et se sert très illégalement contre eux de son pouvoir. La théorie est très nette : tout est permis aux révolutionnaires ; rien, absolument rien, n'est permis contre eux ! et elle n'est pas professée par les seuls violents ?

En prenant les décrets des 5 et 13 fructidor, et en les soumettant aux armées, la Convention avait fait un véritable coup d'État contre le droit des électeurs et contre cette constitution qu'elle venait de proclamer. Recourir aux moyens légaux après une semblable expérience, était une duperie. « Faites de l'opposition légale, et attendez, » disait-on : Attendre quoi ? que les voleurs deviennent probes et les tartufes sincères, que les ambitieux sans scrupules aspirent à la retraite, que les affamés de jouissances soupirent après le brouet noir de Sparte ?

Au moyen des décrets de fructidor les conventionnels avaient déjoué les effets de la résistance légale qui leur avait été opposée jusqu'alors. Bien simples auraient été ceux qui ne se seraient pas attendu à les voir dans le nouveau Corps législatif, barrer encore le chemin à la résistance légale par de nouvelles usurpations, et continuer à violer ou escamoter la constitution dans leur propre intérêt ; et alors ? On conseillerait encore dans l'intérêt de l'art parlementaire, une résistance aussi légale et aussi inefficace pour aboutir à provoquer d'autres usurpations ! Il faudrait donc rouler indéfiniment ce rocher de Sisyphe et pendant ce temps-là, les jacobins tyranniseraient la France ; fusilleraient des prêtres et de faux émigrés, et achèveraient de ruiner et la fortune publique, et les fortunes particulières !

Les Parisiens furent dans la nécessité de recourir à la force pour tenter de sauver la France des plus grands maux : mais malheureusement il faut reconnaître qu'ils ont fait preuve d'une étourderie et d'une vanité impardonnables. Après avoir si bien tourné en ridicule les folles illusions des émigrés, leur ignorance profonde de l'état des esprits en France, eux qui étaient au centre de la révolution, qui depuis six ans avaient assisté à tant de journées, et vu à l'œuvre les révolutionnaires de toute espèce, se sont lourdement mépris, sur l'attitude et les desseins des conventionnels. Malheureusement les sectionnaires étaient pour la plupart des révolutionnaires, modérés, sans doute, et cruellement désillusionnés, mais cette badauderie, cette vanité, qui les avaient fait berner et opprimer si aisément, et si longtemps par les jacobins, persistaient encore chez eux, et elles ont singulièrement compromis leur cause en vendémiaire. Parce que l'opinion publique (1) leur était évidemment favorable, ils croyaient que la Convention ne serait pas plus ferme que Louis XVI. Beaucoup d'entre eux avaient applaudi au 14 juillet (1). Mais les vainqueurs du 14 juillet, du 10 août, du 31 mai, attaquaient des gens indécis, remplis d'illusions et qui ne se défendaient pas, et cependant ils avaient pris bien des précautions par avance! La bourgeoisie parisienne n'en avait pris aucune avant de marcher contre des adversaires bien décidés à se faire défendre par l'armée. Cette expédition fut déplorablement menée, mais du moins les sectionnaires firent preuve de courage, et la défaite de la bourgeoisie constitutionnelle fut cent fois plus honorable que celle des partisans des Girondins en 1793, à Pacy, à Salon etc.

La Convention victorieuse se mit à entasser décrets sur décrets pour achever de réduire le parti modéré à l'impuissance la plus complète. Ainsi le 15, dans l'après-midi, elle établit trois conseils militaires pour juger les conspirateurs de Vendémiaire. Garran Coulon, Bentabole, Legendre proposent des mesures de rigueur. Lakanal demande la proscription de tous les royalistes ; qu'on ne laisse personne entrer dans Paris sans l'auto-

(1) Mme de Staël disait alors avec beaucoup de justesse aux constitutionnels, que cette opinion publique qu'ils étaient si fiers d'avoir pour eux serait bien impuissante contre des régiments et de l'artillerie. Elle avait raison de leur reprocher de n'être pas prêts, mais elle avait tort de leur dire d'attendre toujours, et que l'opinion publique renverserait, *mais par degrés*, les lois révolutionnaires. Les conventionnels n'avaient-ils pas pris leurs précautions contre elle? Pour les élections de l'avenir, il fallait s'attendre à de nouveaux décrets de fructidor, ou à des appels à l'armée qui serait de plus en plus sous leur main. Elle leur disait que s'ils ne bougeaient pas, Lanjuinais et Boissy d'Anglas seraient sans doute nommés au Directoire! C'était une illusion : d'ailleurs quel rôle y auraient-ils joué en présence des deux tiers conventionnels? Ceci prouve que les gens d'infiniment d'esprit peuvent, dans certaines circonstances, se payer de mots, et aussi se laisser duper par de vils intrigants.

(1) Les sections, ne disaient-elles pas à la Convention : « Les baïonnettes des despotes ont été brisées le 14 juillet. » Ces nouveaux despotes Barras, Merlin, Tallien, etc., allaient prouver aux naïfs que leurs baïonnettes n'étaient pas brisées.

risation du pouvoir, et pour un temps; que la liberté de la presse soit foulée aux pieds; qu'on abatte le repaire du Palais-Royal. Ces propositions vivement applaudies sont renvoyées aux comités. La Convention avait, le 12 au milieu de la crise, abrogé la fameuse loi des suspects du 17 septembre 1793. Mais c'était pour faire semblant de répondre à ceux qui l'accusaient justement de revenir au régime révolutionnaire, car elle abrogea en même temps la loi du 3 ventôse an III qui renvoyait dans leurs domiciles les agents de la Terreur destitués depuis le 9 thermidor, et celle du 20 germinal désarmant ces mêmes terroristes qu'elle venait de réarmer. D'ailleurs ses comités arrêtent révolutionnairement tous ceux qui leur déplaisent. Le 16, elle supprime l'état-major de la garde nationale ainsi que l'état-major de section et de division avec la cavalerie et les canonniers, et les compagnies de grenadiers et de chasseurs. Un commandant temporaire de la place de Paris, nommé par la Convention, dirige la garde nationale; sans son ordre, aucune fraction de cette garde ne peut se réunir, ni se servir du seul tambour qui est laissé à chaque section.

Mais le 17 une demande perfide vint troubler la Convention dans son triomphe, et lui rappeler que les vendémiaristes n'étaient pas ses seuls ennemis. Au nom du comité de législation on l'invita à réintégrer Jean Lacoste, l'un des députés mis en arrestation après les événements de prairial. On essayait de faire rentrer à la Convention tous les terroristes qui en avaient été écartés. Cette demande mit en fureur les vainqueurs de Vendémiaire. Tous ces bons apôtres qui ne voulaient pas permettre aux électeurs républicains de leur opposer des prairialistes, proclamèrent au milieu des cris de : Vive la République ! que le décret du 5 fructidor qui les frappait serait ponctuellement exécuté, et que le jour de la réunion du Corps législatif était invariablement fixé au 5 brumaire. Ils avaient rétrogradé vers la Terreur, mais ils mouraient de peur de voir les terroristes obstinés profiter des événements pour les supplanter.

Le 18, Fréron fait l'éloge de ceux qui se sont distingués le 13 vendémiaire, et invite la Convention à replacer des officiers disgraciés et sans emploi. « N'oubliez pas que le général *Buona Parté*, nommé dans la nuit du 12 pour remplacer Menou, et qui n'a eu que la matinée du 13 pour faire les dispositions savantes dont vous avez vu les heureux effets, avait été retiré de son armée pour le faire entrer dans l'infanterie... » Ce nom, depuis si fameux, est prononcé à la Convention pour la première fois depuis la crise. Barras se présente ensuite à la tribune.

J'appellerai l'attention de la Convention sur le général Buona Parté; c'est à lui, c'est à ses dispositions savantes et promptes, qu'on doit la défense de cette enceinte, autour de laquelle il avait distribué des postes avec beaucoup d'habileté. Je demande que la Convention confirme la nomination de Buona Parté à la place de général en second de l'armée de l'intérieur. »

Cette proposition est décrétée, la Convention ouvre la carrière à ce jeune général très inconnu, et qui dans quatre ans reprendra les accusations de ces sectionnaires qu'il vient de mitrailler, et jettera par la fenêtre une assemblée animée des mêmes principes, et dont beaucoup de conventionnels feront partie.

Le 20, Legendre demande qu'on punisse sévèrement les chefs de l'insurrection, mais qu'on n'épargne pas les terroristes. Pourquoi Barère n'est-il pas déporté, comme Collot et Billaud? André Dumont le soutient, et sur sa demande, la Convention rapporte au milieu d'une vive agitation le décret qui a mis Barère en jugement, et maintient celui qui le déporte. Legendre et André Dumont voulaient à la fois satisfaire leur vieille haine contre Barère et rassurer un peu ceux qui appréhendaient le retour des terroristes.

Les trois conseils de guerre créés par la Convention pour juger les vendémiaristes, prononcèrent de nombreuses condamnations à mort par contumace, mais le brave Lafont de Soulé, Lebois, président de la section du Théâtre Français, et Lemaître furent les seules victimes de ces tribunaux révolutionnaires. Les meneurs de la Convention, tout émus de leur sanglante victoire, et très inquiets de l'avenir, ne voulaient pas encourir le reproche de terrorisme, et pousser à bout la population de Paris; mais ils craignaient surtout, s'ils se livraient à une répression très violente, de donner trop de force aux terroristes. Du reste, la plupart des meneurs du mouvement avaient pu prendre la fuite : car ceux-là même qui blâmaient l'insurrection les aidaient à se sauver. On remarque parmi les contumaces de vendémiaire, beaucoup de noms connus dans la bourgeoisie parisienne.

Le premier conseil militaire s'installa d'abord le 19 vendémiaire dans l'église Saint-Roch ; il était présidé par le général Loison (1), puis il siégea au Palais-Égalité, condamna à mort comme contumaces des présidents et des secrétaires de sections (2), et prononça quelques condamnations légères (3). Le 5 brumaire le général Menou, accusé de trahison, comparut devant ce conseil : il fut acquitté.

Un autre conseil militaire, présidé par le général de brigade Lestrange, siégea à la section Lepelletier. Le 19 vendémiaire, de Lafont Soulé comparut devant lui ; son attitude devant les juges fut noble et franche : il fut condamné à mort, et guillotiné le 22 sur la place de Grève (4).

Après avoir prononcé un certain nombre de condamnations par contumace (5), et aussi quelques acquittements, ce con-

(1) Le 20, il écrit pour demander des matelas et des couvertures. « Depuis, trois jours les membres des conseils, dont les corps sont absents, couchent sur le pavé. » (Arch. nat. W² C. 556.)

(2) Ainsi le 21, Chapotin, vice-président de la section Lepelletier ; Gauthier vice-président, et Hocmelle, vice-secrétaire de la section de l'Arsenal ; Dommangé, président de la section de la Fraternité ; — le 22, Delalot, vice-président ; Saint Julien, vice-secrétaire de la section Lepelletier ; — le 24, Boucher René, président de la section de l'Ouest ; Charpentier, président de l'Arsenal ; — le 25, Cadet Gassicourt, président, et Langeac, secrétaire de la section du Mont-Blanc ; le 26, Archambaut, président, et Sandrin, secrétaire de la section du Théâtre Français, etc., etc. ; — le 4 brumaire, Castellane, vice-président de la section Lepelletier (Arch. ibid).

(3) Ainsi Dureau de la Malle, secrétaire de la section de l'Indivisibilité, est condamné le 2 brumaire à 500 livres d'amende.

(4) Jean-Jacques-Claude-Elisée de Lafont Soulé, âgé de quarante-huit ans, fut condamné à mort en vertu des articles 2 de la loi du 15 vendémiaire, et 3 de la loi du 30 prairial. On a dit à tort qu'il fut condamné comme émigré. Le comité de législation, consulté par le conseil, lui envoya le 20 vendémiaire une note signée Pons de Verdun et Gleizal, déclarant que la demande en radiation du prévenu avait été ajournée jusqu'à la présentation d'un certificat de résidence pendant une partie de l'année 1793, conforme à la loi du 25 brumaire : celui qu'il avait fourni était annulé par la loi du 28 mars 1793. Le conseil ne le jugea point comme émigré.

(5) Entre autres le 25 vendémiaire, contre Eusèbe Salverte et Dauzeville, de la section du Mont-Blanc, membres des commissions d'exécution, Vaublanc, et Perrigny, président, et secrétaire de la section Poissonnière. Le 24 Caurtelle officier présent, est condamné à 24 ans de fers.

seil eut à juger le journaliste Lemaître, accusé de conspiration, et ses complices; les interrogatoires commencèrent le 1er brumaire. La Convention tenait beaucoup à la condamnation de Lemaître : comme la loi n'établissait les trois conseils de guerre que jusqu'au 5 brumaire, elle rendit le 4 un décret qui prorogeait le conseil chargé de cette affaire jusqu'à son jugement définitif (1); le 17 brumaire seulement, Lemaître fut condamné à mort comme coupable d'être le principal agent d'une conspiration ourdie avec les étrangers et les émigrés pour renverser la République, et d'avoir excité la révolte des sections; six complices furent condamnés à diverses peines; trois autres, dont l'abbé Brottier furent acquittés (2).

Le troisième conseil de guerre siégea au Théâtre Français ; il était présidé par Ducoudray, chef de brigade. Le 20 vendémiaire il condamna à mort, par contumace, Lebois, vice-président du tribunal criminel de Paris, et président de la section du Théâtre Français, avec Dutrône, secrétaire de la section. Lebois, se voyant prisonnier des révolutionnaires, avait tenté de se suicider; et il n'avait pas été possible, le 20, de le traîner devant le conseil. Le 23 on le jugea suffisamment rétabli pour le juger contradictoirement. Il fut condamné à mort et exécuté. Le 29, le général Danican fut condamné à mort, par contumace; le 5 brumaire, Durand, et Poncelain rédacteurs du *Courrier français;* Michaud, Riche, Regmey, Villebois, rédacteurs de *la Quotidienne,* furent aussi condamnés à mort par contumace. Beaucoup de présidents et de secrétaires de sections, de commandants de bataillons furent ainsi condamnés (3). Ce conseil

(1) Le président du conseil chargé de juger Menou, le 5 brumaire, avait déclaré que l'affaire serait très longue et qu'il ne pourrait la terminer en un jour ; mais le Comité de sûreté générale lui répondit qu'il ne pouvait proroger la loi et que l'affaire devait être terminée le jour même (Arch. *ibid.*)

(2) Pierre-Jacques Lemaître, né à Honfleur, était âgé de 53 ans; il avait été avocat au parlement de Rouen jusqu'en 1778, puis pourvu de l'office de secrétaire du conseil général des finances. Il fut condamné à mort ; Perrin à deux ans de détention : Huguet Desforges à un an; Théodore André à six mois ; Brière à six ans; Savier à six mois; Langevin à la déportation; Lapéry, Brottier, Lamberette, furent acquittés. (Arch. W² c. 557.)

(3) Ainsi Budaut, président de la section du Mail, Saint Didier de la place Vendôme, Saint Venant de la Halle au blé, Chéret de Bonne-Nouvelle, Buisson des Marchés, Léroux de l'Unité, Quatremère de Fontaine Grenelle, etc.

condamna à des peines légères, quelques accusés présents et prononça des acquittements. Mais si la plupart des présidents de sections et des journalistes n'avait pas réussi à se cacher, beaucoup d'entre eux auraient été exécutés comme Lafont de Soulé, Lebois et Lemaître.

Le fameux bataillon des patriotes fut licencié avec de vives félicitations, le 16 vendémiaire (1). Le Directoire, en vertu d'un décret du 27 vendémiaire, distribua des gratifications à ces bons patriotes qui avaient pris les armes, ou qu'on était venu tirer de prison pour défendre la Convention. Ainsi le 29 brumaire il accorde à Maillet aîné, ex-administrateur du département des Bouches-du-Rhône; Maillet cadet, ex-président du tribunal criminel de Marseille, égorgeur célèbre, et quatorze autres Marseillais dont un ex-juge au tribunal criminel, pour le zèle qu'ils ont montré le 13 vendémiaire, cinq cents livres chacun (2).

(1) Le 15 vendémiaire, il fut décidé qu'il ne serait plus distribué de rations qu'aux militaires en activité de service, et aux employés qui en recevaient ordinairement. Le bataillon des patriotes était ainsi congédié; il réclama sans doute, car un arrêté du 16 déclare que celui de la veille ne s'applique pas au bataillon des patriotes de 1789, qui fait partie de la force armée. Mais ces citoyens ont des affaires qui les rappellent chez eux, et la République ne court plus de dangers. On leur délivrera pourtant leur ration aujourd'hui, mais « ces citoyens sont invités à rentrer dans leurs foyers, en se tenant prêts à marcher au premier signal ». On constatera leurs noms et adresses pour leur délivrer des certificats honorables.

Il est difficile d'établir le chiffre exact des troupes régulières ou irrégulières de la Convention en vendémiaire. Le 13, l'ordonnateur en chef certifie qu'il a été fourni ce matin aux troupes des Tuileries, *treize mille* rations de pain, *dix mille* de viande, cinquante pièces de vin et dix d'eau-de-vie ; à trois heures de relevée, il a été encore demandé pour la journée *douze mille* rations de pain, et pour le lendemain *vingt mille*, et *dix mille* rations de viande pour aujourd'hui, et *trente mille* pour demain ; à deux heures, il a été demandé par le commissaire ordonnateur Chauvel, cinquante pièces de vin ; à six heures du soir le vin et l'eau-de-vie pour *vingt mille* hommes ont été commandés au garde-magasin du Roule pour le soir. (Arch. nat. AF II-52). Évidemment on a demandé bien plus d'une ration par homme, car il n'y avait pas dix mille soldats et patriotes aux Tuileries; et les défenseurs plus ou moins sérieux de la Convention ont dû faire de belles bombances pendant les journées du 13 et du 14.

(2) Le 12 frimaire, le Directoire accorde à Giraudet, ouvrier en soie à Lyon, longtemps détenu dans les prisons et enrôlé dans le bataillon des patriotes, une somme de 500 livres, bien qu'il ne soit pas blessé. On l'avait évidemment tiré de prison pour en faire un digne défenseur de la Convention. Le même jour Gruau, capitaine d'artillerie blessé en vendémiaire, reçoit 600 livres. Onze citoyens des Quinze-Vingts, pour avoir contribué *à faire adopter les décrets* et à défendre la Convention, reçoivent chacun un mandat, suivant leurs mérites.

Le 24 vendémiaire, le Comité de salut public éleva Bonaparte au grade de général de division d'artillerie (1).

Les vainqueurs de vendémiaire s'étaient immédiatement divisés. Le 22 (14 octobre) les violents reprirent leurs anciennes déclamations sur les patriotes injustement détenus. Barras demanda la mise en liberté de tous ceux qui ne seraient pas prévenus
de vol, d'assassinat, ou d'émigration, et réclama la persécution
religieuse. Tallien déclara que « sans la déportation des ennemis de la liberté, jamais la République ne sera bien assise ».
Il ne faut plus élever d'échafauds pour eux, mais les déporter. (C'est le système de la guillotine sèche qui sera pratiqué
en fructidor an V!) Chénier déclare aussi que « le seul moyen
de terminer une révolution républicaine est d'expulser de
notre sein tous les royalistes » ; et sur sa demande la Convention décrète à l'unanimité, et aux cris de : Vive la république! que demain les comités présenteront leur rapport sur
les propositions de Barras et de Tallien (2). Elle rend ensuite
un décret qui interdit aux tribunaux de prononcer aucune condamnation contre les anciens membres des comités révolutionnaires municipaux en raison de leurs fonctions, et fournit
aux terroristes les moyens de leur assurer l'impunité, sans
soustraire les prêtres, les chouans, les gens de l'ouest, aux
lois d'exception qui les frappent. Le lendemain Tallien dénonce
encore la conspiration de Vendémiaire, soutient que le comité
de sûreté générale n'a pas dénoncé tous les grands coupables,
et offre de faire les révélations les plus graves. On le somme
de parler et, sur sa proposition, la Convention se forme en comité secret pour l'entendre : c'était une grande nouveauté !

Les gratifications varient de 1500 à 400 livres. On donne à Gautherat, du bataillon
des patriotes, blessé devant Saint-Roch, mille livres ; à Coutois, de la section
des Arcis, également blessé, la même somme ; le 23 frimaire à Vernier deux
mille livres ; d'autres blessés reçoivent diverses gratifications ; la veuve de
Baudet canonnier, tué, reçoit 500 livres ; une veuve Chidoux, mille ; le 29 pluviôse, Maison, blessé, reçoit 3000 livres ; le 9 germinal Mortier en obtient 2400.
(Arch. nat. AF II, 52).

(1) L'arrêté est signé : Cambacérès président, Letourneur, Daunou, Merlin de
Douai, Eschassériaux.

(2) *Débats et décrets*, vendémiaire an IV, p.339. Les terroristes ne font que revenir, en le généralisant, au système de bannissement en masse adopté par la
Législative contre les prêtres.

Dans les assemblées nationales qui s'étaient succédées, les séances, même en temps de crise, avaient toujours été publiques. Baudin des Ardennes déclara peu après que « la seule pensée d'écarter un instant les tribunes était un acte de contre-révolution mentale ». Le comité secret dura neuf heures de suite; on dénonça plusieurs représentants, sans rien articuler de précis; on déblatéra contre les assemblées électorales. Le même Baudin déclara avoir compris immédiatement que le véritable but des provocateurs de cette réunion secrète était de faire casser les élections.

Les thermidoriens, conduits par Tallien, vont faire un effort désespéré pour écarter la constitution nouvelle et établir leur dictature. Le 24, Méaulle prétend que certains citoyens ont été injustement exclus de leur assemblée primaire, et demande que le corps électoral de Paris soit provisoirement suspendu; il est appuyé par Taillefer et Goupilleau de Montaigu. Les électeurs avaient été nommés le 20 fructidor, et le parti conventionnel avait alors subi une grande défaite. Depuis, il avait espéré que les électeurs seraient terrifiés par les événements du 13 vendémiaire, mais les opérations électorales avaient commencé le 20, et les électeurs de Paris faisaient des choix très désagréables aux triomphateurs du jour : aussi les thermidoriens voulaient les annuler. Mais Daunou montra combien cette prétention était exorbitante : d'ailleurs on pourrait demander également la suspension des corps électoraux de certains départements, et la réunion du Corps législatif serait ainsi retardée; il déclara courageusement que la patrie serait dans un grand danger si le 5 brumaire la constitution nouvelle n'était pas en activité. Il avait mis le doigt sur la plaie, aussi la séance fut très agitée. La proposition de suspendre le corps électoral fut écartée par l'ordre du jour. Battus sur ce point, les thermidoriens voulurent prendre leur revanche. Legendre soutint qu'il était nécessaire, pour calmer les inquiétudes des amis de la liberté, de publier le résultat de la séance secrète de la veille, et déclara avoir parlé à la Convention de ses soupçons sur Lanjuinais, Boissy d'Anglas, Larivière et Lesage d'Eure-et-Loir. Il ajouta que plusieurs autres députés lui paraissaient tout à fait coupables, et dénonça violemment le régicide Rovère, comme suspect de royalisme. Louvet prononça contre Rovère un réquisitoire en forme, et demanda son arrestation et celle de Saladin, un autre régicide coupable d'être passé au parti modéré. La Révellière demanda aussi l'arrestation de Rovère qui fut décrétée. Thibaudeau fit observer que Saladin venait d'être nommé député de Paris, et qu'il fallait suivre à son égard les formes prescrites par la Constitution; mais la Convention ne pouvait lui pardonner son succès, et elle décréta son arrestation (1).

Le 25, elle approuva la rédaction d'un décret rendu la veille sur la proposition de Barras. Il ordonnait au comité de sûreté générale de faire arrêter les électeurs qui s'étaient réunis au Théâtre Français et à la section Lepelletier (2), ainsi que les orateurs de groupes, les journalistes dénigrant la Convention, et tous les chefs de la conspiration vendémiariste. Le comité de sûreté générale pourra mettre en liberté les accusés insignifiants. On était revenu aux procédés les plus tyranniques de la révolution (3).

Le 29, sur un long et emphatique rapport de Chénier, la Convention décréta que la conduite des représentants en mission dans les départements, où des terroristes avaient été assassinés depuis thermidor, serait examinée par le comité de sûreté générale.

IV.

Le 29 vendémiaire au soir (21 octobre), les opérations des

---

(1) *Débats et décrets* vendémiaire, IV, p. 359 et suiv.

(2) Suivant un arrêté non daté des Comités de salut public et de sûreté générale « les électeurs de la commune de Paris qui ont été saisis en contravention de la loi, seront transférés de suite à la citadelle de Cambrai. » Arch. A. F. II, 52.

(3) Le 26, Louchet demanda pour l'avenir la déportation de ceux qui vendaient à un prix trop élevé les denrées nécessaires, une amende de six mille livres contre tous les fermiers convaincus d'avoir refusé de vendre du blé contre les assignats, et leur déportation en cas de récidive; l'exil des royalistes, une série de mesures exceptionnelles contre les prêtres et les émigrés, et enfin le remplacement de la peine de mort par la déportation hors le cas de parricide, et d'attentat à la sûreté publique, ce qui permettait de guillotiner, et les prêtres, et les royalistes, et aussi les révolutionnaires gênants! Comme cette proposition touchait à des sujets très différents, elle fut simplement renvoyée aux comités, mais quelques-unes des dispositions présentées par Louchet passèrent dans les lois d'exception qui furent votées quelques jours après.

assemblées électorales furent constitutionnellement terminées. Malgré les précautions déloyales qu'elle avait prises, malgré tous ses efforts pour intimider les électeurs, la Convention subit un échec très grave.

Les élections de l'an IV se passèrent avec beaucoup de calme et de régularité. Suivant leur habitude constante, les terroristes et les thermidoriens complètement battus aux assemblées primaires, n'acceptèrent point leur défaite, mais jetèrent les hauts cris, et dénoncèrent la conspiration, l'or de l'Angleterre, etc., etc. Les modérés, pour la première fois peut-être depuis 1789, ne se laissèrent pas intimider par leur impudence et leurs rodomontades. On désirait ardemment constituer un gouvernement régulier, être délivré du régime de la Convention avec ses comités et ses commissaires dictateurs; aussi, les électeurs tout en se conformant bien à contre-cœur aux décrets de fructidor, infligèrent à leurs auteurs une défaite humiliante.

Ces décrets semblaient avoir tout prévu et ne laisser aux adversaires de la Convention, aucune ressource pour en esquiver les conséquences. Cependant si les modérés s'étaient entendus partout, pour porter à peu près les mêmes noms dans tous les départements, et au scrutin des deux tiers, et au scrutin sur la liste supplémentaire, ils auraient exclu du nouveau Corps législatif tous les anciens conventionnels, sauf le petit groupe de modérés, qu'ils auraient certainement renommés, même si les décrets n'avaient pas imposé les deux tiers de la Convention. Au dernier moment les thermidoriens craignaient que cette tactique ne réussît : on annonçait même que cent conventionnels à peine seraient renommés. Des listes bien composées et lancées dans tous les départements par un comité central auraient pu conduire à ce résultat, et les révolutionnaires auraient été bien embarrassés, car ils se seraient trouvés dans l'alternative ou de violer eux-mêmes leurs décrets de fructidor, ou de faire élire à peu près *quatre cents* conventionnels par les cent que les électeurs avaient acceptés, et la majorité de ces députés aurait bien pu refuser de procéder à un pareil scrutin.

Mais les vrais modérés n'avaient pas assez de discipline pour mettre un pareil plan à exécution : ils firent cependant des efforts sérieux pour y arriver et, grâce aux élections multiples, le nombre des conventionnels élus ne fut que de 256 au lieu de 466, nombre fixé par la Convention. Boissy d'Anglas et Lanjuinais obtinrent chacun 36 élections, Defermont 16, Cambacérès 12, Lesage d'Eure-et-Loir 11, Durand Maillane 10, Pelet de la Lozère et Dusaulx 9, Saladin 6, etc. (1). Soixante-et-onze de ces conventionnels avaient voté la mort de Louis XVI sans restriction, quatorze conditionnellement ; mais plusieurs de ces régicides, comme Saladin, Thibaudeau, Rovère, luttaient vivement contre les terroristes.

Les conventionnels élus furent portés presque tous sur les listes supplémentaires d'autres départements. Ainsi Boissy d'Anglas et Cambacérès figurent sur 36 de ces listes, Lesage d'Eure-et-Loir sur 34, Lanjuinais sur 33, Thibaudeau sur 32, Saladin sur 30, Larivière sur 29, etc.

Les élections du 20 vendémiaire an IV ont été faites dans des circonstances exceptionnelles, et d'après une législation électorale extraordinairement compliquée, et qui n'a depuis été employée pour aucune autre élection. Ce singulier scrutin a exercé une grande influence sur les destinées de la France : Nous croyons devoir le donner en entier, car c'est réellement une curiosité historique.

Voici les résultats complets des élections de l'an IV (2), d'après les procès-verbaux qui sont aux Archives nationales (C. III B, 1-2-3-4).

Ain. — 2 tiers conventionnels. Lanjuinais (dép. d'Ille-et-Vilaine), *Lesage* (d'Eure-et-Loir), Larivière (du Calvados), Defermont (Ille-et-Vilaine), *Saladin* (Somme). (247 votants).

Liste supplémentaire triple. — Boissy-d'Anglas, Durand Maillane, Isnard, Dusaulx, Cambacérès, Pelet, Borel (Hautes-Alpes), Boisset, Pierret (Aube), Kervélégan, Creuzé Latouche, Gouly, Bailleul, Beffroy (Ain), Courtois (Aube).

---

(1) Il y eut encore deux conventionnels élus quatre fois, quatre trois fois, et dix-huit élections doubles.

(2) Les noms en italiques sont ceux des régicides. Aucun historien, croyons-nous, n'a publié jusqu'ici les noms des députés portés sur les listes supplémentaires. Nous avons cru utile de les donner. On voit par ces listes comment le corps électoral avait apprécié la conduite des principaux conventionnels.

Nouveau tiers, Giraud, Duplantier.

Aisne. — 2 tiers. Boissy-d'Anglas (Ardèche), Lanjuinais, Larivière, Durand Maillane (Bouches-du-Rhône), Delahaye (Seine-Inférieure), Pelet (Lozère), Pierret (Aube). (346 v.).

Liste triple. — Piette, Kervélégan, Mollevaut, Vernier, Morisson, Viennet, Dautriche, Laurenceot, Rameau, Pémartin, Godin, Debourges, Rouzet, Bresson (Vosges), Saurine, Jard Panvilliers, Louvet, Mesnard, Dubois (Haut-Rhin), Martinet, Villars.

Nouveau tiers. Dhuez, Dequin, Lannois.

Allier. — 2 tiers. Boissy-d'Anglas, Lanjuinais, Larivière, Cambacérès (Hérault) (ce dernier a voté la mort avec sursis).

Liste triple. — Chabot (de l'Allier), Isnard, Dusaulx, Saladin, La Révellière. Defermont, Vernerey, Martel (Allier), Courtois, Sieyès, Thibaudeau.

Nouveau tiers. Vernin, Goyard, Dalphonse. (214 v.).

Alpes-Basses. — 2 tiers. *Savornin* (dép. act.), *Peyre* (*id.*).

Liste triple. — Lanjuinais, Larivière, Defermont, Maisse, Boissy d'Anglas, Durand Maillane.

Nouveau tiers. Palhier, Bovis (124 v.)

Alpes-Hautes. — 2 tiers. Borel (dép. act.), Isoard (*id.*).

Liste triple. — Cazeneuve, Serre, Genevois, Fayolle, Colaud de la Salcette, Réguis.

Nouveau tiers. Bontoux (129 v.).

Alpes-Maritimes. — 2 tiers. Blanqui (dép. act.), *Beffroy* (Aisne). (79 v.).

Liste triple. — Prost, Larivière, Lanjuinais, Saladin, Chiappe, Pelet.

Pas de député du nouveau tiers.

Ardèche. — 2 tiers. Gamon (dép. act.), Corenfustier (*id.*), Boissy d'Anglas (*id.*), Saint-Prix (*id.*), Garilhe (*id.*) (Gamon et Saint-Prix ont voté la mort avec condition). (218 v.).

Liste triple. — Larivière, Bailleul, Lesage (Eure-et-Loir), Auguis, Clauzel, Saladin, Guyardin, Perès (Gers), Pierret, Courtois, Serres, Rovère, Cadroy, Marbos (nom illisible), Rouget (de Toulouse).

Nouveau tiers. Rouchon, Madier.

Ardennes. — 2 tiers. Baudin (dép. act.), Thiriet (*id.*), Blondel (*id.*), Piette (*id*) (205 v.*).*

Liste triple. — Boissy-d'Anglas, Perrin (Vosges), Roux (Haute-Marne), Lanjuinais, Calès, Cambacérès, Larivière, Isnard, André Dumont, Lesage d'Eure-et-Loir, Charles Delacroix, Saladin.

Nouveau tiers. Golzart, Marchaux.

Ariège. — 2 tiers. *Clauzel* (dép. act.), *Campmartin* (*id.*), Bordes (*id.*). (189 v.).

Liste triple. — Lanjuinais, Boissy d'Anglas, Barras, Merlin de Douai, Delmas (Toulouse), Grégoire, Tallien, Defermont, Saurine.

Nouveau tiers. Cassaing, Estaque. (proc. g. s.)

Aube. — 2 tiers. Pierret (dép. act.), Lanjuinais, Larivière, Bailleul (Seine-Infér.). (231 v.).

Liste triple. — Boissy d'Anglas, Albert (Haut-Rhin), Bailly (Seine-et-Marne), Harmand (Meuse), Dusaulx, Auguis, Jorry, Durand Maillane, Daunou, Kervélégan, Corenfustier.

Nouveau tiers. Berthelin, Moissonnet.

Aude. — 2 tiers. Périer, *Ramel Nogaret* (dép. act.), Morin (id.), Lanjuinais. (230 v.).

Liste triple. — Boissy d'Anglas, Cambacérès, Merlin de Thionville, Legendre de Paris, Barras, Larivière, Merlin de Douai, Isnard, Jean Debry, Grégoire, Pelet, Tallien.

Nouveau tiers. Fabre, Salomon.

Aveyron. — 2 tiers. Lanjuinais, Lobinhes (dép. act.), Bernard Saint-Affrique (id.), Larivière, Defermont. (358 v.).

Liste triple. — Boissy d'Anglas, Pelet, Lesage, Saladin, Dusaulx, Laurenceot, Philippe Delleville, Wandelaincourt, Pierret, Cadroy, Pémartin, Bresson, Durand Maillane, Roux.

Nouveau tiers. Perrin Lafargues, Pons, Dubruel.

Bouches-du-Rhône. — 2 tiers. Durand Maillane (dép. act.), Larivière, Auguis (des Deux-Sèvres), Boissy d'Anglas, Cadroy (des Landes). (280 v.)

Liste triple. — Lanjuinais, Dusaulx, Serres, Pelet, Defermont,

Bonnet, Corenfustier, Blanc (Marne), Reguis, Saladin, Rouzet, Rougé (Hérault), Lesage, Mollevaut, Desgraves.

Nouveau tiers. Nogier Malijai, Jourdan (d'Aubagne), Siméon.

Calvados. — 2 tiers. Philippe Delleville (dép. act.), Doulcet (id.), Dubois du Bais (id.) (mort avec sursis), L. Ph. Dumont (id.), Lemoine (id.), *Jouenne* (dép. act.), Legot (id.), Larivière (id.).

Liste triple. — Boissy d'Anglas, Pelet, Lanjuinais, Thibaudeau, Defermont, Merlin de Thionville, La Revellière, Genissieux, Bouvet, Merlin de Douai, Daunou, Dusaulx, Clauzel, Lesage, Cambacérès, Louvet, Baudin des Ardennes, Johannot, Letourneur, Eschassériaux aîné, Barras, Gilbert Chevalier, Grégoire, Chénier.

Nouveau tiers. Le Boucher de Longparts, Le Cordier, Pierre Gauthier, Chatry. (474 électeurs. 392 v.).

Cantal. — 2 tiers. Bertrand (dép. act.), Chabanon (dép. act.), Thibaut (évêque const.) (id.), Méjansac (id.). (284 v.).

Liste triple. — Cambacérès, Boissy d'Anglas, Daunou, Lanjuinais, Defermont, Lesage, Thibaudeau, Creuzé Latouche, Baudin, La Révellière, Barras, Merlin de Douai.

Nouveau tiers. Armand, Vacher.

Charente. — 2 tiers. Boissy d'Anglas, Lanjuinais, Devars, *Ribereau* (dép. act.), Maulde (id.), Larivière. (291 v.).]

Liste triple. — Cambacérès, Thibaudeau, Lesage, Daunou, Rewbell, Saladin, Courtois, Harmand (Meuse), Dusaulx, Maynard (Dordogne), Defermont, Auguis, Bernard Saint-Affrique, Pelet, Dautriche, Pierret, Penières, Bellegarde.

Nouveau tiers. Masset, Pougeard Dulimbert.

Charente-Inférieure. — 2 tiers. *Eschassériaux aîné* (dép. act.), Eschassériaux jeune (id.), *Bréard* (id.), Vinet (id.), *Lozeau* (id.), Giraud (id.). (423 élect., 325 v.).

Liste triple. — Boissy d'Anglas, Cambacérès, Lanjuinais, Desgraves, Dautriche, Merlin de Douai, Larivière, La Révellière, Sieyès, Merlin de Thionville, Isnard, Defermont, Rewbell, Lesage, Thibaudeau, Dusaulx, Barras, Legendre de Paris.

Nouveau tiers. Levallois, Garreau, Laurenceau, Delacoste.

Cher. — 2 tiers. Porcher (de l'Indre), Pépin (de l'Indre), Baucheton (dép. act.). (201 v.).

Liste triple. — Cambacérès, Larivière, Lanjuinais, Thibaudeau, Boissy d'Anglas, Durand Maillane, Dusaulx, Laurenceot, Defermont.

Nouveau tiers. Dumont la Charnaie, Robin.

Corrèze. — 2 tiers. *Pénières* (dép. act.), Lanjuinais, Defermont, Larivière. (237 v.).

Liste triple. — Boissy d'Anglas, Cambacérès, Treilhard, Chauvier, Saladin, Lesage, Dusaulx, Thibaudeau, Clauzel, Isnard, Pierret, Dulaure.

Nouveau tiers. Malès, Marbot (général).

Côte-d'Or. — 2 tiers. Boissy d'Anglas, Larivière, *Thibaudeau* (de la Haute-Vienne), *Lesage* d'Eure-et-Loir, Lanjuinais.

Liste triple. — Isnard, Merlin de Douai, La Révellière, Daunou, Defermont, Durand Maillane, Prieur (Côte-d'Or), Berlier (id.), Sieyès Barras, Dusaulx, Bailleul, Girot Pouzol, Vernier (Jura), Saint-Martin.

Nouveau tiers. Ligeret, Guillemot, Crétet. (330 v.).

Côtes-du-Nord. — 2 tiers. Boissy d'Anglas, Daunou, Defermont, Coupé (des Côtes-du-Nord), Lanjuinais, Lesage, Gauthier (dép. act.), Fleury (id.), Larivière.

Liste triple. — Cambacérès, Kervélégan, Durand Maillane, Serres, Doulcet, Letourneur, Obelin, Dusaulx, Delahaye (Seine-Inférieure), Rabaut-Pommier, Auguis, Creuzé Latouche, Treilhard, Bailleul, Pierret, Alquier, Barailon, Lomont, Mercier (Seine-et-Oise), Gamon, Dubusc (Eure), Palasne Champeaux, Laurence (Manche), Goudic, Morisson, Gorault, puis Guyomar et Gondelin *ex æquo* : le plus âgé des deux sera élu.

Nouveau tiers. Vistorte, Delaporte, Gueynot de Boismenu, Maquaire. (452 élect., 379 v.).

Creuse. — 2 tiers. Tixier Montegoutte (dép. act.), Faure (id.), Barailon (id.), Jorrand (id.). (221 v.).

Liste triple. — Boissy d'Anglas, Cambacérès, Chénier, Vernerey, Louvet, Bentabole, Carnot, Lanjuinais, Charles Duval, Jean Debry, Bréard, Thomas Lindet.

Nouveau tiers. Dissaud de Montevelte, Coutisson Dumas (ex conventionnel du département).

Dordogne. — 2 tiers. Maynard (dép. act.), *Lamarque* (id.), *Boussion* (du Lot-et-Garonne), *Pénières*, Durand Maillane, Chauvier (de la Haute-Saône), *Camport* (dép. act.) .(445 v.).

Liste triple. — Boissy d'Anglas, La Révellière, Lanjuinais, Lesage, Thibaudeau, Rewbell, Daunou, Larivière, Defermont, Eschassériaux aîné, Mathieu (Oise), Courtois, Clauzel, Rabaut-Pommier, Pierret, Bailleul, Johannot, Dulaure, Guffroy, Delahaye.

Nouveau tiers. Dalby-Foyart, Maleville, Ponterie Escot, Dupeyrat de Thivier.

Doubs. — (Il y a eu scission). 2 tiers : votants, 219. *Besson* (dép. act.), Boissy d'Anglas, Séguin (dép. act. et évêque const.).

Liste triple. — Votants, 179. Lanjuinais, Laurenceot, Vigneron, Thibaudeau, Larivière, Pelet, Bailleul, Pierret, Pémartin.

Nouveau tiers. 161 votants, Louvot, Couchery. (proc. g. s.)
Voici maintenant les opérations de la scission :
2 tiers. 46 votants. Quirot, *Monnot, Michaud.*

Liste triple. — 44 votants. Ch. Duval, Montmayou, Barras, Guyomard, Gaston, Roberjot, Eschassériaux aîné, Gourdon, Audoin.

Drôme. — 2 tiers. Fayolle (dép. act.), Martinet (id.), Marboz (évêque const.) (id.), *Jacomin* (id.) .(227 v.).

Liste triple. — Lanjuinais, Boissy d'Anglas, Durand Maillane, Pelet, Larivière, Cambacérès, Olivier Gérente, Doulcet, Saladin, Dusaulx, Defermont, Cadroy.

Nouveau tiers. Jean-Jacques Aymé, Gaillard.

Eure. — 2 tiers. Lanjuinais, Boissy d'Anglas, Savary (dép. act.), Topsent (id.), Larivière, Gervais Bidault, *Thomas Lindet* (dép. act. et évêque const. marié). (324 v.).

Liste triple. — Vernier (Jura), Cambacérès, Dusaulx, Baudin, Merlin de Douai, Creuzé Latouche, Devérité, Lofficial, Mollevaut, Durand Maillane, Morisson, Rouget (Haute-Garonne), Maynard, Dautriche, Fournay, Lomont, Blanc (Marne), Desgraves, Lalande.

Nouveau tiers. Eude, Ledannois, Lecerf.

Eure-et-Loir. — 2 tiers. Lanjuinais, Larivière, Defermont, Boissy d'Anglas. (230 v.).

Liste triple. — Giroust, Morisson, Pelet, Durand Maillane, Gilbert Chevalier (Allier), Bernard Saint-Affrique, Debourges, Kervélégan, Dusaulx, Rouget, Cambacérès, Thibaudeau.

Nouveau tiers. Dussieux Saint-Maurice, Barreau.

Finistère. — 2 tiers. Boissy d'Anglas, Kervélégan (dép. act.), Lanjuinais, Cambacérès, *Lesage*, Blad (dép. act. mort avec sursis), *Isnard, Bohan* (dép. act.). (268 v.).

Liste triple. — Larivière, Defermont, Merlin de Thionville, Saladin, Thibaudeau, La Révellière, Daunou, Clauzel, Cochon, Courtois, Legendre de Paris, Merlin de Douai, Dusaulx, Pelet, Sieyès, Pénières, Génissieux, Grégoire, Durand Maillane, Coupé (Côtes-du-Nord), Lakanal, Creusé Latouche, Alquier, Camus.

Nouveau tiers. Bergevin, Trouille, Riou Ksalaun.

Gard. — 2 tiers. Boissy d'Anglas, Jac (dép. act., mort avec sursis), Pelet, Berthezène (dép. act., mort avec sursis), Rabaut Pommier (dép. act., id.) (302 élect. 238 v.).

Liste triple. — Lanjuinais, Larivière, Lesage, Defermont, Daunou, Bailleul, Pénières, La Révellière, Kervélégan, Treilhard, Doulcet, Courtois, Dusaulx, Baudin, Thibaudeau.

Nouveau tiers. Noaille, Jonquier, Regnault Lascours.

Haute-Garonne. — 2 tiers. Pérès (dép. act.), *Delmas* (id.), *Calès* (id.), *Clauzel, Legendre* de Paris, Lespinasse (dép. act.).

Liste triple. — Merlin de Douai, Barras, Chénier, Treilhard, Colombel, La Révellière, Louvet, Goupilleau de Fontenay, Merlin de Thionville, Boissy d'Anglas, Carnot, Bréard, Campmartin (Ariège), Baudin, Defermont, Cambacérès, Lanjuinais, Sieyès.

Nouveau tiers. Général Pérignon, Gerle, Roger Martin, Robalin. (370 v.).

Gers. — 2 tiers. Moisset (dép. act.), *Laplaigne* (id.), *Descamps* (id.), *Bouillerot* (de l'Eure), Pérès (dép. act.). (289 v.).

Liste triple. — Barras, Defermont, Cambacérès, La Révellière, Boissy d'Anglas, Merlin de Douai, Larivière, Lanjuinais, Saladin, Daunou, Courtois, Isnard, Rewbell, Mailhe, Sieyès.

Nouveau tiers. Laborde, Desmolin.

Gironde. — 2 tiers. Boissy d'Anglas, Lanjuinais, Larivière,

Cambacérès, Lesage, Defermont, *Saladin*, Bergoeng (dép. act.), Dusaulx. (424 v.).

Liste triple. — Isnard, Besson, Durand Maillane, La Révellière, Thibaudeau, Daunou, Baudin, Kervélégan, Merlin de Douai, Pénières, Doulcet, Pelet, Meillan, Auguis, Devérité, Sieyès, Bailleul, Vernier, Pierret, Eschassériaux aîné, Jean Debry, Creuzé Latouche, Rewbell, Delahaye, Louvet, Courtois, Camus et Merlin de Thionville *ex æquo :* le plus âgé sera élu.

Nouveau tiers. Cholet, Labrouste, Duchatel, Lafon Ladebat, Bahu.

Hérault. — 2 tiers. Cambacérès (dép. act.), Viennet (id.), Girot, Pouzol, Castilhon (dép. act.), *Rouyer* (id.). (239 v.).

Liste triple. — Boissy d'Anglas, Thibaudeau, Merlin de Douai, Larivière, Lanjuinais, La Révellière, Lesage, Baudin, Daunou, Defermont, Pénières, Bailleul, Dusaulx, Saladin, Barras.

Nouveau tiers. Crassous, Malibran.

Ille-et-Vilaine. — 2 tiers. Defermont (dép. act.), Boissy d'Anglas, Obelin (dép. act.), Lanjuinais (id.), Lebreton (id.), Cambacérès, Larivière, Dusaulx, *Saladin*. (344 v.).

Liste triple. — Lesage, Durand Maillane, Merlin de Douai, Daunou, Isnard, Mollevaut, La Révellière, Doulcet, Sieyès, Vernier, Baudin, Jean Debry, Ch. Mathieu, Merlin de Thionville, Alquier, Eschassériaux aîné, Guiton Morveaux, Lanthenas.

Nouveau tiers. Petit (ordonnateur en chef de l'armée des Côtes-du-Nord), Bodinier, Rollier, Lemerer.

Indre. — 2 tiers. Porcher Désaunay (dép. act.), Boudin (id.), Derazey (id.). (188 v.).

Liste triple. — Boissy d'Anglas, Larivière, Lanjuinais, Cambacérès, Defermont, Lesage, Thibaudeau, Saladin, Thabaud.

Nouveau tiers. Péneau, Legrand.

Indre-et-Loire. — 2 tiers. Lanjuinais, Larivière, Durand Maillane, Dusaulx, *Saladin* et *Charles Pottier* (dép. act.), *ex æquo :* le plus âgé sera élu. (236 v.).

Liste triple. — Boissy d'Anglas, Boucher Saint-Sauveur, Defermont, Bodin (d'Indre-et-Loire), Bailleul, Lesage, Pelet, Auguis, André Dumont,

Isnard, Ruelle, Ch. Potier, Duval (Seine-Inférieure), Nioche, Serres.

Nouveau tiers. Suault (proc. g. syndic), Fontenay.

Isère. — 2 tiers. *Genevois* (dép. act.), Lanjuinais, Servonnat (dép. act.), Larivière, Defermont, Boissy d'Anglas, D. Maillane. (359 v.).

Liste triple. — Didier Boissieux, Réal, Lesage, Grégoire, Génissieux, Dusaulx, Courtois, Treilhard, Pelet, Merlin de Douai, Vernier, Rewbell, Gamon, Cambacérès, Pénières, Mailhe, Creuzé Latouche, Comberousse, Doulcet, Desgraves, Bailleul.

Nouveau tiers. Nugue, Dumolard, Alricy, Jubié.

Jura. — 2 tiers. Laurenceot (dép. act.), Vernier (id.), *Ferroux* (id.), *Grenot* (id.), Babey (id.). (292 v.).

Liste triple. — Boissy d'Anglas, Isnard, Thibaudeau, Larivière, Lanjuinais, Amyot, Lesage, Defermont, Bailly (Seine-et-Marne), Saladin, Cambacérès, Kervélégan, Treilhard, Pénières.

Nouveau tiers. Monnier, Gay.

Landes. — 2 tiers. Meillan (des Basses-Pyrénées), Lanjuinais, Larivière, *Saladin*. (220 v.).

Liste triple. — Boissy d'Anglas, Lesage, Eschassériaux aîné, Doulcet, Garran Coulon, Ph. Delleville, Defermont, Pelet, Pémartin, Copin (Gers), Kervélégan, Saurine.

Nouveau tiers. Duprat, Darracq.

Loir-et-Cher. — 2 tiers. Leclerc (dép. act.), Lanjuinais, Larivière. (188 v.).

Liste triple. — Lesage, Dusaulx, Saladin, Clauzel, Laurenceot, Pelet, Pénières, Morisson, Delahaye.

Nouveau tiers. Cremière, Ferrand-Vaillant.

Loire. — 2 tiers. Boissy d'Anglas, Lanjuinais, Larivière, *Lesage*, Dusaulx. (215 v.).

Liste triple. — Forest (Loire), Durand Maillane, Saladin, Defermont, Pelet, Marcelin Béraud (Loire), Courtois, Bailleul, Bonnet (Haute-Loire), Serre, Pierret, Rouget, Desgraves, Delahaye (Seine-Inférieure), Thibaudeau.

Nouveau tiers. Praire Montaud, Dugueyt, Meaudre.

22

Loire-Haute. — 2 tiers. *Barthélemy* (dép. act.), Balthazard, *Bonnet* (dép. act.), Pierret, Lanjuinais. (220 v.).

Liste triple. — Pelet, Lesage, Larivière, Saladin, Gérente, Soubeyran Saint Prix, Morisson, D. Maillane, Bergoing, Corenfustier, Gantois (Somme).

Nouveau tiers. Bornes, Croze.

Loire-Inférieure. — 2 tiers. Boissy d'Anglas, Cambacérès, Merlin de Thionville, *Villers* (dép. act.), *Merlin de Douai, La Révellière, Meaulle* (dép. act.), Louvet (Loiret) (mort avec sursis).

Liste triple. — Isnard, Lesage, Gillet, Eschassériaux aîné, Chénier, Barail, Lakanal, Rewbell, Bentabole, Carnot, Lesage Sénaut, Hardy (Seine-inférieure), Génissieux, Prieur (Côte-d'Or), Baudin, Garran Coulon, Guyomar, Guyton Morveau, Thibaudeau, Legendre (Paris), A. Dumont, Defermont, Lefèvre, Chauvière.

Nouveau tiers. Baco, Giraud, Grêlier. (262 v.).

Loiret. — 2 tiers. Larivière, Lanjuinais, Pelet, Dusaulx.

Liste triple. — D. Maillane, Boissy d'Anglas, Defermont, Vernier, Chasset, Bernard Saint-Affrique, Corenfustier, Rouzet, Morisson, Bailleul, Gourdon (Nièvre), Delahaye (Seine-Inférieure). (359 v.).

Nouveau tiers. Lemercier, Dupont de Nemours, Mersan.

Lot. — Il y a eu scission.

Assemblée mère le 23 vendémiaire. 2 tiers. 362 votants. Sallèles 303 (dép. act.), Lanjuinais 224, Larivière 206, Bouygues (dép. act.) 186, *Saladin* 185. — 2e tour, 264 votants. Blaviel (dép. act.) 250, *Lesage* (Eure-et-Loir) 235.

Liste triple. — 248 votants. Durand Maillane, Laboissière, Serres, Rouzet, Baudin, Boissy d'Anglas, Vernier, Courtois, Pierret, Kervélégan, Laumont, Defermont, Isnard, Pelet, Laurence (Manche), Lobinhes, Bergoing, Aubry, Doulcet, Savary, Cadroy.

Nouveau tiers. 249 votants. Drugont 202, Doumerc aîné, 167. — 2e tour, 249 votants. Thomas Salgues aîné, 199.

Scission. Le 24 vendémiaire elle nomme les 2 tiers. 108 votants. Blaviel 106, Clédel 106, Bouygues 105, Delbreil 102, Sartre 98, *Montmayou* 97, Sallèles 88.

Liste triple. — 109 votants. Merlin de Douai, Boissy d'Anglas, Merlin de Thionville, Sieyès, Clauzel, La Révellière, Isnard, Legendre, (Paris), Lacombe Saint-Michel, Laboissière, Barras, Cambacérès, J.-B. Louvet, Dubois Crancé, Eschassériaux aîné, Tallien, Chénier, Thibaudeau, Bourdon de l'Oise, Mathé de Toulouse.

Nouveau tiers 114 votants. Combes-Dormans 101, Lachièze 108, Duphénieux, 79.

Lot-et-Garonne. — 2 tiers. Boissy d'Anglas, Claverie (dép. act.), Cabarrol, *Vidalot* (dép. act.), Lanjuinais. (306 v.).

Liste triple. — Larivière, Cambacérès, Defermont, Lesage, Doulcet, Guyot Laprade, Laurent (Lot-et-Garonne), Thibaudeau, Merlin de Douai, Durand Maillane, Daunou, Isnard, La Révellière, Mailhe, Saladin.

Nouveau tiers. Brostaret, Depou Reffy, Launé.

Lozère. — 2 tiers. Pelet (dép. act.), Olivier Gérente (de la Drôme), Larivière. (129 v.).

Liste triple. — Boisset, Girot Pouzol, Pierret, Morisson, Durand Maillane, Moisset, Rouyer, Bernard St-Affrique, Saladin.

Nouveau tiers. Pierre André.

Maine-et-Loire. — 2 tiers. *La Révellière* (dép. act.), Boissy d'Anglas, Dandenac aîné (dép. act.), Cambacérès, *Merlin de Douai*, Merlin de Thionville, Dandenac jeune (dép. act.)

Liste triple. — Sieyès, Barras, Lesage, Legendre (Paris), Thibaudeau, Rewbell, Isnard, Daunou, Camus, Eschassériaux aîné, Baudin, Chénier, J.-B. Louvet, Jean Debry, Treilhard, Lakanal, Goupilleau de Fontenay, Carnot, Garran Coulon, puis Lanjuinais et Defermont, à égalité de suffrages.

Nouveau tiers. *Leclerc* (dép. act.), Pilastre (*id.*), Volney, Savary. (204 v.).

Manche. — 2 tiers. Poisson (dép. act.), *Letourneur* (*id.*), Pinel (*id.*), Engerran (*id.*), *Havin* (*id.*), Regnault (*id.*), Boissy d'Anglas, Ribet (avec sursis) (dép. act.). (461 v.).

Liste triple. — Barras, Sauvey (Manche), Cambacérès, Jean Debry, Legendre (Paris), Lesage, Loisel (Aisne), Defermont, Dusaulx, Lanjuinais, Durand Maillane, Louvet, La Révellière, Eschassériaux aîné, Dubois Crancé, Lomont, Carnot, Isnard, Bonnesseur, Hubert, Thibaudeau, Bentabole, Péniéres.

Nouveau tiers, Loiset, Lemaignen, Frémont, (proc. g. s.)
Boursin, Bougainville, ancien chef d'escadre.

Marne. — 2 tiers. Albert aîné, Blanc (députés actuels),
Poullain Buttancourt, Baucheton (du Cher). (235 v.).

Liste triple. — Lanjuinais, Larivière, Lesage, Boissy d'Anglas, Lofficial, Creuzé Latouche, Morisson, Chasset, Rouzet, Jard Panvilliers,
Servonnat (Isère), Wandelaincourt.

Nouveau tiers. Salligny Matignimicourt, Le Roy, Detorcy.

Haute-Marne. — 2 tiers. Wandelaincourt (dép. actuel et évêque const.,) Lanjuinais, Larivière. (225 v.).

Liste triple. — Saladin, Albert (Haut-Rhin), Pierret, Dusaulx,
Bresson, Gamon, Mollevaut, Ehrmann, Doulcet.

Nouveau tiers. Parison, Carbelot.

Mayenne. — 2 tiers. Enjubault (dép. act.) (avec sursis), Ser-
veau (*id.*), (dép. act.). Destriche (dép. act.), Boissy d'Anglas,
Bissy (dép. act.) (avec sursis.) (146 v.)

Liste triple. — Delaunay, Barras, Bentabole, Carnot, La Révellière,
Lesage, Baudin, Chénier, Ch. Duval, D. Crancé, Lanjuinais, Lehardy,
Defermont, Larivière : le plus âgé de Garnier de Saintes et Po-
cholle.

Nouveau tiers. Segretain, Volney, Michel Maupetit.

Meurthe. — 2 tiers. Zangiacomi (dép. act.), Mollevaut (dép.
act.), Boissy d'Anglas, Michel (dép. act.), Lanjuinais, *Genevois*,
(Isère). (305 v.).

Liste triple. — Larivière, Cambacérès, D. Maillane, Defermont, Lesage, Baudin, Thibaudeau, Grégoire, Isnard, Daunou, Saladin, Dusaulx, La Révellière, Letourneur, Faure (Haute-Loire), Besson, Pflieger, Eschassériaux aîné.

Nouveau tiers. Mallarmé (proc. général syndic), Régnier
(ex-constituant).

Meuse. — 2 tiers. Harmand, Humbert, Bazoche, Jean Moreau,
(tous dép. act.). (258 v.).

Liste triple. — La Révellière, Thibaudeau, Isnard, Lanjuinais, Delaunay, Gaudin, Jard Panvillers, Morisson, Musset, Defermont, Auguis; le plus âgé de Ch. Delacroix et Barras.

Nouveau tiers. Paillot, Grison.

Mont-Blanc. — 2 tiers. Duport, Dumas, Marin, Balmain, Gumery, Dubouloz, Marcoz (tous dép. act.). (314 v.).

Liste triple. — Boissy d'Anglas, Thibaudeau, Daunou, Lesage, Larivière, Rewbell, Lanjuinais, Pelet, Defermont, Saladin, Cambacérès, Merlin de Douai, Dupuis, Rabaut, Boissieux, Bernier, Bion, Personne, Auguis, Bailleul, Laurenceot.

Nouveau tiers. Favre, Mermoz, Gavard.

Mont-Terrible. — (En tout 50 électeurs). Lémann (dép. act.).

Liste triple. — Bailly (Seine-et-Marne), Lanjuinais, Boissy d'Anglas.

Nouveau tiers. Ignace Raspieler.

Morbihan. — 2 tiers. Gillet, Lemalliand (tous deux dép. act.), Boissy d'Anglas, Cambacérès, Michel (dép. act.), Rouvault (id.), Merlin de Thionville. (150 v.).

Liste triple. — Isnard, Merlin de Douai, Chaignart, Legendre (Paris), Dubignon, Lesage, Sieyès, Genissieux, La Réveillère, J. Debry, Courtois, Couppé (Côtes-du-Nord), Kervelégan, Lakanal, Larivière, Grégoire, Carnot.

Nouveau tiers. Boullet (proc. g. s.), Perret, Bochetot.

Moselle. — 2 tiers. Boissy d'Anglas, Lanjuinais, Larivière, Merlin de Thionville (dép. act.), Defermont, *Bar* (dép. act.).

Liste supplémentaire. — Genevois, Dusaulx, Lesage, Becker, Saladin, D. Maillane, Karcher, Doulcet, Blaux, Isnard, Couturier, Vernier, Bailleul, Pierret, Bentabole, Carnot, Louvet, Cambacérès.

Nouveau tiers. Pécheur, Barbé Marbois, Thiébaut. (288 v.).

Nièvre. — 2 tiers. *Guillerault* (dép. act.), Jourdan (*id.*), Larivière, Laurenceot. (220 v.).

Liste triple. — Boissy d'Anglas, Lanjuinais, D. Maillane, Pelet, Dusaulx, Corenfustier, Ramel, Delcasso, Fourny, Devérité, Rouyer, Bergoeing.

Nouveau tiers. Baltard (proc. g. s.), Larue.

Nord. — 2 tiers. *Barras, Lesage Sénaut* (dép. act.), *Poultier*, moine défroqué (*id.*), Boissy d'Anglas, *Boyaval* (dép. act.),

Florent Guyot, Louvet, *Ch. Duval*, *Cochet* (dép. act.), Derenty, Drevet, Roger Ducos, Guyomard. (620 v.).

Liste triple. — Cambacérès, Letourneur, Berlier, Gossuin, Eschassériaux aîné, Génissieux, Legendre, Lakanal, Lacombe St-Michel, Camus, Carnot, Dubois Crancé, Bentabole, R. Lindet, Quinette, Sieyès, Treilhard, Thibaudeau, Bréard, Delmas, Perrin (Vosges), Rewbell, Pons de Verdun, Charlier, Colombel, Coupé (Oise), Garran Coulon, Raffron, Carpentier, Chénier, Gillet, Mercier, Louis (Bas-Rhin), Bancal, Laporte, Ramel, Richard, Roux, Deville.

Nouveau tiers. Devinck Thierry, Plichon, Dupère, Woussen, Duhot, Fauvel, Dauchy.

Oise. — 2 tiers. Lanjuinais, Delamarre (dép. act.), Boissy d'Anglas, Larivière, Defermont, *Mathieu* (dép. act.). (297 v.).

Liste triple. — Cambacérès, D. Maillane, Dusaulx, Lesage, Thibaudeau, Pélet, Rewbell, Saladin, Merlin de Douai, Vernier, Bailleul, Portiez, Kervélégan, Bézard, Isnard, Louvet (Somme), Pénières, Doulcet.

Nouveau tiers. Dauchy (ex-constituant), Borel (proc. g. s.), Dufrénoy.

Orne. — 2 tiers. Boissy d'Anglas, Dugué d'Assé (dép. act.), Thomas la Prise (dép. act.) (avec sursis), Daunou, *Sieyès*, *Chénier*, Plat Beaupré (avec sursis) prêtre (dép. act.)

Liste triple. — Merlin de Douai, Cambacérès, Merlin de Thionville, Thibaudeau, La Révellière, Louvet, Baudin, Barras, J. Debry, Lesage, Légendre, Vernier, A. Dumont, Mailhe, Ramel, Duval (Ille-et-Vilaine), Lacombe St-Michel, Carnot, Lanjuinais, Fourny.

Nouveau tiers. Goupil Préfeln, Chartier-Renault. (330 v.).

Pas-de-Calais. — 2 tiers. Lanjuinais, Larivière, Personne (dép. act.), Boissy d'Anglas, Dusaulx, *Bollet* (dép. act.), Defermont, Durand Maillane, Harmand (Meuse). (446 v.).

Liste triple. — Cambacérès, Lesage, La Révellière, Vernier, Thibaudeau, Saladin, Delamarre (Oise), Courtois, Pélet, Letourneur, Bailleul, Dubois (Haut-Rhin), Rouzet, Ehrmann, Pierret, Delahaye, Berlier, Rovère, Bergoing, Gaudin, Roger Ducos, Ludot, Boisset, Cadroy, Daunon, Morisson.

Nouveau tiers. Bénard Lagrave, Delattre, Vaillant (présid. du trib. de cassation), Liborel.

Puy-de-Dôme. — 2 tiers. Girod Pouzol, Bancal, *Dulaure*, Jourde, *Artaud Blanval*, Pacros, *Gibergues* prêtre (tous dép. act.). (437 v.).

Liste triple. — Pons de Verdun, La Révellière, Baudin, Chénier, Louvet, Carnot, Génissieux, Prieur (Côte-d'Or), Garran Coulon, Lehardy (Seine-Inf.), Bentabole, Treilhard, Guyomard, Villetard, Lesage Sénaut, Ch. Duval, Montmayou, Bordas, Guillemardet, Goupilleau de Fontenay, Oudot, Ingrand, Bezard, Garnier de Saintes.

Nouveau tiers. Huguet (ex-constituant), Berger, Thévenin, Frévard.

Basses-Pyrénées. — 2 tiers. Pémartin (dép. act.), Cazenave (*id.*), Conté (*id.*), Neveu (*id.*), Vidal (*id.*), Laa (*id.*). (286 v.).

Liste triple. — Boissy d'Anglas, Cambacérès, Lesage, Barras, Louvet, Merlin de Douai, Carnot, Isnard, Sieyès, La Révellière, Quinette Lamarque, Bancal, Camus, Drouet, Thomas Payne, Legendre, Guyomard.

Nouveau tiers. Fargues, Meillan (dép. act.), ~~Mailluguer.~~ *Maluquer*

Hautes-Pyrénées. — 2 tiers. Picqué (dép. act.) (mort avec sursis), Gertoux (dép. act.), *Lacrampe* (*id.*) (155 v.).

Liste triple. — Lanjuinais, Boissy d'Anglas, Cambacérès, Mailhe, Larivière, Dauphole, Saladin, Laplaigne, Grégoire.

Nouveau tiers. Ozun.

Pyrénées-Orientales. — 2 tiers. *Cassanyès* (dép. act.), Guitter (*id.*) (104 v.).

Liste triple. — Boissy d'Anglas, Cambacérès, Louvet, Tallien, Delcasso, Montégu.

Nouveau tiers. Isos (de Prades.)

Bas-Rhin. — 2 tiers. Boissy d'Anglas, Christiani (dép. act.), Bailly, *Isnard*, Larivière, *Lesage* d'Eure-et-Loir, Lanjuinais, Pelet. (349 v.).

Liste triple. — Karcher, Thibaudeau, J. Debry, D. Maillane, Vernier Thibaut (Cantal), Aubry, Mailhe, Mollevaut, Eschassériaux jeune, Bailleul, Daunou, Rabaut, Doulcet, Defermont, Harmand (Meuse), Bréard, Dusaulx, Bergoing, Pierret, Saladin, Laurenceot, Génevois, et le plus âgé de Dentzel et Richoux.

Nouveau tiers. Hermann (procureur de la commune de Strasbourg), Kauffmann, Isaac Bertrand.

Haut-Rhin. — 2 tiers. Rewbell (dép. act.), *Pflieger* (*id.*), Guittard (*id.*), Albert (*id.*), Dubois (*id.*) (248 v.).

Liste triple. — Boissy d'Anglas, Ritter, Sieyès, Johannot, Laporte, Vernier, Lanjuinais, Cambacérès, Legendre (Paris), Bailly, Larivière, Merlin de Douai, Tallien, Chénier, Richoux.

Nouveau tiers. Rossée, Belin.

Rhône. — 2 tiers. Lanjuinais, Larivière, Dusaulx, Boissy d'Anglas, *Lesage.* (265 v.).

Liste triple. — Defermont, Chasset, Pelet, Bailleul, Morisson, Cambacérès, Richaud (S.-et-Oise), Vernier Pémartin, Borel, Daunou, Desgraves, Thibaudeau, Doulcet, Servonnat.

Nouveau tiers. Rambaud, Mayœuvre, Béraud.

Haute-Saône. — 2 tiers. Vigneron (dép. act.), Dalivet (*id.*), Bolot (*id.*), Chauvier, Boissy d'Anglas. (250 v.).

Liste triple. — A. Dumont, Cambacérès, Thibaudeau, Daunou, Vernier, Ferroux, Baudin, Lanjuinais, Lesage, Grenot, Mathieu (Oise), Laurenceot, Villers, Larivière, Pelet.

Nouveau tiers. Boyer (pr. gén. syndic.), Vuilley.

Saône-et-Loire. — 2 tiers. Lanjuinais, Cambacérès, Larivière, Daunou, Bailleul, Pelet, Defermont. (396 v.)

Liste triple. — Guillemardet, Roberjot, B. d'Anglas, Merlin de Douai, Thibaudeau, Rewbell, Lesage, Mailly (Saône-et-Loire), Borel, Bréard, Vernier, Marec, Morisson, Letourneur, Pénières, Courtois, Desgraves, Kervélégan, Pierret, La Révellière.

Nouveau tiers. Larmagnac, Geoffroy de Bœuf, Dujardin, Pollissard (adm. du dép.)

Sarthe. — 2 tiers. *Sieyès* (dép. act.), Lehault (*id.*), Primaudière (*id.*), *Carnot*, Rewbell, Louvet. (303 v.).

Liste triple. — Daunou, Cambacérès, Baudin, Eschassériaux aîné, Ch. Mathieu, Chénier, Vernier, Guiton Morveau, J. Debry, Pérès (Haute-Garonne), Genissieux, Barras, Perrin (Vosges), Legendre, (Paris), Fourcroy, Treilhard, Ramel.

Nouveau tiers. Mortier Duparc, Bardou Boisquetin, Delahaye.

Seine. — 2 tiers. Lanjuinais, Boissy d'Anglas, Larivière, Defermont, *Lesage*, D. Maillane, Pelet, Dusaulx (dép. act.), *Saladin*, Cambacérès, *Thibaudeau, Isnard* (1).

Liste triple. — Vernier, Creuzé Latouche, Bailleul, Doulcet, Marec, Rabaut, Pierret, Lomont, Pémartin, Kervélégan, Baudin, Daunou, La Révellière, Bernard Saint Affrique, Pénières, Corenfustier, Bergoing, Mollevaut, Ramel, A. Dumont, Courtois, Devérité, Harmand (Meuse), Rouzet, Gamon, Personne, Girot Pouzol, Mathieu, Grégoire, Bailly, Merlin de Douai, Ph. Delleville, Rewbell, Laurenceot, Morisson.

Nouveau tiers. Lafon Ladebat, Muraire, Gibert des Molières, Dambray (ex-avocat génér.), Portalis, Lecouteux Canteleu (2).

Seine-Inférieure. — 2 tiers. Boissy d'Anglas, Lanjuinais, Larivière, Cambacérès, Defermont, Dusaulx, *Lesage*, Pelet, Bourgeois (dép. act.), Bailleul (*id.*), Durand Maillane.

Liste triple. — Merlin de Douai, Devérité, Creuzé-Latouche, Daunou, La Révellière, Blutel, Thibaudeau, Rewbell, Merlin de Thionville, Vernier, Isnard, Duval (Seine-Inf.), Morisson, Letourneur, J. Debry, Eschassériaux aîné, Treilhard, Doulcet, A. Dumont, Sautereau, Barras, Hardy (Seine-Inf.), Génissieux, Sieyès, Garran Coulon, Castilhon, Couppé (Côtes-du-Nord), Bentabole, Vincent (Seine-Inf.), Lefèvre (*id.*), Kervélégan, Legendre (Paris), Creuzé Paschal.

Nouveau tiers. Riolle, Lemoine, Bournainville, Lucas, Guttingher.

Seine-et-Marne. — 2 tiers. Bailly (dép. act.), Lanjuinais, Himbert (dép. act.), Vicquy (*id.*). (265 v.).

Liste triple. — Boissy d'Anglas, Larivière, Lesage, Pelet, D. Maillane, Saladin, Morisson, Pierret, Defermont, Devérité, Dusaulx, Albert (Haut-Rhin).

Nouveau tiers. Godard (proc. gén. syndic.), Viénot Vaublanc (ancien membre de la Législative), Picault.

(1) Sur 646 votants, au 1er tour, Lanjuinais eut 557 voix, Boissy d'Anglas 554, Larivière 516, Defermont 357, Lesage 355, D. Maillane 354; au second tour, sur 587 votants, Pelet 444 voix, Dusaulx 414, Saladin 402, Cambacérès 303; au troisième, sur 556 votants, Thibaudeau 300 voix, Isnard 175. Ces régicides, devenus très modérés, passent les derniers.

(2) Le premier tour n'a pas donné de résultat; au second, sur 725 votants, Lafon Ladebat a 548 voix, Muraire 364; au 3e, sur 679, Gibert 485, Dambray, 360 (mais il a donné aussitôt sa démission), Portalis 305, Lecouteux 237. (Arch. nat. C III, b3,

Seine-et-Oise. — 2 tiers. Lanjuinais, Larivière, Boissy d'Anglas, Pelet, Defermont, Kervélégan, Durand Maillane. (365 v.).

Liste triple. — Dusaulx, Corenfustier, Marec, Alquier, Lomont, Creuzé Latouche, Daunou, Saladin, Bailly, Lesage, Bailleul, Ramel, Cambacérès, Pémartin, A. Dumont, Courtois, Dupuis, Devérité, Bernard St-Affrique, Rouzet.

Nouveau tiers. Tronchet, Lebrun, Tronson du Coudray, Mathieu Dumas (général).

Deux-Sèvres. — 2 tiers. Jard Panvilliers (dép. act.), Auguis (*id.*), *Cochon* (*id.*), Chauvin (*id.*). (181 v.).

Liste triple. — Boissy d'Anglas, Garran Coulon, Cambacérès, Thibaudeau, La Révellière, Barras, Legendre, Merlin de Thionville, Goupilleau de Fontenay, Merlin de Douai, Camus, Lecointe Puyraveau.

Nouveau tiers. Thareau, Guérin (proc. g. s.)

Somme. — 2 tiers. Boissy d'Anglas, Lanjuinais, Larivière, Defermont, Creuzé Latouche, Durand Maillane, Bailleul, Jard Panvilliers. (304 v.).

Liste triple. — Louvet (Somme), Baudin, Devérité, Chassé, Pelet, Vernier, Lofficial, Réal, Obelin, Saint-Martin, Couppé (Côtes-du-Nord), Kervélégan, Ferrand, Laurenceot, Rochegude, Palasne Champeaux, Barailon, Lomont, Isnard, Morisson, Dubourges, Gantois.

Nouveau tiers. Tattegrain, Lemarchand Gomicourt, Decressy.

Tarn. — 2 tiers. *Lacombe Saint-Michel* (dép. act.), *Meyer* (*id.*), Gouzy (mort avec condition) (*id.*), Trédoulat (*id.*).

Liste triple. — Boissy d'Anglas, La Révellière, Legendre, Barras, Lesage, J.-B. Louvet, Clauzel, Colombel, Chénier, Garrau, Grégoire, Pierret.

Nouveau tiers. Robert, Cardonnel, Lemosy. (230 v.)

Var. — 2 tiers. Lanjuinais, Larivière, *Despinassy* (dép. act.), *Isnard* (*id.*). (215 v.).

Liste triple. — Boissy d'Anglas, Alquier, Grégoire, Saladin, Morin, (Aude), Ramel, Thibaut, A. Dumont, Defermont, Chambon Latour, Beffroy, Chauvin.

Nouveau tiers. Pastoret, Portalis aîné (homme de loi à Beausset.)

Vaucluse. — 2 tiers. *Rovère*, Olivier Gérente, Boursault (de la Seine). (200 v.).

Liste triple. — Girot Pouzol, Saladin, Larivière, Boissy d'Anglas, Lanjuinais, J. Debry, Martinet, Durand Maillane, Dusaulx.

Nouveau tiers. Chappuis, Jacquier (administrateur du dép.),

Vendée. — 2 tiers. *Goupilleau de Fontenay* (dép. actuel), *Maignen (id.)*, Boissy d'Anglas, *Cochon*, Gaudin (dép. actuel).

Liste triple. — Cambacérès, Legendre (Paris), Barras, Thibaudeau, Sieyès, Merlin de Douai, La Révellière, Garran-Coulon, Merlin de Thionville, Garat, D. Crancé, Eschassériaux aîné, Louvet, Villars, Tallien.

Nouveau tiers. Gounou aîné, Chapelain. (98 v.).

Vienne. — 2 tiers. *Thibaudeau*, Creuzé Latouche, Dutron Bornier, Bion. (233 v.).

Liste triple. — Boissy d'Anglas, Lanjuinais, Chauvin, Creuzé Pascal, Cambacérès, Larivière, Lesage, Defermont, Barras, Laurenceot, Merlin de Douai, Saladin.

Nouveau tiers. Brault, Félix Faulcon (ex-constituant).

Haute-Vienne. — 2 tiers. Pardoux-Bordas (dép. act.), *Legendre* (Paris), Louvet, *Gay Vernon* (dép. act., évêque const. apostat). (230 v.).

Vosges. — 2 tiers. Poullain Grandprey (mort avec sursis dép. act.), *Perrin (id.)*, Fricot *(id.)*, Boland *(id.)*, *Souhait (id.)*.

Liste triple. — Cambacérès, Merlin de Douai, Boissy d'Anglas, Mollevaut, Lanjuinais, Barras, Sieyès, Bailly, Chénier (Vosges), Lesage, Larivière, Génissieux, Carnot, Baudin, Couhey (Vosges).

Nouveau tiers. Dieudonné, Dubois d'Ormont, Lepaige de Darney. (230 v.).

Yonne. — 2 tiers. Lanjuinais, Chastelain (dép. act.), *Lesage*, Larivière, *Mailhe*. (289 v.).

Liste triple. — Boissy d'Anglas, Dusaulx, Durand Maillane, Saladin, Jeannest, Defermont, Pelet, Rouzet, Bailleul, Grégoire, Delahaye, Rabaut Pommier, Doulcet, Bion, Rovère.

Nouveau tiers. Paradis, Gaut aîné, Fourcade.

Le 4 brumaire la Convention déclara qu'il y avait eu en bloc, *trois cent soixante-dix-neuf* conventionnels réélus, sans faire l'aveu humiliant que *cent vingt-quatre* d'entre eux n'arrivaient que par les listes supplémentaires. Pour faire une vérification sérieuse des élections obtenues au moyen de ces listes, il aurait fallu se livrer à un travail très compliqué et très délicat. Il semblait tout naturel que les premiers élus de la liste supplémentaire de chaque département fussent pris pour remplacer ceux qui, par suite d'élections multiples, laissaient une place vide dans la liste des deux tiers ; mais il aurait fallu donner aux députés élus plusieurs fois, le temps de faire leur option. Évidemment, la Convention n'examina point sérieusement ces listes triples, et procéda avec une précipitation scandaleuse, car certains procès-verbaux n'étaient pas encore arrivés le 4 brumaire et les autres n'avaient pu être examinés avec soin. Onze jours après, le 15, la commission chargée de préparer la vérification des pouvoirs, avouait qu'elle n'avait pas encore les procès-verbaux complets de neuf départements. Mais la faction dominante voulait, n'importe par quels moyens, remplir le Corps législatif de conventionnels. Le 30 vendémiaire, elle connaissait déjà un nombre assez grand de scrutins sur les deux tiers, pour être assurée que les électeurs n'avaient pas nommé le nombre de conventionnels exigé par les décrets. Elle prit donc en bloc dans toute la France tous les députés portés sur les listes complémentaires indistinctement, qui n'avaient pas été nommés aux deux tiers, et les adjoignit aux premiers élus pour compléter les deux tiers obligatoires, et elle fut obligée de reconnaître qu'il lui en manquait encore beaucoup pour composer ces deux tiers.

La défaite des sections, les mesures terroristes qui furent prises ensuite par les vainqueurs de Vendémiaire, les poursuites dirigées contre certains électeurs n'exercèrent aucune influence sur les élections de Paris, tant l'esprit public était prononcé contre la Convention. Les thermidoriens eurent soin d'annoncer bien vite leur victoire dans les départements, et de répandre le bruit qu'elle serait suivie de mesures révolutionnaires énergiques, mais les électeurs ne se laissèrent pas effrayer.

Dans quelques départements, on eut soin d'annoncer la défaite des sections en pleine assemblée électorale, dans l'espoir d'intimider les électeurs. Ainsi le procès-verbal de l'assemblée électorale des Hautes-Alpes porte qu'au moment de l'ouverture de ses opérations, le département lui a rendu compte des troubles de Paris et que l'assemblée en a témoigné son indignation avec sa joie du triomphe de la République. Néanmoins, elle a nommé des conventionnels qui avaient refusé de voter la mort de Louis XVI, et soutenu l'appel au peuple et le sursis.

L'assemblée électorale de l'Aveyron reçoit aussi la nouvelle de la défaite des sections de Paris, adresse ses félicitations à la Convention, et commence par élire Lanjuinais! Entre deux tours de scrutin, on lui lit un rapport de Merlin sur Vendémiaire; elle nomme aussitôt Larivière et Defermont qui sont extrêmement suspects aux vainqueurs.

Le procès-verbal de l'assemblée électorale des Hautes-Pyrénées constate qu'il lui a été, au début, donné communication de la victoire de la Convention; mais cette nouvelle ne paraît pas avoir causé d'influence sur ses opérations, car ses élus pris dans le département, sont très ternes. Lanjuinais et Boissy d'Anglas figurent en tête de la liste supplémentaire.

Cependant la nouvelle de la défaite des modérés a influé certainement sur les élections du Tarn, et les révolutionnaires en ont profité pour escamoter quatre nominations de conventionnels (1).

(1) On avait déjà procédé aux élections des députés des deux tiers : sur 230 votants, Lanjuinais avait eu 127 voix, Laurence 124, Defermont 124, Larivière 122; les quatre modérés étaient donc élus, le dernier avec 14 voix de majorité. Le bureau donne alors lecture d'une lettre des conventionnels, Lacombe St-Michel et Gouzy, députés du Tarn, annonçant la grande victoire de la Convention. Les révolutionnaires cherchent aussitôt à revenir sur le vote; ils soutiennent tout à coup que le canton de Milhars a nommé sept électeurs au lieu de quatre, que six d'entre eux ont voté, et que par conséquent le scrutin doit être annulé. En supposant que ce grief fût fondé, les suffrages donnés indûment ne changeaient nullement la majorité, puisqu'elle était au moins de quatorze voix; mais ils voulaient un nouveau scrutin qui pourrait être différent du premier, grâce à la retraite de quelques électeurs, effrayés par les nouvelles de Paris, et à la faiblesse de certains autres qui se laisseraient intimider par les menaces des terroristes. Leur calcul était juste : le nombre des modérés s'affaiblit tout à coup; le scrutin est annulé. On recommence le lendemain, il n'y a plus que 215 votants; Lacombe St-Michel, et Meyer régicides sans condition, obtiennent 129 et 127.

A cette époque de misère noire, les réunions des corps électoraux donnèrent lieu à des incidents qui paraissent maintenant bien étranges. Les électeurs recevaient une indemnité;
mais beaucoup d'entre eux, à cause de leur gêne, ne voulaient,
ni peut-être ne pouvaient réellement faire les moindres avances
pour leurs frais de séjour dans la ville où se tenait l'assemblée
électorale. On avait donc imaginé de leur distribuer leur pain
et leur viande, comme à des soldats, ou à des pauvres assistés
par la charité publique. Ces distributions donnèrent lieu à des
incidents curieux, à des réclamations caractéristiques de l'é-
poque, qui se produisaient en pleine assemblée électorale, et
qui sont constatées par certains procès-verbaux. La quantité
et la qualité du pain et de la viande inquiètent beaucoup certains électeurs et chassent pour le moment toute préoccupation politique. « *Primo vivere deinde... eligere!* » Ainsi les
électeurs de la Loire-Inférieure, à peine arrivés, demandent à
leur président d'envoyer leur liste exacte à leurs fournisseurs
de pain et de viande, et au département qui doit surveiller la
distribution; et le 23 vendémiaire, plusieurs se plaignent hautement de recevoir de mauvais pain et de mauvaise viande, et
l'assemblée décide que son président écrira au procureur général syndic pour qu'il fasse cesser cet abus (Arch. C, III, I. 2).

Le procès-verbal des élections de la Loire constate aussi que
les électeurs se plaignent de la mauvaise qualité du pain qui
leur est distribué. Dès le début, l'assemblée électorale de la
Marne, sur la proposition du procureur général syndic, nomma
des commissaires chargés de régler avec les préposés la distribution des vivres en nature. Cette distribution donna lieu à
des difficultés et, dans la séance du 23, un commissaire demanda à l'Assemblée de décider si l'on enverrait les rations de
pain à domicile, ou si chaque électeur viendrait prendre la
sienne « pour éviter les erreurs et les plaintes ». Les avis furent partagés, et le procès-verbal constate que l'assemblée

Gouzy qui a voté la mort avec condition de sursis 120, et Trédoulat 115; Lanjuinais n'a plus que 112 voix, Larivière 109, Defermont 105, Laurence 94. On compte
45 électeurs de moins, ils manquent à Lanjuinais et à Defermont : quelques autres ont cédé à la pression révolutionnaire. Mais peu après les électeurs reprennent courage, et Boissy d'Anglas passe en tête de la liste triple.

n'a cru devoir rien prescrire, laissant à chaque électeur la liberté de choisir entre ces deux partis (Arch. *ibid.*).

Distribuer des bulletins imprimés aux électeurs était alors considéré comme un crime. Le procès-verbal de l'assemblée du département de la Marne, constate qu'au moment des élections du nouveau tiers, un électeur a distribué des listes imprimées. Le président défend aussitôt de laisser sortir personne, et ordonne au poste qui se tient près de l'assemblée, de veiller à l'exécution de son ordre, jusqu'à ce que les électeurs aient pris une décision. Ils se livrent alors à une discussion violente, et finissent par voter que le distributeur sera dénoncé au tribunal.

Un membre de l'assemblée électorale du Puy-de-Dôme en fut expulsé le 21 vendémiaire, dit le procès-verbal, pour avoir distribué des bulletins (Arch. C. III, B. [3]).

Il n'y eut de scissions que dans les départements du Doubs et du Lot. Le système électoral qui fut pratiqué sous la constitution de l'an III est fort peu connu, et présente beaucoup de singularités dans son application. Les scissions jouèrent un rôle très important dans l'histoire du Directoire ; aussi croyons-nous qu'il est indispensable d'expliquer, d'après les pièces officielles, comment ces scissions étaient faites, et quelles étaient leurs conséquences. Celle du Doubs fut incomplète. Voici, d'après les procès-verbaux, comment les choses se sont passées : On procède à l'élection des conventionnels au nombre de trois. Sur 219 votants, Besson et Boissy-d'Anglas obtiennent également 148 voix, Séguin 144. La liste supplémentaire porte Lanjuinais en tête, avec 167 voix.

Les jacobins, furieux de leur échec, déclarent les élections fanatiques et royalistes, se retirent dans l'ancien couvent des Bénédictins, et font scission le 23 au matin. Au nombre de 46 seulement, ils recommencent les élections des conventionnels. Quirot a 45 voix, Monnot 43, Michaud 40. Aussitôt après, ils nomment une nouvelle liste supplémentaire, que nous avons donnée plus haut. Pendant ce temps-là, les autres électeurs qui formaient la majorité, continuaient tranquillement leurs opérations : il y eut 172 votants pour les élections des deux membres du nouveau tiers. La vérification des élections du Doubs traîna longtemps ; le 27 ventôse, les élections scissionnaires furent définitivement rejetées.

La scission du Lot troubla complètement ce département, car elle ne lui avait pas donné seulement une double députation, mais une double administration, et deux magistrats pour chaque place.

Cette scission eut pour prétexte la vérification des pouvoirs. Le procès-verbal constate qu'il fut donné lecture, à l'assemblée électorale, des proclamations de la Convention des 13 et 14 vendémiaire. Les violents voulurent imposer leurs candidats au moyen d'une scission, qui serait accueillie avec faveur par les vainqueurs de vendémiaire. Ils élevèrent aussitôt de vives protestations contre le procès-verbal de la séance précédente, constatant des vérifications de pouvoirs, et en demandèrent le rejet. Quatre électeurs avaient été écartés alors, parce que le procès-verbal de l'assemblée primaire qui les avait nommés avait été rédigé hors de cette assemblée, et ne paraissait pas signé par les scrutateurs. On comprend aisément que l'admission de semblables procès-verbaux pouvait donner lieu aux plus graves abus ; qu'on aurait pu ainsi introduire dans un collège électoral de prétendus électeurs nommés par une assemblée illégale, ou même supposée. Les violents jetèrent les hauts cris lorsque la majorité maintint cette décision. Néanmoins, ils procédèrent avec elle, le 23 au matin, à l'élection des deux tiers.

Sur 420 électeurs, il y eut 362 votants. Salèles obtint 303 voix, Lanjuinais 224, Larivière 206, Bouygues 186, Saladin 185. Restaient encore deux conventionnels à nommer. Sur cinq, deux seulement de la liste avancée, Sallèles et Bouygues, avaient passé ; les trois autres étaient des chefs du parti, dit réactionnaire. On avait voté, en réalité, une liste de conciliation ; mais les violents se virent battus, et dans l'espoir de faire passer tous leurs candidats, ils se résolurent à faire scission. Le 23, dans l'après-midi, ils se réunissent dans une des salles du district, notifient la scission aux autorités qui sont favorables à leur parti, et s'érigent en assemblée électorale. L'un d'eux, dit le procès-verbal, demande qu'on proclame les motifs qui les ont déterminés à « se séparer d'une *minorité* de

perturbateurs, d'intrigants, de malveillants, dont les manœuvres décelaient la perfide intention de ne porter aux fonctions
publiques que des hommes marqués du sceau de l'incivisme,
et de la haine pour la révolution. » Suit l'énumération des
griefs. Les scissionnaires prétendent qu'une minorité turbulente
aidée par des individus venus du dehors, a fait rejeter systématiquement les élections de bons patriotes, et étouffé leurs réclamations ; mais ils ne précisent aucun fait : ils prétendent qu'il
résulte « de cette multitude d'attentats » que les autres électeurs
sont animés des intentions les plus perverses contre la République, et demandent à la municipalité de Cahors une garde
pour leur sûreté. Cette municipalité, qui est composée de leurs
affidés, s'empresse de la leur accorder. Ils se mettent aussitôt
à recommencer la vérification des pouvoirs à leur guise : un
appel constate la présence de 120 électeurs (Arch. C. III. b.-2).

Pendant ce temps-là, l'assemblée mère complète les élections des deux tiers. Le nombre de ses votants est réduit à
à 264, mais elle contient la grande majorité des électeurs ;
Blaviel et Lesage d'Eure-et-Loir sont élus, le premier par
250, le second par 234 voix.

Pour l'élection de la liste triple, le procès-verbal constate 248
votants. Durand Maillane est nommé en tête par 247 : il y a
249 votants pour l'élection du nouveau tiers. L'assemblée
nomme Drugont par 202 voix, Doumère par 167, et Salgues par
199 à un second tour. Elle poursuivit ensuite toutes ses opérations, nomma les administrateurs et les juges, sans se préoc-
cuper des scissionnaires.

Mais ceux-ci, bien qu'ils eussent participé la veille à l'élection des conventionnels, faite avant la scission, nommèrent
encore les députés des deux tiers. Il n'y eut que 108 votants,
les élus furent Blaviel, par 106 voix, Clédel par 106, Bouygues par 105, Delbreil par 102, Sartre par 98, Montmayou
par 97, Sallèles par 88.

Trois d'entre eux avaient été élus, dans l'autre assemblée,
par conciliation. Il y a 109 votants pour la liste triple, 114 pour
le nouveau tiers. Combres Dormon est nommé par 101 voix,
Lachièze par 108, Duphénieux par 79.

Pour le scrutin des administrateurs, il y eut deux tours, avec

115 et 109 votants. L'assemblée mère nomma les siens par trois tours, avec 249, 230, et 226 votants.

Les scissionnaires rédigèrent le 27, avant de se séparer, une adresse intitulée : « Les patriotes de 89, du département du Lot, à la Convention nationale, » avec cette épigraphe « qu'on cesse de contester la légitimité de cette mesure ; la seule légitime est celle qui sauve la patrie. »

Les autorités locales appartenaient au parti qui avait fait la scission : elles cherchaient, par tous les moyens possibles, à faire prévaloir ses élus : il fut sursis à l'installation des fonctionnaires nommés par l'assemblée mère, et les administrateurs actuels restèrent en fonctions, jusqu'à ce que le Corps législatif eût statué sur la validité des opérations électorales.

Sa décision se fit attendre ; les scissionnaires étaient fortement appuyés par les révolutionnaires des conseils, qui attaquèrent violemment l'assemblée mère, comme ayant agi sous l'inspiration des conspirateurs de vendémiaire ; mais la majorité était si évidemment de son côté, que les Conseils (17 pluviôse) validèrent définitivement ses opérations, et ordonnèrent l'installation des autorités qu'elle avait nommées.

V.

Les thermidoriens et ces girondins violents qui s'étaient coalisés avec eux, furent exaspérés au dernier point par le résultat des élections. Le pays avait montré, de la manière la plus significative, son mépris pour les meneurs qui lui avaient imposé les décrets ; beaucoup de conventionnels violents étaient restés sur le carreau ; ceux qui avaient été dénoncés et persécutés comme royalistes, avaient obtenu le succès le plus éclatant. Les décrets avaient surtout servi à faire réélire de nombreux *crapauds*, et les violents craignaient que, dans le Corps législatif, une partie d'entre eux ne subît l'influence du nouveau tiers modéré. Pour compléter les deux tiers les conventionnels réélus allaient prendre parmi les non réélus, plus de cent députés : ainsi l'aversion du corps électoral pour le système imposé par les décrets, devait être constatée de la manière la plus éclatante. Puisque ni ces décrets, ni la victoire du 13 vendémiaire, n'avaient pu intimider les électeurs, les meneurs de la Convention résolurent de casser leurs choix, et de prendre impudemment la dictature par un nouveau 31 mai, effectué à la fois contre les modérés de la Convention et contre les nouveaux élus.

Les thermidoriens étaient d'autant plus furieux, qu'ils se voyaient battus de tous les côtés. Ils avaient adopté le système de propagande armée, de guerre révolutionnaire; Jourdan et Pichegru avaient passé le Rhin. Le premier le 6 octobre au-dessus de Dusseldorf, le second près de Mannheim, pris ces deux villes, et remporté des avantages signalés. Persuadés que les armées autrichiennes allaient être complètement écrasées, les Comités crurent n'avoir plus aucun ménagement à garder, et exigèrent l'incorporation de la Belgique à la France. Mais les armées françaises subirent, le 7 vendémiaire (29 septembre), un échec près de Heidelberg. Jourdan s'était établi sur le Mein : le général autrichien Clerfayt, le contraignit à repasser sur la rive gauche, vers le 11 octobre, après lui avoir infligé des pertes assez importantes. Les soldats français avaient commis de graves excès sur la rive droite, et violemment irrité les populations. Ces échecs imprévus exaspérèrent les conventionnels, qui s'attendaient à les voir suivis d'autres encore plus graves ; car on pouvait prévoir déjà que la campagne commencée en Allemagne, serait désastreuse.

Ils résolurent de faire leur coup d'État le plus vite possible. En moins d'un mois, ils tentèrent de faire décréter de nouveau les lois les plus funestes de la Terreur. Ils réclamèrent donc la mise en liberté et le réarmement exclusif de tous les individus détenus pour délits révolutionnaires, le rapport de la loi qui organisait une garde pour le Corps législatif; le payement de leur traitement à tous les fonctionnaires destitués depuis le 9 thermidor; la réintégration de tous les généraux destitués; la mise en liberté de Rossignol; le rappel des députés détenus déclarés inéligibles par leurs décrets des 5 et 13 fructidor; un comité général pour accuser plusieurs conventionnels de complicité avec les sectionnaires; l'arrestation de plusieurs députés non compris dans la première dénonciation ; la cassation de l'assemblée électorale de la Seine, et bientôt de toutes les autres élections, la déportation de tous les ennemis de la liberté, des séances de nuit, des visites domiciliaires, le rappel des députés en mission, et l'envoi d'autres proconsuls ; et, enfin, pour couronner l'œuvre, la division de la Convention en deux conseils, et la nomination des directeurs sans attendre le nouveau tiers. Le 30 vendémiaire (22 octobre), Daunou présentait un projet de réglementation sur l'organisation du nouveau Corps législatif. Bentabole monte à la tribune et, au nom du salut de la patrie, il invite la Convention à déclarer qu'elle constitue, « séance tenante », le Corps législatif, sans attendre le nouveau tiers, ou plutôt pour ne pas attendre le nouveau tiers ; car demain le Conseil des Cinq-Cents présentera les candidats au Directoire ; et dans trois jours, les Anciens auront choisi parmi eux les directeurs. Les assemblées électorales ont nommé de mauvais députés, il ne faut pas qu'ils puissent exercer aucune influence sur le choix des directeurs ; c'est une mesure de salut public : il faut « sauver du naufrage le vaisseau de l'État ».

Mais Lecointe Puyraveau, qui n'est pas modéré, bien au contraire, combat la proposition de Bentabole, en déclarant que le peuple verra, dans un pareil acte, une usurpation de pouvoirs de la part des conventionnels. Villetard vient gémir sur les résultats des élections (1), prétend que les républicains courent risque d'être égorgés, et soutient la proposition de Bentabole. Lecointe Puyraveau prouve qu'elle viole très ouvertement l'article 9 du décret du 13 fructidor : en effet, cet article porte que, la distribution des députés entre les conseils « sera faite par la totalité des membres élus, pour former le Corps législatif. » La Convention est très émue, et Bentabole reconnaît piteusement, que sa proposition était contraire à cet article, « auquel personne n'avait fait attention (2) ».

Cette première tentative de coup d'État avait donc échoué. Dubois-Crancé présenta aussitôt une proposition insidieuse,

(1) « Je ne sais quelle magie a pesé sur les résultats des assemblés électorales ; il semble qu'un même génie les ait fait toutes agir. » (*Débats et Décrets*, vendémiaire, IV, p. 465).

(2) L'aveu est adorable! Et il s'agit d'un décret sur lequel on n'a pas cessé de pérorer depuis longtemps ! Au fond, Lecointe Puyraveau ne tient pas plus qu'un autre jacobin à la légalité, mais il redoute le triomphe d'une coterie.

dans le but de faire entrer au Conseil des Anciens des affidés de sa faction (1). Elle fut rejetée, et la Convention vota un décret en 31 articles, qui réglait l'installation du nouveau Corps législatif.

Mais la faction de Tallien et de Barras ne se décourage point pour si peu. Barras déclare que, depuis le 9 thermidor, la Convention s'est montrée trop indulgente, et qu'elle a ainsi favorisé une grande conspiration dont le siège est à Paris. Il raconte à sa façon les événements de vendémiaire, donne lecture d'un prétendu traité des tyrans fait à Pavie, et ratifié à Bâle, qui démembre la France; puis déclame avec une fureur tout à fait terroriste contre les royalistes et les vendémiaristes, invite la Convention à ne pas laisser le gouvernement dans des mains suspectes, et termine par ces paroles significatives :

« Il n'appartient pas *au chef de la force armée* de vous proposer aucune mesure; son devoir est d'exécuter celle que vous commandent les intérêts et les dangers de la République. »

Le chef de la force armée invite très clairement la Convention à le charger de faire un coup d'État. Lecointe Puyraveau, pour esquiver une discussion périlleuse, demande le renvoi de ce discours aux comités. Mais un des affidés du complot, demande que dans la séance du soir, on nomme une commission de neuf membres, chargée de prendre des mesures pour sauver la patrie. Le sanguinaire Garnier de Saintes, déclare qu'il faut absolument profiter de la victoire du 13. Les comités n'ont pris aucune mesure vigoureuse; l'exécrable Menou (déjà dénoncé par Barras) vit encore; tous ces jugements par contumace sont absolument inutiles : il faut nommer une commission chargée de prendre des mesures de salut public. Alors, Tallien expose le programme de la conspiration thermidorienne dont il est le chef. Rien n'a été fait, suivant lui, pour profiter de la victoire de la Convention, et écraser les conspirateurs; si l'on n'y prend garde, ces hommes, frappés de vains jugements par contumace, vont, avec leurs complices, entrer

(1) Il demanda que la Convention, au lieu de les tirer au sort parmi les membres réunissant les conditions légales, choisît elle-même les membres des Anciens. C'était un moyen indirect de s'emparer de la nomination des directeurs.

dans les administrations et les tribunaux, siéger au Corps législatif, faire annuler tout ce qui a été fait contre eux au 13 vendémiaire, et composer une haute cour à leur dévotion, pour faire condamner tous les révolutionnaires (1) : il faut sauver la patrie « en faisant périr les conspirateurs ; car il est évident, pour moi, que sans votre énergie, la contre-révolution est constitutionnellement faite dans toute la France, avant trois mois (2). »

Ainsi le peuple, même en suivant une constitution, dont la marche est odieusement entravée par des décrets qui la faussent, n'a pas le droit d'élire soit comme députés, soit comme administrateurs, d'autres Français que les affidés de Tallien! Il demande la nomination d'une commission de cinq membres, chargée de proposer des mesures de salut public.

Les révolutionnaires exploitaient alors avec leur impudence ordinaire, contre les modérés, ces défaites qu'ils avaient follement préparées ; ils criaient à la trahison contre les généraux, et les meilleurs agents diplomatiques, contre ceux qu'ils appelaient la faction des anciennes limites. Un régiment de cavalerie était alors campé dans le jardin des Tuileries ; des artilleurs avec leurs canons gardaient les abords de la Convention qui délibérait au milieu d'un camp. Comme au 31 mai, des brigands armés occupaient les tribunes, applaudissaient frénétiquement aux discours des terroristes et insultaient les modérés. La Convention fléchit et déclara que, dans la soirée, elle nommerait la commission demandée par Tallien.

Elle se réunit de nouveau à sept heures du soir, entourée de bandits comme aux plus mauvais jours de la Terreur. Les conspirateurs se croyaient sûrs de triompher. Ils étaient furieux de l'insuccès des opérations militaires, et suivant leur habitude, ils en profitaient pour crier à la trahison et pour proscrire. Sur les dénonciations de Lesage Senault, Tallien, Hardy, Frécine, les députés Aubry et Lomond, furent décrétés d'arrestation ainsi que le général Miranda. On demanda aussi l'arrestation de Gaux, commissaire des guerres, secrétaire

---

(1) On lui enverra peut-être les massacreurs de septembre! Tallien est obsédé de cette crainte.

(2) *Débats et décrets*, vendémiaire, IV, p. 489.

d'Aubry : quelqu'un fit observer qu'il venait d'être élu député, mais c'était un titre de plus à la proscription, et il fut décrété (1). Menou fut déféré à un conseil militaire, et Lomond arrêté immédiatement. Le résultat du scrutin fut publié à une heure du matin. Roux de la Marne, qui venait de réclamer bruyamment l'expulsion des nouveaux Rovère et des nouveaux Saladin, arriva le premier avec 234 voix seulement. Tallien en obtint 228, Florent Guyot 206, Pons de Verdun 200, Dubois-Crancé 195. Comme aux plus mauvais jours de la Révolution, une minorité terroriste décrétait au nom de la Convention, qui comptait alors plus de six cents membres à Paris. Il fut décidé que la commission des Cinq présenterait son rapport à trois heures de l'après-midi.

Le 1ᵉʳ brumaire, au début de la séance, on vota des articles du Code des délits et peines. Un député demanda qu'on interrompît la discussion pour entendre un envoyé de l'Assemblée électorale du Lot. Thibaudeau réclame alors la parole et déclare que la Convention ne peut se mêler des élections : « Ce serait un attentat à la constitution; ce n'est pas le premier coup que l'on veut lui porter, mais je périrai plutôt que de le souffrir. » Cette déclaration met le feu aux poudres. Pénières répond : « Nous voulons la constitution ou la mort. » Aussitôt de nombreux députés, galvanisés subitement par l'énergie de Thibaudeau, s'écrient avec fureur : « Nous périrons s'il le faut. » Les montagnards exaspérés traitent Thibaudeau de conspirateur. Beaucoup d'entre eux se lèvent en criant : A l'ordre! et même : A *l'Abbaye!* comme au bon temps. Mais les modérés relatifs sont enfin sortis de leur torpeur, et Thibaudeau va démasquer les nouveaux conspirateurs conduits par Tallien, comme le même Tallien a démasqué Robespierre et Saint-Just le 9 thermidor.

« Citoyens, dit-il, je prends l'engagement de dénoncer à la nation la nouvelle tyrannie qu'on nous prépare. On aura beau créer de nouvelles dictatures, j'encourrai de nouvelles proscriptions, je bra-

---

(1) Dubois-Crancé demanda aussi l'arrestation d'une femme qu'il disait être la maîtresse d'Aubry, mais Hardy prit sa défense, et cette proposition fut renvoyée au Comité de sûreté générale. (*Débats et décrets*, vendémiaire, IV, p. 495.

verai la mort plutôt que de n'être pas toujours *comme une barre de
fer* (1), inébranlable contre toutes les ambitions. Il faut lever enfin le
voile abominable qui couvre d'horribles manœuvres. Citoyens, la
terreur plane encore sur cette enceinte (oui! oui! s'écrient plusieurs
membres); il faut qu'avant la fin de cette séance la terreur disparaisse;
il faut savoir si quelques hommes auront l'audace de vouloir régner
ici, parce que leur amour-propre est irrité de n'avoir pas eu la prio-
rité de la confiance nationale. »

Et il flétrit les intrigues de la gauche et de certains hommes
qui ont, suivant les phases de la révolution, changé de masque,
qui se plaçaient à droite pour dénoncer à gauche, prenaient
place à gauche pour dénoncer à droite. « C'est de Tallien que
je parle, » s'écrie-t-il. Aussitôt les thermidoriens poussent de
violentes clameurs. Thibaudeau continue au milieu du tumulte;
il déclare que la commission, sous prétexte de salut public, va
proposer l'arrestation des députés dénoncés, la cassation des
opérations électorales, l'ajournement de l'installation du nouveau Corps législatif. Les indépendants, entraînés par Thibaudeau, déclarent bruyamment qu'on n'y réussira pas; les conspirateurs démasqués protestent avec fureur. Thibaudeau fait une
terrible philippique contre Tallien, contre ses éternelles dénonciations (2), contre ses variations politiques; il rappelle qu'il
a été le panégyriste des massacres de septembre, que sa conduite a toujours été très louche, et que ce dénonciateur acharné
est fortement suspecté d'avoir été secrètement en rapport avec
les royalistes (3). La Convention n'a pas le droit de différer
la réunion du Corps législatif, car le peuple a nommé ses
députés pour qu'ils se réunissent le 5 brumaire; « rien ne peut

---

(1) *Débats et décrets*, vendémiaire n° 1127. Ce discours valut à Thibaudeau le
surnom de *Barre de fer*.

(2) Il fut interrompu très violemment par les partisans de Tallien; et la Révellière qui ne pouvait pardonner à cette faction de l'avoir proscrit après le 31 mai,
s'écria : « Il est bien étonnant que des hommes dont on avait voulu oublier les
crimes, accusent des citoyens vertueux. N'y a-t-il pas encore parmi eux un
homme qui a fait fusiller une femme après l'avoir fait entièrement déshabiller. »
(*Débats et décrets*, vendémiaire an IV, n° 1127.)

(3) « Les agents du gouvernement à Gênes, et à Venise, ont écrit il y a quelque
temps, au gouvernement, que les émigrés comptaient beaucoup sur Tallien pour
rétablir le royalisme. Une lettre du prétendant, Monsieur, signée de lui, annonce
qu'il a de grandes espérances sur Tallien. Ces pièces existent au Comité... »

me forcer, dit-il, à être le 5 brumaire membre de la Convention. » « Ni nous! », crient beaucoup de députés en se levant. Les conspirateurs sont forcés de reconnaître que le succès de leur plan est bien compromis; ils cherchent maintenant à se justifier. Tallien, ne peut se dissimuler que son projet est percé à jour : néanmoins il essaie de répondre à Thibaudeau. Il prétend toujours que les élections n'ont pas été libres; mais il recule un peu, et finit par présenter au nom de la commission un projet de décret très perfide. Il porte que la Convention restera en permanence jusqu'au 5 brumaire. Tallien et ses complices espèrent profiter de cette permanence et de l'agitation qu'elle doit entraîner, pour faire adopter les fameuses mesures de salut public qui viennent d'être dénoncées par Thibaudeau. Mais celui-ci demande la question préalable, car ce serait d'après lui la permanence de l'anarchie; il rappelle que seul le nouveau Corps législatif peut vérifier les pouvoirs des élus. Bentabole demande alors qu'on ajourne simplement le projet sur la permanence jusqu'au rapport de la commission. Chénier, par un discours habile, protège la retraite des conspirateurs; il loue Tallien, il prétend que les élections sont détestables, et qu'il a été très permis d'en demander la cassation; mais de bons esprits envisagent avec effroi les conséquences d'un pareil acte; aussi trouve-t-il préférable de ne pas insister sur cette demande. Seulement il faut prendre des mesures très fortes : que la Convention rejette la proposition de permanence par la question préalable, mais que la commission présente une loi sur la déportation des royalistes et des conspirateurs.

On ferme la discussion au milieu d'un tumulte affreux : après trois épreuves successives, la permanence est ajournée comme Bentabole l'avait demandé; mais les conspirateurs sauront déterminer la Convention à voter, avant de se séparer, des lois très odieuses et qui dénaturent la constitution sur certains points; néanmoins leur coup d'État est manqué.

Le lendemain, Tallien vint lire le rapport de la Commission des Cinq. Il fit à sa manière l'histoire de la Révolution. Les royalistes déguisés en révolutionnaires sont les seuls auteurs de tous les crimes commis depuis 1789. Ils ont égorgé Condorcet, Vergniaud, Danton sous l'influence de l'Angleterre. C'est Pitt qui a organisé les insurrections de germinal et de prairial. Cette conspiration permanente a fait les journées de vendémiaire. Les élections ont été viciées; de nombreuses administrations ont trahi : Barbé Marbois, *rédacteur du traité de Pilnitz*, Vaublanc et Quatremère, condamnés par contumace, n'ont-ils pas été nommés au Corps législatif, ainsi que des défenseurs officieux de Capet, des écrivains apologistes de la royauté, des aides de camp de Précy! Les décrets des 5 et 13 fructidor sont insuffisants. Frappée des dangers de la patrie, la Commission avait, pour détruire les dernières espérances des royalistes, arrêté les bases d'un plan qui, suivant lui, respectait religieusement la constitution, et ne retardait point la réunion du Corps législatif. Ce plan, il ne l'indique pas, mais tout le monde le connaît. Cependant Tallien déclare que la séance d'hier a déterminé la Commission à abandonner son projet. Mais il n'en est pas moins indispensable de sonder les plaies de l'État, d'empêcher les prêtres et les émigrés de rentrer, « de purger enfin le sol de la République des infâmes royalistes sans cependant relever les échafauds *à jamais proscrits* (1). » Tallien et sa bande préparent déjà le régime fructidorien de la guillotine sèche! Il présente donc une série de mesures terroristes contre les prêtres, les émigrés et tous ceux qui sont suspectés d'avoir participé aux troubles de vendémiaire. Thibaudeau soulève de violentes colères en déclarant que ce décret, pour ce qui concerne les citoyens élus par le peuple, est contraire à la constitution, et attentatoire aux droits du peuple. Plusieurs articles du projet furent adoptés, mais il ne fut voté complètement que dans la séance du lendemain soir.

Ce fameux décret du 3 brumaire mérite d'être examiné avec attention; car en dépit de la constitution, il rétablit le régime révolutionnaire sur beaucoup de points. L'article 1er est ainsi conçu :

« Les individus qui dans les assemblées primaires, ou dans les assemblées électorales auront provoqué ou signé des mesures séditieu-

(1) *Débats et décrets*, vendémiaire, IV, p. 505.

ses et contraires aux lois, ne pourront jusqu'à la paix générale, exercer aucunes fonctions législatives, administratives, municipales et judiciaires, ainsi que celles de haut juré près la haute cour nationale, et de juré près les autres tribunaux. »

L'article 2 exclut des mêmes fonctions tout individu porté sur une liste d'émigrés, et qui n'a pas obtenu sa radiation définitive, ainsi que *son père, ses fils et petits-fils, frères et beaux-frères, alliés au même degré, oncles, neveux*. Celui qui se trouvant exclu par les articles 1 et 2 accepterait ou aurait accepté les fonctions désignées par ces articles, et ne s'en démettrait pas dans les vingt-quatre heures de la promulgation de la loi, serait banni à perpétuité, et tous les actes qu'il aurait faits depuis déclarés nuls (art. 3).

Tout le monde savait que les quatre cinquièmes des inscrits sur les listes d'émigrés n'avaient jamais quitté la France. En attachant d'aussi graves déchéances à cette seule inscription, la Convention décrétait déjà, et très sciemment, une scandaleuse iniquité; en frappant comme eux les parents et alliés de ces inscrits, elle commettait une véritable infamie! Mais elle expulsait ainsi de la politique une partie importante de cette bourgeoisie qui venait de lui infliger un si grand échec aux élections, et remplaçait l'ancienne loi des suspects qui était devenue inapplicable sans la constitution nouvelle.

L'article 4 excepte de ces déchéances les membres de l'une des trois assemblées nationales, ceux qui depuis la Révolution ont rempli sans interruption des fonctions au choix du peuple, et ceux qui obtiendront leur radiation définitive ou celle de leurs parents. Le Directoire (art. 5) remplacera les fonctionnaires écartés par cette loi. On éloigne ainsi beaucoup d'hommes estimables de la bourgeoisie pour les remplacer par des révolutionnaires destitués après thermidor.

Les membres du Corps législatif et des autorités diverses, avant d'entrer en fonctions déclareront qu'ils ne sont pas dans les cas des articles 1 et 2 : s'ils font une fausse déclaration, ils encourent la peine du bannissement perpétuel. Les articles 7 et 8 sont très curieux.

Art. 7. « Tous ceux qui ne voudraient pas vivre sous les lois de la

République et s'y conformer, sont autorisés dans les trois mois qui suivront la publication du présent décret, à quitter le territoire français, à la charge d'en faire la déclaration à la municipalité du lieu de leur domicile dans le délai d'un mois. »

Art. 8. « Ils pourront toucher leurs revenus, même réaliser leur fortune, mais de manière cependant qu'ils n'emportent ni numéraire ni métaux, ni marchandises dont l'exportation est prohibée par les lois, et, *sauf l'indemnité qui pourra être déterminée par le corps législatif au profit de la République.* »

L'article 8 n'est qu'une impudente mystification. On ne pourra, après avoir vendu ses biens, emporter que des assignats pour vivre à l'étranger ! Ce jour-là, 3 brumaire, le louis vaut 1832 livres en papier ! et il faudra encore laisser le plus clair de son bien à la République ! Ceux qui useront de cette faculté seront punis comme émigrés, c'est-à-dire mis à mort s'ils rentrent en France.

Maintenant on s'en prend à la liberté religieuse ! L'article 10 maintient une fois de plus dans toute leur rigueur les lois de 1792 et de 1793 contre les prêtres. Elles doivent être exécutées dans les vingt-quatre heures de la promulgation du présent décret. Les fonctionnaires négligents seront condamnés à deux années de détention ; les arrêtés des comités de la Convention et des députés en mission réputés contraires à ces lois sont annulés. On revient sur quelques actes d'humanité.

La loi du 22 fructidor qui a levé la confiscation des biens des prêtres déportés est cependant maintenue.

Ensuite les législateurs terroristes persécutent les femmes d'émigrés. Elles sont tenues de se retirer dans la huitaine, jusqu'à la paix générale, dans la commune de leur domicile habituel en 1792 ? Elles ont dû la quitter pour se soustraire à des vexations odieuses : raison de plus. Cette disposition est étendue aux femmes divorcées non remariées, aux mères, belles-mères, filles et belles-sœurs d'émigrés non remariées et âgées de plus de vingt et un ans. Elles sont internées dans cette commune sous la surveillance de la municipalité et ce à peine de deux années de détention. Ce sont tout à fait des suspectes ! Ces dispositions sont applicables au mari d'une femme émigrée, à tout citoyen père, beau-père, fils, petit-fils et gendre d'émigré avec même pénalité (art. 12 et 13). On voit que cette odieuse loi bouleversait l'existence d'une multitude de familles.

Les articles 14 et 15 éloignent les officiers nommés par les comités de la Convention lorsque l'élément modéré y était fortement représenté. Tous ceux qui avaient quitté le service après le 10 août, et avaient été réintégrés depuis, sont exclus. Tous ceux qui ont été placés entre le 15 germinal an III et le 15 thermidor suivant sont suspendus, ils ne peuvent être réintégrés que par ordre formel du Directoire, avec preuves de services à la République. On veut remplacer tous ces officiers par des sacripants agréables aux prairialistes.

Art. 16. « La Convention nationale recommande *paternellement* à tous les républicains, à tous les amis de la liberté et des lois, la surveillance de l'exécution du présent décret. »

C'est un appel très républicain à l'espionnage et à la dénonciation.

Le même jour la Convention décréta que les militaires de tout grade, destitués ou mis en non activité, qui étaient venus s'enrôler les 13 et 14 vendémiaire, seraient rappelés de leur solde sur le pied actuel à partir de leur destitution ou de la cessation de l'emploi, que la subsistance leur serait délivrée et qu'ils seraient rétablis dans leurs grades.

La commission des Cinq, voulant rétablir autant que possible le régime terroriste, proposa avec sa nouvelle loi de suspects, l'établissement d'un *maximum* (1) qui aurait exigé des mesures d'exécution d'une extrême violence, et ramené la France au temps de Robespierre. Ce projet odieux et insensé fut naturellement accueilli avec beaucoup de faveur par les violents; mais sur ce point, Rewbell se sépara d'eux; il déclara nettement que ce maximum ramènerait la famine, et réussit à le faire rejeter.

Les révolutionnaires voulaient d'abord faire décréter l'annulation des élections; la discussion du 1er brumaire ayant mal tourné pour eux, ils résolurent d'annuler autant que

---

(1) Il fixait les prix forcés à la valeur décuple des prix de novembre 1790, ce qui était un taux ruineux, car l'assignat perdait alors près de 99 pour cent.

possible les choix du peuple par la loi du 3 brumaire, et la majorité intimidée accepta cette sorte de compromis (1). Mais ce n'était pas assez d'exclure des fonctions publiques une partie de la classe qui venait de si mal voter : il fallait encore assurer l'impunité de ces jacobins, de ces prairialistes, de ces buveurs de sang, de ces concussionnaires contre qui la Convention avait fait mine de sévir depuis le 9 thermidor et surtout depuis prairial. Le 2 brumaire, Baudin des Ardennes avait lu un long rapport dans lequel tous les faits de la Révolution étaient impudemment dénaturés, et présenté à la suite un projet de décret portant abolition de la peine de mort et amnistie générale. C'est un trait admirable d'hypocrisie révolutionnaire. En effet ce projet n'amnistie que les terroristes, n'abolit la peine de mort que pour les assassins, et la maintient pour les proscrits politiques, et pour ceux qui n'ont pas voulu se soumettre à une église d'État, abolie par la Convention et réprouvée par la Constitution nouvelle (2).

Ce n'était pas assez de reprendre le jargon des prairialistes après avoir envoyé leurs chefs à la guillotine, et d'amnistier les bandits de la Terreur et de prairial, en les déclarant cyniquement des patriotes opprimés : on voulait composer de ces bandits une véritable armée révolutionnaire au service de Tallien et de ses complices. Mais cette prétention hautement affichée alarma une partie des vainqueurs : les jacobins réagissaient trop ouvertement contre le 9 thermidor et l'excès de la peur donna un peu de courage aux anciens Girondins.

Le 3 brumaire Bentabole demande que les *patriotes de* 89 soient réarmés. Les prétendus modérés protestent : les tribunes applaudissent bruyamment, et bientôt se mettent à vociférer contre les députés qui demandent l'ordre du jour.

(1) « On gagnait du temps, dit plus tard Thibaudeau (1er brumaire an V), par cette condescendance à des mesures qui répugnaient à toutes les consciences. On se trouvait trop heureux d'en être quitte pour une mauvaise loi et d'atteindre le 5 brumaire sans secousse plus violente... » Doulcet rappela aussi le 11 brumaire an V, qu'alors certains députés se promenaient dans les rangs et disaient à tous : « Acceptez-la, nous sommes trop heureux d'en être quittes à ce prix. Le Corps législatif ne peut la maintenir, la Constitution l'annule de fait »; et plus tard ils s'opposèrent, toujours par poltronnerie, à son abrogation.

(2) Il ne faut pas oublier que Baudin était janséniste.

Beaucoup de conventionnels expriment leur indignation de l'intervention scandaleuse des tribunes qui sont composées de ces prétendus patriotes. Aussitôt Lesage Sénaut demande la mise en liberté de Duhem et de Choudieu. On se récrie. « Ignore-t-on, dit un député, que ces hommes sont les auteurs de la mort de nos plus vertueux collègues? » La proposition est encore renvoyée aux comités. Mais les jacobins ne se découragent point. La section révolutionnaire des Quinze-Vingts vient réclamer la mise en liberté du fameux général Rossignol, et à la séance du soir on réclame aussi celle de Daubigny, un des plus odieux agents de la Terreur. Quelques députés protestent : Bourdon de l'Oise déclare que la victoire de la République ne doit pas être souillée par l'éloge des scélérats, et rappelle les forfaits d'Héron, d'Audoin, de Rossignol. La Révellière très effrayé proteste vivement contre ces demandes. Le lendemain, Charlier soutenu par les applaudissements des tribunes demande encore la mise en liberté des conventionnels détenus. Defermont s'y oppose énergiquement. La Convention écarte cette discussion, et consacre à la loi d'amnistie sa dernière séance.

L'article 1 porte que la peine de mort sera abolie dans la République à partir de la paix générale; mais ce n'est qu'une grossière mystification (1). L'article 2 déclare que la place de la Révolution sera désormais la *place de la Concorde*; la rue qui conduit à cette place sera la rue de la Révolution (2).

L'article 3 abolit toutes les procédures « portant sur des faits purement relatifs à la révolution. » Les individus détenus pour ces faits seront immédiatement relâchés, s'il n'existe point contre eux de charges relatives *à la conspiration de vendémiaire* (3). Dans toute accusation, où il s'agirait à la fois de faits

---

(1) Le projet portait que la peine de mort serait abolie à compter du 5 brumaire, et que la peine de *vingt-cinq ans* de fers lui serait provisoirement substituée.

(2) La commission avait proposé de décréter que la rue de la Révolution conservera ce nom pour marquer aux Français *que la révolution a été le passage qui devait les conduire à la Concorde*. Quelques jours après les mitraillades de vendémiaire, c'était hardi !

(3) En entendant lire cette dernière disposition, Delleville ajouta, à haute voix : « et les conspirateurs de germinal et de prairial. » Les jacobins se mirent à hurler : il leur rappela en termes énergiques le meurtre de Féraud. (*Débats et décrets*, vendémiaire, IV, p. 545.)

relatifs à la révolution, et de délits prévus par le code pénal, l'instruction et le jugement ne porteront que sur ces délits seuls (art. 5). L'application de cet article devait donner lieu nécessairement à de sérieuses difficultés.

Tous ceux qui pendant la révolution auront dilapidé la fortune publique, fait des concussions, levé des taxes dont ils retenaient tout ou partie, auront pillé enfin de quelque manière au nom de la Révolution, pourront être poursuivis soit par la nation, soit par les citoyens lésés, mais seulement par action civile, pour simple restitution. Le Directoire pourra suspendre l'application de cette loi dans les départements insurgés.

« Art. 8. — Sont formellement exceptés de l'amnistie : 1° Ceux qui ont été condamnés par contumace pour les faits de la conspiration de vendémiaire. 2° Ceux à l'égard desquels il y a une instruction commencée, ou des preuves acquises, relativement à la même conspiration, *ou contre lesquels il en sera acquis par la suite.* 3° *Les prêtres déportés ou sujets à la déportation.* 4° Les fabricateurs de faux assignats ou de fausse-monnaie. 5° Les émigrés *rentrés ou non* sur le territoire de la République. »

La loi du 3 brumaire an IV, avec l'amnistie jacobine du 4, son complément naturel, est le testament politique de la Convention. Cette assemblée retourne, comme dit le livre saint, à son vomissement.

Heureusement les auteurs des fameux décrets se sont divisés après la victoire. Les uns, anciens thermidoriens soutenus par les débris du parti jacobin de la Convention, voulaient rétablir à leur profit une dictature semblable à celle de Robespierre, et dans ce but ils se sont mis à caresser les jacobins de la rue après les avoir si durement traités ; les autres, proscrits du 31 mai, s'étaient unis avec eux pour écraser les modérés. Après tout, n'avaient-ils pas fait ensemble le 10 août ? Mais maintenant les agissements de leurs anciens proscripteurs les épouvantent : ils ont appris à les connaître ! Ils s'alarment d'entendre l'éloge de ce 31 mai qui avait été si bien renié, et se demandent si les thermidoriens n'en méditent pas un second contre eux, avec l'aide de ces jacobins qu'ils raccolent partout.

Sans doute Thibaudeau a courageusement attaché le grelot, mais il faut bien le reconnaître, c'est encore la division entre les violents qui empêche une grande catastrophe. La Constitution va fonctionner bien incomplètement, [grâce à la coterie révolutionnaire qui s'est imposée au pays. Néanmoins, l'audacieuse entreprise des conventionnels n'a réussi qu'à moitié : le vrai peuple manifestera plus tard sa volonté de la manière la plus éclatante, et il faudra un grand coup d'État, accompagné de nombreuses proscriptions, pour le décourager de la lutte.

Avant de se séparer, les conventionnels devaient, en exécution des lois du 13 fructidor an III, et 30 vendémiaire an IV, choisir cent quatre de leurs collègues non réélus par les électeurs pour compléter les deux tiers, avec les trois cent soixante-dix-neuf déclarés réélus, et les députés de la Corse et des colonies conservés provisoirement. Le Comité de salut public avait eu soin de préparer, par avance, une liste dans laquelle figuraient quelques modérés à côté des conventionnels violents, que les électeurs avaient repoussés, et beaucoup de députés obscurs.

Au premier tour, 68 députés sont élus. Le premier, Marragon, a 229 voix sur 303 votants; le dernier, Mazade, 152 (1). Au second tour il n'y a plus que 227 votants. Huit conventionnels sont élus : le premier, Cornilleau, a 148 voix; le dernier, Lesterpt aîné, 114. Enfin les vingt-neuf députés restants sont nommés au troisième tour : sur 228 votants, le premier Dabray, par 180 voix, le dernier Michaud, par 115. Sur ces 104 élus, on compte 24 régicides sans condition:

Parmi ceux qui ne sont pas réélus, on trouve certains commissaires de la Convention dans les départements : Sévestre, Siblot, Paganel, Enlard, Glaizal, Isoré, Tréhouart, Haussmann, Roux Fazillac, Pocholle, Fréron (il n'eut que 15 voix), Frémanger, Vidal.

On était alors si peu fixé sur les résultats des dernières élections en province, que Meillan élu (à l'insu de tout le monde évidemment) par les Landes et les Basses-Pyrénées, figure

---

(1) Parmi ces élus abandonnés par les électeurs on trouve, Bourdon de l'Oise avec 224 voix, Musset 206, Lecarlier 203, Ysabeau 191, Quirot 169, Talot 162, Gomaire 154. (*Débats et décrets*, vendémiaire, IV, p. 592.)

parmi les 104 choisis. On trouve aussi dans ce scrutin les noms de Blad et de Despinassy, nommés déjà dans le Finistère et dans le Var. Il avait été décidé en outre par l'article 14 de la loi du 30 vendémiaire, que les conventionnels non réélus qui venaient immédiatement après ces cent quatre, rempliraient les places du Corps législatif qui deviendraient vides, jusqu'au 15 brumaire, pour acceptation de fonctions incompatibles avec les fonctions législatives, comme celles de directeur ou de ministre, ou pour toute autre cause (1).

Pendant que les conventionnels s'imposaient à la France, une triple alliance était conclue à St-Pétersbourg contre les révolutionnaires, entre la Russie, l'Autriche et l'Angleterre, le 28 septembre 1795.

(1) L'application de cette disposition donna lieu à de longues et vives discussions au sein des Conseils. Le 21 floréal (10 mai), les Cinq-Cents votèrent une résolution portant que pour combler six places vacantes au 15 brumaire dans le sein des deux tiers conventionnels, Monnel, Legendre de la Nièvre, Martineau, Delbret, Sévestre et Levasseur de la Meurthe, ex-conventionnels, qui avaient eu le plus de suffrages après ceux élus par l'Assemblée électorale de France, étaient appelés au Corps législatif. Mais le 15 prairial (3 juin), les Anciens repoussèrent cette résolution. Baudin (des Ardennes) soutint avec succès, que l'art. 14 de la loi du 30 vendémiaire devenait inapplicable dès que les deux Conseils étaient divisés. (*Débats et décrets*, prairial an IV, p. 188 à 226.)

Pour justifier le décret imposant les deux tiers de la Convention, on a dit que cette assemblée représentait l'ensemble de la révolution. Elle était d'après Thiers, « composée en grande partie de constituants et de membres de la Législative »; elle réunissait aux régicides « les hommes qui avaient aboli l'ancienne constitution féodale le 14 juillet et le 4 août 1789 ». Cette justification a le tort grave de ne tenir aucun compte du droit de la nation, et d'être erronée en fait. L'immense majorité de la Convention ne représentait que le parti violent, et les hommes de 89 n'y figuraient point. En effet, sur 749 membres elle ne compte que 77 constituants qui presque tous ne représentent aucunement le parti de 89. Il suffit de nommer Robespierre, Barère, Vadier, Vouland, Salicetti, Th. Lindet, Dubois Crancé, Merlin de Douai, Lepelletier, etc., les girondins Pétion et Buzot, et aussi Sieyès, Treilhard, La Révellière, Goupilleau, Ramel, Grégoire, etc. Sur ces 77, 32 ont voté la mort de Louis XVI, 6 la mort avec condition, 3 étaient absents. La Législative était représentée par 189 députés parmi lesquels on trouve une bonne partie des plus violents terroristes, comme Bernard de Saintes, Couthon, Maignet, Romme, Rühl, Ruamps, Prieur de la Marne, Pinet aîné, Élie Lacoste, Cambon, Chabot, Choudieu, Thuriot, Chaudron-Rousseau, Léquinio, Mallarmé, Albitte, Lecointe Puyraveau, etc., etc. Sur ces 189 il y eut 128 régicides et 10 avec condition, 7 étaient absents. La Convention comptait donc 481 membres nouveaux, presque les deux tiers, et ses élections avaient été dans beaucoup de départements viciées par l'illégalité et la violence.

CHAPITRE IX.

SITUATION DE LA FRANCE APRÈS LA DISSOLUTION DE LA CONVENTION.

I. — Haine des conventionnels contre le nouveau tiers.. — Installation des Conseils. — Les directeurs. — Les ministres.

II. — Situation intérieure. — Ruine des finances. — Les lois contre les émigrés frappent une foule de non émigrés. — Odieuse législation sur les pères et mères d'émigrés. — Déchéances politiques pour parenté avec les émigrés. — Honteux motifs des révolutionnaires pour maintenir cet ensemble de lois. — Bouleversement de la famille par le divorce. — Par l'admission des bâtards au rang des enfants légitimes. — Par la restriction extraordinaire des droits du père. — Lois rétroactives sur les héritages.

III. — Incertitude, dépréciation de la propriété. — La persécution religieuse continue. — Ruine de l'instruction publique. — Désorganisation de tous les services.

I.

Lorsque le nouveau Corps législatif se réunit, Paris était encore bouleversé par les suites de l'insurrection de vendémiaire. On gardait partout un grand attirail militaire, comme pour prévenir les députés du nouveau tiers, du sort qui les attendait s'ils s'avisaient de résister aux usurpations des conventionnels. Ceux-ci les accueillaient avec beaucoup de morgue jacobine, de défiance et même d'hostilité, et traitaient d'avance tous les nouveaux députés de royalistes et de conspirateurs. La crainte d'être chassés du pouvoir, et peut-être même condamnés à expier leurs crimes, les avait décidés à prendre les décrets de fructidor qui leur assuraient encore pour dix-huit mois la majorité dans les deux conseils; mais le danger n'était que différé, et la seule présence des députés du nouveau tiers les inquiétait et les irritait profondément « les conventionnels, dit Barbé Marbois, ne voyaient en nous que des hommes destinés à les livrer à la justice », et cependant ce tiers, composé en presque totalité de partisans de la monarchie

constitutionnelle, observa soigneusement la constitution de
l'an III (1), que les républicains violèrent sans aucun scrupule,
et fut victime de son respect pour cette constitution qui lui
avait été imposée.

Le 5 brumaire an IV (27 octobre 1795), on installa les deux
nouveaux Conseils. Il fut procédé à un appel nominal de tous
les députés élus : chacun à mesure qu'il était appelé déclarait
s'il était marié ou veuf, et s'il avait quarante ans, et déposait
sur le bureau sa déclaration signée. A la suite de cet appel, on
choisit, par la voie du sort, parmi les députés mariés ou veufs
âgés de quarante ans, les deux cent cinquante membres du
conseil des Anciens (2). Le lendemain, en vertu de l'article 7 du
titre IV de la constitution (3), le Conseil des Cinq-Cents et le Conseil des Anciens se séparèrent. Daunou fut élu président par les
Cinq-Cents, La Révellière par les Anciens. Le 8, chaque Conseil
notifia à l'autre qu'il était constitué, et les Cinq-Cents procédèrent
à la formation d'une liste de présentation de cinquante candidats,
parmi lesquels les Anciens devaient élire les cinq directeurs.
Elle leur fut présentée le 9. On dut constater immédiatement
que la Constitution donnait en réalité le droit de nomination
aux seuls Cinq-Cents, car ce conseil, avait proposé en tête de
sa liste, cinq hommes politiques connus, La Révellière, Rewbell
Sieyès, Letourneur, Barras, et fait ensuite figurer à leur suite
quarante-cinq individus parfaitement inconnus, et tous étrangers au Corps législatif à l'exception de Cambacérès, le dernier
de la liste. La manœuvre était évidente, et Dupont de Nemours la releva le lendemain d'une manière piquante, en demandant un délai, pour permettre aux anciens de faire une
enquête sur les quarante-quatre candidats très ignorés qui leur

(1) « Hormis cinq ou six hommes qu'on pouvait regarder comme suspects de
royalisme, dit Barbé Marbois, les plus animés n'étaient réellement irrités que
contre la conduite despotique et contre les déprédations des directeurs et non
contre le régime républicain. » (*Journal d'un déporté*, t. I.)

(2) Un député d'Eure-et-Loir annonça qu'il venait d'être averti de son inscription sur la liste des émigrés, dans un département où il n'avait jamais demeuré,
mais où il avait acheté un bien en 1792. (*Débats et décrets*, brumaire, IV, p. 2.)
Tant que les lois sur les émigrés subsistèrent on vit des députés même très
républicains faire des déclarations semblables.

(3) La séance, commencée à six heures du soir, ne fut terminée que le lendemain à cinq heures du matin. (*Débats et décrets*, brumaire an IV, p. 1.)

étaient présentés (1). Mais le conseil, bien qu'il fût mécontent d'avoir la main forcée, était pressé de procéder aux élections; il subit donc les choix qui lui étaient imposés. La Révellière, Rewbell, Sieyès, Barras et Letourneur furent élus directeurs. Les meneurs avaient eu soin de choisir des révolutionnaires très compromis : tous étaient régicides, sauf Rewbell, absent par commission lors du procès de Louis XVI, mais qui aurait certainement voté sa mort.

Sieyès n'accepta point sa nomination; il exprima dans sa lettre de refus « la conviction intime et certaine que je ne suis nullement propre aux fonctions du Directoire exécutif. » Suivant lui, on ne peut investir de ces fonctions « précisément un homme qui depuis le commencent de la révolution a été constamment en butte à tous les partis; à tous sans exception. »

Le 12, les Cinq-Cents, pour remplacer Sieyès, présentèrent une liste décuple. Carnot et Cambacérès étaient les seuls personnages connus de cette liste. Les huit autres étaient parfaitement obscurs. La majorité révolutionnaire persistait impudemment dans le système qu'elle avait adopté (2). Le len-

---

(1) C'étaient des administrateurs, ou ex-administrateurs de département, des maires ou ex-maires de villes, deux ex-constituants très obscurs, des juges de paix, des hommes de loi, des cultivateurs de petites localités. (V. *ibid.*, p. 13.) « Il est évident, dit Dupont de Nemours, que ces candidats n'ont pu être colligés, sur toute l'étendue de la France, dans les plus petits districts, parmi les moindres juges, au sein des cantons rustiques, et jusque dans les pays conquis, que par quelque administrateur éminent qui, en gouvernant déjà la République, aura pu, avec le coup d'œil de l'aigle, et sur cet immense territoire, discerner le mérite enseveli sous l'herbe, et l'indiquer à ses collègues. Loin de nous la pensée qu'en rapprochant de quelques législateurs célèbres un grand nombre d'hommes ignorés, on ait voulu forcer le choix, donner à la patrie des directeurs qui n'auraient pas subi la double épreuve que réclame la constitution, et réuni le sentiment libre des deux conseils. Robespierre avait conquis la France par la force, ce serait la conquérir par la ruse ! L'action ne serait pas moins coupable. » (*Ibid.*, p. 23.)

La Révellière dit que cette liste fut dressée chez Villetard de l'Yonne, depuis sénateur. « Ce procédé était régulier sans doute, mais il était inconvenant. » Il prétend que si Creuzé la Touche avait figuré sur cette liste, on aurait évité l'odieuse nomination de Barras. En effet, Cambacérès était regardé comme trop modéré par les deux tiers.

(2) Duplantier s'en moqua ouvertement. Carnot est en tête de la liste avec 181 voix. Cambacérès n'y figure que le sixième, avec 157 voix. Les autres sont un chef de bataillon, un juge de paix de Château-Porcien, un ex-administrateur de la Vienne, un ex-maire de Lille, le directeur de l'arsenal de Melun, un ex-juge à

demain, les Anciens nommèrent Carnot par 117 voix sur 213 votants (1). Le Directoire était définitivement constitué.

C'était, en réalité un fort triste assemblage. Barras, gentilhomme taré, déclassé, devenu révolutionnaire furieux, avait commandé avec Fréron, les horribles proscriptions de Toulon. Devenu thermidorien par haine particulière pour Robespierre, et chargé de défendre la Convention contre les jacobins, il avait réussi à acquérir, parmi les révolutionnaires, un certain prestige, par sa grosse voix, ses allures de bravache, ses menaces de sabrer tout, bien qu'il n'eût jamais exposé sérieusement sa précieuse personne. Son collègue La Révellière fait de lui un portrait curieux.

« Il était grand, fort, vigoureux, très bien fait; il avait d'assez beaux traits; et c'était en somme un fort bel homme; mais il avait l'œil dur, sa physionomie était sombre, son coup d'œil sinistre. Il avait un mauvais ton dans la société et manquait de distinction... Avec une belle taille et une figure mâle, il n'avait pas de dignité extérieure, et conservait toujours quelque chose de cet air commun et hardi que donne la mauvaise société (2). »

La Révellière ajoute qu'il n'est pas sans esprit : il est même doué d'un sens droit qui étonne quelquefois; mais il n'a d'aptitude qu'à l'intrigue, car toute sa vie a été employée à la débauche, et il est devenu incapable d'application. Il est en outre profondément faux et dissimulé. « Aucun frein ne le retient; il est sans pudeur; heureusement, quoique brave comme soldat, il n'a aucun courage moral : en politique, il est sans caractère et sans résolution. » Il était entouré des gens les plus ignobles, et sa maison était un véritable lieu de débauche.

Un autre de ses collègues, Carnot, a écrit de lui : « Cet homme, sous l'écorce d'une feinte étourderie, cache la férocité

Vézelay; le maire de Saint-Germain-en-Laye, un ex-juge de paix à Conche, qui est le dernier de la liste avec 155 voix. Aucun d'eux n'avait une notoriété quelconque en dehors de ses fonctions.

(1) La Révellière dit dans ses *Mémoires* qu'il aurait été sage de prendre un directeur en dehors des conseils, et politique de choisir un conventionnel non régicide. Nous croyons que cette modération ne lui est venue que longtemps après l'élection des directeurs. (T. I, p. 36.) En acceptant, il joua l'homme qui se dévoue. « J'accepte donc, dit-il, j'irai jusqu'à l'épuisement de mes forces. »

(2) *Mémoires*, t. I, p. 338 et suiv.

d'un Caligula (1). » Tout le monde le savait avide de plaisirs, cupide, dépourvu de toute conviction, et prêt à se vendre au plus offrant; aussi la présence au Directoire de ce misérable débauché, qu'on pourrait acheter, donna quelque espoir à certains modérés.

Rewbell, ancien avocat au conseil supérieur d'Alsace, thermidorien zélé, était un homme très actif, très obstiné et très cupide. La Révellière prétend que son élection fut combattue par ce qu'il appelle la faction orléaniste thermidorienne. C'est de tous ses collègues celui qu'il traite le mieux. Il le représente comme brusque, dur, susceptible de prévention, mais prétend qu'il a été accusé à tort d'improbité. D'après lui cependant, il est « possible qu'il ait fait valoir ses propres fonds d'une manière que condamne la délicatesse, quoique, strictement parlant, la justice, ne le fasse pas. » Les protégés de Barras auraient eu pour système de rejeter sur lui les dilapidations de leur patron. Il paraît à peu près établi que Rewbell était avant tout, un homme d'affaires, et d'affaires assez louches. Barras agissait avec cynisme, et n'avait pas les connaissances nécessaires pour recourir à certains expédients légaux, dans le but de masquer ses marchés honteux. Beaucoup de gens soutenaient que Rewbell ne valait pas mieux que son collègue, mais que ce légiste habile et retors savait mieux que lui s'arranger, de manière à rendre impossible la preuve de ses dilapidations. Il était en rapports intimes avec des fournisseurs très suspectés. Était-il simplement leur protecteur? ou leur associé, et leur complice dans certaines malversations? On ne peut le savoir positivement. C'était à lui qu'on s'adressait pour obtenir des marchés de fournitures, des commissions permettant de faire des opérations lucratives, parfois avouables, mais parfois aussi inavouables, même dans le monde du Directoire. Rewbell, suivant Carnot, « paraît entièrement convaincu que la probité et

(1) La Révellière a entendu Barras raconter lui-même, comme un trait fort plaisant, qu'il avait imposé à Ouvrard, sa maîtresse Mᵐᵉ Tallien, comme maîtresse en titre, au moins *ad honores*, avec la charge de subvenir à ses folles dépenses; mais, par compensation, il resterait fournisseur de l'État, et ne serait point tourmenté pour sa fortune acquise. Ce traité eut lieu dans sa maison de Grosbois, en nombreuse compagnie. (*Mémoires*, t. I, p. 338).

le civisme sont deux choses absolument incompatibles. Il ne
conçoit pas comment un homme sans reproche aurait pu se
jeter dans la Révolution. » Rewbell, dit encore Carnot, « était
constamment le patron des gens accusés de vols et de dilapidations ; Barras celui des nobles tarés et des pourfendeurs, La
Révellière celui des prêtres scandaleux (1). »

En politique, Rewbell était très révolutionnaire ; rempli de
haine pour les prêtres et les rois. Par cupidité, il poussait toujours le Directoire à faire la guerre aux faibles pour les rançonner. Il était plein de morgue et de hauteur, non seulement
avec ses adversaires politiques, mais avec ses collègues.

Letourneur, ancien officier du génie, avait été longtemps un
des membres les plus obscurs de la Convention. Il devint, à la
fin de la session, membre du Comité de salut public, à cause de
ses connaissances militaires. C'était un bon travailleur, sans
aucune autorité, ni influence. La Révellière prétend qu'il était un
peu vain (2), mais il faut reconnaître qu'il n'a jamais montré la
moindre ambition. Il votait généralement avec Carnot.

La Révellière-Lépeaux, homme de loi, et surtout homme de
lettres, était animé d'une haine furieuse contre le catholicisme.
C'était le type accompli du prêtrophobe venimeux et hypocrite,
qui persécute au nom de la liberté, et torture ses victimes au
nom de l'humanité. Il avait une double ressemblance avec Robespierre, dont il disait pourtant beaucoup de mal ; il était plein
de fiel, et voulait créer une religion révolutionnaire qui remplacerait le christianisme. Sa probité n'a jamais été suspectée,
et, jusqu'au 18 fructidor, on le regardait comme assez modéré
en politique ; il arriva au Directoire avec la réputation d'un
homme de bien :

« Je ne sais au surplus, dit Carnot, sur quoi était fondée cette réputation : peut-être sur le besoin qu'on a de se faire illusion, de se sou-
lager en pensant qu'il est quelques âmes pures ; peut-être sur l'espèce
de pitié qu'inspire un être disgracié de la nature au physique. Mais il

---

(1) Carnot, Réponse à Bailleul, p. 131-133.
(2) « Dans tous les temps, mais surtout dans les révolutions, dit-il, on rencontre de tels parvenus sans qu'on puisse dire comment ils sont arrivés. » (*Mémoires*,
t. II, p. 314.) S'il faut l'en croire, Cambacérès aurait été élu à la place de Letourneur, si l'on n'avait pas exploité contre lui les papiers de Lemaître.

n'en est pas, certainement, de plus hypocrite et de plus immoral que La Révellière; la nature, en le rendant puant et difforme, semble avoir eu pour objet de mettre en garde ceux qui en approchent, contre la fausseté de son caractère et la profonde corruption de son cœur (1). »

Sans doute il ne faut pas oublier que c'est un proscrit qui fait le portrait de son proscripteur; mais La Révellière par sa conduite, a justifié les accusations de Carnot. C'était au physique un affreux magot : on est tenté de se demander si la conscience de sa difformité ne l'avait pas singulièrement aigri, car il a été toujours rempli de fiel et de venin, et très ardent à dénigrer, non seulement ses adversaires politiques, mais même ses associés et ses complices (2).

Carnot, par ses défauts et par ses qualités, par son passé terroriste et par sa modération relative, devait avoir au Directoire une situation extrêmement difficile. Ancien membre du fameux Comité de salut public, il ne pouvait guère s'entendre avec les thermidoriens, Barras, Rewbell et La Révellière. Ces trois directeurs ne lui reconnaissaient nullement le droit de rejeter sur ses collègues, les proscriptions du comité, et lui reprochaient la mort de nombreux amis, surtout celle de Danton; et Carnot, de son côté, ne pouvait oublier qu'après thermidor, ils avaient essayé de le proscrire à son tour. Son rôle pendant la Terreur lui attirait aussi l'hostilité des vrais modérés qui, néanmoins, rendaient justice à sa probité et à ses talents. Ses étranges tentatives de justification, la désinvolture singulière avec laquelle il s'était lavé les mains des atrocités commises par le comité, les avaient fortement scandalisés. Quelques-uns le regardaient comme un odieux proscripteur; la plupart comme un homme dont il fallait absolument se méfier. Ses talents étaient très supérieurs à ceux des autres directeurs; lui du moins avait rendu des services véritables au pays : ils ont été exagérés; mais il faut reconnaître que nul de ses collègues n'était capable d'en faire autant. Sa probité offusquait vive-

(1) Réponse à Bailleul, p. 110.
(2) Il aime beaucoup, dans ses Mémoires, à faire le portrait des gens dont il parle, et il trouve évidemment beaucoup de plaisir à mettre en relief leurs défectuosités physiques.

ment et Barras et Rewbell. La Révellière, proscrit jadis avec les girondins, et d'ailleurs très jaloux de sa notoriété et de l'influence qu'il exerçait sur beaucoup d'hommes politiques et de généraux, lui était fort hostile; aussi le représente-t-il comme irascible, vindicatif, et en même temps dissimulé (1). Carnot avait le caractère impérieux : il fut tout de suite en lutte avec Rewbell qui était très vaniteux et très absolu dans ses idées.

Le 12 brumaire, les quatre directeurs nommés choisirent immédiatement les ministres. Bénezech fut nommé à l'intérieur : il était employé à la fabrication des armes. La Révellière qui le déclare très peu républicain, atteste que sans lui les défenseurs de la Convention auraient manqué de munitions le 13 vendémiaire. A l'entendre, Bénezech était fin, dissimulé, très courtisan, et un administrateur des plus rares. C'était en réalité un homme capable et modéré.

Le général Aubert du Bayet fut nommé ministre de la guerre : il avait été député à la Législative, et il y avait figuré parmi les indécis. Il était brave mais on contestait beaucoup sa capacité (2). Ce ministère avait été d'abord offert à Carnot, mais il refusa : il est fort probable qu'on voulait l'empêcher ainsi d'entrer au Directoire.

Le fameux auteur de la loi des suspects, Merlin de Douai, fut nommé ministre de la justice : c'était un jurisconsulte éminent, mais toujours prêt à mettre ses talents au service de l'arbitraire et de la tyrannie; un personnage vil et rusé. La Révellière en a fait un portrait assez malveillant au physique et au moral (3). « Merlin manque de grandeur d'âme ; il

(1) Il était pâle ; « cette couleur blafarde, jointe à un coup d'œil sec et rusé, lui donnent un aspect féroce et cruel, qui repousse d'abord et bannit la confiance. » (*Mémoires*, t. I, p. 341).

(2) D'après La Révellière, il avait tout à fait des manières d'ancien régime, ce qui devait produire un effet singulier dans le monde du Directoire.

(3) « Sa taille est médiocre : il est maigre, sec et efflanqué. La maigreur de son visage fait ressortir assez désavantageusement sa grande bouche, ses gros yeux, son nez long ; il est dépourvu de grâce et de dignité dans son maintien. Lorsqu'on l'entend parler pour la première fois d'un ton un peu élevé, on est singulièrement choqué de l'étrange caractère de sa voix; elle est fausse, aiguë inégale, et a quelque chose de sauvage. Il ne fut jamais cruel(!) mais il est vindicatif et rancuneux, en conséquence peu propre aux affaires d'un genre supérieur. Son activité se consumait en *trigauderies* d'un genre subalterne. » (*Mémoires*, t. I, p. 351).

est humble devant l'ennemi qu'il craint, le parti qu'il redoute, et les personnes dont il espère. » Il prétend en outre qu'il était assez ignorant en dehors de son métier, très remuant, brouillon, ambitieux, désagréable et blessant (1).

Charles Delacroix fut nommé aux relations extérieures : c'était un révolutionnaire, ignorant, grossier et arrogant. Il fut choisi pour ce poste si important à cause de quelques mémoires sur la diplomatie qu'il avait présentés au Comité de salut public. Il était impossible de trouver un ministre des affaires étrangères plus sottement hautain avec tous les gouvernements de l'Europe, et surtout plus insolent avec les faibles. Il n'avait du reste aucun talent.

Le 13 brumaire, Truguet fut nommé ministre de la marine sur le refus de Pléville Peley. Ce futur pair de France sous la Restauration affichait alors des opinions ultra-démocratiques. Gaudin, nommé le même jour ministre des finances, envoya le 16 sa démission; et le lendemain Faipoult, ancien officier du génie, personnage très obscur, fut nommé à sa place. De tous ces ministres, Merlin de Douai était le seul qui fût connu du public, et sa réputation était détestable : aussi ce ministère fut regardé comme très jacobin, et l'on s'attendit à le voir favoriser, et porter aux places les pires révolutionnaires. Les appréhensions du public ne furent que trop justifiées.

II.

Les révolutionnaires vainqueurs en vendémiaire songèrent, avant tout, à faire leurs affaires, à consolider leurs usurpations, et en commettre de nouvelles; mais avant d'exposer leurs actes, il importe de jeter un coup d'œil sur la situation de la France en brumaire an IV (novembre 1795).

Elle était déplorable, et depuis le triomphe des révolutionnaires, les bons citoyens gardaient bien peu d'espérance de la voir s'améliorer. La France était accablée alors par plusieurs fléaux, par la ruine de ses finances, l'arbitraire, le

---

(1) D'après bien d'autres témoignages, il y aurait beaucoup de vérité dans ce portrait, mais il est probable que La Révellière n'a jamais pardonné à son collègue d'être devenu fonctionnaire et comte de l'Empire.

manque de sécurité des personnes et des fortunes, et en
outre par la persécution religieuse : il faut encore ajouter
le relâchement des liens de famille, conséquence nécessaire
du divorce et de certaines lois successorales. Quand bien
même les révolutionnaires auraient eu et le talent et le
vrai courage qui leur faisaient si complètement défaut, ils
n'auraient jamais pu débarrasser la France de tous ces
fléaux, car ils n'étaient arrivés au pouvoir qu'en les attirant
sur elle. Le peuple, aux dernières élections, leur avait montré clairement sa volonté et ils s'étaient imposés par force :
il leur fallait le pouvoir sans partage, et ils étaient incapables de travailler utilement à fermer les plaies de la révolution sans appeler à leur aide de vrais modérés que, peu à
peu, la faveur publique mettrait à leur place. Ils se trouvaient donc contraints, aussi bien par la nécessité que par
leur incapacité et leurs tendances naturelles, d'éterniser le
désordre, et de vivre au jour le jour, en essayant seulement
d'atténuer certaines conséquences des lois révolutionnaires,
qui auraient pu soulever contre eux dans le pays une exaspération par trop dangereuse.

Leur première préoccupation devait être de rétablir un
peu d'ordre dans les finances, ou pour mieux dire, de créer
un système financier quelconque. Il leur coûtait beaucoup
moins de prendre quelques mesures réparatrices de cette
nature que d'apporter le moindre adoucissement aux lois
atroces qui frappaient les croyants et les émigrés : d'ailleurs
il était très urgent d'apporter quelque soulagement à cette
misère générale qui pouvait occasionner des soulèvements
très graves contre le gouvernement nouveau.

Il n'y avait plus de finances. Le 5 brumaire (27 octobre) le
louis de vingt-quatre livres était à 2376 livres en assignats,
le cours du papier ne fut point relevé par l'établissement
d'un gouvernement prétendu régulier : le louis est en effet
le 6 brumaire à 2666, à 3262 le 7, à 3362 le 8, le 9 il revient
à 2580, le 13 il est à 3125, et finit le mois à 3315 pour monter
encore plus vite en frimaire; le 30 de ce mois il sera à 5200.

Le 5 brumaire, on achète cinq francs de rente pour dix
francs. Le prix hausse ensuite, mais il faut tenir compte de

la baisse continuelle de la valeur nominale avec laquelle on achetait une inscription.

Toutes les caisses étaient vides, toutes les recettes fort problématiques : elles étaient faites du reste en assignats qui n'étaient même plus acceptés dans le public au centième de leur valeur nominale. La Convention n'avait pu réussir à dresser un budget régulier des recettes et des dépenses : le gâchis financier était complet. Même avec beaucoup de science et d'habileté, personne ne pouvait apporter à une telle situation financière que des palliatifs très insuffisants, tant que la situation politique créée par la Terreur et perpétuée par la Convention et les vainqueurs de Vendémiaire, n'aurait pas été profondément modifiée.

Les trois constitutions qui s'étaient succédé en moins de cinq ans, avaient garanti formellement aux citoyens français la liberté individuelle, la possession tranquille de leurs biens. Celle de l'an III déclarait formellement que nul citoyen ne peut être sans motif légal privé de sa liberté ni soustrait à ses juges naturels, ni troublé dans la possession de son bien; mais en exceptant de ces garanties ceux qui étaient inscrits sur des listes d'émigrés, et en maintenant contre eux les lois révolutionnaires, elle avait non seulement commis une injustice, mais rendu toutes ses garanties illusoires pour une multitude de citoyens non émigrés, et porté ainsi un coup terrible au crédit public.

En rendant compte des graves discussions qui eurent lieu dans les conseils au sujet des émigrés, nous examinerons plus en détail les lois révolutionnaires qui les frappaient. Nous nous bornerons pour le moment à rappeler que les peines effroyables, les confiscations prononcées pour cause d'émigration, étaient applicables non pas aux émigrés prouvés, à ceux qui avaient réellement quitté la France, mais à tous les individus inscrits sur les listes informes, qui avaient été dressées par des administrateurs infimes, ignorants ou malveillants, terroristes ou terrorisés. Celui qui était inscrit sur l'une de ces fatales listes, se trouvait privé de tout droit, bon à fusiller dans les vingt-quatre heures sur la simple constatation de son identité par deux citoyens. Il était frappé de confisca-

tion non seulement dans ses biens présents, mais dans ses biens
à venir, dans ses héritages futurs. Par une disposition sans
exemple dans aucune législation, sa vie était prolongée fictivement pour accroître le nombre de ses héritages au profit de l'État. Dans un but d'oppression, de vengeance, de
cupidité, ses parents étaient frappés, leurs biens étaient mis
sous séquestre ; les contrats faits par les pères, mères, enfants d'émigrés frappés de nullité ; leurs créanciers à la
discrétion de l'État, c'est-à-dire des administrations. On comprend aisément, qu'en dehors des cent soixante-dix mille
familles qui avaient un de leurs membres inscrits sur ces
listes, les lois sur l'émigration blessaient dans leurs intérêts une masse énorme de gens. En outre la Convention,
avant de se séparer, avait, par la loi du 3 brumaire, déclaré
incapable d'exercer aucun emploi public tout parent jusqu'au
troisième degré d'une personne inscrite sur une liste d'émigrés.

Une faible partie seulement des prétendus émigrés inscrits,
même en y comprenant les émigrés forcés d'Alsace, avait
réellement passé la frontière, et encore il en aurait fallu déduire les femmes, les enfants, les domestiques, et tous ceux
qui avaient eu les motifs les plus légitimes de fuir un pays,
où ni leur liberté, ni leur honneur, ni leur vie, n'étaient en
sûreté ; où la constitution et les lois, sans cesse violées et par
des bandits, et par les fonctionnaires eux-mêmes, n'étaient
plus que lettre morte. Le nombre de ceux qui avaient porté les
armes, on aurait tort de dire contre la France, mais contre les
révolutionnaires violents et leurs pitoyables dupes et esclaves,
ne s'élevait pas à dix mille. On ne pouvait, même en faisant largement la part des passions révolutionnaires, expliquer des mesures de bannissement rigoureux que contre cette seule catégorie d'émigrés : c'eût été pourtant une iniquité véritable à l'égard
de la plus grande partie ; mais les passions étaient encore très
surexcitées, et il était difficile d'arriver immédiatement à une
pacification complète. On pouvait hésiter à abroger de suite
les lois qui frappaient les émigrés réels ; mais la justice et
l'intérêt public étaient d'accord pour les transformer, pour
rayer les neuf dixièmes des inscrits, et libérer de leur escla-

vage les parents d'émigrés. Les révolutionnaires avouaient eux-mêmes que les listes portaient une multitude de noms de personnes qui n'avaient jamais quitté la France, et cependant ils se cramponnaient en désespérés à cette législation dont ils connaissaient parfaitement l'absurdité et l'infamie, parce qu'elle leur était profitable à un double point de vue. En effet, elle frappait des familles qui devaient leur être défavorables, et en outre elle mettait une quantité de biens immenses à la disposition de l'État dont ils manipulaient les finances à leur gré, et à leur propre disposition comme administrateurs, séquestres, agioteurs, vendeurs, revendeurs, etc. Sans doute la législation sur les émigrés satisfaisait leurs sentiments haineux, mais elle donnait surtout à leur cupidité des moyens innombrables de s'assouvir ; aussi pour eux était-elle inviolable, intangible !

Ainsi donc par les lois sur les émigrés, une partie très importante de la population aisée, qui n'avait jamais émigré ne jouissait d'aucune sécurité ni pour ses biens, ni même pour sa vie. On pouvait, sans qu'il fût permis de recourir à aucune garantie judiciaire, être mis à mort à la suite d'une inscription inexacte, ou du faux témoignage de deux bandits jacobins qui en faisaient métier : la France restait assujettie au régime de la Terreur dans ce qu'il avait de plus hideux et de plus cruel !

Le droit de confisquer des biens, de condamner à mort, de jeter par une seule inscription frauduleuse dix, parfois vingt personnes, dans la situation la plus pénible, avait été accordé à d'infimes administrateurs ; mais en revanche, la Convention seule pouvait annuler une inscription sur la liste des émigrés, si l'on établissait qu'elle avait été faite par erreur, sottise, ou méchanceté. Celui qui attaquait la légalité de son inscription pouvait obtenir du département une radiation provisoire : dans ce cas du moins, ses biens n'étaient pas immédiatement mis en vente. La décision définitive appartenait au comité de législation, mais il était accablé d'une telle multitude d'affaires, qu'on ne pouvait guère obtenir de lui une solution, si l'on ne savait se faire soutenir par des protecteurs puissants : d'ailleurs, le désordre était tel dans les administrations, que très souvent les recours les plus légaux n'étaient pas respectés, et si l'inscrit était poursuivi par certaines animosités, si son bien convenait à un révolutionnaire influent, l'administration qui l'avait impudemment inscrit, sachant très bien qu'il n'avait jamais émigré, procédait à la vente sans attendre la décision du comité, et comme un bien national vendu n'était jamais restitué, le propriétaire, après avoir gagné sa cause auprès du comité de législation, ne rentrait pas en possession de son domaine, mais devait recevoir à la place une indemnité en assignats, c'est-à-dire en monnaie de singe. Cette manœuvre infâme était assurée d'un plein succès : le malheureux était définitivement spolié, trop heureux de n'avoir pas été mis à mort.

La Révolution ne s'était point contentée d'enlever toute liberté individuelle et de bouleverser toutes les fortunes, elle avait encore bouleversé la famille sous prétexte d'assurer la liberté des individus. Tout caractère religieux fut enlevé au mariage ; on en fit un simple contrat civil aisément résoluble, en déclarant que l'indissolubilité du bien conjugal était la perte de la liberté individuelle (1) : et le divorce fut accordé avec une facilité extraordinaire sur simple déclaration d'incompatibilité d'humeur et de caractère de l'un des époux. Le mariage devint en fait un concubinage légalisé, qui permettait de réaliser les calculs les plus ignobles, les spéculations les plus viles. Ainsi un malhonnête homme se mariait pour recevoir une dot, puis il divorçait, et rendait la dot en assignats. Bien d'autres désordres honteux furent signalés aux Conseils dans des discussions dont nous rendrons compte plus loin. Les gens les plus accommodants en fait de morale, reconnaissaient hautement qu'il fallait relever l'institution du mariage, et que cette obligation s'imposait à un gouvernement constitutionnel, se proclamant définitif.

En outre, le mariage avait été avili par l'élévation des bâtards au rang des enfants légitimes. Le 12 brumaire an II, 2 novembre 1793, Robespierre avait fait voter par la Convention que les enfants naturels auraient les mêmes droits successoraux que les enfants légitimes, et comme cette inégalité était censée un des grands abus que la Révolution avait pour objet de détruire,

---

(1) Voir le préambule de la loi du 20 septembre 1792.

cette loi eut un effet rétroactif sur toutes les successions ouvertes depuis la glorieuse date du 14 juillet 1789. Au sujet des enfants adultérins, la Convention fit une concession aux vieux
préjugés : elle leur accorda seulement le tiers de la part qu'ils
auraient eue, s'ils avaient été enfants naturels simples (1). La
filiation naturelle pouvait être très aisément prouvée (2). Les
enfants et les descendants des enfants naturels déjà morts
avant la loi du 12 brumaire, an II, les représentaient pour en
recueillir le bénéfice.

Les droits du père de famille avaient été complètement annulés. Ils étaient sans doute trop étendus avant la révolution
dans certains pays, mais on avait passé d'un extrême à l'autre. On avait aboli avec les institutions nobiliaires et féodales
tout droit d'aînesse et de masculinité, et décrété le partage
égal. Cependant la faculté de tester avait été laissée au père :
mais on trouva que c'était trop accorder à la liberté de la propriété. Le 7 mars 1793 la Convention décida au nom du droit égal
des enfants que le père ne pourrait disposer de son bien soit par
testament soit par donation; ensuite, les lois des 5 brumaire (26 octobre 1793) et 17 nivôse an II (6 janvier 1794) décidèrent que le testateur pourrait disposer librement du
dixième de son bien, s'il avait des enfants, du sixième s'il
avait des collatéraux, mais sans pouvoir jamais avantager
sur cette portion disponible aucun de ses héritiers légaux.
Le père était donc, quant à la disposition de ses biens, absolument lié à l'égard de tous ses enfants, dans l'impuissance
absolue soit de punir un fils coupable, soit de récompenser un
grand service rendu par l'un des siens, soit même d'augmenter
quelque peu la faible part d'un enfant infirme et incapable de

---

(1) Encore la Convention eut soin de déclarer que les enfants naturels nés
hors mariage d'une personne mariée, mais séparée, depuis la demande de
séparation, hériteraient comme les enfants naturels simples. (Art. 14.)

(2) D'après l'article 8, pour être admis comme enfant naturel à la succession
de son père ou de sa mère, il fallait prouver la possession d'état, par la représentation d'écrits publics ou privés du père ou de la mère, ou par une
suite de soins donnés sans interruption à titre de paternité. Si la mère était
morte ou absente (art. 11 et 12), la reconnaissance du père devant un officier
public suffisait pour constater la maternité à son égard. Ainsi l'honneur et la
succession d'une femme pouvaient être à la merci d'un imposteur, d'un es-
croc!

rien gagner. On disait que les parents devaient avoir le même amour pour chacun de leurs enfants, qu'ils devaient laisser à chacun sa part d'héritage, et on débitait là-dessus des tirades sentimentales. Mais celui qui n'avait pas d'enfants était également lié à l'égard de ses collatéraux! Cette singulière restriction donne à la législation nouvelle sa véritable signification. On n'imposait avec cette rigueur l'égalité des partages, que pour arriver au morcellement infini des biens, à la destruction de toute propriété un peu importante, et à l'annihilation complète de toute individualité indépendante devant l'État, c'est-à-dire devant la faction qui occupe le pouvoir. Ce but a été du reste avoué hautement par des révolutionnaires zélés.

La Convention déclara, comme pour la loi sur les enfants naturels, que toutes ces dispositions avaient un effet rétroactif depuis le 14 juillet 1789; par conséquent tous les partages faits depuis près de cinq années, devaient être annulés et revisés, dans les circonstances les moins favorables. Cette loi odieuse et absurde bouleversait une multitude de fortunes, grandes et petites. En outre la loi du 17 nivôse annulait toutes les donations entre vifs, faites depuis et compris le 14 juillet, et les institutions contractuelles, et donations à cause de mort dont l'auteur était encore vivant ou n'était décédé que le 14 juillet ou depuis, quand bien même elles auraient été faites antérieurement. Les ci-devant religieux et religieuses étaient appelés à prendre leur part dans les successions échues depuis le 14 juillet (1). Il aurait suffi d'une seule de ces dispositions rétroactives pour entraîner la révision d'un grand nombre de contrats et mettre en lutte une multitude d'intérêts, et par voie de conséquence, créer une foule de complications, car des tiers avaient contracté avec ces co-partageants et l'annulation des partages compromettait les droits de ces tiers. En temps ordinaire, l'exécution de pareilles lois ne pouvait que

---

(1) Les pensions attribuées aux religieux et religieuses devaient (art. 4) diminuer en proportion des revenus qui leur seraient échus par ces successions auxquelles ils avaient renoncé en faisant leurs vœux. Cette disposition avait le double but d'alléger la charge de l'État, et aussi de contraindre les religieux à accepter, pour ne pas mourir de faim, des successions qu'ils auraient peut-être préféré répudier, afin d'affirmer leur intention de persévérer dans la vie religieuse, et de ne pas jeter le trouble dans leurs familles.

susciter une multitude de difficultés inextricables, mais toutes
ces revisions, toutes ces liquidations, étaient encore effroya-
blement compliquées par les lois sur les émigrés et les parents
d'émigrés, et par la dépréciation toujours croissante des assignats qui entraînait les résultats les plus absurdes, les spoliations les plus odieuses. La Convention avait cru tout arranger
merveilleusement, en soumettant à des arbitres toutes les con-
testations qui auraient lieu au sujet de la loi du 17 nivôse, et
en interdisant formellement aux tribunaux d'en connaître (art.
54). Ces arbitres pouvaient être imposés par le juge de paix
à la partie qui tarderait trop à choisir le sien, et devaient
juger sans appel; et en cas de partage, le juge de paix nommait le tiers arbitre. Mais l'exécution de cette loi, comme on
aurait dû le prévoir, donna lieu à d'innombrables difficultés :
bien souvent les arbitres se déclarèrent dans l'impossibilité de
juger et recoururent à la Convention. Après thermidor, quantité de plaintes très vives lui furent adressées contre cette loi,
et le 5 floréal an III (24 avril 1795) à l'occasion d'une nouvelle
réclamation, Merlin de Douai fit décréter que le comité de législation présenterait un rapport sur l'effet rétroactif de la loi
du 17 nivôse (1) et Tallien obtint que toutes les actions inten-
tées seraient suspendues. Le 9 fructidor (26 août) l'effet rétroactif des lois du 5 brumaire et du 17 nivôse an II fut aboli, et
le 3 vendémiaire (25 septembre) la Convention régla certaines
difficultés d'application, et supprima la rétroactivité de la loi
du 12 brumaire an II en faveur des enfants naturels (2). Mais

(1) Déjà la Convention avait passé six fois à l'ordre du jour sur les réclamations portées contre elle; mais la mesure était comble. Les thermidoriens eurent soin d'en rejeter l'odieux sur les jacobins. Merlin prétendit que Ramel lui
avait révélé la véritable cause de cette violation de l'un des droits de l'homme.
Hérault Séchelle avait suggéré la disposition donnant l'effet rétroactif aux lois
sur les successions « parce qu'il y gagnait quatre-vingt mille livres de rente »,
et il sut la faire voter à la Convention. (*débats et Décrets*, floréal an III, p. 76).
(2) C'était le mode de soutenir que les pères devaient être privés de la liberté
de tester, parce qu'ils déshériteraient ceux de leurs enfants qui seraient attachés à la Révolution. Le 14 thermidor an III, Villetard, défendant la rétroactivité,
disait à ses collègues qu'il leur ferait voir « que servant les fureurs de l'aristocratie,
tous allez valider une foule de testaments *ab irato* dictés par elle contre les patriotes ». En combattant avec rage la liberté du père, il avait soutenu que les
cadets étaient patriotes et méritaient comme tels d'être protégés. Tout à coup
il présenta des circonstances atténuantes à l'égard des cadets émigrés. « Il me

malheureusement il ne suffit pas d'abroger les mauvaises lois pour mettre fin aux désordres qu'elles ont occasionnés. Elles avaient été appliquées pendant quinze mois : de nouveaux héritiers créés par elles avaient participé à un nouveau partage avec les anciens? Comment faire à présent? Si l'on annulait leur exécution, on retombait forcément dans les inconvénients de la rétroactivité. La législation sur les biens des prêtres déportés et frappés de mort civile donnait lieu aussi à des difficultés inextricables. La Révolution n'avait pas seulement relâché tous les liens de famille, elle avait encore surexcité tous les sentiments cupides, et au milieu de ce bouleversement général de tous les droits reconnus soit par la conscience, soit par les mœurs, ils s'étalaient sans vergogne, et trouvaient pour s'assouvir des facilités inconnues jusqu'alors. Aussi une très grande partie de ceux qui possédaient quelque chose voyait sa fortune mise en discussion pour une cause ou pour une autre, avec la certitude de la ruine, si l'on était payé ou remboursé en assignats. Juges et arbitres étaient assaillis d'innombrables réclamations, et ne savaient comment se reconnaître au milieu des lois contradictoires, incohérentes, rendues par la Convention. Même à des législateurs habiles et consciencieux, le règlement de ces questions aurait présenté forcément d'énormes difficultés : cependant il était indispensable de liquider le plus vite possible cette déplorable situation.

III.

D'autres lois de la Révolution donnaient lieu à des interprétations qui apportaient le plus grand trouble dans les for-

---

suffirait de vous rappeler que généralement ce sont les cadets qui ont été poussés dans le précipice de l'émigration par les aînés, et qu'on sait bien que ceux-ci retenus à la fois par la garantie de leurs biens et le défaut d'énergie, suite ordinaire du faste, ont eu pour la plupart la ruse de l'éviter ». Il essaya ensuite de soutenir qu'il ne s'était pas mis en contradiction avec lui-même. Comme beaucoup de révolutionnaires, il proclame à présent les émigrés moins coupables que les non émigrés, afin d'appliquer à ces derniers les lois de persécution et de spoliation qui frappent les émigrés. (*Débats et décrets,* thermidor, an III, p. 595 et 596.)

lunes. De nombreux propriétaires voyaient leur droit contesté ou même tout à fait violé parce, que suivant d'anciens usages, il avait pris certaines formes, reçu certaines appellations féodales, bien qu'il n'eût rien de commun avec la féodalité qu'on avait abolie.

Si une partie importante de ceux qui possédaient, avait le souci de voir sa propriété exposée à des revendications créées par les jacobins, tous les possesseurs de biens sans exception étaient frappés et dans la valeur et dans la jouissance de ces biens. Les immeubles avaient subi partout une dépréciation énorme : ils étaient tombés pour le moins au quart, bien souvent au cinquième de leur valeur d'avant la Révolution.

Les acquéreurs de biens nationaux eux-mêmes, les triomphateurs du jour, pour qui les lois étaient faites, voyaient dans beaucoup de cas, leur propriété contestée au point de vue de la légalité révolutionnaire. Dans certains endroits, beaucoup d'adjudications avaient eu lieu de la manière la plus illégale, avec les manœuvres les plus frauduleuses; dans d'autres, on avait distribué les biens nationaux aux patriotes : de nombreux possesseurs de ces biens n'étaient pas des acquéreurs, mais des usurpateurs audacieux. Les tribunaux étaient déclarés incompétents pour juger de la validité des acquisitions de biens nationaux : ces décisions si importantes et si délicates étaient confiées aux administrations qui cédaient souvent aux passions locales. En brumaire an IV, il y avait des biens nationaux de la valeur de plusieurs millions à recouvrer contre les envahisseurs. Mais l'État osait rarement poursuivre les revendications les mieux établies.

La Convention avait annulé tous les contrats passés en Vendée du temps de l'insurrection, suivant les anciennes formes, et par suite de cette décision la propriété d'un grand nombre de biens était incertaine dans cette contrée.

Du reste, le propriétaire dont le titre n'était pas seulement incontestable, mais incontesté, tirait de son bien un revenu à peu près dérisoire, grâce aux assignats. On a vu que pour le sauver d'une ruine complète, la loi du 2 thermidor an III (20 juillet 1795) avait décidé que le payement de la moitié du fermage, comme celui des contributions, « sera fait par une quantité de grains, que la moitié du prix du bail représentait en 1790 ». L'autre moitié était payée en assignats, valeur nominale. Ainsi le fermier qui en 1790 payait douze cents livres, devait fournir en grains la quantité représentée par six cents livres de métal en 1790, et pour les six cents autres donner en assignats une valeur réelle de dix-huit livres, au 2 thermidor an III; en brumaire an IV, il ne donnera même plus cinq livres. L'application de ce système présentait des difficultés : le fermier devait retenir sur les grains, ce qu'il avait avancé par la contribution ; et, bien que cette loi améliorât sensiblement la situation, le propriétaire perdait encore une grande partie de son fermage. Les locataires des maisons et usines continuaient à payer le tout en assignats : les ci-devant riches n'avaient donc pas à se retourner de ce côté.

Le fermier, grâce au prix élevé des grains, à la facilité de payer la moitié de son fermage en assignats, aurait été dans une situation bien préférable à celle du propriétaire, si pendant la Terreur, il n'avait été écrasé par les exactions des commissaires, les réquisitions de toute espèce, la loi du maximum. Très souvent il s'était vu enlever, sous prétexte de réquisitions, ses bestiaux et sa charrette; parfois il avait dû livrer son petit pécule pour n'être pas jeté en prison comme suspect. Pour toutes ces causes, chez la plupart des cultivateurs petits ou grands, le matériel de la culture était détruit ou à refaire. On ne pouvait, faute de ressources, se procurer les engrais nécessaires, et beaucoup de champs restaient en friche. Le petit propriétaire, cultivant lui-même, était écrasé. Le propriétaire jadis aisé, réduit maintenant à un revenu infime, n'avait plus aucun crédit ; celui dont le titre était le plus inattaquable ne trouvait pas à emprunter sur son bien. Dans les conditions où se trouvait la propriété foncière, il était tout naturel qu'elle ne fût point recherchée comme garantie par les prêteurs, car sa valeur avait partout diminué singulièrement et par surcroît de malheur l'ancien système hypothécaire était bouleversé, et tout prêt de ce genre était devenu extrêmement difficile. La Convention avait, le 9 messidor an III, voté sur les hypothèques une loi de 279 articles souvent obscurs, et difficiles à appliquer;

au lieu de déblayer le terrain, elle avait laissé tout à faire aux Conseils sur ce sujet si important.

Comme leurs rentes sur l'État et les loyers de leurs maisons étaient payés en assignats, bien des gens vivaient dans la misère noire, tout en étant propriétaires de beaux immeubles et d'inscriptions importantes sur le Grand Livre. A Paris, les propriétaires de maisons, payés en assignats, ne touchaient pas assez pour les simples dépenses d'entretien.

En outre, celui qui avait un capital remboursable, le prêteur de sommes d'argent, le pupille qui avait à régler avec son tuteur, étaient exposés à être ruinés. Avec les assignats le moindre terme était désastreux (1), à ce point qu'un ouvrier qui recevait son salaire à la fin de la semaine était gravement lésé dans ses dernières journées. Que faire dans une situation pareille ? Emprunter : mais il n'y avait plus de crédit; on ne voulait plus prêter que sur gages certains, et souvent avec un intérêt d'au moins trois pour cent par mois, et s'élevant parfois jusqu'à dix. La Convention, pour empêcher les voleries véritables que cet état de choses rendait si faciles, décida le 25 messidor an III (12 juillet 1795) que le remboursement de toute rente créée pour n'importe quelle cause avant le 1er janvier 1792, était suspendu, ainsi que les remboursements de capitaux qui en cas de dissolution du mariage, sont dus par le mari ou ses héritiers, en cas de mort d'un des époux ou de divorce prononcé sur la demande du mari sans cause déterminée. Les Conseils avaient à trancher définitivement cette grave question.

La grande gêne, la misère même des personnes qui jadis vivaient largement de leurs revenus faisait un contraste frappant avec le luxe de mauvais goût, le faste ridicule des agioteurs et des fournisseurs. Les gens habitués jadis à l'aisance, au luxe même, étaient réduits à user le plus possible leurs vieux habits et à économiser sur la chandelle; l'envoi d'un sac de grains ou de légumes était pour eux un événement heureux et trop rare. Après avoir séjourné dans une des innom-

(1) 2,400 livres en assignats le 1er germinal an III, valent un peu plus de onze louis et demi; en prairial, un peu moins de six; en thermidor, trois; le 1er vendémiaire an IV, deux louis seulement.

brables bastilles de la France régénérée, après avoir eu de
longs mois l'échafaud en perspective, on se trouvait encore
satisfait d'être en liberté, et on se résignait à mener cette
existence misérable, en se berçant de l'espoir de la voir bientôt cesser. Toute la meilleure partie de la société française,
tous ceux qui avaient une supériorité incontestable sur les
nouveaux riches, par leurs manières, leur culture intellectuelle,
l'élévation de leurs sentiments, en étaient réduits là, et vivaient de rudes privations, en attendant l'arrivée d'honnêtes
gens au pouvoir.

Mais cette élite de la société française, qui ne cherchait pas
à s'étourdir follement, aurait encore plus aisément supporté ce
triste dénûment auquel elle était si peu préparée; si elle n'a-
vait pas été remplie d'inquiétude pour l'avenir du pays, au
point de vue moral et intellectuel. Le sol de la France était
couvert de ruines matérielles, on ne les déblayait que bien
lentement; mais les institutions les plus nécessaires à sa dignité étaient aussi en ruines, et les passions révolutionnaires
s'opposaient systématiquement à leur relèvement.

La religion, honteusement dédaignée jusqu'en 1793 par une
partie importante des classes élevées, reprenait alors sur elles
son empire. Dans l'épreuve, bien des gens qui l'avaient longtemps méconnue, s'étaient tournés vers elle, et beaucoup de
beaux esprits qui jadis la raillaient agréablement, sans être
complètement convertis encore à ses dogmes et à sa morale,
reconnaissaient hautement son utilité sociale. Ils avouaient
que la révolution avait fait fausse route en la persécutant, et
s'unissaient à ces dévots, à ces petits esprits qu'ils persiflaient
jadis, pour réclamer l'abrogation de la législation révolutionnaire, et la liberté du culte, complète, sans réticence ni hypocrisie. Sur ce point, le paysan était d'accord avec le gentilhomme, et il réclamait la liberté de son culte avec plus d'é-
nergie; et même, dans certaines localités il la prenait.

Nous avons, en analysant les lois des 7 vendémiaire et
3 brumaire, indiqué quelle était la situation des catholiques
de France au moment où la Convention cédait la place au Directoire et aux Conseils. La liberté religieuse inscrite dans la
constitution, proclamée dans certaines lois, était absolument

proscrite sous les peines les plus graves. Les lois qui condamnaient le clergé tout entier à mort pour le simple exercice du culte, étaient toujours en vigueur, et les principaux auteurs de la persécution occupaient le pouvoir. Leur fanatisme anti-religieux et leur ineptie étaient trop connus, pour qu'on pût espérer le moindre adoucissement à la persécution, avant les élections de l'an V.

La ruine de l'instruction publique était la conséquence directe de la persécution religieuse, qui avait balayé et les corporations savantes, et les universités, et les modestes écoles dirigées par des prêtres, des frères ou par de simples religieuses. Les biens, formant la dotation des bourses des collèges et des autres établissements d'enseignement, avaient été confisqués par la loi du 8 mars 1793 (1). Les écoles primaires furent, par la force des choses, bouleversées, détruites même, dans une foule de localités; car l'exigence du serment qui impliquait adhésion à la constitution civile, amena l'expulsion de tous les instituteurs et institutrices appartenant à des communautés religieuses, et d'un grand nombre de laïques attachés à leur religion. Les gens au pouvoir disputaient longuement sur le nouveau système d'enseignement à établir; mais, en attendant, le peuple ne recevait plus aucun enseignement. La Convention, le 30 mai 1793, décida en principe l'établissement d'écoles primaires; elle les réglementa les 30 vendémiaire, 7 et 9 brumaire, an II (2).

Suivant l'habitude, la loi proclame la liberté : tout Français est libre de se présenter à l'examen que doivent subir tous ceux qui veulent être instituteurs; mais comme il faut être muni d'un certificat de civisme délivré par les comités de surveillance, les bons jacobins seuls sont admissibles. Aucun ci-devant noble, aucun ecclésiastique et ministre d'un culte quelconque, ne peut être instituteur, ni membre de la commission qui examine

(1) D'après l'article 14, les biens affectés aux établissements d'instruction des protestants du Haut et Bas-Rhin sont provisoirement conservés.

(2) Une école était établie dans les communes au-dessus de quatre cents âmes; au-dessus de quinze cents, il devait y en avoir deux. Les communes de population inférieure à quatre cents devaient être réunies aux autres; elles pouvaient réclamer une école « si la population se trouve dans l'arrondissement de mille toises du rayon. » Grâce à cette législation, bien des communes qui avaient des écoles sous l'ancien régime en étaient privées.

les instituteurs (art. 12 de la loi du 7 brumaire). De même les femmes ci-devant nobles, ci-devant religieuses, chanoinesses, sœurs grises, et les maîtresses qui auraient été nommées dans les anciennes écoles par des ecclésiastiques ou des ci-devant nobles, ne pouvaient être institutrices. Les instituteurs recevaient un minimum de traitement de douze cents livres, en assignats bien entendu (1). Le 29 frimaire (2) (19 décembre 1793), ce traitement est remplacé par la somme annuelle de vingt livres accordée à l'instituteur pour chaque élève : l'institutrice n'en touche que quinze. Il n'y aura pas, bien entendu, d'enseignement religieux (3), mais la *morale républicaine* sera prêchée. Les instituteurs élémentaires devront conformer leurs enseignements aux livres qui seront adoptés et publiés à cet effet par la Convention, qui n'a pas encore déterminé cette morale. Cet enseignement est obligatoire : les parents doivent laisser leurs enfants à ces écoles, au moins trois années consécutives. Elles furent organisées tant bien que mal; mais malgré les peines édictées contre les parents qui ne se soumettraient pas à l'obligation, et le danger très sérieux de se voir appliquer en outre la loi des suspects, les nouvelles écoles furent très peu fréquentées dans les villes, et tout à fait désertes dans les campagnes. Il se présenta peu de sujets pour enseigner : les nouveaux instituteurs étaient pour la plupart des jacobins ignorants et immoraux, justement méprisés par les familles, qui étaient bien décidées à ne pas envoyer leurs enfants à de pareils maîtres. D'ailleurs les parents étaient absolument hostiles à la suppression de l'enseignement religieux : les jacobins l'ont bien souvent constaté avec fureur; et la Terreur fut absolument impuissante à faire vivre ces écoles. Du reste les corps savants

(1) En brumaire, an II, le louis de 24 livres en vaut 81 en assignats : en frimaire et nivôse, la Terreur fait remonter le papier : il ne perd plus guère que moitié, mais il continue à baisser jusqu'à thermidor, an II. Le 10 brumaire, an IV, le louis vaut 2600 livres. Que signifient alors les vingt livres de l'instituteur?

(2) Une commission ne choisit plus l'instituteur; mais il faut être muni du certificat de *civisme* et de bonnes mœurs pour ouvrir une école.

(3) (Art. 2, section 2.) « Tout instituteur ou toute institutrice qui enseignerait dans son école, des préceptes ou maximes contraires aux lois et *à la morale républicaine* (??) sera dénoncé par la surveillance, et puni suivant la gravité du délit. » Les termes sont significatifs : tout enseignement religieux est interdit par cet article ; il fut du reste interprété ainsi.

les plus illustres étaient détruits. Le 8 août 1793 la Convention supprima définitivement les académies comme aristocratiques, ainsi que l'académie de France à Rome ; déjà le 27 novembre 1792, elle avait suspendu les nominations dans toutes ces académies. Le 3 brumaire an IV, elles furent rétablies sous un autre nom, avec quelques modifications.

Après thermidor, la Convention se montra moins exclusive : par la loi du 9 brumaire an III (31 octobre 1794), elle établit une grande école normale à Paris avec des professeurs illustres, mais leur enseignement ne produisait pas de résultats pratiques, parce que leurs élèves étaient trop peu préparés à le recevoir ; et cette école fut fermée en floréal an III (1).

La loi du 27 brumaire an III (17 novembre 1794), s'occupa des écoles primaires ; mais elle établit une école par mille habitants, ce qui était un mauvais système ; elle adoucit la législation d'avant thermidor, en permettant aux citoyens d'ouvrir des écoles particulières, sans leur imposer un certificat de civisme ; et pour les jeunes gens qui n'auraient pas fréquenté les écoles, elle remplaça l'obligation par un examen passé en présence du peuple à la fête de la jeunesse. « S'il est reconnu qu'ils n'ont pas les connaissances nécessaires à des citoyens français, ils seront écartés, jusqu'à ce qu'ils les aient acquises, de toute fonction publique. » On revint au traitement fixe des instituteurs.

Depuis thermidor, jusqu'à la fin de la Convention, les révolutionnaires firent des efforts pour réorganiser l'enseignement, mais ils n'avaient ni argent ni instituteurs. Aussi, dans la pratique, sous l'impulsion de Lakanal, on ne tenait plus guère compte des exclusions prononcées contre les ex-prêtres et les ex-nobles. Néanmoins, de tous côtés, on se plaignait amèrement de manquer d'instituteurs. En effet, leur traitement était devenu

---

(1) Dans son rapport sur la loi du 9 brumaire, an III, Lakanal avait déclaré à la Convention, avec une emphase ridicule, que le vote de cette loi « allait être une époque dans l'histoire du monde. » Lors de l'installation de l'école normale de Paris, le fameux Laplace eut l'audace de tourner Leibnitz en ridicule, parce qu'il croyait en Dieu. Tout cela pour aboutir à un avortement complet ! Cette institution n'a jamais eu rien de commun avec l'école normale actuelle de Paris, fondée en 1808.

absolument dérisoire, et les écoles où l'on enseignait la religion faisaient alors une concurrence victorieuse à celles de l'État. Les paysans, dans beaucoup de localités, repoussaient avec mépris l'instituteur révolutionnaire. La loi du 3 brumaire an IV (25 octobre 1795), ne se ressent pas trop de la réaction jacobine qui suivit vendémiaire; elle enlève cependant aux municipalités leurs droits à l'égard des instituteurs, pour les transférer aux administrations départementales. A cause de la pénurie du trésor, les instituteurs ne sont plus salariés par l'État: les élèves leur payeront une rétribution annuelle. Cette loi exige toujours qu'on enseigne la *morale républicaine*, qui n'est pas encore et ne sera jamais définie, et pour cause! Elle est pourtant assez libérale pour l'époque; mais le Directoire, au lieu de chercher à pacifier les esprits, reviendra au jacobinisme pur.

La Convention asservie par les terroristes ne s'était occupée que des petites écoles. Après thermidor elle voulut réglementer les études supérieures. Le 7 ventôse an III (25 février 1795), elle créa pour toute la République des écoles centrales distribuées à raison d'une école par trois cent mille habitants. Chaque école devait avoir quatorze professeurs avec une bibliothèque, un cabinet d'histoire naturelle, un cabinet de physique expérimentale, une collection de machines et modèles pour les arts et métiers. On y devait enseigner les mathématiques, les sciences physiques et naturelles, la littérature, l'agriculture et le commerce, « la méthode des sciences ou logique, et l'analyse des sensations et des idées », l'économie politique « l'histoire philosophe des peuples », l'hygiène. Les anciennes études classiques étaient fort sacrifiées, car on ne découvre qu'un seul professeur de langues anciennes et un autre de belles-lettres, parmi les quatorze. Déjà on voit triompher la manie d'encombrer prématurément l'esprit des enfants, d'une multitude de connaissances nécessairement superficielles, au lieu de travailler à former leur esprit et leur jugement. D'ailleurs, les élèves sortant des écoles primaires ne pouvaient suivre utilement de pareils cours. Ensuite la loi du 3 brumaire an IV décida qu'il y aurait une école centrale par département, et divisa l'enseignement en trois sections;

aucune condition d'admission n'était imposée aux élèves (1).
Quand bien même les 98 écoles centrales auraient pu être
établies complètement, elles n'auraient pu remplacer les
anciens collèges sept ou huit fois plus nombreux ; mais l'État
n'avait à sa disposition ni des professeurs en assez grand
nombre, ni des locaux suffisants. Ainsi donc tous les anciens
collèges étaient fermés, mais les nouveaux ne pouvaient être
installés faute de ressources, et les parents ne savaient comment instruire leurs enfants. Après avoir tout envahi, après
avoir jeté dans le gouffre toutes les fondations accumulées depuis si longtemps pour donner l'enseignement, l'État faisait
en définitive banqueroute aux familles.

Il n'y avait plus d'écoles de droit. Comme elle avait grand
besoin de médecins militaires, la Convention avait rétabli pour
toute la France trois écoles de médecine, à Paris, Montpellier,
et Strasbourg. Le Collège de France (2), le Muséum d'histoire
naturelle subsistaient toujours, mais leur enseignement par
sa nature même, ne pouvait être utile qu'à un petit nombre de
personnes. La Convention avait créé l'École polytechnique.
On pouvait donc trouver encore moyen, à Paris, de se livrer à
l'étude des sciences ; mais en province, on n'avait absolument
que des écoles élémentaires regardées très justement comme
pernicieuses par les parents. Tout était à refaire ; mais pour
restaurer l'enseignement, il fallait préalablement établir la paix
religieuse, et relever les finances.

Depuis longtemps le gouvernement dépensait des sommes
énormes et obérait le pays tout entier pour nourrir la population de Paris. Le Directoire ne pouvait pas ne pas chercher
les moyens de se débarrasser de cette charge écrasante. Lyon
n'avait pas encore relevé ses ruines, les départements de l'Ouest
étaient dévastés par la guerre civile. Il n'y avait de sécurité
ni à Paris, ni dans les départements. Le moindre voyage était

(1) Sinon l'âge de 12 ans pour la première section (dessin, histoire naturelle,
langues anciennes ; 14 ans pour la seconde (mathématiques, physique, chimie) ;
16 ans pour la troisième (grammaire générale, belles lettres, histoire, législation).
Les professeurs sont réduits à dix.

(2) Le Collège de France n'avait ni riches collections, ni biens, aussi les révolutionnaires oublièrent de le détruire.

long et dangereux, car les chemins étaient, faute d'entretien, défoncés pour la plupart et remplis de fondrières; des bandes de brigands infestaient les campagnes, et les voyageurs étaient souvent pillés et assassinés.

La Terreur, les proscriptions, le désordre des finances, le payement des fonctionnaires en assignats avaient désorganisé tous les services publics, même les plus indispensables. Les hôpitaux civils et les hôpitaux militaires étaient dans le plus complet dénuement. Les enfants trouvés mouraient de faim et de misère. Les employés des douanes qui ne pouvaient plus vivre avec leurs assignats, quittaient tous leur profession; et l'État, pour garder ses frontières, dut les mettre en réquisition et les faire rester de force à leur poste, en leur distribuant des rations très insuffisantes de pain et de viande. Les criminels s'évadaient continuellement des prisons qui tombaient en ruine faute d'entretien; du reste, les geôliers qui n'étaient pas payés ne les surveillaient guère, ou se laissaient aisément corrompre. Comme on ne trouvait d'argent ni pour rétribuer les juges, ni pour payer les dépenses les plus nécessaires au fonctionnement de la justice, les magistrats, réduits à la misère étaient obligés de chercher pour vivre d'autres ressources; et dans ce service public, si indispensable, tout allait aussi à la débandade.

Le sol de la France était jonché de ruines, mais sa situation morale était encore plus lamentable que sa situation matérielle; de nombreux Français étaient aigris, exaspérés par les vexations et les spoliations inouies qu'ils venaient de subir, et souvent aussi par l'assassinat de leurs proches; beaucoup d'autres étaient exaltés par le souvenir de leurs fautes, de leurs crimes, et prêts à tout pour s'éterniser au pouvoir, et se soustraire ainsi aux vengeances dont ils se croyaient menacés. Si les volés, si les proscrits avaient de la peine à pardonner à leurs voleurs, à leurs proscripteurs, ceux-ci, comme c'est l'habitude, étaient cent fois plus éloignés de pardonner à ceux qu'ils avaient dépouillés et proscrits, et les persécutaient ainsi que leurs familles avec un horrible acharnement. Toutes ces passions furieuses ne rencontraient aucun contrepoids. La masse de la population vivait au jour le jour : dans son affaissement moral, elle faisait litière de toutes préoccupations politiques, et ne désirait que sa tranquillité. La France soupirait ardemment après le repos et la pacification. Malheureusement les auteurs de tous ces maux, dont nous avons fait la longue et pourtant bien incomplète énumération (1), avaient profité de son apathie pour escamoter encore une fois le pouvoir; et au lieu de panser ses plaies, ils ne savaient que les envenimer, et les rendre plus hideuses encore. On va les voir à l'ouvrage!

(1) La dépréciation continue des assignats avait fait monter progressivement tous les objets de consommation à des prix invraisemblables. Nous en citerons seulement quelques exemples. En brumaire an IV, la livre de chandelle avait depuis quinze jours monté de 55 livres à 75, une paire de souliers de 160 à 400. Une bouteille de vin ordinaire qui un an auparavant coûtait 50 sous, valait alors 30 livres. Dans le dernier dîner du Comité de salut public du 4 brumaire (26 octobre) on trouve un chapon 260 livres, une langue de veau 650 l., un pâté 800 l., 12 poires cressane 120 : tout le reste en proportion. Une demi tasse de café et sucre coûte au moins 12 livres.

Le 26 brumaire, lorsque la constitution fonctionne, un rapport de police constate que « ... dans les groupes, aux portes des boulangers, etc., on est occupé à faire la comparaison de la situation actuelle avec celle du régime de Robespierre, et de là on passe au temps de la monarchie, et les regards s'attachent avec complaisance sur le gouvernement des rois. »

CHAPITRE IX.

COMMENCEMENTS DU DIRECTOIRE.

I. — Les directeurs tendent toujours à agir comme un Comité de salut public.
— Ils replacent les Jacobins en masse. — Journaux soudoyés par eux. — Détresse des finances. — On émet des milliards d'assignats. — En province, l'application de la constitution est retardée par les directeurs. — Dans les conseils, conduite très constitutionnelle des modérés, très anti-constitutionnelle des républicains.
II. — Plan de finances, rejeté par les Anciens. — Vif dépit du Directoire. — Emprunt forcé; il échoue. — Expédients financiers. — Rescriptions.
III. — Le Directoire prescrit l'exécution impitoyable des lois de persécution. — Prêtres mis à mort. — Crimes des colonnes mobiles dans l'Ouest. — Culte à Paris. — Le calendrier républicain et le décadi sont imposés. — Nouvelle encyclique des constitutionnels. — Le Directoire attente à la liberté des constitutionnels eux-mêmes.

I.

Le Directoire s'installa le 11 brumaire (2 novembre) dans le palais du Luxembourg qui lui avait été assigné comme résidence. La prise de possession ne fut guère brillante. Les quatre directeurs (Sieyès n'était pas encore remplacé), arrivèrent dans la même voiture escortés, d'après la constitution, par cent quarante fantassins, et cent quarante dragons à qui l'État ne pouvait pas donner de bottes, et qui montaient en mauvais souliers et en bas de laine percés. Le Luxembourg était absolument dévasté comme tous les palais nationaux; « il n'y avait pas un meuble, de quelque nature que ce soit », dit La Révellière. Les quatre directeurs s'installèrent dans un petit cabinet, et le concierge tira pour eux de son propre mobilier une table boiteuse dont un pied était pourri, et quatre chaises. Il leur prêta aussi quelques bûches pour faire du feu. Les directeurs durent alors, suivant la mode du jour, se comparer aux Spartiates! Des domestiques refusèrent d'entrer à leur service, parce qu'ils ne croyaient pas à la durée du nouveau gouvernement (1), et craignaient probablement d'être traités en fonctionnaires pour le payement de leurs gages.

La responsabilité ministérielle n'était pas reconnue par la constitution de l'an III; les ministres ne devaient pas former un conseil : ils n'étaient en réalité que des employés supérieurs. Le Directoire, avec des pouvoirs beaucoup moins étendus d'après la constitution, était en réalité la continuation du Comité de salut public : ceux qui le composaient étaient profondément imbus de l'esprit jacobin de ce comité, dont ils avaient fait partie; ils reprirent donc tout naturellement ses anciens errements.

Ils se partagèrent la surveillance des ministères : Carnot prit la direction des affaires militaires; Letourneur celle de la marine; Rewbell se chargea à la fois des ministères de la justice et des finances, et des relations extérieures; Barras surveilla la police et s'occupa surtout d'intrigues particulières; La Révellière prit pour lui les académies, les écoles, tout ce qui se rapportait à l'instruction publique et aux manufactures nationales. Du reste, il n'y avait pas de règle fixe dans ces attributions : le travail particulier de chaque directeur n'était qu'un travail de surveillance et de préparation. On pourrait croire que les petits détails étaient abandonnés à celui des directeurs qui s'occupait spécialement de la matière, et que les questions importantes seules étaient débattues par les directeurs réunis en conseil : il n'en était rien! En dehors des véritables questions politiques, le Directoire s'occupait souvent de détails de minime importance qu'il aurait dû abandonner aux ministres. De très petites questions, même de véritables commérages, étaient souvent discutées avec passion par les Directeurs en séance de gouvernement; ils suivaient ainsi la tradition du Comité de salut public.

Le Directoire eut à faire immédiatement une multitude de nominations. La constitution de l'an III avait rendu aux électeurs le droit de choisir les administrateurs et les juges, dont la Convention les avait privés sous prétexte de salut public : néanmoins, le Directoire devait nommer un com-

(1) Carnot, Réponse à Bailleul.

missaire auprès de chaque autorité élue, ainsi que divers
fonctionnaires (1). Il avait le droit de suspendre un administrateur, alors ses collègues devaient le remplacer; mais il était
maître de destituer l'administration tout entière, et de la
remplacer par des hommes à lui jusqu'aux élections prochaines; et il usa de cette faculté pour destituer, sous prétexte
de faiblesse à l'égard des prêtres et des émigrés, des administrations modérées, et imposer des Jacobins à leur place. Les
anciens agents de la Convention étaient exécrés : aussi les
élections furent presque partout favorables aux modérés et
aux royalistes; et le Directoire voyait avec fureur la France
administrée par des fonctionnaires électifs appartenant au
parti battu à Paris en vendémiaire. Heureusement pour lui
les assemblées électorales à Paris et dans plusieurs autres
départements n'avaient pu terminer leurs élections dans le
délai légal de dix jours et s'étaient forcément séparées sans
avoir nommé leurs administrateurs ni leurs juges (2). La majorité des conseils, malgré la vive résistance des chefs du
parti modéré, déclara qu'il serait inconstitutionnel de convoquer les électeurs pour compléter leurs choix, et le 25 brumaire, après de longues discussions dans les deux conseils,
elle donna au Directoire le droit de nommer provisoirement
les administrateurs et les juges jusqu'aux élections prochaines,
c'est-à-dire jusqu'au milieu de l'an V. La majorité révolutionnaire qui avait peur du corps électoral, alla jusqu'au bout
dans cette voie : le 22 frimaire (13 décembre) elle décida que
le Directoire remplacerait jusqu'aux élections de l'an V les
juges et les suppléants dont les nominations restaient sans
effet, pour démission ou pour toute autre cause (3). Le 24, il

(1) D'après les articles 153 et 154 de la constitution, le receveur des impositions directes de chaque département, et les préposés en chef aux régies des
contributions indirectes et à l'administration des domaines nationaux.

(2) On les accusait à tort de négligence. L'obligation extraordinaire de procéder aux nominations des deux tiers et de la liste supplémentaire leur avait
pris beaucoup de temps.

(3) Le 21 frimaire Poultier disait aux Anciens, du ton le plus lamentable, que
cette loi était indispensable, car il venait de parcourir vingt départements, et
il avait vu des juges et des administrateurs « ulcérés des maux qu'ils ont souf-
ferts pendant la Terreur », et les électeurs choisir les gens qui se vantaient
d'être royalistes. (*Débats et décrets*, frimaire an IV, p. 381.)

fut chargé encore de nommer aux places de juges de paix vacantes par suite de l'abstention des assemblées primaires ou pour toute autre cause; et le 25, de nommer les administrations municipales qui auraient dû être élues par les assemblées primaires, le mois précédent, d'après la loi du 19 vendémiaire. Seulement il était chargé de convoquer dans le plus court délai (1), les assemblées communales dans les communes au-dessous de cinq mille âmes, pour nommer les adjoints qui devaient former les municipalités de canton. Un décret du 4 pluviôse devait enlever aux assemblées électorales le choix des administrateurs des quatre grandes villes de la France, Bordeaux, Lyon, Marseille et Paris.

Le Directoire n'était et ne pouvait être qu'un gouvernement de faction ; aussi eut-il soin d'étendre encore les lois qui lui permettaient de nommer provisoirement à un grand nombre de places. Dans toutes les fonctions qui étaient à son choix, il eut soin de ne placer que des révolutionnaires, que Thiers lui-même, son apologiste habituel, trouve « trop signalés pour être impartiaux et sages ». Les innombrables petits tyrans locaux que la Terreur avait fait surgir, furent de nouveau investis du droit de vexer leurs concitoyens ; ils savaient très bien que sous un gouvernement modéré, ils seraient condamnés tout au moins à vivre dans la misère et le mépris : aussi avaient-ils tout intérêt à soutenir par des abus de pouvoir et des prévarications, un Directoire aussi jacobin. De nombreux terroristes, qui avaient été précédemment disgraciés par la Convention, occupèrent des places importantes et en profitèrent pour persécuter de nouveau et les royalistes et les girondins, et les prêtres, et les modérés de toute espèce (2). « Tout ce qu'il y avait eu de plus honteusement fameux

___

(1) Cependant on ne lui fixait aucun terme.

(2) Les terroristes furent très bien traités. Les femmes de Collot et de Billaud réclamèrent l'amnistie en faveur de leurs maris, avec le payement des indemnités qui leur revenaient. Dans sa séance du 24 brumaire, le Directoire passe à l'ordre du jour sur leur première demande, mais leur accorde la seconde, et en outre ordonne que Collot et Billaud « jouissent de leur pleine liberté dans *l'isle de la Guiane* (sic), et autorise leurs épouses à aller les rejoindre aux frais de la République. »

Doppet, que le Directoire devait, en floréal an VI, chasser très illégalement du

dans la Convention nationale, dit La Révellière, fut placé de préférence. » Il constate que le Directoire, dont il faisait partie, semble avoir voulu, en choisissant de tels fonctionnaires, narguer et provoquer les populations.

« Ce qu'il y a de singulier, c'est que ces hommes atroces voulaient tous être placés chez eux, ou dans des lieux où ils avaient principalement exercé leurs fureurs et leurs brigandages : incapables de honte et de remords, ils voulaient quoique déchus de toute puissance, se montrer encore en place, et narguer en quelque sorte ceux qui les avaient tant de fois et si justement maudits depuis le 9 thermidor (1) ».

Le Directoire accueillait leurs prétentions et espérait faire peur aux modérés. Carnot soutient qu'il a senti plus tard « la nécessité d'exclure enfin des places, cette foule d'êtres immoraux, incorrigibles qui portaient le désordre, le mécontentement, la terreur dans toutes les parties de la République. » En effet, le Directoire et ses ministres, après avoir donné les places dont ils disposaient à des frères et amis bien compromis dans la Révolution, durent reconnaître bientôt que la Terreur seule avait pu les imposer au pays, et que l'incapacité et l'immoralité de la plupart d'entre eux discréditaient singulièrement ceux qui les avaient nommés. Ils n'avaient plus les mêmes ressources qu'au temps de la Terreur pour étouffer toute réclamation contre leurs actes; et grâce à la liberté de la presse, ils étaient publiquement traités comme ils le méritaient. Mais le Directoire en plaçant de pareilles gens avait agi imprudemment et méconnu souvent son propre intérêt; car beaucoup de ces fonctionnaires

---

Corps législatif comme jacobin et buveur de sang, fut par lui, le 2 frimaire an IV, réintégré dans son grade de général de division, et envoyé comme commissaire dans les départements de la Meurthe et de la Moselle pour la rentrée des déserteurs et des jeunes gens de la première réquisition. (Arch. A. F. 3 registre 1). Robert Lindet qui devait être expulsé comme lui en l'an VI, fut nommé le 5 brumaire agent secret à Bâle, mais il refusa, et fut remplacé par le défroqué Bassal.

(1) *Mémoires*, t. I, p. 357. Il prétend que ces terroristes furent placés sur les instances de Carnot et malgré les siennes. Carnot, de son côté (Réponse à Bailleul, 130) reconnaît qu'il a placé des jacobins, mais il les croyait simplement exaltés, et capables de revenir à la modération. « Je vis bientôt, ajoute-t-il, que si quelques-uns d'entre eux étaient rentrés dans la bonne voie, la plupart ne cherchaient à profiter des avantages qu'ils avaient obtenus, que pour tout renverser. » Alors il réclama leur épuration.

appartenaient au parti dit anarchiste, et travaillaient activement
à renverser la coterie directoriale qu'ils trouvaient encore trop
tiède. Aussi fut-il obligé de révoquer un certain nombre de ces
agents, à la grande satisfaction des modérés qui le criblèrent
de railleries (1).

Comme la presse lui était hostile, il s'occupa, aussitôt après
son installation, de créer des journaux officieux. Dans sa séance
secrète du 18 brumaire (9 novembre), il établit un journal
destiné à faire connaître ceux de ses actes qu'il jugerait convenable de divulguer. Garat fut chargé de cette feuille. En outre,
« les citoyens Réal, Méhée, Ginguené, Antonelle seront
chargés de rédiger les proclamations, adresses, instructions, etc.,
que le Directoire exécutif jugera nécessaire de faire publier » ;
leur traitement sera de la somme de (en blanc) et pris sur les
dépenses secrètes (2). Il veut maintenir les soldats dans les
bons principes, aussi par arrêté du 22, il ordonne d'envoyer au
général de l'armée de l'intérieur, deux cent cinquante exemplaires du *Journal des patriotes de 89*, et autant de *la Sentinelle*.
Le 9 frimaire, il prenait au Bulletin officiel d'Antonelle, imprimé
par Gratiot, un abonnement de dix mille exemplaires qui devaient être distribués aux départements et à l'armée. Mais le
18 suivant, Antonelle est disgracié, et *le Rédacteur* devient le
journal du Directoire. Par arrêté secret du 24 frimaire, il s'a-
bonne à dix mille exemplaires de ce journal, qui seront distribués comme l'étaient ceux du Bulletin officiel ; il s'abonne aussi à
la traduction du *Rédacteur* en langue allemande, et pour deux
mille exemplaires au *Bonhomme Richard*. Il avait nommé Le-
maire, principal rédacteur de cette feuille, membre du bureau
d'examen des papiers publics. Il continue à subventionner en
outre *la Sentinelle*, *le Patriote de 89*, *l'Ami des lois*, mais c'était

(1) Ainsi le 13 frimaire il reconnaît par arrêté qu'il a été induit en erreur sur
la plupart des nominations de ses commissaires dans le département du Puy-
de-Dôme, et les révoque, sauf trois seulement. Les commissaires ci-devant en
fonctions reprendront provisoirement leurs postes respectifs. (Arch. AF3 r. 1.)

(2) Arch. AF3 r. 20. — En outre « il sera fait une collection de toutes les pièces
et de tous les documents qui peuvent servir à l'histoire de la Révolution. » Réal
est chargé des recherches ; il lui sera fourni un local, et alloué un traitement.
Le 13 frimaire, le ministre de l'intérieur reçoit l'ordre de lui payer 2500 livres
pour ce travail.

dans *le Rédacteur* qu'on allait chercher la pensée du Directoire (1).

Ce gouvernement était obligé de combattre à la fois les modérés, et la queue de Robespierre, et les hébertistes. Suivant la tradition du parti thermidorien qu'il perpétue au pouvoir, il ne cessera de déclamer contre le royalisme et l'anarchie contre les émigrés unis aux réfractaires. A l'exemple de Robespierre, pérorant à la fois contre les *indulgents* et les hébertistes, le Directoire cherchera toujours à se présenter aux naïfs, comme une sorte de tiers parti révolutionnaire, tandis qu'en réalité il représente la queue d'une coterie terroriste, et n'est séparé de ces anarchistes tant maudits par aucune question de principes, mais par des animosités personnelles, et surtout par la possession du pouvoir.

Les révolutionnaires tenaient beaucoup à faire nommer le plus grand nombre possible de fonctionnaires par le Directoire, afin de maintenir la persécution religieuse. En effet, l'attitude des populations et l'aversion d'un grand nombre d'administrateurs élus pour les lois de tyrannie et de persécution, rendaient souvent inutiles les efforts des prêtrophobes. Mais au point de vue de la persécution religieuse, le Directoire était parfaitement d'accord avec les pires terroristes. Dans sa première proclamation du 14 brumaire qui est pourtant modérée relativement, il déclame contre « les fanatiques qui embrasent sans cesse les imaginations » le 22 brumaire (13 novembre). Bénézech, ministre de l'intérieur, envoie une circulaire aux administrations de département. Après avoir dit que « le moment est arrivé où les cœurs doivent s'ouvrir à la confiance, où les âmes doivent respirer librement », il leur ordonne bien vite de traquer les émigrés et les prêtres, et les anarchistes. « Vous ne ferez pas grâce non plus à ces anarchistes dangereux qui, sous le masque du patriotisme, sont les désorganisateurs de tout

(1) Arch. AF3 r. 1 et 20. — Un arrêté du Directoire du 1er germinal, afin d'assurer, le service de l'imprimerie du *Rédacteur*, décide que le cheval de Gratiot, imprimeur de ce journal, quoique devant être compris dans la masse sur laquelle le trentième cheval doit être prélevé, ne pourra néanmoins être du nombre de ceux sur lesquels le choix tombera pour être employés au service militaire. Ces exemptions ne devaient être accordées par le Directoire que pour un service d'utilité générale.

ordre public; *ces hommes, n'en doutons point, sont les vrais fauteurs de royalisme.* »

Il finit sa circulaire en déclarant qu'il est un objet sur lequel doit se porter *essentiellement* leur sollicitude, c'est
l'exécution de la loi qui ordonne le payement *en nature* de
la moitié de la contribution de l'an III. C'était, en effet, le seul
moyen pour le Directoire de se procurer quelques ressources.
En entrant au pouvoir, il avait trouvé le Trésor absolument
vide. L'arriéré des impôts des trois dernières années était évalué à treize milliards au cours de l'assignat. De nombreuses
sources de revenus étaient taries. On ne percevait presque
plus de contributions directes. Beaucoup d'impôts indirects
avaient été imprudemment abolis, et tous les payements étaient
faits en assignats. La Convention avait surélevé les droits de
douanes, à cause de la chute des assignats, mais non les
amendes imposées aux contrevenants, aussi étaient-elles devenues absolument dérisoires. Le papier timbré payé en assignats
au lieu de rapporter à l'État, se trouvait lui coûter cher. Le gouvernement était dans la nécessité d'émettre constamment des
assignats et par conséquent d'accélérer encore leur dépréciation. « On ne suffisait plus, dit La Révellière, à imprimer dans le
cours de la nuit, ceux qui étaient indispensablement nécessaires
à satisfaire aux besoins les plus pressants du lendemain. »

Le Directoire employait huit cents ouvriers à la fabrication
des assignats, et suivant l'habitude des comités de la Convention,
il faisait des émissions continuelles sans consulter le Corps lé-
gislatif(1). Le Comité de salut public, avant de se séparer, avait

(1) Déjà la Convention avait renforcé l'atelier de fabrication des assignats, de
quatre cents ouvriers. En messidor an III, ces ouvriers exténués par un travail
incessant, se mirent en grève; et par arrêté du 18, le Comité des finances et le
Comité de salut public ordonnèrent de distribuer une livre de pain par jour à
chaque employé. C'était beaucoup pour l'époque! En brumaire an IV des ouvriers
voulaient se retirer; alors le Directoire « informé que par une suite de conspiration on excite les ouvriers employés à la fabrication des assignats à cesser
leurs travaux, pour faire manquer tous les services *et amener la dissolution de
la république,* » fait mettre quatre d'entre eux en prison, et ordonne aux autres
ouvriers de continuer leurs travaux en les menaçant de les arrêter comme complices de la conspiration. Il venait d'autoriser à mettre en réquisition tous
les ouvriers imprimeurs nécessaires. Il ordonne aussi le 18 de fonder une papeterie spéciale à Essonnes, pour faciliter la fabrication des assignats. Elle est tellement urgente, que les inspecteurs du Corps législatif sont chargés de recueillir

décrété une émission de quatre milliards d'assignats le 8 brumaire. Le 26, le Directoire ordonna encore d'en fabriquer, par
précaution, pour quatre milliards, dont moitié en assignats de
deux mille livres, un milliard de mille livres, cinq cents millions
en assignats de cinq cents livres, et le reste en assignats de cent
livres, pour avoir de la menue monnaie, car le louis se paye
alors *trois mille dix-huit* livres en assignats, et l'émission fera
nécessairement baisser encore le papier-monnaie. Le Directoire
émit en peu de temps trente-cinq milliards six cent trois millions d'assignats.

Le 15 brumaire (6 novembre) le Directoire qui venait d'entrer
en fonctions, demanda au Corps législatif de mettre à sa disposition trois milliards en assignats, c'est-à-dire un peu moins de
vingt-quatre millions réels. Il était dit dans son message que
le ministère n'étant point encore organisé, il était impossible de
joindre à cette demande l'état, même par aperçu, de la répartition des fonds nécessaires. Le conseil des Cinq-Cents trouva
qu'il était indispensable de mettre le Directoire en état de
pourvoir aux dépenses journalières, et mit les trois milliards
à sa disposition, sous la condition d'en présenter dans le
plus bref délai l'état de répartition. C'était une simple réserve
en faveur d'un principe méconnu par la résolution, mais aux
Anciens on invoqua ce principe avec succès. Lafont Ladebat
fit observer que la résolution violait les articles 162, 318 et
319 de la constitution, d'après lesquels les fonds devaient être
remis par le Corps législatif à la disposition de chaque département ministériel, et non à la disposition du Directoire.
D'après l'article 318, les commissaires de la trésorerie n'auraient
pu, sans forfaiture, délivrer les trois milliards au Directoire. Dupont de Nemours et Tronchet l'appuyèrent, et la résolution fut
rejetée. Les Anciens eurent soin de déclarer qu'ils étaient bien
éloignés de vouloir nuire aux services publics et entraver le
Directoire; néanmoins ce rejet était tout à fait significatif! il

les chiffons destinés à faire du papier et des bulletins, afin de les convertir
en papier pour les assignats, et par arrêté du 26, tous les ministres fourniront
à la papeterie d'Essonnes, pour cette fabrication, toutes les matières qui existaient
dans les magasins. Du reste, Faypoult, en prenant possession du ministère des
finances, constate que la situation va être difficile, parce que la fabrication des
assignats est moins rapide que la dépense. (Arch. AF3 r. 181.)

voulait dire que le régime constitutionnel était pris au sérieux, au moins par les Anciens, et que le Directoire devait observer les règles prescrites par la constitution. Et c'étaient des membres du nouveau tiers qui dans cette discussion avaient rappelé les vétérans de la Révolution au respect de leur constitution ! Le Directoire représenta régulièrement sa demande qui lui fut accordée sans difficulté (1).

La minorité modérée réussit à faire déclarer par les Conseils que la dictature assumée par les Jacobins en vendémiaire ne devait pas se prolonger davantage. Dès le 11 brumaire Saladin précédemment décrété d'arrestation, avait revendiqué sa place aux Cinq-Cents, en invoquant et le caractère que le peuple lui avait conféré, et la constitution. Il fut décidé qu'une commission de six membres serait nommée pour s'occuper de sa réclamation. Le 16, Félix Faulcon demanda que cette commission fut nommée immédiatement : cette proposition causa beaucoup d'émotion. Thibaudeau démontra qu'il fallait absolument suivre les formes tracées par la constitution pour mettre un député en accusation, et fit rapporter la résolution. Tallien déclama avec fureur contre Saladin et les autres députés qui se trouvaient dans la même situation, mais Doulcet prouva nettement que les formes constitutionnelles n'avaient pas été observées, et le Conseil mit en liberté Saladin, Rovère, Laumont et Aubry, sauf à les poursuivre s'ils étaient dénoncés suivant les formes prescrites par la constitution. La résolution fut approuvée par les Anciens : c'était une vraie censure infligée aux vainqueurs de vendémiaire !

Le lendemain, le député Fayol eut le courage d'attaquer carrément l'odieuse loi du 3 brumaire an IV, de démontrer qu'elle violait la constitution, et de demander le rapport de ses six premiers articles. Les deux tiers qui venaient de voter cette loi jacobine, l'écoutèrent avec stupéfaction et colère, et repoussèrent sa proposition par la question préalable, au nom du salut public. Il était sans doute impossible, pour le mo-

(1) L'état de répartition attribuait au ministre de la justice cinquante millions, au ministre de l'intérieur neuf cents millions pour dépenses générales, plus cent autres pour celles du Directoire; aux finances deux cents millions, à la guerre onze cents, aux relations extérieures cinquante, et six cents à la marine.

ment, de compter sur un autre résultat; mais le nouveau tiers, et les anciens conventionnels modérés, devaient à leurs électeurs, de protester immédiatement contre cette loi tyrannique et inconstitutionnelle, et de déclarer qu'ils en poursuivraient énergiquement l'abrogation.

Le 18 brumaire, Duhot fit observer aux Cinq-Cents que le comité de législation n'existant plus, il fallait décider quelle autorité trancherait les questions concernant les émigrés; il prétendit que les administrateurs les favorisaient et les faisaient rentrer, et demanda la nomination d'une commission chargée de reviser les lois sur les émigrés. Cette proposition parut très perfide aux révolutionnaires. Thibaudeau se crut obligé de la combattre et de pérorer contre les émigrés. Le conseil des Cinq-Cents passa à l'ordre du jour ; mais malgré leurs déclamations furibondes, les révolutionnaires eux-mêmes sentaient qu'il faudrait un jour ou l'autre aborder cette question :

Les modérés eurent plus de succès le lendemain auprès de la majorité. Il s'agissait tout simplement de savoir si malgré l'installation du régime constitutionnel à Paris, la nouvelle Terreur, établie à l'occasion des journées de vendémiaire, allait se prolonger indéfiniment en province. Siméon protesta hautement à la tribune contre la tyrannie que Fréron exerçait dans le département des Bouches-du-Rhône en qualité de commissaire de la défunte Convention. Ce pays avait été le théâtre d'horribles excès de la part des Jacobins, et ces excès avaient provoqué un certain nombre de vengeances; néanmoins les décrets de fructidor n'y avaient suscité aucune émeute. Mais les terroristes ne cessaient de crier qu'on les assassinait, et voulaient assassiner comme au bon temps, et girondins et modérés. Les Comités de la Convention, juste au moment où leurs pouvoirs allaient expirer, eurent soin d'envoyer Fréron sur le théâtre de ses sanglants exploits. Il avait quitté le parti de la modération, et était revenu aux terroristes. Il arriva à Aix le 7 brumaire, lorsque le régime constitutionnel était déjà établi, et fit son entrée à la manière des proconsuls de la Terreur, à neuf heures du soir, escorté de trois cents hommes marchant au pas de charge, avec grand fracas de tambours et de trompettes, et faisant traîner avec lui deux pièces de canon et un obusier. Il était accompagné de terroristes de la pire espèce conduits par deux bandits marseillais qui, le 5 vendémiaire an III, avaient tenté d'assassiner les Conventionnels en mission, Auguis et Serres. Ils venaient d'être mis en liberté, grâce à l'amnistie, et comme tous les amnistiés, ils ne cherchaient qu'à recommencer leurs infâmes exploits et à se venger de ceux qui avaient osé leur tenir tête. Aussitôt Fréron destitue des municipalités, les remplace par des municipalités jacobines, et fait des arrestations. Il part ensuite pour Marseille : partout les plus odieux terroristes se lèvent : des brigands contre qui des mandats d'arrêt ont été lancés se montrent en armes, bravent les autorités, et leur adressent des menaces. Fréron procède pendant la nuit à des visites domiciliaires comme au bon temps. Ses sbires sabrent quatre citoyens, dont un vieillard de quatre-vingts ans comme girondins. La Terreur règne dans toute la Provence ; on se sauve de Marseille.

Siméon établit qu'en fait, il ne s'agissait pas d'une querelle entre les royalistes et les patriotes de 89, mais d'excès des terroristes, et de vengeances exercées par eux contre tous ceux qui leur avaient quelque peu résisté. Puis, se plaçant au point de vue du droit constitutionnel, il rappela au Conseil que d'après le décret du 20 vendémiaire, les députés en mission dans les départements qui ne seraient pas encore rappelés à la date du 3 brumaire, devaient rester où ils étaient comme commissaires, jusqu'à ce que le Directoire leur eût notifié son installation ; il demanda en conséquence que ce décret fut appliqué à Fréron comme à tous les autres commissaires qu'on avait laissés dans les départements pour y faire de l'arbitraire. Il était évident que si le Directoire pouvait prolonger encore longtemps, par des retards systématiques, les pouvoirs donnés à Fréron et à des gens de cette espèce, le régime constitutionnel n'était en province qu'une vaine apparence. Les révolutionnaires furent assez embarrassés et cherchèrent à escamoter la discussion, en soutenant que le Conseil n'avait pas à s'occuper de cette affaire et qu'il fallait s'adresser au Directoire. Néanmoins, il était évident qu'on ne pouvait ainsi laisser le Directoire libre d'éloigner indéfiniment l'application de la

constitution en province, et Siméon l'avait si nettement établi,
que le Conseil ne put s'empêcher de voter qu'il serait demandé
au Directoire : 1° s'il avait notifié son installation aux représentants en mission réélus, pour les rappeler au Corps législatif;
et 2° quelles mesures il avait prises pour rappeler ceux qui n'é-
taient pas réélus (c'était le cas de Fréron) ou pour continuer
constitutionnellement leurs pouvoirs. Mais le Directoire ne
tint aucun compte de cette injonction du Corps législatif; il ne
fit la notification réclamée que le 7 pluviôse, plus de deux mois
après, et permit ainsi aux terroristes de commettre dans
plusieurs départements une foule d'actes arbitraires et incons-
titutionnels.

Les terroristes du Midi furent très irrités de se voir aussi
vivement attaqués. Ils envoyèrent le 13 brumaire une nouvelle
dénonciation très violente contre les députés Cadroy, Chambon
et Mariette. Ils osaient les représenter comme des égorgeurs,
comme les bourreaux du Midi. Les députés accusés réfutèrent
énergiquement ces calomnies. Isnard qui avait été avec eux en
mission dans le Midi, stigmatisa les terroristes avec sa vigueur ordinaire. Les vainqueurs de vendémiaire, après s'être
servis des anciens prairialistes, répudièrent de nouveau toute
solidarité avec eux, et le Conseil des Cinq-Cents, décida à l'unanimité, moins une voix (1), qu'il n'y avait pas lieu à délibérer.

On voit que dès le début les modérés et surtout les chefs
du nouveau tiers, loin d'attaquer même indirectement la constitution, prennent parti pour elle, contre les républicains qui
l'ont fabriquée. Ils se rendent parfaitement compte de ses défauts, mais ils veulent faire jouir les citoyens des garanties
qu'elle leur accorde ; au contraire, les révolutionnaires ne
songent qu'à jouir des places qu'ils se sont adjugées, et à escamoter les nombreuses dispositions constitutionnelles qui ne
leur permettent pas de tyranniser la France comme au temps
des comités. Tandis que les modérés, ces membres du nouveau
Tiers, ces prétendus chouans et émigrés tant calomniés par les
Jacobins, et même par ces libéraux, qui en histoire, comme
en politique, emboîtent si aisément le pas derrière les violents,

(1) Celle de Bentabole. (*Débats et décrets*, brumaire an IV, p. 311.)

se montrent plus constitutionnels que les auteurs de la constitution, et ne cherchent nullement à entraver les gouvernants
jacobins ; au contraire, ils ne leur marchandent pas leur concours, lorsqu'il s'agit de remédier aux maux que la perversité
et l'ineptie révolutionnaires ont infligés à la France.

II.

Une nécessité impérieuse contraignait les révolutionnaires à travailler au relèvement des finances, sans pouvoir
se passer du concours des modérés. Le conseil des Cinq-
Cents se réunit en comité général, c'est-à-dire en séance
non publique, pour s'occuper des finances ; il eut ainsi plusieurs séances secrètes. Comme l'opinion publique était fort
émue, il crut opportun de publier le long rapport de la Commission des finances qui lui avait été présenté le 24 brumaire
(15 novembre) par Eschassériaux. Le rapporteur cherche à
rejeter sur les événements les fautes des révolutionnaires ;
cependant il avoue qu'il y a eu des dilapidations énormes,
qu'on n'a suivi aucune règle ; « la planche aux assignats fut
la ressource unique, » et l'on n'a pas cessé de faire des émissions sans les annoncer. Il essaie ensuite de faire le bilan de
la situation actuelle (1). On a déjà émis pour *vingt-neuf milliards* quatre cent trente millions 484,623 livres d'assignats,
dont *dix-neuf milliards* 452,425,000 livres par simples arrêtés
du comité, du 6 vendémiaire an III au 8 brumaire an IV. Mais,
suivant lui, il faut en déduire pour trois milliards 352 millions
et 683,000 livres d'assignats brûlés, d'autres à brûler, d'autres
démonétisés (2) ou dans les caisses, et cinq milliards cent millions
restant à fabriquer sur les émissions ordonnées : il n'y aurait
donc en circulation active au 15 brumaire que dix-huit milliards 903 millions 484,464 livres en assignats. Il fournit ensuite

---

(1) *Journal des débats et décrets*, brumaire an IV, p. 225. — Ce révolutionnaire
très décidé avoue que depuis le 10 août on n'a suivi « aucun plan » ni système
d'économie ; tout allait avec et suivant les circonstances, on ne songeait point
à l'avenir, on ne savait que faire des émissions d'assignats. Le ministère de la
guerre était devenu un gouffre.

(2) Ils n'ont pas rentré ; ils valaient 992 millions, 531,804 livres. C'est le résultat de la banqueroute partielle décrétée par la Convention, le 31 juillet 1793.

un état des biens nationaux. Il estime qu'en comprenant ceux de Belgique, ces biens représentent sept milliards, valeur métallique, et qu'en payant le milliard promis aux défenseurs de la patrie, il restera six milliards, et qu'avec un seul milliard « on peut solder la masse entière des assignats émis (1). » La République pourra donc, même après avoir payé les dettes qui grèvent les biens des émigrés, garder cinq milliards, valeur métallique, de biens nationaux pour parer aux événements de la guerre. Ainsi donc, la situation financière serait magnifique, et pour en jouir, il s'agit simplement de sortir d'une crise.

Pour y arriver, il propose de remplacer les assignats par « un nouveau titre qui représente une valeur fixe et spéciale, qui puisse mettre entre les mains des créanciers de la République son gage, son hypothèque, *que rien ne pourra discréditer*, etc., etc., » par des cédules au moyen desquelles « la valeur particulière de chaque domaine national est représentée, chaque créance garantie. » On a dit à peu près la même chose de l'assignat, mais qu'importe? La cédule va immédiatement sauver les finances, rétablir l'équilibre du prix des denrées, guérir une foule de maux.

Ces miraculeuses cédules seront données pour échange contre des assignats, mais sur quel pied? Le rapporteur déclare que l'État ne peut rembourser l'assignat à sa valeur, ce serait folie! et il établit la nécessité d'une forte banqueroute. Il faut seulement que le cours de l'assignat soit désormais constaté d'une manière légale, non par l'État, mais par un acte de notoriété publique. Alors le gouvernement, pour les faire monter, les prendra au double du prix du cours, et ils monteront indéfiniment (2).

(1) On a vu que le 6 nivôse an III, Johannot les évaluait à quinze milliards. Eschassériaux compte ceux de Belgique pour deux milliards; ceux des émigrés estimés valeur de 1790, deux milliards, 57 millions 804,000 livres; mais tout le monde sait que depuis 1790 la terre a baissé de plus de moitié, et que la mise en vente d'une telle masse de biens, ferait tomber son prix encore plus bas. Il estime les forêts nationales deux milliards. En 1791 on les estimait à peine cent millions. Il compte aussi un milliard de biens nationaux de première origine dont il exagère singulièrement la valeur. On doit à l'État, sur les biens nationaux 988 millions assignats.

(2) « La baisse du cours des assignats a pour ainsi dire augmenté de vitesse,

Vient ensuite un plan de réforme des finances ; le rapporteur propose de faire payer désormais les contributions sur le pied de 1790, en argent ou en assignats au cours, ce qui est extrêmement grave ; et pour faire face aux difficultés présentes, d'autoriser le ministre des finances soit à aliéner les coupes des forêts jusqu'à la concurrence de trois cents millions, soit à vendre le mobilier national en argent ou assignats au cours, soit à aliéner quelques parties des biens nationaux, afin de faire rentrer les assignats ; on l'autorisera aussi à conclure les traités nécessaires pour assurer ce service. Il finit par un appel à la concorde, entre révolutionnaires exclusivement, et en criant : « jamais grâce aux émigrés, » ce qui signifie surtout : « jamais grâce à leurs fortunes. » Il présente un projet de résolution dont les principales dispositions sont la destruction de la planche aux assignats dès le 15 nivôse, et la délivrance de cédules contre assignats admis au double du cours constaté. En outre, les rentiers et les pensionnaires de l'État seront payés en numéraire ou en assignats au cours légal. C'était facile à promettre ! Toute vente de biens nationaux sera suspendue : les délais étant expirés, toute demande en radiation des listes d'émigrés sera repoussée. Les biens nationaux seront cédulés valeur de 1790, et ne seront vendus qu'à l'échéance de la cédule. Ces cédules ne pourront acquérir cours forcé, mais elles seront négociables comme les effets de commerce, et rapporteront trois pour cent (1).

Ce projet est l'origine des *mandats territoriaux*. Comme l'on ne savait encore à quels expédients financiers on aurait recours, la vente des biens nationaux fut, le 30 brumaire (21 novembre), suspendue jusqu'au 1er prairial (20 mai). Au milieu de toutes ces discussions, qui ne pouvaient évidemment remplir les caisses de l'État, le Directoire recourait à des expédients de toute sorte pour se procurer des ressources. La loi du 3 frimaire (24 novembre) les sanctionna, en l'autorisant à faire

comme une pierre dans sa chute; la hausse aura aussi sa progression. » (*Débats et décrets*, brumaire an IV, p. 233.) On voit comme les révolutionnaires se faisaient de folles illusions !

(1) On fera un milliard de cédules qui seront gardées dans une caisse particulière pour les distribuer plus tard aux soldats, et un autre milliard sera remis au ministre des finances.

faire par la trésorerie les négociations en numéraire et en papier qu'il jugerait nécessaires aux finances. Il devait, sous ce prétexte, gaspiller bien des millions. Comme les employés du gouvernement payés en papier étaient réduits à la plus affreuse misère, le Directoire arrêta, le 7 frimaire, qu'ils continueraient à être payés en assignats, non pas au cours, mais à raison de trente fois leur traitement. Il portait ainsi un nouveau coup au système des assignats, tout en donnant encore bien peu aux employés, car ils n'allaient recevoir pour le moment que le quart de leur traitement réel, et l'assignat baissait toujours (1). Mais le 14 frimaire, le projet d'Eschassériaux, qui avait été voté avec quelques modifications, fut repoussé par les Anciens (2).

Le Directoire et les Cinq-Cents furent très émus de cet échec. Indépendamment des dépenses ordinaires, il fallait subvenir à l'alimentation de Paris et à l'entretien des armées d'Allemagne qui, forcées de rentrer en France, ne vivant plus aux dépens de l'ennemi, mais ne recevant rien du trésor, devenaient une charge très lourde pour le pays, car on recourait souvent aux réquisitions (3) pour les faire subsister. Le Directoire, qui avait bien à tort compté sur les cédules, revint aux procédés révolutionnaires, et demanda un emprunt forcé.

Le 15 frimaire (6 décembre 1795), il envoie aux Cinq-Cents un message dans lequel il déclare que longtemps il a cru devoir adoucir, aux yeux des conseils, une partie des maux qui affligent la République « et des maux plus grands encore qui la menacent imminemment; » mais l'heure des palliatifs

(1) Un mois plus tard, à cause de cette baisse continuelle, ils n'en recevraient plus qu'un septième.

(2) Le rapporteur Lebrun prouva que ce projet ne reposait sur rien. Ne supposait-il pas, en effet, que trente milliards d'assignats représentaient un milliard en valeur métallique, tandis que dans les conventions entre particuliers, ils ne représentaient que de deux à trois cents millions!

(3) *Les bons de réquisition* furent un véritable fléau pour les finances; on n'a jamais pu en établir la valeur, même approximativement. Les lois des 3 pluviôse et 26 ventôse an III (22 janvier et 16 mars 1795) avaient obligé sous des peines très graves les cultivateurs à fournir leurs grains et à prêter leurs voitures sur réquisition, et on leur donnait assez arbitrairement des bons à la place de leurs grains; ces bons, émis en très grande quantité, furent bientôt très dépréciés, et l'État, suivant son caprice, les acceptait ou les refusait pour certains payements.

est passée, « la vérité, la vérité seule dans toute sa rudesse, nous offre la dernière planche de salut que nous apercevions dans ce moment de naufrage. Nous touchons à notre dernier terme, si quelque ressource inattendue ne sort pas, pour ainsi dire avec la rapidité de l'éclair, du génie de la liberté. » On ne peut plus compter sur aucune ressource immédiate. Il faut donc recourir à un emprunt forcé sur les riches ; il sera de six cents millions, valeur métallique, et atteindra seulement le cinquième des contribuables, c'est-à-dire, suivant le Directoire, un million d'individus : « Par là, disait-il cyniquement, il se trouvera que l'immense majorité des citoyens qui ne participerait pas à cet emprunt, lui applaudirait en voyant qu'il sauverait la chose publique. » Les prêteurs forcés (1) seraient désignés par leurs administrations départementales, et la moitié de leur cotisation exigible après vingt jours. « Il est temps enfin, disait le Directoire, que les citoyens les plus opulents viennent au secours de la classe malaisée, qui a supporté jusqu'à présent avec tant de courage le fardeau de la Révolution. »

Comme si la classe aisée n'avait pas été opprimée et plumée dès le début de la Révolution ! Comme si les souffrances subies par la classe pauvre n'avaient pas été la conséquence directe, nécessaire, des lois absurdes, iniques, spoliatrices, des révolutionnaires ! On reconnaît bien là leur impudence ordinaire. Ce message était farci de déclamations jacobines, mais c'était encore son moindre défaut. La constitution proclamait l'égalité de tous les citoyens devant la loi, leur obligation à tous de participer aux charges publiques suivant leurs forces : on la violait pour revenir à l'odieux système de 1793, pour proclamer de nouveau que la richesse et la simple aisance sont une sorte de crime contre la démocratie.

Le Directoire déclarait en même temps qu'il lui fallait absolument quinze cents millions assignats pour l'armée (2). Cette somme lui fut accordée immédiatement. Le surlendemain, Ramel présenta le rapport de la commission des finances sur

---

(1) Ils sont divisés en douze classes et taxés de douze cents à cent livres.

(2) Le 15 frimaire le louis vaut 4355 livres assignats ; les quinze cents millions font à peu près huit millions cinq cent mille livres.

l'emprunt forcé. Comme il s'agit d'un emprunt et non d'un impôt, il prétend qu'on n'a pas à s'occuper de la constitution, et qu'on peut taxer à tort et à travers les prétendus riches. Le projet du Directoire est un peu modifié. Cet emprunt frappe les citoyens *aisés*, et non plus les citoyens *riches*, comme celui de 1793. Où trouvera-t-on ces citoyens aisés? « Dans le quart le plus imposé ou le plus imposable des citoyens de chaque département. » Les prêteurs forcés, désignés arbitrairement (1) par les administrations, sont divisés en seize classes égales en nombre, sauf la dernière, qui comprend ceux dont la fortune atteint ou dépasse cinq cent mille livres, valeur de 1790, maintenant très réduite. On peut les taxer de quinze cents à six mille livres arbitrairement. La quinzième classe paye douze cents livres; la moins chargée, cinquante. Le remboursement qui devait, disait-on, réparer toutes les injustices partielles, serait effectué de la manière suivante. Le prêteur recevrait une feuille divisée en dix coupons séparables, chacun de la valeur du dixième de son prêt, et pouvant être employés par lui, ses héritiers ou les acquéreurs de son bien, à payer les contributions directes et au besoin les droits de succession, de telle sorte qu'en dix ans l'emprunt serait remboursé. L'État payait donc en dégrevant les contribuables les plus aisés, et sans doute les plus exacts. C'était manger son blé en herbe dix ans de suite. La taxe de guerre de vingt livres en assignats pour chaque vingt sous de contribution foncière, établie le 4 brumaire précédent, était remplacée par cet emprunt.

Pour faire connaître l'étendue des besoins du trésor et emporter le vote, Ramel donna lecture aux Cinq-Cents d'un mémoire des commissaires de la trésorerie d'où il résultait qu'il fallait se procurer dans le mois vingt milliards deux cents millions en assignats, c'est-à-dire soixante-dix millions environ en numéraire, et qu'il était impossible de fabriquer dans ce délai le nombre d'assignats nécessaire! Mais si le Corps législatif votait ce projet, la trésorerie, d'après Ramel, recevrait bien vite le numéraire dont elle avait besoin, le crédit serait rétabli,

---

(1) En effet, elles les désignaient « soit d'après le rôle des impositions, soit *d'après la notoriété publique des facultés.* » (Art. 3.)

les finances de la République régénérées. Les Cinq-Cents votèrent docilement le nouvel emprunt forcé de six cents millions en valeur métallique, en grains ou en assignats pris au
centième de leur valeur nominale (1) (art. 7). Cette taxe sur
un pays aussi appauvri et chargé déjà de cinq cents millions
d'impôts qu'il ne venait pas à bout de payer, était exorbitante. Pouvait-on oublier que Necker, lorsque la France était
dans une bien meilleure situation, avait tenté deux modestes
emprunts, l'un de trente, l'autre de quatre-vingts millions, et
avait échoué complètement !

La discussion aux Anciens fut beaucoup plus sérieuse
qu'aux Cinq-Cents. Dupont de Nemours montra qu'il était
absurde de demander le payement en six semaines (2) de six
cents millions, plus que quatre fois la valeur de la contribution directe ordinaire, lorsque les citoyens n'avaient plus aucun fonds de réserve, tout ayant été déjà absorbé par les contributions patriotiques forcées, l'emprunt de Cambon, les
exactions de la Terreur, le discrédit des assignats. Vernier lui
répondit en invoquant le salut public, et fit appel aux passions
révolutionnaires. Cet emprunt, dit-il, « n'est dirigé que contre
les riches et les gens aisés, *ce qu'on ne peut trop apprécier parmi les républicains* (3). » Corenfustier eut le courage de demander carrément sur quoi l'on comptait pour remplir l'emprunt, et de rappeler que les riches et les bourgeois avaient
été ruinés par les impôts révolutionnaires, et les négociants
par le *maximum* (4). Lecoulteux vanta la richesse de la France,
et attribua audacieusement aux imposables un capital de
quinze milliards : son optimisme déclamatoire eut un plein
succès, et les Anciens acceptèrent l'emprunt forcé le 19 frimaire (10 décembre).

Pendant les discussions des Conseils on avait spéculé avec

(1) Ils étaient alors au deux centième, mais on espérait en faire rentrer ainsi
en plus grand nombre.

(2) On devait payer le tiers la dernière décade de nivôse, et le surplus en pluviôse suivant; on était au 19 frimaire.

(3) Ce républicain trop ardent sera sénateur puis pair de France !

(4) Leur nombre, dit-il, est considérablement diminué depuis qu'on a dit à la
tribune de la Convention qu'il fallait prendre tout ce qu'ils avaient, puis les
pendre. (*Débats et décrets*, frimaire an IV, p. 336.)

fureur sur les assignats. Le 22 frimaire Benezech, ministre de l'intérieur, présenta au Directoire un rapport dans lequel il constatait avec indignation que le louis était remonté à 3950 livres, et déclamait contre les agioteurs. Le Directoire fit.fermer la Bourse, mais il l'ouvrit en réalité dans un autre local pour les agioteurs de son parti. La Bourse ne fut rouverte officiellement que le 22 nivôse.

Faipoult, ministre des finances, adressa, le 21 frimaire, une circulaire aux administrations départementales, pour leur enjoindre de percevoir le nouvel emprunt et de recueillir de l'argent n'importe comment; elles devront taxer approximativement; on ne cesse de répéter qu'il faut avant tout aller vite et que le remboursement (en dix années) réparera toutes les inégalités. Mais la loi doit atteindre tous les riches, même ceux qui ne sont portés sur aucun rôle, et il faut absolument taxer les nouveaux enrichis. C'est principalement sur les prêteurs de cette catégorie que les administrations vont exercer un pouvoir discrétionnaire. Bien qu'ils soient devenus riches pendant la Révolution et par la Révolution, les gens au pouvoir sont très malveillants pour eux, et ne cherchent qu'à les plumer. Le ministre constate « que les simples rentiers, autrefois comptés parmi les riches, sont maintenant à classer parmi les pauvres. » Aussi « on désignera surtout ceux qui, depuis la Révolution, ont conquis de grandes fortunes à la suite des *commissions du gouvernement,* ou par des entreprises *de fournitures et de commerce.* » Les nouveaux riches, bien que partisans zélés de la Révolution, excitent à la fois l'envie et la méfiance de presque tous les révolutionnaires. Ceux qui occupent le pouvoir craignent que leur fortune ne les rende indépendants, et ne leur fasse désirer un autre gouvernement. Ces parvenus n'ouvrent leur crédit aux gouvernants que moyennant de bonnes garanties et de beaux bénéfices : ils les forcent à se courber devant la puissance de l'argent; aussi ces gouvernants sont déterminés à profiter de l'occasion pour les taxer fortement, et les petits révolutionnaires restés pauvres en dépit de leurs efforts, mais toujours dévorés d'envie, mettront le plus grand zèle à dénoncer ces riches aux taxateurs.

On se mit à l'œuvre immédiatement et les contribuables

prétendus aisés furent taxés à tort et à travers. Les décisions des administrateurs étaient sans appel, on répondait par le fameux remboursement à toutes les plaintes. Les retardataires étaient poursuivis avec rigueur. Mais les gens qui savaient se rendre compte des ressources de la France avaient prévu tout de suite que cet emprunt rapporterait bien peu.

En effet l'on calculait qu'il existait en France, en 1789, à peu près deux milliards de numéraire, mais qu'il ne devait plus guère en rester que six à sept cents millions. En outre, les trente milliards d'assignats admissibles à l'emprunt pour le centième de leur titre faisaient trois cents millions. Il y avait donc en France un capital public d'un milliard au plus sur lequel on comptait prélever six cents millions en six semaines. Mais comme les taxes ordinaires s'élevaient au moins à cinq cents millions, l'État devait absorber toutes les valeurs en circulation, et n'en rien laisser pour l'industrie, le commerce, etc., et l'on en concluait que cet emprunt devait aboutir forcément à une immense déception (1).

Il était sans doute permis de s'acquitter en denrées, mais il ne faut pas oublier que la moitié de la contribution foncière était déjà exigible en nature. En outre, le payement en grains donnait lieu à un gaspillage lamentable, et à d'odieuses dilapidations : les denrées, par la négligence des préposés, pourrissaient souvent dans les magasins, et cette livraison d'une grande quantité de grains amenait partout un renchérissement très dur à supporter pour les indigents alors si nombreux.

Le Directoire avait besoin d'argent à l'instant même; et il dut reconnaître bien vite qu'il n'était même pas en état d'attendre les premiers produits de l'emprunt. D'après la nécessité proclamée d'avoir au moins vingt milliards d'assignats, soit soixante-dix millions, pour finir le mois, et l'aveu fait par le ministre des finances d'un arriéré de soixante-douze millions valeur métallique, Mallet du Pan calculait très exactement qu'au 20 janvier, 30 nivôse, époque à laquelle on commence-

---

(1) On ne pouvait dire : « les imposés trop chargés vendront une fraction de leur fonds pour s'acquitter, » car tous les gens aisés subissant à la fois cette charge imprévue, il ne fallait pas espérer trouver d'acheteurs, surtout des acheteurs en état de payer immédiatement, ce qui était indispensable aux vendeurs.

rait à toucher le tiers des produits de l'emprunt, on aurait déjà mangé d'avance 232 millions sur ces produits si problématiques. Il était certain que le gouvernement allait recevoir, dans quelques semaines, une multitude d'assignats acceptés encore par lui pour plus qu'ils ne valaient. Aussi le Directoire, quelques jours après le vote de l'emprunt, envoya le 28 frimaire deux messages : le premier annonçait que l'époque du recouvrement de l'emprunt étant éloignée, il lui fallait un supplément de ressources « sans lesquelles il lui serait impossible d'approvisionner l'armée et d'enchaîner la victoire, » et dans ce but il réclamait l'autorisation d'aliéner les forêts nationales, et tous les biens des émigrés, pour consolider la Révolution par leur expropriation irrévocable, et en finir avec les assignats. Le second message avait pour objet de faire élever de six mille à vingt-cinq mille livres le maximum de la cote d'emprunt forcé qui devait peser sur les plus riches. Ces demandes ne furent pas accueillies très favorablement. Mais le Directoire pressa encore les Cinq-Cents de lui fournir des ressources : ils se réunirent en comité général et prirent sur les finances plusieurs résolutions qui furent adoptées, par les Anciens. Il fut donc décidé le 2 nivôse (23 décembre).

1° Que les assignats émis ou à émettre ne pourraient excéder quarante milliards, et que les planches seraient brisées, dès que cette somme serait complétée, ou même que les deux tiers de l'emprunt seraient rentrés.

2° Que le Directoire pourrait disposer des objets de commerce et du mobilier appartenant à la République, sauf ceux nécessaires à des services publics déterminés par les lois.

3° Il fut autorisé également à vendre une partie des domaines nationaux (1). Les ventes seraient faites soit en numéraire, soit en assignats, et le prix payé un tiers comptant, et les deux autres tiers dans les deux mois suivants.

4° Tous les assignats provenant de l'emprunt forcé seront barrés, annulés, puis brûlés à Paris. Les assignats ne seront admis à l'emprunt forcé sur le pied de cent pour un dans le

(1) D'une contenance moindre de quinze mille arcs, ou trois cents arpents forestiers, séparés des autres bois par un espace d'un kilomètre.

département de la Seine, que jusqu'au 15 nivôse, et jusqu'au 30 dans les autres départements (3 nivôse).

5° et 6° Le Directoire est autorisé à traiter de la jouissance de forêts ci-devant royales, et à vendre la plupart des châteaux et parcs de la liste civile (1).

7° Il fut aussi décidé que la loi du 12 frimaire précédent qui autorisait le refus du remboursement des capitaux dus pour obligations antérieures au 1er vendémiaire, n'était pas applicable aux sommes dues au trésor.

Mais toutes ces ventes ne pouvaient procurer au gouvernement l'argent dont il avait besoin; en effet l'emprunt forcé enlevait les capitaux de la plus grande partie des gens qui auraient pu acheter; et les spéculateurs avaient tout intérêt à garder ce qui leur restait d'argent comptant, pour le faire fructifier très avantageusement, car les prêts se faisaient alors à un taux exorbitant. Il ne fallait donc compter ni sur des ventes avantageuses, ni sur des payements rapides en valeurs sérieuses, pour trouver un peu d'argent. Il fut décidé le 4 nivôse que les droits de douanes seraient payés moitié en numéraire, moitié en assignats (2); le mois suivant on prit le même parti pour les amendes des douanes.

Les autorités exigèrent l'emprunt forcé, conformément à la loi et aux instructions du Directoire, mais on vit bientôt qu'il était insensé de demander six cents millions presque instantanément, en dehors des charges ordinaires déjà si lourdes, à un pays écrasé par six années de désastres sans exemple dans son histoire. La révolution avait éclaté parce que le peuple n'avait pu accepter la charge de payer huit cents millions par an, et cependant la France était alors dans une situation cent

---

(1) Il s'agit des forêts de Fontainebleau, Compiègne, Laigne et Hallate, pour un espace de trente ans. En outre, il fera procéder, d'après les divisions et subdivisions qu'il jugera utiles, à la vente des maisons et parcs de Saint-Cloud, Meudon, Vincennes, Madrid, Bagatelle, Choisy, Marly, Saint-Germain, Maison-Carrière, le Vésinet, Rambouillet, Chambord, Chantilly, Chanteloup, le Pin; toutes les autres maisons et parcs dépendant de la liste civile et des princes émigrés, à l'exception des palais de Versailles, Fontainebleau, et Compiègne, réservés à des établissements publics.

(2) On avait porté les droits au sextuple : mais le louis dépassait alors 5.000 livres en papier; et un droit de 100 livres porté à 600 ne rapportait même plus trois livres.

fois meilleure. La manière arbitraire dont cet impôt était levé souleva les plus vives réclamations. Le 19 nivôse (9 janvier 1796), le Directoire prétendit, dans un message, que les plus riches étaient les plus récalcitrants au payement de l'emprunt; il les accusait de s'appliquer à grossir les erreurs qui avaient pu être commises dans la répartition. Sur son invitation, les Conseils prirent contre eux des mesures sévères (1).

Le Directoire, qui ne pouvait attendre, créa immédiatement pour trente millions de *rescriptions* à trois et quatre mois de date sur les produits si problématiques de l'emprunt forcé et des ventes des bois nationaux. Elles devaient être reçues comme valeur métallique dans les caisses publiques. Mais ce n'était pas assez; on en émit bientôt pour soixante millions. Seulement elles ne furent acceptées qu'avec une dépréciation importante, car le public était persuadé, avec raison, que l'emprunt produirait fort peu de numéraire. Elles furent négociées d'abord avec 35 pour cent de perte. Le 11 pluviôse, le Directoire, pour les soutenir, donna l'ordre d'en faire acheter avec ses fonds disponibles; il releva ainsi leur cours pendant quelque temps; leur dépréciation n'est plus que de 25 à 30 pour cent du 13 au 20 pluviôse, mais bientôt elles retombent. Pendant le mois de ventôse, elles baissèrent sensiblement, et en vinrent à perdre 50 à 55 pour cent; elles furent alors remplacées par les mandats territoriaux.

Juste au moment où l'on commençait à négocier les rescriptions, le Directoire donna une grande publicité à un rapport impudemment optimiste de Faipoult. Il annonçait (10 pluviôse,

---

(1) La loi du 22 nivôse, décida que les contraintes contre les retardaires seraient décernées par le département, et qu'à défaut de payement dans les vingt-quatre heures de la notification, il serait procédé sans autre formalité à la saisie et à la vente des meubles et effets des particuliers taxés.

Aux Anciens, cette loi rigoureuse souleva de vives réclamations. « Aucun de nous, dit Lafon Ladebat, n'ignore l'arbitraire des taxes qui ont été faites; aucun de nous n'ignore que plusieurs citoyens ont été taxés pour des sommes qui excèdent la totalité de leurs propriétés. » En effet, cette loi présentée avec des considérations purement révolutionnaires, avait été révolutionnairement exécutée. Le 3 pluviôse, le Directoire, dans le but d'intimider les plaignants et de provoquer les dénonciations, arrêta que le nom des réclamants serait imprimé dans toute l'étendue de leurs départements respectifs, avec la taxe contre laquelle ils protestaient.

31 janvier) que l'emprunt forcé, » malgré les erreurs commises dans sa répartition, » réussissait très bien, que l'assignat reprenait faveur, et que « certaines compagnies, qui n'en voulaient plus recevoir, commençaient à le rechercher. » Il annonçait pour le 1er floréal 216 millions métalliques, dont 150 au moins venant de l'emprunt. La recette serait alors supérieure à la dépense, aussi les rescriptions devaient être exactement payées, « quand bien même leur émission s'élèverait jusqu'à deux cents millions. » On répandait ces faux bruits pour faire réussir les rescriptions, mais le public ne fut point dupe de cette manœuvre (1).

Malgré tous les efforts du Directoire et des Conseils (2), l'emprunt aboutit à une forte déception ; il ne fit rentrer, d'après les comptes de la trésorerie, que 6 milliards 762 millions 728,574 livres en valeurs absolument mortes. Au 1er germinal an V, lorsque tout était fini, il fut constaté qu'on avait recueilli *onze millions* 339,444 livres 1 sol 7 deniers en *numéraire*, 1,325,470 livres 14 sols 2 deniers en matières d'or et d'argent, et 293 millions en assignats au cours. Ainsi, onze millions en

(1) Faipoult annonce que dans les neuf départements réunis de la Belgique l'emprunt forcé rapportera plus de soixante-dix millions. (*Débats et décrets*, pluviôse IV, p. 203 et suiv.) Il suppose, pour rester au-dessous de la vérité, qu'il donnera au 1er floréal, cinquante millions valeur métallique, car le Directoire a décidé que dans ce pays l'emprunt sera payé en numéraire. Aucune loi ne l'y autorise ; mais la Belgique, quoique réunie à la France, est traitée encore en pays conquis, le Directoire y fait appliquer certaines lois et non certaines autres.

Il avait pris cette décision le 26 frimaire, en se fondant sur un arrêté des représentants commissaires du 17 brumaire, déclarant que tout en Belgique serait payé en numéraire, jusqu'à ce que le régime français, quant aux impositions, y fût complètement établi. Néanmoins, l'administration municipale de Bruxelles, au grand mécontentement du Directoire, suspendit l'opération de l'emprunt forcé à cause de cette exigence. Le Directoire fut un peu moins rigoureux pour les ventes de biens nationaux. Les rentrées en numéraire de l'emprunt forcé en Belgique furent assignées comme gage aux rescriptions par arrêté du Directoire du 18 pluviôse (7 février).

(2) Une loi nouvelle du 26 pluviôse (15 février), bouleversa complètement l'économie de la loi du 19 frimaire en autorisant les administrateurs à rectifier la répartition, sans être tenus de conserver le nombre égal de prêteurs dans chaque classe, ni les tarifs des quinzième et seizième classes, à rejeter les décharges accordées sur les citoyens omis ou trop peu taxés, et à imposer jusqu'au cinquantième de leur fortune ceux dont les facultés excédaient cent mille livres de capital, valeur de 1790 réduite très souvent à 25.000.

espèces, lorsque le ministre des finances en avait annoncé cent cinquante au minimum!

L'emprunt n'avait donc ni procuré de l'argent ni débarrassé la France des assignats. Le Directoire avait décidé, le 21 nivôse (11 janvier), que la trésorerie n'emploierait plus que deux cents millions en assignats pour les dépenses journalières, et se servirait du reste pour acheter du numéraire; mais le 5 pluviôse (24 janvier), il réduisit cette somme à cinquante millions; ainsi les directeurs, les ministres, les députés et quelques hauts fonctionnaires se trouvèrent seuls assurés de leurs traitements; les créanciers de l'État et les petits fonctionnaires virent leurs payements et leurs traitements suspendus (1). On en profita pour supprimer une foule d'emplois inutiles qui avaient été créés par les comités de la Convention; en peu de temps on destitua dit-on près de douze mille employés. Mais cette opération, qui était justifiée en principe par la nécessité si évidente de diminuer les charges du budget et de réformer l'administration, fut faite sans le moindre ménagement pour les intérêts privés, avec une soudaineté et une brutalité tout à fait révolutionnaires, et souleva des plaintes d'autant plus amères, que le Directoire laissait subsister des abus bien plus scandaleux encore, et que de toutes parts on signalait d'odieuses dilapidations de la fortune publique, commises par ses protégés. Et ces abus, ces dilapidations, on ne les contestait guère, mais les révolutionnaires au pouvoir, au lieu d'aborder résolûment la tâche, très difficile sans doute, mais non impossible, de rétablir l'ordre dans les finances, se livraient à des déclamations furibondes contre les intrigues des Anglais, contre les prêtres, les émigrés, les parents d'émigrés, et réclamaient contre eux la continuation du régime de la Terreur.

III.

Le Directoire était parfaitement d'accord avec les pires hébertistes, sur la nécessité d'appliquer impitoyablement aux

_____

(1) L'arbitraire fut aggravé encore par la loi du 19 ventôse qui donne de nouveaux délais pour le payement en assignats.

catholiques, les lois de la Terreur dans toute leur atrocité. Nous avons fait ressortir l'intolérance fanatique de sa proclamation d'installation du 14 brumaire, et de la circulaire de son ministre Bénézech. Bientôt après, le Directoire, dans une longue et emphatique circulaire aux commissaires nationaux, déclame à la fois contre le royalisme, contre les anarchistes, et contre les robespierristes (1). Pour tromper les naïfs; il cherche à effrayer les partisans modérés de la révolution, en leur répétant que les royalistes ne leur pardonneront jamais la plus petite participation à aucun de ses actes, et voudront même les punir de ne l'avoir pas ouvertement combattue. Ce système, que favorisaient les maladresses de certains royalistes aigris par les persécutions qu'ils avaient souffertes, sera constamment soutenu par le Directoire. Jusqu'à la veille du 18 brumaire, il répétera aux modérés et aux timides, *usque ad nauseam*, qu'ils doivent avant tout redouter les royalistes et les prêtres, et n'ont rien de mieux à faire que de se laisser vilipender, plumer, opprimer par lui.

Le Directoire déclare que l'un des premiers devoirs de ses agents, le premier peut-être, c'est la guerre incessante aux fanatiques, c'est-à-dire aux chrétiens.

« Ils cherchent à renouer leurs trames... Déjouez leurs perfides projets. Par une surveillance active, continuelle, infatigable, rompez leurs mesures, entravez leurs mouvements, *désolez leur patience*, enveloppez-les de votre surveillance; qu'elle les inquiète le jour, qu'elle les trouble la nuit; ne leur donnez pas un moment de relâche; que sans vous voir ils vous sentent à chaque instant. » (*Débats et décrets*, frimaire an IV, p. 158.)

Puis il accuse les prêtres de vouloir détourner les jeunes soldats de leur devoir, de conspirer, etc., etc.

Ils dominent les faibles... Que vos regards n'abandonnent pas un seul instant ces instruments de meurtre, de royalisme et d'anarchie,

---

(1) Néanmoins il flatte bassement les révolutionnaires violents, qu'il espère enguirlander : ce sont des hommes austères et probes, « amants jaloux jusqu'au délire de la sainte égalité; » ce sont des paysans du Danube, prompts à dénoncer les fonctionnaires; néanmoins il faut les ménager, « amis des mœurs et de l'humanité, bons pères, bons époux, amis sûrs, vous les distinguerez facilement des turbulents anarchistes qui voudront emprunter leur langage ».

et que la loi qui comprime, *qui frappe,* ou qui déporte les réfractaires reçoive une prompte et entière exécution. »

Il ordonne à ses agents d'être les prêtres d'un culte officiel : « Célébrez les fêtes nationales, que les détails conviennent au génie, au climat, *aux habitudes innocentes* de vos administrés. » Il faut qu'elles supplantent les fêtes religieuses, « qu'elles ne rappellent point les cohues processionnelles d'Hébert, et la stupide idolâtrie de Chaumette. » Ainsi, guerre au christianisme : les constitutions changent, le fanatisme antireligieux est toujours aussi violent et aussi sot (1)!

Le mois suivant, Merlin devenu ministre de la police enjoignait aux administrations municipales de persécuter, et de lui envoyer des rapports détaillés sur la situation religieuse. En outre par une instruction caractéristique du 23 nivôse (13 janvier 1796), le directoire ordonna solennellement aux autorités d'exécuter sans merci les lois de persécution : après avoir proclamé que la loi du 3 brumaire an IV, ordonne l'exécution de celle de 1792 et 1793 :

« ... Le Directoire exécutif rappelle à tous les fonctionnaires publics que l'article 1er de la loi du 20 fructidor, n'est plus applicable aux prêtres sujets à la déportation, ou à la réclusion, ainsi que voudraient le faire entendre les corrupteurs de l'esprit public (2). Les seules lois qui doivent être provoquées contre eux, sont celles de 1792 et 1793, et notamment celle des 29 et 30 vendémiaire de l'an II de la république. Le législateur a rejeté tous les ménagements pusillanimes qui pouvaient laisser quelques espérances aux déportés : l'indulgence n'eût fait qu'entretenir la contagion du mal, et il a voulu l'extirper jusqu'à la racine. » (*Debats et décrets*, pluviôse an IV, p. 122.)

Il faut remercier le Directoire d'avoir fait lui-même une pro-

---

(1) Il fait aussi une tirade hypocrite sur la morale publique. « Les mœurs détruiront l'infâme agiotage ; elles détruiront cette fièvre chaude, cette peste horrible qui n'avait point encore désolé la terre, qui ravale, qui avilit, qui menace de mort tous les Français. » Personne ne spéculait, ni n'agiotait plus effrontément que les partisans du Directoire : aussi avait-il soin de faire le puritain dans ses actes officiels.

(2) Il accordait un délai de quinzaine aux prêtres proscrits condamnés à mort par les lois, pour sortir de France ; maintenant ce délai est expiré : il faut tuer tous ceux qu'on prendra en exécution des lois de 1792 et 1793.

fession de foi si catégorique sur la liberté religieuse qu'il lui plaisait d'accorder, et enlevé à ces libéraux, qui cherchent toujours à nier ou pallier les crimes de la révolution, toute possibilité d'équivoquer sur la condition des catholiques sous le règne glorieux de la constitution de l'an III !

La loi du 22 germinal punit de mort les recéleurs de prêtres. Le Directoire a soin de déclarer qu'elle est toujours en vigueur; les menaces qu'il adresse aux autorités, montrent clairement qu'il tient à ce que ces lois de sang soient exécutées impitoyablement. N'oublions jamais que cette atroce législation, sauf la peine de mort prononcée contre les recéleurs, est tout entière antérieure au 31 mai, et par conséquent à la plus terrible période de la Terreur. Elle a survécu à la Terreur, et bien qu'une nouvelle constitution, assez modérée, vienne d'être mise en vigueur, la révolution s'empresse de revenir à ses premiers errements, de proclamer hautement qu'elle ne veut pas s'en passer ni même l'adoucir, et que la persécution religieuse est inséparable de la République !

Il fallait assurer aux traqueurs de prêtres le payement de leurs primes. Aussi le 8 ventôse, le Directoire prit en exécution de la loi du 14 février 1793, un arrêté accordant cent livres payables en rescriptions (1) pour la capture d'un émigré ou d'un prêtre réfractaire.

Le serment du 7 vendémiaire ne peut guère concerner que les constitutionnels. Les catholiques, déjà frappés par les lois antérieures, ne sont pas admis à le prêter, et s'ils l'ont prêté, ils n'en sont pas moins déportables : et cependant, les autorités ont l'impudence de les représenter aux populations comme des rebelles aux lois, parce qu'ils n'offrent pas de prêter un serment qui leur serait refusé, et qui ne servirait qu'à les faire guillotiner ! Mais les populations s'indignent, et la méchanceté des gouvernants est bien souvent réduite à l'impuissance; des prêtres sont fréquemment arrêtés; l'on ose rarement appliquer la législation jusqu'au bout : le peuple a vu trop de supplices ! On n'exécute plus que de loin en loin. Cependant, on compte encore en France, pendant la première moitié de 1796, dix-

(1) Cette somme équivalait alors à cinquante-huit livres en numéraire.

huit prêtres mis à mort, ou assassinés par les agents du Directoire.

Le culte se rétablit. Dans un grand nombre de communes rurales, on l'exerce ouvertement, publiquement : on rebénit des églises, des cimetières, on replante même des croix devant des centaines, des milliers de fidèles, et les jacobins, malgré leur fureur, se tiennent prudemment à l'écart. Des administrations participent à cette renaissance religieuse (1). Ici l'on jouit, en fait, de la liberté du culte, et les agents du Directoire se déclarent impuissants; là, on est opprimé absolument comme sous la Terreur ! Les catholiques zélés sont souvent vexés, persécutés, mais les autorités sont obligées, à la fin, de les traduire devant les tribunaux, qui les acquittent presque toujours, au grand scandale des révolutionnaires. Beaucoup de gens déclarent inconstitutionnelle la loi du 3 brumaire, qui ordonne d'exécuter les lois de persécution, et soutiennent que d'ailleurs, ces lois sont abrogées par la constitution, et cette opinion est partagée par beaucoup de juges et d'administrateurs. Malgré la fureur de plusieurs milliers de grands et petits tyrans, des prêtres dévoués travaillent à réparer les ruines faites par la Terreur, et bien qu'il leur faille lutter à la fois contre les jacobins, les philosophes et les schismatiques, ils obtiennent des succès qui font pousser des cris de rage aux persécuteurs.

Cependant la plupart des administrations départementales exécutent les ordres du Directoire, et font la chasse aux prêtres. Les chrétiens voisins d'une frontière sont, comme du temps de Robespierre, réduits à la traverser secrètement et à encourir ainsi la peine de mort, pour assister de loin en loin à la messe. Le 29 ventôse an IV (19 mars 1796), le commissaire près le canton de Saint-Jean-de-Luz, écrit au ministre de la police que les Basques réclament leurs prêtres, et que beaucoup vont se confesser en Espagne, près de la frontière, où des prêtres français les attendent. Le ministre répond qu'il s'entendra avec son

---

(1) Souvent des municipalités, pour jouir de l'exercice du culte, donnent des attestations de serment pur et simple à des prêtres qui ont juré avec restriction. (Lettre de Danjou, commissaire près le département de l'Oise, du 29 ventôse. (Arch. F. I, 7,114).

collègue des relations extérieures pour faire éloigner ces prêtres des frontières françaises (1). Les Français voisins de la
frontière suisse, agissaient de même, et le Directoire, dans sa
rage anti-religieuse, ne se contentait pas d'interdire le passage de la frontière aux prêtres français exilés, mais défendait
par arrêté aux prêtres suisses de venir en France, de peur
qu'on ne recourût à leur ministère (2).

Le 24 nivôse (14 janvier 1796) le père Grégoire, capucin,
missionnaire courageux, fut mis à mort en vertu des lois révolutionnaires, comme prêtre rentré. Il avait été arrêté aux environs de Vesoul. Dans le Lot, on envoyait des colonnes
mobiles arrêter les curés; mais les paysans les attaquaient
vigoureusement.

Dans l'Ouest, la persécution était extrêmement violente; plusieurs ecclésiastiques furent mis à mort (3). L'administration de
la Mayenne avait mis en liberté des prêtres sexagénaires qui
avait prêté les serments de prairial et vendémiaire, mais
Merlin, strict observateur de la légalité persécutrice, maintint
le principe que le serment du 7 vendémiaire ne pouvait être utilement prêté par les réfractaires, et les fit remettre en prison.
A Château-Gontier, trente-sept prêtres étaient alors détenus;
à Laval, au Mans, on en comptait un bien plus grand nombre.

---

(1) Arch. nat. AF, 7, 7117.

(2) Le 9 fructidor an IV (26 août 1796) il prit l'arrêté suivant : « Tout prêtre
suisse qui viendra dans les communes de la République *sera arrêté comme espion et traité comme tel.* Le ministre des relations extérieures est chargé d'écrire
à l'ambassadeur d'informer les cantons de la ferme résolution que le Directoire
a prise de maintenir l'entière et stricte exécution de cette mesure. » (Arch. AF 3, r.
176). Cet arrêté ne devait pas être imprimé : on le comprend! il était trop franc.
Et l'on était en paix avec la Suisse!

(3) Le 9 ventôse Gédéon Babec, ancien curé, d'abord reclus pour ses infirmi-
tés puis autorisé à se retirer à Val Martel près Broons, fut saisi dans sa maison
par une colonne mobile qui l'égorgea sans autre forme de procès. Le 3 pluviôse
le père Tournais, capucin, fut arrêté avec ses deux guides par une colonne mobile, qui les dévalisa, leur dit de s'en aller, et les tua ensuite tous trois par une
décharge générale. Deux autres prêtres, MM. Goiron, vieillard octogénaire, et
Basard, furent assassinés le même mois par des colonnes mobiles. Le 27 ventôse,
M. Girardot, prieur, curé près de Craon, qui était toujours resté en France, fut
exécuté à Laval. Le 2 germinal, M. Julienne est tué près de Laval par une colonne mobile. Le 10 nivôse, M. Héraux, déporté rentré, est assassiné également
par une colonne mobile avec un jeune homme de dix-sept ans qui l'accompa-
gnait.

Merlin chargeait des agents secrets d'espionner les prêtres et de les faire arrêter. Nous avons retrouvé aux archives une instruction adressée par ce ministre, le 7 ventôse, à un nommé Martin, qui espionnait pour lui dans les départements de l'Orne et de la Mayenne :

« Je recommande à votre sollicitude la retraite des prêtres réfractaires... Tâchez de saisir leurs correspondances, épiez et faites surveiller les démarches de ceux avec lesquels ils avaient le plus de liaisons. Que les personnes dont les opinions religieuses bien prononcées ont fait et font encore des prosélytes *de ces pieux scélérats*, n'échappent pas surtout à votre surveillance... » (Archives, F, VII, 7187.)

Les colonnes mobiles tuèrent les prêtres jusqu'au concordat! Le Directoire savait que l'exécution judiciaire et publique des réfractaires ne servait qu'à exciter les esprits contre lui; elle rappelait aux plus indifférents l'horrible période de la Terreur, et éveillait chez eux des sympathies pour une religion si atrocement persécutée. D'ailleurs, l'opinion s'accréditait de plus en plus, que cette législation sanguinaire était abrogée par la constitution de l'an III. Les prêtrophobes trouvaient plus prudent d'assouvir leur rage en laissant leurs sbires égorger les prêtres aussitôt après leur arrestation; le réfractaire était arrêté dans une grange, dans un bois, on le fusillait ou on le lardait de coups de baïonnettes, et on en était débarrassé tout de suite! Cette méthode expéditive présentait une foule d'avantages. D'abord les soldats n'avaient pas la peine de faire, avec leur prisonnier, un trajet plus ou moins long, pendant lequel ils pourraient être attaqués par les paysans. Ensuite, bien que la procédure se réduisît à peu près à une constatation d'identité, la comparution de l'accusé devant les juges et sa défense, auraient produit une grande émotion.

Les juges inspiraient aussi des inquiétudes; très souvent ils se montraient embarrassés et honteux de leur rôle, et leur attitude contrastait singulièrement avec le calme et la fermeté du condamné. L'exécution du prêtre indignait les citoyens, sans les terrifier. Il était donc bien plus simple de le faire assassiner par les colonnes mobiles. Mais ces attentats entraînaient des représailles terribles de la part des Chouans. Traqués comme des bêtes fauves, ils répondaient au meurtre par le meurtre (1).

Les troupes républicaines éternisaient la guerre civile par leurs cruautés et faisaient le désespoir des patriotes et des autorités. Ainsi, le 4 ventôse, Denoual, commissaire du Directoire près la municipalité de Dinan, écrivait que les Chouans gagnaient du terrain : après avoir rendu justice à la discipline et au courage de certains corps, il se déclarait obligé de signaler les excès des autres troupes.

« Mais aussi d'autres s'avilissent par des actes abominables. Parmi ceux-ci on remarque une colonne mobile du 2e bataillon de l'Aisne, commandée par le citoyen B... Cette colonne est un torrent de dévastation; elle pille et massacre indistinctement, elle sert les vengeances particulières. Un grand nombre de dénonciations existent à l'état-major, on tarde trop à y faire droit..... Les jours derniers une de nos concitoyennes ramenait de la campagne, sa mère dans cette ville; elle fut rencontrée par le citoyen B... et sa colonne; on lui prit le cheval qu'elle montait, et qui lui avait été prêté par le quartier-maître du 32e, deux autres chevaux, tous les bagages; on commit envers elle (la citoyenne H...) *des indignités dont l'honnêteté défend le récit*. Le citoyen B... croit se justifier en *disant qu'on est Chouan* (souligné dans l'original). B... est signalé comme un homme profondément immoral, s'enrichissant ou s'étant déjà enrichi par une continuité de pillages affreux. B... *par sa conduite a fait, et fera plus de Chouans dans ce pays, que les proclamations de Puysaye et de La Vieuville.* (Archives, F, VII, 7114.)

Et le 29 ventôse, un autre fonctionnaire, Beaugeard, commissaire près l'administration centrale, se plaignait vivement au ministre de l'intérieur de l'indiscipline et des excès des soldats, qui « comprennent indistinctement dans leurs dévastations les patriotes et les citoyens paisibles ». L'autorité des chefs est trop faible pour empêcher ces désordres. Peut-être en est-il même qui y participent et les fomentent. Cette conduite « si atroce, si indigne d'un Français et d'un républicain, exaspère les esprits ».

(1) Un prêtre était-il arrêté ou égorgé, on apprenait bientôt qu'un curé constitutionnel avait payé pour lui. Beaucoup de réfractaires n'avaient été saisis et exécutés que parce qu'ils étaient tombés dans des pièges préparés soigneusement par les schismatiques; aussi les Chouans et les intrus étaient-ils des ennemis absolument irréconciliables.

« Veuillez, citoyen ministre, fixer les regards du Directoire sur ces actes licencieux et criminels. En compromettant la dignité du gouvernement, ils produisent dans les campagnes les effets les plus nuisibles, et *décuplent le nombre des Chouans.* » (Archives, *ibid.*)

Dans l'Est, le culte se réorganisait malgré les efforts du Directoire. Le 4 germinal, le commissaire du département de la Meuse écrit au ministre de l'intérieur que certains prêtres s'agitent dans ce département. Ainsi, un curé reçoit ses paroissiens et les confesse : ce fonctionnaire voit là un crime épouvantable. Le ministre le félicite de son zèle et l'invite à faire la chasse aux prêtres. Dans le département de l'Aisne, beaucoup de constitutionnels s'étaient rétractés et les prêtrophobes étaient fort en colère. On faisait des visites domiciliaires et cent vingt prêtres étaient reclus à Laon (1). L'abbé Dantheny, déporté rentré, fut arrêté le 3 nivôse pendant qu'il disait la messe, condamné et exécuté.

Dans les villes, les persécuteurs étaient beaucoup plus hardis que dans les campagnes, parce qu'ils ne redoutaient point une résistance ouverte. Aussi l'exercice du culte y était-il extrêmement précaire. Pour éluder la persécution, on fit exercer dans certaines villes les actes les plus publics du culte par des prê-

(1) Chaque département tenait un certain nombre de prêtres en réclusion. Ils étaient traités avec une grande rigueur. L'administration des Landes avait fait arrêter beaucoup de prêtres en exécution de l'arrêté ministériel du 22 ventôse, sur la loi du 3 brumaire. Le 5 prairial, elle fit un réglement très dur pour la maison où ils étaient détenus. L'article 3 est ainsi conçu : « L'entrée de la maison, *de la réunion*, sera interdite aux parents des reclus, *tous les jours des ci-devant fêtes et dimanches*, et les autres jours ils ne pourront y entrer que *l'après-midi*, cette faculté leur étant interdite *dans la matinée*. Sont exceptés des dispositions ci-dessus, les parents non domiciliés dans la commune de Mont-de-Marsan, porteurs d'une permission de l'agent municipal de ladite commune, qui ne la délivrera que sur des motifs légitimes. » (Archives, F, VII, 7275.) — Pourquoi ces restrictions au détriment des parents des reclus qui habitent Mont-de-Marsan ? Pourquoi les exclut-on les dimanches, et les autres jours pendant la matinée ? Pour un motif bien simple de persécution religieuse. On a peur que les jours de fêtes et de dimanches, ils ne viennent converser religion avec les prêtres, et surtout que, pendant leurs visites, ils ne s'associent de cœur à la messe qu'un des détenus, malgré la surveillance des geôliers, célèbre peut-être, sans ornements, sur une table quelconque, dans un coin de la prison. On les exclut toujours le matin, de peur qu'ils ne réussissent à entendre une semblable messe et à recevoir la communion en cachette. La liberté religieuse n'est pas pour eux ! En fait de christianisme, la République n'admet que le culte constitutionnel, et encore elle ne le tolère qu'à demi !

tres rétractés dont la rétractation n'avait pas eu beaucoup de notoriété.

Coffinhal, commissaire du Cantal, écrit d'Aurillac, le 21 ventôse, que l'esprit public y est très mauvais, mais qu'il est encore pire dans les départements voisins, où les prêtres exercent publiquement, et « sont soutenus par des citoyens, qui ont promis et juré de les défendre même par la voie des armes ». Les habitants du Cantal réclament la même liberté.

A Lyon et aux environs, les prêtres catholiques étaient accueillis avec bonheur par les populations. Le 29 ventôse, le département ordonna aux administrations cantonales de faire la chasse aux réfractaires et aux rétractés au nom de la loi du 3 brumaire; mais les habitants prirent soin de les cacher, et même dans plusieurs localités ils se soulevèrent, et les arrachèrent aux agents des autorités qui les avaient arrêtés.

Un grand nombre d'administrations cantonales et d'agents municipaux exécutaient les lois de persécution avec une mollesse calculée. Le Directoire destituait souvent des fonctionnaires pour ce motif. Les administrations départementales qui ne forçaient pas leurs agents inférieurs à bien persécuter étaient également frappées (1).

A Paris, le culte était exercé avec une certaine liberté. Le clergé catholique et le clergé constitutionnel célébraient leurs offices, chacun de son côté. Il y avait eu beaucoup de rétractations, et comme les rétractés, étaient extérieurement en règle avec tous les serments, la police, malgré toute sa bonne volonté, n'avait pas de prétexte pour les persécuter. Son embarras était d'autant plus grand, qu'à Paris, beaucoup de prêtres déportables avaient considéré comme licite le serment du 7 vendémiaire et l'avaient prêté, les uns grâce à la négligence des autorités, les autres avec de fausses attestations; elle était donc obligée de les tolérer, jusqu'à ce qu'elle eût établi qu'ils étaient frappés par les lois de persécution, ce qui ne lui était pas toujours facile. En outre, quelques prêtres récemment or-

---

(1) Ainsi par exemple le 1er ventôse il destituait cinq administrateurs de la Somme comme trop tolérants, et le mois suivant les administrateurs de l'Yonne, en leur reprochant d'être trop peu révolutionnaires, et d'avoir laissé sonner les cloches à Auxerre.

donnés exerçaient leur ministère à Paris; ils n'étaient point frappés par les anciennes lois, ils avaient prêté le serment de vendémiaire, on était désarmé contre eux. Le Directoire se trouvait donc, bien malgré lui, obligé de tolérer, au moins provisoirement à Paris, l'existence d'un certain nombre de prêtres catholiques. D'après les rapports de police, en floréal an IV, trois cents prêtres au moins exerçaient le culte à Paris dans un assez grand nombre d'églises et d'oratoires bien connus des autorités. En outre, beaucoup de prêtres déportables exerçaient le culte secrètement. Des vicaires généraux de Mgr de Juigné gouvernaient régulièrement le diocèse.

Le Directoire conserva pieusement le nouveau calendrier et les cérémonies de la décade. Les fonctionnaires publics et les ouvriers avaient le décadi pour jour de repos, comme pendant la Terreur; les autorités républicaines, sur l'ordre du Directoire, vexaient indifféremment les catholiques, les constitutionnels et les protestants, qui s'obstinaient à célébrer le dimanche. Cependant, le sentiment religieux se réveillait partout : dans un grand nombre de localités, les autorités municipales n'étaient plus disposées à persécuter, et laissaient dormir la loi, à la grande indignation des purs. Aussi jusqu'au coup d'État de fructidor, l'application des lois décadaires, sauf quelques vexations locales, fut en somme plus gênante, plus tracassière que persécutrice, pour ceux qui ne dépendaient point de l'État.

Il était interdit de rappeler l'ancien calendrier et les fêtes qu'il mentionnait. On ne pouvait le réimprimer et le publier sans être poursuivi. La surveillance du Directoire s'étendait sur les almanachs, qui devaient être absolument conformes au calendrier nouveau (1).

Le Directoire suscitait beaucoup de tracasseries à l'Église constitutionnelle, mais la détestait moins que l'église catholique. Il voyait avec plaisir les dissensions religieuses; il utilisait parfois les schismatiques, comme dénonciateurs et comme espions, mais, cependant, il ne leur pardonnait pas de former une Église chrétienne, qui prétendait continuer

(1) Certaines administrations interdirent aux instituteurs de fermer leurs écoles les dimanches, et leur imposèrent de donner congé le décadi, après avoir conduit leurs élèves à la cérémonie décadaire.

l'ancienne, au point de vue spirituel, et, en cette qualité, bénir les mariages et solenniser les dimanches et les anciennes fêtes.

Néanmoins les *évêques réunis* publièrent le 13 décembre 1795 une seconde prétendue encyclique : ils se proclament toujours la véritable Église, et disent qu'on ne sera pas peu surpris de voir dans la *disgrâce du pape*, une Église « qui a souffert une des plus horribles persécutions dont les annales saintes ait conservé la mémoire ». Ils avouent la *disgrâce*, mais déclament toujours contre « des bulles vraies ou prétendues »; ils osent revendiquer pour eux « les victimes de septembre, » ces prêtres qu'ils ont longtemps dénoncés comme des conspirateurs dans toutes leurs chaires, et qui, pour avoir refusé de les reconnaître, ont été emprisonnés, puis martyrisés, tandis que les *réunis* actuels palpaient leurs traitements! Ils protestent contre la suppression de ces traitements. La nation, disent-ils, a enlevé au clergé ses biens, en prenant à sa charge les frais du culte, et elle n'a pas tenu sa promesse! La bonne foi a été foulée aux pieds!

Ils reconnaissent toujours la primauté d'honneur et de juridiction du pape, et condamnent les doctrines presbytériennes qui ont cours dans leur clergé inférieur. Ils font en outre contre le divorce et le mariage des prêtres, des protestations qui les honorent. Ils refondent la constitution civile au point de vue des élections; tous les paroissiens de vingt et un ans pourront y prendre part; ils suppriment les vicaires épiscopaux!

Ils insinuent doucereusement au pape de tenir ses brefs pour non avenus.

Puis ils s'adressent aux catholiques, font les grands cœurs. déclarent ne pas tenir à leurs évêchés, et être tout prêts à les rendre aux anciens titulaires. Mais ils supplient secrètement le Directoire de ne pas les laisser rentrer; puis, en public ils disent hypocritement aux fidèles, pour justifier leur intrusion persistante : « Mais quand nous nous retirerions, nous ne ferions pas revenir les anciens titulaires! »

L'abbé de Boulogne réfuta leurs impudentes assertions avec beaucoup d'énergie.

« ..... De quel front parlez-vous d'une persécution dont vous avez été les premiers instruments, dont vous avez retiré les premiers avantages, qui n'a été commencée que par vous et pour vous?

« ..... Tant qu'il n'a été question que de dépouiller, massacrer, emprisonner les anciens pasteurs, vous avez appelé cette violation de toutes les lois, justice, châtiment mérité, mesure nécessaire; ce n'est donc que quand cette violence s'est étendue un moment jusqu'à vous, que vous l'appelez fureur, atrocité, intolérance : ainsi l'a voulu la justice du ciel! Vous avez commencé par être persécuteurs, vous avez fini par être persécutés; installés par des soldats, des soldats vous ont chassés; vous aviez envahi la maison d'autrui : on a fini par vous mettre à la porte; il fallait vous attendre à cette triste et humiliante parodie! »

L'écrivain catholique leur répondit aussi sur la prétendue inutilité de leur renonciation à l'épiscopat :

« Ce que je sais, c'est que si nous n'avons pas, par l'abandon de vos prétendus sièges, nos légitimes évêques, nous n'avons plus du moins les mauvais, et que privés de ceux que la violence nous a ravis, nous ne serons plus du moins affligés par la vue de ceux que la violence nous a donnés... Ainsi, partez toujours, nous aurons gagné quelque chose... »

Les évêques constitutionnels voulurent remplacer leurs collègues morts ou démissionnaires : le Directoire en fut très irrité; il utilisait la haine des constitutionnels contre les catholiques, mais les voyait avec inquiétude se réorganiser. Un vieil abbé janséniste, nommé Clément, voulut se faire nommer à l'évêché constitutionnel de Versailles, vacant depuis 1793. Il réunit dans l'église Saint-Louis, le 18 janvier (28 nivôse), un prétendu synode, qui posa des règles de discipline, condamna le mariage des prêtres, et décida qu'on élirait un évêque le 25 février suivant. Le Directoire furieux, fit arrêter tous les prêtres catholiques et constitutionnels de Versailles, et mettre le jour de l'élection les scellés sur l'Église; il prit aussi un long arrêté, dans lequel il reprochait aux membres du synode, d'avoir écrit au pape (d'après la constitution civile!) d'avoir troublé la tranquillité publique, en convoquant le peuple chrétien à nommer un évêque; enfin, et c'était là le grand crime, d'avoir, en condamnant le mariage des prêtres, attenté « tout à la fois à la morale publique, et à l'intérêt social, et à la Constitution, » et ainsi formé une association professant des *principes subversifs*, et condamnée par l'article 360 de la constitution; et il débite sur la morale des phrases indignées, qui font un effet bien plus ridicule encore dans un acte émanant de pareilles gens! Vraiment la pudeur de Barras a été alarmée par ce synode! En outre, d'après la tradition révolutionnaire, il torture impudemment les textes législatifs pour y chercher des restrictions nouvelles à la liberté de conscience. Du reste, beaucoup de prêtrophobes à cette époque avaient l'effronterie de soutenir qu'un mandement, même constitutionnel, constituait un *acte extérieur du culte* et devait être puni comme tel. Écrire au pape même une lettre impudente, repousser les prêtres mariés (1), remplacer un évêque constitutionnel mort, sont autant de crimes aux yeux du Directoire (2). Quelques prêtres poursuivis furent renvoyés le 17 ventôse par le jury d'accusation. Les constitutionnels reprirent courage. Dans le Haut-Rhin ils nommèrent Berdolet évêque; dans l'Eure, ils voulurent remplacer l'apostat Lindet (2), mais l'administration les en empêcha.

(1) Le ministre de la police, dans son rapport du 4 ventôse, dit que ces prêtres « *cherchent à détruire la morale républicaine*, en proscrivant des citoyens pour s'être engagés dans les liens du mariage, » et il propose au Directoire de prendre un arrêté « pour déjouer ces projets criminels et fanatiques. » (V. l'arrêté *Débats et décrets*, ventôse IV, p. 122). Il paraît que les constitutionnels, pour la plupart, montrèrent peu de courage, car le ministre de la police écrit le 25 au Directoire, que les signataires de l'écrit incriminé ont eux-mêmes reconnu leur erreur, et qu'il propose de faire cesser des poursuites, que la justice nationale satisfaite, semble rendre inutiles, et le Directoire lui répond onctueusement que « ce sera toujours avec un plaisir bien doux qu'il exercera l'indulgence nationale envers les citoyens égarés que le repentir ramènera. » — Arch. nat., AF3, registre 2.

(2) Parce que cette réunion aurait pour résultat « d'établir un culte exclusif et dominant, de ressusciter une prétendue hiérarchie et de prétendus pouvoirs méconnus par les lois ». Quelles lois? et comment le culte serait-il plus exclusif avec un évêque en titre qu'avec des curés?

CHAPITRE XI.

COMMENCEMENTS DU DIRECTOIRE (*suite*).

I.

Le Directoire ne méritait pas seulement la juste animosité d'une partie considérable de la France par la persécution religieuse, son incroyable ineptie en matières de finances, et les dilapidations honteuses de sa séquelle, excitaient l'indignation de la France entière. Seuls les dilapidateurs, les fournisseurs, les agioteurs qui amassaient rapidement des fortunes scandaleuses au milieu de cet effroyable gâchis, se montraient satisfaits, car ils désiraient naturellement que ce gouvernement si commode pour faire certaines affaires, durât encore quelque temps. Dans les questions politiques, en dehors de la majorité imposée des Conseils, le Directoire n'était soutenu que par les révolutionnaires avancés, et encore les plus violents continuaient contre lui la guerre qu'ils avaient faite aux Thermidoriens, car ils ne lui pardonnaient pas d'avoir exclusivement profité de la victoire de vendémiaire. Aussi la presse royaliste et la presse jacobine déchiraient à l'envi et les Directeurs et leurs protégés qui donnaient fortement prise à la satire. Paris présentait alors le spectacle le plus lamentable.

« Nul pinceau, disait Mallet du Pan, ne peut rendre le tableau de cette capitale où le pain ne se distribue que tous les deux jours, où chacun voit périr entre ses mains le signe représentatif de sa richesse, où la livre de chandelles coûte deux cents francs, où une foule de malheureux meurent d'inanition, où le peuple est placé entre le terrorisme et la famine, où la population se divise en dupes et en fripons qui se volent eux-mêmes dans les poches, pendant que le gouvernement s'occupe à son tour de les voler. Une licence affreuse, plus de devoirs, de morale, d'honneur, de sentiment, de respect humain... Cette dépravation et cette misère répondent au gouvernement de la soumission du peuple. »

Mais on avait meublé le Luxembourg avec le mobilier des châteaux royaux, et de nombreux courtisans faisaient antichambre chez les Directeurs. Les fournisseurs, les pêcheurs en eau trouble, affluaient chez Rewbell; les aventuriers, les déclassés, les femmes faciles chez Barras. Il n'était plus question d'une république austère et vertueuse. Pressés de jouir, les parvenus de la Révolution, comme pour braver la misère publique, étalaient un luxe tapageur et de mauvais goût, et rivalisaient d'immoralité avec les pires débauchés de la Régence; seulement ils avaient l'air de laquais déguisés en maîtres. Les femmes se montraient habillées ou plutôt déshabillées à la grecque, revêtues de tuniques d'étoffes transparentes (2). Tout ce monde nouveau ne songeait qu'à trafiquer, agioter, dilapider les finances, mais en se livrant publiquement à l'immoralité la plus grossière : les gens du peuple, les uns par honnêteté, les autres par envie, proclamaient hautement leur profond mépris pour ces parvenus. Aussi les journaux oppo-

(1) Correspondance avec la cour de Vienne. T. 1, p. 384.
(2) « Que sont toutes ces Èves chargées par la Révolution de continuer les grâces, d'être l'élégance, l'agrément et le sourire des compagnies? des Gargamelles bercées dans la marée et le fromage, sautées des halles sous les lambris dorés?... Créatures fortunées qu'on connut à la Courtille, et qu'on rencontre à l'Opéra!... Si bien parfumées qu'elles soient, le passé pue toujours en elles. » (Edmond et Jules de Goncourt, *Histoire de la société française pendant le Directoire.*)

sants ne cessaient de dénoncer et les ridicules et les turpitudes de ces nouveaux riches, et de livrer aux railleries et à l'indignation du pays la vie publique et la vie privée des Directeurs, de leurs familiers, et des députés de la majorité des Conseils. En même temps ils faisaient ressortir les excès, les crimes de la Terreur, et toutes les souffrances que la grande masse de la population endurait encore par suite de la détestable politique et des tripotages du parti dominant. Aussi le Directoire et la majorité des Conseils étaient remplis de rage contre les journalistes. Après avoir si violemment réclamé la liberté de la presse, après s'en être si longtemps servi eux-mêmes pour calomnier, exciter à l'émeute, au pillage, au meurtre, ils la voyaient se retourner contre eux, rechercher tous leurs actes, rappeler et leurs crimes et leurs palinodies honteuses, révéler au public avec les noms de leurs victimes, la source de leurs fortunes. Et toutes ces virulentes attaques étaient accueillies par la population avec la plus grande faveur. Aussi les révolutionnaires ne cherchaient plus qu'à étouffer la liberté de la presse, tandis que la droite des Conseils, dont elle était la seule sauvegarde, la défendait énergiquement. Le Directoire n'était soutenu que par quelques feuilles qu'il payait, et faisait distribuer à profusion, mais elles n'exerçaient aucune influence sur le public.

Les Parisiens se plaisaient toujours à siffler, à huer les révolutionnaires de profession dans les spectacles, bien que le Directoire depuis les journées de vendémiaire, s'appliquât à réprimer très vivement toutes les manifestations antiterroristes qui se faisaient au théâtre. Aussi Chénier demandait le rétablissement de la censure. Malgré les menaces des révolutionnaires, certains passages qu'on appliquait aux terroristes étaient chaleureusement applaudis, et dans les foyers on se moquait hautement du Directoire (1).

(1) Dans les foyers de plusieurs théâtres, dit un rapport de police du 1er frimaire an IV (22 novembre 1795) « il n'est pas de ridicule qu'on n'ait jeté sur le Directoire et les Conseils. » Le 4 frimaire « le théâtre du Vaudeville offre toujours des scènes scandaleuses, l'hymne des Marseillais a été sifflé! » Le 20 frimaire, ces mots « le vice triomphe et la vertu est persécutée » sont vivement applaudis au théâtre Italien. « Les acteurs du Vaudeville disent qu'on a exprès expliqué sur l'affiche qu'on jouait par ordre le *Chant du départ* pour ne pas dégoûter

Le 18 nivôse an IV (8 janvier 1796). Le Directoire prit un arrêté portant que tous les directeurs des spectacles de Paris seront tenus sous leur responsabilité individuelle, de faire jouer chaque jour par leur orchestre, avant le lever de la toile, les airs chéris des républicains, tels que la *Marseillaise, Ça ira! Veillons au salut de l'Empire*, et le *Chant du départ*. Dans l'intervalle de deux pièces on chantera toujours l'hymne des Marseillais, ou quelques autres chansons patriotiques. Le théâtre des Arts doit chaque jour de spectacle donner l'*Offrande à la liberté*, ou quelque autre pièce républicaine. Mais il est expressément défendu de chanter ou laisser chanter « l'air homicide, dit le *Réveil du peuple* ». On arrêtera ceux qui, dans les spectacles, tiendraient des discours favorables à la royauté.

Le 20 nivôse, Merlin, ministre de la police, envoya une circulaire aux directeurs de théâtres pour leur interdire de laisser paraître l'uniforme blanc sur la scène.

« Avez-vous remarqué les applaudissements que ces derniers (les ennemis de la Révolution) *affectent de faire éclater à la vue d'un uniforme blanc*. Délateurs de leur aversion pour l'uniforme national, ces applaudissements du moins ont blessé l'oreille des patriotes; » et puisque le royalisme veut se saisir de ce léger fantôme, sans doute vous vous empresserez de le lui enlever (1). »

La pièce du *Déserteur*, où l'on voyait naturellement des uniformes de l'ancien régime, avait servi de prétexte à cette interdiction. Il fallut désormais faire porter sur le théâtre, aux soldats du *Déserteur*, l'uniforme des troupes de la République et la cocarde tricolore. Du reste, on faisait les choses les plus burlesques pour accommoder et la mise en scène des pièces et leur texte même au goût révolutionnaire. On devait rempla-

les habitués ». 8 nivôse, les orchestres et les foyers continuent à être le rendez-vous des ennemis de la République, ceux-ci ne cessent de la vouer au mépris et à l'indignation publique. » 15 nivôse. « Dans la pièce de *Phèdre* on a vivement applaudi au passage suivant : « Ne distinguera-t-on jamais sur le front des mortels le crime ou l'innocence? » 1 pluviôse, au théâtre du Marais, le passage qui suit a été saisi vivement par le public qui paraissait en faire une application très affectée : « La méchanceté des hommes va de pis en pis, mais enfin cela aura un terme. » Welschinger, *le Théâtre de la Révolution*.

(1) *Débats et décrets*, nivôse an IV, p. 314. Merlin ajoute que l'uniforme blanc « était non l'habit, mais la livrée du soldat alors esclave ».

cer les dénominations maintenant proscrites par le mot citoyen, sans tenir compte ni de la mesure du vers ni de la rime. On modifiait le dernier acte de *Tartufe* pour ne pas dire :

« Nous vivons sous un prince ennemi de la fraude. »

Dans une autre pièce, l'acteur devait remplacer « échec au roi » par « échec au tyran. » Inutile de dire que dans les costumes le tricolore était prodigué de la manière la plus grotesque. On vit Phèdre faire sa déclaration à Hippolyte avec une magnifique cocarde tricolore sur la poitrine.

L'arrêté du Directoire ordonnant de faire chanter des airs républicains eut peu de succès, car le 21 nivôse Merlin écrit au général en chef de l'armée de l'intérieur : « Je suis informé, général, qu'hier au théâtre Feydeau, les airs chéris des républicains n'ont été accueillis que par des huées ; » et il s'indigne de voir insulter ainsi la glorieuse République ; « elle serait ici méconnue par la tourbe misérable de quelques êtres dégradés et sans mœurs, dont le cœur est mort aux douces jouissances de l'amour de la liberté ». On voit que Merlin pose pour le patriote, genre vieux romain de tragédie ! il ordonne au général de « faire arrêter sur le champ, en flagrant délit, tous ceux qui contreviendraient à l'arrêté du Directoire exécutif, « et je compte à cet égard sur votre zèle et votre fermeté ». Le lendemain, Merlin écrit aux directeurs du théâtre Feydeau qu'évidemment il règne dans le personnel de leur théâtre « un esprit qui n'est rien moins que républicain » et les menace de faire fermer Feydeau, si les airs républicains y sont encore hués ou sifflés.

Le 27 nivôse l'arrêté du 18 sur les théâtres de Paris fut déclaré applicable à tous les théâtres de la République.

Enfin le 25 pluviôse (14 février) le Directoire, informé que le royalisme et l'aristocratie cherchent dans les théâtres à troubler l'ordre ou « dépraver la morale publique, ce premier et puissant ressort du gouvernement républicain » que la loi du 2 août 1793 « ordonne que tout théâtre sur lequel seraient représentées des pièces tendant à dépraver l'esprit public, et à réveiller la honteuse superstition de la royauté, sera fermé et les directeurs arrêtés pour être punis suivant la rigueur des lois », que cependant on confond la liberté des théâtres avec celle de la presse, et qu'on en profite pour répandre « le poison des doctrines les plus antirépublicaines, ordonne de ne laisser représenter que les pièces dont le contenu ne pourra servir de prétexte à la malveillance et occasionner du désordre, et de faire fermer les théâtres sur lesquels seraient représentées des pièces interdites par la loi du 2 août 1793.

Le Directoire n'avait pas à sa disposition une loi efficace contre la presse, et les conseils hésitaient beaucoup à restreindre ouvertement une liberté qui depuis le début de la Révolution avait été proclamée si nécessaire; il s'en dédommageait en faisant à chaque instant saisir les journaux par la police, et arrêter des journalistes. Parfois il traduisait en même temps devant la justice des écrivains royalistes et des révolutionnaires furieux, en les accusant d'une conspiration absurde; mais cette manœuvre était percée à jour, le jury acquittait les accusés, et le gouvernement sortait de la lutte encore plus humilié et déconsidéré qu'auparavant. Mais le Directoire n'avait pas seulement à subir les attaques violentes des royalistes, des terroristes, et des révolutionnaires indépendants : une association mystérieuse le menaçait. Il se formait alors une secte qui ne visait pas seulement à s'emparer du pouvoir; elle entendait bouleverser complètement la société et la reconstituer sur d'autres bases, et commençait à préparer dans l'ombre un plan de subversion totale dont la découverte devait bientôt épouvanter la France entière.

Dès les premiers jours de la révolution, le mot *égalité* avait été dans toutes les bouches, et il s'était formé sous l'influence des doctrines de Rousseau et de Mably, un parti qui ne se contentait pas de l'égalité des droits politiques, mais exigeait l'égalité des fortunes pour arriver au bonheur des hommes.

Il commença par réclamer l'impôt progressif : Buonarotti, le fameux commentateur de Babœuf, lui trouvait un immense mérite, « *l'impôt progressif*, disait-il, *empêche les grandes fortunes, et ménage les petites* ». Condorcet représenta l'égalité absolue comme la perfection de l'humanité. Robespierre fit de grands efforts pour faire introduire les principes du parti communiste dans la constitution de 93 (1). A la séance du

(1) « Votre déclaration (sur la propriété), dit-il au comité de constitution, pa-

24 avril 1793, il proposa perfidement à la Convention de déclarer que « la propriété est le droit qu'a chaque citoyen de jouir, et de disposer de la *portion de bien* qui lui est garantie par la loi » d'où l'on peut conclure que la loi garantit seulement la portion de la propriété qu'elle veut bien fixer. Il se prononça formellement pour l'impôt progressif. Mais en juin 1793, les auteurs du 31 mai craignaient encore le soulèvement des départements : par prudence, ils ne voulurent point proclamer de pareilles théories. Aussi les nouveaux sectaires, tout en exaltant la Constitution de 93, la déclaraient très arriérée sur beaucoup de points.

Gracchus Babœuf (1), qui devait donner à cette secte, une effroyable célébrité, mais n'exerçait encore que très peu d'influence, fut dénoncé à la tribune de la Convention par Tallien, qu'il avait attaqué avec beaucoup de véhémence dans son journal le *Tribun du peuple* (29 janvier 1795). Tallien constata qu'il prêchait l'insurrection, et prétendit qu'il n'était qu'un

rait faite non pour les hommes, mais pour les riches, pour les accapareurs, pour les agioteurs et les tyrans.

(1) Babœuf était né à Saint-Quentin vers 1764. Il avait été arpenteur avant la Révolution. Pendant la Terreur il fut employé dans les bureaux de la commune de Paris et accusa le Comité de salut public, le maire de Paris, Garat ministre de l'intérieur d'avoir conclu un nouveau pacte de famine pour affamer Paris. Il fut jeté en prison pendant quelque temps. Après Thermidor, il accabla d'injures les terroristes abattus, et publia un curieux ouvrage sur la *Vie et les crimes de Carrier*. Puis il se tourna tout à coup contre les thermidoriens, et dans son journal se proclama *Caius Gracchus, tribun du peuple*.

Étant administrateur du district de Montdidier, il avait été condamné par contumace à vingt ans de fers, par un jugement du tribunal criminel du département de la Somme, pour faux commis dans l'exercice de ses fonctions : il s'agissait, paraît-il, d'une adjudication de biens nationaux. Ce jugement fut annulé pour défaut de forme par le tribunal de cassation qui renvoya l'affaire devant le tribunal criminel de l'Aisne : celui-ci, le 30 messidor an II, accorda à Babœuf la liberté provisoire, et l'affaire en resta là. Mais lorsque Babœuf devint dangereux, le Directoire par arrêté du 2 frimaire an IV (inséré dans le *Moniteur* du 20), déclara que le tribunal de l'Aisne avait excédé ses pouvoirs en accordant, malgré le texte de la loi, la liberté provisoire à un homme prévenu d'un crime entraînant peine afflictive et infamante; comme maintenant ce tribunal ne peut en connaître sans une déclaration de jury d'accusation, il enjoint au ministre de la justice de dénoncer cette procédure au tribunal de cassation pour qu'il puisse la renvoyer à un jury d'accusation, et ainsi lui donner suite; mais on ne voit pas que cet ordre ait été exécuté, ni que cette affaire de faux ait été rappelée depuis. Peut-être a-t-on voulu épargner d'autres révolutionnaires ralliés au Directoire qui auraient été compromis avec Babœuf.

simple mannequin entre les mains de Fouché. Ce dernier convint de ses relations avec lui. Le Comité de sûreté générale fit arrêter Babœuf, qui fut détenu plusieurs mois d'abord dans la prison du Plessis, ensuite dans celle d'Arras. Il y rencontra plusieurs de ses futurs complices : ils employèrent leur captivité à préparer des plans pour bouleverser la France ; et Babœuf devint leur chef reconnu. A la suite de l'insurrection du 12 germinal, plusieurs montagnards et de nombreux agents de la Terreur furent jetés dans la même prison : ils y firent connaissance avec les Babouvistes. L'amnistie du 4 brumaire an IV rendit la liberté à Gracchus et à ses amis : ils travaillèrent aussitôt à réaliser leurs projets subversifs.

A peine sorti de prison, Babœuf avec Germain ex-officier de hussards devenu journaliste, Didier, ancien membre du tribunal révolutionnaire, Darthé, ancien agent de Joseph Lebon, le révolutionnaire italien Buonarotti, et un grand nombre d'idéologues qu'il avait séduits, se mit à organiser des complots. Les Babouvistes qu'on appelait aussi, *les Égaux*, recrutèrent beaucoup d'adhérents, et constituèrent plusieurs cercles où ils se réunissaient. Certains cafés, alors très fréquentés, furent aussi adoptés par les Égaux.

L'un d'eux Félix Lepelletier Saint-Fargeau, frère du régicide, le seul riche de la bande avait loué une partie de l'ancien couvent de Sainte-Geneviève. Toutes les nuits les Égaux se rassemblaient dans la crypte. Babœuf avait pris les plus grandes précautions pour dépister la police : elle fut trompée d'autant plus aisément qu'on avait établi dans les bâtiments de cette même abbaye une société publique, où l'on discutait ouvertement les actes du pouvoir, et qui attirait exclusivement sa surveillance. Cette association compta bientôt deux mille affiliés connus généralement sous le nom de Panthéonistes, tous terroristes ardents. Le bruit fait par ces Panthéonistes, qui devaient, à un moment donné, être entraînés par Babœuf à s'insurger, servait très utilement la société secrète qui était mille fois plus dangereuse ; elle put ainsi travailler longtemps et en toute sécurité, à son œuvre de désorganisation sociale.

Son chef avait pour système d'exciter les passions populaires par des placards que ses affidés affichaient pendant la nuit. Dès le matin, des Babouvistes appelés *groupiers* s'arrêtaient devant ces placards rédigés avec une extrême violence, les lisaient à haute voix, les commentaient entre eux, et attiraient ainsi les passants.

Cette comédie obtint beaucoup de succès, car Paris était rempli de malheureux désœuvrés, exaltés par les passions politiques et par la misère. La police ne pouvait guère empêcher ce mode de propagande; d'ailleurs Babœuf avait réussi à embaucher certains de ses agents. En même temps dans son fameux journal *le Tribun du peuple*, il réclamait l'exécution des lois révolutionnaires qui décrétaient l'extinction de la mendicité, et promettaient aux soldats un milliard de biens nationaux. Il demandait aussi que l'État soutînt les vieillards et fournît des travaux à tout le monde. Beaucoup de théories communistes, socialistes, que nous entendons prêcher depuis la révolution de 1848, sont empruntées à Babœuf.

Non seulement le nouveau Gracchus demandait carrément la substitution de la constitution de 1793 à celle de l'an III, mais il attaquait la propriété avec une extrême violence. Suivant lui, « la propriété individuelle est la source de tous les maux qui pèsent sur la société, » et il prêcha, quoiqu'on en ait dit, la spoliation violente, et l'égorgement de ceux qui ne se laisseraient pas tranquillement dépouiller (1). Marat n'a jamais écrit avec plus de violence : *le Père Duchêne* lui-même est dépassé ! Ce n'est plus au nom de la patrie, de la liberté, de la République que ces terroristes veulent voler et égorger, c'est au nom du *Bonheur commun!*

On pense bien que Babœuf ne ménage pas les Directeurs : il les appelle « séquelle infâme des Luxembourgeois... cinq mulets

---

(1) « La société est une caverne; l'harmonie qui y règne est un crime! Que vient-on parler de lois et de propriétés? » Allez culbuter cette société, crie-t-il à ses amis « Le soleil luit pour tout le monde. » « Prenez partout tout ce qui vous conviendra... Si l'on opposait à vos généreux efforts des barrières constitutionnelles, renversez sans scrupule, les barrières et les constitutions. Égorgez sans pitié, les tyrans, les patriciens, le *Million doré*, tous les êtres immoraux qui s'opposeraient à votre bonheur commun. » Vous êtes le vrai peuple, or « tout ce qu'il fait est légitime, tout ce qu'il ordonne est sacré. »

empanachés... nouveaux Tarquins qu'il est temps de faire disparaître, etc., etc. »

Le Directoire montrait souvent une grande tolérance à l'égard de certains journalistes ultra-révolutionnaires, parce qu'il voyait dans ces furieux des alliés qu'il pourrait à l'occasion, opposer aux royalistes et aux modérés comme en vendémiaire. Pendant longtemps, il toléra le *Tribun du peuple*, mais devant des provocations aussi évidentes au pillage et au meurtre, il se décida à le poursuivre. Il crut habile de déférer en même temps à la justice deux écrivains modérés, très connus, Richer Serizy et Suard ; mais il éprouva encore un ridicule échec, car le 10 nivôse le jury d'accusation renvoya les trois accusés. Dans son dépit, il prit un très long arrêté pour adresser de véritables chicanes de procureur au jugement qui acquittait les trois journalistes, et ordonner que les actes d'accusation, et les déclarations du jury d'accusation, seraient de nouveau déférés au tribunal criminel afin de faire recommencer la procédure comme irrégulière. Le Directoire ne voulait qu'une justice révolutionnaire avec un peu plus d'hypocrisie dans les formes. Babœuf sérieusement menacé dans sa liberté, alla se réfugier d'abord chez les filles du fameux menuisier Duplay, l'ancien hôte de Robespierre, ensuite il se cacha tantôt chez l'un, tantôt chez l'autre de ses affiliés, et travailla avec une activité incroyable à organiser son parti, et à préparer un bouleversement général. On verra bientôt comment cette conspiration fut découverte.

II.

Les régicides du Directoire, en prenant possession du pouvoir, se trouvaient dans la nécessité d'en finir le plus vite possible avec la captivité de Madame Royale. La constitution proclamée avec tant d'emphase leur interdisait de garder indéfiniment en prison une personne qui n'était accusée d'aucun crime : et la politique leur commandait de l'éloigner de France au plus vite, car sa captivité au Temple, rappelait constamment aux Français les crimes de la Révolution, et les droits de la-famille royale. Le Comité de salut public avait été vivement préoccupé de cette situation, et les nouveaux alliés de la république, l'Espagne, la Toscane, ne pouvaient pas ne pas s'intéresser au sort de cette malheureuse princesse.

Carletti, ambassadeur du grand-duc de Toscane, faisait à Paris beaucoup de courbettes aux puissants du jour, et son obséquiosité à leur égard causait même un certain scandale. Croyant avoir ainsi gagné leur bienveillance, il eut la hardiesse d'envoyer au Comité de salut public les 6 et 9 messidor (24 et 27 juin 1795) deux longues notes en faveur de Madame Royale. C'est en tremblant, et avec mille précautions oratoires qu'il essaie de plaider sa cause; il déclare que son gouvernement ne lui a rien prescrit, qu'il parle en son propre nom.

« Les journalistes, dit-il, profitant de la véritable liberté que vous venez d'établir sur la base de la justice, ne craignent plus d'exciter votre pitié sur Marie-Thérèse-Charlotte de Bourbon, fille de Louis XVI, laquelle certainement, sans aucun crime, n'a que le malheur de sa naissance. Ces journaux donnent quelque espérance de l'amélioration de son sort, et il est évident que la justice l'attend » (1). Et pourtant si l'on doit croire le bruit public, elle est encore traitée avec une grande rigueur, « on a lieu de craindre que dans les temps déplorables dont vous venez de délivrer la nation, sa santé n'ait beaucoup souffert, faute d'une assistance proportionnée à son âge et à ses habitudes. » Il est à Paris le seul ministre qui représente un souverain lié étroitement par le sang à la fille de Louis XVI; mais « je vous assure sur mon honneur que je n'ai ni directement, ni indirectement aucun ordre de ma cour sur cet objet, et c'est l'humanité seule qui dicte la démarche que je fais. » Il déclare encore qu'il agit sans détour. Dans certaines situations extraordinaires, ajoute-t-il, les gouvernants ne sont pas toujours libres d'écouter les mouvements de leur cœur, à moins qu'on ne leur en fournisse un prétexte plausible.

« N'en serait-ce pas un pour vous d'écouter les sollicitations *que je vous fais en mon nom privé*, et de me dire confidentiellement si je

(1) Arch. nat. AF³, 87.

pourrais expédier un courrier à Son Altesse royale le grand-duc de Toscane, pour me faire autoriser à vous demander pour cette jeune infortunée, la liberté de telle manière qui serait conforme à la politique et aux circonstances, ou du moins tous les adoucissements qui peuvent se combiner avec sa situation. »

Il serait digne d'une grande nation de se rendre aux instances du souverain qui le premier a traité avec elle. « Au surplus je n'exige pas même que vous me donniez aucune réponse sur cet objet, si vous croyez n'en avoir point à donner : j'ai fait mon devoir, vous ferez le vôtre. Croyez, etc. » Mais à la réflexion, cette dernière phrase, malgré son extrême humilité, lui paraît imprudente; il se dit qu'on ne lui répondra peut-être pas, et qu'il faut prendre un peu plus de soin de la dignité du grand-duc. Aussi envoie-t-il le 9 messidor une seconde note explicative.

Il n'a, dit-il, écouté que son cœur en déclarant qu'il écrivait simplement en son nom privé : il a enlevé ainsi tout caractère ministériel à sa note, et d'habitude un gouvernement n'entre pas en correspondance avec un particulier. Il déclare donc avoir signé la note du 6, en qualité de ministre et la confirmer entièrement. Le grand-duc ne l'a point chargé formellement de s'intéresser au sort de Madame Royale; mais en l'envoyant à Paris, il l'a chargé « de faire tout ce qui est conforme à son humanité, à sa vertu, et à sa gloire ». Or rien ne lui serait plus agréable, que d'obtenir la mise en liberté de sa parente « qu'il accueillera chez lui, si vous voulez la lui consigner ». Carletti ne se pardonnerait pas de taire les sentiments de son prince en cédant à une crainte injuste, car on ne déplaît jamais en parlant d'humanité.

Le Comité de salut public dut être un peu embarrassé. Il répondit en ces termes le 17 messidor (5 juin 1795) :

« Le Comité a reçu les deux notes que vous lui avez adressées les 6 et 9 de ce mois.

« Il ne peut que rendre justice aux sentiments qui les ont dictées; mais il aime à croire que le gouvernement de la République a donné assez de preuves de son honnêteté et de sa justice pour rassurer toute personne impartiale, sur le sort de ceux que le peuple français a confiés à sa surveillance. »

« Lorsque d'ailleurs vous aurez considéré que la République française s'est prescrit la loi de ne jamais se mêler de l'administration
intérieure des puissances étrangères, et qu'elle a dû compter sur une
parfaite réciprocité à cet égard, vous jugerez facilement qu'un objet
qui concerne notre propre administration ne peut être mis en discussion avec le représentant d'une puissance étrangère, {quelque confiance que puissent inspirer son caractère et ses principes. »

Cette réponse est signée Treilhard, J.-B. Louvet, Boissy,
J. Debry, Cambacérès. Elle est modérée dans la forme. Aussi le
ministre Toscan, ravi de n'avoir reçu aucune insolence jacobine,
se fit complètement illusion sur les dispositions des révolutionnaires. Il eut l'imprudence de demander au Directoire, très
peu de temps après son installation, l'autorisation de faire une
visite de convenance à Madame Royale parente de son Souverain. Il ne réfléchit point que le Directoire dépassait en zèle
révolutionnaire le Comité de salut public de messidor an IV,
que, depuis les journées de vendémiaire, la France était en
pleine réaction jacobine, et écrivit au ministre de l'intérieur le
6 frimaire, 27 novembre 1795, la lettre suivante :

« Pardon, citoyen ministre, si je vous écris confidentiellement ces
deux lignes. Dans l'instant, une heure et demie après midi, on vient
de me dire que la fille de Louis XVI va partir. Je ne vous demande
pas votre secret, je répète franchement le mien. Comme seul ministre
étranger à la France qui représente un souverain parent de la susdite
fille de Louis XVI, je crois que si je ne cherchais par des voies directes
à faire une visite de compliments à la prisonnière illustre, *en présence
de tous ceux qu'on jugerait à propos*, je m'exposerais à des reproches
et à des tracasseries, d'autant plus qu'on pourrait supposer que mes
opinions politiques m'ont suggéré de vous dispenser de remplir un
devoir. Au reste, quelle que soit votre détermination, ou du Gouvernement français sur l'entretien que j'ai eu avec vous sur cet objet, je la
respecterai sans murmurer, et je me permettrai seulement de faire
connaître à qui il appartiendra que je n'ai pas manqué d'insister,
sans pourtant présenter aucune demande officielle. — Recevez, citoyen, etc. »

Cette lettre ne blesse aucune convenance, et la demande de
Carletti n'a rien d'exorbitant. Il pouvait très bien croire qu'elle
serait accueillie, et tout au moins qu'elle méritait un refus

poli, même de la part de gens de cette espèce. Le ministre lui répondit aussitôt.

« Je n'ai pas entendu parler, Monsieur, de la nouvelle dont vous m'entretenez dans votre billet de ce jour, je ne crois pas même que l'objet en soit aussi rapproché qu'on a pu vous le dire.

« Je soumettrai au Directoire exécutif votre demande particulière, et je serai très empressé de vous faire part de sa décision. »

La demande de Carletti mit les Directeurs dans une colère épouvantable ; des nécessités politiques allaient bientôt les contraindre à remettre Madame Royale en liberté : elle devait échapper au sort de son malheureux frère ; leur déception était déjà assez grande, et avant même que le fait fût officiellement annoncé, Carletti demandait à traiter en princesse, celle qui allait être encore leur prisonnière pendant quelques jours ! Ils prirent le parti violent de rompre tout rapport avec Carletti et de le chasser publiquement de France. Par arrêté du 20 frimaire, ils déclarèrent que toute communication officielle cessait avec Carletti dès ce jour, à cause de sa démarche, mais que le gouvernement communiquerait avec son premier secrétaire qui serait regardé comme chargé d'affaires de Toscane. Copie de l'arrêté devait être adressée au grand-duc, en l'assurant que cette rupture, absolument personnelle à Carletti n'altérerait pas les bons rapports entre la France et la Toscane, et qu'on le verrait avec plaisir envoyer tout autre ministre à sa place. Charles Delacroix, ministre des relations extérieures, exposa les griefs du Directoire dans une lettre à Miot qui fut immédiatement publiée à Paris. Il envoie à l'ambassadeur et la lettre de Carletti, et l'arrêté du Directoire ; il lui déclare que son gouvernement a « assurément ressenti les torts de M. Carletti » ; il désire aussi que « la démarche inconsidérée » de ce ministre n'altère en rien les bons rapports qui existent entre les deux États. Mais un ambassadeur doit respecter le gouvernement auprès duquel il est accrédité.

« Or, n'est-il pas évident que M. Carletti y a manqué essentiellement lorsqu'il s'est permis, étant envoyé près d'une République, de vouloir rendre de prétendus devoirs à une personne, que les lois constitutionnelles de cette république ne considèrent que

comme un individu isolé et sans qualité, et ne jouissant d'autres
droits que de ceux que sa position lui donne à l'humanité et aux
égards des autorités chargées de son sort (1). »

Rien n'est moins sérieux que ce raisonnement. Les Directeurs
ont beau s'irriter contre ces prétendus devoirs que Carletti veut
rendre à la princesse en présence de leurs agents, ils ne disent là qu'une sottise jacobine. Peu importe que les lois constitutionnelles considèrent Madame Royale « comme un individu isolé ». Le grand-duc est son parent, on a traité avec lui,
on a même été très fier de publier qu'on avait obtenu sa neutralité ; il est naturel que ce prince pense aux liens de famille qui
l'unissent à la fille de Louis XVI, et à sa captivité absolument
inconstitutionnelle. La colère du Directoire est d'autant plus
ridicule que les lois constitutionnelles de la monarchie française
interdisent à une princesse toute prétention au trône. Si son
malheureux frère avait survécu, et si Carletti avait demandé à
lui présenter ses devoirs, le Directoire aurait pu soupçonner
chez lui une arrière pensée royaliste, mais à l'égard de Madame
Royale, il ne s'agissait que d'une démarche fort peu importante en elle-même, et dictée par des raisons de convenance.
Et le Directoire devait d'autant moins s'en formaliser, qu'on
ne cherchait nullement à influencer ses décisions, et qu'il se
préparait à la faire sortir de France. D'ailleurs ne la traitait-
il pas en princesse par les négociations qu'il suivait à son sujet
par la rançon qu'il exigeait pour elle ? Quelques jours plus
tard, en la livrant à l'Autriche en échange de plusieurs révolutionnaires importants, comme à la guerre on échange un général contre plusieurs officiers inférieurs, il reconnaissait
qu'elle n'était pas simplement un « individu isolé ».

Delacroix reproche aussi à Carletti d'avoir écrit que s'il
s'abstenait de cette démarche, on dirait que ses sentiments républicains lui ont fait oublier son devoir. Il voit de la fausseté
dans cette excuse : cette fois il n'a pas tout à fait tort. Carletti
a trop voulu faire le fin et flatter le Directoire. Il a dit que s'il

---

(1) Ceci est du pur terrorisme : la princesse n'était nullement hors la loi, et les
lois constitutionnelles qu'il osait invoquer, condamnaient sa détention ; aussi
le Directoire avait-il compris la nécessité d'y mettre fin.

éprouve un refus, il le fera connaître à qui il appartiendra. Delacroix prétend voir une menace dans cette phrase : c'est une très mauvaise querelle. Il finit sa lettre comme il l'avait commencée en déclarant que le Directoire n'est irrité que contre le seul Carletti, et qu'il désire vivement vivre en bonne intelligence avec la Toscane (1).

Carletti dut partir au plus vite. Son affaire fit grand bruit, car le gouvernement français s'empressa de publier toute cette correspondance. En réalité, le Directoire n'avait pas ce seul grief contre lui. Un écrivain officieux Lenoir-Laroche, dans un long et curieux article inséré au *Moniteur* à la suite des pièces de cette affaire, accuse très nettement l'ambassadeur de Toscane d'avoir affecté un républicanisme exagéré dans des intentions perfides (2), et déclare qu'il ne faut tolérer ni hypocrisie ni charlatanisme. Le grand-duc affecta un vif mécontentement de la conduite de son ambassadeur et lui fit à son retour un très mauvais accueil. Miot écrivait au Directoire, le 30 pluviôse, qu'il avait refusé de l'entendre, et lui avait intimé l'ordre de ne pas paraître à la cour et de quitter Florence (3). Peut-être le grand-duc, comme le Directoire, lui reprochait-il, au fond du cœur, de l'avoir compromis en faisant maladroitement le révolutionnaire. Cependant il jugea prudent de faire désavouer par son successeur Corsini, sa démarche en faveur de Madame Royale (4). Depuis l'installation du Directoire, les personnes qui portaient le plus d'intérêt à la malheureuse fille de Louis XVI avaient été persécutées. Le Directoire voyait ou plutôt feignait de voir

---

(1) Le Directoire tient aussi à prendre des airs de croquemitaine, mais il ne se soucie nullement de pousser le Grand duc vers la coalition.

(2) Ce qu'il reproche le moins à Carletti, c'est sa malencontreuse demande; il l'accuse ouvertement de fausseté « ce n'est pas toujours l'affectation d'un républicanisme exagéré qui en est l'indice le plus certain » il prétend même que Carletti a voulu surprendre la confiance des républicains « par une sorte de cynisme politique » et Carletti s'était cru très habile !

(3) Arch. nat. A, F³., 87.

(4).....Quant à la démarche faite par mon prédécesseur, démarche que le grand-duc avait jugée depuis longtemps *incompétente* (sic) en elle-même, et contraire aux instructions qu'il lui avait données, le désaveu formel que mon gouvernement en a fait et l'empressement qu'il a mis à m'envoyer auprès de vous sont une marque éclatante de la considération qu'il a etc...» Ce langage et bien peu digne. Arch. AF³, v. 1).

des conspirations partout. Aussi le 17 brumaire an IV (8 novembre 1795) il prend un arrêté portant que Vallier, demeurant maison de Suède, rue de Tournon, la femme Bahutier,
même domicile, la femme Tourzel attachée à *la fille Capet*
et Bournazel, prévenus de conspiration, seront arrêtés et leurs
papiers saisis. Madame de Tourzel fut arrêtée immédiatement.
Le Directoire décida le lendemain qu'elle serait traduite dans
la matinée du 21 devant l'officier de police et

« Vu les renseignements qui lui sont parvenus sur une conspiration contre la sûreté de l'État; vu aussi les réponses fournies par
Madame de Tourzel, ordonne que *Charlotte Capet*, détenue au Temple,
sera entendue sur les faits qui pourraient être venus à sa connaissance
relativement à ladite conspiration, et qu'il sera dressé procès-verbal
de sa déclaration, auquel effet le ministre de l'intérieur reste chargé
de donner les ordres nécessaires... (1) ».

Le Directoire espérait sans doute impliquer personnellement Madame Royale dans cette prétendue conspiration, et se
donner ainsi un prétexte légal pour la maintenir en prison :
il aurait alors crié bien haut qu'il ne la retenait pas au Temple en vertus des lois révolutionnaires, parce qu'elle était la
fille de Louis XVI, mais parce qu'elle conspirait (2). Par le
même arrêté du 18 brumaire il ordonne que la citoyenne Bec-
quet de Chanteraine, placée près de « Charlotte Capet », sera
aussi entendue. Le 20 il décide que cette citoyenne ne pourra
sortir du Temple, ni communiquer avec personne au dehors. En
conséquence il interdit de laisser entrer au Temple, ni d'en laisser sortir qui que ce soit; il annule la permission donnée, à
madame de Tourzel et à sa fille de voir trois fois par décade
« Charlotte Capet » et de les laisser entrer au Temple.

On est alors en pleine réaction jacobine, on voit des conspirations partout; plus que jamais en traite en conspirateurs
ceux qui ont simplement usé de leurs droits de citoyens, ont
travaillé à faire nommer des modérés aux élections dernières,

(1 Arch. AF 3, r. 20 (séances secrètes).
(2) L'arrêté du 18 ordonne aussi d'arrêter Kersalaun demeurant à Paris faubourg Germain, prévenu de correspondre avec les chefs de cette conspiration,
et de tenir des fonds à leur disposition.

recueilli des cotisations pour subvenir aux frais du culte. Depuis 1789 les révolutionnaires ont pour système de traiter en conspirateurs ceux qui exercent simplement, mais avec indépendance, leurs droits constitutionnels; et les révolutionnaires prétendus modérés, n'ont pas protesté, croyant très sottement qu'ils profiteraient de ces violences. L'opposition légale dès le début de la Révolution a été traitée comme un crime; cette odieuse tactique a réussi auprès de beaucoup de gens qui se sont absolument aplatis devant les révolutionnaires violents; les esprits les plus énergiques ont lutté d'après les circonstances, mais en se rendant très bien compte que l'opposition la plus légale devait entraîner pour eux et leurs familles, des conséquences aussi graves qu'une conspiration véritable.

Le Directoire fait alors arrêter un grand nombre de personnes. Ainsi le 7 frimaire il décerne un mandat d'arrêt contre Barthe, évêque constitutionnel du Gers, odieux aux terroristes, parce qu'il avait refusé d'apostasier. Le même jour il ordonne l'arrestation du marquis et de la marquise de Bezignan et de cinquante-deux autres personnes accusées d'une grande conspiration (1). Le 5 nivôse suivant il lança encore des mandats d'arrêt contre cinquante-quatre individus de Lyon et des environs de cette ville comme affiliés à cette conspiration.

Mais il s'est décidé alors à échanger Madame Royale, contre certains révolutionnaires prisonniers de l'Autriche, et il rêve de conclure bien vite avec cette puissance une paix avantageuse; dans cette espérance, il a donné, le 6 frimaire, des pouvoirs très étendus à un aventurier nommé Poterat qui doit bien vite se rendre à Vienne. Le même jour, il ordonne aux ministres de l'Intérieur et des relations extérieures, « de prendre les mesures nécessaires pour accélérer l'échange de la fille du dernier roi contre les représentants du peuple Camus, Quinette, et autres députés ou agents de la République » et le 9 en conséquence de son arrêté pour l'échange de la *fille Capet*, il autorise le ministre de l'Intérieur à lui faire un

---

(1) Beaucoup de ces conspirateurs sont de Lyon, Saint-Etienne, Montbrison, des environs de Lyon. On compte parmi eux huit prêtres, l'ex-marquise de la Féronnière, Buisson, libraire à Lyon, Maurice, aubergiste à Yssengeaux, de Chemilly, ancien major d'artillerie à Beaujeu, etc. (Arch. AF³ r. 20).

trousseau convenable (1). On voit par les dates que Carletti
était bien informé; le Directoire trouva peut-être qu'il l'était
trop complètement. Madame Royale fut échangée le 5 nivôse
(26 décembre), contre Camus, Quinette, Bancal, Lamarque,
Maret et Sémonville (2).

Mais le Directoire continua à ordonner des arrestations et à
appliquer les lois révolutionnaires. Ainsi Mathieu de Montmo-
rency fut mis en surveillance extraordinaire : un gendarme
le gardait à vue : il s'était caché dans la maison du baron
de Staël ambassadeur de Suède (3). Le 6 nivôse le comte
de Geslin était condamné à mort, comme émigré, par une
commission militaire. Le même jour le Directoire donnait
l'ordre d'arrêter les nommés Broglio fils cadet, Laharpe, Cossé
Brissac, Dommanget, Bourbon Bussey, Merle d'Ambert, Colbert Maulevrier pour conspiration contre la sûreté intérieure
et extérieure de la république.

II.

Bien que leur plan primitif eût été bouleversé par l'attaque
inattendue de Thibaudeau, les vainqueurs de vendémiaire
avaient toujours espéré trouver un prétexte dans les lois révolutionnaires pour se débarrasser de quelques anciens conventionnels, comme Boissy d'Anglas, Lanjuinais, Saladin,
Larivière, et de certains membres du nouveau tiers qui par
leur fermeté et leur talent avaient immédiatement attiré l'attention du public. Ils auraient même fait au besoin un nouveau
31 mai : de là leur extrême indulgence pour les anarchistes.

Ils se disaient qu'il serait peut-être facile de lancer contre
le corps législatif tous ces furieux qui croiraient sottement
travailler pour la constitution de 1793, le Directoire ferait intervenir la force armée au bon moment, et l'on se servirait de
cette émeute pour expulser un certain nombre de députés

(1) Arch. AF3 r. 1.
(2) Le 28 frimaire, le ministre de l'Intérieur prévient le Directoire du départ
pour Huningue de *Marie-Thérèse-Charlotte Capel*. (Arch. *Ibid.*)
(3) Un arrêté secret du Directoire du 30 frimaire (21 décembre) porte qu'il
« sera saisi, fût-ce dans la maison dudit baron de Staël, et mis en arrestation
pour être livré aux tribunaux ». (Arch. AF3 r. 20.)

odieux à tous les révolutionnaires sans exception. Beaucoup
de régicides désiraient la suppression du conseil des Anciens,
car il montrait une certaine indépendance dans les questions
qui ne passionnaient pas les esprits, et le parti modéré semblait
faire dans cette assemblée des progrès inquiétants pour les
révolutionnaires à outrance. On serait revenu ainsi au système
d'une assemblée unique, et le Directoire aurait gouverné
comme le comité de salut public.

Les révolutionnaires avaient crié bien haut que la république
était en péril parce que le nouveau tiers était rempli de rebelles, de chouans, d'émigrés rentrés, de parents d'émigrés :
la commission nommée pour vérifier les élections, ne put trouver, malgré toute sa bonne volonté, sur plus de deux cent
vingt députés, que cinq pouvant être exclus par la loi du 3
brumaire comme inscrits sur les listes d'émigrés avec des révolutionnaires déclarés, et trois autres frappés également par
cette loi comme signataires d'arrêtés vendémiaristes. On s'occupa immédiatement de ces audacieux criminels : le premier
expulsé fut Jean Jacques Aymé, député de la Drôme. Les
modérés sentirent la nécessité de lutter énergiquement, et
soutinrent à la grande indignation des révolutionnaires, qu'une
élection faite antérieurement à la loi du 3 brumaire était régulière, que le peuple souverain avait exprimé constitutionnellement sa volonté, et que d'ailleurs la Convention, lorsque la
Constitution était votée et acceptée, n'avait aucun droit de lui
porter atteinte. La loi du 3 brumaire, qui était regardée
comme l'arche sainte par les triomphateurs de vendémiaire,
fut vigoureusement attaquée et dénoncée comme attentatoire à
la constitution. Les révolutionnaires prétendirent avec leur
impudence habituelle que les députés nommés antérieurement
à cette loi ne pouvaient plus être députés à cause d'elle (1)
et les deux conseils osèrent proclamer sa rétroactivité (14 et

(1) Pastoret démontra que Aymé, élu très régulièrement après avoir signé une
protestation remarquable contre les décrets de fructidor, ne pouvait être exclu
du Corps législatif par la loi du 3 brumaire postérieure à son élection, et
qu'il pourrait être en vertu de cette loi condamné au bannissement par la justice ordinaire. Mais les révolutionnaires voulaient l'exclure par la loi du 3
brumaire, afin d'exclure encore d'autres députés après lui, et ne se souciaient
nullement de l'envoyer devant un jury qui l'acquitterait.

18 nivôse). Encouragés par ce succès les révolutionnaires se mirent résolument à épurer et éloignèrent du Corps législatif huit autres députés (1). Cependant il fut décidé le 5 ventôse que ceux exclus comme n'ayant pas été rayés d'une liste d'émigrés pourraient faire prononcer sur leur demande de radiation par le Corps législatif lui-même. Déjà l'ancien conventionnel Devérité avait été rayé d'une liste d'émigrés par la loi du 27 nivôse (17 janvier 1796) (1).

Vaublanc, nommé député de Seine-et-Marne, avait été condamné à mort par l'un des conseils de guerre institués contre les vendémiaristes. Il adressa, le 1er pluviôse, une pétition aux Cinq-Cents pour leur demander d'être jugé avec les formes prescrites par la Constitution. Élu le 24 vendémiaire, il avait été mis le 25 en jugement. Pastoret et Bornes appuyèrent énergiquement sa pétition; il y eut un grand tumulte et le Conseil passa à l'ordre du jour. Vaublanc dut, pour prendre sa place au Corps législatif, attendre que la découverte du complot de Babœuf eût modifié les dispositions des nombreux crapauds du marais.

Le Directoire, sous prétexte de déjouer les menées royalistes,

(1) Savoir Mersan député du Loiret, le 26 nivôse, Ferrand Vaillant (Loir-et-Cher) le 29 pour avoir signé des arrêtés vendémiaristes. Lanjuinais le constata le 29 : La loi du 3 brumaire était reconnue tellement absurde par ses auteurs et ses prôneurs qu'ils en avaient détruit ou négligé certaines dispositions en faisant grâce de la peine du bannissement aux députés qui l'avaient encourue pour n'avoir pas donné leur démission, et en n'annulant pas les actes auxquels avaient pris part les citoyens frappés par cette loi qui prononçait formellement contre eux le bannissement et cette nullité absolue. Le 10 pluviôse on exclut encore Palhier (Basses-Alpes) qui n'était pas définitivement rayé de la liste des émigrés. Lecerf (Eure), Fontenay (Indre-et-Loire), Polissard (Saône-et-Loire) pour le même motif; ce dernier était en outre beau-frère d'émigré. Le 20 ce fut le tour de Gau (Yonne) et de Daumerc (Lot) comme non rayés, mais le 28 le Conseil des Cinq-Cents dut constater que Daumerc avait prouvé sa résidence sans interruption, et que la radiation à lui accordée par le district de Versailles le 15 ventôse, an III, c'est-à-dire près d'un an auparavant était définitive, et qu'il devait être réintégré : il rentra le 2 germinal.

(2) On a vu plus haut que Devérité, avait été rappelé à la Convention par décret du 18 frimaire an III. Mais il écrivit ensuite aux Cinq-Cents qu'il venait de découvrir son inscription sur une liste d'émigrés pendant la tyrannie de Robespierre. Le conseil passa à l'ordre du jour motivé sur ce que le décret qui le rappelait devait lui tenir lieu de radiation. Il représenta qu'il fallait une loi : elle fut votée le 27 nivôse et déclarée applicable aux représentants rappelés comme lui qui se trouveraient dans la même situation.

mais avec l'arrière-pensée de brider les révolutionnaires dissidents, fit décider par les Conseils le 12 nivôse l'établissement d'un ministère de la police générale. Le vieux Camus, qui venait de rentrer en France avec les autres députés livrés aux Autrichiens par Dumouriez (1), fut nommé ministre de la police. Il était absurde de choisir pour exercer une pareille fonction, un

(1) La loi du 26 pluviôse (15 février 1796) loua la conduite des représentants Camus, Quinette, Bancal, Lamarque, du général Beurnonville, du représentant Drouet, et chargea le Directoire de faire remettre un cheval à ce dernier, à la place de celui que les Autrichiens lui avaient enlevé. Elle le chargea aussi d'accorder des indemnités à Maret et à Sémonville, arrêtés plus tard par les Autrichiens, ainsi qu'aux subalternes arrêtés soit avec eux, soit avec les représentants livrés par Dumouriez, et aux parents de trois des captifs morts dans les prisons de Mantoue.

Le Directoire, par arrêté du 23 floréal, alloua à Beurnonville, la somme de 243,995 livres (déduction de 15,000, déjà reçues par arrêté du 22 ventôse) tant pour solde de ses appointements, que pour remboursement de frais et indemnités résultant des pertes qu'il a éprouvées par suite de son arrestation. Ces indemnités furent payées en promesses de mandats. Le 23 floréal le mandat territorial de 100 livres vaut un peu plus de 12 livres, — ce qui ferait un peu moins de 30,000 livres en réalité ; les 15000 livres déduites n'ont pas été sans doute payées en numéraire. Menou, son aide de camp, reçoit 26,760 livres, c'est-à-dire à peu près 3,300 : c'est bien peu ! aussi le Directoire décide le 21 thermidor que sur cette somme on lui comptera cinq mille livres en numéraire effectif pour son traitement pendant sa captivité. Batz dit Villemier, secrétaire de Beurnonville, touchera 5,400 livres, soit 660 livres en argent ; Constant, Laboureau et Marchand, attachés à son service, chacun 3,000, soit 365.

La loi du 26 pluviôse avait renvoyé Maret et Sémonville rendre compte de leur mission au Directoire ; il approuva hautement leur conduite par un arrêté du 9 floréal, puis il les indemnisa le 23 suivant. Sémonville, dit l'arrêté, recevra pour traitement, frais de route, indemnités pour pertes, 192,600 livres, « déduction de 30,000 montant des billets de la banque de Gênes qui ne se sont pas trouvés parmi les objets restitués à Bâle, sauf au citoyen Sémonville à en poursuivre le recouvrement. » C'est à peu près 19,500 livres. Margiz, secrétaire de légation, reçoit 9,440 livres (1150). Sajou et Postel, attachés à Maret, chacun 3000 (365).

Maret reçoit 134,400 livres, en réalité 16,400 : Il est accordé 3600 (environ 430) à la veuve du général Mongenault, pour remboursement d'objets pris à son mari ; Cardon, Crotté, Dasda, attachés à Maret, et Bonnemé, attaché à Mongenault, reçoivent chacun 3000 livres (365).

Beurnonville employa aussitôt 228,995 livres reçues en mandats, à acheter des domaines nationaux. Mais les lois exigeaient le quart du payement en numéraire, si bien que, faute d'espèces, il se trouva menacé de dépossession. Un arrêté du Directoire, du 5 messidor, vint à son secours, en lui allouant 36,253 livres 5 sols en numéraire qui devaient, avec 25000 livres à fournir par lui de ses deniers, faire la somme de 61,953 livres 5 sols 3 deniers, numéraire qu'il était obligé de verser. (Arch. AF 3, registres 182 et 184.)

Nous avons calculé, d'après le cours des mandats du 23 floréal, mais il ne se soutint pas longtemps ; le 6 prairial il était tombé à 7, pour le mandat de 10 livres.

vieillard éloigné de France depuis plusieurs années; Camus,
du reste, ne vit dans cette nomination qu'une marque de sympathie et refusa ce ministère. Merlin de Douai fut nommé
ministre de la police le 14 nivôse; c'était bien l'inquisiteur
dont le Directoire avait besoin. Les Conseils lui votèrent
immédiatement un million valeur métallique, somme considérable pour l'époque (1). Genissieux remplaça Merlin à la
justice, mais il ne devait occuper ce poste que peu de temps (2).

Les révolutionnaires avaient entendu avec suprise et colère,
la droite attaquer énergiquement la loi du 3 brumaire qu'ils
invoquaient pour exclure Aymé. Leur fureur redoubla, lorsqu'elle se mit à rappeler énergiquement au public combien les
lois qui frappaient les parents des émigrés étaient absurdes et
iniques.

C'est ici le moment de rappeler au lecteur, le plus briève-
ment possible, où en était encore la législation sur les émigrés, et sur leurs parents. L'acharnement des révolutionnaires
contre les émigrés, n'avait pas la passion politique pour seule
cause. Pendant longtemps, les terroristes et les révolutionnaires relativement modérés se sont, pour ainsi dire, cram-
ponnés à ces lois atroces, parce que, d'abord, elles donnaient
le pouvoir le plus arbitraire, le plus absolu, à tous ceux qui
étaient chargés de les exécuter, et qu'en outre, elles enrichissaient la Révolution, et une multitude de révolutionnaires. Pour
de nombreux agents du gouvernement, la recherche des émi-

---

(1) Le Directoire avait demandé trois millions : les Cinq-Cents trouvèrent qu'il
n'avait pas justifié suffisamment la nécessité de ce crédit, et réduisirent sa demande à un million. Le nouveau ministre adressa aussitôt aux commissaires
près les administrations municipales, une circulaire dans laquelle il expliquait
le but qu'il fallait atteindre dans l'intérêt de la République... « balayer de son
sein toutes les immondices de la royauté et des factions diverses; rendre l'air
qu'on y respire, salutaire et pur; *régénérer la morale publique; raffermir et
vivifier cette plante délicate, trop souvent battue par les orages...* » Puis il
adressait une série de questions aux commissaires sur leurs cantons, entre
autres : « Les émigrés et les prêtres condamnés à la déportation osent-ils y reparaître, ou tentent-ils d'y rentrer? Quelles opinions religieuses y règnent, et
quel empire, quelle influence elles exercent?... Quels journaux y sont les plus
répandus? » (*Débats et décrets*, nivôse an IV, p. 326.)

(2) Malgré sa prêtrophobie, La Révellière le traite fort mal : « C'était, dit-il, le personnage le plus ridicule, et le ministre le plus grotesque qu'on pût choisir. »
(*Mémoires*, t. I, p. 485.)

grés servait de prétexte à une foule d'actes arbitraires, à une véritable inquisition politique; elle leur permettait, malgré la constitution nouvelle, de suivre les errements du Comité de salut public. Pour les révolutionnaires spéculateurs, concussionnaires, pêcheurs en eau trouble, la législation sur les biens des émigrés et de leurs parents était une source intarissable de profits honteux. Il va sans dire que cette classe si nombreuse affectait de flétrir les émigrés, au nom du patriotisme le plus pur et le plus ardent.

La Révolution, avant même d'être arrivée au dernier degré de sa violence, s'est plu à créer des catégories de proscrits et de suspects. Les prêtres étaient proscrits et condamnés à mort, quand ils avaient émigré, et ils étaient de même proscrits et condamnés à mort quand ils s'obstinaient à rester en France! La Révolution, il faut lui rendre justice, fit les plus grands efforts pour ne pas laisser au clergé le privilège d'être mis ainsi hors la loi.

Les révolutionnaires soit directoriaux, soit anarchistes, ne pouvaient entendre discuter simplement les lois qui proscrivaient les émigrés, et infligeaient d'innombrables vexations à leurs proches, sans se conduire en véritables fous furieux. On eût dit des Turcs fanatiques de Damas ou d'Alep dans leurs accès les plus violents de frénésie antichrétienne. Ils prétendaient justifier cette atroce législation, en débitant des phrases ridiculement ampoulées sur leur patriotisme, sur leurs justes sentiments d'horreur pour des parricides qui avaient armé leurs bras contre la patrie (représentée par eux), etc., etc. Mais cette exaltation patriotique, qu'ils affectaient d'étaler en public, pour intimider les peureux, et rendre impossible toute discussion sérieuse, était parfaitement voulue et préméditée : elle servait à masquer d'ignobles passions, de viles convoitises, et leur dessein bien arrêté de continuer la tyrannie révolutionnaire, sous prétexte de tenir tête aux émigrés. En outre, ils répétaient sans cesse, comme raison pratique de maintenir les proscriptions, que le crédit de l'État tenait à la solidité des ventes de biens nationaux; qu'il serait ébranlé à tout jamais, et la France ruinée, si l'on atténuait seulement les lois portées contre les émigrés. Hélas! ce crédit avait complètement sombré depuis longtemps, toutes les ressources étaient englouties; la Révolution, dans une foule de circonstances, avait abattu l'arbre pour en gaspiller les fruits immédiatement : il n'y avait plus de finances. Pour trouver de l'argent, et relever quelque peu le crédit de l'État, il était indispensable de pacifier les esprits, en débarrassant la France des lois de proscription et de fiscalité atroce qui la tenaient encore garrottée. C'est un adage de bon sens, que pour faire de bonnes finances, il faut une bonne politique; pour avoir enfin cette bonne politique, il fallait en finir avec les lois jacobines, et surtout avec celles qui étaient censées faites contre l'émigration.

S'il ne s'était agi que des émigrés ayant réellement quitté la France, et porté les armes contre ceux qui prétendaient la représenter, la question aurait été beaucoup plus simple. Sans doute l'existence d'une législation proscrivant une classe de personnes, même nettement déterminée, n'en aurait pas moins été une plaie véritable; et un gouvernement sage aurait travaillé à fermer cette plaie le plus vite possible. Mais la situation était bien plus grave encore : ces émigrés, par passion politique, ne formaient qu'une minime fraction du chiffre total des personnes atteintes dans leur sûreté, dans leurs biens, dans leurs droits politiques, par les lois frappant les émigrés et leurs parents. Pourquoi cette législation monstrueuse était-elle déclarée si indispensable, si intangible dans toutes ses parties? parce qu'elle perpétuait l'arbitraire révolutionnaire entre les mains d'une certaine faction. On déclarait pompeusement que sans elle il n'y aurait plus de finances, mais le cataclysme était déjà arrivé! Du reste, les révolutionnaires avaient montré la futilité de ce prétexte, en décrétant la restitution des biens des victimes des tribunaux révolutionnaires, parce que cette restitution profitait à un certain nombre des leurs : les Terroristes avaient alors crié à tue-tête qu'on allait renverser le crédit de la République, et Thermidoriens et Girondins avaient alors reçu cette fameuse objection avec le dédain profond qu'elle méritait. En outre, les révolutionnaires s'obstinaient à appliquer sans atténuation, ni exception, les lois contre les émigrés à une foule de malheureux qui ne possédaient qu'une motte de terre, ou une véritable cabane, ou même ne possédaient absolument rien ? et ils savaient très bien que les uns n'avaient émigré que par terreur, et que les autres n'avaient pas émigré du tout. Mais pour ces prétendus patriotes, des gens du peuple, des paysans qui ne sont pas révolutionnaires, ne valent pas mieux que des gentilshommes, et méritent d'être traqués comme eux, et fusillés comme eux, sur la constatation de leur identité ! Les excepter, serait encourager les masses à l'incivisme, attirer l'attention du public sur les iniquités de la législation, et la faire atténuer plus tard peut-être, au profit de tous. Lorsqu'il s'agit d'éviter un pareil malheur, peu leur importe que des milliers de malheureux paysans soient proscrits ; le crédit de la France serait atteint si l'on faisait une exception en leur faveur ! Mais en réalité on ne veut pas seulement maintenir les confiscations déjà faites dont une grande partie n'a pas atteint de véritables émigrés, et punir des gens qui ont pris des armes contre la France jacobinisée, on veut absolument se ménager les moyens de proscrire comme au bon temps, de confisquer, de séquestrer toujours des biens au profit de la faction qui a envahi le pouvoir, et de cette multitude d'oiseaux de proie qui ravage la France depuis le triomphe du jacobinisme. On a dû renoncer à la loi des suspects ; mais on l'a remplacée par la loi du 3 brumaire et d'autres lois vexatoires, et l'on conserve précieusement la législation des émigrés, car avec elle on fait des suspects à volonté ; et on peut même les fusiller au besoin !

Cette législation, comme celle des suspects, a l'inappréciable avantage de frapper de nombreuses catégories, mal définies, qu'il est aisé aux bons révolutionnaires d'étendre suivant leur caprice : elle est appliquée administrativement, très souvent par des Jacobins nommés par le Directoire ; de cette manière, le citoyen suspect d'être émigré, ou parent d'un émigré, ne jouit plus des droits garantis par la Constitution : il est livré à l'arbitraire le plus complet. Comme la loi des suspects, la législation sur les émigrés menace la plus grande partie de la classe aisée, tout aussi bien de la bourgeoisie de 89 que de la noblesse, et en outre beaucoup de gens du peuple. Ainsi les révolutionnaires qui occupent le pouvoir disposent de la vie, des fortunes d'une foule de personnes, et de la sécurité de

29.

toute la classe aisée ; ils peuvent, grâce aux ressources infinies que cette législation leur fournit, exercer des vexations et des extorsions de toute espèce.

La Révolution avait déclaré l'émigration le plus abominable des crimes ; elle avait décrété contre les émigrés, la peine de mort et la confiscation des biens. Mais si cette législation terrible n'était appliquée qu'aux seuls émigrés, elle ne devait pas atteindre son double but, car elle ne livrerait point la classe aisée à la tyrannie jacobine, et ne produirait pas assez de butin. Aussi les révolutionnaires eurent soin de déclarer que de nombreux individus, soupçonnés de ne pas aimer le nouvel ordre de choses, mais qui n'avaient pas émigré, et qui, en outre, ne donnaient pas la moindre prise aux lois révolutionnaires sur la complicité avec les émigrés, étaient aussi coupables que ces derniers ; s'ils n'avaient pas quitté la France, c'était uniquement pour sauver leurs biens, pour conspirer avec les émigrés, leur fournir des ressources, et les aider à rétablir l'ancien régime. Celui qui émigrait devait être proscrit comme criminel, celui qui n'émigrait pas devait être présumé aussi coupable. Eh quoi ! ce misérable n'émigre pas, la confiscation de sa fortune serait si profitable à l'État ! de bons patriotes auraient tant de plaisir à donner des assignats contre sa ferme, contre son château ! il faut le punir de cette hypocrisie, de cette scélératesse ! Avant donc qu'on en vînt à la réclusion de tous les ex-nobles, à l'établissement des catégories de suspects, on avait décrété tout un système de vexations et de spoliations contre les parents des émigrés.

Les lois des 30 mars — 8 avril, et 12 septembre 1792, avaient infligé aux émigrés des peines pécuniaires. La première livrait leurs biens aux administrations ; elle imposait à ceux qui étaient rentrés depuis le 9 février, ou dans le délai d'un mois, le payement d'une indemnité à la nation, double de leur contribution foncière et mobilière, et déclarait dans son article 24 qu'elle serait « exercée sur les droits successifs échus ou à échoir aux enfants de famille en état de porter les armes qui ont émigré (1) ». La fameuse loi du 28 mars 1793 partant du principe

_____

(1) Cette loi contient en germe, presque toutes les iniquités qui furent votées

posé dans cet article édicta contre les émigrés une disposition vraiment monstrueuse. L'article 3 déclare que les successions en ligne directe ou collatérale qui doivent échoir aux émigrés, ou qui leur écherront par la suite, seront recueillies par

ensuite par la Convention; elle donne aux administrations des pouvoirs illimités sur les biens de tous ceux qui sont suspects d'émigration, et leur permet d'inscrire comme émigrés bien des gens qui n'ont jamais quitté la France. Pour mieux atteindre les biens de ces suspects, elle ordonne à chaque municipalité d'envoyer au district « l'état des biens situés dans son territoire, appartenant à des personnes qu'*elle ne connaîtra pas être actuellement domiciliées dans le département* » (art. 7); et le département arrêtait dans le mois, la liste des biens séquestrés. Ainsi l'on invitait à dénoncer en bloc tous ceux qui n'habiteraient pas le département, le Directoire du département ferait le triage : mais les délais étaient courts, les réclamations pouvaient être rendues inutiles par la malveillance des autorités qui avaient inscrit à tort. Ce Directoire devait accepter bien des dénonciations sans pouvoir les contrôler, et aucune garantie n'était donnée contre la malveillance ou l'arbitraire des administrations!

Cette loi promet la restitution de leurs biens aux émigrés rentrés depuis le 9 février, ou dans le délai d'un mois de sa promulgation, mais elle leur fait subir de graves vexations : elle les oblige à payer préalablement, des frais d'administration d'après l'estimation arbitraire du département, une somme double de leur contribution, et à donner caution de la valeur d'une année de leur revenu. En outre, ceux qui sont déjà rentrés depuis le 9 février, ou qui rentreront dans le délai légal, sont privés de leurs droits de citoyen actif pendant deux ans. Il est facile de deviner qu'on désire les effrayer, et leur faire prendre le parti d'attendre à l'étranger des temps meilleurs. Ceux qui rentreront après le mois seront privés de leurs droits pendant dix ans!

Ni la constitution, ni aucune décret n'avaient restreint la liberté essentielle d'aller et de venir : cette loi est donc odieusement rétroactive! Lally-Tollendal, quatre ans plus tard, l'a déclarée avec raison « atroce dans ses menaces et insultante dans ses promesses. » On encourageait les émigrés à rentrer en les désignant par une dégradation publique à la fureur de ces brigands qui pillaient et assassinaient impunément dans une foule d'endroits, et dont on venait d'amnistier les plus infâmes. Il ne faut pas oublier que le 19 mars 1792 la Législative, sur les vives instances de Vergniaud, étendait à Jourdan Coupe-tête et à ses complices, pour les horribles forfaits de la glacière d'Avignon, commis les 16 et 17 octobre 1791, l'amnistie décrétée par la Constituante le 14 septembre précédent!

« Ainsi, disait Lally, une loi du 19 mars encourage à égorger tous les citoyens d'Avignon restés dans leur ville, et une loi du 30 condamne à un séquestre, c'est-à-dire à une confiscation universelle tous les citoyens d'Avignon absents de leur ville! Oh! qu'il faut être coupable en effet pour fuir d'un pays ainsi gouverné!.... Oh! comme il est juste de punir jusqu'aux femmes qui ont calomnié par leurs craintes pusillanimes une autorité si tutélaire; qui ont mieux aimé abandonner leur pays qu'abandonner leur sort et celui de leurs enfants aux protecteurs de Jourdan et de Tournal, aux libérateurs des vingt-huit coupe-têtes d'Avignon et des quarante galériens de Chateauvieux! » (*Défense des émigrés français*, p. 112).

Il faut constater aussi à la décharge de la Convention et des auteurs de l'arla République, pendant « cinquante années, à compter du jour de la promulgation du présent décret, sans que, pendant ledit temps, les cohéritiers puissent opposer *la mort naturelle* desdits émigrés ».

Ainsi la Révolution prolongeait fictivement d'un demi-siècle, l'existence de chaque émigré, ou prétendu tel, pour recueillir toutes les successions directes ou collatérales qu'il aurait pu faire pendant ce demi-siècle. Un homme de soixante-dix ans était censé vivre cent vingt ans pour recueillir des successions au profit du fisc jacobin, et au détriment des véritables héritiers! L'État confisquait la part *possible* de l'émigré dans la succession de son père ou de son aïeul, qui n'avait pas le droit de déshériter ce nouvel héritier de la moindre fraction de sa fortune. L'émigration entraînant de telles conséquences, les Jacobins faisaient évidemment une bonne spéculation, en contraignant à émigrer et les gens riches et ceux qui avaient des parents riches!

Si le père de l'émigré mourait après lui, l'État n'en prenait pas moins la part de ce fils dans sa succession, bien qu'elle n'eût jamais pu appartenir à cet enfant prédécédé et qu'elle fût l'héritage légitime de ses frères et sœurs non émigrés; mais peu importait aux Jacobins de violer tous les principes, et de spolier ceux qui n'avaient pas émigré. La famille de l'émigré leur était suspecte; tout ce qu'on lui prenait était bien pris! Aussi Lally-Tollendal disait-il avec raison : la Révolution « nous fait morts de notre vivant pour prendre nos biens, et nous fait vivre après notre mort pour prendre ceux de nos parents ».

Naturellement l'État voulait conserver sa créance, et les malheureux parents de l'émigré perdaient la disposition de leurs biens et subissaient toute sorte de vexations au nom de l'État, leur futur héritier, au grand détriment de leurs

---

ticle 3 de la loi du 28 mars 1793, que Rouyer, à la séance de la Législative du 5 mars 1792, fit triompher le système d'étendre la responsabilité de l'émigré à ses parents qui n'ont point émigré.

La loi du 12 septembre 1792 adopta cette présomption contre les parents, et les obligea à fournir l'équipement, l'habillement et la solde de deux hommes, pour chaque enfant émigré, et de payer d'avance le montant de la solde à quinze sous par jour, pour chaque année, tant que durerait la guerre.

autres enfants et de leurs créanciers. La loi du 17 frimaire an II
(10 décembre 1793) mit sous séquestre les biens de tous les
pères et mères d'émigrés. Si l'enfant émigré était majeur, ils
étaient admis pour se dispenser du séquestre à prouver qu'ils
avaient « agi activement et de tout leur pouvoir pour empêcher l'émigration ». Ainsi cette preuve était à la charge des
parents, elle eût été très difficile à faire, même devant des
juges sérieux; comment pouvait-elle être acceptée par des
autorités révolutionnaires avides de proscription et de confiscation? Les biens des parents étaient frappés d'inaliénabilité,
au grand détriment de leurs créanciers.

Mais la Révolution avait besoin d'argent et ne pouvait attendre : la loi du 9 floréal an III (28 avril 1795) libéra les
parents, en leur enlevant immédiatement la part de l'enfant
émigré (1). Moyennant cet abandon forcé, l'ascendant obtenait
l'affranchissement de toute hypothèque nationale, la levée du
séquestre, la remise de la taxe de guerre, et la nation renonçait aux successions qui pourraient dans l'avenir échoir à
l'émigré. Comme le trésor était à sec; comme on était persuadé au fond que cette législation ne pouvait durer indéfiniment, et que ces successions ne seraient pas recueillies par les
Jacobins qui les convoitaient, on aima mieux prendre tout
de suite les parts des émigrés, et faire un sacrifice apparent (2). Mais l'application de cette loi souleva de si graves

(1) L'ascendant, père, mère, aïeul ou aïeule, ou bisaïeul, fut tenu de faire un
état complet de sa fortune. Toute soustraction ou estimation trouvée frauduleuse était passible d'une amende du quadruple appliquée par le Directoire
de district sans recours, et les bons citoyens étaient invités à dénoncer. Ce Directoire liquiderait le patrimoine déclaré ; s'il n'excédait pas vingt mille livres
de capital, la République trouvant le bénéfice trop mince y renonçait généreusement. Plus le prétendu complice de l'émigré était riche, plus son crime était
impardonnable! Si le patrimoine excédait vingt mille livres, on prélevait d'a-
bord cette somme pour l'ascendant, puis on partageait le surplus en autant de
parts qu'il y avait de têtes, ou de souches de successeurs présents et émigrés;
l'ascendant compté pour une (art. 13). Après le partage, le Directoire *expédiera*
à l'ascendant: 1° le montant de ses dettes passives distraites ; 2° les vingt mille
livres; 3° sa portion du surplus ; 4° celles des enfants non émigrés (art. 15). Les
portions des enfants émigrés sont confisquées « sans espoir de retranchement
pour les enfants qui pourraient naître par la suite à l'ascendant présuccédé »
(art. 16). Les peines contre les complices des émigrés, et contre ceux qui leur
font passer des secours, subsistent toujours.

(2) Pons de Verdun l'a déclaré nettement. « La successibilité n'étant qu'une

difficultés, que la Convention la suspendit le 11 messidor suivant.

Le parti révolutionnaire, quelques mois plus tard, voulut la faire revivre. Le 19 nivôse an IV (9 janvier 1796). Pons de Verdun présenta aux Cinq-Cents un rapport qui concluait à remettre cette loi en vigueur avec quelques légères modifications (1). Son rapport montre très clairement que le but véritable de la Révolution, en maintenant cette législation, était d'exploiter l'existence de quelques milliers de vrais émigrés comme un épouvantail à l'usage des naïfs, et un prétexte pour conserver en France une classe nombreuse de suspects livrés aux extorsions et à l'arbitraire du Directoire et de sa coterie. Il commence par déclarer que les émigrés ne sont qu'une simple fraction, et peut-être la fraction la moins dangereuse de ce parti anti-révolutionnaire qu'il faut constamment surveiller, frapper et taxer.

« Ils se partagèrent, dit-il, en deux bandes : les uns chargés d'ameuter contre nous les puissances étrangères, coururent se ranger parmi leurs satellites; les autres restés à poste fixe dans l'intérieur, y fomentèrent des troubles et des divisions, y favorisèrent des complots » (2). Quand les produits des confiscations seront à peu près mangés, les révolutionnaires en viendront à déclarer que les modérés restés en France sont encore plus criminels que les émigrés! Plus on étudie la législation des émigrés dans son esprit et dans ses détails, plus on reconnaît qu'elle était maintenue surtout pour tyranniser les Français restés en France. Les modérés des deux Conseils combattirent ce projet avec énergie. Dumolard osa dire qu'au milieu des orages révolutionnaires, on avait vu « toutes les idées de justice confondues et bouleversées, le brigandage des individus

ressource individuelle, éloignée, ne pouvait suffire aux besoins pressants de l'État; il importait de consommer l'expropriation de fait des émigrés, pour leur ôter, ainsi qu'à leurs partisans, jusqu'à leur dernière espérance ». (*Débats et décrets*, nivôse an IV, p. 235.)

(1) Ainsi le chiffre de vingt mille livres pour l'ascendant, fut, à cause des assignats, remplacé par cinq mille livres en numéraire. Le 9 floréal an III le louis valant 275 livres en papier, vingt mille livres en assignats n'en représentaient réellement que 1728. Le 19 nivôse an IV le louis valant 5551 livres, elles n'en représentaient même plus 90 !

(2) *Débats et décrets*, nivôse an IV, p. 232.

consacré par l'exemple du gouvernement. » Les Jacobins des
Cinq-Cents poussèrent des cris de rage; et, sur la demande de
Chénier et de Tallien, Dumolard fut censuré au procès-verbal
« pour avoir insulté la *morale républicaine.* » Il continua néanmoins son discours et dénonça le caractère odieux de la loi
proposée.

« Tout dans le projet de la commission révolte la raison et la justice; tout, jusqu'aux exceptions qu'on lui donne! Comment expliquer
en effet cet abandon des fortunes au-dessous de vingt mille livres,
cette distinction inconnue entre des parents riches ou pauvres, mais
selon vous également criminels, également responsables? De quelle
écrasante infamie vous chargeriez votre mémoire en liant parmi
nous le système odieux des confiscations au degré de fortune d'un
citoyen et non à sa culpabilité ; en établissant par le fait que chez
nous l'homme est puni non parce qu'il est criminel, mais parce qu'il
est dans l'aisance. Oui, c'est tout simplement là la propriété du riche
qu'on veut révolutionner encore, dont on veut grossir les trésors de
l'État. » (*Débats et décrets,* nivôse an IV, p. 254.)

Boissy d'Anglas parla dans le même sens. Le 20 nivôse,
André Dumont, qui ne pouvait être suspect de sympathie pour
les émigrés, fit contre la loi du 9 floréal un discours extrêmement remarquable. L'ancien terroriste pulvérisa tous les arguments de ses défenseurs ; il établit que cette législation était à
la fois absurde et cruelle, car elle frappait des individus reconnus innocents. En effet, la moindre complicité des parents
avec leurs enfants émigrés, était en dehors des lois fiscales,
punie de peines terribles par les lois des 23 mars 1793 et 25
brumaire, an III, maintenues toutes deux par la Constitution. Il
est donc évident que la loi du 9 floréal, et le projet, présuppo-
sent l'innocence des parents, puisque l'article 27 de la loi
du 9 floréal déclare nettement que s'ils sont complices, ils
seront frappés par les lois préexistantes. Ainsi donc il est absurde d'invoquer en faveur du projet proposé une présomption de culpabilité, qui est démentie elle-même par la législation sur les émigrés.

Pour échapper au reproche écrasant de méconnaître systématiquement le grand principe que les fautes sont personnelles, on prétend que les ascendants sont coupables de n'avoir

point interdit à leurs enfants d'émigrer, et qu'ils ont ainsi encouru une responsabilité dont ils doivent subir les conséquences. Et cette responsabilité frappe le père d'enfants majeurs mariés ; d'une fille mariée et dotée, qui est ainsi que ses enfants, hors de sa dépendance morale ! elle frappe l'aïeul, et l'aïeule (1)! Une loi formelle avait dégagé les enfants des liens de la puissance paternelle, une autre loi leur assurait le partage de la succession de leurs pères, quelle que fût leur conduite : comment pourrait-on punir les parents de n'avoir pas exercé un pouvoir dont ils avaient été dépouillés ?

Mais le parti révolutionnaire prédominait aux Cinq-Cents, et là résolution fut votée.

Aux Anciens la discussion s'élargit encore. La Commission, par l'organe de Creuzé Latouche, conclut au rejet de la résolution, parce que tous les parents d'émigrés n'étant pas coupables, il n'était pas possible de faire contre eux une loi générale, qui d'ailleurs ébranlerait la propriété et jetterait le trouble dans les esprits. Clauzel soutint qu'ils étaient nécessairement les complices et les agents des émigrés. Les Jacobins ressassaient toujours cette assertion, car si les vrais émigrés étaient seuls proscrits, la législation sur les émigrés n'avait plus guère d'utilité pour eux. Portalis et Durand Maillane combattirent énergiquement la loi du 9 floréal. Celui-ci insista dans la séance du 4 pluviôse, sur l'abus terrible de cette qualification d'émigré qui entraînait de si effroyables conséquences, non seulement pour le malheureux inscrit sur les fatales listes, mais pour tous les siens.

« Ignore-t-on, peut-on ignorer, *que plus de cent mille pères de famille ont été mis dans des listes d'émigrés sans être sortis de la république? que dis-je, sans être sortis de chez eux? Et par qui? par les pos-*sesseurs actuels de leurs biens! Ignore-t-on, que ceux qu'on appelait

---

(1) « Lorsque les émigrés, disait Durand Maillane, sont des jeunes filles ou des garçons en bas âge enlevés par le crime du gendre ou de la bru, alors quel prétexte d'indemnité peut-on opposer soit à l'aïeul, au beau-père, à la belle-mère du premier ou du second ou du troisième degré ascendant? » surtout lorsqu'il s'agit d'un enfant qui ne peut être traité en criminel. André Dumont fit observer aussi que les parents ne pouvaient même être responsables de certains mineurs émigrés qui étaient hors de leur surveillance dans des régiments où l'émigration « était devenue pour les militaires, affaire de corps ».

fédéralistes, et qui n'étaient que les amis de la Convention, ont été
guillotinés par centaines et par milliers à Marseille, à Orange et à
Nîmes ; qu'un plus grand nombre a fui sa patrie pour éviter une mort
certaine? Et qui pourrait accuser ces victimes de l'oppression d'avoir
voulu faire ou susciter la guerre à leur pays? Des lois bienfaisantes
avaient été rendues en leur faveur : elles n'ont été pour eux qu'un
fantôme. On a trouvé moyen de les rendre inutiles par des formes
presque impossibles à remplir... Je demanderai à présent si ceux qui
par suite des événements du 31 mai et du 2 juin ont été obligés de
se cacher ou de fuir, s'il est juste que n'ayant pu profiter de la loi
du 22 germinal par les obstacles invincibles qu'ils ont rencontrés
dans son exécution, non seulement leurs propres biens soient confisqués, mais encore les biens de leurs pères et mères. Car ne nous
faisons pas illusion, ne mettons pas au gré de nos intérêts la fiction
en place de la vérité : les biens des pères et mères n'ont jamais appartenu à leurs enfants, et il était réservé à la révolution française
de fonder une loi fiscale sur l'opinion contraire. » (*Débats et décrets*,
pluviôse an IV, p. 82.)

Il montra en détail les absurdités, les contradictions que
renfermait cette loi, et prouva qu'elle était immorale, impolitique et inutile.

« Fut-il jamais une plus misérable ressource de finances que celle
qui porte sur les fonds mêmes des citoyens dans leurs héritages?
Nous en avons fait la triste expérience. Que sont devenus les biens
immenses qui servaient de gage à nos assignats, et quels sont les
possesseurs de ces biens? La plupart sont de ces hommes nécessairement adjudicataires sous le règne de la Terreur. C'est là où le gouvernement trouverait de grands moyens, et bien légitimes pour ses
dépenses, sans augmenter le nombre des mécontents ou des malheureux! Quelle honte en effet que des hommes qui, dans un certain
temps, et dans certains lieux, se sont partagé les biens nationaux
comme des voleurs se partagent un butin dans les bois (il s'élève de
violents murmures) n'aient pas même été imposés jusqu'à ce moment. » (*Ibid.*, p. 85.)

Mais ces hommes sont soutenus par la faction dominante ;
pendant bien des années, sous le masque du patriotisme d'a-
bord, puis du libéralisme, ils feront une multitude de dupes,
et mèneront le pays!

Lanjuinais déclara « qu'il faudrait des volumes pour

exposer avec une étendue convenable toutes les injustices, toutes les violations des droits de l'homme et du citoyen qui fourmillent dans cette loi cruelle. » Il exposa avec une éloquente indignation ses conséquences à la fois absurdes et barbares ; il montra qu'elle était rétroactive, spoliatrice et des ascendants et de tous les parents des émigrés, et démasqua impitoyablement tous les faux principes, tous les sophismes avec lesquels on cherchait à l'étayer. Cette loi est injuste, car l'homme est frappé non parce qu'il est coupable, mais parce que son patrimoine dépasse un certain morcellement.

« Elle est injuste jusque dans ses plus petits détails ; tout y porte l'empreinte du délire et de la cruauté. Le partage est indiqué pour être fait arbitrairement sans appeler les spoliés ; tout est livré au caprice des administrations, et l'on sait bien ce que feront les suppôts de la tyrannie que le peuple avait exclus, et qui journellement sont nommés, sans doute par surprise...

« Affreuse législation des suspects, comment pouvait-on la reproduire après le supplice de nos derniers tyrans ? Comment se peut il qu'on veuille la rétablir à l'instant où une constitution s'élève qui devait, hélas ! si on l'eût observée, nous assurer tous les bénéfices de la justice et de la liberté. » (*Débats et décrets*, pluviôse an IV, p. 87 et 91.)

Le Conseil des Anciens rejeta le 6 pluviôse (26 janvier) la résolution ordonnant l'exécution de la loi du 9 floréal an III, par 101 voix contre 86. Les révolutionnaires furent très irrités de ce rejet. Pour la première fois, depuis la réunion des Conseils, ils étaient battus à l'occasion d'une loi touchant de très près à ce système révolutionnaire, qui suivant eux, ne pouvait subir la moindre modification ; et ce système avait été flétri et démasqué ! Ils crièrent aussitôt à la perfidie, à la trahison, et Barras et Rewbell commencèrent à dénoncer l'existence d'un grand complot royaliste au sein des Conseils. Ne pouvant représenter leur projet, les révolutionnaires demandèrent au Corps législatif de décider que le système d'abandon établi par la loi du 9 floréal ne serait plus obligatoire, mais facultatif. Ainsi les parents des émigrés auraient le droit de réclamer l'application de cette loi ; le séquestre avec toutes ses rigueurs, serait maintenu contre ceux qui n'useraient pas de cette faculté. Cette proposition fut adoptée par les Cinq-Cents (1). Aux Anciens, Larmagnac et Muraire la combattirent avec beaucoup d'habileté. Les révolutionnaires disaient que la loi ne confisquait pas le bien du père en réalité, mais la part qui devait revenir à son fils. On leur répondit avec raison que la loi elle-même avait consacré la propriété du père, en ne reconnaissant pendant sa vie aucun droit à son fils sur ses biens, puisqu'elle confisquait la fortune tout entière du père émigré, sans en laisser une portion quelconque à ses enfants non émigrés. On établit aussi que ce prétendu partage n'était nullement facultatif, car les parents n'étaient pas libres, quand l'État venait leur dire : « ou le partage ou le séquestre; ou confiscation partielle, ou confiscation totale. » Mais cette fois le Conseil des Anciens faiblit : le 20 floréal (9 mai), il accepta cette prétendue transaction par 106 voix contre 94.

Les discussions sur les émigrés, et le rejet du 6 pluviôse, produisirent une vive émotion dans toute la France. On avait fait éloquemment ressortir toutes les contradictions de cette odieuse législation sur les émigrés qui frappait de confiscation universelle, de bannissement, de mort civile, et en cas de rupture de ban, de mort dans les vingt-quatre heures tous les émigrés, ou inscrits comme tels, sans distinction d'âge, ni de sexe, sans s'inquiéter de l'époque de leur émigration, sans distinguer même s'ils avaient ou non porté les armes contre la révolution. Tout le monde savait que la législation révolutionnaire sur les biens des parents des émigrés frappait environ trois cent mille personnes. Et sur ces prétendus parents d'émigrés combien étaient frappés pour avoir un enfant inscrit à tort sur les listes! Le nombre des inscrits dépassait énormément celui des vrais émigrés, et grâce au 31 mai, beau-

(1) A la séance du 18 germinal, Lecointe Puyraveau soutint encore le système que les vrais émigrés n'étaient pas les plus coupables. « Ce qu'il y a de certain, dit-il, c'est qu'on a vu des parents forcer leurs enfants à passer le Rhin, dans l'espoir qu'ils relèveraient le trône. On les a vus exiger des avances de la part de leurs fermiers pour les frais du voyage; *il y en a même qui, un pistolet à la main, ont commandé l'émigration de leurs enfants.* » (*Débats et décrets*, germinal an IV, p. 232). Mais bien loin de demander que l'on recherche ces furieux, il trouve plus facile et plus lucratif de spolier tous les parents en masse. André Dumont lui répondit : « Tout portait à croire qu'on n'oserait reproduire ce projet dont les caractères hideux sont l'injustice et l'immoralité. »

coup de révolutionnaires plus ou moins modérés figuraient sur ces listes, et couraient de graves dangers. Aussi tout le monde reconnaissait en principe qu'il était indispensable de reviser ces inscriptions. Mais quelle autorité serait chargée de rayer les émigrés indûment inscrits? La loi du 25 brumaire an III avait donné ce pouvoir au comité de législation, mais ce comité n'existait plus sous la Constitution de l'an III, et les radiations avaient été suspendues depuis la loi du 13 fructidor : on se demandait s'il fallait accorder un droit aussi important au Directoire, ou bien à une commission, ou à un tribunal spécial, ou bien encore rendre les prévenus d'émigration simplement justiciables des tribunaux. Le 7 pluviôse une commission nommée pour examiner cette question proposa de décider qu'il serait statué sur les demandes en radiation par une commission de cinq membres nommée par le Directoire et procédant comme l'ancien comité de Législation. A la séance des Cinq-Cents du 15 pluviôse (4 février 1796) Pastoret signala l'absurdité de la législation sur les émigrés, les monstrueuses conséquences d'une simple inscription sur une liste, et la grande difficulté pratique, au milieu des troubles révolutionnaires, de prouver sa résidence sans interruption aucune, et de trouver des témoins en nombre suffisant. L'inscription sur une liste faite peut-être par un ennemi puissant, peut-elle attester autre chose que l'absence d'un citoyen, et l'oubli ou peut-être même l'impossibilité d'envoyer des certificats de résidence, à cause des terroristes? Il est absurde d'y voir la preuve d'un crime; de simples apparences deviendraient « une certitude qui donnerait la mort. » Il s'éleva aussi contre la suprématie absolue donnée aux corps administratifs.

« La demande est-elle rejetée, on considère l'émigration comme certaine, l'affirmation de l'identité suffit pour envoyer à l'échafaud, comme revenu dans sa patrie, l'homme qui ne l'a jamais abandonnée. Est-ce parce que les dangers publics rendent coupable une action qui ne le serait pas dans les temps de calme et de bonheur, qu'elle ne sera pas jugée comme les autres attentats, pas même comme les conspirations envers la liberté? » (*Débats et décrets*, pluviôse, an IV, p. 241.)

Pastoret proposa un projet de résolution qui attribuait les

demandes en radiation aux administrations cantonales et départementales : si les deux administrations tombent d'accord pour l'accorder, la radiation sera définitive : s'il y a désaccord, le Directoire exécutif les départagera dans un délai fixé. Si l'une d'elles a négligé les délais ou violé les formes, sa décision pourra être annulée constitutionnellement. Pour les radiations provisoires déjà prononcées, on procédera, s'il y a désaccord, comme pour l'appel d'un jugement on s'adressera à l'une des trois administrations voisines (1). Si la radiation était refusée, ce rejet au lieu d'être un arrêt de mort, équivaudrait seulement à une déclaration de jury d'accusation et l'émigré serait poursuivi suivant les formes ordinaires devant le tribunal criminel. Ce projet enlevait à la législation sur les émigrés son caractère terroriste et rendait très difficile tout marché honteux : il était donc à la fois trop équitable et trop moral pour être accepté. Il ne devait pas y avoir de justice pour les émigrés : c'était un dogme fondamental de la religion révolutionnaire, et l'on était émigré pour avoir été simplement inscrit sur une liste. Avec une mauvaise foi insigne et qui ne fléchira jamais, les révolutionnaires ne cesseront de traiter d'émigré, celui qui est simplement *suspecté* par eux d'émigration, sur des indices très peu sûrs. Chazal déclara qu'avec le système proposé l'émigré réclamerait le jury et les garanties judiciaires accordées à tous les citoyens, qu'au lieu d'être obligé de prouver son innocence, il attendrait comme les autres prévenus qu'on démontrât sa culpabilité, et se défendrait, ce qui semblait tout simplement abominable aux révolutionnaires : et il avoua comme tout son parti, avec une naïveté cynique, que si les émigrés étaient traduits devant des juges sérieux, presque tous seraient acquittés. Audoin soutint qu'on ne pouvait faire juger les émigrés par les tribunaux de département, parce que ce serait créer plus de quatre-vingt centres d'immoralité et de contre-révolution : la magistrature nommée par le peuple épouvantait ces partisans furieux des

(1) Duprat proposa de faire juger immédiatement la demande en radiation par la justice criminelle. Si le jury d'accusation acquitte, la radiation est définitive ; sinon le prévenu passe devant le jury de jugement. Si ce second jury l'acquitte, sa radiation est définitive : dans le cas contraire, il est banni du territoire français. Un membre proposa de charger des radiations, la section de cassation de la haute cour nationale.

droits du peuple. Rien ne montre mieux le caractère honteusement terroriste de la législation sur les émigrés que les discours de ses apologistes zélés! Les terroristes l'emportèrent.
La Convention statuait auparavant sur les radiations; le Directoire lui fut substitué et chargé de continuer ainsi en dépit
de la Constitution nouvelle les procédés révolutionnaires.

La Commission des Anciens conclut au rejet de cette résolution. Le rapporteur Portalis établit le 18 pluviôse que l'attribution au Directoire d'un pouvoir aussi effrayant était contraire à la constitution. Il dégagea parfaitement la question de
tous les sophismes que la passion révolutionnaire et la cupidité avaient entassés autour d'elle. L'émigration, dit Portalis,
est proclamée un crime; la connaissance des crimes est incontestablement une fonction judiciaire. Mais c'est un crime politique, dit-on, il faut donc le traiter politiquement! Je nie la
conséquence. La connaissance des crimes politiques appartient à l'ordre judiciaire, un conspirateur est un criminel d'État,
et pourtant il doit être livré à la justice. Le Directoire exécutif
qui découvre ses trames peut l'arrêter et l'interroger, mais il
doit le renvoyer aux autorités judiciaires. On objecte que les
lois contre les émigrés sont des lois particulières, mais il faut
distinguer l'inscription faite pour arriver au séquestre et à la
régie provisoire des biens, d'avec l'application des peines ou
la radiation définitive. En réalité l'inscription n'est qu'un simple
témoignage d'absence, le séquestre n'est qu'un acte conserva-
toire des droits éventuels de l'État : ce sont des opérations
fiscales qui regardent les municipalités et les administrations.

« Mais tout change, si un citoyen inscrit sur la liste demande sa
radiation, alors il s'établit un vrai litige et un litige pour crime, entre
ce citoyen qui nie son émigration, et les autorités ou les commissaires
nationaux qui l'affirment. Le fait est individuel, il devient conten-
tieux, il faut donc une instruction contradictoire et un jugement. La
radiation est donc non un acte administratif mais une fonction judiciaire. » (*Débats et décrets*, pluviôse an IV, p. 435.)

Il s'ensuit qu'on ne peut attribuer cette fonction ni au Directoire, ni aux ministres. Il n'eut pas de peine à établir que

l'article 373 de la Constitution, interdisant le retour des émigrés, ne pouvait s'appliquer qu'aux émigrés véritables.

« On soutient que les émigrés sont hors de la Constitution, mais doit-on ranger dans la classe des émigrés ceux qui sont simplement *prévenus d'émigration? la peine peut-elle précéder le jugement?...*

« Jusqu'à la loi du 25 brumaire an III, il ne suffisait pas de n'avoir jamais quitté son domicile ordinaire pour échapper au danger d'être inscrit sur une liste d'absents. *Il eût fallu pouvoir demeurer et vivre en même temps dans tous les lieux où l'on possédait quelque propriété.* Chaque commune grossissait la liste des émigrés des noms des propriétaires qui n'avaient jamais habité son territoire et qui avaient leur domicile ailleurs : le même homme était affiché, poursuivi comme émigré, dans une contrée, et exerçait des fonctions publiques dans une autre. »

« Certains départements avaient, par des arrêtés, déclaré émigrés tous ceux de leurs habitants qui prouvaient leur résidence ailleurs que dans le département même. » (*Ibid.,* p. 441.)

Ces arrêtés n'avaient plus de valeur, mais l'inscription et le séquestre restaient; des décrets de la Convention avaient déclaré émigrés tous les habitants de Lyon, Marseille, Bordeaux : ainsi l'on était inscrit sur une liste d'émigrés comme sur une liste de proscription, et c'était « une peine prononcée contre des faits presque toujours exclusifs de l'émigration même. » En outre, la forme des certificats de résidence a constamment été modifiée. Chaque loi qui établissait une forme nouvelle annulait les certificats précédents, et il fallait toujours recommencer à s'en procurer.

« Partout les passions dirigeaient les listes. On convoitait la fortune d'un citoyen : on se hâtait de compromettre sa personne en plaçant son nom sur la liste fatale. Des pères de familles qui ne sont jamais sortis de leur maison, des vieillards qui n'ont jamais quitté leur lit, des détenus qui gémissaient dans leurs cachots, des représentants du peuple qui n'ont jamais abandonné leur poste, figurent parmi les prévenus d'émigration. »

Pourquoi donc distraire de leurs juges naturels, ceux qui sont prévenus d'émigration en vertu d'une inscription aussi peu probante, et en violation de l'article 204 de la Constitution, des articles 3 et 8 de la déclaration des droits. L'attribution au Directoire des radiations est incompatible avec la Constitution. D'ailleurs le Directoire ne serait pas même juge : la résolution porte que les demandes seront portées au ministre de la police. « Un seul homme sera donc l'arbitre suprême du sort de cent mille familles de France : quelle effrayante dictature ! » Portalis n'eut pas de peine à démontrer que ni ce ministre ni le Directoire ne disposeraient jamais du temps nécessaire pour statuer sur des milliers de demandes.

Corenfustier établit très catégoriquement que la résolution investissait le Directoire d'un droit terrible de confiscation, de vie et de mort sur les inscrits, et que ce jugement serait rendu sans publicité, sans aucune garantie (1).

Les terroristes répondirent par des déclamations furibondes. Legendre cria que l'on voulait ouvrir le midi de la France aux émigrés. Poultier déclara que les tribunaux et les administrations étaient remplis de royalistes, et avoua que tout le monde en France était favorable aux émigrés. Les prétendus modérés faiblirent, et le Directoire fut investi le 28 pluviôse (17 février), du terrible pouvoir de décider sur les radiations sans aucune forme, sans aucun contrôle. Il déclara aussitôt que toute radiation serait prononcée seulement sur un rapport particulier et motivé du ministre de la police, en réalité, des bureaux de la police (2). Les révolutionnaires avaient proclamé hautement, que les juges et les administrateurs élus par le peuple n'avaient pas leur confiance. Le régime du Comité de salut public avec des commissions révolutionnaires nommées par lui, leur était

(1) Il fit très bien ressortir que l'impartialité du Directoire serait nécessairement suspectée. « Comment pourrait-on penser que l'agent du fisc, que le Directoire exécutif, dont l'honneur, l'intérêt même personnel sont étroitement liés à l'amélioration de ce fisc, sera froid dans une discussion dont l'un des principaux objets porte sur une confiscation qui doit augmenter les ressources du trésor national. Avons-nous oublié les assassinats judiciaires qui ont affligé la France et porté le deuil dans la presque totalité des familles, et ne savons-nous pas qu'ils étaient arrêtés et ordonnés par le gouvernement. Ne vous rappelez-vous pas avec quelle audace les agents de ce gouvernement venaient annoncer dans le sanctuaire des lois, qu'on battait monnaie sur la place de la Révolution. » (*Débats et décrets*, pluviôse an IV, p. 456.)

(2) Il ne faut pas oublier que toute demande en radiation devait avoir été faite avant la loi du 26 floréal an III.

indispensable. Ils trouvaient tout naturel que le Directoire devînt maître absolu de la fortune et de la vie de milliers de citoyens appartenant à des classes très différentes. Les orateurs modérés des Conseils avaient établi que les inscriptions d'émigrés avaient été faites avec une grande négligence, et souvent dans les intentions les plus criminelles. Ils n'avaient rien exagéré : dans une multitude de communes tous les propriétaires non résidents avaient été inscrits comme émigrés; on était même porté sur plusieurs listes à la fois; et des fonctionnaires apprenaient tout à coup avec stupéfaction qu'ils étaient inscrits parce qu'ils possédaient une parcelle de terre dans une commune éloignée (1). On en jugera par cette lettre de l'administration centrale du Finistère, du 6 vendémiaire an V.

« Nous vous observons que la liste imprimée de la Commission administrative(15 frimaire an II) est, suivant son arrêté même, faite sur des fragments imparfaits, qu'*elle contient beaucoup d'individus morts avant la Révolution* (2), une infinité de citoyens paisibles et de *fonctionnaires publics* notoirement connus pour n'avoir pas émigré, des erreurs, des inexactitudes et des omissions sans nombre, qu'on y dit émigrés un ci-devant fief *Reguelen* et consorts, ex-curé; *Le hec* (famille) un *tel* ou *héritiers*, un tel et *héritiers*, un tel ou *dame* (3), un tel et représentant, ou tel ou consorts; *Duguerdavid du chef de sa femme*, l'acquéreur du Ravel, etc., etc.; d'où il suit qu'elle est

---

(1) Ainsi Monge, pendant qu'il était ministre de la marine, découvrit tout-à-coup qu'il avait été porté par les patriotes des Ardennes sur une liste d'émigrés et qu'on allait vendre un bois qui appartenait à sa femme; il adressa sa réclamation au Conseil exécutif, le 11 frimaire an II (12 décembre 1793). Il venait seulement, lui ministre, d'apprendre qu'il était inscrit comme émigré depuis le mois d'avril! (Stourm. *Finances de l'ancien régime et de la république,* t. 2, p. 460.)

André Dumont déclara à la tribune des Cinq-Cents qu'il n'avait pu encore obtenir la radiation d'un républicain zélé qui avait été pendant toute la révolution maire de sa commune et juge de paix de son canton.

(2) Ainsi par exemple Jacques-Nicolas Lhermite Chambertrand, officier de marine, avait péri en mer, près de St-Domingue, en mars 1786. On le mit sur la liste des émigrés! Son héritier réclame et obtient main-levée de l'inscription le 7 pluviôse an V. (Arch. nat. AF3, 430.)

(3) Les inscriptions de ce genre étaient fort nombreuses, car l'arrêté consulaire du 28 vendémiaire an IX, art. 4, élimine de la liste des émigrés « les individus inscrits collectivement et sans dénomination individuelle, tels que ceux indiqués en général comme héritiers ou enfants d'un individu dénommé.

le relevé de notes envoyées par les municipalités rurales qui ont
regardé comme émigrés tous ceux qui n'avaient pas leur domicile dans la commune où ils avaient du bien. (Archives F. 7.7308).

On avait inscrit une multitude de gens pendant qu'ils étaient
détenus comme suspects; les prêtres déportables, les vieux
prêtres reclus étaient portés comme émigrés (1). On inscri-
vait aussi des personnes décédées depuis longtemps, ou des
personnes riches, immédiatement après leur mort, pour fondre
sur leur succession (2).

Aussi le 15 thermidor suivant, à propos d'une réclamation
adressée par le département de l'Aveyron contre le mode de
radiation des émigrés, plusieurs députés constatèrent que la
loi du 28 pluviôse donnait au Directoire une tâche impossible à remplir. Dumolard proposa d'adresser un message au
Directoire pour lui demander si le mode actuel de radiation
était praticable. Crassous, qui n'était pas suspect de tendresse
pour les émigrés, appuya cette proposition.

« Plus de quarante-cinq mille demandes en radiation dit-il, se
trouvent dans les bureaux du Directoire. Je ne crois pas que le Directoire en examine plus de dix par jour : c'est donc trois cents
par mois, et trois mille six cents par an; or, si vous ne trouvez pas
les moyens d'activer autrement la justice distributive, ce ne sera
que dans *douze ou quinze ans* que les derniers réclamants pourront
espérer de voir enfin se dissiper les soupçons qui pèsent sur leurs
têtes et qui les tiennent en quelque sorte, en chartre privée. »
(*Débats et décrets*, thermidor an IV, p. 277.)

(1) Ainsi, par exemple, le prêtre Daniel Henri Tinot ex-curé de Thionville, déjà
reclus, fut déporté en vertu d'un arrêté de Mallarmé, du 26 germinal an II, envoyé à Rochefort, et mourut sur le *Washington* le 3e complémentaire an III, à
l'âge de 63 ans. Il fut inscrit comme émigré; ses héritiers eurent à demander sa
radiation.

(2) Si, d'accord avec les autorités on faisait vendre les biens tout de suite, le
tour était joué. Comme les ventes étaient toujours maintenues, ceux qui avaient
acheté les biens à vil prix les gardaient, et les héritiers étaient indemnisés en
assignats qui étaient encore très dépréciés depuis la vente.

(3) Il est utile de montrer ce qu'était une demande en radiation. Nous donnerons comme exemple la réclamation de Jean Charles Courtot de Cissey, ci-devant
officier de dragons, actuellement négociant, porté sur la liste des émigrés de la
Côte-d'Or. Il réclama d'abord devant le district de Beaune, le 14 messidor an
III; sa demande fut rejetée, parce qu'il ne s'était pas pourvu avant la loi du 26
floréal an III, qui arrêtait toute réclamation. Il répondit que n'étant pas domici-

Les révolutionnaires eux-mêmes étaient parfois obligés de
se rendre à l'évidence : d'autant mieux que certains de leurs
protégés étaient victimes de cette loi. Le message fut ordonné.
Mais la haine et l'esprit de secte l'emportaient bien vite sur le
bon sens : le Directoire et sa coterie tenaient beaucoup à cette
attribution qui leur donnait un pouvoir dictatorial, et leur
permettait de conclure des marchés honteux. Partout on répétait dans Paris qu'une radiation n'était qu'une affaire d'argent à débattre avec les bureaux.

Le parti révolutionnaire essaya d'étendre encore les pouvoirs du Directoire. Le 21 pluviôse, les Cinq-Cents votèrent une
résolution qui l'autorisait à statuer sur les réclamations élevées au sujet des arrêtés des représentants en missions. On
sait que ces arrêtés étaient tantôt des lois, tantôt des actes de
gouvernement et qu'ils avaient donné lieu aux abus les plus
graves : on érigeait ainsi le Directoire en successeur de la
Convention ; on étouffait les dénonciations portées contre une
foule d'abus d'autorité, d'extorsions, de crimes ! Il était pourtant logique de lui donner ce pouvoir, puisqu'on l'investissait
du droit dictatorial de statuer sur les radiations. Heureusement le Conseil des Anciens fut pris de scrupule, et le 8 ventôse, il repoussa ce projet à une forte majorité.

lié à Beaune depuis le 1er janvier 1792, il invoquait la loi du 4e jour complémentaire de l'an III qui lui accordait une décade, et que sa réclamation était donc
valable ; il fournit un certificat de la commune de Lyon prouvant sa résidence
dans cette ville du 5 janvier 1792 au 24 prairial an III. Il avait servi dans la
garde nationale de Lyon depuis 1792 jusqu'à la fin du siège. Il a avoué dans sa
pétition au district de Beaune « qu'il a combattu avec les braves Lyonnais
contre les satellites du tyran Robespierre. » Le cas, dit le ministre Cochon,
dans son rapport, est embarrassant, on pouvait le considérer comme ayant déserté à l'ennemi ; mais la loi du 14 pluviôse an III, art. 5, exempte de toute recherche les insurgés de Lyon et leur donne une véritable amnistie : cette demande ne peut donc être rejetée.
   Le Directoire raya de Cissey par arrêté du 7 pluviôse an V. A cette époque
on procédait parfois avec soin et méthode, mais il ne faut pas oublier que
Cochon, malgré l'immense service qu'il avait rendu en découvrant la conspiration de Babœuf, fut proscrit en fructidor et accusé de favoriser scandaleusement
les émigrés, et de s'être conduit comme un traître. Après fructidor les radiations
furent réglées tout à fait révolutionnairement. Celle dont nous avons rendu
compte eût été alors repoussée, et le réclamant fusillé si on avait pu le prendre
(Arch. nat. AF3 430.)

CHAPITRE XII.

LE NOUVEAU PAPIER-MONNAIE.

I.

Le déplorable état des finances inquiétait vivement les révolutionnaires au pouvoir, mais il leur fournissait du moins d'impudents prétextes pour perpétuer l'odieuse législation qui frappait les émigrés, et faire décréter des mesures révolutionnaires, dont le seul résultat était de rendre le gâchis politique et financier encore plus épais. Ne sachant comment se débarrasser des assignats, ils imaginèrent de créer un nouveau papier-monnaie.

Le 9 pluviôse (29 janvier), Ramel lut, au nom de la Commission des finances, un rapport singulièrement optimiste sur les assignats; il proposa de fixer au 30 pluviôse, l'application solennelle de la loi du 2 nivôse qui avait limité à quarante milliards le nombre des assignats, et décidé que les poinçons et les matières employés à leur fabrication seraient brisés. « Ce sera, dit-il, un jour mémorable; il doit l'être pour tous les républicains; il annonce le retour de l'ordre dans les finances; » et il déclara que la France allait entrer dans une période de bonheur. Mais du moins la Commission avait parlé d'ordre et d'économie. Le Directoire fit quelques efforts pour réaliser ses prédictions : Le 12 pluviôse (1 février), sur la demande de la Commission des finances des Cinq-Cents, il prit un arrêté déclarant que le gouvernement, obligé depuis longtemps de fournir à la consommation de Paris en pain et en viande, devait désormais abandonner au commerce le soin d'approvisionner la capitale; car cette distribution de vivres était faite aux citoyens à si bas prix, qu'elle ne pouvait être continuée sans nuire au rétablissement des finances. En effet, la dépense s'élevait à 86,824,000 livres en numéraire, par an. Cette distribution faisait murmurer le reste de la France, qui payait pour nourrir les Parisiens; en outre, elle attirait dans la capitale une population affamée d'au moins cent mille personnes, qui venait y prendre le pain à bon marché, et donnait ainsi à Paris un aspect unique dans le monde civilisé, en attestant l'immensité des ravages faits par la Révolution, et l'impossibilité de les réparer. Le Directoire promit toutefois de nourrir la classe indigente, d'augmenter les traitements des employés et salariés du gouvernement qui se trouvaient privés de leurs rations, et d'attirer l'attention du Corps législatif sur la malheureuse situation des rentiers : la distribution de pain et de viande devait donc cesser à partir du 1er ventôse (1). Le ministre de l'Intérieur, par un autre arrêté du même jour, fut autorisé à faire distribuer, jusqu'à concurrence de 150,000 livres de pain, et 10,000 livres de viande par jour aux véritables indigents. Malheureusement, beaucoup d'employés et de salariés de l'État étaient d'aussi véritables indigents que les loqueteux. Celui qui possédait mille francs de rente ou de pension en recevait quelques francs à peine, car le louis, était alors à 5,300 livres en papier. Cette suppression causa une vive agitation dans Paris, et le Directoire, assailli de réclamations malheureusement trop justifiées, dut, le 24, porter la distribution du pain à 240,000 livres; les fonctionnaires et salariés du gouvernement furent admis avec les rentiers et les pensionnaires indigents,

(1) Le Directoire établit à Paris quatre cents boulangeries et cent cinquante boucheries choisies par le bureau central, qui devaient vendre d'après une taxe, réglée en numéraire et en assignats, et « payable, au choix du consommateur, en l'un ou l'autre signe. »

à prendre part à cette distribution qui, pour beaucoup d'entre eux, était encore le bénéfice le plus clair de leurs places (1). Le Directoire et le Corps législatif essayèrent d'améliorer la situation des malheureux rentiers et pensionnaires de l'État par la loi du 28 pluviôse (17 février) (2), mais ils ne leur accordèrent qu'un secours dérisoire.

Le 25 pluviôse, Ramel fut nommé ministre des finances à la place de Faipoult envoyé à Gênes comme ambassadeur. Ramel célébrait avec emphase tous les actes financiers de la Révolution : il avait proposé d'assurer le succès de l'emprunt forcé par des moyens violents, aussi était-il regardé par les révolutionnaires, comme un grand financier, comme le ministre de la situation. Il tenait à signaler son ministère par des réformes importantes, tout au moins par la réalisation de quelques-unes des pompeuses prédictions qu'il avait apportées à la tribune. Un groupe de financiers parisiens s'était réuni sous la présidence d'un membre très distingué du nouveau tiers, Lafond-Ladebat, pour créer une banque importante par actions, pourvu que le gouvernement l'autorisât à émettre des billets. Ramel aimait à flatter les passions révolutionnaires, mais il était bien plus intelligent que la plupart des gens de son parti en matière de finances ; il comprit immédiatement que le gouvernement trouverait tout avantage à s'appuyer sur une société particulière, formée de financiers connus et estimés, qui facilite-

(1) Le fonctionnaire public, l'employé ou le salarié du gouvernement recevra une livre de pain par jour pour lui seul et une demi-livre pour sa femme, et chacun de ses enfants au-dessous de l'âge de seize ans, vivant avec lui.

(2) Cette loi décida que les pensionnaires et rentiers recevraient pour cent livres, mille en assignats, pour deux cents, dix-neuf cents, pour trois cents, deux mille sept cents, et toujours en décroissant, jusqu'à neuf cents livres pour lesquelles on recevait cinq mille quatre cents livres en papier. Tout ce qui serait supérieur à cette somme devait être payé au pair. Ainsi le plus favorisé de tous, le créancier de cent livres seulement, recevrait dix fois plus en assignats à dix pour cent, qui valaient un tiers pour cent ;(le louis était alors coté environ à 6,700 livres) c'est-à-dire moins de quatre livres en réalité ; il est vrai que payé au pair, il aurait eu quelques sous ! Dupont de Nemours fit observer inutilement que cette prétendue aumône était insultante et absolument dérisoire. A ceux qui alléguaient le manque de fonds, il répondit qu'on en trouverait, avec de l'ordre, de l'économie, en supprimant une multitude d'abus. « Quoi j'entends dire partout ! quoi l'on offre de prouver que la République paie pour ses armées dix fois plus de rations qu'elle n'a de défenseurs, et l'on demande où l'on prendra des fonds ! » (*Débats et décrets*, pluviôse an IV, p. 428.)

rait le relèvement du crédit, et le dispenserait de recourir sans cesse à des procédés révolutionnaires qui empêchaient au contraire le crédit de renaître. Non seulement il promit à cette société de l'appuyer auprès du Corps législatif pour la faire autoriser à émettre des billets, mais il songea sérieusement à traiter avec elle : moyennant 880 millions de biens nationaux, elle aurait fait au gouvernement, tous les mois, une avance de 25 millions. On espérait que cette grande augmentation de recettes ferait hausser très fortement les assignats qui restaient. Bien que ce plan, vu l'état des affaires, fût alors très hardi, Lafond-Ladebat et ses amis l'acceptèrent; mais les révolutionnaires ne voulaient pas que le Directoire fût exposé à se laisser guider par des hommes pratiques, modérés, et dont la compétence dans les questions financières était indiscutable. Ils craignaient qu'il ne se laissât entraîner par eux à s'écarter des procédés révolutionnaires seuls à portée de leur intelligence, mais très lucratifs pour certains d'entre eux; et que l'appui des modérés, devenant nécessaire au Directoire pour ses finances, il ne fût amené à leur faire des concessions politiques (1). Les hommes du Directoire étaient animés des mêmes passions, mais ils étaient séduits par la perspective d'une subvention de 25 millions par mois. Le Directoire approuva Ramel; la question de la banque fut, suivant l'habitude, discutée en comité secret, le 1er ventôse, mais les révolutionnaires empêchèrent la discussion d'aboutir. Le Directoire résolut alors d'enlever l'affaire par surprise. Le 3 ventôse, Camus, qui devait être d'accord avec lui, prit la parole au nom de la Commission et fit le résumé de la discussion qui avait eu lieu en comité secret. Le Directoire avait par un message, demandé l'autorisation de louer à la banque fondée par Lafond-Ladebat, la maison de la Mairie qui était occupée par l'état-major de l'armée de l'Intérieur. Camus proposa de donner cette autorisation, avec un considérant portant que l'établissement d'une banque peut être très avantageux au gouvernement, mais la manœuvre avait été devinée. Bentabole déclara aussitôt que le

(1) Lecoulteux Canteleu, député très complaisant pour le Directoire, avait dans cette société une situation presque aussi importante que celle de Lafond-Ladebat, mais on ne le trouvait pas assez jacobin.

Directoire n'avait besoin d'aucune autorisation pour louer une maison à une banque privée, et qu'on voulait faire implicitement approuver par le Corps législatif l'établissement d'une banque gouvernementale, dont l'utilité n'était nullement démontrée; et il s'éleva vivement contre la création de toute banque de ce genre. La discussion devint fort orageuse. Les amis les plus intimes du Directoire, réunis cette fois à beaucoup de modérés, voulaient favoriser la création de la banque; les révolutionnaires purs étaient décidés au contraire à la repousser à tout prix; ils l'emportèrent de quelques voix, et le considérant fut supprimé. Le Directoire avait essayé de surprendre le vote des Cinq-Cents : pour obtenir celui des Anciens, il recourut à un escamotage tout à fait scandaleux. Il leur envoya aussitôt la résolution, avec le considérant qui avait été retranché par un vote formel, et elle fut ainsi adoptée. Le lendemain, aux Cinq-Cents, le secrétaire lut avec beaucoup d'aplomb le procès-verbal de la veille où la résolution était reproduite avec le considérant supprimé. Bentabole protesta aussitôt. Camus, pour calmer l'indignation générale, prétexta qu'une erreur avait été commise; quelques amis du Directoire essayèrent de soutenir qu'il était trop tard pour la rectifier, puisque les Anciens avaient ainsi voté la résolution; mais la manœuvre était trop évidente. Après une vive discussion, il fut décidé qu'un message serait envoyé aux Anciens pour leur faire connaître le texte véritable de la résolution. Ce conseil en fut très ému, Lafond-Ladebat déclara avec dignité, qu'il fallait connaître l'origine d'une aussi étrange erreur, et empêcher la calomnie de s'emparer de cette circonstance pour déverser le mépris sur une institution utile, établie par des hommes honorables, qu'on pourrait accuser d'avoir, par leur influence, déterminé cette falsification afin d'obtenir une loi qui leur fût favorable. Il exposa l'utilité de ce projet de banque. Les Anciens déclarèrent le 8 ventôse que pour des motifs constitutionnels, ils persistaient dans leur premier vote. Mais il ne fallait plus, après un pareil éclat, songer à créer une banque gouvernementale. Sans doute on lui avait fait une opposition violente et inepte, mais le Directoire, par cette scandaleuse tentative d'escamotage, avait montré une fois de plus ce qu'il valait, et découragé les modérés qui, dans l'intérêt du crédit national, auraient été tentés de s'allier à lui.

Les Jacobins étaient ravis de l'avoir rejeté dans l'ornière révolutionnaire. Ils ne se souciaient pas plus du crédit que de la vraie liberté, ils en étaient restés aux procédés financiers de 1793, et ne songeaient qu'à imposer par violence le relèvement des assignats, bien que toutes les forces du système terroriste eussent été impuissantes à empêcher leur fabuleuse dépréciation. Ils pensaient toujours au bon temps où l'on prenait de force le numéraire aux citoyens pour leur donner à la place, du papier déjà déprécié, et trouvaient tout simple de fixer un taux fantaisiste aux assignats, et de traiter révolutionnairement en rebelles ceux qui ne les prenaient pas docilement pour cette valeur. Le 4 ventôse (23 février, on entama aux Cinq-Cents une discussion très importante sur les moyens de relever le papier monnaie. Dubois-Crancé soutint que les discussions secrètes ne servaient qu'à jeter l'alarme et faire baisser les assignats, et sur sa demande on s'occupa publiquement des finances. Camus présenta un rapport au nom des commissions réunies des finances et des dépenses. Il annonça qu'il avait été émis pour *quarante-cinq milliards cinq cent quatre-vingt-un millions d'assignats* (1). Après avoir solennellement annoncé que le chiffre de quarante milliards ne serait jamais dépassé, on avait donc émis près de six milliards d'assignats sans aucune forme légale. Comme on en avait brûlé plus de six milliards, il ne restait plus en circulation au 1er ventôse que *trente-neuf milliards* 286,762,780 livres en assignats; on prétendait que l'emprunt forcé en avait fait rentrer dix milliards, et on espérait alors que la circulation serait réduite à vingt ou vingt-cinq milliards par l'emprunt.

Camus fit ensuite l'énumération des biens nationaux, gage des assignats. Les forêts nationales suffiraient, suivant lui, à les garantir, car il les estimait trois milliards cent vingt-deux millions. Seulement, on devait en distraire pour le moment six cents millions appartenant aux émigrés, dont il fallait liquider les dettes : en estimant ces dettes au tiers, il resterait

---

(1) *Débats et décrets*, ventôse an IV, p. 19. Le Directoire seul émit pour 35 milliards 603 millions d'assignats.

deux milliards neuf cent millions. Un membre de la commission avait proposé de réduire les assignats au dixième. Suivant Camus, il y en avait encore pour vingt-cinq milliards; on pourrait ainsi les rembourser avec le prix des forêts. La commission n'avait pas osé conseiller cette banqueroute de quatre-vingt-dix pour cent, mais pour faciliter l'écoulement de la masse énorme des assignats, elle proposait de rouvrir les ventes de biens nationaux pour qu'on payât en assignats, de ne donner désormais que ce papier en payement des intérêts de la dette publique, et de lever la suspension ordonnée de tous les remboursements, c'est-à-dire de supprimer les mesures prises pour remédier aux maux et aux injustices causés par les payements en assignats.

De telles propositions ne pouvaient que jeter l'alarme dans les esprits. Les modérés demandaient le relèvement des finances par l'ordre et l'économie, par la fin du gaspillage et des malversations. Les républicains zélés s'obstinaient à réclamer des moyens révolutionnaires dont l'inefficacité était pourtant démontrée depuis longtemps. Ainsi Dubois-Crancé soutint qu'on avait supprimé imprudemment le *maximum*. Il demanda qu'on levât l'impôt en nature, non pas au dixième, mais au cinquième. Le Directoire a annoncé qu'il lui fallait quinze cents millions, valeur métallique. C'est folie que d'espérer se procurer une telle somme en numéraire. « Ainsi c'est une vérité qu'il faut que les Français sachent, *il ne leur reste que l'assignat ou la mort*. » Proscrire pour confisquer, et faire du papier-monnaie avec les confiscations, tel était le système invariable des révolutionnaires. Ils n'avaient rien oublié ni rien appris! Ils veulent maintenir le papier-monnaie comme les lois contre les émigrés, pour qu'il serve également de prétexte à une foule de procédés terroristes, et ils espèrent ainsi perpétuer leur tyrannie. Le 7 ventôse les projets présentés pendant cette longue discussion (1) furent renvoyés à l'examen d'une commission.

(1) Gay Vernon proposa de faire timbrer et numéroter trois milliards d'assignats qui devraient être reçus au pair, et seraient spécialement hypothéqués sur trois milliards de biens nationaux, valeur métallique : ceux qui refuseraient ces assignats au pair, ou chercheraient à les déprécier, seraient punis comme

Le Directoire se trouvait à bout de ressources. A Paris la fermentation était alors très grande. La suppression des distributions avait augmenté encore la misère d'une multitude d'honnêtes gens, et les avait violemment irrités contre ces Directeurs qui jadis avaient fait adopter par la Convention toutes ces mesures révolutionnaires dont ils subissaient les désastreuses conséquences. Leur irritation était d'autant plus vive qu'on leur avait répété avec emphase que les assignats allaient doubler de valeur et les denrées baisser sensiblement aussitôt après la destruction de la planche aux assignats. L'arrêté supprimant les distributions avait été mal accueilli par les révolutionnaires; ne faisait-il pas disparaître une application quotidienne de ce système d'après lequel l'État devait prendre constamment dans la bourse des riches pour nourrir les sans-culottes! Certains Jacobins osèrent crier qu'on revenait à la monarchie. Du reste après avoir tyrannisé les honnêtes gens et bien vécu pendant la Terreur, beaucoup d'entre eux étaient tombés dans la misère : ils voyaient avec rage et convoitise les gros révolutionnaires, les fournisseurs, les spéculateurs qui entouraient le Directoire, étaler un luxe scandaleux, avec le produit de leurs rapines pendant la Terreur, et de leurs marchés avec les Directeurs, et se pavaner insolemment dans les carrosses les plus brillants, tandis que les vainqueurs de la Bastille, et du 10 août traînaient la guenille et mouraient de faim. La vieille haine de la queue de Robespierre contre les thermidoriens était tous les jours ravivée par des pamphlets et des discours frénétiques. Au club du Panthéon une masse de pauvres sans-culottes entendait constamment les dénonciations les plus furieuses contres les riches de toute catégorie, et contre les Directeurs. Cependant les distributions même réduites d'après l'arrêté du 26 pluviôse étaient encore très onéreuses (1). Bien que le Directoire eût par ce sacrifice apaisé

traîtres à la patrie. Il reconnut qu'il y avait eu d'effroyables abus, « il est étonnant qu'il y ait autant de vols et dilapidations et qu'aucun coupable n'ait été puni. Quel est donc ce génie malfaisant qui enchaîne la justice?... une armée de sangsues s'est attachée depuis le commencement de la révolution au corps politique ; mais depuis un an leur voracité s'est accrue d'une manière qui n'a pas d'analogue dans l'histoire. » (*Ibid.*, p. 33 et 34.)

(1) Le Directoire était obligé d'acheter chaque jour 1900 sacs de farine de

un peu le mécontentement populaire, les véritables anarchistes continuèrent leurs déclamations ! Babœuf dans son *Tribun du peuple* (1) exalta les massacreurs de septembre, et exprima son regret, qu'un nouveau 2 septembre n'eût pas encore délivré le peuple de ses affameurs et de ses tyrans. On cherchait alors à établir que l'amnistie du 4 brumaire ne devait s'appliquer qu'à des actes purement révolutionnaires, et que par conséquent les procès commencés contre les égorgeurs de septembre devaient être continués : aussi la queue de Robespierre criait à l'assassinat des patriotes. Le club du Panthéon soutenait vivement Babœuf : on y lisait les articles du *Tribun du peuple*, et les affiliés applaudissaient avec transport. Barras, et Rewbell, le premier surtout, hésitaient à rompre avec ces énergumènes. Carnot réussit à leur faire comprendre, que ces hommes seraient toujours très dangereux pour tout gouvernement, quelque révolutionnaire qu'il pût être, et le 8 ventôse (27 février), Bonaparte sur l'ordre du Directoire, vint à la tête de la force armée fermer le fameux club du Panthéon : il ne rencontra du reste aucune résistance. Pour n'avoir pas l'air de rompre avec les exaltés, le Directoire fit en outre fermer certaines réunions qui n'avaient absolument aucun rapport avec les Panthéonistes (2), et le théâtre de la rue Feydeau où les allusions anti-révolutionnaires étaient trop bien accueillies : en outre pour vexer toutes les classes de la société, et jeter un os à ronger à ces prêtrophobes qu'il était obligé d'expulser du Panthéon, il enleva au culte l'église Saint-André-des-Arcs.

Le 9 ventôse, il expliqua aux Cinq-Cents dans un long message les motifs qui l'avaient déterminé à prendre ces mesures de rigueur, il ressassa encore l'éternelle rapsodie de la

325 livres chacun : le prix du sac étant de 72 livres écus la dépense était de 136,800 livres numéraire pour Paris seul. (Mallet du Pan, *Correspondance*, t. II, p. 27), le 14 ventôse d'après les rapports de police, les haricots coûtent de 11 à 14,000 livres assignats le septier : le louis vaut alors 7,500 livres ; le 15 ventôse, la viande taxée à 97 francs la livre se vend jusqu'à 430. Aussi la classe ouvrière, disent les rapports de police, tient les propos les plus insultants contre le Directoire et les députés.

(1) De temps en temps un numéro du *Tribun de peuple* sortait d'une imprimerie clandestine.

(2) C'étaient le salon des Arts, au boulevard des Italiens, la Société des échecs au Palais Royal.

coalition du royalisme et de l'anarchisme, déclara une fois de plus que les anarchistes étaient de véritables royalistes, et invita les Conseils à s'occuper d'une loi sévère contre les sociétés politiques. Le 11 ventôse (1 mars), il prit un arrêté de police très sévère sur la surveillance des étrangers qui résidaient à Paris.

Au moment où tout le monde croyait que le Directoire en avait fini aisément avec les anarchistes, on apprit la nouvelle d'un succès bien plus réel. La grande guerre de Vendée était terminée.

Le manque de fermeté du comte d'Artois lors de son débarquement à l'île d'Yeu et la conduite équivoque des Anglais avaient complètement découragé la plupart des royalistes de l'Ouest. Hoche, par son adroite politique, avait su les dégoûter de la guerre civile (1); ces populations s'étaient levées pour obtenir la liberté religieuse, et l'habile général avait su la leur donner presque complète, en violant au besoin les lois révolutionnaires; leurs prêtres les exhortaient à rester tranquilles puisqu'elles étaient dans l'exercice de leur culte beaucoup plus libres que celles du reste de la France. Hoche savait aussi les terroriser, mais avec une habileté inconnue à ses prédécesseurs : il empêchait les excès, les pillages de ses officiers et de ses soldats, et pour désarmer les communes dont il se méfiait, il tombait sur elles à l'improviste, leur enlevait tous leurs bestiaux et ne les restituait qu'en échange de leurs armes. Pour arriver à son but, il violait également à l'occasion, et les lois persécutrices de la République, et les traités de pacification. Aussi, bien que ces traités eussent été ouvertement violés par l'emprisonnement arbitraire de certains chefs, le désarmement forcé de nombreuses communes, et par bien des actes qui rendirent aux Vendéens le droit de

(1) Longtemps les représentants en mission qui agissaient en proconsuls, chacun de son côté, l'avaient entravé : « Ici, écrivait-il au comité de salut public, les catholiques sont protégés ; là ils sont poursuivis : dans ce département on jouit d'une paix profonde, parce qu'on ne commet aucun acte arbitraire ; dans le département voisin, il se fait des visites domiciliaires toutes les nuits. On laisse à un canton les hommes de la réquisition ; dans cet autre ils sont traités comme des conspirateurs. » Il dit encore : « Tout est enlevé, on ne paye rien; l'administration est confiée à des mains impures et inhabiles »

reprendre les armes, la plus grande partie des royalistes manquant de ressources, et n'espérant plus aucun secours, ne voulait plus recommencer une lutte devenue encore plus inégale, et malgré son mécontentement et ses justes appréhensions, préférait attendre les événements. Ce sentiment de lassitude était général dans le pays que Stofflet commandait.

On a vu que Charette avait repris les armes le 26 juin 1795. L'horrible boucherie qui suivit la défaite de Quiberon excita une profonde indignation chez les Vendéens; Charette par représailles fit mettre à mort de nombreux prisonniers bleus; il écrivit au général républicain : « Je vous déclare qu'à l'avenir je sacrifierai homme par homme toutes les fois qu'on égorgera un émigré. » La triste retraite du comte d'Artois porta un coup mortel à son armée; néanmoins il continua une guerre de partisans avec un courage et une habileté terribles, et Hoche désespérant d'en venir à bout, mit sa tête à prix pour six mille louis en or. Cependant le découragement gagnait une partie des officiers Vendéens. L'armée dite du Centre, commandée par Sapinaud, Fleuriot, Béjarry, demanda à traiter par l'intermédiaire de Stofflet, qui eut le 12 décembre à la paroisse du May près de Cholet, une conférence avec Hoche; il était accompagné de l'intrigant abbé Bernier. Hoche imposa des conditions rigoureuses, entre autres le renvoi des émigrés, et le désarmement complet. Stofflet et Bernier réclamèrent l'exécution des arrêtés de pacification (1) : des deux côtés l'on échangea des récriminations, et l'on promit de bien exécuter les conditions de la paix. Hoche comprit aisément que l'abbé Bernier allait tourner du côté du plus fort (2). Il pa-

(1) En décembre 1795, le conseil de l'armée de Stofflet réuni sous la présidence de Bernier, écrivit aux princes qui le pressaient de reprendre les armes : « La République triomphante sur le Rhin, tranquille du côté de l'Espagne, a fait refluer 45000 hommes sur la Vendée; comment résister à cette masse aguerrie, et déjouer la politique des généraux républicains, qui s'attachent à isoler les chefs des habitants des campagnes?... La saison s'oppose à une guerre générale, l'évacuation de l'île d'Yeu décourage, le nombre des forces républicaines effraie, on craint une dévastation à la suite de laquelle la Vendée n'offrirait plus qu'un monceau de ruines... » On proposait de traîner en longueur, jusqu'au débarquement encore une fois promis par le prince, mais sur lequel on ne comptait guère. (Stofflet et la Vendée, par Edouard Stofflet, 1875, p. 391.)
(2) C'est un prêtre comme il nous en faudrait vingt ici, dit-il dans son rapport.

rait que le général républicain proposa à Stofflet des passeports et de l'argent pour le déterminer à quitter le pays,
mais que le dévoué royaliste s'y refusa énergiquement. Il prit
sans doute le parti le plus digne, mais il était évident que les
révolutionnaires avaient décrété l'extermination systématique de tous les chefs, en dépit des traités. Hoche eut une
conférence particulière avec Bernier, et beaucoup de Vendéens
ont soutenu qu'ils firent alors un pacte par lequel Bernier
s'engageait à livrer Stofflet.

Charette ne perdait point courage. Le 26 décembre il remporta un avantage sérieux sur les Bleus aux Quatre-Chemins
et leur fit éprouver des pertes très graves, mais bientôt après
il fut complètement défait aux Trois-Moulins par le général
Travot, et faillit être livré par trahison. Ses plus fidèles officiers voyant toutes leurs ressources épuisées demandent à capituler. L'un d'eux, Couëtus, obtient un armistice du général
Gratien, et se charge d'amener Charette à négocier; celui-ci
n'ayant plus ni munitions ni vivres y consent. Couëtus est invité
à se rendre au château de l'Épinay pour traiter : mais il est
prévenu par des avis secrets qu'on lui tend un piège. Il refuse
bien à tort de croire à une aussi indigne trahison, se rend à la
conférence, et se voit arrêté au milieu de la nuit avec deux
de ses compagnons. Ils sont traduits devant une commission
militaire comme s'ils avaient été pris les armes à la main,
et fusillés contre les lois de l'honneur. On a soutenu que Hoche
ne fut pour rien dans cette infamie. Les chefs vendéens durent
reconnaître une fois de plus qu'il n'y avait pas de capitulation
pour eux : en effet les négociations servaient souvent de prétexte à d'odieux guets-apens : et si elles s'étaient passées loyalement, on les assassinait après la paix faite (1), sous un pré-

L'abbé Bernier juge les choses de haut et n'a pas l'air de beaucoup tenir au
parti royaliste qui s'en va... »; il croit qu'on pourrait exploiter ces dispositions.
Toutefois « dans une circonstance difficile, je pense que le gouvernement
pourrait encore plus compter sur son ambition que sur son zèle. » (*Ibid.*, p. 396.)

(1) On commença aussitôt après la pacification : ainsi le 12 floréal an III (3
mai 1795), le général républicain Aubert du Bayet écrit du Mans que deux chefs
de Chouans rentrés après la paix ont été fusillés en parcourant le département
de la Sarthe pour porter des paroles de paix : et, le 14, on annonce que Gassin
Lhermitage et plusieurs chefs de Chouans revenant du congrès de Rennes,
avec la signature du traité, ont rencontré un détachement de soldats républicains,

texte quelconque, et le même sort attendait les simples paysans connus par leur zèle et leur bravoure; ils ne songèrent donc plus qu'à vendre chèrement leurs vies.

Hoche prenait prétexte de la présence d'émigrés en Vendée pour accuser Stofflet d'être en relations avec les Vendéens qui luttaient encore, et Stofflet qui ne voulait pas acheter sa sûreté en vendant quelques-uns de ses anciens compagnons d'armes, devait s'attendre à devenir bientôt victime de quelque coup de main. Aussi lorsque à la fin de janvier 1796 le chevalier Colbert, frère du comte de Maulevrier, son ancien maître, lui apporta de la part du comte d'Artois l'ordre de reprendre les hostilités, au lieu de lui répondre que le prince avait était trompé sur la véritable situation de la Vendée, et que Hoche désirait ardemment une nouvelle insurrection, il se décida le 26 janvier à se jeter en désespéré sur les Bleus. « Mes amis, dit-il à ses officiers, nous marchons à l'échafaud, mais, c'est égal, Vive le roi quand même. » Ils aimaient mieux périr en combattant, ou être mis à mort après avoir héroïquement lutté, que d'être enlevés nuitamment de leurs demeures pour être traînés devant un peloton d'exécution. Bernier encouragea Stofflet à courir aux armes, car les républicains, disait-il, allaient prendre l'initiative. On l'a accusé d'avoir joué le rôle infâme d'agent provocateur.

Hoche fut enchanté de cette nouvelle insurrection qu'il pourrait écraser facilement : il envoya des forces très importantes dans le pays de Stofflet, les paysans découragés ne se levèrent point ; Stofflet dut licencier immédiatement sa très petite armée, et chacun tira de son côté. Cependant, avec une poignée d'hommes, il attaqua Bressuire et força la garnison à se retirer dans le château, puis il enleva un convoi de vivres et de munitions : ce fut son dernier succès. Cerné par les troupes du Directoire, il se réfugia avec quelques amis dans la forêt de Maulevrier; plusieurs de ses anciens compagnons furent tués en se défendant, d'autres arrêtés et fusillés.

et ont été massacrés, bien qu'ils eussent répondu au cri de *Qui vive* par celui de Vive la paix, l'union et la Convention. (Arch. nat., AF3,270). Depuis d'autres assassinats, portant un caractère bien plus odieux encore de perfidie et de trahison, ont été commis non seulement par des soldats, mais par leurs chefs.

Les républicains étaient furieux de ne pouvoir découvrir sa retraite. Tout à coup Stofflet reçut une lettre de Bernier qui le priait très vivement de se rendre à la ferme de la Saugrenière pour se concerter avec des délégués de toutes les armées royalistes de l'Ouest. Le général Vendéen, bien qu'il eût de sinistres pressentiments, se rendit, le 23 février, avec quatre amis, à la Saugrenière, petite métairie perdue dans les bois ; il y rencontra l'abbé Bernier et plusieurs autres royalistes qui lui donnèrent communication d'une lettre importante de Puisaye invitant les chefs vendéens à prendre diverses résolutions. Il y eut une question, sur laquelle ils ne purent s'entendre. Stofflet exigeait que le comte Colbert de Maulevrier fût agent général des royalistes de l'Ouest auprès du gouvernement anglais et de Louis XVIII, et Bernier était très irrité de n'avoir pas été choisi pour ce poste ; les délégués bretons, inspirés par Puisaye, demandèrent que le comte de Maulevrier fût remplacé par Bernier, mais Stofflet s'y opposa énergiquement. On a prétendu que ce refus hâta sa perte. Le conseil se sépara pendant la nuit, sans prendre une décision ; on convint de se réunir la nuit suivante. Bernier détermina Stofflet à rester dans la ferme de la Saugrenière, mais il n'y resta point lui-même et se retira dans une autre métairie. Pendant la nuit, une forte troupe de soldats du Directoire, arriva à la maison où Bernier s'était établi, n'y fit aucune perquisition, mais s'empara du fermier, en lui enjoignant de la conduire à la Saugrenière ; celui-ci essaya de l'égarer, mais il fut menacé de mort par les soldats qui paraissaient très bien connaître le chemin (1). A quatre heures du matin la ferme est envahie, et quatre des compagnons de Stofflet sont faits immédiatement prisonniers. Stofflet surpris, sans armes, à demi nu, se cache d'abord dans un grenier ; on le cherche inutilement (2). Tout

_____

(1) Dans l'ouvrage sur Stofflet que nous avons cité, les démarches suspectes de Bernier sont données en détail ; on assure même (p. 413) qu'il communiqua avec les soldats qui marchaient sur la Saugrenière.

(2) La femme Lizé, fermière de la Saugrenière, et Mlle de Grignon, malade et paralytique qui habitait chez elle, furent sommées par les soldats de leur indiquer la cachette de Stofflet ; elles refusèrent. Il y avait un grand feu ; les soldats les menacèrent de les faire rôtir toutes vivantes si elles ne parlaient pas ; et sur leur refus, ils les jetèrent dans le feu. C'est en entendant les cris de ces pau-

à coup, il s'élance hors de sa cachette, fond sur les soldats et en renverse plusieurs, espérant profiter de l'obscurité pour s'évader dans la forêt ; mais il reçoit des coups de baïonnette, et un coup de sabre lui abat la peau du front sur les yeux ; aveuglé par son sang, il est fait aisément prisonnier.

Le général Vendéen fut traîné pieds nus à Angers avec ses compagnons ; pour tout pansement, la peau du front était relevée par un lien. La nuit suivante, une commission militaire prononça contre lui un simulacre de jugement ; il la traita avec le plus grand mépris, et fit preuve d'un courage indomptable devant ses bourreaux. Il fut exécuté le 25 février, à neuf heures du matin, avec ses quatre compagnons, Lichtensheim (1), Desvarannes, Moreau et Pinot. On voulut lui bander les yeux : « Arrière! dit-il, en repoussant le bandeau de sa main blessée, je vais vous apprendre une fois de plus qu'un général Vendéen n'a pas peur des balles ! » et il tomba en criant : Vive la religion ! Vive le roi (2)!

Toutes les forces républicaines dans l'Ouest étaient désormais tournées contre Charette. Traqué de tous côtés, il se défendait en désespéré. Le 25 mars, il lutte plusieurs heures avec trente-deux hommes contre deux cents soldats ; épuisé par trois blessures, il tombe entre les mains de ses ennemis. Les révolutionnaires sont dans la joie, le Directoire fait annoncer sa capture sur tous les théâtres, comme s'il avait pris une place importante ou remporté une grande victoire (3). Charette fut mené d'abord à Angers, puis à Nantes. Mais à peine est-il arrivé dans cette ville, le bruit se répand qu'on lui a substitué un obscur Vendéen qui sera immolé à sa place, et une

vres femmes que Stofflet sauta du grenier. De pareils actes de barbarie ont été fréquemment commis par les révolutionnaires. Coulon, secrétaire de Stofflet, et Eroudelle, ne furent point découverts dans leurs cachettes. Moreau, domestique de Stofflet, que les soldats avaient pris pour un des habitants de la ferme, voulut partager le sort de son maître et se dénonça en criant : Vive le roi! (*Ibid.*, p. 414.)

(1) Lichtensheim né à Prague, avait été enrôlé dans l'armée républicaine. Fait prisonnier par Stofflet, il fut sauvé par le général royaliste et devint l'un de ses plus fidèles compagnons. Un jeune homme de quatorze ans, Marcel Grillot, arrêté avec Stofflet, fut simplement condamné à la déportation à cause de son âge.

(2) Né le 3 février 1753, Stofflet était âgé de quarante-trois ans.

(3) « Mon cher général, écrivait Grigny à Hoche, nous sommes comme des fous depuis cette bonne nouvelle. »

multitude affolée demande à voir de ses propres yeux le célèbre général royaliste. Alors le général républicain Dutilh
fait mettre garnison et garde nationale sous les armes, et pro-
mène par toutes les rues de la ville le prisonnier blessé et sanglant au milieu d'un immense cortège d'officiers et de soldats
à cheval. Charette, pendant ce long supplice, garde son calme
et son sang-froid; mais un moment il chancelle, épuisé par
les horribles souffrances que lui causent ses blessures, et
dit à ces généraux qui se déshonorent, en le soumettant à cette
cruelle exhibition : « Si je vous avais pris, Messieurs, je
vous aurais fait fusiller sur-le-champ. » Mais ces tourmenteurs
étaient incapables de comprendre cette leçon, ou craignaient
lâchement de se compromettre s'ils paraissaient la comprendre, et la torture continua jusqu'au bout.

On fit ensuite comparaître Charette devant la commission ;
son interrogatoire dura, paraît-il, près de cinq heures. En ac-
cablant de questions cet adversaire condamné par avance,
on espérait tirer de lui, par surprise et par fatigue, des renseignements que l'on pourrait exploiter contre les royalistes, et
aussi contre certains républicains.

Lorsque Charette avait repris les armes le 26 juin 1795, il
avait déclaré que les représentants, chargés par la Convention de négocier avec les Vendéens, les avaient indignement
trompés, car ils leur avaient dit que dans six mois Louis XVII
serait sur le trône, et qu'ils feraient arrêter Jacobins et
Maratistes. Il soutint, paraît-il, que ces représentants et le général Canclaux « lui avaient fait entrevoir dans la conversation, au moment de la pacification, qu'un état de paix serait
plus favorable et conduirait plutôt au but de son parti, ce qui
n'ayant pas eu lieu, il s'est cru autorisé par la suite à les accuser de l'avoir trompé ». Il est certain que ses réponses ont
été reproduites de manière à atténuer le plus possible les accusations qu'il portait contre les conventionnels, et encore il
en existe plusieurs versions. Il aurait dit très nettement. « On
m'avait promis un roi ! » C'est, du reste, ce qu'il avait déclaré
dans une proclamation. On lui demanda si le traité de la Mabilais avait des articles secrets. Il aurait répondu : « Il n'y
en avait pas par écrit; il n'y avait eu que des conjectures

tirées de l'état du gouvernement alors divisé, et ces conjectures avaient d'autant plus de vraisemblance, qu'elles s'étayaient
de l'opinion d'hommes revêtus de la confiance publique » (1).
Ainsi donc il n'y aurait pas eu d'articles écrits, mais il semble
résulter de son interrogatoire visiblement arrangé, qu'il y aurait
eu plus que des conjectures, au moins des promesses verbales.
Du reste, si Charette avait eu à s'expliquer devant un tribunal
tout aussi prévenu, mais plus sérieux, avec la certitude que
ses réponses serait fidèlement reproduites et publiées, son interrogatoire présenterait un tout autre intérêt. Quelques-uns
de ces militaires ne connaissaient que très vaguement les négociations de la Jaunais et de la Mabilais, et n'en appréciaient
pas plus l'importance que les soldats du peloton d'exécution; et
Charette qui n'avait point comme les révolutionnaires, la manie
de pérorer, n'a pas voulu se donner la peine d'entamer devant
de pareils juges, une défense absolument inutile, ni de leur donner son opinion sur les événements auxquels il avait été mêlé ! Il
termina simplement son interrogatoire, en disant : « J'ai combattu et je meurs pour ma patrie, pour ma religion et mon roi ! »

Il écouta son arrêt de mort avec le plus grand sang-froid,
sans proférer aucune plainte. Il causa plus d'une heure avec
les généraux républicains et les étonna par sa tranquillité (2).
Avant de se retirer du tribunal, il dit aux juges : « Je ne cherche
point à prolonger ma vie, mais je prie qu'on me donne un
prêtre catholique. » On lui accorda sa demande sans lui faire
à ce sujet aucune insulte (3). Quelques heures après, on le

(1) Cette phrase entortillée n'est nullement dans le style de Charette, et ne
doit pas reproduire exactement sa réponse. Nous sommes persuadé qu'elle
l'affaiblit systématiquement. On a dit, que si les réponses du général Vendéen
avaient été dénaturées à dessein, on n'aurait pas laissé subsister l'accusation
portée contre les négociateurs conventionnels. Mais elle était alors très répandue, et des révolutionnaires zélés en prenaient prétexte pour attaquer ces représentants. Il importait au parti révolutionnaire tout entier qu'on n'eût pas
fait d'articles secrets par écrit. Quant aux négociateurs, beaucoup de républicains ne s'inquiétaient pas de défendre leur réputation, bien au contraire !
Après les affirmations si catégoriques de Napoléon qui devait être bien informé,
il est difficile de ne pas croire qu'il y eut au moins des conventions verbales.

(2) On lui apprit que le général Jacob avait été arrêté comme traître pour
avoir fui devant lui ; il déclara hautement que cette accusation était fausse, et
que Jacob s'était toujours conduit en brave soldat.

(3) Le duc d'Enghien devait être moins heureux..!

conduisit au supplice. Cinq mille hommes étaient réunis en
carré sur la place Viarme, où il devait être exécuté; un cercueil
était là pour recevoir son cadavre percé de balles. Le confes-
seur voyant le général jeter sur lui un regard, l'invite à s'armer de courage. «Monsieur, lui répond Charette, j'ai marché
cent fois à la mort; j'y vais aujourd'hui pour la dernière
fois, sans la braver ni la craindre»; et il mourut en héros (1).

Les révolutionnaires étaient transportés de joie, car ils
croyaient la guerre de l'Ouest complètement finie. Aussitôt
après l'arrestation de Stofflet, l'abbé Bernier avait nommé
d'Autichamp à sa place, mais il fut obligé de renoncer à la
lutte. Les pays jadis commandés par Stofflet et Charette pouvaient être considérés comme soumis, mais les révolutionnaires n'étaient pas encore maîtres incontestés de l'Ouest.
Dans le Morbihan, dans le Maine, dans la basse Normandie,
les chouans devaient encore, pendant des années, les harceler,
leur faire une petite guerre très incommode, et les jeter souvent par leurs continuelles attaques dans une exaspération
véritable.

Hoche avait réussi non seulement à débarrasser la République des chefs les plus redoutables, mais à calmer les esprits
dans la plus grande partie de l'Ouest. Néanmoins le système
qu'il avait suivi lui attirait de nombreuses critiques : les uns
lui reprochaient de rendre les communes entières responsables des torts de quelques individus, et de ne pas tenir compte
de l'autorité civile; les autres, de mettre parfois de côté les
lois contre les prêtres. Le général très nerveux, très irritable,
très absolu dans ses idées, était souvent exaspéré de ces attaques. Il demanda très sagement pour la Vendée une administration spéciale, mi-partie de réfugiés patriotes et d'habitants.
Il déclarait hautement que les républicains, à qui l'on voulait
livrer le pays, exerceraient des haines et des violences, et gâ-
teraient tout en violant la liberté du culte : il valait mieux,
suivant lui, confier l'administration du pays à des royalistes
ralliés; mais les révolutionnaires alors au pouvoir étaient
bien décidés à n'en rien faire.

(1) Il était âgé de trente-trois ans.

III.

Le Directoire rassuré du côté de la Vendée, et persuadé que les anarchistes de Paris étaient réduits à l'impuissance, se crut assez fort pour imposer désormais aux Français ses procédés financiers, et leur faire subir à la place de l'assignat qui allait être réduit à rien, un nouveau papier-monnaie qui lui permettrait de faire face pendant quelques mois aux difficultés de la situation. Lorsqu'il serait complètement tombé, on aviserait à trouver d'autres expédients ! Les Cinq-Cents avaient le 7 ventôse, chargé une commission d'examiner le projet présenté par Dubois-Crancé : elle fit présenter par Eschassériaux un rapport optimiste. Mais Defermon présenta au nom de l'ancienne commission un rapport bien plus approfondi, dans lequel il montrait peu de confiance dans les rentrées de l'emprunt forcé et des impositions arriérées, et reconnaissait que le crédit de la France était anéanti, bien qu'elle disposât de ressources considérables. Suivant la commission, les contributions directes et indirectes pouvaient rapporter quatre cents millions; avec l'emprunt forcé et quelques autres produits, on atteindrait six cents millions. Les domaines nationaux invendus s'élevaient à trois milliards 367 millions, les forêts nationales au moins à deux milliards, et les biens nationaux de Belgique à la même somme, d'après des évaluations déjà produites, mais justement contestées. Les domaines nationaux étaient grevés de la double hypothèque du milliard promis à l'armée et des assignats, mais on estimait qu'il suffirait d'un milliard pour liquider ce qui restait de papier. Comme Eschassériaux, Defermon est d'avis qu'on rouvre les ventes de biens nationaux; mais que faire des assignats? « le remède n'est pas dans une loi qui donnerait à l'assignat une valeur fixe que la confiance lui refuserait ». L'expérience est déjà faite. Il faut retirer le papier-monnaie, sans user de procédés violents et révolutionnaires. Pour diminuer l'agiotage et mettre fin à une multitude de difficultés, il propose de décréter que les payements auront lieu en numéraire ou en assignats au cours. Il y aura évidemment une période difficile à traverser : il faut faire appel au crédit des particuliers; l'aide d'une banque serait utile et même nécessaire (1). Mais les révolutionnaires ne voulaient pas entendre parler de banque; ils entendaient taxer les citoyens, leur imposer des valeurs fictives, des échanges ruineux, et repoussaient l'excellent programme tracé par la commission: « Réforme sévère des abus, économie rigoureuse des dépenses, surveillance active sur les agents de toutes les parties, et punition des dilapidateurs. »

Aussi Dubois-Crancé demanda qu'on travaillât à faire disparaître la monnaie métallique, que l'assignat devînt la seule monnaie républicaine, et que pour y arriver, le commerce de l'or et de l'argent fût interdit, et la bourse fermée. Les Jacobins applaudirent avec transport. Camus réclama une estimation exacte des biens nationaux (2). Cette discussion importante fut interrompue pour entendre Louvet et les Jacobins débiter des déclamations furieuses contre la liberté de la presse et demander au Corps législatif de bâillonner leurs adversaires. Mais le Directoire, bien que très désireux d'escamoter cette liberté, envoya le lendemain un message pour déclarer qu'il fallait s'occuper des finances, et qu'il était à bout de ressources. Le Corps législatif avait remis à sa disposition pour huit cents millions de biens nationaux valeur métallique, mais il ne pouvait les réaliser s'il n'était pas affranchi des formalités exigées pour les ventes des domaines nationaux : car on lui avait assigné des domaines très vastes qui ne pouvaient être achetés que par des compagnies; et la vente se faisant sans concurrents, il fallait les céder à bas prix. Le Directoire demandait qu'on lui permît de vendre à son choix des domaines moins étendus, afin que tous les citoyens pussent se présenter à l'adjudication.

Le 19 ventôse (9 mars), la commission chargée d'examiner son message, après s'être entendue avec le ministre des finan-

---

(1) Car elle suppléerait à l'insuffisance du signe monétaire, et par son entremise l'État pourrait convertir les biens nationaux en valeurs disponibles. « Laissez-lui son indépendance, payez ses services et protégez-la ». *Débats et décrets*, ventôse an IV, p. 480.

(2) Bourdon de l'Oise proposa de distraire de ces biens l'équivalent de 625 millions qui seraient affectés au retirement des assignats à quarante capitaux l'un : c'était une banqueroute de 97 50 pour 100.

ces, déclara qu'elle élargissait la demande faite par le Directoire, et proposait de faire vendre aussitôt pour dix-huit cents millions de biens nationaux. Mais pour trouver immédiatement de l'argent, elle proposait une mesure extrêmement grave, c'était la création d'un nouveau papier-monnaie,

On émettrait pour six cents millions de *mandats territoriaux*, dont les détenteurs auraient le privilège de pouvoir acquérir sans enchères n'importe quel bien national, moyennant le payement en mandats du prix d'estimation. Le 20, ce projet fut mis en discussion : Dubois-Crancé le trouva excellent; Bailleul, au contraire, se montra assez prévoyant : il déclara que ces mandats n'étaient qu'une nouvelle espèce d'assignats avec privilège; la dépréciation subie par les rescriptions créées récemment n'était pas, suivant lui, un présage favorable pour cette opération. Était-il prudent de jeter au hasard six cents millions de papier-monnaie sans savoir le moins du monde quel en serait le sort? Mais on ne tenait aucun compte de ces objections si bien fondées; on voulait sortir par un expédient quelconque des embarras financiers du moment, sans s'inquiéter si dans quelques semaines on ne se retrouverait pas dans une situation encore plus défavorable. Le 23 ventôse, le Directoire, tout en proclamant cette résolution « une de ces mesures grandes et heureuses qui, aux époques les plus critiques de la Révolution, opèrent le salut de la République, » déclara aux Cinq-Cents qu'elle serait funeste, s'ils ne donnaient pas immédiatement cours forcé à ces mandats, et n'édictaient pas des peines sévères contre ceux qui les refuseraient. Dès que ces mandats auraient cours forcé de monnaie au pair avec l'argent, ils seraient échangeables à bureau ouvert contre des assignats à *la centième partie* de leur valeur nominale : le cours de l'assignat est à peu près de la trois centième partie. « Voilà, s'écrie audacieusement le Directoire, cette valeur triplée d'un seul mot : que les assignats provenus de cet échange soient brûlés jusqu'à ce qu'il n'en reste plus que trois milliards en circulation : voilà cette circulation revenue ce qu'elle doit être habituellement! » Ces propositions furent très favorablement accueillies. Le 26 ventôse, les Cinq-Cents décidèrent en comité secret qu'il serait créé des mandats territoriaux, non plus pour six cents millions, mais pour *deux milliards quatre cents millions*. En effet, puisque l'on comptait sur eux pour faire disparaître les assignats, il fallait en émettre une grande quantité. Ces mandats devaient avoir cours de monnaie dans toute l'étendue de la République, et être reçus comme espèces dans toutes les caisses publiques et particulières. Ils étaient hypothéqués sur tous les domaines nationaux. Tout porteur pouvait acquérir un domaine sur le prix de l'estimation, en payant avec des mandats la moitié du prix dans la première décade, l'autre dans les trois mois. La valeur des biens était fixée sur le pied de vingt-deux fois le revenu net d'après les baux de 1790, et pour les maisons, à raison de dix-huit fois le produit. Sur l'ensemble des mandats, on emploierait la quantité nécessaire pour retirer, à raison de *trente capitaux pour un* (et non de cent comme le Directoire l'avait d'abord demandé), tous les assignats encore en circulation. Il serait remis en outre six cents millions à la trésorerie, et le reste devait être déposé dans une caisse à trois clefs. Tous les porteurs d'assignats les échangeront contre des mandats dans les trois mois. Assignats et mandats rentrés par échange ou par vente de biens nationaux seront biffés pour être brûlés.

Les Anciens discutèrent aussi cette résolution en comité secret : au moment du vote, lorsque la séance redevint publique, Lafond-Ladebat et un autre député insistèrent vivement pour combattre la résolution, mais on était décidé à courir l'aventure; la parole leur fut refusée, et la résolution fut adoptée le 28 ventôse (18 mars), à la presque unanimité.

Le lendemain, il fut décidé encore que la trésorerie, en attendant la fabrication des mandats, était autorisé à donner des *promesses de mandats* qui auraient cours comme les mandats eux-mêmes, à la charge d'être endossées; mais cette condition fut supprimée le 5 germinal. Ces promesses devaient être échangées contre des mandats définitifs. Il fut également décidé que les rescriptions à l'emprunt forcé qui étaient en circulation feraient provisoirement office de promesses de mandats et auraient cours forcé. C'était au moins imprudent, car elles perdaient alors cinquante-quatre sur cent.

La réduction officielle des assignats au trentième, décrétée par la loi du 28 ventôse, constituait déjà une banqueroute de 96,66 pour cent.

Mais le mandat territorial était, par les lois mêmes qui l'instituaient, frappé d'un discrédit de plus de soixante-quatorze sur cent. Lafond-Ladebat, qui avait combattu sa création dans le comité secret, en fit bientôt la démonstration. En effet, on avait commis la faute de l'assimiler aux rescriptions, qui subissaient une dépréciation énorme, malgré les garanties qu'on leur avait données, et en outre on l'avait créé pour être la valeur représentative des biens nationaux, d'après les évaluations de 1790, et c'était le frapper de plus de soixante pour cent de perte, puisque la valeur de ces biens avait diminué dans cette proportion. « Ainsi, cent mille livres de mandats, au moment de leur émission, ne représentaient plus que vingt-six mille livres de valeur réelle. » En effet, on reconnaissait alors qu'un bien patrimonial valait le quart de ce qu'il aurait été vendu en 1790; certains biens nationaux le huitième, les biens d'émigrés le douzième! La majorité républicaine n'avait pas permis à Lafond de produire en séance publique des arguments aussi frappants, car il fallait absolument, pour assurer aux mandats un succès passager, que le public n'entendît formuler aucune objection.

Aussitôt après le vote définitif, le Directoire, dans une longue proclamation, représenta presque les mandats territoriaux comme une panacée universelle (1).

Les révolutionnaires criaient partout qu'ils avaient fait un

(1) ... « La nation se trouve tout à coup reportée, par la création des mandats territoriaux, au même état de fortune et de moyens qu'elle eut dans les premiers temps de la Révolution... Qu'aucune infraction ne soit faite à cette loi, et bientôt une rosée bienfaisante vivifiera le sol heureux que nous adjugea la nature. » Il n'y aura plus d'agiotage; « l'activité du commerce et des arts renaîtra; les routes et les canaux seront tirés de leurs ruines... » Les fonctionnaires seront payés; « les longues souffrances des créanciers et des pensionnaires de l'État seront enfin allégées; » La solde sera payée; et ce sera le bonheur dans la prospérité (Débats et décrets, ventôse an IV, p. 445.) Ceux qui ont pour système d'excuser constamment les révolutionnaires ne peuvent plus cette fois débiter leurs phrases ordinaires sur l'œuvre de 89, sur les généreuses illusions. Les gens qui en 1796 et après tant de désastres proclament de telles sottises au sujet des nouveaux assignats, ne peuvent être que de vils charlatans, ou tout au moins des niais incorrigibles.

chef-d'œuvre et s'admiraient eux-mêmes plus que jamais.
Treilhard prétendait que les hommes sérieux étaient unanimes à regarder les mandats comme aussi sûrs que l'argent.
L'officieux Lecoulteux assurait que leur hypothèque était bien
préférable à celle des assignats. Mais le bon sens public craignait de voir se renouveler bientôt l'épouvantable désastre des
assignats; aussi avait-on soin de crier à tue-tête que les mandats leur étaient bien supérieurs, car ils donnaient toute facilité pour réaliser ce fameux gage qui n'avait pas empêché le
prodigieux effondrement des assignats. On réédita toutes les
sottises qu'on avait débitées lors de la création des assignats,
sottises dont le public dupé et appauvri ne se souvenait que
trop bien. Les mauvais jours étaient passés, on entrait dans
l'âge d'or! Les révolutionnaires célébraient leur nouvelle invention avec un curieux mélange d'ineptie, de folle présomption et de charlatanisme. Tout le monde fut tenu d'exalter
les mandats comme jadis les assignats. On était un mauvais
citoyen si l'on doutait de leur succès, si, pour faciliter leur
circulation on n'était pas d'avis d'abroger les lois les plus nécessaires. L'incapacité financière de ces hommes d'État était
si profonde, leur esprit était tellement fermé aux leçons les
plus terribles de l'expérience, qu'ils crurent pour la plupart
régénérer ainsi les finances, et pouvoir bientôt, grâce à leurs
mandats, remuer des milliards immobilisés jusqu'alors. Ils se
mirent donc à voter une série de lois qui devaient leur susciter les plus graves difficultés, si les mandats subissaient
même une légère dépréciation.

Cependant le public fit immédiatement l'accueil le plus décourageant au nouveau papier-monnaie. Il faisait ce raisonnement bien simple : les mandats représentent trente fois la
valeur des assignats, et ceux-ci sont au trois centième; ils ne
peuvent donc être acceptés qu'au dixième de leur valeur nominale. Aussi, bien qu'on fît de prodigieux efforts pour les
soutenir, furent-ils tout de suite cotés très bas. Le 1er germinal (21 mars), jour de l'apparition de ce papier, le mandat de
cent livres était coté seulement à 34 livres dix sous. Le 8, il
n'en valait plus que 29. A la séance du 6, la commission des
finances présenta un compte rendu très optimiste des finan-

ces de l'État : le gage des mandats s'élevait, d'après elle, à trois milliards 785 millions, sans compter les forêts nationales, les salines, les biens nationaux des pays réunis : ainsi la totalité des biens de la République est de 8 milliards 463 millions, sans compter ceux des colonies ; on espérait naïvement faire remonter ainsi les mandats au pair. Une loi du 7 germinal prononça des peines sévères contre les gens qui, par leurs écrits ou leurs discours, décrieraient les mandats, ou qui ne voudraient pas les recevoir ; la même loi décida qu'aucune vente ou transaction ne pourrait être stipulée ou exigée qu'en mandats, et que ceux qui achèteraient ou vendraient du numéraire métallique seraient rigoureusement punis (1). Pour soutenir les mandats, on entravait la liberté de parler et d'écrire, et l'on intervenait dans les conventions privées. Le 8, le Conseil des Cinq-Cents considérant, « qu'après avoir assuré aux mandats une valeur réelle en fixant le montant de leur émission et leur affectant spécialement un gage qui leur est bien supérieur » les lois des 25 messidor an III, et 12 frimaire an IV, qui suspendaient provisoirement les remboursements, étaient devenues inutiles, les déclara abrogées : toutes les obligations contractées en or ou en argent furent déclarées remboursables en mandats, à leur valeur nominale (2). On voit combien cette loi fut spoliatrice dès le premier jour. Cette résolution ne fut adoptée par les Anciens que le 15 germinal après une longue discussion : les partisans du Directoire soutinrent obstinément que les mandats ne pourraient pas produire leurs heureux effets, si elle n'était pas adoptée.

Le Directoire, fier de ses succès en Vendée, et de la soumission apparente des anarchistes, se croyant riche et débarrassé

---

(1) Avec cette loi, on pouvait être poursuivi pour avoir dit que les mandats avaient baissé dans la journée, et probablement baisseraient encore.

(2) Tout le système de payements fut bouleversé. Les obligations contractées du 1er janvier 1792 au 1er janvier 1793 sont réduites à 95 par cent ; celles contractées pendant les cinq premiers mois de 1793, à 85 ; puis on descend toujours : celles contractées en nivôse dernier sont réduites à trois francs, celles contractées depuis, à *deux*. Cette proportion était mal établie, car aux Anciens, un membre fit observer que le porteur en prairial an III, de dix mille livres en assignats, qui valaient alors 240 livres numéraire, étant taxé à 20 pour cent, recevrait 2,000 livres en mandats, c'est-à-dire huit fois son capital. Mais l'énorme dépréciation des mandats bouleversa tous les calculs.

de tout souci financier, ne songeait plus qu'à satisfaire les passions révolutionnaires, persécuter les modérés, et surtout violer la liberté de conscience. Il avait fait, dès le début, les plus grands efforts pour appliquer les lois de persécution dans toute leur rigueur; cependant, il était, au bout de cinq mois, obligé de s'avouer qu'il avait entrepris une tâche au-dessus de ses forces. Partout on réclamait la liberté religieuse; on la prenait même dans beaucoup d'endroits, et les autorités n'osaient ou ne voulaient s'y opposer. L'opinion que les lois de persécution étaient abrogées par la Constitution avait fait, en peu de temps d'immenses progrès; beaucoup de fonctionnaires et de magistrats élus la professaient ouvertement. Le Directoire voulut infliger aux catholiques une vexation nouvelle. Le 3 germinal, il adressa aux Cinq-Cents un message pour leur demander d'interdire formellement la sonnerie des cloches (1), et le 22 une loi la proscrivit formellement sous des peines très graves.

On a déjà vu que les révolutionnaires détestaient presque autant la liberté de la presse que la liberté religieuse. Des pamphlétaires impudents et calomniateurs, de véritables scribes du ruisseau, maintenant parvenus au pouvoir, ne voulaient plus laisser aux écrivains la moindre parcelle de cette liberté dont ils avaient tant abusé, et prétendaient continuer leur vil métier, sans qu'il fût possible de répondre à leurs calomnies. Ils ne pouvaient pas tolérer que la presse rappelât les excès commis pendant la Terreur, qu'elle combattît leurs projets de lois ineptes et tyranniques, et qu'elle attirât l'attention des citoyens sur le gaspillage des finances, et les dilapida-

---

(1) V. *Débats et décrets*, germinal, an IV, p. 29. Le texte de la loi du 3 ventôse, an III, n'interdisait pas en termes exprès la sonnerie des cloches. Le Directoire reconnaissait dans son message que les prêtres n'étaient pas toujours les auteurs de cette prétendue contravention, et que les populations tenaient beaucoup à cette sonnerie. On espérait qu'il viendrait à cause de cette interdiction moins de monde aux offices. Les laïques furent déclarés passibles d'un emprisonnement de trente jours à six mois, et d'une année en cas de récidive; les ministres du culte qui sonneraient ou provoqueraient à sonner « ou qui instruits de la publicité de la convocation d'une assemblée, y exerceraient quelque acte relatif à leur culte » seraient punis d'un an de prison, et de la déportation en cas de récidive : ils sont donc frappés pour le fait d'autrui, plus sévèrement que les coupables.

tions des favoris du Directoire. Du reste, les jacobins les plus honnêtes, par orgueil et par despotisme, n'entendaient pas tolérer la moindre attaque contre leurs doctrines et leurs élucubrations. Le 23 ventôse (6 mars) on commença aux Cinq-Cents à discuter s'il était utile de faire une loi prohibitive de la liberté de la presse; comme toujours, les modérés, les prétendus réactionnaires défendirent la cause de la liberté, et les soi-disant patriotes, au nom de la République et de la liberté, réclamèrent le droit d'insulter à leur aise leurs adversaires, après les avoir préalablement bâillonnés. Pastoret montra qu'il existait une grande quantité de lois sévères contre l'injure, la calomnie, la provocation au crime, tous les délits enfin dont la presse est l'instrument, et qu'il était inutile de s'occuper d'une loi prohibitive de la liberté de · parler et d'écrire. Louvet réclama cette loi prohibitive, en attribuant à la presse tous les maux, tous les crimes de la révolution. L'auteur de Faublas annonça dans le style de Marat que si l'on ne réprimait pas la presse royaliste, on verrait « se développer dans toute son horreur la terreur des rois » (1). Les révolutionnaires Jean Debry, Dupuis, le fameux auteur de l'*Origine des cultes*, Chénier, Lanthenas firent de longues déclamations contre la liberté de la presse. Au contraire les modérés, Cadroy, Boissy d'Anglas, Lemerer, Doulcet la défendirent avec beaucoup d'énergie, et démontrèrent que ses adversaires voulaient imposer au pays un lourd despotisme (2). Mais les illégalités et les violences du Directoire, et surtout son parti pris de nommer à toutes les places d'igno-

(1) Ce morceau est vraiment impayable. « Alors sur les vastes ruines de la liberté qui verrait partout des victimes parce qu'elle a partout des amis : enveloppé dans ce voile d'esclavage et de sang qui couvrirait l'univers; près des cadavres encore frais de ses proches et de ses amis, de sa femme et de ses enfants : seul dans le monde et pour un instant, le dernier des patriotes au milieu des supplices à son heure suprême s'écrierait : il est donc vrai que Robespierre, Fouquier Tinville et Carrier furent encore moins cruels, moins implacables, moins atroces, que ne le sont les nobles, les prêtres et les rois! » (*Débats et décrets*, ventôse an IV, p. 336).

(2) Les révolutionnaires soutenaient sérieusement qu'il fallait interdire le transport, par la poste, des journaux défavorables au Directoire, car le gouvernement ne devait aucune facilité, aucun secours à ceux qui se déclaraient ses ennemis : on leur rappelait inutilement que la poste appartenait à la nation tout entière.

bles jacobins, avaient mécontenté des modérés timides, et des thermidoriens mitigés qui voulaient l'arrêter dans cette voie : le 29 ventôse les Cinq-Cents sur la proposition de Doulcet votèrent l'ordre du jour sur toute proposition tendant à établir des mesures prohibitives de la liberté de la presse. Les révolutionnaires avaient déclamé avec fureur contre la prétendue licence de la presse, parce qu'elle signalait les illégalités et les violences tolérées ou même commises par les agents du Directoire. Le lendemain 30 ventôse on leur prouva que beaucoup de ces agents étaient justement accusés par les journaux modérés. Jourdan (des Bouches-du-Rhône) et Isnard exposèrent la déplorable situation d'une partie du Midi et surtout du département des Bouches-du-Rhône. Le Directoire, dit Jourdan, est instruit des faits ; « il sait que le département constitutionnel a été trop légèrement destitué ; il sait que la plupart des sujets nommés en remplacement sont tachés de sang et de rapine, et qu'ils inspirent un juste effroi », que l'administration nouvelle a cassé illégalement la liste des jurés, destitué les juges de paix, et donné presque toutes les places aux amnistiés du 4 brumaire, aux dénonciateurs et aux brise scellés de la Terreur. A Arles la municipalité modérée avait été dissoute et remplacée par une réunion de Maratistes qui avaient osé remettre en vigueur la loi des suspects, assujettir à un appel nominal et journalier ceux qu'ils avaient jadis arrêtés comme suspects : des jacobins venaient avec des pistolets et des sabres dépouiller les propriétaires. Le parti révolutionnaire était depuis 1793 divisé en deux fractions animées l'une contre l'autre de la haine la plus violente : grâce au Directoire et à son délégué Fréron, les terroristes étaient redevenus les maîtres, et les anciens partisans des girondins étaient persécutés et traqués (1). La loi du 20 fructidor proscrivait en masse tous ceux qui étaient supposés avoir pris une part quelconque à la révolte de Toulon, et une autre loi du 14 vendémiaire suivant déclarait que les réfugiés n'étaient pas compris dans la proscription ; mais les autorités révolutionnai-

___

(1) Les cavernes, les forêts, les entrailles de la terre, le rivage étranger, revoient les victimes du 31 mai. (*Débats et décrets*, ventôse, an IV, p. 461.

res refusaient de faire cette distinction ; et deux mille familles
étaient dans les angoisses. Les girondins avaient été spoliés.
« Les biens des fugitifs du 31 mai, dit Jourdan, ont été vendus de préférence aux biens des émigrés, avec une telle précipitation et une fureur si aveugle, que toutes les formalités prescrites par la loi ont été omises ou méprisées, par exemple
les procès-verbaux d'enchère et de délivrance ne sont signés
de personne ». Aussi après thermidor, les anciens propriétaires
se sont pourvus en cassation de ces ventes, rien n'est encore
décidé, et en attendant, il y a guerre ouverte entre les anciens
et les nouveaux propriétaires. Jourdan demanda qu'une commission fût nommée pour s'occuper de la loi d'amnistie du 4
brumaire et des lois particulières qui avaient été rendues sur
le département des Bouches-du-Rhône et les départements voisins. Isnard prit ensuite la parole et avec sa fougue ordinaire
dénonça les excès commis dans le Midi qui restait privé du
bénéfice de la Constitution, et où l'on voyait presque toutes les
places administratives remplies par les fauteurs de terrorisme.
Fréron, jadis commissaire de la Montagne après le 31 mai, et
proscripteur furieux des girondins, est revenu les persécuter,
et de nouveau les contraindre à se cacher dans les cavernes
et dans les forêts « cette masse d'anarchistes, de pendeurs,
de buveurs de sang revomis dans la société par l'amnistie a
repris son ancienne domination, et fait trembler et fuir tout
ce qu'il y a de patriotes purs et de citoyens honnêtes » : Les
terroristes crient qu'on les égorge : ils mentent! depuis les
déplorables scènes du fort Saint-Jean les vengeances avaient
cessé. Les excès commis par Fréron ont de nouveau exaspéré
les esprits : il y a eu sans doute une sorte de réaction contre
les terroristes, mais pendant dix-huit mois n'ont-ils pas pillé,
volé, emprisonné, égorgé? « et ils sont surpris que tant d'horreurs en aient enfanté quelques autres! » Aussi cette bande
a-t-elle le plus grand intérêt à maintenir le Midi sous le joug
de la Terreur pour empêcher que ses crimes ne soient enfin
dénoncés et punis. Les discours de Jourdan et d'Isnard mirent
les jacobins dans une fureur épouvantable; il y eut une scène
de pugilat au pied de la tribune. Néanmoins les vaincus du
31 mai ne voulurent point abandonner complètement leurs

partisans, et il fut décidé que la commission réclamée par Jourdan serait formée ! Elle fut élue le 1er germinal et composée en majorité de modérés. Mais les Jacobins et le Directoire voulaient protéger à tout prix les terroristes du Midi. On essaya d'abord de retarder indéfiniment tout rapport (1). Puis le 23 germinal, les révolutionnaires, furieux de l'existence de cette commission composée de gens bien décidés à ne pas étouffer la vérité, crièrent que sa nomination était un empiètement sur les droits du pouvoir exécutif, et que l'examen des troubles du Midi devait être renvoyé au Directoire. Treilhard vint, suivant son habitude, appuyer les terroristes avec des arguties de procureur. En vain on répondit que la commission avait été nommée très constitutionnellement pour examiner certaines lois concernant le Midi, tout avait été préparé pour arracher un vote révolutionnaire, les tribunes, les corridors, tous les abords du Conseil étaient comme au bon temps de la Convention, remplis de terroristes et de tricoteuses qui soutenaient ouvertement par leurs cris et par leurs huées, les jacobins des Cinq-Cents. On signalait parmi cette populace des bandits du Midi qui avaient déjà menacé Isnard dans le jardin des Tuileries. Ce fut une véritable séance de la Convention, on s'injuria, on se battit autour de la tribune. Enfin la majorité faiblit, la commission fut dissoute et l'examen de l'affaire renvoyé au Directoire qui devait apprécier la conduite de ses agents et de ses protégés, dans le Midi, comme jadis le comité de salut public avait apprécié la conduite de Lebon.

Les scènes violentes qui désolaient la Provence n'étaient que la continuation de la lutte entre Girondins et Jacobins : les révolutionnaires girondins vengeaient de temps en temps leurs amis assassinés pendant la Terreur, en tuant quelqu'un de leurs proscripteurs : et les Jacobins de Paris et beaucoup de révolutionnaires prétendus modérés, affectaient d'attribuer ces sanglantes représailles aux prêtres et aux émigrés, et équivoquaient à dessein sur ce dernier terme pour laisser croire

(1) L'administration des Bouches-du-Rhône demanda à la commission, de suspendre son rapport jusqu'à ce qu'elle lui eût fait parvenir des renseignements importants, mais se garda bien de les lui envoyer.

que ces meurtres étaient commis par des royalistes, et non par des révolutionnaires proscrits et déclarés émigrés : et les Jacobins qui avaient fait le 31 mai, affectaient de persécuter comme royalistes des gens dont le véritable crime était d'avoir protesté contre leur coup d'État.

A cette époque le Directoire suit l'impulsion donnée par la coterie que dirige Sieyès ; il veut la guerre de propagande, et le régime révolutionnaire à l'intérieur. Il cherche à se débarrasser de la minorité modérée du Corps législatif qui le contraint habilement à se renfermer dans la Constitution. Si les Conseils l'écoutent trop, il compte provoquer une insurrection anarchiste contre eux, alors il interviendra à la tête de l'armée, s'érigera en arbitre de la situation, imposera avec les baïonnettes une prétendue transaction, et déclarera la mort dans l'âme, que pour rétablir la paix et la tranquillité les chefs du parti modéré devront se retirer comme au 31 mai, et le tour sera joué.

Mais le Directoire vit bientôt qu'il avait agi imprudemment. Effrayé de quelques succès remportés par les modérés, il avait lâché contre eux les plus ignobles sans-culottes : ces terroristes enhardis singulièrement par la faveur dont ils jouissaient effrayèrent les gens paisibles par des démonstrations robespierristes et babouvistes. Le Directoire comprit alors qu'il était compromis par ses alliés et profita de leurs incartades pour faire voter par les Conseils, des lois rigoureuses qui semblaient frapper les anarchistes (1), mais étaient surtout dirigées con-

(1) Le 25 germinal (14 avril), le Directoire adressa une curieuse proclamation aux habitants de Paris. On voit qu'il est effrayé de l'audace de ces terroristes qu'il a si imprudemment déchaînés contre les honnêtes gens : mais avec une ignoble hypocrisie, il prétend que ce sont des royalistes. « Le royalisme désespérant enfin de vous séduire par ses propres couleurs, prend aujourd'hui pour vous ramener sous son joug odieux, une route plus détournée peut-être, mais beaucoup plus perfide et non moins dangereuse », depuis quelques jours on distribue des écrits, et des placards incendiaires, on se groupe sur les places publiques ; on veut, d'accord avec les royalistes, remplacer la constitution de l'an III par celle de 93, piller, relever les échafauds, se baigner de nouveau dans le sang : on veut ainsi « royaliser la France » ; le Directoire qui se dit accusé de n'avoir rien fait pour consolider la République, vante longuement ses exploits et rappelle qu'il a fait énergiquement la chasse aux prêtres, il rappelle aussi « que les magnifiques promesses que vous firent tant de fois les tyrans couverts du manteau populaire *n'ont jamais eu d'autre résultat que leur*

tre les adversaires des doctrines jacobines, et de la coterie qui occupait le pouvoir. La loi du 27 germinal (16 avril 1796, punit de *mort* tous ceux qui par leurs discours ou leurs écrits distribués ou affichés, provoquent la dissolution de la représentation nationale ou du Directoire, le meurtre de tous ou aucun de ceux qui les composent, ou le rétablissement de la royauté, ou *celui de la Constitution de* 1793, ou celui de la Constitution de 1791, ou la loi agraire. Ces lois passèrent sans opposition, les modérés n'osèrent pas les combattre dans la crainte, d'être accusés avec quelque vraisemblance de favoriser les anarchistes. Heureusement l'extrême rigueur de la loi du 27 germinal empêcha son application.

Le Directoire ne se contente pas alors de faire une guerre acharnée aux royalistes purs, et de surveiller la queue de Robespierre, il fait espionner avec soin les membres de l'ancien parti constituant en Suisse où ils sont réfugiés pour la plupart. Madame de Staël lui inspire de violents soupçons, et l'attitude de son mari à l'égard des révolutionnaires ne suffit pas pour le rassurer (1). Il crut un moment qu'elle avait ourdi contre lui une conjuration, et dans un accès de colère prit contre elle un arrêté enjoignant au ministre de la police, de la traiter tout à fait en conspiratrice prise en flagrant délit, de s'emparer de sa personne et de tous ses effets et papiers, et de lui faire subir un interrogatoire d'après lequel le gouvernement prendrait tel parti qu'il appartiendrait (2). Mais après réflexion les Directeurs renoncèrent à faire un pareil éclat.

---

fortune particulière et la misère publique. » Ceci était parfaitement vrai, mais on en fit l'application immédiate aux Directeurs eux-mêmes. (*Débats et décrets*, germinal an IV, p. 363).

(1) Pendant la séance du 13 vendémiaire, dit le *Journal des Débats et décrets* (vendémiaire IV, p. 196) « le baron de Staël, ambassadeur de Suède arrive dans la loge des ambassadeurs; *il est armé de son sabre comme les représentants* ». Mais alors la défaite des sections était à peu près certaine.

(2) « Le Directoire exécutif informé que la baronne de Staël prévenue d'être en correspondance avec des émigrés, des conspirateurs, et les plus grands ennemis de la République, et d'avoir participé à toutes les trames qui ont compromis la tranquillité de l'État, est sur le point de rentrer en France pour continuer d'y fomenter de nouveaux troubles. »

« Arrête, en vertu de l'art. 145 de la Constitution que ladite baronne de Staël, prévenue de conspiration contre la sûreté intérieure et extérieure de l'État sera mise en état d'arrestation, que saisie et scellés seront mis sur tous les effets

Devant l'attitude menaçante des terroristes, et les craintes exprimées par le Directoire lui-même, les opposants des Conseils, après avoir un instant faibli se réorganisèrent, et le Directoire dut compter avec eux, car son système financier avait en fort peu de temps subi l'échec le plus complet. Les gouvernants et leur coterie avaient agi comme si les mandats, discrédités dès le premier moment, devaient toujours rester au pair. Le gouvernement força de nombreux créanciers à les recevoir comme de l'argent, et leur fit ainsi subir une véritable banqueroute, puisque au cours le plus élevé ils perdaient plus de 65 pour cent. Il liquida de cette façon quantité de dettes à bien bon compte. Beaucoup de gens voulurent faire comme lui, et imposer les mandats à leur valeur nominale sans s'inquiéter du cours. Les marchands ne voulaient pas livrer leurs denrées contre un papier déprécié, et certains acheteurs prétendaient les contraindre à recevoir leurs mandats au pair. Ainsi, des soldats de la garde directoriale, qui étaient payés en mandats et croyaient naïvement que ces mandats valaient de l'argent, enlevèrent de force leurs marchandises aux épiciers, aux fruitières qui refusaient d'accepter leur papier. Le Directoire dut renoncer à imposer ses mandats au pair à ses fournisseurs, et se vit réduit à acheter de l'or et de l'argent; mais la loi du 7 germinal, bien qu'elle lui permît de faire ces opérations, les interdisait aux particuliers sous des peines très graves, et il se trouva donc obligé de pousser à la violation de la loi qu'il venait de faire voter. Aussi le mandat perdait déjà,

et papiers qu'on trouvera *chez elle et sur elle*, ainsi que dans ses malles, coffres et voitures : que distraction et description seront faites de l'or, l'argent, bijoux assignats, lettres de change, et autres papiers suspects, trouvés sur elle et dans ses voitures; coffres, malles et domicile. »

« Qu'elle sera conduite par devant le ministre de la police générale pour y être interrogée, tant sur les faits à elle imputés, que sur ceux qui pourraient résulter des objets mis sous le scellé, dont la description ou distraction aura été faite. »

« Que le ministre de la police générale fera de suite son rapport au Directoire exécutif du résultat de l'interrogatoire pour, sur le vu d'icelui, être ordonné que la procédure sera continuée, ou que ladite baronne de Staël étrangère sera reconduite hors des frontières, ou pour être pris tel autre parti qu'au cas appartiendra. « Le ministre de la police générale est chargé de l'exécution du présent arrêté qui ne sera pas imprimé ». Signé à la minute. Rewbell, Le Tourneur, Barras, Carnot. — (3 floréal) Arch. AF³ registre 20 (*Délibérations secrètes*).

à la fin de germinal, 84 pour cent, et ce nouveau papier donna
lieu au même agiotage, aux mêmes trafics scandaleux que l'assignat.

Ses inventeurs avaient pompeusement annoncé qu'avec lui
on réaliserait immédiatement une immense quantité de valeurs
jusqu'alors indisponibles en vendant à bon prix des biens
nationaux ; ce fut le contraire qui arriva ; ceux qui achetèrent
immédiatement au bon temps des mandats payèrent seulement cinq ou six fois, au lieu de vingt-deux, la valeur du
revenu de 1790, mais on en vint bientôt à payer en mandats
perdant 90 et même 95 pour cent, et à acheter pour deux années de l'ancien revenu, et même pour une seule. Les spéculateurs avaient donc tout intérêt à faire baisser les mandats afin
d'acquérir des biens à vil prix, et ils y travaillèrent activement
avec la complicité des gouvernants : le fameux trésor de la
Révolution était ainsi gaspillé, mais les hommes qui étaient au
pouvoir, les gros fonctionnaires, les fournisseurs, grâce à
l'énorme dépréciation des mandats, acquirent de magnifiques
domaines, soit pour les garder, soit pour les revendre par
morceaux avec un grand bénéfice, et l'on vit encore une fois
les républicains persécuteurs et proscripteurs piller leur république et s'enrichir de ses dépouilles. Le mandat de cent
livres, au moment même où l'on recommença à vendre des
biens nationaux, ne valait plus que de douze à treize livres (1).
Il était impossible, après tant de fanfaronnades, d'éprouver
un échec plus désastreux et plus humiliant pour la République et pour ses partisans ; mais cet échec permit à des me-

---

(1) Supposons un bien du revenu de 5,000 livres en 1790, il est vendu au
début 110,000 livres le 14 floréal, et le mandat est à 13 livres et demie : le prix
total est donc 14,850, moins de trois fois le revenu. Mais l'acquéreur ne paie
de suite que la moitié, soit 7,425, et a trois mois pour payer le reste. S'il l'acquitte au commencement de messidor, le mandat de cent livres vaut alors sept
livres et demie ; au lieu de 55,000 livres, il n'en paye, en réalité, que 4,125 pour
la seconde moitié. Son bien lui aura coûté en tout 11,550 livres ; et nous avons
pris notre exemple à un moment où le cours des mandats était relativement
élevé. Supposons, au contraire, la première moitié versée lorsque le mandat
vaut sept livres, le marché est encore bien meilleur pour l'acheteur. Sans doute,
l'évaluation de vingt-deux fois le revenu de 1790 est très exagérée, mais même
en l'abaissant singulièrement, on voit que le système des mandats faisait vendre
les biens nationaux à un prix dérisoire.

32

neurs du parti de faire des affaires superbes, aussi suppor-
tèrent-ils très gaillardement un désastre qui n'atteignait que
les honnêtes gens. Leur ineptie était sans doute prouvée une
fois de plus, mais ils ne s'en inquiétaient guère. Le 15 floréal
(4 mai), le Directoire annonça par un message qu'il n'avait pu
commencer les ventes des biens nationaux que le 14 floréal,
car le Corps législatif avait seulement voté le 6 l'instruction
qu'il avait annoncée. Malgré le pitoyable échec des mandats,
il fit de ce papier un éloge hyperbolique, et promit monts et
merveilles; toutefois il reconnut que pour produire ces magnifiques résultats, il fallait maintenir les mandats à leur véritable valeur, sinon ils exposeraient l'État à un grand danger,
et il invita le Corps législatif à prendre promptement des mesures pour les soutenir. Les députés tinrent compte de cette
invitation, mais leurs lois ne servirent qu'à constater l'irrémé-
diable échec des mandats.

IV.

Ni leurs préoccupations financières, ni leurs spéculations privées, ne pouvaient détourner un instant les révolutionnaires
de la persécution religieuse. Non contents de continuer mi-
nutieusement le système persécuteur de la Convention, ils
cherchaient sans cesse à le perfectionner et à le compléter.
La loi du 27 germinal punissait de mort tous ceux qui provoqueraient au rétablissement de la constitution de 1791;
l'immense majorité du clergé français était déjà condamnée à
mort pour avoir refusé son serment à cette constitution; le
parti révolutionnaire voulait à toute force maintenir cette
monstrueuse condamnation, et l'exécuter rigoureusement. Pour
fermer la bouche à ceux qui déclaraient les lois de proscription abrogées par la constitution nouvelle, le Directoire, par
deux messages du 23 et du 29 germinal. demanda aux Cinq-
Cents de confirmer la législation persécutrice. Le 4 floréal
(23 avril), le jureur Drulhe présenta au nom d'une commission
un rapport qui est un véritable chef-d'œuvre dans son genre.
Il commence par inviter les Cinq-Cents à venir définitivement à

bout des prêtres réfractaires (1), puis répète ces protestations de tolérance qui se retrouvent invariablement sur les lèvres de tous les révolutionnaires et libéraux qui proposent une mesure de persécution; mais conclut ainsi : « Vous n'êtes pas persécuteurs, vous avez le droit de ne pas *tolérer ceux qui vous persécutent* ». Le mot est délicieux! Puis il expose les prétendus crimes des prêtres : il a l'impudence de les accuser de duplicité.

« Replacés dans la société, ils ont voulu s'y maintenir contre vous; ils se sont servi de vos lois contre vous-mêmes; la Convention ordonna que ceux qui voudraient exercer le ministère du culte feraient une déclaration préalable de soumission aux lois de la République. *Certes, on ne devait pas s'attendre que les prêtres qui, par une conduite antérieure à cette loi, avaient encouru la déportation ou la réclusion, viendraient de toutes parts pour s'appliquer cette disposition nouvelle,* qu'ils ont trouvée fort commode : car ceux-là ne sont point embarrassés de promettre, qui sont bien décidés à ne pas tenir; on ne devait pas s'attendre que des hommes, déjà frappés de mort civile pour avoir conspiré contre la liberté, accourraient se ranger sous ses drapeaux, et lui jurer à leur manière amour et fidélité. Ils le firent cependant, et la Convention, *informée de cet attentat commis en divers lieux, contre l'esprit et la lettre de sa loi,* le réprima sévèrement par des lois postérieures, qu'on a perfidement interprétées, et qu'on n'a pas craint de méconnaître et de violer. » (*Débats et décrets,* floréal an IV, p. 49).

Alors pourquoi toutes ces déclamations dans le camp révolutionnaire contre ceux qui ne prêtent pas ce serment? Quelle mauvaise foi infâme! Le rapporteur reconnaît, avec une franchise cruelle pour son parti, que beaucoup d'ecclésiastiques ont prêté le serment nouveau, et jeté ainsi les révolutionnaires dans un grand embarras, car ceux-ci espéraient bien effaroucher tous les prêtres, et les empêcher de prêter serment, puis les dénoncer, pour leur refus, comme des rebelles et des perturbateurs, en se gardant bien d'avouer que ce refus était forcé (2).

(1) « Trois assemblées nationales les ont combattus, et vous les ont transmis pour les combattre encore. Tâchez de ne pas les transmettre à vos successeurs. »

(2) Voilà un rapport au nom d'une commission, qui établit d'une manière irréfragable la mauvaise foi et la duplicité de ceux qui proposaient les serments

Après cette cynique confession, Drulhe constate que la législation persécutrice a été maintenue par la loi du 3 brumaire, et que les arrêtés des comités et des conventionnels, qui l'avaient un peu adoucie, sont abrogés. Alors pourquoi demander de nouvelles lois ? Il en donne cette raison :

« Le Directoire est informé par sa correspondance que, dans plusieurs lieux, on ignore, ou qu'on feint d'ignorer quels sont les prêtres qu'il faut déporter ou reclure, et qu'alors même qu'on est d'accord sur ce point, on n'en diffère pas moins d'opinions sur la manière de leur appliquer ces peines; que, dans d'autres, on se plaît à croire, ou qu'on croit en effet *que l'acte de soumission aux lois de la République efface en eux le défaut antérieur du serment*; et il est à remarquer que *cette erreur inexcusable*, la plus funeste de toutes, est en même temps la plus commune. Ici, l'on voudrait se persuader que la déportation ne peut être infligée aux prêtres réfractaires, qu'en suivant pas à pas toutes les formes judiciaires qui sont détaillées dans le code des délits et des peines; comme si des hommes, déjà condamnés par les lois, assimilés par elles aux émigrés, devaient jouir de la protection qui n'est due qu'aux citoyens; là, enfin, on va plus loin, car on soutient hardiment que le Corps législatif lui-même n'a pas le droit de priver ces ennemis déclarés de la République de la bienfaisante institution des jurés. »

Ainsi donc, beaucoup de fonctionnaires et de citoyens trouvent que, proposer officiellement à des proscrits un serment qu'on ne veut pas accepter d'eux, afin de les dénoncer comme des perturbateurs s'ils ne le prêtent pas, et de les proscrire de nouveau s'ils l'offrent, c'est jouer une ignoble comédie; et, sous divers prétextes, ils refusent absolument de s'y associer. Le rapport conclut à ce que les lois de persécution soient codifiées de nouveau, et placées sous l'enseigne de la constitution de l'an III; il présente, en conséquence, un projet de résolution sur la nécessité « de purger le territoire des prêtres réfractaires », et « de faire cesser l'incertitude des tribunaux criminels sur les peines qui doivent être portées contre eux ».

Toutes les lois de persécution sont reprises dans ce projet.

de l'an III et de l'an IV, et l'inutilité complète des efforts de MM. Emery et de Beausset, qui s'étaient épuisés à chercher des explications conciliantes.

Il déclare très nettement que les serments du 11 prairial et du 7 vendémiaire ne peuvent être prêtés ni par les prêtres réfractaires à la constitution civile, ni par ceux qui, avant le 23 mars 1793, ont refusé le serment de liberté et d'égalité, ou l'ont rétracté (1). Tous les prêtres déportables doivent quitter la France dans les vingt jours. Ceux qui rentreront, ainsi que les reclus saisis hors de leurs maisons de réclusion, seront mis à mort comme les émigrés.

La discussion commença le 12 floréal ; Darracq, tout en déclamant contre les prêtres, combattit ce projet. La commission a osé dire qu'on ne devait pas s'attendre à voir les réfractaires prêter le nouveau serment : il relève avec indignation cette monstrueuse déclaration.

« Je vous avoue, citoyens législateurs, je ne me fais pas à l'idée que présente cette assertion. *On ne doit pas s'y attendre!* Mais pourquoi fit-on la loi qui l'ordonnait? Était-ce pour fomenter de nouvelles divisions : *on ne devait pas s'y attendre!* Comment la commission n'a-t-elle pas vu quels soupçons elle attirait sur les intentions de la Convention? » (*Débats et décrets*, floréal an IV, p. 213.)

Quelle inconséquence de créer des catégories de citoyens, et en vertu de quoi? d'une constitution qui, à l'inverse de celle de 1791, interdit formellement de salarier aucun culte, et de lui attribuer aucun privilège à l'égard des autres. Il appelle la constitution civile « l'opprobre de la raison, un système de législation qui fit la honte de nos prédécesseurs, et le malheur de la France entière ».

Rouhier et Berlier réclamèrent la persécution; ce dernier déclama contre les réfractaires « ces serpents venimeux », en véritable énergumène du club des Cordeliers. Dubruel combattit vigoureusement le projet de la Commission : il eut l'audace d'aborder réellement la question, et de rappeler que les prêtres seuls n'étaient pas en cause, et qu'une partie du peuple avait adopté leur opinion. Pastoret, au milieu des vociférations et des insultes des révolutionnaires, protesta hautement

(1) Il est bon de remarquer que ce projet qui maintient la déportation pour incivisme, ne rappelle pas pour l'avenir la disposition de la loi du 29 vendémiaire an II, qui rendait les constitutionnels déportables sur cette accusation.

32.

contre « tant de nouveaux blasphèmes à la raison et à l'humanité »; il soutint habilement que la loi proposée, violait la Constitution, puisque celle-ci portait formellement « qu'en matière de délits emportant peine afflictive ou infamante, nulle personne ne peut être jugée que sur une accusation admise par des jurés ». Cet odieux projet fut adopté par les Cinq-Cents, le 17 floréal, avec des modifications peu importantes.

Il y eut une longue discussion sur les prêtres qui, après avoir prêté le serment de liberté, égalité, avaient été déportés sur dénonciation d'incivisme. Tout le monde savait que ces déportations avaient été prononcées dans le seul but de priver les fidèles du ministère de ces prêtres. Le rapporteur Drulhe avoua que les départements avaient déporté en masse même avant la loi du 21 avril, et que les dénonciations émanaient le plus souvent de gens étrangers aux communes, de militaires qui s'en faisaient une sorte de profession; à la fin les assermentés furent épargnés (1).

Ainsi, les révolutionnaires, qui parlaient de la Constitution civile avec mépris, qui avaient proclamé des principes absolument opposés, la faisaient revivre comme instrument de persécution. Il n'y avait plus, légalement, d'évêques constitutionnels; le pouvoir tracassait ceux qui portaient ce titre; mais on n'en était pas moins déporté ou condamné à mort pour leur avoir refusé soumission sous l'avant-dernière constitution. Et pourtant, tout en ayant l'air de se contredire, ces prêtrophobes étaient conséquents avec eux-mêmes! Qu'avaient-ils voulu en établissant d'abord la Constitution civile? Persécuter, anéantir le catholicisme! Cette Constitution, n'ayant pas amené le résultat désiré, ils l'avaient brisée, foulée aux pieds, mais ils continuaient toujours à persécuter, tantôt en se servant d'elle, tantôt en invoquant des prétextes nouveaux. Cependant, ils avaient perdu beaucoup de terrain. La présentation seule de cette loi, lorsque moins de six mois auparavant

---

(1) Camus protesta contre la réclusion perpétuelle, imposée aux prêtres sexagénaires, mais cette proposition souleva le fanatisme antireligieux de nombreux députés qui ne voulaient pas laisser à ces vieillards la simple possibilité de parler religion. On n'osait pas les égorger, mais on voulait qu'ils fussent tout à fait morts pour les fidèles. Il fut décidé qu'ils seraient prisonniers jusqu'à la paix.

ils avaient déjà confirmé les lois de persécution, aurait suffi pour le prouver (1).

A peine les Cinq-Cents venaient-ils de voter ce beau chef-d'œuvre, que le gouvernement et le pays tout entier furent mis dans le plus grand émoi par des conspirateurs bien autrement redoutables que les prêtres réfractaires.

(1) La loi du 25 brumaire an II avait excepté de la déportation les prêtres mariés avant sa promulgation. Drulhe demanda que cette exception fût étendue à tous les prêtres mariés *sans distinction* avant le 1er floréal an IV. Cette proposition fut votée avec enthousiasme.

CHAPITRE XII.

CONSPIRATION DE BABOEUF.

Le 21 floréal (10 mai 1796), le Directoire prévint les Conseils, qu'une vaste conjuration devait éclater le lendemain. Le projet des conspirateurs était d'égorger le Directoire, le Corps législatif, l'état-major de l'armée de l'intérieur, et les autorités constituées. Paris eût été livré au pillage et à l'incendie : heureusement, les conjurés avaient été arrêtés en flagrant délit. Babœuf était le grand chef de cet horrible complot et le député Drouet récemment délivré des prisons de l'Autriche, s'était associé à cette bande de furieux avec plusieurs conventionnels non réélus. Les Panthéonistes, après la fermeture de leur club, avaient tenté de se faire passer pour une nouvelle secte de philosophes déistes, dans le genre des théophilanthropes, afin d'obtenir le droit de se réunir dans un temple sous ce prétexte ; mais cette ruse grossière fut éventée. Ils recommencèrent à pérorer plus que jamais dans les cafés, dans les groupes. Babœuf résolut de profiter de leur exaltation : au commencement de germinal an IV, de concert avec Buonarotti, l'ex-marquis Antonelle, Darthé, Duplay, l'écrivain Sylvain Maréchal, il se mit à préparer une insurrection communaliste qui devait, suivant lui, amener le *bonheur commun* et la délivrance du peuple. Ils constituèrent un Directoire secret de *salut public* pour organiser et diriger l'insurrection. Ce Directoire était composé de quatre membres dont les noms ne devaient pas même être connus des douze agents principaux qui avaient reçu mission chacun de révolutionner un arrondissement de Paris. Il y avait entre ceux-ci et les membres du Directoire Babouviste des agents intermédiaires, et les agents d'arrondissement étaient tenus de remettre exclusivement aux premiers les notes de leurs observations journalières; et pour plus de sûreté, ces intermédiaires allaient les chercher prudemment à leurs domiciles.

Les agents révolutionnaires d'arrondissement étaient chargés d'organiser chacun une ou plusieurs réunions de patriotes, d'y alimenter et d'y diriger l'esprit public par des lectures de journaux populaires et des discussions sur les droits du peuple et sur sa situation présente. Ils devaient, en outre, corrompre l'esprit public de leur mieux, recruter les individus les plus compromis, les plus décidés à se jeter dans les troubles, assigner à chacun la tâche révolutionnaire à laquelle il était propre, dénoncer les faux frères, etc. Les Directeurs étant inconnus aux douze agents principaux, ceux-ci reconnaissaient l'authenticité de leurs ordres par des marques particulières. Ces douze agents ne devaient point se connaître entre eux, afin que la maladresse ou l'infidélité d'un agitateur ne pût compromettre les autres. Les mêmes précautions d'isolement étaient prises à l'égard des agents intermédiaires. Tout était calculé pour éviter la trahison et donner une grande sécurité aux coujurés. Ces instructions furent suivies, et bientôt les agents de Babœuf entassèrent rapports sur rapports. Leur Directoire prépara une déclaration de principes pour le grand jour de l'insurrection. Il fit d'abord le fameux manifeste des égaux qui fut produit au procès de Vendôme : il a pour épigraphe cette phrase tirée du *Tableau de l'esprit humain* par Condorcet : « Égalité de fait, dernier but de l'art social ».

« Nous l'aurons, dit-il, cette égalité réelle, n'importe à quel prix. Malheur à ceux que nous rencontrerons entre elle et nous : Malheur à qui ferait résistance à un vœu aussi prononcé ». « *La Révolution française n'est que l'avant-courrière d'une autre révolution plus grande, plus solennelle, qui sera la dernière.* Le peuple a marché sur le corps aux rois et aux prêtres coalisés contre lui. Il en sera de même aux nouveaux tyrans, aux nouveaux tartuffes politiques assis à la place des anciens. »

L'égalité des droits ne leur suffit pas, il leur faut l'égalité complète : on les calomnie en disant qu'ils veulent la loi agraire. « Nous tendons à quelque chose de plus sublime et de plus équitable, le *bien commun* ou *communauté des biens.*

Voici l'explication de cette formule donnée par Babœuf : « Plus de propriété individuelle, la terre *n'est à personne.* Nous réclamons, nous voulons la jouissance commune *des fruits de la terre* », et il pose en principe que « les fruits sont à tout le monde ».

« Disparaissez enfin, révoltantes distinctions de riches et de pauvres, de grands, de petits, de maîtres, de valets, de gouvernants et de gouvernés... Qu'il ne soit plus d'autres différences parmi les hommes que celles de l'âge et du sexe ! Puisque tous ont les mêmes besoins, et les mêmes facultés, qu'il n'y ait plus pour eux qu'une seule éducation, une seule nourriture ! Ils se contentent d'un seul soleil et d'un air pour tous : pourquoi la même portion et la même qualité d'aliments ne suffiraient-ils pas à chacun d'eux ? »

Babœuf se défendait d'être un *partageux* : il attribuait la propriété légale de la terrre à l'État, et mettait les fruits en commun. Beaucoup de ses complices préféraient le partage universel, mais en définitive, le résultat aurait été le même : ils voulaient piller la société, en décorant ce pillage, réalisé par la violence, du nom de Bien commun, Communauté de biens, *Bonheur commun.* « Les jours de la *restitution générale,* s'écriait encore Babœuf, sont arrivés... Peuple français, ouvre les yeux et le cœur à la plénitude de la félicité. Reconnais et proclame avec nous la *République des Égaux.* »

Ce manifeste ne fut pas imprimé : toute réflexion faite, le

Directoire secret le trouva trop franc; il le remplaça par un écrit intitulé : « Analyse de la doctrine de Babœuf, tribun du peuple, proscrit par le Directoire exécutif, pour avoir dit la vérité. » C'est dans ce document qu'il faut chercher le système babouviste, exposé toutefois avec certains ménagements. Ce Code du communisme est divisé en articles, et chacun d'eux est suivi d'une dissertation qui a pour but d'en établir la vérité.

, D'après l'article « 1ᵉʳ la nature a donné à chaque homme un droit égal à la jouissance de tous les biens. » L'article 2 déclare que le but de la société est de défendre cette égalité, l'article 3 que nul ne peut sans crime se soustraire au travail. L'article 4 que les travaux et les jouissances doivent être communs (1). L'article 5 qu'il y a oppression lorsque l'inégalité apparaît. D'après l'article 6. « Nul n'a pu sans crime s'approprier exclusivement les biens de la terre ou de l'industrie. » Dans l'explication, Babœuf déclame avec une extrême violence contre les propriétaires « la propriété est donc le plus grand fléau de la société, *c'est un véritable délit public* ».

Article 7. « Dans une véritable société, il ne peut y avoir ni riches, ni pauvres. » 8. « Les riches qui ne veulent pas renoncer au superflu en faveur des indigents, sont des ennemis du peuple ». L'article 9 déclare que l'instruction doit être commune. L'art. 10. « Le but de la révolution est de détruire l'inégalité et de rétablir le *bonheur commun*. » En conséquence l'art. 11 déclare que la révolution n'est pas finie.

Les articles suivants proclament la constitution de 1793, la véritable loi des Français par ce qu'elle a consacré les droits inaliénables du peuple, et que la constitution de l'an III a été établie par la violence. « Tous les pouvoirs établis par cette dernière constitution sont illégaux, ceux qui ont porté la main sur la constitution de 1793 sont coupables de lèse-majesté populaire ». Aussi l'on se prépare à exterminer les Directeurs et leur séquelle.

Ainsi donc le système de Babœuf consiste à attribuer toutes

---

(1) Il explique « que tous doivent supporter une égale portion de travail, et en retirer une égale quantité de jouissances » un pareil système conduit tout droit à la suppression du travail intellectuel et à la destruction des arts, traités du reste par les Égaux avec le plus grand mépris.

les propriétés à l'État, et à en partager les fruits. Il veut former une société d'ouvriers et de cultivateurs ayant tous leurs
besoins matériels assurés, moyennant un travail matériel obligatoire en commun dans les champs, dans les ateliers,
dans les fabriques, surveillé par des fonctionnaires élus, et
dont les produits seront déposés dans des magasins publics.
En échange la communauté nationale fournira à chaque citoyen tout ce qui est nécessaire à sa vie matérielle avec une
égalité parfaite. Les Égaux ne devaient plus habiter que des
villages, les villes étaient abandonnées. Les beaux-arts étaient
proscrits comme inutiles et corrupteurs.

Sous prétexte d'égalité la liberté est immolée. « Nul ne
peut émettre des opinions contraires aux principes sacrés de
l'Egalité ». Donc ni liberté individuelle, ni liberté de la presse,
partout le plus rude esclavage. La religion pour les babouvistes n'est qu'une suite de « fables religieuses »; ils parlent
bien d'un Être suprême et de l'immortalité de l'âme, mais en
réalité toute religion révélée est proscrite.

On voit par ce résumé très sommaire, que beaucoup de
sottises et d'infamies, débitées par les anarchistes modernes
remontent à Babœuf. Il a inventé une multitude innombrable
de phrases et de formules que plusieurs générations de communistes n'ont cessé de ressasser. Babœuf qui était doué d'une
activité incroyable sut organiser très fortement son parti et
réussit bien vite à soulever une certaine agitation à Paris, principalement dans les faubourgs où les esprits étaient surexcités
par les prédications révolutionnaires et surtout par une atroce
misère. Babœuf dans ses placards, et dans son *Tribun du peuple* ne cessait d'exciter les pauvres contre les riches : il exal-
tait tous les crimes de la révolution, et représentait les septembriseurs comme le peuple exerçant lui-même sa justice,
les prêtres, les sacrificateurs d'une juste immolation ordonnée
par le salut *commun*.

Il avait décidé que ses affidés feraient tout de suite commettre au peuple les plus horribles excès. Il en révèle le motif
dans son avant-dernier numéro.

« L'épée une fois tirée, il faut que le peuple commette des
actes *qui le mettent dans l'impossibilité de reculer* », et il sti-

mule ses partisans par l'appât du pillage, « les dépouilles des
ennemis du peuple appartiennent aux vainqueurs. » Du reste,
au début de la révolution, Camille Desmoulins avait à peu
près tenu au peuple le même langage (1).

Babœuf réussit rapidement à se faire des partisans zélés
parmi la queue de Robespierre, mais tous ces braillards ne
pouvaient s'emparer de Paris que par surprise et trahison, et
n'étaient pas capables de tenir contre un petit nombre de soldats. Suivant la tradition révolutionnaire, les Babouvistes tout
en se déclarant prêts à se faire tuer pour le bonheur commun,
désiraient vivement se trouver en face de troupes qui feraient défection. Le Directoire qui se méfiait justement des
embaucheurs, avait cru prudent de laisser très peu de soldats
à Paris, et de les rassembler dans plusieurs camps. Ceux de
Grenelle et de Vincennes étaient les plus nombreux. Mais
les embaucheurs rôdaient continuellement autour de tous ces
camps : ils réussirent à faire un certain nombre de dupes,
parmi ces troupes agglomérées, livrées à l'oisiveté et à l'ennui. Ils leur apportaient quantité de chansons séditieuses et
de journaux incendiaires que les soldats lisaient à leurs
camarades dans les chambrées. Aussi le 13 ventôse le Directoire donnait l'ordre d'arrêter Germain, l'un des chefs de la
conspiration, comme auteur présumé d'un de ces pamphlets qui
portait pour titre : « Soldat, arrête et lis ». Les Babouvistes
enrégimentèrent aussi un grand nombre de filles publiques,
qui infestaient les camps, et tout en pratiquant leur métier,
répandaient aussi parmi les soldats des chansons et écrits sédi-
tieux, les excitaient contre le Directoire en leur répétant qu'ils
étaient mal payés par lui, mais qu'ils seraient régalés, fêtés,
comme les gardes françaises après la prise de la Bastille s'ils
se rangeaient du côté des mécontents (2). Dans ses pamphlets

---

(1) En juin 1789, il écrivit dans la *France libre* « jamais plus riche proie
n'aura été offerte aux vainqueurs. Quarante mille palais, hôtels, châteaux, les
deux cinquièmes de la France distribués seront le prix de la valeur. Ceux qui
se prétendent nos conquérants seront conquis à leur tour. *La nation* sera pur-
gée, et les étrangers, les mauvais citoyens, tous ceux qui préfèrent leur intérêt
particulier au bien général en seront exterminés... »

(2) Toutes ces manœuvres sont étalées dans la correspondance de Babœuf
avec ses agents qui a été saisie et produite au procès.

Babœuf a soin d'insister beaucoup sur la promesse faite par la
Convention aux armées, d'un milliard de biens nationaux :
par suite de l'avilissement des assignats, ces biens vont être
livrés au septième de leur valeur, mais à qui? « Ce n'est pas à
vous, » dit-il aux soldats : qui donc aura ces biens? « ce sont
les riches, ce sont les fripons, ce sont les agioteurs, qui ont
traité avec les émigrés pour les leur rendre ». Que devient
donc la récompense qui a été promise? au contraire on les
licenciera bientôt, et en attendant, on les traite en automa-
tes (1).

Babœuf avait établi des agents spéciaux chargés de séduire
les soldats de métier par l'espoir du butin (2). On promettait
leurs chevaux, et leur équipement entier aux cavaliers et
artilleurs qui passeraient aux insurgés : les fantassins recevraient une somme équivalente aux harnais qu'on devait abandonner aux cavaliers (3). On promettait aussi aux soldats de
les héberger aux frais des citoyens. Les embaucheurs comptaient qu'il y en aurait au moins un tiers de *crânes* qu'on sé-
duirait par l'appât du vin et du pillage.

Mais on veut aussi séduire ceux qui ne tiennent qu'à retourner chez eux. On leur promet leur congé. On provoque le plus
possible à l'indiscipline; afin de désorganiser les différents
corps, on excite les soldats contre leurs supérieurs, tout en essayant de ménager les officiers subalternes et de les attirer à
l'insurrection (4). Dans les nombreuses guinguettes voisines
des camps et des casernes, des gens affidés payaient à boire
aux soldats et travaillaient à leur monter la tête. La solde était

---

(1) Il cherche à les effrayer et à les exaspérer par des bourdes grossières.
« On se propose même de vous envoyer pour de l'argent en Turquie, et de
vous vendre, comme un vil troupeau envoyé au gré de son maître, ou en pâture, ou à la boucherie. »

(2) On écrivait à ces agents, « Pour mettre ces hommes en mouvement, il ne
faut ni beaux ni longs discours : du vin, et l'espoir du pillage suffisent. »

(3) Le cheval serait payé 800 livres, l'équipement 400, un fusil, ou une cara-
bine, ou la paire de pistolets, 50. Pour donner toute sécurité aux traîtres on
leur promettait d'établir des bureaux où ils seraient payés immédiatement après
l'insurrection.

(4) Vous le voyez, braves soldats, dit une proclamation préparée, la révolution
qui devait rétablir l'égalité, n'a fait jusqu'ici *que remplacer une bande d'anciens
coquins, par une bande de coquins nouveaux.*

toujours arriérée; on eut soin de répandre dans l'armée une grande quantité d'assignats.

Le Directoire commença enfin à s'inquiéter de toutes ces manœuvres. A la fin de ventôse, il se trouva dans la nécessité de procéder à une épuration de ses fonctionnaires; et de renvoyer à Paris même comme bandits et voleurs un certain nombre d'entre eux. Le ministre de la police Merlin était haï et méprisé de tous les honnêtes gens : il eut connaissance des complots anarchistes et comprit que son poste allait devenir très difficile; il se déclara donc surchargé de travail et donna sa démission, le Directoire lui rendit le ministère de la justice, et nomma Génissieux consul à Barcelone (14 germinal); Cochon de Lapparent, ancien membre de la Constituante et de la Convention, assez modéré, bien que régicide, fut nommé ministre de la police : c'était un homme habile, et qui ne pactisait nullement avec les anarchistes. Le Directoire avait composé avec des sacripants véritables, recrutés parmi les armées révolutionnaires, un corps de six mille hommes destiné à le défendre contre les vendémiaristes, et qu'il avait appelé légion de police. La propagande babouviste ne pouvait manquer de réussir auprès de pareils soldats. Aussi l'indiscipline devint si forte dans ce corps nouveau, que le Directoire, sur les instances de Carnot et de Cochon, résolut de s'en débarrasser, et fit voter le 5 floréal une loi qui assimilait cette légion aux autres troupes, et permettait de l'envoyer aux frontières. Il y eut alors une tentative d'insurrection, mais le Directoire envoya des troupes fidèles aux casernes de la légion de police, et licencia les plus insubordonnés; les autres partirent presque tous volontairement aux frontières. Les babouvistes croyaient avoir complètement réussi à embaucher ces coupe-jarrets : les chefs du parti entrèrent dans une rage facile à comprendre, en voyant leur insurrection ainsi devancée, et privée du secours de six mille hommes armés, qui par leur exemple auraient entraîné une foule de défections. Ces soldats étaient chargés de porter les premiers coups, et de commencer l'insurrection, et les affidés de la légion assuraient que les autres troupes ne tireraient jamais sur eux et suivraient leur exemple. Cependant ceux d'entre eux qui avaient été licenciés, étaient plus que jamais déterminés à se joindre aux révolutionnaires de Babœuf, et les Égaux espéraient toujours que les troupes régulières ne leur résisteraient pas.

Grâce à toutes ces excitations, et à la présence à Paris de nombreux officiers destitués, qu'on avait aisément enrôlés dans la conspiration, et de terroristes de province qu'on avait fait venir, et il y eut bientôt des mouvements tumultueux qui présageaient une émeute. On craignait une nouvelle journée du 1er prairial. Le Directoire secret résolut de profiter de ces bonnes dispositions et de tenter un coup. On pouvait sans doute, au moyen d'une insurrection bien menée devant laquelle les troupes feraient défection, renverser le Directoire; mais il faudrait alors le remplacer par une autre autorité révolutionnaire. Les conspirateurs ne voulaient pas rappeler la Convention parce qu'une grande partie de ses membres avaient proscrit Robespierre qui était devenu l'idole de Babœuf (1), rappelé les débris de la Gironde, et fait de la réaction après thermidor. Le Directoire secret décida que le peuple de Paris nommerait après la victoire une assemblée nationale, composée de conventionnels de la queue de Robespierre, et de quatre-vingt-dix-sept terroristes pris dans chacun des quatre-vingt-dix-sept départements, sur sa présentation, et arrêta le projet d'un acte insurrectionnel adressé au peuple. Il est ainsi conçu :

« Art. 1er. Le peuple est en insurrection contre la tyrannie.

« Art. 2. Le but de l'insurrection est le rétablissement de la constitution de 1793, de la liberté, de l'égalité, et du bonheur de tous. »

« Aujourd'hui, à l'heure même, les citoyens et les citoyennes s'insurgeront, et se rallieront autour des patriotes auxquels le comité insurrecteur aura confié des guidons portant l'inscription suivante : « Constitution de 1793. Égalité, Liberté, Bonheur commun. » Le peuple, sous la direction des patriotes qui prenaient l'initiative du mouvement, devait d'abord s'emparer

---

(1) Babœuf avait commencé par flétrir Robespierre, et l'accuser d'avoir voulu systématiquement dépeupler la France.

de toutes les armes, se porter aux chefs-lieux des arrondisse-
ments, se rendre maître de toutes les administrations, de tous
les magasins, fermer les barrières, et le cours de la rivière. La
Convention se réunira à l'instant. On verra tout à l'heure ce
que Babœuf entend par la Convention : le Directoire et les Conseils sont dissous. « Tous les membres qui les composent seront
immédiatement jugés par le peuple ». Comme à l'Abbaye! le
programme de l'insurrection arrêté pour les chefs portait :
« Tuer les cinq. » Les membres de la Convention seront reconnus à une « enveloppe en couleur rouge, autour de la
forme du chapeau. »

Art. 13. Toute opposition sera vaincue sur-le-champ par la force,
les opposants seront exterminés.

Art. 18. *Tous les biens des émigrés, des conspirateurs et de tous les*
ennemis du peuple, seront distribués sans délai aux défenseurs de la
patrie et aux malheureux. Les malheureux de toute la république
seront immédiatement *logés et meublés* dans les maisons des conspirateurs. Les effets appartenant au peuple, déposés au mont-de-piété
seront sur-le-champ gratuitement rendus.

On nourrira et entretiendra les femmes et les enfants des
patriotes qui seront tués dans la lutte : on soutiendra aussi
leurs pères, mères, frères, sœurs dans le besoin.

Les soldats « seront libres de retourner avec armes et bagages
dans leurs foyers; ils y jouiront en outre immédiatement des
récompenses depuis si longtemps promises » (du milliard). On
récompensera généreusement ceux qui resteront au service.

Après tout ceci, vient l'article odieusement hypocrite qu'on
est sûr de rencontrer dans tout manifeste révolutionnaire,
même lorsqu'il étale le cynisme le plus répugnant.

Art. 19. Les propriétés publiques et particulières sont mises
sous la sauvegarde du peuple.

L'article 20 décide que la Convention devant expulser les
usurpateurs de la souveraineté populaire, et ne pouvant actuellement faire des élections, s'adjoindra sur-le-champ un
membre par département pris parmi les démocrates les plus
prononcés, sur la présentation des délégués de la portion du
peuple qui aura pris « l'initiative de l'insurrection », c'est-à-

dire du Comité insurrecteur de salut public qui « restera en permanence jusqu'à l'accomplissement total de l'insurrection » et se réserve la dictature. Le Directoire de Babœuf s'est résigné à se coaliser avec les débris de l'ancienne Montagne.

En réalité les conspirateurs ne font appel qu'aux conventionnels terroristes exclus par leurs collègues; ceux-ci sont peu nombreux : ils seront complètement annulés dans l'assemblée future par les quatre-vingt-dix-sept délégués des départements nommés en réalité par Babœuf. Les conventionnels avaient aussi, de leur côté, créé un comité insurrectionnel; ils auraient voulu rappeler leurs anciens collègues, et dominer ainsi la situation, mais la nécessité les avait contraints de se joindre aux Babouvistes. Une fois déjà on avait inutilement négocié cette alliance. Les montagnards ne voulaient point de l'application immédiate du système de Babœuf; mais Amar et Robert Lindet se laissèrent gagner, et le général Fion fit accepter aux terroristes la transaction contenue dans l'article 20. Ils espéraient après le triomphe de l'insurrection supplanter les Babouvistes, et ces derniers comptaient bien les élaguer.

Les principaux conjurés se réunirent la nuit chez Drouet. Babœuf, leur fit de longues déclamations, pour leur prouver qu'ils étaient les partisans, les héros *de la vertu*. Les conventionnels qui se savaient surveillés de très près par le Directoire réitérèrent leur adhésion à la conspiration babouviste. Ensuite les conjurés adoptèrent le plan d'insurrection proposé par leur comité militaire. On devait commencer par tuer les cinq, les sept ministres, le général de l'intérieur et son état-major, s'emparer des salles des Anciens et des Cinq-Cents, et faire main basse sur tous ceux qui s'y rendraient. Après avoir occupé tous ces points stratégiques, et s'être emparé de toutes les armes, on organisera de petites armées révolutionnaires, puis on égorgera.

« Il sera répandu des écrits propres à *colérer le peuple*. Les agents seront, en outre, chargés de le pousser à se venger lui-même de tous ses ennemis qui se sont fait parfaitement connaître. »

Mort à tout homme qui se dira revêtu d'autre autorité que

celle donnée par les insurgés. « Il faut prévenir toute réflexion de la part du peuple, *il faut d'abord qu'il fasse des actes
qui l'empêchent de rétrograder... Si quelques royalistes* voulaient
faire résistance, qu'une colonne armée de torches ardentes se
porte à l'instant sur le point qu'ils auraient choisi, qu'ils
soient sommés de rendre les armes, ou qu'à *l'instant les flammes
vengent et la liberté et la souveraineté du peuple.*»

Mort aux étrangers qui ne se rendront pas en arrestation
aux chefs-lieux de leurs sections. Mort à tous ceux qui se seront armés contre le peuple; « la dépouille des ennemis du
peuple appartiendra aux vainqueurs ». Les boulangers qui
ne resteront pas chez eux pour y fabriquer du pain, avec tout
ce qu'ils auront de farine, *seront à l'instant accrochés à la lanterne la plus voisine de leur domicile...* Le peuple sera à l'instant et pendant l'insurrection même, mis en possession de logements sains et commodes : assez longtemps on lui a fait
de fallacieuses promesses. »

Immédiatement après la victoire, on enverra des agents
sûrs et intelligents, dans les villes qui renferment le plus de
germes d'insurrection, telles qu'Arras, Béthune, Valenciennes,
Cambrai, Toulon, Marseille, Avignon, Toulouse, Grenoble,
Valence, Dijon, Autun, Châlons-sur-Marne, Montpellier,
Metz, etc.

On renouvelait dans cet acte les promesses déjà faites aux
militaires pour les séduire : on offrait aux uns de l'argent,
aux autres leur libération du service.

Mais un traître assistait à cette réunion. Depuis quelque
temps, en effet, le Directoire était initié à tous les projets de
Babœuf. Un capitaine surnuméraire de la 33ᵉ demi-brigade,
nommé Georges Grisel, avait reçu au commencement de
germinal des confidences imprudentes d'un agent de Babœuf
qui voulait l'enrôler. Cet homme était ivre; il révéla à Grisel
l'existence d'un comité secret de salut public qui préparait
une insurrection dans le but de rétablir la constitution de 93.
Grisel prit le parti de feindre avec lui, de s'associer à ses déclamations, et d'entrer dans le complot, afin d'en découvrir
les chefs. Pour obtenir la confiance des conjurés, il affecta
un grand zèle pour leurs doctrines, et écrivit un pamphlet

adressé aux soldats, et intitulé : « Lettre de *Franc libre*, soldat
de l'armée circo-parisienne à son ami la Terreur, soldat de
l'armée du Rhin ». Ce pamphlet plut énormément aux Babouvistes, et obtint même du succès auprès des soldats. On
donna à Grisel une commission d'agent supérieur auprès des
armées, on l'admit le 11 floréal à une délibération très grave,
et on le fit entrer dans un comité militaire chargé de préparer
l'insurrection; il était composé des ex-généraux Rossignol et
Fion, de l'ex-adjudant général Mansard, et de Grisel.

Dès qu'il connut bien les chefs du complot, il dévoila tout
à Carnot (12 floréal) qui lui fit répéter sa déposition devant
le Directoire assemblé. Les chefs du gouvernement ainsi prévenus, s'arrêtèrent au parti de laisser Babœuf continuer ses
préparatifs d'insurrection pendant quelques jours, afin de
saisir à la fois un plus grand nombre de conspirateurs. Les
Babouvistes manquaient d'argent, les conventionnels leur en
apportèrent. On convint pour le 19 d'une assemblée générale
des chefs chez Drouet. Grisel en prévint le Directoire. Babœuf
Fion, Darthé, Grisel et plusieurs autres Égaux se trouvaient
à cette réunion avec les anciens conventionnels Ricord, Laignelot, Robert Lindet; celui-ci commença par soutenir que
la Convention n'était dissoute qu'en fait, mais non en droit, et
qu'il fallait absolument la rétablir. Mais à la suite d'une fausse
alerte, ils se séparèrent de très bonne heure, et la police envoyée par le Directoire ne trouva que Drouet et Darthé qu'on
ne voulut pas arrêter sur-le-champ, de peur de déterminer les
autres conspirateurs à s'enfuir (1). Le Directoire avait calculé
juste; comme on n'avait pas essayé d'arrêter Babœuf, les conjurés crurent que cette visite de la police avait été dirigée
seulement contre Drouet que les Directeurs surveillaient de
très près. Ils tinrent le lendemain une nouvelle réunion chez
un de leurs agents militaires et prirent des dispositions pour
l'insurrection. Ils voulaient jeter en avant des femmes et des

(1) Drouet écrivit une lettre très hautaine au Directoire pour se plaindre de
cette visite domiciliaire. On aurait dit aux soldats! « Si on a l'air de résister, il
faut plonger la baïonnette dans le ventre. » « J'aurais pu être effrayé, écrit
Drouet, *s'il y avait dans mon âme un coin accessible à la peur* ». *Débats et décrets*, prairial an IV, p. 386. La Haute cour lui fit peur.

enfants, dans l'espoir d'empêcher ainsi les soldats de tirer sur eux. Ils comptaient sur dix-sept mille patriotes (1), bien déterminés, qui seraient suivis par toute la populace. Ils espéraient aussi la défection des artilleurs de Vincennes, et devaient envoyer des légions de prostituées séduire les soldats des camps de Vincennes et de Grenelle. Babœuf annonça l'intention d'enlever au début de l'insurrection certains personnages anticiviques à son point de vue, et de présenter au peuple « leurs têtes sanglantes » pour l'exciter. Les envoyés du faubourg Marceau marcheraient sur la « caverne directoriale, égorgeant tout ce qui s'oppose, ou paraîtrait s'opposer » ; les halles doivent envahir les Tuileries et cerner les conseils et faire de même « leur terrible office ». Babœuf voulait organiser contre les Directeurs et les personnages marquants qui ne seraient pas égorgés sur-le-champ, une infâme parodie de la justice, des tribunaux semblables à ceux qui en septembre 1792 siègeaient à la Force et à l'Abbaye. Dès le début de l'insurrection, les anciens comités révolutionnaires du temps de Robespierre devaient reprendre leurs fonctions ; la salle des Jacobins serait ensuite reconstruite, aux frais et par les mains de ceux qui l'avaient fait détruire.

Certains conjurés proposèrent de changer après la victoire, le nom de la France en celui de Gaule : cette proposition fut appuyée par Drouet, mais Babœuf la repoussa.

Le complot avait de nombreuses ramifications en province. A Reims, les Babouvistes, vers la fin de germinal, répandaient une quantité d'odieux placards : A Châlons-sur-Marne et à Sainte-Ménehould, Drouet avait déjà épouvanté les citoyens paisibles par des discours atroces. Dans beaucoup de villes éloignées de Paris, le parti était très bien organisé et prêt à se lever, à la première nouvelle de l'insurrection des faubourgs de la capitale.

---

(1) Babœuf arrivait à ce chiffre en se déclarant sûr de 4000 révolutionnaires, 1500 membres des anciennes autorités, 1000 canonniers bourgeois, 500 officiers destitués, 1000 révolutionnaires des départements, 1500 grenadiers du Corps législatif, 6000 hommes de la légion de police, 500 militaires détenus qu'on délivrerait aussitôt, 1000 invalides. Il y avait sur ces chiffres beaucoup à diminuer, mais il pouvait compter sur quelques milliers de bandits pour commencer son insurrection et entraîner la populace.

II.

Cette insurrection était fixée pour le 22 floréal (11 mai). Le 21, le Directoire prévenu par Grisel fit arrêter par surprise, Babœuf et tous les principaux conjurés, Drouet, Didier, Mansart, Germain, le fameux Rossignol, Darthé et les anciens conventionnels, Amar, Choudieu, Vadier, Ricord, Antonelle. Dans la soirée il fit placarder sur les murs de Paris, une proclamation annonçant aux citoyens la découverte de cet affreux complot et les invitant à rester tranquilles. « Laissez les brigands abandonnés à eux-mêmes; le gouvernement a pris des mesures certaines pour déjouer leurs trames, et les livrer, eux et leurs partisans à la vengeance des lois. »

On avait tant parlé de conspirations épouvantables de toute espèce, depuis le début de la révolution, que bien des gens virent tout d'abord dans cette proclamation une manœuvre du Directoire, et beaucoup d'autres crurent que pour effrayer à son profit et s'ériger en sauveur, il avait singulièrement exagéré l'importance de ce complot. Aussi la découverte de cette conspiration très sérieuse produisit, tout d'abord, peu d'effet à Paris (1).

On saisit chez Babœuf et chez Drouet, une énorme quantité de pièces très compromettantes. On a dit avec raison que jamais conspirateurs n'ont tant barbouillé de papier. Grâce aux listes que Babœuf avait préparées, le Directoire put immédiatement envoyer l'ordre d'arrêter la plupart de ses agents des départements (2).

---

(1) « De tous ces journaux chargés de détails sur la conspiration, il ne s'en est pas vendu un seul de plus; pas un groupe rassemblé dans les rues, même par curiosité. Le public ne daignait même pas s'arrêter pour lire l'affiche en mauvais français du Directoire qui commençait ainsi. « Un affreux complot devait éclater cette nuit : on devait égorger le Corps législatif; une partie des habitants de Paris, et mettre la ville au pillage. » Le même jour on donnait au théâtre Feydeau le nouvel opéra de *Télémaque.* En y allant, les curieux jetaient un regard sur l'affiche : *Ah! ah! encore une conspiration!* puis entraient au spectacle; on était à la queue aux portes. Le peuple, non moins indifférent, disait dans les marchés. « *Voilà-t-il bien un grand mal, on en a égorgé bien d'autres* ». (Mallet du Pan, *Correspondance,* t. II, p. 81, 82).

(2) Le 24 le Directoire donna l'ordre d'arrêter cent dix individus, pour la plu-

Le 21 il prévint les Cinq-Cents de la découverte de la
conspiration et de l'arrestation des principaux coupables,
parmi lesquels se trouvait le député Drouet pris en flagrant
délit. Le Conseil, sur l'impression produite par la découverte
de cette conspiration, vota une résolution déjà proposée qui
autorisait les membres du bureau central de chacun des cantons de Paris, Lyon, Bordeaux et Marseille, à décerner des
mandats d'amener. Le Directoire envoya pendant cette séance
un second message par lequel il sollicitait comme mesure
indispensable de salut public, une loi qui obligerait de sortir
du département de la Seine dans les trois jours et sous peine
de déportation, les anciens conventionnels qui n'avaient pas de
fonctions et qui n'étaient pas domiciliés déjà dans ce département à l'époque de la révolution, ainsi que les membres des
autorités publiques destitués, les militaires licenciés, les prévenus d'émigration non définitivement rayés, et les étrangers
non attachés au corps diplomatique et qui n'habitaient pas
Paris avant le 14 juillet 1789. Le Conseil discuta immédiatement le projet de loi présenté par le Directoire et le vota.
Les condamnés amnistiés par la loi du 4 brumaire furent
compris dans les dispositions de la loi nouvelle, qui enjoignait aux individus exclus du département de la Seine de
se tenir au moins à dix lieues de Paris (1). Ces résolutions
furent approuvées le soir même par les Anciens.

Le 23, le Directoire, après avoir exposé au Conseil des
Cinq-Cents le plan d'insurrection trouvé chez Babœuf, lui
rappelle que Drouet ayant été arrêté en flagrant délit, le Conseil a décidé le 21 qu'en vertu des articles 112, 113 et 115,
de la Constitution, le Directoire est en droit d'agir contre
lui. Cependant, par égard pour les députés, il ne veut pas

part éparpillés dans un grand nombre de départements. Nous signalerons parmi
eux, Tissot de Trévoux, Brutus Maignet, de Réunion sur Oise (Guise), Courbis,
Topino Lebrun, Merle, général de brigade, Lavigne, Agricol Moureau d'Avignon,
Potofeux de Laon, Duplay père et Duplay fils.

(1) La gauche, pour atténuer la gravité de cette mesure dirigée contre la Convention, demanda que l'expulsion fût aussi appliquée aux anciens membres des
Assemblées constituante et législative, mais Larivière, dans un éloquent discours prouva que cette mesure devait être prise contre les seuls terroristes,
et la proposition fut repoussée.

procéder à la levée des scellés et à l'interrogatoire de Drouet, sans une décision du Corps législatif. Le Conseil déclare qu'il est parfaitement autorisé par la Constitution à procéder ainsi contre Drouet, sauf après l'interrogatoire à renvoyer le tout au Corps législatif.

Deux jours après son arrestation, Babœuf écrivit au Directoire, des prisons de l'Abbaye, une lettre très longue et d'une outrecuidance monstrueuse. Elle commence ainsi :

« Regarderiez-vous au-dessous de vous, citoyens Directeurs, de traiter avec moi comme de puissance à puissance? Vous avez vu à présent de quelle vaste confiance je suis le centre. Vous avez vu que mon parti peut balancer le vôtre. Vous avez vu quelles immenses ramifications y tiennent. J'en suis plus que convaincu, cet aperçu vous fait trembler.

« Est-il de notre intérêt, est-il de l'intérêt de la patrie de donner de l'éclat à la conspiration que vous avez découverte? Je ne le pense pas... Qu'arriverait-il si cette affaire paraissait au grand jour? que j'y jouerais le plus glorieux de tous les rôles : j'y démontrerais avec toute la grandeur d'âme, avec l'énergie que vous me connaissez, la sainteté de la conspiration dont je n'ai jamais nié d'être membre...

« Mon jugement serait aussitôt réputé prononcé *par le crime puissant contre la vertu faible*, mon échafaud figurerait glorieusement à côté de celui de Barnevelt et de Sidney. Veut-on, et dès le lendemain de mon supplice, *me préparer des autels à côté de ceux qu'on révère aujourd'hui comme d'illustres martyrs, les Robespierre et les Goujon?* »

Le Directoire par son supplice, irritera la démocratie française, dont il ne connaît pas encore la force. Il est loin de tenir toute la conspiration, et il ne parviendra jamais à se « délivrer en total *de cette vaste secte sans-culottine qui n'a pas encore voulu se déclarer vaincue* ». Babœuf cherche cependant à apaiser les Directeurs. « Remarquez bien le caractère de l'entreprise des patriotes; vous n'y distinguerez pas qu'ils voulaient votre mort; et c'est une calomnie de l'avoir fait publier; mais je puis dire qu'ils ne la voulaient pas ». Il soutient donc « que l'intérêt de la patrie et le vôtre consistent à ne point donner de célébrité à l'affaire présente ». Il ne le demande pas dans son intérêt; « la mort ou l'exil seraient pour moi le chemin de l'immortalité », et j'y marcherais avec un zèle héroïque et religieux »; mais sa proscription n'avancera point les affaires de la République. Il daigne reconnaître que les Directeurs lui sont dévoués, qu'ils ont pu être « temporairement égarés »; il les invite donc à la conciliation. « Gouvernez populairement, voilà ce que ces mêmes patriotes vous demandent, je ne vois qu'un parti sage à prendre : déclarez qu'il n'y a point eu de conspiration sérieuse. » Alors les patriotes « vous couvriront de leurs corps ». Et il promet d'exercer en leur faveur son immense pouvoir sur les esprits. Ce conspirateur démasqué qui attend son jugement, a l'impudence de tenir à ceux qu'il a voulu assassiner le langage d'Auguste pardonnant au conspirateur qu'il tient à sa discrétion.

> « Soyons amis, Cinna, c'est moi qui t'en convie. »

Mais en réalité, il mendie sa grâce.

Le Directoire s'empressa de publier cette lettre extravagante. Drouet envoya aussi de sa prison une très curieuse épître aux Cinq-Cents. Le gouvernement actuel, suivant lui, n'est plus républicain, mais royaliste en réalité. Les patriotes ne veulent pas supporter un tel état de choses; et même en usant contre eux de tous les moyens de rigueur, le Directoire ne pourra pas les dompter; des torrents de sang couleront. Pour éviter un aussi grand malheur, Drouet s'est rallié à des patriotes qui se verront à la longue, forcés de former ce qu'ils appellent une Vendée militaire, d'émigrer les armes à la main, et de coloniser par force un autre pays (1).

(1) Voilà son plan. Lorsque l'aristocratie sera maîtresse absolue de la France (et par aristocrates il entend tous ceux qui n'approuvent pas la conspiration) : il faut que les patriotes, avec leurs femmes et leurs enfants, quittent une patrie où il n'y a plus de sûreté pour eux; qu'ils s'élancent sur une contrée occupée par les ennemis de la mère patrie. « C'est là seulement où il sera possible d'établir véritablement le culte de la Trinité démocratique, *l'Égalité, la Liberté, la Fraternité* » culte impossible au milieu d'une société aussi corrompue que la nôtre. Ces patriotes présenteront aux habitants du pays envahi « d'une main le code sacré de la raison universelle, et de l'autre un cimeterre terrible » et les extermineront s'ils n'acceptent pas cette Trinité. Il faut que ces patriotes colonisateurs secouent la poussière de leurs pieds, pour ne jamais rentrer dans leur pays, qu'ils renoncent au nom de Français et reprennent celui des Gaulois leurs aïeux. Il désire qu'ils viennent saccager Rome « rétablir le culte de la liberté dans la capitale, sur les débris du trône de la superstition. » C'était alors une déclamation à la mode. Bonaparte débitera la même chose, à peu près dans les mêmes termes, à l'armée d'Italie, le 1er prairial suivant.

Ces lettres insensées prouvent que Babœuf et Drouet, malgré leur jactance, avaient été pris de peur, et se souciaient peu d'être révérés sur les autels des terroristes comme d'illustres martyrs, à côté de Robespierre et de Goujon. Du reste, dans son interrogatoire, Babœuf, tout en se laissant aller fréquemment à son outrecuidance, et protestant qu'il ne songeait pas à sa sûreté, essaya de diminuer l'importance de son rôle dans la conspiration, et prétendit qu'il n'en était pas le chef. Cependant il se comparait toujours à Barnevelt et à Sidney.

Ce fut le ministre de la police, Cochon, qui interrogea les conspirateurs arrêtés (1). Bientôt personne n'eut plus de doute ni sur la réalité, ni sur le caractère véritable de la conspiration ; les terroristes seuls accusèrent le Directoire de vouloir, par d'odieuses inventions, s'ériger en sauveur de la patrie. Pour se disculper d'avoir joué une odieuse comédie, il avait été obligé d'étaler devant toute la France les effroyables conséquences des passions révolutionnaires, et de prouver aux plus optimistes, qu'après tant de bouleversements, de spoliations et d'exécutions, une fraction considérable du parti révolutionnaire n'aspirait qu'à de nouveaux bouleversements, qu'au meurtre et au pillage. Les révolutionnaires directoriaux étaient exaspérés ; car cette tourbe terroriste, sans tenir aucun compte ni des services rendus à la Révolution, ni même des crimes commis en son nom, voulait dépouiller, et exterminer en cas de résistance, tous les révolutionnaires qui alors occupaient le pouvoir, parce qu'ils étaient au pouvoir et maintenant possédaient des biens! Et peu lui importait qu'ils eussent obtenu et ce pouvoir, et ces biens par les procédés les plus révolutionnaires, tout ce que détenaient les autres était du bien volé aux Babouvistes! Il fallait *dépropriétariser* tout le monde et massacrer les récalcitrants. Les régicides devaient être traités comme les émigrés rentrés ; les acquéreurs de biens nationaux, comme les anciens propriétaires. Les révolutionnaires affamés voulaient

(1) On voit par ces interrogatoires que Babeuf avait 34 ans, Drouet 33, Laignelot 44, Ricord 36.

dévorer les repus qui croyaient très sottement avoir endigué
la révolution à leur profit. Sans doute on savait qu'il fallait
compter avec la queue de Robespierre, mais le Directoire et
ses partisans ne s'attendaient nullement à découvrir qu'une
secte atroce systématisait la destruction, lançait les mêmes
malédictions contre la société officielle révolutionnée de
l'an IV, que contre l'ancien régime, recrutait des adeptes par
milliers dans un peuple exaspéré par la misère, et ne cessait
de l'exciter à piller et à égorger ces mêmes révolutionnaires
qui depuis 1789 l'avaient si bien exploité. Les sinistres prédictions de nombreux royalistes se trouvaient ainsi réalisées. Mirabeau *Tonneau* avait, au début de la Révolution, défini
ces émeutes, ces scènes de pillage, dont on s'obstinait alors
à nier la gravité : « la guerre de ceux qui n'ont rien, contre
ceux qui ont quelque chose; » et cette guerre n'avait cessé
de se développer ! et l'immense armée des révolutionnaires
qui n'avaient rien gagné à la révolution, voulait exterminer
l'armée bien moins nombreuse des révolutionnaires repus.

Le Directoire avait évidemment remporté une grande
victoire ; mais cette victoire en dévoilant le vice capital de la
révolution, l'impossibilité d'arrêter sa puissance destructrice,
pouvait la faire prendre en dégoût par la France et le perdre
lui-même. Les places, les faveurs qu'il avait accordées aux
terroristes lui étaient alors amèrement reprochées par ceux-
là même qui jusqu'alors voyaient tout en beau. Si les
crises sanglantes que la France venait de traverser étaient
tout simplement la préface d'une immense révolution sociale,
et si cette masse honnête et timide de la population, sur qui
l'on avait déjà fait de si dures expériences politiques, s'en
apercevait enfin, et faisait pour s'y soustraire un effort pro-
portionné au danger, évidemment la Constitution de l'an III,
et le Directoire, et toute la séquelle directoriale, et même tous
les républicains relativement modérés, devaient être balayés
bien vite !

Aussi le Directoire s'efforce, par ses proclamations, d'entretenir les populations dans une crainte salutaire des anarchistes ; mais comme il redoute avec raison que cette crainte ne
profite aux royalistes, il a soin de reprendre contre eux

toutes les vieilles accusations révolutionnaires. Ainsi dans sa proclamation du 2 prairial (21 mai), après avoir exposé sans exagération les atroces projets des Babouvistes, il s'efforce de ramener ceux « que pourrait peut-être alarmer la joie vraie ou feinte des partisans du royalisme », et promet de poursuivre leurs conspirations avec la même vigueur, et d'être impitoyable pour les émigrés. Comme Saint-Just et Robespierre, il accuse ces derniers de s'entendre secrètement avec les anarchistes (1), et il invite tous les vrais patriotes à prendre la Constitution de l'an III pour point de ralliement et à soutenir le Directoire.

Le ministre de la police, dans une circulaire adressée le 7 prairial (26 mai) aux administrations centrales et municipales, et aux commissaires du pouvoir exécutif près les tribunaux, démontre que la conspiration de Babœuf n'est nullement un jeu, et en expose les caractères principaux. « Le régime révolutionnaire si détesté, si redouté, était un chef-d'œuvre de douceur, d'humanité, de justice, si on le compare à celui que les nouveaux assassins de la liberté du peuple se proposaient d'établir. » Mais il soutient aussi qu'il ne faut pas s'effrayer du prétendu triomphe des royalistes, et il tient encore plus à rassurer les révolutionnaires qui craignent une réaction faite par le Directoire lui-même. En effet, les amis de Babœuf répétaient partout qu'on allait arrêter une multitude de gens suspects d'être affiliés au complot, et sous ce prétexte, sévir contre tous les révolutionnaires un peu zélés. Leur but était d'inquiéter par la crainte d'un danger immédiat, beaucoup de révolutionnaires étrangers à la conspiration, de les entraîner à soutenir, dans leur intérêt personnel, qu'elle ne devrait pas être prise au sérieux ; ils espéraient ainsi affoler le parti révolutionnaire tout entier par la crainte du triomphe des royalistes, susciter des émeutes, tout au moins créer un courant d'opinion tellement défavorable au Directoire, qu'il n'oserait pas faire leur procès aux conspirateurs, et s'aplatirait devant les violents. Les Directeurs qui avaient

(1) « Ils savent que ceux-ci tendent au même but qu'eux par une autre route ; ils le savent trop bien pour applaudir sincèrement à leur chute. » *Débats et décrets*, prairial an IV, p. 17.

deviné leur plan, s'efforçaient de rassurer les terroristes qui n'étaient pas directement compromis dans le complot, et répétaient impudemment que les royalistes étaient en réalité fort déconfits, et que la découverte de cette conspiration était pour eux une véritable défaite.

Néanmoins les excitations babouvistes produisirent un certain effet. Les faubourgs étaient agités; des hordes de femmes et d'enfants les parcouraient souvent en excitant les ouvriers à l'insurrection, et disant à ceux du faubourg Saint-Antoine que leurs frères du faubourg Saint-Marceau, s'étaient levés contre le Directoire; à ceux du faubourg Saint-Marceau, que leurs frères du faubourg Saint-Antoine venaient de s'insurger. Un des affiliés qui avait appartenu à la légion de police, gagna les soldats de garde à l'Abbaye et au Temple, pour faire évader les prisonniers, mais ce complot fut découvert.

Le 23 prairial (11 juin) le conseil des Cinq-Cents admit la dénonciation portée contre Drouet. Sur 386 votants seulement, il y en eut 353 pour, et 33 contre. Le 28, Drouet lui lut un mémoire justificatif extrêmement long (1). Le 2 messidor, le Conseil décida par 320 voix et 72 contre, qu'il y avait lieu à examiner sa conduite. Le 4 (22 juin) le Conseil des Anciens décida que Drouet comparaîtrait devant lui dans deux jours francs. Il fut appelé plusieurs fois devant ce Conseil réuni en comité général, et repoussa toute participation au complot. Le 20 messidor (8 juillet) les Anciens décidèrent qu'il y avait lieu à accusation par 141 voix contre 58 — 51 membres étaient absents.

Drouet étant député, devait être jugé par la Haute-Cour. Les conseils décidèrent qu'elle jugerait également tous ses complices, et organisèrent ce tribunal. D'après l'article 269 de la Constitution, la Haute-Cour devait se composer de cinq juges, et de deux accusateurs nationaux pris parmi les membres du tribunal de cassation et nommés par eux. Pour les autres dispositions, on se régla surtout sur les lois de 1791 et 1792. Il fut décidé les 19 et 20 thermidor (6-7 août) que le haut jury serait composé de seize membres avec quatre adjoints;

(1) *Débats et décrets*, messidor an IV, p. 206-213-228.

qu'il n'y aurait pas de commissaire du Directoire près la Haute-Cour, et que ses jugements ne pourraient être soumis à aucun appel ni recours en cassation. Les voix de quatre jurés sur les seize devaient suffire en faveur des accusés (1).

La ville où devait siéger la Haute-Cour ne pouvait, aux termes de la Constitution, être à moins de douze myriamètres du lieu où siégeait le Corps législatif. Le Conseil des Cinq-Cents choisit Vendôme. Les partisans des Babouvistes n'avaient donc pas la ressource de soulever la populace de Paris, pendant le procès de leurs amis. Néanmoins, pour prévenir toute tentative de délivrance, et assurer la liberté de la Haute-Cour, la loi du 21 floréal qui éloignait de Paris les anciens conventionnels et les amnistiés fut déclarée, le 17 fructidor, applicable à Vendôme, et le 24 une autre loi éloigna de cette ville tous ceux qui n'y étaient pas domiciliés avant la proclamation portant convocation de la Haute-Cour, et interdit aux étrangers d'y séjourner plus de vingt-quatre heures sans permission.

La Haute-Cour avait été convoquée à cause de Drouet, mais elle ne devait pas le juger. Il parvint à s'échapper de l'Abbaye le 30 thermidor (17 août). Le lendemain le Directoire prévint les Cinq-Cents de cette évasion; il attribuait son succès à la corruption. Le procès-verbal dressé pour la constater est tout à fait curieux et instructif. Il en résulte que Drouet ne s'est nullement évadé au moyen d'une corde laissée à dessein, mais que la porte de la prison a dû lui être ouverte très complaisamment (2). On crut généralement que le Directoire

(1) Il y avait aussi quatre jurés suppléants. Il était accordé aux juges et à tous les jurés, y compris les adjoints et les suppléants, et aux accusateurs nationaux pour leur voyage et leur retour, une somme égale à celle attribuée aux députés pour se rendre au Corps législatif. Les jurés, jurés adjoints et suppléants, devaient recevoir en outre, par jour, pendant la session, une indemnité de huit myriagrammes de blé-froment.

(2) Un des barreaux de sa chambre a été scié et on a trouvé dans le préau une corde, avec un morceau de barreau ; mais les officiers de la police déclarèrent que cette corde n'avait pu servir à l'évasion de Drouet « que les nœuds faits à ladite corde n'ont jamais pu supporter le poids d'un homme, puisqu'ils ne sont pas même serrés. Il a été reconnu en outre qu'il n'existe à la corde aucune coche, que l'appui de la fenêtre en pierre de taille et fort aiguë aurait dû naturellement lui faire, ledit appui de fenêtre n'étant pas lui-même entamé dans aucune de ses parties. » Le mur, d'un plâtre très friable, sur lequel les doigts marquent, ne porte aucune trace de la descente de l'évadé qui a dû pourtant

avait fait évader ce prisonnier gênant, dont il redoutait les explications devant la Haute-Cour. Drouet écrivit au Corps législatif une très longue lettre dans laquelle il justifiait son évasion, niait qu'il eût été pris en flagrant délit, et prétendait que si le Directoire lui avait permis de rester chez lui prisonnier sur parole, il aurait tranquillement attendu son jugement (1). Il écrivit encore de sa retraite au Directoire pour demander une entrevue avec l'un de ses membres ou un citoyen ayant sa confiance, mais ce gouvernement ne paraît pas avoir accepté sa proposition.

III.

La conspiration de Babœuf ne se serait pas étendue au loin, et n'aurait pas eu des chances de succès, pendant quelques jours du moins, si le Directoire, depuis son installation, n'avait pas eu pour système de livrer toutes les fonctions aux terroristes, de persécuter les honnêtes gens, et de recourir à des procédés révolutionnaires qui ne servaient qu'à aggraver la misère du peuple. Il avait gouverné avec les révolutionnaires ardents, et une bonne partie de ceux-ci l'en avaient récompensé en préparant son renversement et son massacre. Il fut donc obligé par la force même des choses de modifier son attitude, et de rechercher l'appui des modérés. En outre, beaucoup de députés qui l'avaient suivi dans sa politique jacobine furent très mortifiés des résultats qu'elle avait produits et se montrèrent moins défavorables aux réclamations de la droite (2).

faire des efforts violents. Une fois descendu de cette manière dans le préau, Drouet avait encore à escalader sans être vu un mur de 45 pieds de haut, et l'on n'a trouvé sur ce mur aucune trace. *Débats et décrets*, fructidor an IV, p. 50.) Trois gardiens accusés d'avoir favorisé l'évasion furent acquittés le 21 brumaire an V.

(1) Il accusait le Directoire de persécuter les patriotes, de dormir paisiblement à côté des conspirateurs qui veulent relever le trône, la noblesse, la superstition, et « faire ruisseler des flots de sang républicain pour assouvir la vengeance des rois ».

(2) La loi d'amnistie du 4 brumaire, dictée par le désir de soustraire les voleurs et les assassins terroristes à toute punition, avait été fort mal rédigée, et son application soulevait des difficultés très graves. Le Directoire, par deux mes-

Bien que le Directoire ne manifestât qu'une simple ten-
dance à ménager les modérés, les révolutionnaires prirent l'a-
larme et crièrent à la réaction. La police, dans son zèle à
poursuivre les anarchistes, commit le 21 prairial une lourde
méprise qui faillit entraîner des conséquences très graves.
Les anciens conventionnels devaient être expulsés de Paris. Le
bureau de police lança des mandats contre quatre anciens
conventionnels faisant partie du Corps législatif actuel. L'émotion fut grande parmi les députés. Tallien en profita immédiatement pour accuser la police d'être dirigée par le fameux baron de Batz et composée de royalistes qui ne cherchaient qu'à
persécuter les patriotes. Il proclama avec emphase qu'on marchait à la contre-révolution et qu'il fallait « sauver la République avec les républicains ». Cette absurde déclamation souleva une tempête véritable, mais Tallien persista à soutenir
que si l'on examinait à fond cette affaire, on découvrirait une
conspiration non moins dangereuse que celle de Babœuf.
Thibaudeau lui répondit avec énergie qu'il existait en effet une
réaction, mais qu'elle était l'œuvre des massacreurs de septembre et des proscripteurs du 31 mai, c'est-à-dire de Tallien
et de ses amis. On vient de découvrir une partie de leurs projets, et d'arrêter quelques-uns de leurs chefs, aussi leurs alliés
cherchent à les sauver. C'est cette faction qui a su s'emparer
de la victoire du 13 vendémiaire, qui a surpris la confiance du
Directoire, fait annuler les choix du peuple, et voudrait tyranniser la France, mais ses menaces sont vaines; jamais on ne
supportera une seconde Terreur. On demanda des explications
au Directoire. Le 23 il envoya un message et un rapport du
ministre de la police qui expliquaient ces mandats par une

sages des 15 et 19 germinal invita les Cinq-Cents à les lever. Ainsi des demandes de dommages-intérêts avaient été portées devant les tribunaux par de nombreux citoyens, contre des dénonciateurs et des oppresseurs terroristes. Le
Directoire jugeait ces actions interdites par l'article de la loi du 4 brumaire,
qui ne laissait subsister qu'une simple action civile à fin de restitution: d'ailleurs
il trouvait qu'elles entretenaient les haines. Il invitait donc le Corps législatif à
débarrasser les intéressants terroristes de toute préoccupation au sujet de leurs
attentats. Le 15 floréal Camus présenta, au nom d'une commission, un projet
de loi favorable aux terroristes : les conseils l'auraient sans doute voté, mais
la découverte presque immédiate de la conspiration de Babœuf modifia leurs
dispositions.

méprise. Cochon démentit le conte débité par Tallien sur la présence du baron de Batz dans les bureaux de la police, et déclara qu'au contraire il le faisait rechercher. Les employés de la police firent les excuses les plus complètes, et prouvèrent qu'il y avait eu seulement une fâcheuse méprise, et aucune poursuite ne fut dirigée contre eux.

La découverte de la conspiration de Babœuf rendit le Corps législatif moins favorable aux terroristes du Midi. A Marseille, le Directoire avait fait exercer les fonctions municipales à titre provisoire par d'odieux terroristes, mais les élections devaient avoir lieu le 1er thermidor. Les Jacobins, pour faire élire leurs amis, travaillèrent violemment quinze sections sur vingt-quatre, les envahirent en criant : « Vive la Montagne ! vive la Constitution de 93 ! à bas la compagnie de Jésus ! » déchirèrent les votes de quelques sections, et déclarèrent élus leurs anciens fonctionnaires. Deux citoyens furent égorgés et plusieurs blessés; les magistrats qui appartenaient au parti directorial restèrent inactifs. Ces attentats furent dénoncés au corps législatif le 10 thermidor (28 juillet) par une adresse signée de 2300 citoyens de Marseille. Le Directoire, invité à donner des éclaircissements, envoya un message assez embarrassé et qui n'expliquait rien. Une commission fut nommée; son rapporteur Thibaudeau déclara que les faits dénoncés étaient parfaitement exacts. Il résultait en effet de la correspondance même des agents, et des fonctionnaires nommés par le Directoire, qu'ils avaient tout au moins toléré les attentats commis par les Jacobins dans le but de les faire élire eux-mêmes ou les gens de leur coterie, et qu'on pouvait même les soupçonner d'y avoir participé. A les entendre, tout s'était bien passé, puisque les choix du Directoire avaient été confirmés. Mais des scènes sanglantes avaient eu lieu également à Aix : le 3 et le 4 thermidor, les Jacobins y avaient assassiné trois hommes, et blessé grièvement le commissaire du Directoire qui, par extraordinaire, n'était pas de leur bord (1).

_____

(1) Le commissaire Bernard fut attaqué à la porte de la salle des séances de l'administration, par deux commissaires de police nommés par la municipalité provisoire d'Aix, et destitués depuis quelques jours par le ministre de la police, à cause de leur ineptie et de leurs actes arbitraires. Blessé grièvement d'un coup

Thibaudeau établit que la Provence était absolument livrée au régime révolutionnaire, et que le tribunal du département, seule autorité constituée élue par le peuple, après s'être vu imposer comme commissaires, Riquier, ancien accusateur public près le tribunal révolutionnaire de Marseille, le Fouquier-Tinville du Midi, et un Jacobin soustrait par l'amnistie du 4 brumaire à des poursuites pour vol et assassinat, avait dû se disperser, et que le cours de la justice était suspendu. Le Directoire avait promis de faire toutes les poursuites nécessaires contre les assassins de Marseille et d'Aix. L'annulation des élections de Marseille fut votée le 21 thermidor. La tyrannie des terroristes dans le Midi fut donc détruite pour quelque temps; d'ailleurs le Directoire sentit la nécessité de ménager l'opinion publique, fort émue par toutes ces révélations sur ses fonctionnaires, et aussi dans son propre intérêt, car beaucoup de ceux qu'il avait protégés jusqu'alors étaient maintenant reconnus soit pour robespierristes, soit même pour babouvistes. Il se trouva donc obligé de faire une épuration dans toute la France, et de donner des fonctions publiques à un assez grand nombre de modérés.

On accusait les prêtres des plus noirs complots, et l'on découvrait que les purs de la révolution, leurs proscripteurs acharnés ne rêvaient que le partage des biens, le meurtre même de zélés persécuteurs. Aussi les naïfs et les timides commençaient à attacher beaucoup moins d'importance aux déclamations des prêtrophobes, et la minorité modérée des Conseils s'enhardissait tous les jours. Le 7 messidor (25 juin) Duprat décida les Cinq-Cents à nommer une commission pour obtenir l'exécution exacte de la loi du 22 fructidor qui avait levé la confiscation des biens des prêtres déportés.

Le 24 messidor, aux Anciens, Dalphonse présenta, au nom d'une commission, un rapport très étendu contre une résolu-

de baïonnette dans le ventre, et d'un coup de sabre à l'oreille, il se réfugia dans la salle des séances, les administrateurs restèrent impassibles, et il dut se sauver par une porte dérobée. Les administrateurs provisoires faisaient régner la terreur à Aix, ils l'opprimaient avec une garde révolutionnaire soldée et ils avaient osé imposer en pluviôse une contribution de vingt millions assignats à la commune : ils se gardèrent bien de parler dans leur correspondance du crime qui avait été commis sous leurs yeux.

tion concernant les biens des prêtres déportés et détenus, et
déclara nécessaire une disposition interprétative de la loi du
22 fructidor an III. L'application de cette loi était entravée
pour les ecclésiastiques, qui bien que déportés, avaient été
inscrits sur la liste des émigrés : la commission reconnaissait
qu'il était impossible d'assimiler aux émigrés des hommes qui
avaient été contraints de sortir du territoire, mais que
beaucoup de prêtres avaient été, en fait, victimes de cette
fausse application de la loi (1).

Le 10 fructidor, Beffroy et Dumolard protestèrent chaleureusement contre la réclusion de tant d'ecclésiastiques, qui
n'avaient commis d'autre crime que d'avoir été prieurs ou
chanoines. Le Conseil des Cinq-Cents décida l'envoi d'un message au Directoire pour lui demander le nombre des maisons
où les prêtres étaient reclus, depuis combien de temps, et pour
quels motifs ils y étaient enfermés. Le 19 fructidor une loi
rendit à ces ecclésiastiques la jouissance de leurs biens :
leurs héritiers présomptifs qui s'en étaient emparés, étaient
tenus de les leur restituer. Le 28 fructidor une nouvelle loi décida que celle du 26 floréal an III qui repoussait les demandes
en radiation des listes d'émigrés non encore formées, n'é-
tait point applicable aux ecclésiastiques sujets à la réclusion
ou à la déportation qui avaient été inscrits sur ces listes, et
qu'ils pouvaient revendiquer leurs biens pendant six mois,
d'après la loi du 22 fructidor an III. On refusait toujours aux
prêtres la liberté de leur ministère, mais on n'osait plus les
condamner systématiquement à la misère (2).

(1) La commission demanda le châtiment des infidélités commises, dans la
garde du mobilier des détenus ou déportés, et des violations de scellés : « Le
temps est venu, dit le rapporteur, de porter un œil sévère sur ces infidélités
nombreuses, sur ces dilapidations horribles, qui ont ébranlé, dévoré la fortune publique, et composé, de ses lambeaux, des fortunes nouvelles qui
scandalisent autant qu'elles étonnent. » (*Débats et décrets*, messidor an IV,
p. 385.)

(2) On s'occupa aussi des religieuses. Le 11 messidor, une loi rendue sur la
demande de Camus décida que celles qui avaient refusé de prêter le serment
de liberté et égalité seraient de nouveau admises à le prêter et à toucher
leur pension à partir de sa prestation. Déjà la loi du 24 messidor an III rendait leurs pensions à ces religieuses, moyennant une déclaration de *soumission* devant la municipalité. Mais elles aimaient mieux rester dans la gêne,
dans la misère même, que prêter un serment captieux qui pouvait être ex-

La résolution du 17 floréal qui renouvelait les lois de persécution, ne fut examinée par les Anciens que le 7 fructidor (24
août). Ce retard avait été favorable à la liberté religieuse.
Le parti de la réaction révolutionnaire venait de perdre
beaucoup de terrain, les hommes de 89 pour la plupart reconnaissaient que la constitution civile avait, contre leur attente, précipité les événements de la manière la plus désastreuse pour leur parti et désiraient mettre fin aux luttes religieuses. Un exconstituant désabusé, Goupil de Prefeln, fut
rapporteur aux Anciens de la résolution du 17 floréal. Il
soutint que les lois de proscription avaient été abrogées, ainsi
que la loi du 3 brumaire, par la constitution qui leur était
contraire. La commission proposait donc le rejet de la résolution. Creuzé Latouche, qui passait pour être assez modéré en
politique, débita contre les prêtres une longue diatribe, remplie d'accusations ridicules et absurdes (1), mais il se déclara
contraire à la résolution, parce qu'elle proscrivait l'innocent
avec le coupable. Pour prouver qu'il n'était pas le moins du
monde partisan de la liberté religieuse, il demanda que tous
les prêtres qui refusaient de prêter serment fussent considérés
comme attachés à une corporation étrangère dont « le prince
de Rome est le chef », corporation qui exige des vœux religieux, et se trouve interdite par l'article 12 de la constitution,
qui prive les membres de corporations semblables du droit de
citoyen français. Des prêtrophobes déterminés, comme Creuzé
Latouche, sentaient combien il était ridicule d'exhumer la
constitution civile, sous un régime tout à fait opposé à celui
de 1791, et cherchaient d'autres prétextes de persécution. On
demanda l'impression de ce discours et l'ajournement, Portalis s'y opposa vivement : on mit aux voix l'impression ; après
une épreuve douteuse, elle fut rejetée. La séance devint alors
très orageuse ; l'appel nominal fut réclamé : sur 174 votants,

ploité déloyalement. On ne pouvait se débarrasser de cette ridicule manie
d'exiger des déclarations et des serments équivoques, et dont l'inutilité était
pourtant bien évidente !

(1) Il les accusa, entre autres choses, d'avoir publié le tarif des droits qu'ils
exigeaient pour remettre l'adultère, le vol, le concubinage, la simonie, l'assassinat. *Débats et décrets*, fructidor an IV, p. 130.

il y eut 94 suffrages contre l'impression, et 83 seulement pour : les modérés paraissaient déjà devoir l'emporter. Le 9 fructidor Portalis prononça un discours extrêmement remarquable contre la résolution, et la fit rejeter. Il est impossible d'être plus complet, plus topique, de mieux élucider à la fois le côté juridique et le côté politique de la question. Sans doute les préjugés parlementaires de l'orateur percent beaucoup trop dans certains passages, mais à une époque où l'on n'osait guère parler en faveur des prêtres sans leur lancer au moins quelques attaques, sans protester qu'on était étranger à leurs doctrines, le discours de Portalis était un grand acte de courage. Pour la première fois depuis bien longtemps, la cause de la liberté religieuse fut, dans une assemblée française, plaidée dignement, complètement et sans réticence.

Il ne faut pas chercher dans ce discours des traits piquants, ni de grands mouvements oratoires : c'est un mémoire admirablement fait et qui ne laisse debout aucun des arguments présentés par les partisans de la persécution. Portalis examine d'abord si leurs assertions sont exactes, si réellement la résolution fait exécuter des lois existantes, ou fait revivre, au contraire, des lois déjà mortes et condamnées par l'expérience, avant d'être abrogées formellement par la constitution de l'an III. Il montre qu'après les lois des 3 ventôse et 11 prairial an III, et la fameuse circulaire du comité de législation du 22 prairial an III on ne peut plus parler de la constitution civile. Enfin tous les doutes, s'il pouvait y en avoir encore, sont levés par la constitution qui proclame la liberté des cultes, et par la loi du 7 vendémiaire, car cette loi est un règlement qui se suffit à lui-même, et elle exige une promesse de soumission sans se référer à aucune autre loi relative à la constitution civile. Il n'est donc plus possible « de regarder encore comme vivantes des lois liées à des formules de serment positivement abrogées, à un ordre de choses entièrement aboli ». Depuis le 9 thermidor, on n'a cessé d'adoucir une législation tyrannique, et la constitution vient de garantir les droits des citoyens :

On ne peut donc légitimer la résolution du 17 floréal par les

lois qu'on invoque et qui n'existent plus. Les événements qui sépa-
rent ces deux codes, et qui se sont rapidement succédé dans le plus
court espace de temps, équivalent à des siècles; et, dans les circonstances actuelles, nous demandons si le retour à des lois abrogées, à
des lois que nous appelons déjà anciennes, quoique d'une date récente, ne serait pas lui-même la plus injuste, la plus intolérable, la
plus absurde, la plus impolitique de toutes les nouveautés? » (*Débats
et décrets*, fructidor an IV, p. 496.)

Il examine ensuite la résolution en elle-même : elle condamne à la déportation les ecclésiastiques insermentés sans
avoir égard à leurs actes, par cela seul qu'ils sont insermentés. Le seul refus de serment prouve-t-il que l'on a commis le
crime de fomenter la guerre civile ou « sans autre crime, cette
non prestation, ou cette rétractation est-elle par sa nature un
crime capital. » Ces deux systèmes sont également absurdes.
Cette formule de serment est aujourd'hui proscrite, et remplacée
par la promesse de soumission. « Celle qui était prescrite par
la constitution civile du clergé et qui supposait un roi et un
clergé national, serait même aujourd'hui inconstitutionnelle
et contre-révolutionnaire. » Portalis aurait dû invoquer la loi
récente du 26 germinal prononçant la peine de mort contre
ceux qui proposaient le rétablissement de la constitution de
1791 : car la résolution proposée punissait de mort ceux qui
avaient refusé le serment à cette constitution !

On se plaint de l'inexécution des anciennes lois persécutrices,
et l'on espère vainement les remettre en pratique, par la résolution du 17 floréal : les lois qu'on exhume n'ont jamais pu
être appliquées complètement, même pendant la Terreur; la
nouvelle loi serait encore bien plus impuissante devant l'indignation publique. Si des prêtres sont coupables, qu'on les punisse
d'après les formes établies par la constitution : la résolution
en les proscrivant viole et les lois de l'humanité et la constitution.

Au point de vue politique elle ramène la France à la confusion des pouvoirs. Car elle prononce une peine très grave
contre une masse de suspects : elle juge donc sans observer
les formes établies pour les jugements, en réalité elle proscrit.
Elle blesse et les droits du citoyen et ceux de la nation. Or

« Point de culte sans ministres; on ne pourrait donc condamner à la déportation, à la réclusion tous les ministres d'un culte sans prohiber et interdire le culte lui-même. »

Vérité très élémentaire, mais très intentionnellement méconnue depuis 1790 par les révolutionnaires modérés aussi bien que par les terroristes!

Le discours de Portalis n'est en réalité qu'un appel au simple bon sens, à la justice la plus élémentaire : il n'avance que des vérités bien claires, des *truismes!* Voilà justement pourquoi il a obtenu un succès si mérité, à la grande honte de la révolution! Comment donc! Réclamer la liberté sous une constitution qui la proclame : dire que déporter en masse les ministres d'un culte c'est rendre ce culte impossible; que des prêtres accusés doivent être jugés tout comme s'ils étaient des avocats ou des hommes de lettres; que la déportation est une peine; que la constitution de 91 ne ressemble pas à celle de 95; que la religion chrétienne est ancienne en France; que le culte catholique et le culte constitutionnel font deux cultes; que les Suisses des vieux cantons catholiques sont en république, etc., etc., dire toutes ces choses, et beaucoup d'autres aussi évidentes, dans une assemblée républicaine et révolutionnaire, c'était alors le comble de l'audace! Depuis 1790, dans les questions religieuses, le fanatisme philosophique et révolutionnaire avait toujours professé et imposé ce qui était l'opposé de la vérité, de la justice, de la liberté; remettre purement et simplement en lumière les vérités les plus banales, appeler un chat, un chat, même sans traiter de fripons les innombrables Rolets du directoire, c'était faire quelque chose de très neuf et de très hardi! Ce fut du reste l'impression générale!

Cette fois les modérés relatifs votèrent bien et le Conseil des Anciens repoussa la résolution du 17 floréal; ce fut pour les catholiques un grand succès moral. Malheureusement la persécution continua. Le Directoire et tous les révolutionnaires zélés décidèrent que le Conseil des Anciens, en rejetant la résolution, avait remis simplement les choses dans le même état qu'avant sa présentation, et que les lois de persécution

n'étant pas formellement abrogées, étaient toujours en vigueur, et devaient être exécutées. Mais les catholiques et les
modérés soutinrent avec beaucoup plus d'autorité que ces lois
étaient inconstitutionnelles, et s'appuyèrent sur le vote des Anciens qui leur avait donné raison; d'ailleurs tout le monde
croyait qu'après l'arrivée du nouveau tiers, les lois de persécution seraient abrogées. En attendant, le Directoire per-
sévérait dans son odieux système, et ordonnait à ses agents
de persécuter tout comme auparavant. Aussi beaucoup d'entre
eux continuèrent-ils à exécuter les lois anticatholiques sans
tenir compte du vote des anciens. Mais des magistrats et des
administrateurs, qui avaient toujours répugné à l'application
de ces lois odieuses, virent dans ce vote leur condamnation formelle. A partir de cette époque, ils regardèrent les injonctions du Directoire comme abusives, et ne se donnèrent
plus aucun mal pour rechercher les prêtres, ou les empêcher
de rentrer. Beaucoup d'ecclésiastiques profitèrent de leur inertie systématique pour passer la frontière, et exercer le culte
en France. Le 30 fructidor, Charles Delacroix, ministre des
relations extérieures, écrit à son collègue de la police, que les
prêtres rentrent en grand nombre. Le résident de la république du Valais l'avertit que le nombre des prêtres et des
émigrés réfugiés dans ce pays, et dans le reste de la Suisse,
diminue tous les jours, et que la route de Lyon en est cou-
verte. Le ministre de la police s'empresse d'en prévenir les
départements voisins de la Suisse (1). Il en était de même en
Italie; les prêtres qui s'y étaient réfugiés en si grand nombre
rentraient en France, malgré la surveillance de certaines autorités, et grâce à la connivence tacite de certaines autres. Le
23 brumaire an V, Faipoult rend compte au ministre de la police d'une dépêche du citoyen Miot, envoyé de la république
en Toscane :

« Il observe que l'évacuation de la Corse et de la Méditerranée
offre l'occasion d'exécuter les projets que l'on voudra tenter contre
la cour de Rome. Il veut fixer l'attention sur cet ennemi impuissant
les armes à la main, mais redoutable par ses moyens de fomenter

(1) Arch. F7-7187.

des troubles en France. En effet, tous les prêtres déportés et les émigrés ecclésiastiques quittent aujourd'hui les États du pape pour rentrer en France : quelques-uns y sont déjà parvenus, et ils ont mandé que, sans passeports, ils avaient trouvé à la frontière des facilités pour rentrer, qu'ils les invitaient à les suivre. Chaque jour, il en vient pour demander des passeports au citoyen Miot, qui les menace de toute la rigueur des lois, et ils n'en sont pas moins déterminés à continuer leur route. Il a engagé le citoyen Salicetti à prendre un arrêté dont les principales dispositions consistent dans l'établissement d'un certain nombre de postes militaires sur les principales routes et communications de l'Italie inférieure. » Florence, 27 vendémiaire an V. (*Archives*, F, VII, 7204).

Les révolutionnaires qui avaient déjà épuisé l'ancienne France, pressuraient la Belgique avec beaucoup d'âpreté. Une loi du 15 fructidor supprima tous les établissements religieux de ce pays. Au lieu de pensions on donna aux religieux et religieuses un petit capital en bons qu'ils étaient forcés d'employer à l'achat de biens nationaux situés en Belgique, et ces bons étaient incessibles! On trouvait plaisant de les mettre dans l'alternative de commettre un acte défendu par leur conscience ou de mourir de faim (1). Les maisons religieuses qui tenaient des écoles et desservaient des hôpitaux furent exceptées des dispositions de cette loi, car on ne savait comment les remplacer, et d'ailleurs elles étaient les moins riches. Cette exception révolta certains prêtrophobes et à la séance du 2 fructidor, Pérès de la Haute-Garonne la combattit vivement, après avoir étalé d'un air de triomphe les vexations antireligieuses commises en Belgique.

---

(1) Cependant la difficulté fut tournée par la cour de Rome le 4 février 1797 : elle leur permit de se servir de ces bons territoriaux mais seulement pour assurer leur subsistance, et restituer ensuite aux églises et communautés les biens qu'ils auraient acquis.

(2) « Allez dans toutes les communes un peu peuplées, vous y verrez des églises converties en temples de la loi, où l'on solennise très scrupuleusement les décades par des chants civiques, par la lecture, et l'explication de l'acte constitutionnel, des lois... *Débats et décrets*, fructidor an IV, p. 21-22. » Le culte décadaire est alors plus strictement imposé aux Belges qu'aux anciens Français. Pérès prétend que les Belges ont accepté avec bonheur toutes les lois antireligieuses, mais les événements lui donneront bientôt le plus éclatant démenti.

« Il vaudrait beaucoup mieux sans contredit interrompre l'éducation publique, que de la laisser en des mains qui en abusent aussi
étrangement au profit du fanatisme, et au détriment de l'esprit républicain... *Il faut d'ailleurs frapper le clergé sans avoir l'air pour
ainsi dire d'y toucher* (1). »

Les révolutionnaires sont restés toujours fidèles à ce programme, et les prétendus modérés ne le combattent pas plus
qu'en l'an IV !

IV.

Lorsque la conspiration de Babœuf fut découverte, l'échec
du nouveau papier-monnaie était évident. Le 29 floréal
(18 mai), le Directoire, dans un long message aux Cinq-
Cents, avoue que les mandats sont tombés dans le plus
grand avilissement et expose une fois de plus l'état désespéré
des finances. Il lui faut au moins vingt-cinq millions de numéraire par mois pour les armées, ce qui emporte deux cent
cinquante millions de mandats, puisqu'ils sont tombés à dix
pour cent. Il est donc forcé d'en émettre. L'assignat est actuellement au trois cent quarantième, les vingt-trois milliards
qui existent encore ne représentent donc que soixante-cinq
millions, valeur réelle; mais, pris à trente capitaux pour un,
ils absorbent sept à huit cents millions de biens nationaux,
valeur de 1790; et l'on se dispense à cause d'eux de rechercher
les mandats. La ressource des seize cents autres millions de
mandats décrétés se réduit donc, à cause de la dépréciation, à
cent soixante millions; on aura ainsi employé deux milliards
quatre cents millions de biens nationaux pour en retirer quoi?
deux cent vingt-cinq millions qui n'en auront procuré que
cent soixante pour le service public (puisque les assignats
rentrés doivent être brûlés), et cette somme sera bientôt épui-

(1) Le Directoire espérait trouver de grandes ressources en Belgique; le 22
frimaire an IV il écrivait au ministre des finances « le Directoire est informé
qu'il existe encore dans la Belgique *soixante millions* pesant en métal des
cloches et beaucoup d'argenterie des églises » et lui demandait des renseignements. Arch. AF³ r. 180 — il y eut beaucoup de tripotages, au sujet des cloches et des dépouilles des églises.

sée, car la trésorerie a déjà dépensé pour vingt et un milliards
d'assignats (1).

Tel est le bilan de la situation. Ces mandats territoriaux qui
devaient relever les finances, enrichir le pays, jeter la consternation parmi ses ennemis, ont abouti à un désastre complet,
à un immense gaspillage de ce trésor des biens nationaux,
produit de tant de spoliations et de proscriptions, qui devait
permettre à la République de braver tous les dangers.
D'où vient cette franchise subite du Directoire après tant de
réticences et même de fourberies? C'est qu'il se trouve dans la
détresse la plus absolue, et qu'il va proposer une mesure très
radicale au Corps législatif. Il déclare qu'au bout de deux
mois il ne restera plus rien, ni argent, ni assignats, ni mandats.
Le Directoire propose donc de traiter le mandat comme il a
bien fallu traiter l'assignat, de le mettre au cours du jour. C'est
en réalité une forte banqueroute au bout de deux mois. Les mandats à leur valeur nominale et les assignats au trentième continueraient à être admis en payement du premier quart seulement
du prix des biens nationaux. Les acheteurs auraient encore sur
ce quart un bénéfice important, mais les trois autres quarts seraient payés en *mandats au cours* ou en assignats au trentième
de ces mandats, avec une longue série de termes. Si le mandat
n'est pas désormais pris au cours, le Directoire prédit la dissolution prochaine du corps politique, et la perte de la République.

Le 1er prairial (20 mai), il envoyait un nouveau message
pour presser le Corps législatif. Il insistait sur l'état déplorable
des finances, et avouait que l'emprunt forcé ne devait guère
rapporter que des valeurs mortes. Pour se laver du reproche
d'avoir mal géré des finances, il faisait de graves révélations.
« On attribue aussi notre détresse aux grandes dépenses que
l'on pourrait éviter en préférant la voie de l'entreprise à celle
de la régie; on a cité en preuve la régie des hôpitaux militaires. Nous nous serions reproché éternellement d'avoir mis
la vie des braves défenseurs de la patrie en entreprise, surtout
pour une campagne que nous devons croire la dernière (2).

---

(1) Arch. nat., AF³, r. 182. Ce message fut lu en séance secrète.
(2) Encore un trait d'hypocrisie du Directoire pour faire accéder à ses demandes les partisans de la paix!

Les entrepreneurs n'étaient que des vautours qui voulaient dévorer, à titre d'avance, tous les effets et tous les approvisionnements relatifs à ce service, existant dans les magasins de la République, montant à plus de soixante millions, valeur écus. Ils n'auraient pas manqué, comme d'autres entrepreneurs, de laisser tomber le service dès que ces immenses ressources auraient été dilapidées. (1). »

Le Directoire assure qu'il en est de même dans toutes les entreprises : chaque entrepreneur demande d'avance des fonds afin de s'en servir pour agioter, et ne s'inquiète pas de faire le service convenu, et si on lui refuse ces avances, il se retire. Aussi les armées, faute de ressources et de services bien organisés, sont dans une situation lamentable. Celle de l'Ouest « manque de tout, ne vit que par des moyens violents, et sans la détresse cruelle où elle se trouve, on n'aurait pas à reprocher à quelques militaires des actes d'indiscipline toujours inexcusables. » Aucun fournisseur ne se présente pour les armées de Sambre-et-Meuse et de Rhin-et-Moselle, et le Directoire ne peut ouvrir la campagne ; « elles sont obligées de vivre sur ce qui les entoure, des malintentionnés profitent de ce dénuement pour se permettre tous les genres d'exaction, même sur nos concitoyens. » Quant à la marine, « *nous ne disons pas qu'elle languit, elle n'existe pas.* »

Tout se désorganise ; les administrateurs, les juges, les employés, n'étant point payés de leurs traitements, se démettent à l'envi. Les communications sont partout interrompues à cause de l'état de dégradation des routes. On manque complètement de fonds pour les travaux publics et pour les hospices, et il sera bientôt difficile de subvenir à la subsistance des Parisiens. Tous les services vont être paralysés, il ne faut plus de demi-mesures. Tout cela était malheureusement exact. Après avoir poussé tant de cris de triomphe, et proclamé avec tant de fracas que les mandats seraient toujours de l'or en barre, il fallait reconnaître que les terribles leçons du passé avaient été complètement inutiles, qu'on avait renouvelé en deux mois l'affreux désastre des assignats,

(1) Arch. nat., AF³, r. 182.

et que l'État allait être encore ruiné par son propre papier.
Aussi les députés ne pouvaient se résoudre à décréter immédiatement la banqueroute des mandats, en décidant qu'ils seraient
pris au cours. Mais les Conseils entrèrent, par la loi du 8 messidor (26 juin), dans la voie que le Directoire leur indiquait.
Ils décidèrent que la contribution foncière ne serait plus payée
en mandats valeur nominale (ce qui mettait alors l'État en perte
de plus de 93 pour cent), mais que pour un franc d'impôt on
donnerait le prix de dix livres de blé froment en mandats. Or,
on payait généralement, en 1790, la livre de blé froment un
franc ; on arrivait donc à faire payer la contribution en mandats au cours de dix pour cent. Il était évident que ce mode de
payement ne pourrait être restreint aux seules contributions
et que bientôt le mandat ne serait plus reçu comme monnaie
pour sa valeur nominale, mais simplement pour sa valeur
réelle. Le 9, ce système fut étendu au payement des baux à
ferme pour les trois quarts : le reste devait être payé en fruits
et denrées (1).

Le 19 messidor, les Conseils prirent une détermination très
grave ; pour soustraire à l'agiotage les mandats qui devaient
servir au payement des biens nationaux, il fut décrété que le
troisième quart serait payé dans les six jours pour les départements de la Seine, de Seine-et-Oise et Seine-et-Marne, et dans
quinze pour les autres départements, sous peine de déchéance :
la loi du 28 ventôse permettait à l'acheteur de ne payer la seconde moitié que dans l'espace de trois mois ; on lui enlevait
donc partiellement cette faculté parce que l'État avait intérêt
à se faire payer le plus vite possible, à cause de la dépréciation
de plus en plus rapide du mandat. Et cette disposition devait
s'appliquer aux ventes déjà faites. C'était une violation odieuse
des engagements pris en vertu d'une loi formelle, mais les révolutionnaires avaient l'habitude invétérée de ne tenir aucun
compte des engagements qui les gênaient. Ils avaient cru que
les acquéreurs étant pris à l'improviste, et obligés de se pro-

(1) Le prix de la livre de blé fut fixé le 21 messidor à seize sous en mandats
usqu'au 1er fructidor. Le 8 messidor il avait été décidé que la contribution
foncière des maisons d'habitation serait acquittée pour la première moitié en
assignats ou mandats valeur d'un capital pour trente, la seconde en mandats.

curer immédiatement des mandats pour se libérer, leur papier-
monnaie allait remonter sensiblement. En effet, au premier moment il y avait eu une hausse légère : le mandat de cent francs
en avait valu huit, au lieu de sept, mais il baissa bien vite.
Du reste, l'on signala d'odieux tripotages faits par des fournisseurs bien connus avec la complicité des agents du pouvoir,
dans le but de faire baisser les mandats afin de s'en procurer
une quantité à bon compte. La loi du 29 messidor supprima
l'obligation, imposée par celle du 15 germinal, de payer en
mandats ce qui devait l'être en espèces. La loi du 19 messidor
avait jeté le trouble parmi les acheteurs de biens nationaux,
on prit bientôt contre eux un parti beaucoup plus radical.
Le 7 thermidor, les Cinq-Cents décidèrent que la nation étant
lésée par la dépréciation des mandats depuis les premières
soumissions de biens nationaux, le dernier quart à payer serait acquitté en mandats *au cours*, qui sera déclaré tous les
jours à la trésorerie. Le Directoire proclamera le terme moyen
des cinq jours précédents et l'adressera à chaque département.
Le dernier quart sera acquitté dans l'espace de seize mois, en
six payements égaux avec intérêts, sinon les soumissionnaires
seront déchus et on leur rendra les mandats qu'ils auront précédemment donnés.

Lebrun, dans son rapport aux Anciens, reconnut que d'après
l'opinion publique au moment de la loi du 28 ventôse, un bien
patrimonial valait le quart de ce qu'il avait été vendu en 1790;
un bien national de première origine, le huitième ; un bien
d'émigré le douzième. Il ne contredit pas ces évaluations, tout
en refusant de les reconnaître formellement, et déclarant que
« la nation ne peut pas assurer ces nuances. » Toutes ces propriétés doivent avoir à ses yeux comme à ceux de tous les
citoyens la même stabilité; mais il vient d'avouer que le
public ne tient aucun compte de cette fiction politique. Pour
justifier la résolution, Lebrun soutient que personne au Corps
législatif n'a prévu « l'horrible dépréciation des mandats, que
le prix payé n'est plus maintenant le vrai prix demandé par
le vendeur et tacitement convenu avec l'acheteur, et que par
conséquent il y a lésion au préjudice de l'État. »

Durand-Maillane constata qu'il y avait eu de grands abus

dans les adjudications précédentes (1), mais que les soumissionnaires actuels étaient traités bien durement. Lafond-Ladebat rappela qu'il avait inutilement combattu la création des
mandats, et que les événements n'avaient que trop justifié ses
appréhensions. Il déclara que la nouvelle résolution blessait
la justice. « Vous avez payé les créanciers de l'État avec des
mandats valeur nominale ; ces créanciers ont acquis des biens
nationaux pour sauver les débris de leur fortune : pouvez-vous
sans injustice les forcer à payer le dernier quart au cours,
c'est-à-dire exiger aujourd'hui pour ce dernier quart les valeurs que vous leur avez données pour des écus, au vingt-cin-
quième seulement de la valeur de ces mêmes écus? Ainsi le
créancier de l'État auquel il était dû 700,000 livres et que vous
avez payé avec 700,000 livres de mandats, s'il a soumissionné
un bien de 100,000 livres, a déjà payé pour les trois quarts
75,000 livres. Les 25,000 livres qu'il doit absorberont, si vous
adoptez cette résolution, les 625,000 restantes, car ces 625,000,
à 4 fr. le cent, ne représentent que 25,000 livres. Ainsi, pour
700,000 livres écus que le gouvernement lui devait, il n'aura
qu'un bien de 100,000 livres valeur de 1790, valant aujour-
d'hui 30 à 40,000 livres (2). »

Mais, d'un autre côté, le fournisseur, qui gagnait déjà sur
ses marchés quinze ou vingt pour cent, a eu soin de se faire
payer par l'Etat, en mandats au cours, et il s'en est servi pour
acquérir des biens nationaux à vil prix. La lésion est réelle
lorsque les ventes sont faites à des spéculateurs qui ont payé
avec les mandats acquis au cours, mais il n'y a aucune lésion
lorsque des créanciers de l'État ont acheté avec des mandats
qui leur ont été imposés au pair, et ces créanciers sont bien
plus frappés que les spéculateurs ! la lésion est donc produite
uniquement par une mauvaise loi de finances. Voilà pour les
acquéreurs ; mais les soumissionnaires, déclarés déchus, peut-
on dire qu'ils seront remboursés, puisqu'on leur rend des

---

(1) « Dans certains départements, les adjudicataires se sont partagé et les
biens nationaux et les plus beaux domaines de France, comme des voleurs se
partagent un butin dans les forêts. » Et ces acquisitions sont inviolables !

(2) *Débats et décrets*, thermidor an IV, p. 218. Ce créancier ainsi traité subit
deux banqueroutes successives.

mandats absolument avilis? Cette mesure était essentiellement
injuste, et Lafon-Ladebat établit qu'elle devait encore faire
baisser le mandat (1). Mais les Anciens n'eurent pas le courage
de repousser cet expédient, à la fois malhonnête et malhabile,
qui constituait une véritable banqueroute, et cette banqueroute
était décrétée avec un cynisme effrayant, non pas comme celle
de l'assignat, après plusieurs années de luttes, de convulsions,
de désastres, mais par le même gouvernement qui avait créé
les mandats avec tant de charlatanisme. Moins de cinq mois
après leur émission (le 13 thermidor, 31 juillet), il réduisait à
quatre livres, à trois livres, l'obligation nationale qu'il avait
imposée pour cent livres à ses créanciers, et il ne s'était passé
rien de grave pendant ce laps de temps.

Le cours des mandats de cent livres, du 10 au 15 thermidor,
fut fixé à deux livres dix-sept sous; du 15 au 20, à deux livres
neuf sous neuf deniers.

Les mandats comme les assignats avaient jeté partout le
trouble et la ruine; les payements, si imprudemment décrétés
en mandats, aboutissaient aux résultats les plus singuliers et
les plus désastreux. Le Directoire envoya le 24 thermidor un
message sur la situation déplorable dans laquelle se trouvaient, grâce aux mandats, les héritiers des victimes des tribunaux révolutionnaires remboursés en bons par la loi du 21
prairial an III (2). Les bons qui avaient été déjà donnés d'après

(1) Les mandats ont été créés sur une base fausse, sur la valeur des biens en
1790 : Aussi lors de leur émission 100,000 livres de mandats n'en représentaient
guère que 26,000 en valeur réelle: mais ils auraient conservé cette valeur si
l'on n'en avait émis que la quantité nécessaire pour le montant des soumissions
qui pouvaient être faites, car ils auraient été alors réalisables à volonté pour
une valeur fixe : mais les émissions surpassant les soumissions, le mandat s'est
forcément avili et cette dégradation s'est accrue lorsque le gouvernement a
payé ses fournisseurs au cours. En effet, il leur a ainsi donné tout intérêt à
faire baisser les cours. On sacrifiait des mandats reçus à 7 pour cent, pour
faire descendre le prix à 6 et même à 5 francs, et payer à ce taux des acquisitions qui devaient revenir en réalité à cinq pour cent du prix annoncé.

(2) Une loi du 29 floréal an IV mit à la disposition du ministre des finances
douze millions, valeur fixe, pour rembourser le prix des objets mobiliers, « qui
n'ont pu, ou ne pourront être rendus en nature » aux héritiers des condamnés,
aux personnes rayées de la liste des émigrés, etc. Il s'agit d'objets qui ont été
volés par les bons Jacobins, ou vendus précipitamment. Les porteurs de bons
de *restitution* étaient lésés par la législation nouvelle qui imposait les mandats
pour payement des biens nationaux : il leur fallut attendre la loi du 16 brumaire

cette loi avaient subi une grave dépréciation, mais si l'on
payait ces héritiers en mandats, leur indemnité devenait encore
plus dérisoire. Le 29, le Directoire envoyait encore un message
dans lequel il disait aux députés. « Vous connaissez la situation du trésor national : la chose publique est en danger. Si
vous ne venez promptement à son secours elle est perdue : et
il proposait encore une longue liste de mesures à prendre,
entre autres la suppression des corps religieux de la Belgique
qu'il avait déjà réclamée précédemment (elle fut votée le 15
fructidor) et la création d'un nouveau papier monnaie (1).
Dans un autre message du 2 fructidor, il annonce qu'on est à
bout de ressources, car on fabrique les derniers cent millions
de mandats, et il reprend les idées qu'il a développées dans
son précédent message. Le 6 il crie encore misère, le système
des mandats s'ébranle tous les jours. Le 18 fructidor une loi
décida que les fermages arriérés, au lieu d'être payés moitié
en grains, moitié en papier-monnaie valeur nominale, le seraient en numéraire métallique ou en mandats au cours. Les

an V qui permit d'acquitter une partie du prix de ces biens en bons de restitution. Dans un message du 24 frimaire an V, le Directoire fait une curieuse
énumération des diverses catégories de personnes qui peuvent avoir droit à
des bons de restitution. Ce sont 1° les héritiers des condamnés révolutionnairement non exceptés par la loi. 2° Les personnes rayées des listes d'émigration. 3° Les pères, mères, aïeuls, aïeules d'émigrés. 4° Les ecclésiastiques déportés et reclus, rétablis dans leurs droits, ou les héritiers de ceux d'entre eux
qui sont restés frappés de mort civile. 5° Les ci-devant incarcérés comme suspects. 6° Ceux dont les matières d'or et d'argent ont été saisies pour cause
d'enfouissement. 9° Ceux fondés à réclamer des dépôts judiciaires et autres
versés dans les caisses nationales. 8° Ceux qui ont été dépouillés par suite de
réquisition, et de *préhension* (c'est-à-dire par des brigands fonctionnaires ou
clubistes). 9° Enfin ceux qui l'ont été sans cause ni motifs (toujours au profit
des bons Jacobins). On voit que le nombre était très grand des personnes
ayant droit à ces bons de restitution qui restituaient une bien petite partie des
pertes subies. Le Directoire dans ce message annonce qu'il a permis de payer
en métal, certains réclamants qui ne demandaient que de très petites sommes,
et se trouvaient dans une misère tout à fait exceptionnelle. Ainsi un arrêté du
Directoire du 6 brumaire précédent avait accordé à la veuve du girondin Biro-
teau une indemnité de 300 francs *en numéraire* pour des effets et bijoux
enlevés à son mari lors de son arrestation, et qui n'avaient jamais été rendus
en nature. — (Arch. AF³r, 182-183.)

(1) « Examinez, disait le Directoire, si un signe supplémentaire est nécessaire
au mouvement des finances de la République. » Il estime, lui, que ce nouveau
signe est indispensable. Mais est-ce le gouvernement, est-ce une banque qui
doit le fournir ? — (Arch. AF³, r. 182.)

conseils votèrent des ressources au Directoire : la loi du 17
fructidor (3 septembre 1796) l'autorisa à vendre sans enchères,
mais à dix-huit fois le revenu annuel, des domaines nationaux
de Belgique jusqu'à concurrence de cent millions valeur numéraire : il décida aussitôt que ces biens seraient payables en
numéraire, savoir le premier quart dans les dix jours, les autres
de trois mois en trois mois, mais les acheteurs se présentaient
en beaucoup trop petit nombre. Pour prévenir l'avortement
complet de cette opération, et empêcher ses adversaires d'en
triompher publiquement, le Directoire passa le 11 vendémiaire
an V (2 octobre 1796) avec certains spéculateurs une convention secrète très curieuse (1). Les compères du Directoire

(1) « Les soussignés connaissant que le gouvernement est dans l'intention
d'activer la vente des domaines nationaux de la ci-devant Belgique, en faisant
soutenir et exciter les enchères par l'exemple des personnes connues dans le
pays, ayant observé que cette mesure n'est pas moins nécessaire pour attirer
aux ventes ceux qu'un défaut de confiance et les insinuations des anciens
possesseurs en auraient écartés, que pour porter le prix des adjudications à
la véritable valeur des biens, et déjouer la cupidité des spéculateurs qui chercheraient à s'approprier ces domaines à vil prix. »

Ils proposent les articles suivants qui sont adoptés par le ministre des finances et le Directoire.

Art. 1. Ils sont autorisés à enchérir pour le compte du gouvernement, sous
leur nom ou celui de leurs associés, les biens nationaux qui seront mis en
vente dans les départements de la ci-devant Belgique, de manière qu'un bien
offert au prix de l'estimation légale, ne reste point sans acquéreur, et que ceux
pour lesquels il y a concurrence soient portés par la chaleur des enchères aux
prix les plus avantageux. »

Art. 2. « Ils seront autorisés également à demander l'adjudication notamment des enclos et bâtiments des maisons religieuses non affermés, pour les
revendre ensuite partiellement au profit du gouvernement, aux mêmes clauses
que les autres domaines. » Le Directoire veut détruire les maisons religieuses,
et que l'Église ne puisse les retrouver, si le pouvoir lui est enlevé et si la persécution est arrêtée.

Art. 3. « Si les biens leur sont adjugés comme derniers enchérisseurs, ils
*paieront le prix avec des bons que le ministre des finances leur fera délivrer
par la trésorerie pour cet usage spécial*, ou bien ayant la faculté de payer à
Paris, la trésorerie leur délivrera des récépissés pour le prix de cette acquisition simulée. » Ils paieront en outre les droits et l'enregistrement et autres
frais de vente dont il leur sera tenu compte. »

Art. 4. Ils emploieront tous leurs soins pour revendre de la manière la plus
avantageuse les domaines dont ils sont adjudicataires, et ils compteront du
produit de la revente.

Art. 5. Si après quelque temps ils ne pouvaient trouver d'offres suffisantes
pour la cession desdits domaines, ils seront repris au compte de la République,
sauf à les remettre en vente comme par folle enchère.

Art. 6. « Il leur sera alloué sur le prix des reventes *deux cinquièmes* de tout devaient se présenter publiquement comme acheteurs et faire des acquisitions simulées avec des bons préparés par le Directoire pour cette comédie : ils devaient ensuite essayer de revendre leurs achats en détail avec un bénéfice dont ils abandonneraient les trois cinquièmes au Directoire; mais, en cas d'insuccès, ils devaient rendre les biens qui seraient remis en vente comme par folle enchère.

Le Directoire désirait ardemment, et par cupidité, et par fanatisme antireligieux, non seulement aliéner tous les biens ecclésiastiques de Belgique, mais détruire tous les objets qui dans ce pays avaient servi au culte. On a déjà vu qu'il s'imaginait pouvoir tirer beaucoup d'argent des cloches. Le 18 nivôse an V, il passa un traité avec les entrepreneurs généraux de la fourniture de viande aux armées du Nord et de Sambre-et-Meuse, par lequel il leur abandonna toutes les cloches provenant des établissements réunis. Ce traité contient une disposition tout à fait caractéristique : les entrepreneurs s'obligent *à ne laisser dans chaque département aucune cloche entière de celles qui leur ont été livrées,* pour qu'on ne puisse pas les racheter, et les rendre à leur première destination : il faut qu'il soit impossible désormais d'entendre le son des cloches (1).

ce qui excédera le prix de l'adjudication. » Cela fait trois cinquièmes du bénéfice, que le Directoire se réserve : évidemment il ne rendra pas compte aux Conseils de cette recette, et l'emploiera à son gré.

Art. 7. « Il ne leur a été possible de calculer rigoureusement tous les effets de la présente soumission : le gouvernement pourra dès qu'il le jugera convenable modifier ou annuler les dispositions de la dite soumission ». (Arch. nat. AF³, r. 183). Dans son rapport sur la trésorerie du 5 germinal an V, Camus ne parle pas de ce traité qui lui fut peut-être caché.

(1) Le prix des cloches sera imputé sur leurs fournitures. Il est fixé à 50 francs poids de marc le quintal, et celui des crapaudines à moitié de ce prix. Ils sont autorisés à requérir la force armée pour descendre les cloches et les transporter : les battants leur sont abandonnés en compensation du poids des anneaux et des matières étrangères. S'ils veulent emporter une partie de ce métal, ils y sont autorisés avec exemption du droit de sortie. (Arch., AF³, r. 183.)

CHAPITRE XIV.

PREMIÈRES VICTOIRES DE BONAPARTE.

I.

Le 14 fructidor an III (31 août 1795), le Comité de salut public avait envoyé l'armée des Alpes en Savoie sous les ordres de Kellermann, et placé l'armée d'Italie près de la rivière de Gênes. Scherer, qui commandait cette dernière armée, ne put commencer ses opérations que trois mois plus tard, après avoir reçu un renfort de dix mille hommes. Les Austro-Sardes se tenaient sur la frontière des Apennins. Le 2 frimaire (23 novembre) Schérer, attaqua tous leurs postes, depuis le Tanaro jusqu'à la mer. Masséna battit les Autrichiens à Bardinetto. Augereau les défit complètement à Loano. Les Sardes commandés par Colli tinrent bon. L'armée française ne poursuivit point ses avantages et reprit ses quartiers d'hiver, mais elle était maîtresse de la rivière de Gênes et des passages du

Piémont. Au moment où le Directoire prenait possession du pouvoir, les révolutionnaires, grâce aux récents traités de paix, n'avaient plus à lutter contre la Prusse, l'Allemagne du Nord, ni l'Espagne; mais il leur fallait tenir tête à la triple alliance formée le 28 septembre 1795, entre l'Autriche, la Russie et l'Angleterre, et à ses auxiliaires les rois de Sardaigne et de Naples, et plusieurs États de l'Allemagne. Le Portugal n'avait pas traité avec la France, mais il n'apportait aucun concours utile à ses adversaires.

Comme toujours, chacun des coalisés avait ses ambitions particulières. L'Impératrice de Russie prêchait la guerre avec beaucoup d'énergie, mais en laissait retomber toutes les charges sur ses alliés. L'Angleterre, mécontente de l'inaction de l'Autriche, ne se souciait plus guère de lui fournir des subsides (1), et Thugut prétendait que l'empereur ne pouvait mettre

---

(1) Le Directoire essaya de négocier secrètement avec l'Autriche. On a déjà vu que le Comité de salut public s'était servi dans ce but de l'agent Poterat, personnage assez suspect, qui s'était montré à Vienne, avec la croix de Saint-Louis, en se disant un gentilhomme vendéen, chargé d'une mission auprès de Louis XVIII à Vérone. Il avait excité les soupçons de Lucchesini, ambassadeur de Prusse. Il eut avec Thugut une entrevue très inutile. Cependant le Directoire, à peine installé, prit le 6 frimaire an IV (27 novembre 1795), en séance secrète, cet arrêté : « Le Directoire exécutif désirant essayer tous les moyens possibles de procurer une paix glorieuse et avantageuse à la République française donne pouvoir au citoyen Poterat de se transporter à Vienne *pour y suivre les négociations précédemment entamées avec la maison d'Autriche, et signer tout traité* avec les ministres que l'empereur aura délégués à cet effet, et ce conformément aux instructions en date de ce jour qui lui seront délivrées, signées des membres du Directoire exécutif et contresignées par le ministre des relations extérieures. » (Arch. AF³ r. 20). Il paraît que le Directoire lui avait enjoint de demander à l'Autriche, la Belgique, la rive gauche du Rhin, et ses possessions en Souabe, moyennant la Bavière. On conclurait avec elle une paix séparée, et la paix avec l'Europe serait réglée dans un congrès tenu à Hambourg. L'idée de traiter avec l'Autriche en lui abandonnant la Bavière, au grand mécontement de la Prusse, n'était pas nouvelle. On a soutenu que l'embassadeur toscan Carletti avait été chargé par l'Autriche de négocier la paix sur cette base. Sybel croit à la réalité de cette mission. Huffer (Ostreichen und Prussen, p. 142 et suiv.) semble avoir bien établi qu'on a donné beaucoup trop d'importance à de simples bruits. Ce système avait des partisans. Merlin de Thionville étant commissaire près l'armée du Rhin, conseillait l'abandon de la Bavière à l'Autriche en dépit de la Prusse : sa correspondance le prouve. « Notre principe, disait-il, doit être que les loups se dévorent entre eux ». Mais les républicains français étaient alors trop prussophiles pour l'écouter. Poterat reçut de l'argent et s'efforça de négocier, mais il échoua complètement auprès de Thugut, qui trouva les offres du Directoire très insuffisantes ; quelques

ses troupes en mouvement avant de les avoir reçus. Mais l'Angleterre était résolue à attendre que les opérations militaires fussent commencées; sir Morton Eden le déclara formellement. Thugut semblait, en effet, beaucoup plus disposé à porter les forces de l'Autriche du côté de l'Italie, qu'à tenter de reprendre la Belgique, ou d'attaquer la France du côté du Rhin. Il laissa voir à ses alliés que la perte de la Belgique lui était assez indifférente, à moins qu'on ajoutât à ce pays plusieurs forteresses françaises, Liège et le Brabant septentrional; mais l'Angleterre ne se montra nullement favorable à ses combinaisons. Alors Thugut se tourna vers le cabinet de Saint-Pétersbourg, et chargea le comte de Cobenzl de lui déclarer qu'il était impossible de prolonger la guerre en Allemagne, si l'Angleterre n'accordait pas de larges subsides. Si la Russie ne maintenait pas la Prusse, il faudrait reporter sur l'Italie tout l'effort de l'armée autrichienne. Mais pour continuer la guerre, l'empereur demandait qu'on lui promît plusieurs provinces. Il voulait obtenir l'échange de la Belgique contre la Bavière; mais comme il lui était bien difficile de le proposer à l'Angleterre, après avoir déclaré plusieurs fois qu'il y renonçait, il excitait la Russie à poser elle-même cette exigence au cabinet britannique. Il voulait également qu'on lui donnât l'Alsace et la Lorraine, au tout ou moins l'Alsace, dans le cas où la coalition serait complètement victorieuse. Si les alliés n'acceptaient pas ces conditions exorbitantes, l'Autriche abandon-

mois plus tôt il les aurait peut être acceptées; mais la Russie lui faisait alors espérer beaucoup plus; il paraît que Poterat lui parla inutilement de provinces turques (De Sybel, t. IV, p. 441). Thugut le renvoya de Vienne. Poterat alla trouver Degelmann à Bâle, mais il ne réussit pas mieux à s'entendre avec lui. Delacroix le chargea ensuite d'annoncer à Thugut que le Directoire possédait des papiers très compromettants pour lui, mais Thugut ne se laissa pas intimider. Ensuite Poterat se rend en Souabe et cherche à fomenter la révolution dans ce pays; mais on le soupçonna de jouer double jeu, et de trahir le Directoire au profit des émigrés, et le 11 messidor (29 juin) le Directoire « considérant que le citoyen Poterat, qui avait été chargé d'une mission pour la République, est prévenu de conspiration contre la sûreté intérieure et extérieure de l'État » ordonne à Barthélemy de requérir le sénat à Bâle de le faire arrêter « le citoyen Poterat et ses papiers scellés seront remis à la personne chargée par le ministre de la police générale de les recevoir et conduire à Paris ». A son arrivée, il sera interrogé par le ministre de la police. Un arrêté du 22 charge Barthélemy et le général Delaborde d'examiner ses papiers à Bâle et de les envoyer à Paris (Arch. ibid.). V. Huffer, Ostreichen und Prussen, p. 198, 212 et suiv.

nerait l'Allemagne à son sort, et emploierait toutes ses forces à faire la guerre en Italie.

Le cabinet de Saint-Pétersbourg déclara à Cobenzl que l'Autriche n'obtiendrait jamais du Directoire une paix sûre, parce que la guerre était pour les révolutionnaires une nécessité; mais qu'il ne pourrait pas envoyer à l'empereur l'armée auxiliaire précédemment promise, avant que les affaires de Pologne ne fussent réglées, et qu'il n'y eût plus aucun sujet de crainte du côté de la Prusse. Il ne se montrait nullement hostile aux projets d'agrandissement de l'Autriche, mais trouvait qu'il serait imprudent d'en parler d'avance au cabinet britannique. « Faites comme nous, disait-on à Cobenzl, commencez par prendre ce que vous pourrez : vous direz ensuite ce que vous voudrez garder; l'Angleterre ne vous l'enlèvera pas (1) et nous forcerons la Prusse à se tenir tranquille. » Du reste la Russie comme l'Angleterre tenait à ce que l'Autriche fît la guerre sur le Rhin, mais si elle ne lui fournissait aucun secours immédiat, elle promettait du moins de l'aider à conserver les conquêtes qu'elle aurait faites (décembre 1795).

L'Angleterre offrit à la Russie un subside d'un million de livres sterling par an, si elle fournissait à la coalition un corps de cinquante mille hommes. Quant au prêt de trois millions de livres à l'Autriche, dont il avait été précédemment question, lord Grenville déclarait que, pour le moment, l'Angleterre ne pouvait le réaliser, mais que si l'Autriche trouvait cette somme sur une place de l'Allemagne, elle lui promettait sa garantie. Mais l'Autriche, en retour, devait faire de grands efforts sur le Rhin.

Néanmoins l'Angleterre jugeait utile que les coalisés, par égard pour la nation française, qui, à la différence de son gouvernement, désirait réellement la paix, déclarassent bientôt avec solennité qu'ils étaient prêts à traiter, et que si le Directoire y consentait, l'Angleterre poserait seulement les conditions suivantes : amnistie pour les royalistes français, une indemnité pour les dépenses de la guerre, la restitution de

(1) De Sybel, t. IV, p. 140.

la Belgique avec l'augmentation de territoire réclamée par Thugut. Cette dernière demande serait probablement refusée à moins que l'Autriche ne remportât de grandes victoires, mais l'Angleterre la présenterait pour autoriser Thugut à demander d'autres provinces en échange de la Belgique. Elle lui promettait pour l'avenir beaucoup moins que la Russie, mais elle lui offrait immédiatement la garantie d'un emprunt sans lequel il ne pouvait continuer la guerre. Thugut entra donc en négociations avec l'Angleterre sur ce terrain, et se déclara prêt à poursuivre très exactement la guerre, si elle lui fournissait de larges subsides. Grenville offrit de garantir le prêt de trois millions, et bientôt de lui avancer sur cette somme cent cinquante mille livres sterling par mois, et l'empereur s'engagea à ne pas diminuer son armée du Rhin au profit de celle d'Italie.

Cette dernière armée le préoccupait alors très vivement. Les Sardes depuis Loano étaient furieux contre les Autrichiens : ils avaient accusé leur général, de Vins, d'incapacité, de lâcheté et même de concussion. En janvier 1796, le roi de Sardaigne prévint l'empereur qu'il venait de conclure une trêve avec les Français, et lui annonça en même temps qu'il avait entamé des négociations pour la paix, et que si elles échouaient, il réclamerait le commandement en chef sur les troupes autrichiennes qui étaient en Piémont, afin de donner à l'action commune plus d'unité et d'énergie. Cette démarche excita la défiance de Thugut, car il savait très bien que le Directoire chercherait à profiter de cette négociation pour détacher le roi de Sardaigne de la coalition en lui promettant une partie du Milanais : l'Autriche devait donc, par prudence, renforcer son armée d'Italie pour parer aux conséquences de la défection possible du roi de Sardaigne, mais Thugut, qui se méfiait du cabinet de Berlin, maintenait sur la frontière prussienne des troupes nombreuses qui auraient été nécessaires en Italie (1). Le roi de Naples lui proposa de lui en-

(1) « Ainsi le spectre de la Pologne venait encore, malgré l'apaisement de la lutte sur les points principaux, troubler les Autrichiens dans la guerre qu'ils faisaient à la révolution. De même qu'on avait laissé la Belgique sans défense en 1794, et les provinces rhénanes en 1795, en raison des idées de guerre et

voyer dix mille hommes, mais il fallait que ce corps d'armée passât par la Toscane, et le général Manfredini, qui était tout-puissant auprès du grand-duc et en faveur auprès du Directoire, s'y opposa formellement à cause de la paix qui avait été conclue entre la Toscane et la France. L'Angleterre et la cour de Naples protestèrent vivement, mais l'Empereur craignit de compromettre son frère : son armée d'Italie ne reçut donc aucun renfort. Le grand-duc et Manfredini avaient rendu au Directoire un véritable service : il les en récompensa par l'occupation de Livourne et par d'odieuses extorsions !

L'Espagne essaya en vain d'exercer le droit de médiation qui lui avait été accordé par le traité du 14 thermidor an III. Le 7 nivôse an IV (28 décembre 1796) le Directoire avait écrit à Schérer, qu'il le chargeait, conjointement avec Villars et le commissaire Ritter, de négocier très secrètement avec le roi de Sardaigne. Ce prince devait renoncer définitivement à la Savoie et au comté de Nice : en outre le Directoire désirait vivement obtenir les vallées d'Aulx, les forts de Fénestrelle et d'Exiles, et reculer ses frontières jusqu'au Pas de Suze par la cession de la place de la Brunette. Moyennant l'abandon de la Savoie et des Alpes Maritimes, il consentirait à restituer Oneille et Loano. « Le Directoire n'insistera que faiblement sur la cession à faire à la république de l'île de Sardaigne » ; il exigeait seulement la cession de l'île San-Pietro, de San-Antiocho et autres points à l'extrémité de la grande île, dans l'intérêt du commerce français de la Méditerranée, et même pour protéger la Sardaigne ! Le roi devait tenir beaucoup à ce pays dévoué, et qui pouvait lui servir de refuge. Le Directoire « insiste avec force » sur cet article du traité.

Voici maintenant ses offres : il déclarait avoir pour but « l'expulsion totale de la maison d'Autriche hors de l'Italie » et il fallait que la Sardaigne y concourût : elle devait conclure immédiatement avec lui une alliance défensive et offensive. Pendant toute la durée de la guerre, le Directoire, comme

de trahison qu'on attribuait à la Prusse, de même pour un semblable motif on abandonna l'Italie en 1796, sans pressentir que c'était précisément cette route qu'allait suivre le redoutable ennemi de la monarchie pour fondre sur l'Europe. » (De Sybel, t. IV, p. 143.)

garantie, aurait des garnisons à Ceva, Coni, Alexandrie et Suze, tout en détenant Oneille et Loano, et après la conquête, il assurerait au roi « la remise du Milanais, et de tous les États Autrichiens avec le titre de roi de Lombardie ». Le roi fournirait des transports, des subsistances, des hôpitaux nécessaires à une armée de 50,000 hommes, et par compensation aucune contribution ne serait levée par la République sur les pays conquis. Il faut, si le roi hésite, lui faire envisager « *ce que pourraient produire les entreprises des mécontents dont fourmillent ses États, si elles étaient appuyées par les armes victorieuses de la République.* » En outre Schérer, jusqu'à ce qu'il ait reçu une réponse, doit encourager les révolutionnaires du Piémont qui lui ont fait des propositions, et « les adopter définitivement dans le cas d'un refus formel de sa Majesté Sarde » (1).

Victor Amédée ne voulut point livrer son royaume à des hommes d'une bonne foi aussi douteuse; pour s'excuser auprès de l'Autriche, il prétendit n'avoir négocié que pour gagner du temps : il se déclara décidé à faire la guerre avec beaucoup d'activité, et demanda à l'Empereur de renforcer son armée, de porter à neuf mille hommes le corps qui secondait la sienne et de lui laisser le commandement en chef des troupes sardes et autrichiennes qui opéraient ensemble. Cette dernière demande fut repoussée. Thugut fit de belles promesses, et envoya seulement quelques renforts; mais, au commencement de la campagne, le corps qui secondait les Piémontais ne comptait pas plus de 5,000 hommes, l'armée des Apennins en avait 27,000 disponibles. Les garnisons de Mantoue, de Milan, et les hôpitaux en renfermaient encore sept mille. L'armée sarde comptait dix-sept mille hommes sur les Apennins liguriens où l'effort des Français allait se reporter, et environ vingt mille hommes sur les Alpes ou disséminés dans les citadelles. Le général Beaulieu, âgé de soixante et onze ans, reçut le commandement en chef. Thugut avait formellement inter-

---

(1) *Revue de la révolution*, t. III, p. 120. Documents.

(2) Il se défiait toujours de son allié. « Nous savons, écrivait-il le 4 mars à Cobenzel qu'il ne faut pas trop compter sur la cour de Turin. Elle est remplie de petites ruses, de petites déloyautés, de petites jalousies » (De Sybel, t. IV, p. 148.)

dit de diriger les Autrichiens vers la Savoie. Les Sardes avaient donc peu de motifs d'être satisfaits de leurs alliés, qui se croyaient autorisés à se défier d'eux. La mésintelligence qui existait depuis longtemps entre les deux armées ne fit donc que s'accroître.

La république de Gênes persistait dans sa neutralité, néanmoins le Directoire se montra tout de suite très hostile à son indépendance. Le 27 nivôse an IV (17 janvier 1796), Delacroix, ministre des relations extérieures, avertit Villars que le Directoire entendait imposer au roi de Sardaigne la cession d'Oneille, de Loano, de toutes les possessions piémontaises enclavées dans le territoire génois. Les conditions posées, le 7 nivôse, à ce prince sont déjà très modifiées. Le Directoire veut maintenant la Sardaigne, et le roi sera amplement dédommagé par le Milanais et le Crémonais. (C'est vendre la peau de l'ours.) Si la cession de la Sardaigne soulevait trop de difficultés, on demanderait comme dédommagement de son odieuse agression 25 millions en numéraire, et 25.000 quintaux de blé (1). Les enclaves seraient le prix de l'alliance ou plutôt de la vassalité de Gênes, qui ne pourrait plus désormais se soustraire aux exigences d'un voisin si redoutable, et si peu scrupuleux. Cependant, le Directoire agirait prudemment et jouerait la comédie, pour ne pas attirer immédiatement les armées et les flottes ennemies sur Gênes. « *Des secours secrets, et qui auront l'air d'être arrachés par une sorte de crainte*, produiront le même effet, et ne présenteront aucun inconvénient... » En outre, la vieille République fournira secrètement un emprunt. Delacroix est persuadé que Gênes se rendra très utile à la France, en conservant, d'accord avec elle, les apparences de la neutralité, et il paraît croire que les intéressés ne se douteront de rien.

Villars proposa donc à la République de Gênes de jouer au profit du Directoire cette dangereuse comédie, et de com-

(1) Mais on exigerait qu'il ne pût disposer de la Sardaigne au bénéfice de qui que ce fût sans le consentement du Directoire. En outre il prendrait l'engagement d'expulser de ses États les émigrés et les prêtres déportés. Le Directoire refuse absolument de rien stipuler relativement à la religion (pour les pays cédés), attendu que la constitution accorde aux Français le libre exercice de tous les cultes en se soumettant aux lois (qui l'entravent scandaleusement).

mencer par lui prêter vingt millions, avec promesse de remboursement à une époque *prochaine et convenue*. Elle devait en outre fournir à l'armée des chevaux et des mulets. Il prétendit, pour intimider, qu'un emprunt avait été précédemment préparé à Gênes pour l'armée austro-sarde. La République fournirait cet argent au Directoire en trompant la surveillance de la coalition. En cas de refus, la France occuperait une partie du territoire (13 pluviôse, 2 février 1796). Le Sénat nia qu'il eût jamais été question d'un emprunt pour l'armée austro-sarde, et repoussa cette demande, en se retranchant derrière sa neutralité. Mais le Directoire voulait absolument lui tirer de l'argent : il le fit harceler à la fois par Villars et Cacault, et par les commissaires de l'armée d'Italie.

Villars fut remplacé par Faipoult, qui avait été un moment ministre des finances. L'armée d'Italie manquait de tout; ses chefs et les commissaires du Directoire en prenaient prétexte pour commettre les plus odieuses extorsions. Le 2 germinal (22 mars 1796), Faipoult écrit de Nice que l'armée est dans le plus triste état, et que Salicetti, alors le principal agent civil du Directoire, estime que le trésor de Gênes est sa seule ressource. Il s'est donc entendu avec le général Schérer pour faire marcher des troupes sur Gênes, effrayer le Sénat, et lui extorquer ainsi quelques millions. C'est un plan hardi, mais il ne voit pas d'autre moyen de trouver de l'argent. Le 6, Salicetti écrit de Savone que la solde est en retard, et que les soldats sont mécontents. La situation est grave, et Cacault l'a prévenu que ses efforts pour tirer de l'argent du gouvernement génois ont été infructueux. Salicetti lui a écrit qu'il avait l'intention de faire filer des troupes sur Saint-Pierre d'Arena, ville qui touche à Gênes, pour effrayer le Sénat, et lui faire payer rançon; mais le bruit court que le Directoire ne voudrait pas aller aussi loin. Néanmoins, il s'était entendu avec Schérer, et les troupes françaises étaient déjà à Voltri et bientôt aux portes de Gênes pour sommer le Sénat de remettre aux agents français une bonne somme (1); mais on

_____

(1) Arch., AF, III, 65 et 185. D'après Salicetti, le commissaire génois de San-

apprit tout à coup que le général Bonaparte allait arriver à
Nice pour prendre possession du commandement, et cette
glorieuse expédition fut suspendue. Comme Cacault, Salicetti
déclare que le gouvernement génois est l'ennemi de la France,
puisqu'il ne veut pas se laisser plumer par ses agents. Les
révolutionnaires français travaillent déjà à renverser ce gouvernement si peu accommodant. Le 2 avril (13 germinal), le
bruit courut qu'on venait de découvrir une conspiration : les
révolutionnaires locaux devaient livrer aux Français la porte
Saint-Thomas, pour faire à Gênes une révolution complète ;
mais le gouvernement, prévenu du complot, avait pris des
mesures énergiques.

Ce n'était que partie remise. Il fallait que Gênes devînt un
état vassal du Directoire, et qu'elle lui fournît beaucoup d'argent. On voulait bien tolérer pendant quelque temps sa vieille
constitution, pourvu que son gouvernement achetât cette tolérance par des dons secrets, et en violant réellement la neutralité. Alors, pour lui extorquer de nouveaux millions, on le
menacerait de tout divulguer, et ce malheureux gouvernement, pour ne pas être attaqué par les coalisés, viderait rapidement ses coffres au profit du Directoire. Tel était le plan
exposé par Salicetti. Si le Sénat ne se soumettait pas, on ferait à Gênes un simulacre de révolution ; et on y établirait une
Constitution copiée sur la Constitution de l'an III, avec des
hommes de paille pour gouverner cette prétendue République qu'on exploiterait à son aise.

Faipoult, installé officiellement à Gênes le 16 germinal,
déclara aussitôt au Directoire que le Sénat ne consentirait
pas à un emprunt. Il faudrait donc l'y contraindre ; le 10 floréal il envoya son plan au Directoire. Lorsque l'armée d'Italie
aura remporté un nouvel avantage, on présentera de nou-

Remo, Spinola, avec qui l'on est entré en négociations, a dit que son gouvernement donnerait *non ostensiblement trois millions*, dont 500,000 dans deux
jours, le reste bientôt : « J'avais cru devoir y consentir pour le moment, sauf
à exiger plus, après que ces premiers fonds fournis, qui auraient pourvu aux
besoins pressants de l'armée, le *gouvernement se serait vu engagé.* » Ce gouvernement avait dû deviner depuis longtemps qu'on lui tendait un piège avec
cet emprunt fait en cachette des coalisés, et il est fort possible que Spinola
ait mal expliqué ses intentions.

veau au gouvernement génois tous les griefs du Directoire,
en exigeant de lui, comme réparation, un emprunt de six
millions à remplir dans quinze jours. Cet emprunt serait à
quatre pour cent, remboursable en dix termes annuels; le
premier terme serait fixé un an après la paix avec l'Autriche.
En cas de refus, le Directoire prendrait à la République tout
ce qui lui conviendrait. Malgré leur jactance Faipoult compte
peu sur les patriotes italiens.

L'archiduc Charles fut nommé le 6 février par l'empereur,
au commandement de l'armée du Rhin, à la place de Clairfayt,
qui, mécontent de la nomination de Wurmser à l'armée du
Haut-Rhin, avait voulu se retirer. Mais l'archiduc ne se rendit
pas immédiatement à son poste, car l'Autriche ne voulait tenter encore aucune opération importante. Faute de ressources,
cette armée était dans un triste état : cependant la situation
de l'armée française était encore pire ; mais l'Autriche commençait à être lasse de la guerre, et elle aurait bien vite fait
la paix, si le parti modéré, qui ne tenait pas à conserver certaines conquêtes, avait prévalu en France.

L'Angleterre, qui espérait rendre habilement le Directoire
responsable de la prolongation de la guerre aux yeux de l'Europe et de la France elle-même, voulait, avant de reprendre les
hostilités avec énergie, faire déclarer solennellement par la coalition qu'elle désirait une paix honorable. Thugut ne se souciait pas d'associer l'Autriche à cette déclaration ; car si elle
produisait quelque effet, il lui faudrait peut-être abandonner
ses projets d'agrandissement. Toutefois, l'Angleterre déclara
qu'elle ne traiterait pas sans l'Autriche, mais qu'elle se croyait
le droit de faire en son propre nom, certaines ouvertures pacifiques ; et Wickham, son ambassadeur en Suisse, envoya le 8
mars, à Barthélemy, une note de lord Grenville déclarant que
les alliés étaient disposés à traiter, et demandant sur quelles
bases le Directoire entendait négocier. Le 26, le Directoire répondit très carrément à Barthélemy, qu'il ne saurait être
question des pays réunis à la France par différents décrets de
la Convention, et qu'il ne consentirait à discuter que sur la
cession des autres territoires occupés par ses armées. D'ailleurs
un congrès général, suivant lui, entraînerait trop de lon-

gueurs. Cette déclaration rendait la guerre inévitable, car les
alliés ne pouvaient se soumettre à de semblables conditions
qu'après avoir subi les plus graves défaites. Le Directoire en
faisant une pareille réponse prouvait, de la manière la plus
péremptoire, qu'il avait besoin de la guerre, et que pour se
maintenir au pouvoir, il n'hésitait pas à prolonger indéfiniment les souffrances de la patrie, et risquait de compromettre, ou même de perdre tous les avantages obtenus jusqu'alors.
Pour l'excuser quelque peu, il faudrait prouver qu'il avait
prévu le génie militaire de Bonaparte, et toutes ses victoires;
mais s'il les avait prévues, il aurait compris bien vite que
ce grand vainqueur pourrait bien le supplanter au pouvoir;
et par intérêt personnel, il se serait montré beaucoup plus accommodant sur les fameuses frontières constitutionnelles. En
réalité, il vivait au jour le jour, ne songeant qu'à écraser tous
les opposants, royalistes ou jacobins, et ne s'inquiétant nullement ni du sang versé, ni de la misère publique (1).

L'archiduc reçut aussitôt l'ordre de se rendre à son armée
(3 avril); mais son départ fut encore retardé, parce que le

(1) Il existe aux Archives (AF³ 59) un extrait ou résumé d'un mémoire adressé probablement au Directoire par l'un de ses hauts fonctionnaires : il indique parfaitement les raisons, qui poussaient le Directoire à continuer la guerre
contre l'Autriche. Ce travail a été déposé le 25 germinal an IV (15 avril 1796);
et la nouvelle des victoires si imprévues de Bonaparte n'était pas encore
parvenue à Paris. Ainsi donc l'auteur de ce mémoire ne conseille pas de poursuivre une guerre très heureusement commencée; il juge seulement l'état de
guerre nécessaire à la durée du gouvernement directorial. « L'empereur, dit-il,
est instruit des maux qui affligent la France; le peuple attribue ses malheurs à
la guerre, mais la paix se faisant, ils lui deviendront plus insupportables; d'a-
bord l'épuisement de nos finances ne permettra pas de faire honneur à la dette
nationale. » Il faudra lever de nouveaux impôts qui exciteront le plus vif mécontentement; le gouvernement sera accusé d'avoir commis des dilapidations
lors de la guerre; on portera ainsi le peuple à se soulever. L'empereur et les
coalisés nous attaqueront alors, les fonds manqueront, le peuple exaspéré
tournera sa colère contre les gouvernants. Si l'on fait la paix, il faudra absolument
licencier par économie beaucoup de troupes; alors les royalistes profiteront du
mécontentement des soldats qu'ils soudoieront « et ils renverseront eux-mêmes
leur propre ouvrage : Tels sont les maux que nous causera une paix prématurée. »
L'auteur conclut à ce que *l'on écrase l'Autriche*. Bonaparte, après avoir remporté sur elle une longue série de victoires n'a pas été de cet avis, et a signé la
paix à Léoben ! Mais le Directoire et sa bande de fournisseurs et d'agioteurs de
Paris, avaient toujours trouvé utile à leurs intérêts d'envoyer les Français en
masse se battre contre les Autrichiens, et ils redoutaient vivement de voir les
troupes rentrer en France.

Czar paraissait tout préparer pour attaquer la Turquie, et Thugut redoutait fort que la Prusse ne profitât de cette guerre qui occuperait la Russie, pour s'étendre en Allemagne, et s'ériger en arbitre entre le Directoire et l'Autriche ; dans ce cas, il était décidé à faire la paix à tout prix (1). Les Autrichiens restèrent donc jusqu'à la fin d'avril immobiles sur le Rhin et perdirent ainsi un temps précieux; l'armée française sut en tirer profit. Mais lorsque la coalition reprit tardivement les hostilités en Allemagne, elle avait déjà subi de graves défaites en Italie.

II.

La journée du 13 vendémiaire avait valu à Bonaparte le commandement de l'armée de Paris. Le jeune général exerça aussitôt une grande influence sur les Directeurs : la bataille de Loano fut gagnée par Schérer d'après des instructions dont il était l'inspirateur; mais ce général était incapable d'exécuter les plans que Bonaparte ne cessait d'exposer aux Directeurs. Avec une armée que Schérer et la plupart des généraux regardaient comme hors d'état de prendre l'offensive, Bonaparte voulait repousser l'archiduc à l'est, s'emparer du Piémont, et contraindre le roi de Sardaigne à la paix, pour revenir sur les Autrichiens, prendre Milan et la Lombardie, et ensuite envahir l'Allemagne par le Tyrol. Schérer déclara que l'exécution d'un plan aussi excentrique ne pouvait être confiée qu'à son auteur, et offrit de se retirer. Le Directoire séduit par le génie militaire de Bonaparte, qui lui avait d'ailleurs habilement promis d'imposer aux princes italiens d'énormes contributions, prit Schérer au mot, probablement contre son attente; et le 23 février (4 ventôse), il donnait à Bonaparte le commandement en chef de l'armée d'Italie.

Cette malheureuse armée était plongée dans la plus affreuse misère, par les dilapidations des fournisseurs et agents divers, qui avaient pour complices de nombreux militaires de tout grade. Le 11 ventôse an IV (1er mars 1796),

(1) Sybel, t. IV, p. 154.

moins d'un mois avant l'arrivée de Bonaparte, le commissaire Reboul envoyait de Gênes au Directoire, un mémoire très instructif sur les malversations révoltantes des administrations militaires de l'armée d'Italie (1).

« Les abus, les dilapidations, dit Reboul, ne sont pas partielles, le mal est général, il est érigé en système, il est en pleine organisation..... J'ai vu toute la masse des employés aux administrations militaires dirigée vers un but unique, celui de s'enrichir, à quelque prix que ce fût. Son *dogme fondamental est qu'il faut faire sa fortune en six mois.* »

Il est très malheureux que leurs appointements ne suffisent pas à payer leur seul logement (2). Aussi « *aux voleurs par inclination se sont joints les voleurs par besoin.* » Personne dans ce monde-là ne s'inquiète de dissimuler ses larcins; voler la république n'est rien; on ne commet de vol qu'au détriment d'un particulier. Les denrées déposées dans les magasins sont odieusement pillées par les garde-magasins (3) qui réalisent sans risque, vendent à bas prix à un fournisseur ou préposé aux achats, et lui en délivrent récépissé comptable. Ces agents réalisent rapidement de grands bénéfices par ces moyens frauduleux. Il en est qui ne se bornent pas à réduire les rations du quart ou du tiers; ils achètent des bons à vil prix des quartiers-maîtres et commissaires des guerres.

Pour les fourrages, on disait à Nice que le bénéfice d'un garde-magasin, de deux mille rations, était de trente mille livres en numéraire par mois, soit mille livres par jour. Ici, dit Reboul, on le fixe à dix livres par ration, et c'est très modéré.

On évalue la quantité de denrées qui se consomment réellement dans les magasins *à la moitié de celle qui est payée par la République.*

Les pillards jouissent de l'impunité la plus complète. Les bénéfices que le garde-magasin ne peut cacher sont répartis entre tous les membres de l'Administration. Le premier a la

(1) Arch. nat. AF³ 85.
(2) Ils sont payés en papier horriblement déprécié, quand ils sont payés.
(3) Leur premier soin est de diminuer autant que possible, dans les récépissés qu'ils délivrent aux fournisseurs les quantités qui leur sont livrées.

moitié, les autres se partagent le reste. Cette convention est regardée comme sacrée.

On vole de même les approvisionnements fournis par les entrepreneurs. Leur quantité véritable ne peut être garantie que par des revues exactes des inspecteurs des vivres et des commissaires de guerres. Or, ces revues sont tout à fait illusoires, et la signature des vérificateurs est en quelque sorte soumise à un tarif.

« J'ai entendu un inspecteur se plaindre sérieusement de l'ingratitude et de l'avarice d'une compagnie d'entrepreneurs : « J'ai approuvé, disait-il, des revues de cinquante-quatre mulets, bien que le nombre réel ne fût que de treize (ajoutant que cette extrême disproportion passait les bornes ordinaires) et cependant je suis encore à attendre le salaire de ma complaisance. »

Avec des complicités semblables, un fournisseur a exhibé des récépissés pour cinquante mille quintaux et n'en a livré que dix mille. Reboul ajoute qu'il s'est passé mille faits de ce genre. Le mal était si grand, les coupables si nombreux et si étroitement ligués, que Bonaparte ne put mettre fin à ces déprédations.

Presque aussitôt après son mariage avec Joséphine de Beauharnais (1), il arrivait le 6 germinal (26 mars) à son quartier général de Nice. Tout le monde sait quel ascendant ce jeune général de vingt-six ans exerça immédiatement sur ses généraux de division, tous plus anciens que lui; comment il transforma en quelques jours une armée jusqu'alors privée de tout, et où la discipline s'était singulièrement relâchée, et entraîna ses soldats par des proclamations aussi habiles qu'éloquentes. « Vous êtes mal nourris, leur dit-il aussitôt ; le gouvernement vous doit beaucoup, il ne peut rien vous donner. Votre patience et votre courage vous honorent, mais ne vous procurent ni avantage, ni gloire. Je vais vous conduire dans les plus fertiles plaines du monde; vous y trouverez de grandes villes, de riches provinces; vous y trouverez honneur, gloire et richesse. Soldats d'Italie, manqueriez-vous de courage et de constance?... ».

(1) Il eut lieu le 9 mars (19 ventôse).

Ces soldats étaient en lambeaux, sans vivres, indisciplinés, mais endurcis aux fatigues, et commandés par des généraux comme Masséna, Augereau, Sérurier; toutefois, Bonaparte dans ses Mémoires de Sainte-Hélène, a réduit leur nombre et augmenté celui de leurs ennemis, bien que cette campagne lui eût valu une gloire assez éclatante, pour ôter au vainqueur toute tentation d'altérer la vérité sur aucun point. Avec trente mille hommes et trente canons, il aurait eu à lutter contre quatre-vingt mille Austro-Sardes possédant deux cents canons! D'après des listes données par Masséna dans ses Mémoires, son armée aurait été de quarante-trois mille hommes environ, avec deux cent trente-neuf canons, mais beaucoup de ces pièces manquaient d'attelages. En outre, il aurait reçu rapidement quelques milliers d'hommes de renfort. Du reste, Bonaparte n'écrivait-il pas déjà le 17 germinal (6 avril) qu'il avait en tout quarante-cinq mille hommes disponibles, et il n'avait certainement aucun motif d'enfler son effectif réel. Quant aux alliés, pour arriver à peu près au chiffre de quatre-vingt mille hommes, il faudrait compter et les garnisons de Milan et de Mantoue aux Autrichiens, et vingt mille Piémontais occupés du côté des Alpes ou garnissant les forteresses.

Bonaparte voulait séparer les Autrichiens et les Sardes, puis les battre isolément; mais comme la division Laharpe s'était avancée jusqu'à Voltri, très près de Gênes, pour extorquer une contribution au Sénat (1), les alliés craignant d'être surpris et de voir les Français occuper Gênes, résolurent de sortir de leur inaction. Le général autrichien Beaulieu se dirigea sur la division Laharpe avec des forces supérieures et ordonna au général de division Argenteau, de passer les montagnes à Montenotte, d'arriver avec ses troupes près de Savone et de prendre par derrière la division Laharpe qu'il espérait cerner par cette manœuvre. Ce plan d'attaque était dangereux, car Beaulieu et Argenteau se trouvant loin l'un de l'autre et séparés par la montagne, ne pouvaient faire leur jonction que très difficilement; et il n'était pas probable que la division Masséna, éta-

---

(1) Bonaparte (17 germinal) se déclara très mécontent de ce mouvement à un double point de vue : « Ce sont des hommes de plus qu'il nous coûtera » ; il avait prédit juste.

blie entre Savone et Finale, et la division Augereau, campée
près de Loano, restassent inactives. Le 10 avril, la division
Laharpe, après des combats d'avant-garde, dut se replier sur
Savone, pour se réunir à Masséna et à Augereau. Beaulieu ne
songea pas à la poursuivre. Pendant ce temps-là, Argenteau
avait forcé le col de Montenotte, mais ses troupes fatiguées
avaient été arrêtées par les retranchements français de Mon-
telegino.

Bonaparte résolut immédiatement de profiter des fautes de
ses adversaires. Les quatre divisions Sérurier, Augereau, Masséna, Laharpe étaient établies de l'ouest à l'est, partie sur la
côte, partie dans la montagne et tournées vers le Piémont,
Sérurier qui était à l'extrême gauche de l'armée, fut chargé de
menacer les Sardes en marchant dans la direction de Ceva, et
Bonaparte avec les trois autres divisions partit de Savone le 12
pour attaquer Argenteau. Il avait alors la supériorité du nombre : il disposa habilement ses troupes pour attaquer l'ennemi
de trois côtés. La déroute fut complète, les Autrichiens perdirent trois mille hommes; le reste fut dispersé et s'enfuit vers
Dego, vers Spigno et vers Sassello. Après ce brillant succès,
Bonaparte se retourna contre les Piémontais établis près de
Ceva, et battit complètement à Millesimo le général Provera
qui commandait un petit corps autrichien réuni à l'armée
sarde. Ce général se réfugia avec très peu d'hommes dans le
vieux château de Cosseria, s'y défendit courageusement et fit
subir aux assiégeants des pertes très sensibles, mais il dut capituler le lendemain. Bonaparte lança Laharpe et Masséna à la
poursuite des débris éparpillés de la division d'Argenteau; ces
deux généraux les battirent et malgré l'énergique résistance
du général Vukassowich et de ses Croates, achevèrent de les disperser dans plusieurs combats aux environs de Dégo (14 et 15
avril). Beaulieu avait donc perdu une partie importante de ses
forces et se trouvait complètement séparé de l'armée piémon-
taise. Il fit évacuer par prudence ses magasins d'Acqui, et prit
ses dispositions pour reculer entre Alexandrie et Novi, si Bonaparte poursuivait ses avantages contre l'armée autrichienne.

Les instructions du Directoire prescrivaient au général en
chef de poursuivre les Autrichiens et de pénétrer le plus vite

possible en Lombardie : la ligne des alliés au bout de cinq jours de combats était rompue, les Sardes étaient isolés des Autrichiens. Bonaparte ne tint aucun compte des instructions de son gouvernement et jugea plus avantageux, au point de vue militaire, comme au point de vue politique, de tourner ses efforts contre les Sardes. Le Directoire espérait que leur roi se laisserait à la fin séduire par la promesse de tout ou partie du Milanais en compensation de la Savoie et de Nice, mais Bonaparte était persuadé qu'il n'accepterait cet arrangement que contraint et forcé; et avant de s'aventurer en Lombardie, il voulait être maître du Piémont, et ne pas courir le risque d'être tout à coup pris à revers. Après avoir chargé Laharpe de surveiller les Autrichiens, il ordonna à Sérurier de se diriger sur le camp de Colli et s'y porta lui-même avec Masséna et Augereau. Les Français étaient maîtres de la Bormida, de toutes les têtes de vallées de la gauche du Tanaro, et en excellente situation pour attaquer Ceva : ils manœuvrèrent pour couper les Piémontais et les battre en détail, mais Colli, dont l'armée était inférieure en nombre, quitta le camp retranché de Ceva par une manœuvre dont Bonaparte loua l'habileté. Les Français se mirent à sa poursuite et le battirent le 2 floréal (21 avril) près de Mondovi (1). Les riches plaines du Piémont étaient envahies. Augereau prit Alba où les révolutionnaires l'accueillirent chaleureusement. Masséna s'empara de Cherasco qui lui fut livré, paraît-il, par la trahison du gouverneur. Cette place renfermait beaucoup de vivres et de munitions (2). Les Français n'étaient plus qu'à dix lieues de Turin !

Pendant cette campagne de dix jours, les troupes du Directoire qui se battaient dans un pays pauvre et montagneux, et que le commissariat laissait dans une horrible détresse, avaient commis les excès les plus odieux. Après chaque combat, les

(1) Le 2 floréal (21 avril) Bonaparte intima l'ordre à la municipalité de Mondovi, de fournir trente-huit mille rations de biscuits plus quinze cents autres qui devaient être envoyées à la Bicoque, huit mille rations de pain, autant de viande et quatre mille bouteilles de vin (*Correspondance de Napoléon*, t. I, p. 168).

(2) A Cherasco, Bonaparte prit un arrêté mettant sous séquestre tous les biens possédés par des personnes employées à la cour de Sardaigne, dans la province de Mondovi.

soldats se dispersaient pour piller les villages et commettre les plus horribles violences sur leurs habitants. On vit deux chefs de brigade donner leur démission pour ne pas commander de pareils bandits. Laharpe écrivait à Bonaparte que ses soldats étaient pires que des Vandales, et Bonaparte flétrissait énergiquement ces brigandages qui menaçaient de compromettre le succès de ses opérations militaires (1). Il n'en fut que plus pressé de quitter les montagnes où, faute de ressources, il lui fallait tolérer presque la maraude et le pillage, et d'envahir les riches plaines du Piémont où son armée trouverait des vivres en abondance.

Les Français, après tant de combats glorieux et de dures privations, se trouvaient à Cherasco, comme dans une terre promise. La cour de Turin était plongée dans la consternation la plus profonde : Victor-Amédée, tiraillé d'un côté par les partisans d'une résistance désespérée, et de l'autre, par les peureux et les partisans de l'alliance française qui se croyaient de très fins politiques, ne savait quel parti prendre. Depuis longtemps le Piémont était travaillé par les révolutionnaires: des sociétés secrètes y avaient été formées; leurs adeptes n'étaient pas bien nombreux, mais ils montraient beaucoup d'activité; des traîtres achetés par le Directoire correspondaient avec les envahisseurs (2) et avaient des complices dans l'armée. Des

(1) Le 3 floréal (22 avril), Bonaparte dans un ordre, déclare « qu'il voit avec horreur le pillage affreux auquel se livrent des hommes pervers qui n'arrivent à leur corps qu'après la bataille, pour se livrer aux excès les plus déshonorants pour l'armée et pour le nom français », et il exige de ses généraux, des rapports sur les adjudants généraux les officiers supérieurs, les officiers d'état-major; et les autorise à détacher et mettre en arrestation « les officiers qui auraient par leur exemple autorisé l'horrible pillage qui a lieu depuis plusieurs jours. » Il donne aussi les ordres les plus sévères contre les sous-officiers ou soldats qui abandonneraient leurs corps pour piller. (*Correspondance*, t. I, p. 170). — Le 24 avril il écrit au Directoire : « Le soldat sans pain se livre à des horreurs *qui font rougir d'être homme*... Je ramènerai l'ordre ou je cesserai de commander à ces brigands. » (*Ibid.*, p. 179). — Le 7 floréal (26 avril), il lui écrit encore : « J'en ai fait fusiller trois et mettre six à la pioche au-delà du Var. On fusille demain des soldats et un caporal qui ont volé des vases dans une église ». (*Ibid.*, p. 186.)

(2) Le 2 germinal (22 mars précédent), le Directoire, sur le rapport du ministre des relations extérieures, avait pris l'arrêté suivant : « Le citoyen Cacault est spécialement chargé de *suivre les opérations à concerter avec les patriotes piémontais pour seconder l'armée d'Italie... Il est mis à la disposition du ministre des relations extérieures une somme de deux cent mille livres pour les opéra-

espions piémontais rapportèrent que Salicetti avait proclamé
hautement que les canons étaient inutiles aux Français. « Nous
ne ferons pas de sièges, disait-il; nos intelligences dans les
places nous en épargneront les frais (1). »

C'était l'ambassade française de Gênes qui depuis longtemps
dirigeait les menées révolutionnaires en Piémont; une note
d'un de ses agents, datée du 10 juin 1794 et envoyée au Comité de salut public, donne des détails sur cette organisation.
Elle était déjà assez ancienne, mais on avoue que depuis l'entrée des Français en Savoie, les paysans excités par le clergé
sont très irrités contre les révolutionnaires, et que ces derniers
ont perdu du terrain ; d'ailleurs, le gouvernement est très
vigilant. Les émigrés répandus dans le Piémont nuisent beaucoup aux révolutionnaires par leurs discours, et ceux-ci pour
les éloigner, ont répété partout dans les campagnes, qu'ils
étaient responsables de la guerre et de toutes ses suites, et
par conséquent du renchérissement des vivres causé par le
papier-monnaie. Ces calomnies avaient eu un certain succès ;
les émigrés quittèrent les campagnes pour les villes, et les révolutionnaires purent ainsi poursuivre plus aisément leurs manœuvres. Ils avaient des groupes d'affiliés dans plusieurs villes (2) et essayaient de séduire les soldats et de les faire dé-
serter. Ils s'étaient procuré par certains soldats affiliés, des
renseignements exacts sur l'état des magasins et sur les plans
de campagne des Autrichiens. Ils avaient communiqué à Tilly,
alors agent de la République française à Gênes, et même
déposé chez lui les plans des principales forteresses du Piémont. Ils avaient, du reste, des agents prêts à tout. Au moment
où les Austro-Sardes se préparaient à attaquer la Savoie, un
artilleur révolutionnaire mit le feu au magasin d'approvision-

tions de cette espèce en Italie, et en Sardaigne à la charge d'en compter au Directoire à mesure de l'emploi. » Signé à la minute : Le Tourneur, Rewbell, Carnot, Révellière Lépeaux. (Arch. nat. AF³,) registre 20°, délibérations secrètes.)

(1) Un homme d'autrefois, *Mémoires du marquis Costa de Beauregard,* p. 315.

(2) A Pignerol, à Saluces, à Chieri dans les vallées vaudoises, à Asti, à Verceil,
dit l'agent révolutionnaire, ils font des progrès. A Casal on est parvenu à aigrir
le peuple contre les nobles qui exerçaient jusqu'alors une grande influence.
Les révolutionnaires sont nombreux à Alba où ils avaient fondé un club au
début de la Révolution. A Alexandrie, ils sont moins forts, car ils ont contre eux
l'influence du clergé.

nements de la Brunette, et retarda ainsi l'expédition. Les
agents du Directoire croyaient pouvoir compter sur de nombreuses trahisons de ce genre; ils se vantaient d'avoir beaucoup
d'affiliés dans l'artillerie. Les révolutionnaires avaient aussi
pour système d'irriter les populations contre les Autrichiens,
de semer la division entre les soldats Sardes et les soldats
Autrichiens, et d'exciter la jalousie des officiers à l'égard du
général de Vins qui obtenait tout de Victor-Amédée.

Après le désastre de Saorgio (avril 1794), on avait formé des
corps de volontaires; les révolutionnaires s'y étaient introduits
en grand nombre; ils en avaient profité à Turin pour s'organiser et séduire les soldats de la ligne par des dîners de guinguettes aux environs de la ville; ils firent aussi des rassemblements d'armes dans le but de s'emparer par un coup de main
de la capitale, mais le gouvernement, prévenu à temps, changea
la garnison de Turin, fit avancer les Autrichiens et arrêta immédiatement un grand nombre de conspirateurs. Néanmoins les révolutionnaires craignant que les Autrichiens ne vinssent occuper
Turin, résolurent de s'emparer de cette ville par surprise, et
de livrer leur pays aux révolutionnaires français. Pendant la
nuit du 26 au 27 mai, ils devaient mettre le feu au théâtre,
à des églises, à des édifices publics dans plusieurs quartiers de
Turin; les troupes se diviseraient pour courir à tous ces incendies. Pendant ce temps-là, les conjurés qui comptaient
réunir trois mille insurgés, devaient s'emparer du roi et de
sa famille, des ministres, de la citadelle où ils avaient des
intelligences, et des magasins militaires. On aurait immédiatement formé des comités de salut public et de surveillance, avec
une garde nationale, pour attendre l'armée des Français qui
ne pouvait tarder, car elle devait violer le territoire neutre de
Gênes, et marcher sur Turin, en envahissant ainsi à l'improviste un côté du Piémont qui n'était pas défendu. On comptait,
par une proclamation, inviter les provinces et l'armée à se
joindre aux troupes républicaines. Une lettre interceptée par
le général Mercy d'Argenteau, éveilla les soupçons du gouvernement qui fit arrêter plusieurs individus, et l'un d'eux dévoila aussitôt la conspiration. Du reste, elle n'aurait pu réussir
sans l'intervention de l'armée française, et la complicité du

sénat de Gênes. Malgré cet échec, les révolutionnaires Génois et Piémontais continuèrent leurs complots sous la protection de l'ambassade française. Un secrétaire royal était pensionné par le Comité de salut public, et lui livrait les plans de guerre et la correspondance de Victor-Amédée avec l'Autriche.

Le roi était très inquiet de ces menées; le parti opposé à l'alliance autrichienne qui espérait obtenir la Lombardie par l'alliance française, s'appliqua aussitôt à lui exagérer le nombre et l'audace des révolutionnaires, et à lui faire croire qu'il allait être obligé de lutter à la fois contre deux ennemis terribles, afin de le déterminer à traiter immédiatement avec le Directoire. Cependant sa situation n'était nullement désespérée, malgré les graves défaites qu'il avait subies. Les Français étaient arrivés à quelques lieues de Turin, mais cette ville était alors une place très forte et l'armée de Bonaparte manquait complètement d'artillerie de siège; elle allait être obligée d'assiéger aussi Coni, Ceva, Alexandrie, Tortone, et de se diviser pour surveiller toutes ces places. L'envahissement de la Lombardie avait été forcément retardé, et les Autrichiens auraient pu refaire leur armée, et par un vigoureux retour offensif chasser les Français du Piémont. Victor-Amédée II, dans une situation beaucoup plus désespérée, avait lutté énergiquement, et s'en était fort bien trouvé. Mais les découragés et les nombreux politiques qui se berçaient du fol espoir d'acquérir la Lombardie en s'alliant au Directoire, et de faire tourner ainsi cette grave défaite au profit de la Sardaigne, conseillèrent vivement au roi de traiter à tout prix. Le cardinal Costa, archevêque de Turin, insista auprès de lui sur la politique égoïste de l'Autriche et sur les avantages que l'alliance française pourrait procurer à sa dynastie. On lui fit craindre une explosion révolutionnaire; on lui répéta qu'il était entouré de traîtres (1). Il se résigna donc à traiter et ordonna le 23 avril à Colli de demander un armistice, et envoya des plénipotentiaires

---

(1) Et c'était vrai ! et ces traîtres voulaient le faire capituler honteusement. Le 7 floréal, Bonaparte chargeait un adjoint de s'enquérir des dispositions des habitants d'Asti. « Il serait, disait-il, bien important et bien utile qu'ils vinssent au-devant de nous, et fissent un mouvement révolutionnaire, mais *il ne faut pas que nous paraissions* ostensiblement. » (*Correspondance*, t. I, p. 195.)

à Gênes pour conférer avec Faipoult. Le général victorieux était ravi d'une aussi prompte soumission : il a lui-même reconnu depuis, que dans la situation où il se trouvait, le plus léger caprice de la fortune pouvait remettre en question tous ses succès. Si le roi de Sardaigne avait seulement prolongé la lutte et l'avait mis dans la nécessité d'assiéger Turin, il aurait certainement obtenu de bien meilleures conditions, et Bonaparte se serait peut-être engagé formellement à lui céder cette Lombardie tant convoitée. Mais l'ambitieux général qui avait déjà désobéi au Directoire pour envahir le Piémont, et comptait bien remporter prochainement des succès encore plus éclatants, ne voulait pas, dans sa marche victorieuse être retardé par des négociations, ni gêné et surveillé par des négociateurs. Il entendait tirer lui-même parti de ses victoires ; il venait de défaire complètement l'un de ses ennemis, et voulait lui imposer sur-le-champ des conditions de paix qui lui permettraient de s'élancer rapidement à la poursuite de l'autre, et de le vaincre aussi complètement ; et il se croyait bien plus capable de dicter ces conditions que les envoyés du Directoire. D'ailleurs, il ne suffisait pas à son ambition d'être justement exalté comme un grand général, il voulait que la France entière reconnût en lui un homme d'État bien plus capable de diriger sa politique que des Barras et des Rewbell. Et cependant la situation était nette ; il ne s'agissait plus de déroger à ses instructions, en invoquant telle ou telle nécessité stratégique ; il n'avait aucun droit de faire la paix avec le roi de Sardaigne ; et pourtant il résolut de traiter avec lui, et d'obliger le Directoire à approuver cette usurpation sur ses droits. Il commença par déclarer correctement à l'envoyé sarde que le Directoire seul pouvait traiter : le roi devrait donc attendre le résultat des négociations qui auraient lieu, soit à Paris soit à Gênes, mais il lui signifia en outre que la situation des deux armées en présence lui imposait l'obligation de refuser tout armistice si le roi ne lui remettait tout au moins deux forteresses importantes. Ainsi donc il fallait s'attendre à le voir pendant les négociations continuer sa marche dans le Piémont, et susciter des mouvements révolutionnaires, ce que la cour de Turin complètement affolée voulait éviter à tout prix. Il s'empressa d'écrire au Directoire que son armée composée seulement de 37,500 soldats se trouvait en présence de cent mille hommes disposant « d'une artillerie nombreuse et parfaitement outillée » qui allaient combattre en désespérés, et lui demanda dix mille soldats de renforts. Il lui communiqua ensuite les propositions de paix du roi de Sardaigne et la réponse qu'il avait faite; il affirma qu'une trève assurée par la reddition de deux forteresses lui permettrait de continuer victorieusement sa campagne, et de chasser les Autrichiens de l'Italie. Il envoya aussi au Directoire son frère Joseph et son aide de camp Junot avec vingt et un drapeaux conquis sur l'ennemi : il croyait avec raison que le Directoire, adroitement trompé sur la situation des deux armées, flatté ainsi que tous les Parisiens dans sa vanité et dans son patriotisme par l'envoi de tant de drapeaux, n'oserait pas s'emparer immédiatement de la négociation, et le laisserait maître d'agir comme il l'entendrait.

Et il s'apprêta à poser les plus dures conditions. Les envoyés du roi étaient allés à Gênes, mais Faipoult dut leur déclarer qu'ils ne pouvaient traiter qu'avec le Directoire lui-même, et qu'ils devaient s'attendre à des exigences très rigoureuses : le roi était absolument terrifié. Son attitude avait inquiété ses alliés; aussi Beaulieu craignant toujours, non sans quelque raison, que la promesse de la Lombardie ne déterminât sa défection, le somma tout à coup de laisser les Autrichiens occuper les forteresses d'Alexandrie et de Tortone. Ainsi ses ennemis et ses alliés avaient précisément les mêmes exigences. Alors Victor Amédée fit savoir à Bonaparte, le 26 avril, que pour obtenir un armistice il lui laisserait occuper Coni et Tortone; mais il avait compté sans son hôte. Bonaparte voyant sa faiblesse, aggrava immédiatement ses conditions, et le 27 lui demanda de livrer encore une troisième forteresse, avec trois routes ouvertes dans tout le Piémont à l'armée française, c'est-à-dire de se remettre à sa discrétion. Il pressa vivement le Directoire de ratifier cet armistice qui le mettrait en état de soumettre immédiatement le duc de Parme et d'attaquer le Milanais, et déclara regarder une suspension d'armes conclue dans des conditions semblables « comme un des plus heureux événements qu'il soit possible de se figurer (1) ».

Le 28 avril Victor Amédée envoya le lieutenant général baron de la Tour et le colonel marquis Costa de Beauregard chef d'état-major de Colli, à Cherasco où se trouvait Bonaparte. Le général victorieux qui redoutait vivement d'être obligé de faire le siège de Turin avec son artillerie de campagne, sut parfaitement dissimuler sa joie. Son maintien fut grave et froid (2). Il ne céda sur aucun point. La discussion avait commencé à onze heures du soir; à une heure du matin il tira sa montre : « Messieurs, dit-il aux envoyés du roi, je vous préviens que l'attaque générale est ordonnée pour deux heures, et que si je n'ai pas la certitude que Coni sera remis dans mes mains avant la fin du jour, cette attaque ne sera pas différée d'un moment (3). » Les conditions furent acceptées, et les ordres immédiatement donnés pour l'occupation des forteresses.

L'armistice du 9 floréal an IV (28 avril 1796) livrait complètement le Piémont à l'armée française. Les places de Coni et d'Alexandrie devaient être remises immédiatement à Bonaparte, ainsi que la citadelle de Ceva : seulement Alexandrie

(1) *Correspondance*, t. I, p. 198.

(2) Costa de Beauregard, *Un Homme d'autrefois*, p. 333.

(3) *Ibid.* p. 334. Dans la conversation qui suivit la signature de l'armistice, Bonaparte insista avec intention sur les menées des révolutionnaires piémontais. « Votre pays, dit-il, est entièrement miné : j'ai trouvé à Gênes une somme de sept cent mille francs en numéraire consignée par des révolutionnaires cachés, Lombards et Piémontais, pour favoriser les progrès de l'armée française ». Il avait alors pour système, d'exagérer la force des révolutionnaires devant les plus fidèles serviteurs de Victor Amédée, pour tirer parti de leur frayeur; mais il écrivait le jour même au Directoire (9 floréal, 28 avril). « Vous ne devez pas compter sur une révolution en Piémont, cela viendra, mais il s'en faut que l'esprit de ces peuples soit mûr à cet effet. » (*Correspondance*, t. 1, p. 202.)

Il est intéressant de constater l'impression produite alors par Bonaparte sur l'un des envoyés le marquis Costa, officier courageux et en même temps observateur perspicace, qui a laissé une relation de cette scène. « L'impression qu'on éprouvait auprès de ce jeune homme, était une admiration pénible : l'esprit était ébloui par la supériorité de ses talents, mais le cœur restait oppressé. On cherchait vainement en lui les traces de cette magnanimité généreuse qui va au-devant de la confiance et qui forme le plus beau trait du caractère des héros (p. 339). Parmi les personnages qui avaient été en vue dans les différentes scènes qu'on vient de décrire, Bonaparte seul annonçait ces habitudes, et cet air d'aisance que donne l'usage du monde. Son action et ses discours portaient l'empreinte d'une fierté amère, où la supériorité se faisait toujours sentir, mais toujours en mettant mal à l'aise. » (*Ibid.*) (p. 341.)

ne serait occupée par les Français que jusqu'à la remise de Tortone. Ces places devaient être livrées avec leur artillerie, leurs immenses magasins et leurs munitions de guerre sauf à en tenir compte au roi. Les Français devaient occuper une partie du Piémont, et avaient la faculté de passer le Pô sous Valence, ce qui était extrêmement important pour eux. Après l'acceptation d'un pareil armistice, il était certain que le gouvernement Sarde subirait toutes les conditions du Directoire, et deviendrait son humble vassal.

III.

Le 29 avril, Bonaparte, qui ne se sentait pas encore assez fort pour imposer sans ménagement ses volontés au Directoire, lui annonça qu'il avait pris sur lui de conclure l'armistice de Cherasco, et pour faire ratifier par les gouvernants cette usurpation audacieuse sur leurs droits, il s'appliqua à flatter les deux passions qui dictaient à la majorité du Directoire presque toutes ses décisions, le fanatisme antireligieux, et la cupidité. Il annonça qu'il lancerait douze mille hommes sur Rome, dès qu'il aurait traité avec le roi de Sardaigne, c'est-à-dire converti son armistice en traité définitif. Ceci s'adressait surtout à la Révellière et à Rewbell qui, pour une expédition contre le pape étaient prêts à lui pardonner tous les écarts. Il promit aussi de tirer des millions du duc de Parme, et déclara qu'il fallait en demander quinze à la république de Gênes, comme indemnité des bâtiments qui avaient été pris dans ses ports. Il écrivit aussitôt à Faipoult, pour lui demander une note sur les richesses des ducs de Parme et de Modène, « il n'y a pas en Piémont, disait-il le 12 floréal à cet agent, la première idée d'une révolution, et la France ne voudrait pas, je pense, en faire les frais » (1).

(1) Il ajoutait « les petits princes ont besoin d'être menés, ils estimeront plus une note venant de l'armée que de nos diplomates : la peur les rend si honnêtes et si respectueux que l'on peut dire bas. » (*Correspondance*, t. I, p. 237). Il annonçait ainsi sa résolution de traiter directement avec eux sans tenir compte ni des agents du Directoire, ni du Directoire lui-même!

Les troupes continuèrent à piller, Bonaparte fut obligé de réprimer leurs excès. (Ordre du 14 floréal, 3 mai, lettre au général Dommartin du 16 floréal. (*Correspondance*, t. I, p. 224 et 233.)

Dès que l'armistice fut conclu, Bonaparte se tourna contre la Lombardie. Au lieu de passer le Pô à Valence, comme l'on s'y attendait, il descendit la rive droite du fleuve, et tourna habilement la position de Beaulieu qui se retrancha à Valeggio au confluent du Pô, et du Tessin. Le 6 mai, au moment de passer le Pô il annonçait au Directoire qu'il allait rançonner Modène et Livourne. Il passa le Pô à Plaisance et défit quelques détachements ennemis. Les autrichiens furent battus à Fombio puis à Codogno où le général La Harpe se laissa surprendre et fut tué. Alors Beaulieu dont la situation était devenue dangereuse abandonna Milan le 8 mai et s'établit à Lodi pour défendre la ligne de l'Adda. L'archiduc créa une junte à Milan et se replia sur Mantoue. Les forces autrichiennes étaient inférieures à celles dont Bonaparte disposait, mais elles occupaient à Lodi une situation très forte : le 10 mai (29 floréal) elle fut emportée avec une audace extraordinaire (1). Après ce brillant succès, Bonaparte occupa bientôt Pizzighetone, Crémone, Côme : la municipalité de Milan lui envoya les clefs de la ville à Lodi : il promit de respecter la religion, les propriétés et les personnes. Le 14 mai Masséna entra dans Milan avec dix mille hommes et renouvela les promesses de son général en chef. On commença le siège du château où les Autrichiens avaient laissé une garnison. Le 16 Bonaparte fit son entrée triomphale à Milan. Il écrivit aussitôt au Directoire qu'avant peu il pourrait réaliser son plan d'entrer en Bavière par le Tyrol, si les armées du Rhin agissaient de leur côté.

Tout en poursuivant les Autrichiens avec tant d'habileté et de vigueur, il rançonnait les princes italiens au profit du Directoire. Le 20 floréal (9 mai), il imposait au duc de Parme un armistice avec une contribution de deux millions, de dix mille quintaux de blé, cinq mille d'avoine, dix-sept cents chevaux harnachés, deux mille bœufs, plus vingt tableaux au choix. Bientôt le 28 floréal (17 mai), le duc de Modène dut payer sept millions cinq cent mille livres en espèces, et deux millions cinq cent mille en denrées et fournitures, avec vingt

(1) Salicetti mit systématiquement au pillage les églises de Lodi.

tableaux au choix. Le duc s'enfuit à Venise en sauvant une partie de ses trésors, et les révolutionnaires français ne trouvèrent nullement à leur goût cette manière d'agir à leur égard. Il n'avait fait aucun acte d'hostilité, mais il était riche, et pour avoir du butin on le dépouilla, en alléguant qu'il était feudataire de l'Empire. Mais ce n'était qu'un simple titre, et il ne faisait nullement partie du corps germanique.

Au milieu de cette merveilleuse campagne de Lombardie, le vainqueur de Lodi se vit obligé de tenir tête à son propre gouvernement, et il remporta sur lui comme sur la coalition, une éclatante victoire. A Paris tout le monde portait aux nues le jeune général, qui en quelques jours, avec une armée si délabrée, et en suivant ses seules inspirations, avait si complètement défait et les Autrichiens, et les Sardes. Le Directoire était fort embarrassé. Bonaparte lui avait désobéi deux fois, d'abord en se tournant contre le Piémont, ensuite en concluant une trêve : mais le succès lui avait complètement donné raison. Cette suite extraordinaire de victoires avait transporté d'admiration tous les Français; et il était déjà dangereux d'entrer en lutte contre une pareille popularité. D'ailleurs, Bonaparte ne cessait de promettre des millions à ces gouvernants avides et besogneux; ils étaient persuadés qu'il tondrait parfaitement les Italiens, et se disaient avec admiration qu'un pareil homme, s'il s'y prêtait, serait capable d'arriver sous peu à Rome et de leur livrer ses richesses. Le Directoire fut donc obligé de ratifier tout ce que Bonaparte avait fait : mais il essaya d'assujettir à ses propres plans ce général trop indépendant, de l'empêcher de lui imposer sa politique en Italie, et de le faire surveiller de près. Il le félicita vivement de ses succès, l'invita à lui envoyer beaucoup d'argent et d'œuvres d'art, et à ménager Parme par égard pour l'Espagne. Mais bien loin d'adopter son plan qui était de remonter en Bavière par le Tyrol lorsque Beaulieu aurait été défait complètement, il divisait l'armée d'Italie en deux corps : le commandement du premier serait confié à Kellermann, actuellement général de l'armée des Alpes, avec mission de défendre la Haute Italie contre les Autrichiens. Bonaparte aurait sous ses ordres la seconde armée, et serait chargé d'occuper le port de Livourne, et de contraindre la Toscane, Gênes, Rome et Naples, à payer de fortes contributions; et Salicetti, en qualité de commissaire du gouvernement, règlerait les rapports des deux armées, et mènerait toutes les négociations diplomatiques.

Cette dernière prétention du Directoire dut singulièrement irriter Bonaparte. Il voyait naturellement avec le plus vif déplaisir, l'armée d'Italie divisée en deux, et son plan mis de côté pour le réduire à faire aux dépens des petits États le métier de corsaire. Mais il ne voulait à aucun prix être obligé de soumettre tout ce qui concernait la direction et l'organisation de son armée, et ses rapports avec les gouvernements, à un commissaire civil du Directoire, à un Salicetti qu'il jugeait au contraire bon à être son agent à lui. Le jeune général n'hésita pas un instant : il envoya le lendemain, 25 floréal (14 mai) au Directoire, une lettre respectueuse dans la forme, à la fois habile et hautaine. Il blâma très nettement et le plan stratégique du Directoire, et la division de l'armée en deux corps. Il refusait de s'enfoncer dans la péninsule avant de s'être rendu complètement maître de la haute Italie. « L'expédition à Livourne, Rome et Naples, est très peu de chose; elle doit être faite par des divisions placées en échelons, de sorte que l'on puisse par une marche rétrograde, se trouver en force contre les Autrichiens et menacer de les envelopper au moindre mouvement qu'ils feront. » Cette division du commandement serait funeste à l'armée. « Chacun a sa manière de faire la guerre; Kellermann a plus d'expérience et la fera mieux que moi; mais tous les deux ensemble, nous la ferons fort mal. » Le même jour il écrivait à Carnot : « Je crois qu'il faudrait plutôt un mauvais général que deux bons. » Et tout en protestant, comme dans sa lettre au Directoire, de son zèle pour la patrie, il déclare ne pouvoir rien faire sans la confiance absolue du gouvernement, et donne ainsi à entendre qu'il pourrait bien se retirer (1). A un homme comme lui, il fallait le commandement suprême, le pouvoir politique aussi bien que l'autorité militaire; il entendait traiter directement avec les princes, sans être obligé de solliciter un

_____
(1) Correspondance, t. I, p. 278-279.

Salicetti d'adopter ses idées. Le jeune général de vingt-six ans, malgré la violence de son caractère, avait répondu au Directoire comme un vieux diplomate. Malgré ses belles phrases, on avait tout lieu de craindre qu'il ne donnât sa démission.

Le départ subit, et pour un tel motif, du héros qui venait de surgir si inopinément, aurait causé certainement un grand scandale. On célébrait ses victoires avec beaucoup de pompe; on s'attendait à le voir bientôt contraindre l'Empereur à signer une paix glorieuse pour la France. Le Corps législatif déclarait que l'armée d'Italie avait bien mérité de la patrie, et les Directeurs infligeaient une sorte de disgrâce au général qui l'avait menée à la victoire, et qui leur avait expédié des millions. Ces gouvernants n'auraient pas été seulement accusés d'avoir fait preuve à son égard d'ingratitude et de jalousie, mais d'avoir commis une véritable trahison envers le pays. Aussi le Directoire trouva bientôt qu'il jouerait là une trop grosse partie. Après avoir fait connaître à Kellermann sa nomination, après l'avoir notifiée à Bonaparte, il battit piteusement en retraite. Le 21 mai, aussitôt sa lettre reçue, il écrivit au général en chef qu'il revenait sur sa décision et que Kellermann resterait en Savoie. Bonaparte devait au plus vite faire son expédition de corsaire à Livourne, le Directoire admettait en somme son plan de campagne; et comme il lui était impossible d'en surveiller l'exécution de si loin, il accordait à son général des pouvoirs illimités pour le réaliser, en lui recommandant seulement d'être prudent et de ne se tourner vers le Tyrol qu'après avoir soumis toute l'Italie. Bonaparte devenait donc maître absolu et sans contrôle de l'armée française, et le nord de l'Italie lui était abandonné. Le Directoire avait bien vite capitulé devant lui, et sa capitulation était presque aussi complète, et en réalité plus humiliante que celle du roi de Sardaigne à Cherasco. Du reste, Bonaparte l'avait prévue. Après avoir envoyé sa lettre au Directoire, il avait continué ses opérations politiques et militaires sans s'inquiéter des Cinq, dont à part lui, il faisait tout autant de cas que Babœuf (1).

---

(1) Qui les traitait de *mulets empanachés*, etc., etc.

Il s'établit à Milan en souverain absolu. Les révolutionnaires de Lombardie et du Piémont y accoururent immédiatement et l'accablèrent de basses et ridicules adulations : celui-ci le nommait Scipion, celui-là Annibal; pour le républicain Ronza, il fut Jupiter (1). Botta qui a vu de près ces révolutionnaires, les divise en trois classes : d'abord, les utopistes naïvement persuadés que les révolutionnaires français, travaillaient pour eux, en second lieu des patriotes ambitieux qui venaient mendier des places au vainqueur, puis enfin des gens désireux avant tout de s'enrichir. Bonaparte faisait peu de cas de ces derniers, mais il comptait s'en servir; ils furent tout de suite très liés avec les commissaires et les agents français, s'associèrent à leurs intrigues et à leurs dilapidations, et exercèrent une influence déplorable sur les destinées de leur pays. On célébra naturellement de grandes fêtes patriotiques auxquelles on affecta de mêler la religion (2). On planta des arbres de liberté avec de grandes déclamations. Bonaparte, pour ne pas exaspérer les Italiens, empêcha les révolutionnaires de commettre des attentats violents contre la liberté religieuse, et se montra aimable à l'égard de l'archevêque de Milan. Mais le 20 mai, dans une proclamation éloquente qu'il adressa à son armée, il eut soin de flatter à la fois la prêtrophobie et la cupidité du Directoire, en annonçant pompeusement à ses soldats qu'ils allaient venir au secours des « descendants des Brutus et des Scipion ». Cela signifiait qu'on irait bientôt prendre des millions à Rome comme à Milan (3). « Rétablir le Capitole, y placer avec

(1) Botta, *Histoire d'Italie*, t. I, p. 426.

(2) Le *Moniteur* raconte ainsi ce qui s'est passé le 4 prairial (23 mai) à Milan. L'archevêque a fait remercier le Très-Haut de la conquête de la liberté : Au chant du *Te Deum* succède la *Carmagnole*, puis on joue *Ça ira*. Dans les litanies, les cris Vive la République, se mêlent au Kyrié (*sic*). L'archevêque un peu étonné du contraste, se hâte de terminer la cérémonie en donnant sa bénédiction.

(3) Le Directoire avait écrit à Bonaparte, quelques jours auparavant, que s'il traitait avec Rome, il devait exiger pour première condition « que le Pape ordonnerait immédiatement des prières publiques pour la prospérité et le bonheur de la République », puis il le rançonnerait. On voit que les Directeurs étaient des persécuteurs acharnés et facétieux. Cette bouffonnerie plus sotte encore que sacrilège, caractérise parfaitement ce qu'on appellerait maintenant leur état psychologique. Ils ont du reste toujours apporté le même genre d'esprit

honneur les statues des héros qui le rendirent célèbre, réveiller le peuple romain engourdi par plusieurs siècles d'esclavage, tel sera le fruit de nos victoires. » Les maniaques de prêtrophobie et les pêcheurs en eau trouble furent tous d'accord pour trouver ces phrases admirables!

En attendant le pillage de Rome, ils se mirent à tondre les Milanais en conscience. Bonaparte imposa immédiatement le 30 floréal (19 mai), à Milan et à la Lombardie, une contribution de vingt millions dont le recouvrement fournit à de nombreux agents et officiers de l'armée, l'occasion de se livrer à une foule d'extorsions, et d'imposer quantité de marchés odieux et très lucratifs. Il imposa aussi de lourdes réquisitions. Déjà le 18 mai il avait commencé à enlever les chefs-d'œuvre des arts pour les faire transporter à Paris (1). Mais les révolutionnaires français pillaient sans scrupule les propriétés privées. Sous prétexte de réquisitions ordonnées pour les besoins de l'armée, on prenait tout ce qu'on voulait, et l'on forçait les propriétaires à racheter leur bien. Les riches, écrasés par le payement de la grande contribution, les logements militaires, l'entretien des officiers, par des extorsions de toute sorte, renvoyaient leurs domestiques : on déclara que ces individus désœuvrés et mécontents, pourraient occasionner des désordres, et la municipalité établie par Bonaparte intima aux maîtres l'ordre de continuer à leur payer leurs gages. Les chevaux et les voitures étaient mis en réquisition pour l'armée, et en réalité confisqués pour l'agrément de ses agents, ou revendus par eux à leur profit. Le Directoire n'avait-il pas écrit à Bonaparte de lui envoyer tout ce qui était transportable et pourrait être de quelque utilité?

Le mont-de-piété de Milan renfermait des dépôts pour une somme très considérable. Une grande partie de ces dépôts formait, suivant un usage italien, la dot de pauvres demoiselles, et était tenue en réserve au mont-de-piété par les parents

et la même grossièreté dans toutes les affaires religieuses quelle que fût leur importance.

(1) Le 30 floréal an IV (19 mai), Bonaparte nomme un agent chargé d'envoyer en France les objets d'art : c'est Pierre-Jacques Finet, artiste attaché à la légation de Toscane (Arch. AF³ 85).

jusqu'à leur mariage (1). Bonaparte s'empara de tous ces
dépôts et déclara qu'ils appartenaient à la République française; les propriétés privées qui étaient la réserve des pauvres,
étaient donc confisquées, aussi le mécontentement fut très
grand. Bonaparte et Salicetti décidèrent que tous ces objets,
ainsi que l'argenterie et les bijoux qui avaient été déposés
dans la caisse du payeur de l'armée, seraient envoyés dans
des caisses scellées à Gênes, chez Balbi, banquier de la République; là, ces caisses seraient ouvertes, et leur contenu vérifié sous la surveillance de Faipoult (2). Balbi est chargé de
poursuivre au nom de la république le payement des lettres de
change qui seraient tirées sur Gênes en payement des *indemnités* dues à la France par les princes coalisés de l'Italie, et de
recevoir les sommes qui seraient versées pour les acquitter(3).

Le Directoire écrivait à Bonaparte : « Il faut que les grands
établissements publics de ce pays que nous ne conserverons
pas, se ressentent un peu de la guerre, mais soyons prudents! »
Bonaparte au contraire voulait conserver le Milanais, mais il
n'en était pas moins décidé à le dépouiller pour donner ainsi
une compensation à ce Directoire qu'il annihilait, et satisfaire
son armée. Salicetti était spécialement chargé de pressurer les
Italiens, et il s'en acquittait à merveille. De concert avec
Bonaparte, il supprima les autorités politiques qui existaient en
Lombardie, sauf le congrès d'État, et les autres autorités chargées des finances, en plaçant dans ces fonctions des hommes
à lui; mais il eut soin d'instituer trois agents militaires pour
toute la Lombardie (4), et un agent provincial dans chaque
arrondissement de cette contrée (5).

(1) Botta, t. I, p. 459.
(2) 1er prairial, Arch. nat. AF 3, 85.
(3) Arch. ibid. — Dans une lettre du 6 prairial Salicetti explique au Directoire
que ces objets précieux proviennent surtout du mont-de-piété de Milan. Le
quartier général étant dans un état de mobilité continuelle, ce dépôt devenait
gênant, et aurait pu être enlevé. Il a jugé plus prudent de l'envoyer en pays
neutre sous la surveillance d'un agent français. Il a dû craindre surtout que ce
trésor ne diminuât en voyageant!
(4) Ce sont Morin, ci-devant accusateur militaire; Reboul, ex-membre du Corps
législatif; et Patraud, ci-devant professeur de mathématiques. (Lettre de Salicetti du 4 prairial. Arch. Ibid.)
(5) Le 11 prairial il annonce au Directoire qu'il a fait adresser à Balbi deux

Les instructions données par Salicetti aux agents militaires présentent de l'intérêt : ils remplacent la *giunta* établie par l'archiduc lors de son départ de Milan, et les soixante décurions, et la *politica camerale*, qui faisait fonctions de ministre de l'Intérieur, et exercent toutes leurs attributions. Ce sont en réalité des pachas de Bonaparte (1). « Ils doivent maintenir le respect dû aux propriétés et aux personnes » on sait ce que cela veut dire ! Beaucoup d'agents et de militaires croyaient pouvoir faire impunément comme en France, d'ignobles outrages au catholicisme (2) ; mais Bonaparte et Salicetti ordonnent à ces agents d'empêcher que le peuple soit troublé dans l'exercice de sa religion : ils se contentent de prendre les propriétés et l'argenterie des églises, car ils savent que ce peuple, si sa religion était trop insultée, serait capable de s'en venger par de nombreux coups de couteau ; aussi redoutent-ils les incartades des prêtrophobes (3) !

La confiscation du mont-de-piété de Milan fit perdre patience aux Lombards. Il y eut une sorte d'émeute à Milan pendant que les révolutionnaires faisaient fête autour de l'arbre de la liberté. Le général Despinoy dispersa la multitude avec un escadron. Les administrateurs et les agents ne songeaient qu'à pressurer le pays, et laissaient les troupes sans vêtements et sans vivres. Aussi les paysans étaient odieusement pillés par les soldats, leurs femmes et leurs filles fréquemment outragées ;

millions en numéraire qui doivent être mis à sa disposition, et un envoi important d'argenterie ; sous peu il va encore lui expédier une forte quantité de matières d'or et d'argent provenant des monts-de-piété de Milan et de Plaisance. Les Directeurs peuvent donc tirer des lettres de change sur Balbi.

Un procès-verbal du 2 prairial (21 mai) constate qu'il a été fait vingt-deux caisses de l'argenterie, des bijoux, des diamants du mont de piété de Milan. On voit que les agents révolutionnaires n'ont pas perdu de temps !

(1) Ils surveillent le congrès d'État, les administrateurs des vivres et des biens domaniaux ; les fonctionnaires conservés, les tribunaux conservés, et aussi l'esprit public de chaque commune, « et prendront des mesures pour la répression des délits de *lèse-nation* (quelle nation ?) et pour leur prompt jugement auprès des tribunaux criminels qui doivent en connaître. »

(2) Non contents de briser et de dévaliser les tabernacles, ils jetaient les hosties par terre, faisaient des profanations immondes, et même, en buvant dans les vases sacrés, pour braver les sentiments des Italiens, ils prononçaient par dérision les paroles de la consécration ; ils agissaient en un mot comme en France.

(3) Arch. AF3, 85.

plusieurs Français et patriotes italiens furent victimes de leur
vengeance. A Binasco, entre Milan et Pavie, un détachement fut
égorgé. Il y eut un grave soulèvement dans le Pavesan. Le 23
mai, la population de Pavie se rua sur les Français; ceux-ci au
nombre de quatre cents se réfugièrent dans le château. Les
paysans furieux accourent en foule dans la ville. Le même jour
il y eut des troubles à Milan (1). Le 25 la garnison de Pavie dut
capituler : Bonaparte venait de quitter Milan pour rejoindre
les troupes qui marchaient sur le Mincio; il revint en toute
hâte, bien déterminé à dompter l'insurrection par la terreur (2). Il fit mettre le feu au village de Binasco et égorger
tous les habitants que ses soldats purent atteindre; puis se
présenta devant Pavie avec des forces imposantes et en fit enfoncer les portes à coups de canon. La malheureuse ville fut
livrée au pillage par l'ordre formel de Bonaparte, et les soldats commirent les plus abominables excès (3). Ils égorgèrent
beaucoup de malheureux habitants et violèrent les femmes.
Néanmoins Botta, tout en constatant l'atrocité et le grand
nombre de ces attentats, a soin de déclarer que des Français
courageux ont tout fait pour les empêcher, ont sauvé l'honneur
d'un certain nombre de femmes, et couru de sérieux dangers en
les défendant contre la soldatesque (4). Bonaparte fit d'abord

(1) Le général français Haquin qui se rendait au quartier de Bonaparte, et
n'avait pas connaissance de la révolte, tomba tout à coup au milieu des insurgés qui l'entraînèrent à l'hôtel de ville. Les autorités essayèrent de le cacher dans un coin, mais une foule furieuse se jeta sur lui; il fut blessé, et il
aurait été mis en pièces sans le dévouement des magistrats qui exposèrent leurs
vies pour le sauver, ainsi que bien d'autres Français prisonniers. Haquin plaida
très vivement la cause de ces magistrats auprès de Bonaparte qui voulait les
fusiller voyant en eux les auteurs de la révolte. Comme ils lui avaient sauvé la
vie ainsi qu'à plus de cent cinquante Français, ils ne furent pas mis à mort
mais conduits à Antibes, comme otages. (Botta, t. I, p. 480.)

(2) Le 6 prairial, (25 mai), il ordonna au général Despinoy, commandant de Milan, de faire juger par une commission militaire les individus arrêtés les armes
à la main pendant l'émeute du 4, et de les faire fusiller au faubourg du Tessin.
Le 7 il lui écrivait : « A cette heure je pense que vous avez fait fusiller ceux qui
ont été pris les armes à la main. » (Correspondance, t. I, p. 324.)

(3) Bonaparte écrivait au Directoire : « Si le sang d'un seul Français eût été
versé, je voulais faire élever des ruines de Pavie une colonne sur laquelle
j'aurais fait écrire. « Ici était la ville de Pavie. » C'est une heureuse réminis-
cence des procédés des conventionnels à l'égard de Lyon?

(4) Il déclare le tenir de femmes qui ont été ainsi sauvées. Le colonel fran-

arrêter comme otages un grand nombre d'habitants de Milan : ensuite par une proclamation du 9 prairial (28 mai), il ordonna à ses généraux de marcher sur tous les villages qui ne se seraient pas soumis, d'y mettre le feu et de fusiller tous ceux qu'ils trouveraient les armes à la main. Tous les villages où l'on sonnera le tocsin seront sur-le-champ brûlés... Tout homme trouvé avec un fusil, des munitions de guerre, sera fusillé de suite. Toute maison où il sera trouvé un fusil sera brûlée, à moins que le propriétaire ne déclare à qui il appartient. » L'article 6 de cette proclamation, est ainsi conçu : « Tous les nobles ou *riches* qui seront convaincus d'avoir excité le peuple à la révolte, soit *en congédiant leurs domestiques, soit par des propos contre les Français,* seront arrêtés comme otages, transférés en France, et la moitié *de leurs revenus confisquée.* » Il ne s'agit plus ici d'une violente répression militaire; c'est un terrorisme véritable, systématiquement organisé, et dans un but de spoliation (1). Bonaparte écrivait en même temps à Despinoy : « Soyez impitoyable pour les villages révoltés, et exécutez mon ordre à la lettre. »

Les Lombards récalcitrants à ce que les révolutionnaires appelaient la liberté, furent donc traités par ces derniers comme les Lyonnais, et les paysans de l'Ouest, en véritables compatriotes (2). Après ces terribles exemples, il n'y eut plus d'insurrections importantes, mais les soldats furent souvent victimes d'actes de vengeance isolés.

Au moment même où les troupes françaises entraient à Milan, le Directoire recueillait le bénéfice des victoires de Bonaparte

çais Landrieux raconte qu'il fallut lutter énergiquement, et que plusieurs hommes furent tués « on les reconnaissait, dit-il, aux coups de baïonnette dans le dos. »

... « Le lendemain, quand on battit la générale, les pillards étaient tellement saoûls qu'ils ne pouvaient marcher. On ne put tout rassembler que vers midi. Il y en eut de moins pris de vin que les autres, qui pillèrent le butin dont s'étaient chargés ceux qui, complètement ivres, s'étaient endormis dans les rues ». (*Mémoires*, t. I, p. 71.)

(1) *Correspondance*, t. I, p. 327. Il est évident qu'il suffira d'accuser simplement de propos contre les Français tous ceux qu'on voudra proscrire et dépouiller. C'est de la tyrannie fiscale!

(2) Le 12 prairial (31 mai) Bonaparte donnait encore l'ordre de faire fusiller « sans formalités » des prétendus chefs de révoltés. (*Correspondance*, t. I, p. 340.)

sur le roi Victor Amédée, et de l'armistice qu'il lui avait imposé, sans tenir compte de son gouvernement. Le 26 floréal (15 mai), le traité définitif fut signé entre la France et la Sardaigne. Il assurait complètement le Piémont au Directoire. Les Jacobins auraient voulu renverser immédiatement la maison de Savoie, et faire de ce pays une république vassale, ou l'annexer directement. Ils ne purent, grâce à l'opposition de Bonaparte réaliser ce projet que trois ans plus tard. Le général qui avait habilement excité les convoitises de la cour de Sardaigne sans prendre aucun engagement, et avec la ferme intention du reste de ne lui rien donner, aimait bien mieux avoir sur ses derrières un royaume occupé par son armée, gouverné par un prince désireux avant tout de lui complaire, qu'une république nominale, où Jacobins français et Jacobins locaux pêcheraient en eau trouble, dilapideraient les finances, feraient les matamores, l'espionneraient, et gêneraient indirectement ses opérations militaires. En laissant la maison de Savoie à Turin, avec un pareil traité, il devenait maître absolu et de son armée et de l'Italie.

Le roi de Sardaigne révoque par ce traité toute adhésion *patente ou secrète* à la coalition, et renonce purement et simplement et à perpétuité à la Savoie, et aux comtés de Nice, de Tende et de Beuil. L'article 4 établit une délimitation de frontières avantageuse à la France.

Par l'article 5, le roi éloigne les émigrés et les déportés de ses États. On lui permet cependant de retenir à son service les seuls émigrés du Mont-Blanc et des Alpes maritimes, c'est-à-dire ceux des pays qu'il vient de céder, ses anciens sujets qui ont voulu lui rester fidèles; mais on lui impose cette condition humiliante et perfide qu'il ne pourra les garder que « tant qu'ils ne donneront aucun sujet de plainte par des entreprises ou manœuvres tendant à compromettre la sûreté de la République ». Ce traité est tout à fait cruel pour les émigrés français, chassés par un roi allié de si près à la maison de Bourbon. Il l'est aussi pour les émigrés d'origine sarde, à cause de cette restriction dangereuse et humiliante pour la cour de Sardaigne, car elle donne aux révolutionnaires un prétexte continuel de s'immiscer dans les affaires intérieures du Piémont et de vexer ceux qui ont voulu se soustraire à leur joug. On sait très bien, en effet, que les révolutionnaires français ont l'habitude de donner à ces termes «entreprises ou manœuvres» la plus étrange extension. La persécution religieuse trouvait aussi son compte dans cet article : elle avait été épouvantable en Savoie (1). Les révolutionnaires ne voulaient pas que les prêtres déportés français, ou savoisiens d'origine, continuassent à rentrer en Savoie pour rétablir le culte; et si des prêtres de ce pays, sans rentrer en France, se tenaient à la frontière pour que leurs compatriotes pussent se confesser et entendre la messe, dans les villages piémontais voisins du pays cédé par le traité, ils voulaient, pour arrêter *ces entreprises et ces manœuvres*, pouvoir contraindre le gouvernement sarde à les éloigner; et ils eurent soin d'interpréter ainsi cette disposition.

Par l'article 8, le roi de Sardaigne accorde « une amnistie pleine et entière à tous ceux de ses sujets qui ont été poursuivis pour leurs opinions politiques. » Le Directoire prend ainsi les révolutionnaires sous sa protection officielle, et pour leurs actes passés, et pour l'avenir. Cette amnistie forcée, sera un prétexte d'immixtion impudente, de mauvaises querelles, un moyen d'imposer à la maison de Savoie des conspirateurs insolents qui, assurés de l'impunité, répandront partout le désordre, en invoquant l'assistance du Directoire, et aideront singulièrement celui-ci à asservir le royaume.

Indépendamment des forteresses de Coni, Céva et Tortone, livrées déjà par l'armistice, les Français occuperont celles d'Exiles, de l'Assiette, de Suze, de la Brunette, de Château-Dauphin et d'Alexandrie; mais Valence pourra être substituée à cette dernière place, si le général français le préfère (art. 12).

Ces places et territoires seront restitués après la conclusion d'un traité de commerce, *la paix générale* (que le Directoire évite par système) et l'établissement de la ligne des frontières.

Les fortifications de la Brunette et de Suze devaient être dé-

(1) Nous avons donné des détails sur cette persécution dans l'*Histoire de la Constitution civile du clergé*, surtout tome IV, p. 43 et suiv., et p. 336 et suiv.

molies aux frais du roi ; les Français pouvaient lever des contributions militaires, vivres et fourrages dans les pays occupés par eux. Ils devaient jouir du libre passage dans les
États du roi de Sardaigne, pour se porter dans l'intérieur de
l'Italie et en revenir.

En outre, le roi de Sardaigne acceptait la médiation du
Directoire sur ses différends avec Gênes et ses revendications
de territoire. C'était encore un leurre, et un prétexte de plus
pour dominer les deux États. L'article 1 du traité secret (1)
cédait au Directoire, les îles Saint-Pierre, Saint-Antiocho près
de la Sardaigne, qu'il avait déjà demandées, avec le fort Saint-
Pierre et son artillerie.

Le Directoire s'est donc procuré deux motifs d'immixtion
continuelle dans les affaires de ce royaume.

D'abord l'amnistie : il prétendait toujours qu'elle n'était
pas appliquée. En outre, bien des gens, poursuivis pour des
délits de droit commun ou touchant à la politique, mais postérieurs au traité, invoquaient l'appui du gouvernement
français, qui intervenait d'un ton menaçant, et traitait le gou-

(1) Il y eut, conformément aux habitudes du Directoire, une série d'articles secrets. D'après l'article 2 « le Directoire ne s'oppose pas à ce que les deux
filles du roi de Sardaigne (la comtesse de Provence et la comtesse d'Artois), re-
joignent leur père, sans que cependant, il puisse être formé de leur part aucune
action ou prétention quelconque contre la république ».
Art. 3. — Les citoyens du Mont-Blanc et des Alpes-Maritimes enlevés par les
agents du roi seront mis en liberté. 4° Les troupes sardes seront remises sur le
pied de paix, les milices licenciées. Par l'article 5, le roi avait le choix de céder
un territoire entre les Alpes maritimes et les Alpes, ou démolir la forteresse de
Démont, et les retranchements des Barricades : il aima mieux prendre ce dernier parti. Les forts d'Exiles, de Suse et de la Brunette devaient être également
démolis. Par arrêté du 3 messidor an IV, le Directoire décida que tout ce qui
pouvait servir d'abri aux troupes et aux munitions devait être regardé comme
faisant partie des fortifications et démoli avec elles ; c'était très rigoureux. « Je
serai un honnête destructeur », lui écrivait le général qu'il avait chargé de surveiller cette démolition. Les limites fixées par le traité furent aussi étendues à
son profit en prenant pour prétexte la revendication d'anciennes limites. Le
10 nivose an V, les commissaires français étaient avertis que la désignation
faite par l'article 4 du traité, était indicative et non impérative. Ainsi le Piémont devait subir toutes les exigences du Directoire.
Par l'article 6, le roi doit dans ses ports faire mettre le séquestre sur les vaisseaux appartenant aux sujets des puissances ennemies de la république. Il ne
leur donnera jamais asile, au contraire il protègera les vaisseaux français. Il ne
prendra plus (art. 7) aucun des titres de seigneurie ou de souveraineté des pays
cédés.

vernement sarde comme peu de temps auparavant les conventionnels en mission traitaient les autorités locales (1).

L'insurrection dite des *Barbets*, servit aussi de prétexte pour introduire des troupes françaises en Piémont, et lancer contre le gouvernement sarde des accusations continuelles de négligence à l'égard de ces insurgés, et même de complicité avec eux. Et le Directoire ne cessait, à cette occasion, d'émettre les exigences les plus exorbitantes. Ces Barbets, très audacieux et très aguerris, étaient pour la plupart des émigrés savoisiens et niçois proscrits par des lois odieuses et absurdes de la Révolution; Clarke et d'autres généraux français l'ont reconnu hautement.

Bonaparte écrivait au Directoire, le 28 décembre 1796 (8 nivôse an V), « notre politique à l'égard du roi de Sardaigne doit consister toujours à maintenir chez lui un ferment de mécontentement. » Le Directoire était bien décidé à le récompenser ainsi de sa soumission.

Le royaume de Sardaigne était, au point de vue financier, dans un bien triste état (2). Déjà écrasé par la guerre, il avait dû payer au vainqueur une somme importante. Le 4 prairial an IV, Salicetti, commissaire de l'armée, envoie au Directoire le tableau des contributions dont il a frappé le Piémont : elles s'élèvent à deux millions soixante et onze mille quatre cents livres, moins les provinces de Voghera, et de Cunéo, leurs corps

(1) En Sardaigne, surtout, les prétendus patriotes réclamaient bruyamment l'intervention du Directoire. Cette île avait été récemment agitée par des troubles dus à des dissensions locales; on attendit longtemps avant d'y publier officiellement cette amnistie. Les patriotes et les agents révolutionnaires prétendaient qu'on ne l'exécutait pas du tout : aussi, le 9 fructidor, par une note très raide, Rewbell, ordonnait de réclamer auprès du gouvernement. Celui-ci répondit que l'amnistie était observée, que deux individus seulement, coupables d'avoir voulu attenter à la vie du roi, en avaient été exceptés, et qu'on ne croyait pas ce crime compris dans l'amnistie. Les jacobins auraient bien voulu qu'il en fût ainsi; mais ils n'osaient, par hypocrisie, le dire ouvertement, pour ne pas justifier ceux qui les accusaient de faire la propagande du régicide. Aussi, le chargé d'affaires du Directoire dit qu'il n'avait garde d'innocenter ces gens-là. Il prétendit pourtant que sa démarche avait eu pour résultat de faire mettre en liberté des patriotes détenus à la citadelle de Turin. Il est permis de douter qu'ils fussent réellement compris dans l'amnistie.

(2) Déjà en 1795, on avait vendu avec l'autorisation du pape pour trente millions de biens du clergé : on avait pris des biens d'hospices, en donnant des rentes à la place, et élevé les impôts. (Botta, *Histoire d'Italie*.)

ecclésiastiques et ceux d'Alexandrie. Voghera fut depuis taxé
à quatre cent quinze mille livres, et Cunéo à cinq cent soixante
dix-neuf mille neuf cent vingt-quatre livres (1); mais il fallut
faire des réductions à certaines localités, complètement écrasées. Dans chaque province, le commissaire avait établi un agent
militaire, chargé de faire rentrer les contributions, et aussi de
faire de la propagande révolutionnaire. Salicetti prenait pour
base de cette contribution le double de celle que les provinces
payaient au roi de Sardaigne, et ordonnait à ses agents d'en
exiger très rigoureusement le payement (2). Il prenait en outre
« le produit des contributions indirectes qui continuent de se
percevoir partout pour le compte de la République française
et dont le revenu sera *assez conséquent* (3)! »

Il résulte d'un rapport envoyé au Directoire, le 20 fructidor, par le commissaire Garrau, qu'à cette époque la contribution du Piémont s'élevait définitivement à deux millions
neuf cent soixante mille, neuf cent dix-huit livres, six sols,
huit deniers.

---

(1) Dont 47,230 pour les corps religieux, 8,509 pour la noblesse; dans la province de Mondovi, les corps religieux sont taxés à 135,553 livres; dans celles
d'Alba 50,000, Acqui 35,900, Tortone 53,600, Alexandrie 44,000.

(2) Dans une instruction aux agents militaires du Piémont, il distingue trois
sortes de contribuables : 1° les communes : il faut que le rôle des principaux
contribuables taxés soit fait au plus tard en vingt-quatre heures; que la *taxe
frappe les riches* (toujours le système révolutionnaire), et qu'elle soit recouvrée
en entier dans la décade. Les agents prendront des mesures énergiques contre
les conseillers municipaux et les vingt principaux propriétaires, si l'on ne paie
pas bien vite; 2° les maisons religieuses : si la contribution est déjà fixée par
un arrêté, elle doit être payée dans les vingt-quatre heures, sinon que l'agent
taxe lui-même, et n'écoute rien : c'est contre les contribuables de ce genre
qu'il faut montrer le plus d'énergie; 3° les nobles possédant fiefs : il faut les
taxer au moins à moitié de leurs revenus annuels, et exiger le payement dans
les vingt-quatre heures, sinon contrainte militaire. Arch., AF, 3, 186.

(3) 4 prairial an IV. Arch., AF³ 485.

CHAPITRE XV.

ROME, VENISE.

I.

Grâce au traité du 26 floréal (15 mai), Bonaparte pouvait marcher contre les Autrichiens en toute sécurité. Aucune concession n'avait été faite au roi de Sardaigne : il s'était livré complètement au Directoire (1). Bonaparte allait faire passer ses troupes et son matériel de guerre à travers ses États, s'appuyer au besoin sur ses forteresses et recevoir des renforts bien plus vite. Il prenait un ton menaçant à l'égard de la république de Gênes, et malgré sa neutralité, il voulait évidemment la réduire au même état de vassalité que la Sardaigne.

(1) Son envoyé avait dit inutilement aux gouvernants français : « Traitez-nous de telle sorte que nous devenions vos amis et non vos prisonniers ». (*Sandoz au roi de Prusse*, 10 mai : De Sybel, t. IV, p. 188).

Après avoir tiré une terrible vengeance des insurrections de Lombardie, il se remit en marche pour chasser complètement les Autrichiens de la haute Italie.

Mais il voulait en outre établir son armée dans des positions si bien choisies qu'il leur fût impossible d'y revenir, et dans ce but il résolut de dépasser la Lombardie, et de ne s'arrêter qu'à la ligne de l'Adige. Les deux rives de ce fleuve appartenaient à la république de Venise, État neutre et ami; mais Bonaparte ne tenait jamais aucun compte de pareilles considérations : la ligne de l'Adige à partir du lac de Garde lui convenait, et Venise n'était pas assez forte pour la défendre contre lui : il trouvait donc tout simple de la prendre; et Venise devait avoir tort, et il se prétendrait lui, lésé par elle !

Beaulieu, après la défaite de Lodi, s'était empressé de renforcer et de ravitailler considérablement la garnison de Mantoue. Bonaparte voulait rejeter l'Autriche au-delà de l'Adige, pour l'expulser complètement de l'Italie : sous prétexte de couper la retraite à Beaulieu, il envahit les provinces vénitiennes de Bergame et de Brescia le 23 mai, et le 26 il prit possession de la ville de Brescia tout en protestant de l'amitié du Directoire pour la république de Venise. Beaulieu, de son côté, fit occuper la petite forteresse vénitienne de Peschiera sur le lac de Garde, mais il diminua ainsi ses forces; Bonaparte le rejoignit à Borghetto et le battit complètement. Une fraction de ses troupes se replia sur Mantoue, la plus grande partie remonta l'Adige et se réfugia en Tyrol. Il ne restait plus d'Autrichiens en Lombardie en dehors de l'importante garnison de Mantoue, car Peschiera fut évacué le 1er juin. Bonaparte chargea immédiatement Augereau et Sérurier de bloquer Mantoue, et Masséna de surveiller la vallée de l'Adige et le lac de Garde. La première campagne contre les Autrichiens était finie : Bonaparte était devenu libre de combler les vœux du Directoire, en rançonnant les petits États, et révolutionnant l'Italie entière.

La cour de Naples, très effrayée des victoires de Bonaparte, et des sinistres projets du Directoire contre les États de l'Italie, envoya le 1er juin le prince Belmonte Pignatelli demander un armistice. Bonaparte essaya de l'intimider et de lui faire croire qu'il pouvait être à Rome avec quarante mille hommes dans quatre semaines, et que de Rome il lui serait très facile de marcher sur Naples : suivant lui l'armée napolitaine ne tiendrait pas un moment devant la sienne. Puisqu'il était sûr de conquérir le royaume de Naples, il se montrait très généreux en acceptant un armistice, et le roi devait payer cette générosité. Belmonte fit valoir que Naples n'avait subi aucune défaite, et qu'en offrant de retirer aux Autrichiens la cavalerie qu'il leur avait envoyée, le roi faisait au Directoire une proposition avantageuse. Bonaparte demanda en outre l'expulsion des émigrés et l'interdiction aux Anglais des ports napolitains. Mais Belmonte déclara que ces propositions étaient injurieuses; Bonaparte avait voulu simplement, suivant son habitude, tâter le terrain, et si l'envoyé montrait de la faiblesse, exploiter largement sa peur; mais il n'avait en réalité aucune envie de marcher sur Rome; il avait même dit et répété au Directoire qu'il était impossible de s'engager dans le sud de l'Italie avant que le siège de Mantoue fût terminé. Il conclut donc le 5 juin avec Belmonte un armistice portant simplement que la cavalerie napolitaine, forte de deux mille quatre cents hommes, quitterait les Autrichiens, et irait s'établir dans la province de Brescia au milieu des troupes françaises qui la surveilleraient; en outre, la flotte napolitaine se séparerait de la flotte anglaise, et le roi de Naples enverrait, dans un lieu choisi par le Directoire, un ambassadeur chargé de négocier un traité de paix. Comme Bonaparte ne la tenait pas sous sa main, la cour de Naples esquiva une lourde contribution. Elle avait eu le tort de faire très peu de temps auparavant de grandes démonstrations belliqueuses, et après avoir promis son secours au Pape, elle le laissait dans l'embarras. Le Directoire aurait voulu détrôner et tenir en prison la sœur de Marie-Antoinette, et piller Naples. Bonaparte lui écrivit qu'il avait seulement six mille hommes disponibles pour faire cette expédition dans la saison la plus défavorable (1), et que cet armistice était avantageux. Le Di-

(1) Bonaparte dans la discussion de l'armistice avait dit à Belmonte qu'il disposait de quatre-vingt mille hommes : il écrivit au Directoire qu'il n'en avait que cinquante-trois mille, dont quarante-sept mille retenus devant Mantoue et dans la haute Italie. (*Correspondance*, t. I, p. 373.)

rectoire vit très bien que Bonaparte y mettait beaucoup de
mauvaise volonté, mais il n'osa point risquer la moindre protestation, parce qu'il lui promettait d'extorquer à Rome, au
moyen de cet armistice avec Naples, vingt-cinq millions en argent et cinq en denrées.

Débarrassé des Autrichiens pour le moment, Bonaparte était
revenu à Milan et organisait une république lombarde. Les
gouvernants français n'avaient vu dans l'invasion de l'Italie
qu'un moyen de faire subsister leurs armées dans un pays
riche, de procurer de bonnes affaires à leur coterie par la
spoliation de cette contrée, et d'arracher à l'empereur une paix
avantageuse, qui les relèverait dans l'opinion et leur permettrait de se maintenir au pouvoir. Ils ne se souciaient guère
des conquêtes de Bonaparte, et préféraient en trafiquer avec
l'empereur pour le déterminer à céder la Belgique qu'ils voulaient conserver à tout prix. Ils étaient même disposés à faire
dans ce but certains sacrifices, car la perspective de traiter de
puissance à puissance avec l'empereur flattait beaucoup leur
vanité : ils étaient d'ailleurs persuadés que les autres États
suivraient son exemple et qu'ils pourraient alors imposer
leurs volontés à l'Angleterre restée leur seul adversaire,
ou tourner toutes leurs forces contre elle.

Bonaparte, au contraire, voulait lier l'Italie à la république
française par un vasselage très étroit et lui prendre de l'argent régulièrement jusqu'à ce qu'elle fût complètement épuisée. Il avait déjà scandalisé les bigots de la forme républicaine en se dispensant de détrôner le roi de Sardaigne, et de
proclamer avec une solennité théâtrale la république à Turin.
Décidé à ne pas rendre la Lombardie à l'Autriche, il voulait la
garder à sa discrétion, et en faire un semblant de république
qui serait une menace perpétuelle pour les autres États de l'I-
talie ; et dont l'établissement exciterait chez tous les Italiens
entamés par les idées révolutionnaires, des espérances et des
illusions qu'il saurait exploiter.

L'Italie renfermait alors de nombreux utopistes qui rêvaient
un nouvel âge d'or, et croyaient fermement que, pour réaliser
le meilleur gouvernement possible, il suffirait de décréter la
mise en pratique de leurs théories. Ils avaient une passion his-

torique et littéraire pour les héros de l'histoire romaine et
c'était la mode chez eux de se proclamer républicains avec
emphase. L'établissement de la république en France les jeta
dans une vive exaltation : ils ne virent que ce seul mot de république et fermèrent systématiquement les yeux et sur les
fautes, et sur les crimes des républicains français. Ces utopistes,
plongés dans leurs rêves, n'allaient pas jusqu'à excuser les
horribles attentats des révolutionnaires, mais ils répétaient
partout que les esprits allaient être transformés grâce à la
proclamation de la république, et que l'odieuse tyrannie jacobine disparaîtrait comme par enchantement et céderait la place
à la vraie république : et celle-là devait amener immédiatement cet âge d'or qu'ils attendaient avec une naïveté incompa-
rable. En attendant, ils se laissaient pousser en avant par un
petit nombre de déclamateurs ambitieux et pervers, véritables
révolutionnaires, qui cherchaient à provoquer un bouleversement général et marchaient sur les traces des jacobins français. Il s'était formé des sociétés secrètes qui correspondaient
avec les révolutionnaires de Paris, et ces honnêtes utopistes
que Botta plaint et blâme tout à la fois (1) les soutenaient trop
souvent. Ils savaient très bien qu'il était fort dangereux d'attirer les révolutionnaires français en Italie. Cependant ils s'u-
nirent aux novateurs violents et cupides, pour la soumettre à
leur domination. En agissant ainsi, ils se croyaient très habiles,
ils espéraient que les Français, avec leur inconstance bien
connue, quitteraient l'Italie après l'avoir bouleversée à leur
profit. Ce genre de républicanisme était assez commun dans
les classes élevées et dans la bourgeoisie. Certains ecclésiastiques imbus des doctrines jansénistes professées à Pavie et au
synode de Pistoie, s'imaginaient que l'arrivée des Français et
leur occupation momentanée de l'Italie, les ferait triompher
définitivement et leur vaudrait des dignités ecclésiastiques et
des évêchés : les jacobins iconoclastes, suivant eux, n'oseraient

(1) Botta, qui était un novateur plus éclairé et les connaissait très bien, vante
les vertus privées et l'honnêteté de la plupart d'entre eux. « S'ils sont coupables,
dit-il, c'est d'avoir cru à la possibilité de leur utopie, c'est d'avoir eu confiance
en des hommes pervers, et d'avoir supposé des vertus à ceux dont le cœur
était le réceptacle de tous les vices... Pour atteindre un bien imaginaire, ils
faisaient usage de moyens condamnables. (T. I, p. 161, traduction.)

point, par prudence, abolir le culte comme en France; d'ailleurs ils n'en auraient pas le temps. Beaucoup de ces républicains servirent d'agents et même d'espions aux Français qui souvent riaient de leur naïveté (1). Des nobles ambitieux ou ruinés, de nombreux cadets besogneux favorisaient ce mouvement républicain dans l'espoir d'obtenir des places importantes.

Si Bonaparte se montrait en Italie plus zélé républicain que le Directoire, il était parfaitement d'accord avec lui pour s'opposer de toutes ses forces à l'établissement d'une seule grande république embrassant l'Italie entière. Les révolutionnaires français détestaient profondément les partisans de l'unité italienne qu'ils appelaient la ligue noire (2). Ces unitaires, alors fort peu nombreux, mais adroits, savaient se glisser partout avec une habileté extrême. Ils s'empressèrent de se mettre à la disposition des Français parce qu'ils voulaient se servir d'eux pour chasser les Autrichiens de l'Italie, et renverser en même temps les princes anciens et les républiques anciennes; ils comptaient réunir ensuite toutes les forces du pays pour expulser leurs libérateurs. Les partisans de l'unité furent, à cause de leur républicanisme bruyant, très favorablement accueillis par les Français, qui ne les connaissaient pas; ils se firent ainsi nommer par eux à un grand nombre de places, et ils en profitèrent pour faire les affaires de leur parti, et souvent battre sournoisement en brèche les autorités françaises. Plus tard, lorsque le gouvernement autrichien redevint maître de la Lombardie, ils s'empressèrent de retourner leur casaque, et sollicitèrent de lui des places pour jouer secrètement le même jeu. Les révolutionnaires français furent longtemps dupes de leur jargon républicain et de leurs flatteries.

Bonaparte groupa autour de lui les révolutionnaires de Milan. Le 11 juin (22 prairial), il écrivait au Directoire qu'une

---

(1) Le colonel Landrieux se moque de ces utopistes. Il raconte que lors de la campagne de Piémont, « on dut à quelques-uns de ces innocents de bons détails sur quantités de sentiers inconnus. » Et sur les positions de l'ennemi : « Ils ne furent même pas étrangers aux marchés faits avec quelques-uns des traîtres qui livrèrent les principaux défilés. » « Peut-on refuser quelque chose à ceux qui nous apportent le bonheur ? » ajoute-t-il ironiquement (*Mémoires*, t. I, p. 21).

(2) Botta, t. I, p. 112. D'après lui les généraux français, à la fin, redoutaient plus cette secte politique, que les armées autrichiennes.

députation du peuple lombard partait pour Paris, afin d'implorer son appui contre le retour de la domination autrichienne. Il fit un grand éloge du patriotisme de ce peuple, et de ses sympathies pour la France; et tout en affectant une profonde déférence pour le Directoire, il sut l'obliger à ratifier tous ses actes, et à établir dans la haute Italie une prétendue république dont il était lui, Bonaparte, le dictateur. Le 24 prairial (12 juin), la municipalité de Milan abolit la noblesse et enjoignit à tous les nobles de livrer leurs titres dans les huit jours pour en faire un autodafé. Le 21 juin (3 messidor), le château de Milan fut forcé de capituler : on y trouva beaucoup de munitions; dans la suite Bonaparte se servit de ce château comme d'une bastille véritable, pour brider les Italiens trop peu dociles.

Mais il ne jugeait pas suffisant de républicaniser la Lombardie; il comptait donner une satisfaction partielle au Directoire, et récolter beaucoup d'argent en arrachant au pape ses provinces les plus septentrionales, pendant que les Autrichiens étaient occupés à réorganiser leur armée. Il ordonna aux généraux de division Augereau et Vaubois de passer le Pô, d'envahir le duché de Modène et de marcher sur Bologne et Ferrare. Avant de les rejoindre, il se dirigea du côté de Tortona pour terroriser la république de Gênes, et faire des exemples terribles de paysans insoumis.

Le roi de Sardaigne était devenu en fait le vassal du Directoire; il avait fait à la France d'énormes concessions de territoire, il lui fallait à tout prix des compensations. On le leurrait avec le Milanais; mais le Directoire pouvait être tenté de s'assurer de sa docilité en lui livrant un bon morceau du territoire génois, peut-être même Gênes et ses dépendances. Le sénat de Gênes avait donc lieu de craindre, s'il tenait tête au Directoire, de voir la vieille république occupée par les révolutionnaires ou vendue par eux à leur nouvel allié. Bonaparte n'avait plus besoin de ses complaisances : il avait même intérêt à la trouver en faute à l'égard du Directoire. Aussi les agents français redoublèrent d'exigences avec cette malheureuse république, et se complurent à exaspérer les populations. Il y eut des soulèvements du côté de Novi et dans le pays qui formait alors les *fiefs impériaux* (1) ; les Français furent attaqués. Bonaparte et Faipoult jetèrent les hauts cris et prétendirent que ces troubles avaient été excités par Girola, chargé d'affaires de l'empereur. Bonaparte envoya Murat à Gênes avec mission de sommer le sénat : 1° de destituer le gouverneur de Novi ; 2° de mettre en arrestation ou tout au moins d'expulser Girola ; 3° de répondre de la sûreté de son territoire ; et pour l'exécution de cette dernière condition, on va lui demander de le livrer complètement à l'armée française (2).

Le gouvernement génois, contrairement à l'attente des révolutionnaires, ne perdit point la tête ; il répondit que la culpabilité du gouverneur de Novi n'était pas établie, mais que cependant il avait été remplacé, et que l'expulsion demandée de Girola soulevait une grave question de droit des gens. Il déclara qu'il ferait tout son possible pour donner satisfaction au Directoire. Ses exigences étaient grandes ; Cacault trouvait que Girola, *assassin,* devait au moins être expulsé ; les Anglais exclus de la république, les batteries de la côte livrées à des artilleurs français, les émigrés bannis et les révolutionnaires locaux rappelés. Gênes devrait en outre fournir « un emprunt et même un don de six millions, *prix de son indépendance assurée par nos victoires ;* enfin expulser des fonctions publiques et bannir *trente personnes* connues pour être opposées à la France et favorables à la coalition (3). »

Le régime de la Terreur est officiellement abrogé en France par la Constitution de l'an III ; mais on veut l'im-

---

(1) Ce soulèvement fut réprimé avec beaucoup de cruauté. Le village d'Arquata fut brûlé, de nombreux paysans furent fusillés. Bonaparte en profita pour séquestrer les biens de certains seigneurs. Il avait taxé ces très petits pays à 303,140 livres.

(2) Lettre de Bonaparte au sénat de Gênes du 27 prairial : « Je ferai brûler les villes et les villages où sera commis l'assassinat d'un seul Français. » — Lettre de Faipoult, 29 prairial (17 juin). Arch. nat., AF, III, 65. Le 2 messidor (20 juin), Cacault proposait au Directoire d'exiger la réparation complète de tous ses griefs dans les vingt-quatre heures, ainsi que la destitution de tous ceux qui lui étaient hostiles, et de faire avancer ses troupes pour appuyer ses réclamations. En réalité, il lui demandait de renverser la république.

(3) Extrait de la dépêche du 7 messidor (25 juin). *Ibid.* Bonaparte écrivait au Directoire qu'il fallait faire bannir de Gênes une vingtaine de familles pour assurer l'influence française (18 messidor). t. I, p. 458.

planter dans les petits États voisins. Ce système fut adopté par
Bonaparte, qui menaça de brûler les villes et villages où des
attentats avaient été commis contre les Français. On lui envoya un patricien qui lui rappela habilement, au sujet de l'expulsion de Girola, qu'en 1793 Gênes avait refusé de renvoyer
le chargé d'affaires français Tilly, malgré les menaces de l'a-
miral Drake et de l'escadre anglaise. Mais Bonaparte voulait
profiter de la circonstance pour extorquer quinze millions à
Gênes et faire occuper aux frais de la vieille République,
par des soldats français, et le golfe de la Spezia, et même les
fortifications de Gênes, sous prétexte d'assurer l'interdiction
du port aux Anglais (1). Le Sénat crut prudent d'éloigner Girola (2); mais il envoya à Paris Vincent Spinola, pour discuter les autres demandes de Bonaparte qui pour le moment
était très décidé à renverser le gouvernement génois, et à
créer une république vassale qu'il exploiterait à sa guise. Le
27 messidor (15 juillet), des révolutionnaires et des soldats
français, fort peu déguisés, tentèrent d'introduire des fusils
dans Gênes par une porte du port, afin d'armer les révolutionnaires et de renverser le gouvernement par surprise. Ils
furent découverts et résistèrent violemment à la police, mais
le complot était déjoué. Cette tentative révolutionnaire souleva une vive émotion contre les Français (3). Du reste, Bonaparte écrivait alors à Faipoult qu'il attendait une bataille

(1) Faipoult, dans sa lettre du 13 messidor, demande avec insistance que les
Français se fassent livrer les batteries du Port des deux Môles, et du Port.

(2) Il céda aussi sur les émigrés. Faipoult, en annonçant l'expulsion de Girola, 14 messidor (2 juillet), écrit qu'il a fait passer à Toulon « les noms de
deux émigrés qui se sont embarqués pour rentrer en France : l'un est Dude-
maine, ancien commissaire des guerres; l'autre Martelli, fils d'un conseiller au
parlement d'Aix. » Arch., ibid. S'ils ont été fusillés, Faipoult peut en revendiquer l'honneur. Le 6 thermidor il constate que des émigrés rentrent malgré
ses efforts.

(3) Faipoult furieux de cette déconvenue, fit de violentes réclamations, prétendit que les fusils appartenaient aux Génois, qu'on calomniait les Français,
et joua une ignoble comédie. Le Sénat, dans ses réponses non publiques, maintint que les fusils avaient été introduits par des hommes qui devaient être des
soldats français; mais, avec la finesse génoise, il voulut donner une satisfaction pour la forme; puisque le danger était au moins différé, il consentit à déclarer dans une proclamation destinée à rassurer les esprits, qu'il n'y avait
pas lieu de douter de la loyauté française et que les fameux fusils appartenaient à des Génois.

décisive : « *Le temps de Gênes*, dit-il, *n'est pas encore venu.* »
Il lui ordonne de faire croire au Sénat qu'on est content de
lui. « N'oubliez aucune circonstance pour faire renaître l'espérance dans le cœur du sénat de Gênes, et *l'endormir jusqu'au moment du réveil.* » Il lui prescrit de gagner ainsi *une
quinzaine de jours* (1).

Bonaparte et le Directoire avaient jugé opportun de différer
leur expédition contre cette République amie. Elle obtint encore un répit de quelques mois, en acquiesçant à toutes les
exigences de son terrible voisin.

II.

Après avoir terrorisé Gênes, Bonaparte se rendit à Bologne
qui venait d'être occupée par ses soldats. Aussitôt après son
entrée à Milan, et son fameux discours sur le Capitole, Pie VI
lui avait envoyé le marquis Gnudi, avec de pleins pouvoirs
pour traiter d'un accommodement qui pût préserver ses États
d'une invasion. Azara, l'ambassadeur d'Espagne, fut prié d'intervenir comme médiateur. Bonaparte reçut le marquis Gnudi

(1) Correspondance, t. I, p. 472-475.
(2) Faipoult, en fomentant des complots à Gênes, se conformait aux instructions qui lui étaient envoyées, mais il avait fort peu de confiance dans les révolutionnaires Italiens. Le 22 floréal précédent (11 mai), il écrivait à Paris qu'il
ne fallait pas se presser d'établir des républiques en Italie : « Ce que le général Bonaparte et le commissaire Salicetti ont reconnu dans les contrées qu'ils
ont parcourues, oblige de remettre l'exécution d'un si beau plan à des temps
postérieurs. Mes idées à cet égard sont bien changées depuis mon voyage à
Tortone, et je ne puis trop inviter le Directoire et le ministre des relations
extérieures à n'accueillir qu'avec une grande réserve les idées qui pourraient
leur être soumises, et qui tendraient à opérer la révolution en Italie. *Les peuples du pays déjà occupé par l'armée trouvent que leurs nobles et leurs prêtres sont de fort braves gens.* Ainsi ils méritent d'être laissés à leur supersti-
tieuse ignorance. Quand ils voudront être libres, ce sera leur affaire. Leurs
gouvernements sont et seront toujours assez faibles pour que les peuples
soient perpétuellement en état d'opérer leur révolution, du moment qu'ils en
auront le courage et la volonté ».
« ... Si l'érection de Rome en pays libre souffrait trop de difficultés à la paix
générale, on pourrait la laisser au pape avec le reste de son État, ou bien *la
donner à quelque prince d'Allemagne* en indemnité lors de la paix avec l'empereur... » Arch. AF, III, 65. — Un peu plus tard, le 23 thermidor, comme d'autres agents français, il propose de donner Rome au duc de Parme, mais aucun
d'entre eux ne songe à une République romaine.

avec affabilité, mais ne voulut rien conclure avec lui, parce
que, disait-il, rien n'était encore décidé relativement aux États
du Saint-Siège. Pour mieux couvrir son jeu, il affecta de recommander en confidence à Azara de ne pas s'effrayer des
mouvements qui allaient être ordonnés à son armée, parce
qu'ils menaçaient seulement la Toscane; et il paraît aussi
qu'il recommanda également à l'envoyé de Toscane, de ne pas
s'inquiéter de ces mêmes mouvements, parce qu'il s'agissait
d'une expédition contre les États Pontificaux. Cette duplicité
est très vraisemblable de sa part. Du reste, il ne mentait qu'à
moitié : le Pape, et le grand-duc allaient être tous deux ran-
çonnés. Les soldats aguerris d'Augereau, ne rencontrèrent
aucune résistance sérieuse de la part des troupes du pape : et
les légations de Bologne et de Ferrare furent rapidement occupées. On s'attendait à voir Bonaparte exécuter les instructions du Directoire et marcher sur Rome. Azara persuadé que
le Pape, pour éviter un désastre certain, ne pourrait jamais
faire de trop grands sacrifices, alla trouver Bonaparte, et lui
proposa d'accorder une trêve moyennant une contribution de
quatre ou cinq millions en argent et trois en denrées. Bonaparte entra alors dans une grande colère, déblatéra contre le
Pape, et déclara qu'il exigeait l'occupation des légations, une
contribution de quarante millions, dont dix en denrées, le
trésor de la Santa-Casa de Lorette, dont il s'exagérait beaucoup l'importance, plus cent œuvres d'art et deux mille manuscrits du Vatican; il répondit aux objections de l'ambassadeur par un tel flot d'injures, et le traita avec une telle indi-
gnité, que celui-ci se retira en versant des larmes de dépit et
de honte. Il n'avait pas compris le *tragediente* : Bonaparte
n'avait pas la moindre intention d'aller à Rome; voyant
qu'Azara avait peur de lui, il s'était donné le plaisir de le
terrifier encore davantage et de lui faire perdre complètement la tête pour l'amener à des concessions énormes (1).

(1) Si Azara avait eu un peu plus de sang-froid, il aurait compris que Bonaparte, en faisant un armistice avec le roi de Naples, avait montré qu'il ne
voulait pas s'aventurer dans le midi de l'Italie, car une attaque contre Rome
aurait entraîné fatalement la rupture de cet armistice, et la guerre avec le roi
de Naples, qu'il tenait à éviter pour le moment.

Azara tout ahuri, tout éperdu, crut faire merveille en obtenant du rusé général des conditions un peu moins exorbitantes (1). Le 3 messidor (21 juin), il conclut avec Bonaparte un armistice pour Pie VI.

Le Pape devait envoyer à Paris un plénipotentiaire pour négocier un traité de paix définitif, et faire réparation du meurtre de Basseville : une indemnité serait accordée à la famille de ce dernier (2). Les Romains détenus pour délits politiques devaient

(1) Bonaparte écrit le 8 messidor (26 juin) au Directoire, qu'Azara ayant échoué avec lui, s'est tourné du côté des commissaires du Directoire « et il a si bien fait qu'il leur a arraché notre secret, c'est-à-dire l'*impossibilité où nous étions d'aller à Rome*. Alors il n'a été possible d'en tirer vingt millions qu'en faisant la nuit une marche sur Ravenne. » Si le fait est exact, Azara aurait, quoi qu'il en ait dit, bien mal défendu la cause de Pie VI, dont il s'était chargé ; il serait presque coupable de trahison. (*Correspondance*, t. I, p. 431.)

(2) Beaucoup d'erreurs et d'impostures ont été accumulées par les révolutionnaires au sujet de Basseville ; son vrai nom était Hugou. C'était un abbé défroqué, qui avant la révolution faisait des vers érotiques.

Il avait été envoyé à Rome par de Mackau, ambassadeur à Naples, pour espionner le Pape et n'y avait aucun caractère officiel. Spéculant sur la peur qu'inspirait la flotte française, il commit à Rome toute sorte d'insolences et ne cessa d'exciter les révolutionnaires à s'insurger contre le pape. De Mackau exagérant dans leur application les ordres de son ministre, envoya Flotte, officier de marine, ordonner au consul français à Rome de remplacer immédiatement l'écusson royal qui était à sa porte par un tableau représentant la République. Le gouvernement pontifical refusa de tolérer cette substitution en alléguant les outrages qu'il avait reçus (le Pape avait été brûlé en effigie à Paris, sans qu'on lui eût fait aucune réparation), et en rappelant qu'on avait à Marseille récemment arraché de force et détruit l'écusson qui était à la porte de son consul, sans permettre qu'il fût replacé. Flotte et Basseville jetèrent les hauts cris. On parlait beaucoup du procès de Louis XVI et la population était très excitée contre les agents des révolutionnaires. Le consul français qui connaissait le caractère des Romains, déclara à Flotte et à Basseville qu'ils feraient égorger les Français, qu'il ne lui avait été nullement prescrit de tout braver, et d'ailleurs qu'il n'avait pas d'ordres à recevoir de M. de Mackau, et attendrait la réponse définitive de son ministre. Monge, ministre de la marine, lui donna complètement raison. Lebrun ministre des affaires étrangères, écrivit le 25 janvier à Basseville de revenir à Naples, et désavoua sa conduite. Le 30 il écrivait à Cacault que Basseville avait montré un empressement déplacé, car « il se trouvait *même dénué de tout caractère public à Rome*, » et que ses démarches lui avaient paru inconvenantes ; mais Flotte et Basseville faisaient de plus en plus les matamores et entassaient provocation sur provocation. Le 13 janvier, comme ils se promenaient en voiture sur le Corso, en étalant leurs cocardes tricolores, la foule s'attroupa et les siffla, ils se réfugièrent chez le banquier Moutte, mais sa maison fut envahie par des furieux, et Basseville fut mortellement blessé au ventre, les uns ont dit d'un coup de stylet ou de rasoir, les autres d'un coup de baïonnette ; il demanda les sacrements avant de mourir. Les révolutionnaires de Paris, à cette nouvelle jetèrent des cris de

être mis en liberté et leurs biens restitués. Les ports de l'État
pontifical seraient ouverts aux Français, fermés à leurs ennemis. L'armée française, en évacuant la légation de Faenza, resterait à Bologne et à Ferrare, et Ancône lui serait livrée avec
son artillerie et ses munitions : mais cette ville serait toujours
gouvernée par les autorités pontificales. Le pape livrerait cent
tableaux ou statues, des objets d'art, et cinq cents manuscrits
au choix des commissaires du Directoire. Enfin il lui fallait
acquitter une contribution de vingt et un millions, dont quinze
et demi en espèces, le reste en denrées, marchandises, chevaux, bœufs; cinq millions devaient être payés dans quinze
jours, cinq dans un mois, le reste dans trois mois (1). Les
troupes françaises avaient le droit de passer par l'État pontifical lorsqu'elles le demanderaient.

Le Directoire se serait-il montré encore plus exigeant que
Bonaparte? Même avant les victoires inattendues de son général, il songeait à rançonner fortement le Saint-Siège. On
sait par un acte consigné dans son registre de délibérations
secrètes, à la date du 15 pluviôse an IV (4 février 1796),
quelles étaient à cette époque ses dispositions à l'égard de
Pie VI. Il déclare dans cet acte que le Pape, ayant témoigné

rage; et oubliant le désaveu que les ministres lui avaient infligé, ils le repré-
sentèrent comme un martyr, et soutinrent que le pape avait organisé une
émeute pour le faire assassiner. Ils prétendirent qu'on avait égorgé un envoyé
de la France, lorsque les ministres eux-mêmes reconnaissaient qu'il n'avait aucun caractère public. Il avait lui-même déclaré au cardinal Zélada qu'il n'était
venu à Rome que pour visiter les monuments. C'était simplement un espion et
un agitateur, jadis abbé galant, se disant *chapelain de Paphos*.

Le 2e jour complémentaire de l'an V le Directoire alloua 60,000 livres au fils
de Basseville, sur lesquelles on prélèverait 6,000 pour la veuve, 6,000 pour le
père d'Hugou, 6,000 pour ses frères et sœurs. Voir le livre si curieux de M. Frédéric Masson : *Les Diplomates de la Révolution*, 1882.

(1) Les contributions qui avaient été ou qui seraient perçues dans les légations, n'étaient pas comprises dans les vingt et un millions. L'article 5 de
l'armistice portait que Faenza serait évacué, et pourtant le même jour 5 messidor, Bonaparte écrit à Augereau de marcher vers cette ville, de désarmer ses
habitants, d'envoyer les armes à Bologne « il fera enlever toutes les caisses,
ainsi que tous les objets qui s'y trouvent au mont de piété, hormis ceux au
dessous de deux cents livres ». Il ordonne aussi d'imposer sur toute la Roma-
gne une contribution de 1.200.000 livres en argent, et de 1.200,000 en denrées;
on prendra pour à-compte sur cette dernière, mille chevaux. On s'arrangera
de façon à dépouiller rapidement Faenza et pouvoir l'évacuer le 8 au soir.
(*Correspondance*, t. I, p. 429.)

le désir de rétablir la paix avec lui (1), il donne pouvoir, etc.
(le nom du négociateur est laissé en blanc) « de traiter avec le
Pape et la cour de Rome dans les termes et aux conditions
ci-dessous exprimés.

« Le Directoire et la République française voulant condescendre
au désir que le pape a témoigné de rétablir la paix et la bonne
harmonie qui régnait depuis tant de siècles entre la France et la
cour de Rome, de recouvrer un appui qui seul a pu garantir à ses
prédécesseurs, et à lui la puissance territoriale dont ils lui furent
redevables, de faire cesser autant qu'il sera en lui, la lutte que quelques fanatiques ont cherché à établir contre la volonté du peuple
français, l'abus qu'ils ont fait de son nom et de son autorité pour
égarer les hommes peu instruits et faibles, les exciter à la révolte
contre une constitution librement acceptée et jurée, les conduire au
pillage et au meurtre, sous prétexte de venger une religion qui ne
prêche que la paix et la soumission aux lois, a consenti à traiter avec
lui aux conditions suivantes (2). »

Cette déclamation est parfaitement ridicule; elle prête au
pape le langage que le Directoire aurait voulu lui faire tenir.
Il est fort amusant d'entendre le Directoire qui n'a jamais
cherché et ne cherche qu'à renverser le Saint-Siège, parler du
désir qu'a le pape de recouvrer un pareil *appui*, s'ériger en
héritier de Charlemagne et exiger qu'on lui soit reconnaissant
des bons procédés de l'ancienne France (3)? Il est aussi très
comique de l'entendre fulminer contre l'opposition faite à une
constitution, qui n'existe plus, grâce surtout aux Directeurs
actuels, qui est condamnée par eux, et qu'il va être, sur leur
demande, interdit de réclamer sous peine de mort! Mais du

(1) « Instruit que le Pape a témoigné par un agent le désir de rétablir la paix
qui durait depuis tant de siècles entre la France et le peuple qu'il gouverne,
voulant prouver à toutes les puissances que la guerre terrible que leur fait le
peuple français, n'a pour objet que de rétablir entre elles et lui une harmonie
durable, et de le mettre à l'abri de l'attaque injuste qu'il a essuyée de la part
du plus grand nombre, donne pouvoir... ».

(2) Archives nationales, AF³. — Registre 20, n° 169.

(3) De même aussi ceux qui avaient fait guillotiner Louis XVI, et une partie
des Français qui ont combattu pour l'indépendance des États-Unis, et proscrit
presque tous les autres, le prenaient de très haut avec les Américains, et exigeaient d'eux une véritable vassalité, au nom des services que la royauté leur
avait rendus.

moins le Directoire n'ose point parler formellement de la Constitution civile, bien que certaines phrases semblent annoncer des prétentions tout à fait absurdes; mais ce préambule lui a servi à exhaler sa bile, et s'il pose ensuite les conditions d'un pirate, du moins la passion antireligieuse ne l'a pas encore déterminé à violer impudemment la Constitution de l'an III. Voici le traité que son agent doit proposer :

ART. 1er. — Il y aura paix et bonne harmonie entre la République française et le Pape Pie VI.

ART. — Le Pape renonce, tant en son nom qu'en celui de ses successeurs, à tous les droits qu'il pouvait prétendre sur Avignon et le Comtat-Venaissin.

ART. 3. — Les Français seront rétablis dans toutes les propriétés mobilières et immobilières qu'ils possédaient dans l'état ecclésiastique; il leur sera accordé de justes indemnités, pour les pertes que leur dépossession ou expulsion a pu leur faire essuyer. Les indemnités seront réglées par des commissaires nommés à cet effet par les parties contractantes.

ART. 4. — L'article précédent aura réciproquement lieu pour les sujets du Pape, à raison de ses États d'Italie, mais ne pourra s'appliquer aux émigrés du Comtat-Venaissin, et du reste de la République française (1).

ART. 5. — Les édifices appartenant à la France situés dans les États du Pape, seront restitués à la République; les tableaux, statues, et autres effets mobiliers, y seront rétablis, tels qu'ils étaient avant la rupture.

ART. 6. — L'enseignement publique (sic), des arts à Rome pour tous les Français, Liégeois et autres citoyens des pays réunis à la République, sera rétabli et continuera d'avoir lieu comme avant la guerre.

ART. 7. — Les conventions consulaires seront également rétablies.

ART. 8. — Il sera conclu entre les deux puissances contractantes et pour leur utilité réciproque, un traité de commerce, dont les bases seront la liberté d'exporter de l'État de l'Église toutes denrées et matières premières, en payant les droits de douane qui seront réglés et qui ne pourront excéder 2 % de la valeur des objets exportés; et réciproquement d'importer toutes denrées et marchandises de

(1) Prétention inique et absurde que les révolutionnaires soutenaient avec une obstination intraitable contre tous les gouvernements, même contre la Prusse qu'ils ménageaient tant !

France, ou des colonies, en payant les droits de *douane qui demeurent fixés à 5 % »*.

Il est entendu que la traite des blés et vivres pourra être suspendue lorsque le besoin paraîtra l'exiger.

Signé à la minute : Le Tourneur, Révellière Lépeaux, Barras et Carnot.

Articles additionnels et secrets. (Même date à la suite, n° 170.)

ART. 1er. — Le pape s'oblige d'envoyer un ambassadeur ou ministre plénipotentiaire, *non prêtre*, auprès de la République française, pour preuve de la bonne intelligence qu'il désire régner entre elle et lui ; il ne pourra avoir aucun ecclésiastique ni religieux à sa suite (1).

ART. 2. — Il sera expressément ordonné à cet agent et à ceux qui l'accompagneront, de s'interdire *toute communication ostensible* avec les ministres du culte catholique, toute publication d'écrits sur la religion, tout acte de juridiction ; et dans les communications amicales qu'ils pourraient avoir avec les catholiques (2), d'user de toute l'influence que le pape peut avoir sur eux pour assurer leur soumission aux lois républicaines (3).

ART. 3. — Le pape désirant concourir à établir et assurer la liberté de navigation et de commerce dans la Méditerranée, fait don à la République française d'une frégate de 42 canons qui se trouve aujourd'hui dans le port de Gênes, ainsi que des sept mille émines de blé dont elle est chargée.

ART. 4. — Pour indemniser la République des dépenses dans lesquelles elle a été entraînée par la guerre injuste qui lui a été faite, *et lui faciliter les moyens d'assurer l'indépendance des États de l'Italie* (4), le pape lui livrera les denrées ci-dessous stipulées, moitié

(1) Ainsi donc l'ambassadeur laïque de Rome seul parmi tous les ambassadeurs ne pourrait pas avoir un aumônier ! Rien de plus sot ! A-t-on proposé seulement une pareille condition à l'Espagne en traitant avec elle ? Pour satisfaire à toutes les exigences du Directoire, il faudrait que cet ambassadeur ne fût pas seulement *non prêtre*, mais protestant, ou juif, ou musulman !

(2) Cette fois, par extraordinaire, les révolutionnaires se résignent à employer cette expression : les catholiques, au lieu de : les fanatiques, les bigots, etc., etc. il semble que la plume leur brûle les doigts lorsqu'ils s'en servent.

(3) Il ne peut être question ici de la Constitution civile ; car ce n'est pas une loi républicaine mais une annexe d'une Constitution monarchique maintenant abolie et même proscrite ; et les institutions républicaines consacrent le système de la séparation absolue de l'Église et de l'État, qui est absolument le contraire du système consacré par la constitution civile.

(4) Cet article est ainsi rédigé pour infliger une avanie au pape ; mais il a été en outre présenté avec une perfidie préméditée : l'intention du Directoire était de le communiquer aux princes italiens et à l'empereur, lorsqu'il voudrait complètement spolier le pape, afin de leur prouver qu'ils ne devaient pas s'intéresser à lui, puisqu'il s'était secrètement ligué contre eux avec la République.

dans un mois, et moitié dans deux, à compter de la ratification du traité, savoir :

1º Trois mille chevaux ou mulets, moitié de trait, et moitié propres à la cavalerie.

2º Quatre mille bœufs gras.

Ces deux articles seront livrés aux avant-postes de l'armée.

3º Vingt mille quintaux de chanvre, poids de marc pour la marine, livrés à Toulon.

4º Vingt mille émines de blés rendues moitié à Gênes, moitié à Nice.

5º Six mille quintaux de haricots rendus à Savone.

6º Huit cent mille aulnes de toile propre à faire des chemises pour les troupes de la République, rendue à Nice.

7º Cent cinquante mille paires de bons souliers, rendues partie à Savone et partie à Nice.

8º Deux cent mille aulnes de drap, moité bleu, moitié blanc.

9º Dix mille quintaux de porc salé, bonne qualité, rendus à Savone.

10º Deux millions de pintes de vin, rendues moitié à Savone, moitié à Nice.

(Signé à la minute, comme au traité ostensible).

Addition secrète aux instructions et pouvoirs (nº 171).

« Si la livraison des denrées stipulées par l'article 4 du traité secrait (*sic*) souffrait trop de difficultés, les citoyens Ritter et Salicetti sont autorisés à restreindre les quantités. Le Directoire exécutif s'en rapporte sur cet objet à leur prudence et à leur dévouement pour la République. »

Signé à la minute : Letourneur, Révellière Lépeaux, Carnot.

Il est bien évident que le pape ne pourra jamais livrer une frégate qui est dans le port de Gênes, ni des quantités aussi énormes de denrées et de fournitures, sans que tout le monde ne s'en aperçoive bien vite. Voilà d'étranges *articles secrets*. Le Directoire s'est déclaré en guerre avec le Saint-Siège pour lui vendre la paix, le plus cher possible; mais cette fois du moins il se contente, conformément à la Constitution de l'an III, de traiter avec le pape comme souverain temporel, comme il l'a fait avec le grand-duc de Toscane, ou le roi de Naples; il ne demande pas, en violation directe de la Constitution, à intervenir dans les affaires religieuses de la France et du monde catholique tout entier. On le verra un peu plus tard, prétendre imposer l'approbation de la Constitution civile; et tout en continuant, par hypocrisie à l'égard des révolutionnaires, à exiger qu'on lui envoie un ambassadeur laïque, il réclamera impérieusement qu'on lui concède les droits des puissances catholiques, celui notamment de donner au conclave l'exclusion à tel cardinal qui lui déplaira; et bien que ce droit ne lui soit pas concédé, il se réservera de l'exercer par violence. Il est curieux de constater que plus on s'éloigne du 9 thermidor, plus les révolutionnaires sont ardents à s'immiscer dans les questions religieuses, et à rechercher les moyens de tyranniser les consciences.

Le Directoire, dans ce projet de traité, ne parle pas du meurtre de Basseville. Après avoir poussé tant de cris de rage contre le Saint-Siège et ressassé, mille et mille fois cette malheureuse affaire, l'on n'y songe plus et l'on va au plus pressé, c'est-à-dire à l'argent, aux denrées, aux bœufs gras, aux haricots, etc. Mais le Directoire devait bientôt se montrer beaucoup plus déraisonnable. Il avait déjà demandé que le Pape ordonnât partout des prières publiques pour le succès des armées françaises. Bonaparte lui aussi aimait beaucoup à infliger aux vaincus des humiliations calculées pour les rendre ridicules et même méprisables; mais il savait que Pie VI avait le vif sentiment de sa dignité comme Pape et comme homme, et il ne voulut point attacher son nom à cette facétie de Jacobins en goguette.

Il profita de ses victoires pour imposer à Pie VI des conditions extrêmement dures, et cependant les révolutionnaires n'avaient point réalisé leurs menaces. Ces hommes qui, depuis six années, faisaient subir une persécution si atroce à la religion catholique, étaient animés d'une rage infernale contre son chef, et rêvaient de le traiter en évêque français. En outre, ils voulaient envahir les États du souverain italien et le détrôner; mais le traité de Tolentino prouva qu'ils tenaient plus encore à le dépouiller de ses richesses que de sa royauté. Bonaparte, qui ne voulait pas en finir avec la souveraineté temporelle du pape, comprit très bien que l'amour du butin était leur passion dominante, et sut habilement l'exploiter au profit de ses propres idées, avec une véritable astuce italienne, imparfaitement dissimulée par un langage révolutionnaire, dont les Jacobins étaient toujours dupes.

Pie VI ne voulait ni ne pouvait se mettre comme le grand-duc de Toscane, à la discrétion de la France révolutionnaire qui voulait anéantir non seulement son principat temporel, mais le Saint-Siège lui-même. Heureusement Bonaparte ne professait pas cette prêtrophobie extravagante. A Milan il avait promis aux badauds de rétablir le Capitole; mais au lieu de fondre sur Rome, ce qui semblait tout indiqué, il conclut l'armistice du 3 messidor; et pour justifier son inaction calculée, il sut présenter aux prêtrophobes d'excellentes raisons.

Il avait trop peu de troupes à sa disposition, chaque marche, disait-il, pendant les grandes chaleurs, lui vaudrait deux cents malades; et Rome ne pourrait être occupée longtemps à cause de l'été. Ces graves considérations n'auraient exercé aucune influence sur les Directeurs (Carnot excepté), s'ils s'étaient trouvés là. Habitués à sacrifier et l'intérêt de la France et la vie des hommes, pour satisfaire leur cupidité et leur prêtrophobie enragée, ils auraient immédiatement lancé des troupes dans la direction de Rome, quoi qu'il en pût résulter. Du reste, tout autre général que Bonaparte, même en se rendant très bien compte des graves inconvénients de cette expédition, n'aurait pas osé infliger aux révolutionnaires une pareille déception et se serait résigné à marcher sur Rome, tout en maudissant secrètement leur fanatisme antireligieux.

Mais Bonaparte savait très bien que les vingt et un millions de l'armistice adouciraient beaucoup le désappointement des Directeurs (1). Il voulait obtenir un traité sur les mêmes bases, mais il prévoyait que la prêtrophobie du Directoire susciterait de sérieux obstacles à la paix, et que les révolutionnai-

(1) Bonaparte affecta en écrivant au Directoire d'être mécontent de cet armistice « Cependant, ce qui me console, c'est que les résultats passent encore vos instructions. » En effet il avait tiré des États du Pape *vingt-quatre millions cinq cent mille livres* en argent, et *dix millions deux cent mille* en denrées, soit *trente-quatre millions sept cent mille livres*. (*Correspondance*, t. I, p. 432.)

Il exigea, parmi les objets d'art, les bustes de Junius et de Marcus Brutus, « tous deux placés au Capitole » (art. 8). C'est ainsi, dit très à propos Baldassari, que Bonaparte accomplissait la belle promesse qu'il avait faite « de placer avec honneur au Capitole, les statues des héros qui l'ont rendu célèbre. (*Histoire de la captivité de Pie VI*).

res voudraient de nouveau le lancer contre Rome. Il jugeait utile de laisser d'abord le Directoire patauger à sa fantaisie; mais il était décidé à rester inerte, tout en feignant parfois de s'associer à ses colères, et comptait bien qu'en désespoir de cause il finirait par lui confier cette négociation. Il lui écrivait qu'il avait trouvé les peuples des légations très animés contre la domination pontificale et très disposés à former un État indépendant; « une telle république rivaliserait avec Venise, annulerait la puissance papale, et à la longue entraînerait Rome et la Toscane dans le parti de la liberté. » Il envoya une députation de Bologne demander la protection du Directoire.

III.

Les révolutionnaires français étaient dans la jubilation : la campagne d'Italie leur avait rapporté un butin énorme. Le 10 thermidor (28 juillet), Salicetti envoyait au Directoire un tableau des contributions levées jusqu'alors en Italie. Nous avons déjà donné le détail de celles qui avaient été acquittées par le roi de Sardaigne. Ces contributions de guerre s'élevaient en tout à soixante et un millions huit cent cinq mille livres huit sols sept deniers, comprenant :

1° 53 millions 463,829 livres 6 sols 8 deniers de contributions de guerre : provenant, savoir 2,285,386 du Piémont, 303,140 des fiefs impériaux, *vingt millions* de la contribution de Lombardie, deux millions de l'armistice de Parme, sept millons cinq cent mille de Modène, deux millions de la légation de Bologne, deux millions cinq cent mille de Ferrare, 1,378,303 livres de celle de Ravenne, enfin quinze millions cinq cent mille de l'armistice conclu avec le Pape. Il oublie les contributions de Faenza, au moins un million d'après Bonaparte. Sur cette somme il est déjà rentré *vingt-trois millions*, 946,294 livres (1).

(1) Le Piémont a presque tout payé ; Parme, Bologne, Ravenne, se sont acquittés intégralement, Modène a fourni plus de cinq millions, la Lombardie a payé 9,958,500 livres, la moitié à très peu de chose près. Miot annonce l'arrivée très prochaine de cinq millions de Rome.

2° On a trouvé 3 millions 566,154 livres 12 sols 8 deniers dans les caisses publiques, dont deux millions à Milan; 1,129,043 dans les légations, 85,000 à Tortone, 33,000 à Pavie etc. Mais les Bolonais soutinrent qu'on leur avait pris des sommes très supérieures au chiffre porté dans ce compte (1).

3° Les monts-de-piété et les dépôts publics ont été également confisqués; beaucoup d'argenterie y a été prise, et l'on s'est empressé d'en faire des lingots; on y a trouvé des quantités de bijoux : une partie est évaluée 855,814 livres 13 sols (2).

4° Outre la contribution de guerre on a fait rentrer rigoureusement les impositions ordinaires : elles sont comptées pour 2,318,542 livres 10 sols, dont on a recouvré déjà, 1,724,681 livres 1 denier.

5° Les impositions indirectes sur le sel, le tabac, la poudre, le salpêtre, les eaux-de-vie, etc., figurent pour 1,227,478 livres (3).

6° Les marchandises vendues, montant à 379,190 livres 3 deniers. On voit figurer dans ce compte l'argenterie de l'É-

(1) Le 12 thermidor deux députés de Bologne se plaignent qu'en dehors des contributions énormes qu'ils doivent payer, on leur ait enlevé la caisse de la ville contenant 900,000 livres et une autre caisse contenant en fonds divers et dépôts de particuliers 3,800,000 livres : ils en demandèrent la restitution, et le 15 le sénat révolutionnaire de cette ville se plaignait qu'elle eût à supporter *huit millions* de contributions sans compter les objets d'art qui lui étaient enlevés.

(2) Avec l'argenterie trouvée à Tortona, Lodi, Plaisance et Milan, on a fait quarante-cinq lingots d'argent, poids de Gênes évalués 11,140 marcs, et en espèces, 440,862 livres 11 sols 6 deniers; les bijoux des monts-de-piété ont été évalués 413,801, 13 sols. Il y eut un grand nombre de détournements, et aussi des trafics très lucratifs de la part de nombreux agents; la vaisselle et les bijoux de Bologne ne sont pas encore évalués. Le 3 messidor, Bonaparte, Garrau, et Salicetti constatèrent dans un arrêté que le mont-de-piété de Saint-Dominique de Bologne renfermait des bijoux de peu de valeur appartenant à des cultivateurs et à des artisans, et voulurent faire de la générosité « considérant que si les objets qui ont été engagés à cette œuvre par les riches deviennent, par le droit de conquête, propriétés nationales, la propriété du pauvre doit être respectée... ». Ils décidèrent que tout ce qui n'excédait pas 200 livres, valeur du pays (sauf la vaisselle), serait restitué gratis, ainsi que les objets d'habillement appartenant aux pauvres; les révolutionnaires espéraient s'attacher les classes inférieures en leur donnant l'odieux plaisir de voir dépouiller les riches, mais leurs espérances furent généralement déçues. Arch. nat. (AF3 185). Bonaparte estime que le Mont de piété de Bologne produira 800,000 livres.

(3) Mais l'eau-de-vie n'a presque rien produit, car elle a été requise en presque totalité pour l'armée ainsi que la poudre. On ne donne pas encore les recettes en détail.

glise de la Chartreuse de Pavie, pour 34,323 livres 12 sols 6 deniers, les soies du Mont Sainte-Thérèse, à Milan, pour 260,761 livres 13 sols 9 deniers; quelques-uns des meubles et effets du château de Monza pour 44,201 livres (1).

Ainsi donc sur les 61 millions 805,008 de contributions de guerre, 31 millions, 690,612 livres étaient déjà acquittées, et il ne s'agit ici que des contributions en numéraire. Celles en denrées furent très lourdes et donnèrent lieu à une foule d'extorsions, et aussi de dilapidations : le pape payait pour l'armistice cinq millions cinq cent mille livres en denrées, et les légations quatre millions sept cent mille ; les ducs de Parme et de Modène étaient aussi très chargés (2). Le mois suivant, le Mantouan fut encore imposé à deux millions.

Salicetti déclarait que les trente et un millions avaient été employés pour l'armée ; un million avait été envoyé à Bâle, par ordre, pour l'armée du Rhin ; cinq millions étaient à la caisse centrale de Milan ; le banquier Balbi, à Gênes, avait encore trois millions disponibles ; le payeur de l'armée à Tortone était dépositaire de quatre millions de lingots. L'État avait donc le 10 thermidor douze millions disponibles (3).

Le 8 thermidor, Salicetti, pour faire rentrer complètement la contribution de Lombardie, avait décidé que dans deux décades les communes verseraient leur contingent; les municipalités devaient prendre contre les contribuables en retard les moyens qu'elles jugeraient les plus efficaces, sinon les officiers municipaux et vingt des plus riches particuliers de la commune seraient arrêtés et envoyés en France, leurs biens

---

(1) Il paraît que le mobilier de ce château fut dilapidé honteusement.

(2) Le tableau donné par Salicetti est certainement incomplet : à Milan et dans les grandes villes, on oublia sans doute comme à Bologne de tenir compte de quelques caisses, et encore Salicetti ne mentionne pas les innombrables réquisitions en nature faites irrégulièrement sous prétexte des besoins de l'armée aux communes, aux établissements publics, aux particuliers, et les extorsions qu'ils durent subir. Sans doute leur produit n'entrait pas dans la caisse du payeur général, mais il alimentait le luxe effréné, les débauches scandaleuses des fournisseurs, des agents, de nombreux généraux et officiers supérieurs. Il ne comptait pas pour le Directoire, c'est vrai, mais il comptait pour le pays.

(3) Une pareille somme en numéraire, en lingots, lorsque le mandat territorial de cent livres équivalant à 3,000 en assignats, se négociait à 5 livres 12 sols, paraissait alors un immense trésor.

saisis et confisqués jusqu'à concurrence des sommes dues.

Le droit de recouvrer toutes ces contributions fut dès le début très disputé. Leur perception donnait lieu à d'énormes abus, et il fallait ensuite empêcher la dilapidation de ce qui avait été perçu ; les révolutionnaires habitués, depuis longtemps, à ne voir que des paquets d'assignats crasseux, ne pouvaient retenir leur convoitise, devant ce numéraire, cette vaisselle d'argent et cette masse de bijoux. Le Directoire avait d'abord envoyé en Italie un commissaire spécial nommé Pinsot pour surveiller les recettes faites par l'armée. Bonaparte l'accueillit assez bien, mais ce nouveau commissaire faisait ombrage à Salicetti et à Garrau. Le 2 messidor, ils écrivent de Bologne que la rentrée des contributions ne marche pas, et ils l'attribuent à la méthode suivie par Pinsot (1). Le même jour, le fournisseur Laporte qui était très bien avec eux, écrivait à Rewbell que le système adopté d'abord par Salicetti était bien meilleur : « on laissait aux chefs civils tout l'odieux, et tous les embarras de la répartition, ils savaient que leurs personnes devrait servir d'otages en cas de non paiement, et la contribution rentrait avec célérité. » Le système de Pinsot est évidemment plus humain, mais il ne fait l'affaire ni des révolutionnaires ni des fournisseurs qui voudraient recouvrer eux-mêmes les contributions. Laporte le trouve trop compliqué, tandis qu'il est si simple de *prendre les riches par le collet*. Les rentrées, suivant lui se feront mal, et les conséquences en seront désastreuses pour l'armée; il déblatère ensuite contre Pinsot avec beaucoup d'acharnement, le dépeint comme un homme méprisable et l'accuse de dire des horreurs du Directoire (2). Tout cela était débité dans le but de se faire adjuger une immense affaire; son patron Rewbell, soutenait ses propositions au sein du Directoire. Aussi Pinsot fut bien vite révoqué, et l'on se garda bien de le

(1) *Correspondance*, t. I., p. 478, 20 prairial.

(2) Dans cette lettre les commissaires déclarent que les administrations sont pleines d'ignorants et de fripons, et les sujets manquent pour les remplacer : les ministres se laissent entraîner à des nominations absurdes; un inspecteur de fourrages, convaincu de concussion, vient d'être condamné à six années de fers par un conseil de guerre. Un employé aux vivres, viandes, convaincu de dilapidation à été condamné à la même peine... » (Arch. nat., AF3, 185).

remplacer (1), et le 19 messidor (7 juin) le Directoire conclut un traité avec une compagnie dirigée par Laporte, Flachat, et Castelin de Paris; Sabin Péragallo et Cⁱᵉ, de Marseille, Barthélemy Péragallo de Gênes, Rebuf et Cⁱᵉ, de Livourne lui étaient associés.

Cette compagnie se chargeait de la conversion et du versement des contributions d'Italie entre les mains du gouvernement français; elle était seule dépositaire des valeurs et des espèces remises en payement de ces contributions. On devait les lui remettre dans une ville déterminée par le général en chef. Elle recevait et changeait pour le Directoire cette masse de monnaies étrangères sous certaines conditions; elle devait avoir pour bénéfice la différence entre la valeur intrinsèque et le cours légal; elle avait droit en outre à une commission de cinq pour cent sur tous les versements qu'elle ferait en écus et en lingots, et de deux sur ceux qu'elle ferait en papier. Elle devait verser à Huningue un quart des contributions encaissées en écus de six livres, et un autre quart à Paris, en écus ou en lingots, le reste en papier étranger à soixante jours de date; on préférait celui de Hambourg et d'Amsterdam. Ces payements devaient être faits à l'État, mais après le procès-verbal de versement du produit des contributions dans la ville désignée (2).

Le 28 messidor ce traité fut étendu aux bijoux et marchandises recueillis en Italie, à l'exception des œuvres d'art, des bijoux et diamants distraits pour les besoins de l'armée; tous ces objets devaient être estimés par des experts nommés par la République et par la compagnie; ils devaient être vendus, et le prix versé à l'État comme il avait été convenu, le 19 messidor. La Compagnie devait recevoir une commission de dix pour cent sur le prix de l'estimation avec le remboursement de ses frais de transport et de magasinage (3). Les com-

---

(1) Camus dit dans son rapport sur les opérations de la trésorerie (5 germinal an V). « On ne s'est pas plaint qu'il eût prévariqué, a-t-on donc seulement voulu écarter un surveillant incommode ? »

(2) Les monnaies devaient être comptées et non pesées, la compagnie tiendrait seulement compte des grains de fin de chaque pièce sur le pied de 53 livres 9 sous 2 deniers tournois par marc d'argent pur (*ibid.*).

(3) S'il y a excédent sur le prix de l'estimation, la compagnie a droit au

missaires du Directoire reçurent l'ordre de faire exécuter soigneusement ce double traité ; ils arrêtèrent le 17 thermidor que tous les diamants, bijoux, marchandises, la vaisselle d'or et d'argent, seraient remis à la compagnie Flachat. Gênes devait être le dépôt des prises et des contributions de la Lombardie, du Piémont, de Bologne, Ferrare, Ravenne ; Livourne, le dépôt des marchandises prises pendant la guerre. Tous les objets remis à l'armée devaient être livrés à la Compagnie en vertu du traité, après estimation, à l'exception des toiles, soies non ouvrées, de tout ce qui pouvait servir à l'habillement et à l'équipement des troupes, des cuivres, des suifs, des objets utiles aux sciences et aux arts, « ainsi que les diamants qui seraient reconnus être d'un prix extraordinaire ».

La Compagnie, pour beaucoup de raisons, réclama la prompte exécution de son traité. Le 3 fructidor (20 août) Laporte écrivait à Rewbell qu'on avait tardé à le faire connaître en Italie, et dénonçait la négligence des employés de l'État. La Compagnie, disait-il, avait trouvé à Tortone quatre-vingt-sept caisses, laissées depuis deux mois sous la surveillance du commandant militaire : elles étaient arrivées sans lettre d'avis ni inventaire ; il faut se mettre à la recherche des dépôts de draps, toiles, et autres objets connus des seuls agents militaires (2). il y a aussi à Plaisance de nombreuses caisses de lingots et d'argent qu'on ne surveille guère ; plusieurs ont été fracturées et pillées en route (3).

Le Directoire avait fait un traité avec une compagnie pour recevoir directement et sans trop de délais l'argent des contributions. Cet arrangement était sans doute onéreux, mais il était justement persuadé qu'il perdrait bien plus encore, s'il abandonnait toutes ces opérations à ses agents ordinaires. Il

---

sixième, pourvu que la vente soit faite dans les trois mois. Passé ce délai, elle ne reçoit plus que le septième de l'excédent.

(1) Archives AF³ 485. Faipoult à Gênes, Belleville à Livourne, feront distraction de ces objets, et nommeront les experts de la République. L'armée est tenue de fournir au besoin à la compagnie des gardes et des escortes.

(2) Arch. AF³ 485.

(3) Cependant il y a une escorte militaire ; mais il faut en outre, dit-il, un agent civil très vigilant, autrement on pille une partie des objets transportés ; chacun rejette la faute sur d'autres, et personne n'est puni (ibid.).

avait eu aussi l'intention secrète de ne pas laisser son général en chef centraliser le recouvrement des contributions et en disposer à sa guise. Mais Bonaparte ne tenait aucun compte de tous ces arrangements, et voulait se servir lui-même pour son armée des contributions qu'il avait imposées. Le 28 thermidor (15 août) il signifia de la manière la plus impérieuse à Garrau et à Salicetti qu'il avait ordonné au payeur général de tenir à la disposition de l'ordonnateur en chef de l'armée deux millions sur les six qui se trouvaient à Tortone, et encore deux millions sur les cinq qui étaient à Bologne, pour subvenir aux besoins urgents de l'armée. « Tout n'est que désordre, disait-il, et les principes de l'organisation militaire sont à chaque instant méconnus (1). » Au contraire, les commissaires prétendaient que c'était lui qui méconnaissait ces principes. Ils s'en plaignirent vivement au Directoire en lui rappelant le 1er fructidor, dans une longue lettre, que le produit des contributions, d'après un arrêté du 3 messidor, devait former une caisse toujours distincte de la caisse militaire, et constituait un dépôt dont le général et l'ordonnateur ne pouvaient rien distraire, sans en faire la demande aux commissaires; et Bonaparte avait violé cet arrêté (2). Mais c'était là le moindre de ses soucis : peu lui importait que le recouvrement des contributions fût fait par des commissaires, ou par une compagnie, mais il entendait disposer à son gré des millions qui se trouvaient dans les caisses, sans être gêné par aucun traité ni par aucun règlement; il le fit bien voir dans la suite à la compagnie Flachat et Laporte (3). A la trésorerie on fut très

(1) *Correspondance*, t. I, p. 552.

(2) Au début il ne se montra point hostile à cette compagnie, car il estimait qu'elle le dispenserait de s'occuper de certains détails. « La compagnie Flachat, écrivait-il au Directoire le 14 fructidor (31 août 1796), est composée d'hommes fort intelligents et fort actifs, on ne pouvait pas confier dans de meilleures mains les marchandises prises à l'ennemi »; seulement il trouve que le marché leur est trop avantageux et qu'il faudrait le reviser sur certains points. Dans la la même lettre, il écrit encore. « Je suis ici environné de pillards, malgré les soins de l'ordonnateur en chef Denniée, dont je suis content. Ce n'est pas une petite affaire que de réprimer ces gens-là. » (*Correspondance*, t. I, p. 577.)

(3) On trouve dans un rapport adressé à cette occasion aux commissaires de la trésorerie des plaintes très vives contre Bonaparte : « le contrôleur des dépenses de l'armée a voulu représenter au général qu'il ne pouvait disposer des fonds de la caisse que jusqu'à concurrence du montant des autorisations que

mécontent de le voir disposer des finances de l'armée ; mais personne n'osait déjà s'attaquer à lui.

Bonaparte commande alors à la Lombardie comme le monarque le plus absolu à ses États héréditaires ; et dans l'exercice de ce pouvoir si nouveau pour lui, il ne montre pas plus d'hésitation que dans le commandement de son armée. Il décide souverainement sur les sujets les plus divers, en souverain habitué depuis longtemps à gouverner sans contrôle, et qui se sent assuré de l'avenir. Le général Bonaparte, grâce à son génie, et aussi à la faiblesse et à la déconsidération du Directoire, était en 1796 presque aussi complètement maître de l'armée et de l'Italie que s'il eût été déjà premier consul. Le Directoire ne compte plus guère : si parfois il hasarde de timides objections, son général lui prouve que lui seul a raison ; mais il envoie à ses gouvernants de l'argent sur le pillage de l'Italie pour leur rendre la soumission plus facile. En attendant l'attaque des Autrichiens, il prépare sournoisement l'exécution de ses projets politiques ; il mine le pouvoir des princes qu'il n'a pas encore détrônés, et des vieilles républiques qu'il ne compte renverser qu'un peu plus tard, et exploite les illusions et la cupidité des révolutionnaires italiens.

Le 7 fructidor Bonaparte et les commissaires décidèrent que le congrès d'État de Lombardie fournirait lui-même un million par mois. Ils avaient calculé qu'en administrant directement les finances, ils ne pourraient pas toucher plus de seize millions par an, et seraient obligés d'en dépenser peut-être huit pour soutenir les administrations, les tribunaux et acquitter les frais de perception. Le bénéfice était donc évident, et de plus ils se débarrassaient ainsi de l'agence militaire qui donnait lieu à beaucoup d'abus.

Mais malgré toutes ces contributions, l'armée était dans la plus grande misère à cause de la rapacité d'une multitude de

la trésorerie adresserait au payeur ; *mais menacé par le général d'être fusillé sur-le-champ*, s'il apportait aucune entrave à ces mesures, il n'insista plus sur le maintien des principes » le général ne tient aucun compte de la trésorerie et dispose de tous les fonds. Sa conduite à l'égard des agents de l'administration sera imitée : on use de violence envers les payeurs. (Arch. nat., AF³ 65).

chefs militaires de tout grade, de commissaires, de fournisseurs. Le soldat sans argent, sans pain, sans souliers, contem-
plait le luxe insolent de l'état-major, des fournisseurs, des mu-
nitionnaires. Les officiers honnêtes (1) étaient réduits à se
serrer le ventre, et à traîner la guenille. Tant pis pour ceux
qui refusaient de s'associer aux expéditions honteuses, aux
extorsions des agents et de certains chefs militaires qui en
dehors des contributions imposées par le général en chef,
faisaient subir aux particuliers quantité d'exactions dont ils
n'osaient pas se plaindre. Ceux-ci imposaient des réquisitions
de chevaux (2), de denrées, de fourrages, pour les faire racheter par les propriétaires, moyennant une somme dont ils
se dispensaient de rendre compte. On établissait d'abord
des hôpitaux militaires dans des couvents, pour les en retirer
moyennant une rançon en espèces, ou en argenterie d'église,
qu'on faisait payer aux religieux (3). On vendit pour des prix
fabuleux des permissions d'habiter leurs campagnes aux grands
propriétaires sommés par arrêté de rentrer à Milan, où ils craignaient d'être bien vite dénoncés comme coupables de complots imaginaires, et tout au moins expédiés dans quelque
forteresse (4). On tira aussi des rançons des décurions de
Milan et des otages emmenés en France (5). Le mobilier personnel de l'archiduc Ferdinand à Monza fut odieusement pillé.

Les malades et les blessés furent victimes de la rapacité de
certains agents; la ville de Crémone livra 50,000 aunes de

(1) Ils étaient, d'après des témoignages contemporains, nombreux dans tous
les grades, et en majorité dans les grades inférieurs.

(2) Bonaparte (lettre du 26 prairial à Lambert) dit que l'ordonnateur Sucy et
bien d'autres se plaignent de l'indécence avec laquelle les employés vendent
à Gênes « les chevaux requis pour le service de l'armée. » (Correspondance,
t. I, p. 403.)

(3) A Milan, on chassa les moines de plusieurs couvents, en les prévenant
seulement vingt-quatre heures d'avance, pour installer chez eux des hôpitaux;
mais lorsqu'ils furent expulsés, on reconnut qu'on ne pouvait transporter les malades et les blessés dans ces couvents, parce que l'argent destiné à leurs lits
avait été détourné.

(4) Mallet du Pan (Mercure britannique, t. II, p. 75) rapporte que le 31 décembre 1796 on aurait ainsi extorqué du marquis Litta, 500,000 livres de Milan
(environ 400,000 livres françaises) à d'autres grands seigneurs 400,000, et de plusieurs grands propriétaires des sommes importantes en proportion de leurs
possessions.

(5) Cette catégorie d'exploités aurait payé environ 400,000 livres de Milan.

toile fine pour les malades des hôpitaux, mais ils n'en profitèrent pas (1) ; le quinquina fut l'objet d'un infâme trafic : on en manqua, et de nombreux soldats moururent de la fièvre (2). Beaucoup d'objets précieux étaient détournés par ceux qui étaient chargés de les recevoir, mais souvent aussi l'argent entré dans les caisses de l'État était indignement pillé. Lorsque les créanciers du gouvernement venaient présenter des traites à certains agents chargés de les acquitter, ces agents leur déclaraient qu'ils manquaient de fonds et ne consentaient à les payer que sur de fortes remises, qu'ils réservaient pour eux-mêmes. Ces refus de payement, ces craintes habilement répandues, nuisaient beaucoup au crédit, et plus les traites données aux créanciers perdaient de valeur, plus les auteurs de toutes ces manœuvres avaient de bénéfices.

Sous prétexte d'acquitter des dépenses faites par l'armée, bien des gens commettaient tous les jours les concussions les plus impudentes. On faisait payer des frais de route pour des régiments qui n'avaient pas bougé, les morts grossissaient les états de dépenses (3). On accordait frauduleusement des gratifications à des amis et à des complices. Ainsi tout officier ami d'un commissaire, était censé, dans le plus petit engagement, avoir perdu sa valise ou son cheval, ou tous les deux, et s'en faisait indemniser largement : c'était une façon de récompenser les officiers complaisants qui aidaient à commettre des extorsions en faisant de fausses déclarations, en coopérant à des expéditions mystérieuses et lucratives ; tandis que les honnêtes gens, qui avaient subi des pertes réelles réclamaient en vain une indemnité (4). Tous ces concussionnaires étalaient le luxe le plus effréné ; des généraux, des fournisseurs, des officiers d'état-major prodiguaient publiquement l'argent qu'ils avaient

(1) Bonaparte constate avec indignation que cette toile a été vendue par les employés de l'administration. (*Correspond.*, t. II, p. 51.)

(2) Botta, *Histoire d'Italie*, t. II.

(3) On dénonça au Directoire en thermidor an IV certains officiers qui avaient fait vendre dans les États voisins quantité de chevaux de selle et de carrosse, d'armes, de fusils de chasse, après les avoir requis pour l'armée, et dont les propriétaires espéraient pour plus tard la restitution (Arch. AF 3, 71.)

(4) « Il n'y a que trop d'argent dépensé en indemnités et pertes, écrit Bonaparte, le 21 vendémiaire an V. Au moindre petit échec, chacun a perdu son porte-manteau. » (*Corresp.*, t. II, p. 49.)

volé à des comédiennes, à des danseuses, à des courtisanes qui parfois trafiquaient ouvertement de leur crédit.

Bonaparte écrivait au Directoire que cette bande si nombreuse de voleurs se soutenait devant les conseils de guerre : « On achète les juges, c'est une foire, tout se vend (1). » Il ne cesse dans sa correspondance de flétrir les pillards et les concussionnaires dont l'armée et les administrations étaient remplies; cependant on s'étonne au premier abord qu'un général doué à la fois d'une si grande énergie, et d'un esprit aussi fin, aussi fécond en ressources, n'ait pas réussi à écarter de son armée les voleurs incorrigibles, et à remettre en honneur la régularité et la probité. A-t-il jugé le personnel dont il disposait, trop corrompu pour qu'il fût possible de le réformer? C'est fort possible ; mais il faut évidemment attribuer à un calcul tout à fait personnel, cette sorte de tolérance qu'un homme du caractère de Bonaparte montra pour d'odieux abus. Il méprisait sans doute les pillards et les concussionnaires; mais comme il avait formé les projets les plus ambitieux, il comptait utiliser de pareils hommes à un moment donné. Cette armée d'Italie avec laquelle il avait déjà fait de si grandes choses, devait de plus en plus devenir son armée à lui. Il était de ces despotes qui estiment au fond de leur âme les honnêtes gens, mais n'aiment pas à leur confier un grand pouvoir, parce qu'ils les trouvent trop indépendants; et leur préfèrent des individus dépourvus de tout scrupule mais qu'ils tiennent par leurs vices (2). Suivant lui, un ambitieux pouvait parfois trouver profit à se montrer rigide en

(1) *Correspondance*, t. II, p. 52.

(2) Landrieux, en qualité de chef du bureau secret, fit par l'ordre de Bonaparte une enquête sur la vente de 160 chevaux pris aux Autrichiens à Porto-Legnago, par le 13° dragons. Ils auraient été vendus au profit d'Augereau à des juifs vénitiens pour 60,000 francs. Sur l'ordre de Berthier il avait, le 17 fructidor an IV, saisi chez les curés de Casalmajor, et de Carpedenolo des caisses contenant plus de trois cent mille francs d'argenterie pillée dans les églises et chez des particuliers, et qui auraient été déposées chez ces deux curés par Masséna. Peu de temps après, ce général, sous divers prétextes, offrit sa démission. Landrieux accuse Augereau d'avoir, lors de l'occupation de Bologne, dévalisé le magasin du plus riche bijoutier de cette ville et d'avoir fait porter le butin dans son fourgon. Pour se justifier devant Bonaparte, il aurait dit que ce bijoutier *n'aimait pas les Français;* mais l'enquête aurait prouvé que cette allégation caractéristique n'était pas fondée. (Mémoires : v. aussi Trolard de *Montenotte à Arcole*.)

paroles, mais une trop grande rigidité dans ses actes ne pouvait qu'éloigner de lui des hommes dont il aurait pu se faire
des instruments utiles. Un général en chef qui veut absolument imposer l'intégrité à une armée où les pillards et les
voleurs fourmillent, ne doit pas avoir d'autre ambition que de
revenir, nouveau Cincinnatus, cultiver un petit champ quand
la guerre sera finie. Telle n'était pas l'ambition du jeune
triomphateur. Il s'attacha seulement à punir quelques actes
par trop scandaleux, réprima certains abus beaucoup plus
dans l'intérêt de l'armée que par haine pour l'immoralité, et
veilla surtout à ce que les concussions ne lui fussent pas nuisibles au point de vue matériel pour la prochaine campagne.
Quant aux concussionnaires, et aux dilapidateurs de tout grade,
il entendait les tenir à sa discrétion.

Aussitôt après la signature de l'armistice avec le Pape, Bonaparte fit encore une expédition peu glorieuse, mais lucra-
tive, qu'il avait du reste, promise aux Directeurs. Il envoya la
division Vaubois s'emparer de Livourne. Le Pape n'avait jamais
fait la guerre, et pendant la campagne de 1796 sa petite armée
était simplement restée en observation ; néanmoins le Directoire l'avait déclaré en état de guerre pour le rançonner. Le
grand duc de Toscane était en paix avec la France par un
traité formel qu'il avait scrupuleusement exécuté, mais il n'en
fut pas moins rançonné, parce qu'on était sûr de faire du butin
chez lui.

Livourne avait toujours été un sujet d'interminables discussions entre la France et la Toscane, depuis la signature du
traité de paix. Les Français y prétendaient agir en maîtres, et
avaient souvent des querelles avec la population du port et de
prétendus émigrés. Miot semblait prendre à tâche dans ses
rapports d'exciter les soupçons des révolutionnaires contre
leur nouvel allié, et tourmentait constamment le grand-
duc au sujet des émigrés ; l'assassinat d'un Français à Livourne faillit entraîner une rupture (1). Miot dans sa cor-

_____

(1) Le gouvernement toscan, pour plaire au Comité de salut public qui se
plaignait de voir circuler de faux assignats en Toscane, l'avait autorisé à envoyer à Livourne, un commissaire chargé de vérifier les assignats. Ce vérifica-
teur nommé Vernier fut assassiné : le Comité réclama vivement la punition

respondance déblatérait contre la *feinte neutralité* de la Toscane. L'idée de faire de cette belle contrée sous prétexte de neutralité, un état absolument vassal, s'était implantée dans l'esprit des révolutionnaires. Le Comité, avant de se retirer, renouvela à Miot l'ordre d'intimider le goùvernement toscan. S'il y avait eu moyen de peser sur ses décisions en lui faisant craindre une révolution, Miot aurait, comme la plupart de ses collègues, profité sans vergogne de ses immunités diplomatiques, pour organiser le parti révolutionnaire et le mettre en mouvement; mais il ne fallait pas compter sur cette ressource, car il avertit le Comité que la Révolution avait bien quelques partisans peu nombreux dans la bourgeoisie, mais que la noblesse lui était extrêmement hostile, et que le peuple n'en avait aucun souci.

Miot dut notifier solennellement au grand-duc l'installation du Directoire. Ce prince profita de cette cérémonie, pour affirmer, dans un discours très aimable pour le Directoire, sa résolution de conserver la neutralité. Miot écrivait comme d'habitude à son gouvernement qu'il était content du grand-duc, mais très mécontent de la Toscane. Les discussions recommencèrent au sujet de Livourne, où certains révolutionnaires trouvaient tout à fait scandaleux qu'on ne voulût pas supporter leurs fanfaronnades. Le grand-duc, pour obtenir un peu de tranquillité, fit au Directoire de grandes concessions, et donna l'ordre d'éloigner à dix milles de Livourne, les émigrés français sur l'expulsion desquels les deux gouvernements tomberaient d'accord. Miot trouva cette satisfaction insuffisante et

des coupables, ce qui était très naturel, mais parut rendre le gouvernement toscan responsable de ce crime et l'accusa de se jouer de la neutralité. Ce gouvernement répondit qu'il avait d'autant plus droit de s'étonner d'un pareil soupçon que Vernier avait été attaqué peu de temps auparavant par des matelots napolitains et qu'il les avait poursuivis avec beaucoup de zèle et de promptitude. Mais le Comité écrivit à Miot (4 vendémiaire an IV, 26 septembre 1795) de demander la punition exemplaire des coupables, en déclarant que toute mesure dilatoire serait regardée comme une insulte. Il devait en outre réclamer l'expulsion dans quinze jours des émigrés qui avaient pris part aux troubles. En cas de refus, il avait l'ordre de quitter la Toscane en déclarant son gouvernement responsable des menées perfides que jusqu'ici sa neutralité a voilées impunément. (Arch. AF³ 87.) Miot fut très satisfait de la colère du Comité, et lui répondit (27 vendémiaire, qu'il exécuterait ses ordres avec beaucoup de fermeté car *il faut faire peur.*

recommença ses plaintes. Bien que Corsini lui eût remis le 22 floréal une justification très détaillée de la conduite de son gouvernement au sujet des rixes de Livourne, il demanda que le grand-duc de Toscane bannît tout émigré français dont le ministre français lui demanderait l'expulsion, et sans que ce ministre fût tenu de donner aucun motif : il fallait tout simplement que ce souverain abdiquât son droit de police à l'égard des étrangers en faveur d'un proconsul français; et Miot voulait traiter les Français suspects en Toscane comme les proconsuls de la Convention les avaient traités en France, en attendant le jour où il agirait en proconsul à l'égard des Toscans. Après de nombreuses discussions, le gouvernement du grand-duc décida que tous les émigrés arrivés en Toscane avant le 15 janvier 1793 seraient expulsés de Livourne, et obligés de s'en tenir éloignés de dix milles, à l'exception de ceux qui vivant tranquillement à Livourne, y auraient établi une maison de commerce depuis quelques années, ou se trouveraient chez leurs parents établis dans cette ville. Cette concession fut encore trouvée insuffisante, par la raison bien simple que le Directoire voulait occuper Livourne pour se rendre maître d'un point stratégique important, et surtout faire un riche butin.

Tout à coup, sans aucune déclaration de guerre, Livourne est occupée par l'armée française ; une division entre en Toscane et se porte sur Pistoia. Bonaparte écrit au grand-duc, de Pistoia (1), que le pavillon français est constamment insulté par les Anglais à Livourne, et que le grand-duc ayant avoué lui-même son impuissance à les réprimer, Livourne va être occupée; il ajoute avec hypocrisie que le gouvernement français désire voir continuer l'amitié qui unit les deux États, et qu'il est persuadé « que Votre Altesse royale, témoin chaque jour des excès auxquels se portent les vaisseaux anglais sans pouvoir y

(1) *Correspondance*, t. I, p. 428. Le grand-duc avait cru d'abord que cette division marchait sur Rome par Florence; il représenta aussitôt à Bonaparte qu'ayant interdit le passage aux Napolitains, il serait injuste de violer son territoire lorsque les coalisés l'avaient respecté. Bonaparte lui fit accepter de livrer passage à cette division, seulement elle ne passerait pas par Florence et marcherait sur Sienne; mais c'était le grand-duc lui-même et non point le pape qu'elle menaçait. (*Ibid.*, p. 445.)

porter remède, applaudira aux mesures, *justes, utiles et néces-saires* qu'a prises le Directoire exécutif » (1). La division Vaubois, déjà en marche, entre dans Livourne le 27 juin. Le gouverneur Spanocchi, assez criminel pour ne pas agir en fonctionnaire des envahisseurs, est arrêté, enfermé dans une chaise de poste, et expédié au grand-duc avec une lettre injurieuse, dans laquelle Bonaparte prétend qu'il a manqué à la neutralité, cherché à ameuter les populations contre les Français (1) et déclare insolemment qu'il aurait été en droit de le faire juger par une commission militaire, mais que par égard pour son prince, il a préféré le renvoyer à Florence, convaincu qu'il donnera des ordres pour le faire punir sévèrement. Les propriétés des étrangers sont déclarées saisies comme les prises faites sur mer; on s'empare des papiers des consulats de Vienne et de Russie, les employés et les sujets du grand-duc sont presque traités comme si leur ville venait d'être prise d'assaut (2).

Le Directoire, parfaitement d'accord avec Bonaparte (3), eut l'impudence de soutenir dans une note diplomatique du 23 messidor (21 juillet), que le grand-duc lui-même avait reconnu qu'il était nécessaire de faire occuper Livourne par les troupes françaises. Neri Corsini, son ambassadeur à Paris, déclara énergiquement le 16 juillet (28 messidor) que ses instructions récentes contredisaient absolument cette supposition. Il protesta vivement au nom de son souverain contre cette usurpation sur son droit (4) qui était contraire aux traités ainsi

(1) Il ajoute « il n'est sorte de *mauvais traitements* qu'il n'ait fait essuyer à notre avant-garde. » (*Ibid.*, p. 444.) D'abord il n'en avait pas les moyens, et ensuite l'avant-garde aurait-elle jamais toléré ces mauvais traitements? C'est tout à fait ridicule! La division feignit de marcher sur Sienne le 8 messidor, mais le lendemain tourna brusquement sur Livourne, et Bonaparte envoya Marmont porter au grand-duc la lettre datée du 5 messidor par laquelle il l'informait de l'occupation de Livourne.

(2) Le grand duc résistant aux sollicitations de son entourage, resta dans sa capitale. « Cette conduite, écrit Bonaparte, lui a *mérité une partie de mon estime.* » (*Correspondance*, t. I, p. 446.) Ce trait est délicieux.

(3) Il lui écrivit le 11 juillet, qu'il approuvait sa conduite, et l'invitait à séquestrer les effets appartenant aux puissances en guerre avec la France, et imposer de fortes contributions sur leurs nationaux.

(4) Le grand-duc, disait Corsini, n'a jamais reconnu qu'il ne pouvait maintenir sa neutralité sans l'assistance d'une garnison française, ni demandé comme

qu'aux engagements pris par le général Bonaparte. Il est forcé de subir le fait violent de l'occupation, mais il demande que le Directoire prenne diverses mesures pour la rendre moins oppressive et limiter le despotisme de ses généraux. Il protesta aussi contre l'arrestation de Spanocchi. Bonaparte n'avait même pas attendu le résultat de la procédure qui avait été commencée contre lui (Manfredini avait commis la faiblesse de le mettre en jugement) ; il réclame une réparation de l'offense faite au grand-duc dans la personne de son représentant. Il prit énergiquement sa défense dans un autre mémoire : déclara qu'il avait été calomnié, et qu'il avait supporté avec beaucoup de patience les injures qui lui avaient été adressées (1).

Il signala aussi les excès commis lors de l'occupation de Livourne ; et protesta vivement contre la saisie de toutes les marchandises appartenant aux Anglais, aux Autrichiens, aux Russes, etc., en dépôt chez les négociants de Livourne ; ces marchandises étaient leur gage, on détruisait ainsi leur hypothèque (2). En outre, il fallait s'attendre de la part de l'Angleterre, de la Russie et des autres États, à des représailles contre les Livournais.

Le ministre des relations extérieures du Directoire prétendait

on le prétend que ses ministres eussent autorité sur cette garnison ; il a demandé seulement que dans le cas où le Directoire réaliserait son projet d'occuper Livourne contre tout droit, la défense de cette ville fût commune et concertée entre les deux gouvernements. Arch. (AF 3 88.)

(1) Il osa même parler du ton hautain et injurieux que Bonaparte avait pris lors de son entrevue avec Spanocchi (Arch. *ibid.*). On voit aussi par sa correspondance que le gouverneur de Livourne, surpris par l'arrivée inopinée de l'avant-garde française, dit à son commandant, sans doute pour rabattre un peu son arrogance, qu'il pourrait faire distribuer des armes aux habitants et les mettre en état de résister aux Français. Miot aurait trouvé cette réponse très digne d'éloges dans la bouche d'un Français surpris contre tout droit par un prétendu allié, mais dans la bouche d'un Toscan il la trouva *indécente*. Il savait en effet que la population de Livourne était fort mal disposée pour les Français. Voilà pourquoi Bonaparte furieux d'avoir rencontré un homme de cœur, le fit conduire à Florence en ordonnant à son prince de le punir. (Arch., *ibid*). Il envoya Lannes piller aussi Massa-Carrara.

(2) Cette saisie avait été ordonnée par Bonaparte le 12 messidor. (*Correspondance*, t. I, p. 444.) Les agents français voulurent même lui donner un effet rétroactif en obligeant les Livournais à dénoncer les contrats faits quinze jours avant l'entrée des Français dans leur ville.

tout justifier en invoquant simplement le droit de représailles. Corsini lui répond énergiquement que son gouvernement a toujours fait respecter sa neutralité. « Qu'on allègue un seul exemple d'un bâtiment pris en Toscane par les Anglais sans que le grand-duc n'en ait exigé la restitution (1)? »

Bonaparte se rendit ensuite à Florence où la peur qu'il inspirait lui valut une réception royale. Il exigea impérieusement la destitution du premier ministre Serroti ; il voulait même qu'il fût banni sans autre forme de procès. On lui répondit que le grand-duc avait enlevé à ce ministre les affaires étrangères et la direction de Livourne, et qu'il n'était pas possible de lui en demander davantage sans empiéter trop ouvertement sur ses droits. Corsini fit la même déclaration au Directoire dans une note du 7 thermidor par laquelle il protesta contre les procédés de l'armée française qui agissait à Livourne comme si l'autorité du grand-duc y était complètement abolie (2). Du reste, Bonaparte blâma la conduite du général Vaubois. Il avait été très déçu dans ses espérances de butin : quelques heures avant l'arrivée de ses troupes, plus de quarante bâtiments anglais chargés étaient sortis de Livourne. Tous les effets et marchandises des étrangers étaient confisqués ; les négociants Livournais que cette saisie devait

---

(1) Archives AF³, 88.

(2) Le général Vaubois, d'après les ordres de Garrau et de Salicetti, avait expulsé de Livourne les émigrés et tous les individus d'origine anglaise. Corsini se plaint vivement de Miot qui a menacé le gouvernement toscan d'une rupture, s'il ne faisait pas cesser sur-le-champ une prière publique qui avait lieu dans la cathédrale de Florence ; il déclara que l'occupation de Livourne et la ruine totale de son commerce étant une calamité pour la Toscane, on peut, on doit avoir recours à Dieu pour en obtenir la fin. D'ailleurs les Français ne se sont-ils pas imposé publiquement la loi de respecter les cultes ? Ils ne doivent donc pas contrarier les usages religieux du pays. Il paraît que Miot avait voulu s'ériger en proconsul, car dans une autre note du 9 thermidor, Corsini déclare que le grand-duc n'a pu voir dans les menaces que le citoyen ministre et quelques autres agents français se sont *permis contre la sûreté de sa personne sacrée et de son pays*, qu'une infraction à la volonté du Directoire. Il déclare que le grand-duc ne sortira jamais de ses États, malgré les graves sujets d'alarme qu'il peut avoir. Il est chargé de demander une audience au Directoire pour protester contre de pareils traitements, et réclame un désaveu de toutes ces menaces. Peut-être certains agents français désiraient effrayer le grand-duc pour le déterminer à s'enfuir en Autriche ; l'armée française aurait alors occupé tous ses États. (Arch. AF³, 88.)

ruiner en détruisant leurs gages et les exposant à de grandes
représailles, étaient tenus de remettre aux agents français leurs
livres, leurs actes, et de subir d'odieuses perquisitions. Ils soutenaient que les Anglais leur étaient redevables de sommes
très importantes, et que la compensation devait leur être faite.
Mais il n'y avait pour eux qu'un seul moyen d'en sortir: payer
rançon à l'envahisseur qui n'avait édicté toutes ces vexations
que pour provoquer l'offre d'une grosse somme d'argent.
Sous la première impression de terreur causée par l'occupation
de Livourne, et les énormes exigences des révolutionnaires,
ils se montrèrent disposés à offrir cinq millions aux agents du
Directoire; mais comme ces négociants n'avaient point de chambre de commerce pour faire la répartition de cette somme, ils
s'adressèrent au grand-duc; et après avoir entendu ses ministres, ils examinèrent plus froidement la situation, et réduisirent leur offre à un million et demi : elle fut jugée dérisoire (1).

Bonaparte se plaignit vivement au Directoire de la conduite
du général et des agents français à Livourne. Il avait chargé
le consul français Belleville de mettre les scellés sur tous les
magasins appartenant aux étrangers, en lui déclarant qu'il
serait personnellement responsable des dilapidations qui
pourraient avoir lieu. Mais on n'avait pas exécuté ses
ordres. Le commerce de Livourne avait été livré à une nuée
« d'agioteurs génois ». Toutes ses mesures ont été dérangées et
l'on a substitué à un seul agent responsable des commissions
où « tout le monde dilapide en accusant son voisin », les
commerçants de Livourne sont plus mal traités que ne le
seraient les négociants anglais eux-mêmes, ce qui produit
le plus mauvais effet dans toute l'Italie (2). « Si notre conduite
administrative à Livourne est détestable, notre conduite politique envers la Toscane n'est pas meilleure. » Sans tenir
compte de ses ordres, Vaubois a ouvertement empiété sur
le gouvernement toscan en chassant par une proclamation
les émigrés de Livourne et de vingt lieues à la ronde (3). Sur

(1) Lettre de Belleville consul, 27 messidor. Arch. AF 3, 88.
(2) *Correspondance*, t. I, p. 484, il envoya aussi une lettre assez vive à Vaubois.
(3) Vaubois lui écrivit que Belleville était en désaccord complet avec les membres des commissions et qu'il fallait s'attendre à des dilapidations.

ces entrefaites, Porto-Ferrajo dans l'île d'Elbe fut menacé par les Anglais; Miot demanda impérieusement au Grand duc d'y envoyer des troupes et lui proposa deux cents Français : il lui répondit qu'en acceptant ce renfort il violerait évidemment la neutralité. Le 9 juillet 1796, les Anglais occupèrent Porto-Ferrajo en déclarant qu'ils y étaient obligés par l'occupation de Livourne; ils prirent ironiquement le jargon du Directoire et soutinrent qu'en agissant ainsi, ils n'entendaient nullement enfreindre la neutralité de la Toscane. Alors les Français accusèrent le grand-duc d'avoir livré Porto-Ferrajo aux Anglais : celui-ci déclara qu'il n'avait pu y faire passer ni secours ni vivres à cause du blocus rigoureux qui était établi à Livourne depuis l'occupation. Bonaparte écrivit au Directoire le 2 thermidor que les Anglais étant maîtres de la mer, il était difficile de s'opposer à cette entreprise, et qu'il ne fallait pas pour le moment se brouiller avec le grand-duc, et il enjoignit à Miot de le laisser tranquille. Néanmoins il affecta une grande colère contre ce prince, et attribua publiquement la prise de Porto-Ferrajo à la trahison de son gouverneur. Il lui écrivit le 25 thermidor (12 août), que le Directoire se trouverait autorisé à s'emparer de ses États par représailles, mais que « fidèle aux sentiments de modération », il n'en ferait rien. Bonaparte jouait alors la comédie, car il avait précédemment écrit au Directoire qu'il fallait attendre le résultat de la campagne. « Vous sentirez sans doute alors qu'il ne nous convient pas de laisser le duché de Toscane, au frère de l'empereur. » Je désirerais que jusqu'alors on ne se permît aucune menace... » (1).

Les affaires de Livourne lui fournirent l'occasion de traiter de haut les commissaires civils. Vaubois avait déféré à une réquisition de Garrau, Bonaparte lui signifia qu'il avait eu grand tort d'obéir à ce commissaire, et il écrivit en outre à Garrau une épître tout à fait caractéristique, pour lui enjoindre de se renfermer dans ses fonctions.

« Quand vous étiez représentant du peuple, vous aviez des pouvoirs illimités, tout le monde se faisait un devoir de vous obéir.

(1) *Correspondance*, t. I, p. 485-541.

Aujourd'hui vous êtes commissaire du gouvernement, investi d'un très grand caractère, mais une instruction positive a réglé vos fonctions, tenez-vous y. Je sais bien que vous répéterez le propos que « je ferai comme Dumouriez ». Il est clair qu'un général qui a la présomption de commander l'armée que le gouvernement lui a confiée, et de donner des ordres sans un arrêté des commissaires ne peut être qu'un conspirateur » (1).

Le Directoire donna raison à Bonaparte, car il lui écrivait le 1er août qu'il blâmait la conduite de ses commissaires envers la Toscane et leur enjoignait de concerter préalablement leurs arrêtés avec lui. Pour l'instant Bonaparte impose la modération à l'égard de ce petit État, mais l'occupation de Livourne l'avait accablé; les Anglais bloquaient étroitement son port, sa population était tout de suite tombée dans la misère la plus profonde, et pour compléter la ruine du commerce toscan, Miot avait déclaré au nom du Directoire, que la marine militaire et les corsaires français saisiraient tous les bâtiments portant pavillon toscan, pour ne pas laisser l'avantage de ces prises aux Anglais, qui venaient d'adopter le système de saisir tous les bâtiments qui marchaient vers Livourne, ou qui en sortaient.

C'était un véritable raisonnement de corsaire! le ministre Fossombroni lui répondit que le pavillon toscan, jusqu'à l'occupation de Livourne avait toujours été respecté par les Anglais, même lorsque les bâtiments portaient du blé en France; depuis l'occupation il n'en était plus de même, mais le Directoire ne pouvait sans commettre une injustice évidente frapper les Toscans pour des actes qui loin de leur être imputables étaient directement causés par son propre fait (2).

On parlait beaucoup à Paris de républicaniser l'Italie, surtout la Toscane puisqu'on la tenait en réalité. Mais les agents français qui voyaient de près les dispositions du pays croyaient

(1) *Correspondance*, t. I, p. 486.
(2) A la fin de thermidor Corsini déclare encore dans une autre note qu'à Livourne quatorze mille ouvriers sont sans travail, et que huit mille familles ont été obligées par crainte de la disette et du régime militaire, de quitter la ville. Le commerce, à cause de la saisie des marchandises anglaises est bouleversé par une foule de ruines et de faillites, dont toutes les places, Lyon et Marseille notamment devront fatalement se ressentir. (Arch. AF3, 88.)

qu'il fallait se contenter de l'exploiter. Belleville, chargé de vendre les marchandises confisquées à Livourne est d'avis d'occuper longtemps cette ville. Mais faut-il républicaniser l'Italie? d'après lui la Toscane est encore le pays le mieux prêt à recevoir la liberté, mais pour détruire l'ascendant des nobles et des prêtres, il faudrait!! (il déclare ne le dire qu'en tremblant); il faudrait des sociétés populaires!! et ce serait recourir à un moyen fort dangereux. Il vaut mieux suivant lui, laisser ce peuple à ses anciennes habitudes, nous emparer des points utiles à notre commerce et en tirer profit (11 thermidor). Miot examine aussi dans sa correspondance s'il est utile, s'il est avantageux à la France de républicaniser l'Italie. D'après ses observations, on ne peut y établir la liberté pure : le peuple n'est pas prêt, à la recevoir : ceux-là même qui se prétendent républicains sont imbus encore d'idées sacerdotales et despotiques (9 thermidor). Depuis l'occupation de Livourne, Belleville et Miot constatent que ce qu'ils appellent le fanatisme fait les plus grands progrès en Toscane, et qu'on y déteste les Français. Miot écrit même (17 thermidor) que leur vie y est très exposée (1).

Bonaparte avait soumis, terrifié l'Italie tout entière : il ne lui restait plus qu'à s'emparer de Mantoue : il en poussa le siège avec activité, au moyen de l'artillerie qui lui avait été abandonnée dans différentes places. Mais ce siège occupait un corps de troupes très important, les garnisons qu'il avait laissées à Livourne, et dans les légations affaiblissaient son armée, et en fait de renforts, il n'avait reçu que neuf mille hommes de l'armée des Alpes : il fut donc obligé de renoncer pour le moment à porter la guerre en Autriche. Il s'installa solidement dans le nord de l'Italie qu'il avait si bien mis à contribution. Il avait presque aussi maltraité Venise État neutre et ami, que le Pape avec lequel il se prétendait en guerre, et il s'apprêtait à démembrer cette célèbre république pour offrir comme compensation ses États à l'Empereur lorsqu'il traiterait de la paix avec lui.

(1) Arch. nat. AF³ 88.

V.

Nous avons déjà mentionné l'occupation de Bergame et de Brescia, villes vénitiennes par les troupes du Directoire : il nous faut maintenant exposer au lecteur comment Bonaparte accomplit cette usurpation, et quel parti il sut en tirer.

La terre ferme de la république de Venise était enclavée dans les possessions autrichiennes et si voisine des pays où les deux armées autrichienne et française luttaient avec tant d'acharnement, qu'il était difficile à toutes deux de ne pas violer quelquefois ce pays neutre. Mais Bonaparte avait ses projets sur le territoire vénitien, et il était bien décidé par avance à ne tenir dans ses rapports avec Venise aucun compte de la neutralité la plus strictement observée. Quand bien même Bonaparte et le Directoire n'auraient eu aucun désir d'anéantir cette vieille et illustre république, les Vénitiens, n'en auraient été pas moins condamnés à subir de la part de gens aussi peu scrupuleux une foule de mauvaises querelles et d'extorsions, ainsi que des sommations continuelles de devenir leurs humbles alliés et vassaux, et de sacrifier au Directoire toutes leurs richesses, avec la double perspective d'être complètement anéantis par l'Autriche, si les Français étaient défaits, et de perdre toute liberté et d'être réduits à la situation humiliante des Bataves, si le Directoire était vainqueur.

Mais Venise avait à redouter un danger bien autrement sérieux. Le but du Directoire en occupant la Haute Italie était de contraindre l'Empereur à la paix et à la cession par traité de la Belgique et de la rive gauche du Rhin, afin de devenir libre de tourner ensuite toutes ses forces contre l'Angleterre. Il n'espérait pas imposer des conditions aussi dures, sans fournir certaines compensations qu'il comptait prendre en Italie aux dépens de plusieurs petits États : il aurait ainsi la double satisfaction de réaliser ses vastes projets, et d'assouvir sa rage de destruction. Il voulait bouleverser le Midi pour faire sanctionner le bouleversement du Nord. Venise en-

clavée dans l'Autriche, maîtresse de territoires qui excitaient
sa convoitise, devait s'attendre à voir appliquer à ses dépens
ce système de compensations!!

Depuis trop longtemps, elle se tenait systématiquement en
dehors de la politique active, et des querelles de ses voisins :
elle visait uniquement à maintenir, à augmenter autant que
possible la prospérité de ses sujets : elle y avait réussi! son
territoire était riche : il produisait annuellement neuf millions
de ducats : La population de la république était de trois millions d'habitants. Son gouvernement était accusé très violemment d'absolutisme et de cruauté; et les admirateurs du comité
de salut public, les proscripteurs qui s'obstinaient à maintenir
les lois de la Terreur et s'apprêtaient à ramener en France par
un coup de force, la tyrannie révolutionnaire dans son intégrité,
étaient les plus ardents à déclamer contre Venise, au nom de
la liberté, et de l'humanité! « Je ne pense pas quant à moi,
dit Botta révolutionnaire loyal et indépendant, qu'il ait jamais existé de gouvernement plus sage que celui de Venise,
soit sous le rapport de sa propre conservation, soit sous le
rapport du bonheur de ses sujets (1). » Il blâme avec raison
l'institution des inquisiteurs d'État à cause du secret et de la
cruauté de ses procédures, mais on doit reconnaître qu'elle
était surtout dirigée contre les nobles qui payaient leurs privilèges par une grande sujétion : cette institution était pour
eux un frein puissant; mais non un instrument de tyrannie
contre le peuple. Les révolutionnaires français de bonne foi
reconnaissaient eux-mêmes que ce gouvernement, beaucoup
moins aristocratique dans son esprit que dans son organisation, avait pour système de protéger le peuple contre les classes
élevées.

Le pouvoir était entre les mains de la noblesse de Venise. Le
Doge, élu à vie, était le chef officiel du gouvernement sans exercer
aucune autorité effective. Le Grand Conseil, composé de tous les
membres de la noblesse inscrits sur le livre d'or (2), élisait le Sénat
qui exerçait le pouvoir véritable avec le Conseil secret du Doge, le

(1) Tome 1, p. 53.
(2) Il comptait alors environ huit cents membres, il fallait pour y siéger être
âgé de vingt-cinq ans.

collège des Sages, les inquisiteurs d'État, et le Conseil des Dix (1).

La terre ferme était dans un état d'infériorité politique à l'égard de Venise : telle était du reste la situation de la campagne dans la plupart des républiques suisses. Le gouvernement très aristocratique de Venise avait supprimé dans les provinces les droits féodaux et seigneuriaux des nobles. Il y avait un podestat ou un capitaine dans les villes principales, des provéditeurs chargés des fonctions judiciaires, mais au-dessous du podestat, on trouvait dans presque toutes les communes, des autorités élues par l'ensemble des habitants. Ainsi donc la noblesse de Venise avait à peu près le monopole des emplois, mais cette république était organisée beaucoup moins aristocratiquement que certaines autres, aussi beaucoup de nobles de Terre Ferme, jaloux des nobles de Venise et mécontents de la suppression des droits féodaux, n'aimaient pas le gouvernement de la république et ne demandaient pas mieux que de passer sous la domination de l'Empereur. Le gouvernement vénitien les surveillait avec soin, et se méfiait, non sans raison, des convoitises de l'Autriche. En général dans la Terre Ferme, la masse de la population n'était nullement désaffectionnée, car elle ne subissait aucune oppression, quoi qu'en aient dit les révolutionnaires ; elle souhaitait seulement une participation plus large au gouvernement de la république de Venise, mais la grande majorité, les paysans surtout, ne désirait aucunement s'en séparer. Il existait cependant dans chaque ville de quelque importance un groupe révolutionnaire qui travaillait très activement à exploiter tous les mécontentements et à surexciter toutes les ambitions. Dès 1790 des émissaires Français commençaient à travailler les villes de la Terre Ferme pour les soulever contre Venise (2).

(1) Le Doge avait six conseillers qui lui étaient imposés par le Sénat et le Grand Conseil, il ne pouvait faire sans leur assistance le moindre acte concernant la politique. Les trois chefs des quarante, qui étaient les trois plus anciens du tribunal de la *quarantie criminelle* faisaient aussi partie du *collège*. Les Six Sages grands choisis pour six mois délibéraient entre eux les projets politiques qu'ils devaient présenter au Sénat. Chaque semaine ils déléguaient l'un d'eux pour rendre compte au Sénat de leurs délibérations et les soutenir devant lui. Les Cinq Sages de terre ferme étaient chargés des affaires de la guerre.

(2) Leurs agissements ont été signalés par M. de Bombelle alors ambassadeur de France à Venise.

Depuis longtemps, cette illustre république ne songeait qu'à jouir des douceurs de la paix, aussi les esprits de ses citoyens s'étaient amollis, et elle comptait alors fort peu d'hommes capables d'une résolution prompte et vigoureuse. Elle avait complètement négligé de tenir son armée et sa marine sur un bon pied, et n'était plus redoutée de personne. Ses forteresses de la Terre Ferme étaient mal armées et presque en ruines, on ne s'inquiéta point de les mettre en état de défense, ni de renforcer leurs faibles garnisons; on laissa comme d'habitude cinq mille hommes de troupes pour garder la Terre Ferme : la plus grande partie de l'armée continua à veiller sur les frontières de la Dalmatie et de l'Albanie qui étaient les moins exposées à la guerre. On ne tira point parti de l'arsenal pour remettre la marine sur un meilleur pied. Et pourtant le gouvernement vénitien avait été sérieusement averti que la France révolutionnaire voulait le renverser et établir une démocratie à sa place, mais il se croyait à tort trop éloigné d'elle pour courir aucun danger sérieux, et se reposait avec une singulière naïveté sur les belles assurances que La Révellière avait faites à Querini...

Lallement était persuadé que l'Autriche convoitait la Terre Ferme de Venise, et conseillait au Directoire, comme on l'a déjà vu, de déterminer cette république à se liguer avec lui, par la promesse de quelques parties du Milanais; Lallement était sincère, il l'a prouvé depuis; mais le Directoire ne voulait entraîner Venise à se liguer avec lui, que pour la compromettre irréparablement avec l'Autriche; aussi Lallement fut à la fin de 1795, chargé de l'inviter à la Turquie et se coaliser avec la France; l'Espagne, disait le Directoire, entrerait peut-être dans cette ligue. Venise persista dans son système de neutralité; alors les révolutionnaires français, voyant qu'ils ne pouvaient la déterminer par de telles promesses, à devenir leur vassale, résolurent de l'y contraindre par la menace, et de la traiter en ennemie si elle ne se laissait pas intimider : ils se mirent dans ce but à lui chercher de mauvaises querelles.

L'historien Botta l'a très bien dit: « On commence ordinairement par faire des propositions déshonorantes à celui qu'on veut perdre, dans l'espoir d'un refus qui devient ensuite un prétexte d'hostilités (1). » Le 1er mars 1796, Delacroix, ministre des relations extérieures, écrivit à Quérini au nom du Directoire que le comte de Provence, réfugié à Vérone sous le nom de comte de Lille, s'était rendu indigne de l'hospitalité de Venise en se disant Louis XVIII et roi de France, et que ce gouvernement ne pouvait supporter un pareil scandale dans une de ses villes (2). Delacroix prétendait que le comte de Lille avait formé une véritable cour à Vérone, et que les chefs de l'émigration y venaient insulter la République française et ourdir contre elle des complots. Il accusait aussi la république de Venise d'avoir encore violé la neutralité en accordant le passage à des troupes autrichiennes. Ce grief ancien déjà, même en le supposant fondé, n'avait aucun rapport avec le premier, et aurait dû être présenté séparément. Mais on l'avait énoncé avec fracas dans la même dépêche pour accuser les Vénitiens de perfidie et les intimider davantage. Le Directoire feignait d'avoir oublié que les possessions autrichiennes étaient séparées par un petit territoire appartenant à Venise, et que d'anciens traités autorisaient l'empereur à le faire traverser par ses troupes (3).

La réclamation présentée par le Directoire, contre le séjour à Vérone d'un prince proscrit, avait en elle-même un caractère odieux, et personne n'avait le droit de s'en étonner de la part des Directeurs et de leur séquelle. Mais le comte de Lille était moins dangereux pour eux dans un État neutre dont le gouvernement tremblait sans cesse de se compromettre, qu'à l'armée de Condé, ou dans un royaume qui serait en guerre avec la France. La république de Venise lui donnait l'hospitalité, mais elle s'était bien gardée de suivre l'exemple de l'Angleterre et de la Russie, et ne l'avait jamais reconnu pour roi de France, et Louis XVIII avait eu soin de ne pas

(1) T. 1, p. 352.

(2) Louis XVIII vivait à Vérone dans la plus grande gêne, entouré de quelques amis fidèles, le comte d'Avaray son confident, le maréchal de Castries, MM. de Flachslanden, de la Vauguyon, de Jaucourt, de Damas, le bailli de Crussol, les évêques d'Arras et de Vence.

(3) Lallement avait déclaré en nivôse que Venise neutre ne devait permettre à l'Autriche que des passages de troupes proportionnés aux garnisons ordinaires du Milanais.

faire imprimer à Venise son manifeste royal. Le Directoire exigeait en maître que le Prétendant quittât Vérone pour avoir pris le titre de roi de France, et il supportait sans faire aucun éclat, que l'ambassadeur d'un royaume avec lequel il entretenait d'excellentes relations traitât publiquement Louis XVIII en roi, ce que Venise n'avait jamais fait. Mais l'Espagne était plus forte. Aussi tout le monde comprit que le Directoire, furieux de n'avoir pu déterminer Venise à se tourner contre l'Autriche, lui cherchait une mauvaise querelle.

Le sénat, très effrayé, se réunit le 31 mars pour délibérer sur cette demande : Pesaro la combattit : Foscarini, qui devait se montrer si faible devant Bonaparte, l'invita à céder, et le sénat consentit à éloigner Louis XVIII par 144 voix contre 43.

Le 14 avril, le podestat de Vérone vint signifier au prince cette décision : Louis XVIII le reçut avec beaucoup de dignité; il déclara seulement qu'avant de partir il voulait rayer le nom des Bourbons inscrit sur le livre d'or de Venise, et qu'il exigeait la restitution de l'armure que son aïeul Henri IV avait donnée à la république. Il chargea le ministre de Russie accrédité auprès de lui de rayer son nom du livre d'or, et de recevoir l'armure en dépôt. Néanmoins, grâce aux démarches du sénat de Venise, auprès des autres cours de l'Europe et surtout de Catherine de Russie, il ne persista point dans cette résolution (1). Il écrivit aussitôt à Catherine que la conduite du sénat de Venise ne lui laissait d'autre asile que « celui de l'honneur », l'armée de Condé. Depuis longtemps la cour de Vienne l'empêchait de s'y rendre, il était un peu son prisonnier à Vérone, et ses persécuteurs en le chassant de cette ville faillirent lui rendre service très involontairement.

La conduite de Venise fut sévèrement jugée; elle ne lui rapporta du reste aucun profit. Dans l'intention du Directoire cette vexation était dirigée peut-être moins contre Louis XVIII que contre Venise elle-même : il aurait probablement préféré

---

(1) Les Vénitiens n'avaient pas oublié Henri IV. En janvier 1791 M. de Bombelles écrivait que le comte d'Artois venait d'arriver à Venise et que, malgré son désir de garder l'incognito, on lui avait rendu des honneurs à Vérone, à Vicence, à Padoue et à Venise. Le peuple disait dans toutes les places publiques qu'il fallait bien recevoir un descendant de ce bon Henri IV qui aimait la république.

qu'elle montrât plus de dignité et lui fournît tout de suite un
mauvais prétexte d'aggression, mais ce n'était que partie remise !
Le fait seul d'avoir donné asile à Louis XVIII lui sera çons-
tamment imputé à crime, et exploité contre elle. Le Directoire
ne tiendra aucun compte à Venise de lui avoir si promptement
accordé l'expulsion du prétendant, bien qu'il soit démontré
par les dates, qu'elle a renvoyé Louis XVIII de Vérone avant
que Bonaparte eût commencé ses opérations, il soutiendra
qu'elle a cédé seulement à la crainte d'être envahie : il lui
cherchera en même temps les plus mauvaises querelles au sujet
des émigrés, et de d'Antraigues, l'agent le plus actif de l'émigration mais qui était attaché à la légation russe (1).

Aussi Bonaparte, qui venait de s'emparer du Milanais et
de rançonner impitoyablement tous les Italiens, s'empressa
de reprendre les griefs que le Directoire avait précédemment
formulés contre Venise. Après la défaite de Beaulieu, il lui demanda une somme de douze millions à reporter sur le passif
de la république batave, comme compensation du dommage
que le séjour de Louis XVIII à Vérone avait causé à la république française. Il lui réclama aussi tous les capitaux déposés
dans les banques par les puissances en guerre avec le Directoire, toutes les propriétés ennemies qui se trouvaient dans
ses ports; il entendait traiter Venise comme Livourne. On
peut se demander si Bonaparte n'avait pas formulé des exigences aussi énormes dans l'intention de déterminer Venise à
se tourner vers l'empereur, afin d'avoir un prétexte d'envahir
son territoire et de renverser son gouvernement. Le prétexte
manqua, mais le territoire de Venise n'en fut pas moins envahi.

Après la défaite de Lodi (21 floréal 10 mai) l'armée autrichienne avait battu en retraite à travers la province vénitienne de Crema, et une colonne française l'avait poursuivie sur
ce territoire non par hasard, elle envahissait les États vénitiens
par l'ordre formel de Bonaparte, car il écrivait le 3 prairial (12
mai) à Kilmaine qu'il devait marcher sur Soncino; c'était la

_____

(1) La présence de ce redoutable intrigant à Venise était en réalité plus dangereuse pour les révolutionnaires français que celle de Louis XVIII à Vérone :
et le Directoire s'en rendait parfaitement compte.

il n'y a plus qu'un pas ! On en conclut avec raison que, déjà
en ce moment, Bonaparte avait le projet de sacrifier Venise
à ses combinaisons. En effet, si Venise cède et attaque l'empereur, comme elle touche à ses États, elle sera d'abord envahie par ses armées et servira de champ de bataille, puis Bonaparte traitera, en gardant la Lombardie, et livrant Venise à
la place. Et l'empereur, à qui Venise aura déclaré la guerre,
pourra sans scrupule accepter ce marché ! Tout ira ainsi pour
le mieux, au gré de Bonaparte et du Directoire, car Venise n'aura
pas été vendue ouvertement. Du reste, Bonaparte parle déjà
en maître : il traitera Vérone comme il l'entendra, car suivant
lui *il est dans l'ordre que le vainqueur fasse la loi au vaincu.* Venise
n'a pas été vaincue, n'ayant jamais été en guerre avec le Directoire, mais peu lui importe ! Il déclare à Foscarini qu'il conservera Peschiera comme pays conquis. Impossible de manifester
plus clairement ses perfides desseins contre la vieille république !

Et l'attitude du gouvernement vénitien ne pouvait exciter
sa colère, car Lallement avouait, le 9 prairial, que le Sénat
avait refusé le passage aux troupes autrichiennes, et lui, l'a-
gent diplomatique du Directoire, n'insistait pas, comme Bonaparte, pour que Venise prît part à la guerre, et Bonaparte lui-
même déclarait au Directoire que sa colère était feinte : Ne
lui écrivait-il pas le 19 prairial (17 juin) : « Si votre projet
est *de tirer cinq à six millions de Venise, je vous ai ménagé
exprès cette espèce de rupture,* et vous pourriez les demander
en indemnité du combat de Borghetto que j'ai été obligé
de livrer pour prendre cette place. Si vous avez des *intentions plus prononcées,* je crois qu'il faudrait continuer cette
brouillerie... » Seulement, qu'on le laisse choisir le moment
favorable. Mais voici qui est bien plus beau : « La vérité de
l'affaire de Peschiera est que Beaulieu les a lâchement trompés ; il leur a demandé le passage pour cinquante hommes, et
il s'est emparé de la ville (1). » Ce qui ne l'empêche pas de
jouer la comédie de l'indignation, et de déblatérer contre Foscarini et contre les crimes de Venise, pour lui tirer des millions
et occuper ses places.

(1) *Correspondance,* t. I, p. 372-373.

Il voulait absolument se faire livrer Vérone par intimidation, car il ne pouvait guère entrer, sans la permission des Vénitiens, dans cette place défendue par trois forteresses, et par une garnison d'Esclavons, bons soldats dévoués à Venise, que les révolutionnaires n'espéraient point séduire ni intimider. Aussi ne parlait-il que de brûler Vérone, si Venise ne la lui livrait pas, et le faible Foscarini était glacé d'effroi, et ne se demandait même pas si ces terribles menaces étaient facilement réalisables (1). On pouvait voir déjà ce que valait en réalité la doucereuse épître que Bonaparte avait envoyée à Venise après l'occupation de Brescia. Un provéditeur énergique aurait refusé de laisser les troupes françaises· entrer dans Vérone, ordonné à la garnison de faire une défense désespérée, et provoqué à un soulèvement général contre l'envahisseur les habitants de la terre ferme, qui ne demandaient pas mieux. Plusieurs historiens ont cru que si Venise et les populations s'étaient levées, comme plus tard les Espagnols en 1809, les Russes en 1812, les Prussiens en 1813, la république aurait été peut-être sauvée ; en tous cas elle serait tombée plus glorieusement, et les populations elles-mêmes n'auraient pas souffert de plus grands maux. Mais Foscarini était affolé ; il demanda inutilement un court délai pour en référer au Sénat. Alors Bonaparte se radoucissant un peu, déclare que toute remontrance est inutile, *mais que ce n'est pas encore fait*, et que si l'on ne se soumet, Masséna entrera seulement dans la ville, et occupera les trois ponts de l'Adige, avec la garnison

---

(1) Querini dans sa lettre du 9 juin 1796 au Directoire, déclare tenir de Foscarini que Bonaparte lui a fait de graves menaces. Il lui a signifié le Iᵉʳ juin que « les ordres qu'il avait reçus du Directoire avant *son départ* avaient été d'incendier Vérone, ce qu'il se proposait d'exécuter dans la même nuit'; que déjà il avait donné des ordres au général Masséna de se porter avec une colonne de troupes accompagnée d'artillerie et de six mortiers pour y mettre le feu avec des bombes, qu'elle était en pleine marche et qu'à l'heure qu'il parlait l'artillerie devait agir contre la ville. Il ajoutait que par une nouvelle commission le Directoire lui avait enjoint de traiter en ennemis et de déclarer la guerre à tous les princes italiens, à la première démarche qu'il découvrirait de leur part en faveur des Autrichiens ; qu'il s'était borné (disait-il) à ordonner que l'on brûlât Vérone à cause du séjour du comte de Lille dans cette ville, et qu'il venait d'écrire à Paris d'où il attendait dans sept jours la réponse, pour déclarer formellement la guerre à la république de Venise et s'emparer de tous ses États... » et il déclamait contre les *crimes de Venise*. (Arch. nat., AF³, 89.)

qui sera jugée nécessaire. Lui Bonaparte attendra les ordres
du Directoire pour savoir s'il doit déclarer la guerre à la République à cause de Peschiéra; provisoirement il se conten-
tera de laisser les troupes vénitiennes garder les portes et
faire la police de la ville (1). Foscarini, tout éperdu se laissa
entraîner à des concessions énormes qu'il ne pouvait faire sans
l'approbation du Sénat : il autorisa l'entrée des Français dans
Vérone, ordonna aux autorités de les recevoir, promit de
faire de nombreuses fournitures à l'armée pourvu que les excès
de la soldatesque fussent réprimés, et fit sortir les Esclavons
de cette ville. Beaucoup d'habitants s'enfuirent aussitôt. Les
troupes de Bonaparte entrèrent ainsi dans Vérone le 1er juin, et,
contrairement aux promesses du général en chef, elles n'occupèrent pas seulement les ponts, mais les portes et les remparts (2); elles s'emparèrent en outre de Legnago et de Chiusa.
Bonaparte avait promis de maintenir une exacte discipline et
de payer les fournitures de l'armée, mais les soldats commirent immédiatement dans les campagnes des déprédations de
toute sorte avec les plus abominables excès (3).

Le 5 juin 1796 (17 prairial), Querini écrivait à Delacroix
pour lui dénoncer les attentats commis par les troupes du Directoire dans le Bressan : « Les insultes, les dommages, les
violations faites à la propriété et à la religion, et les réquisitions énormes exigées sur-le-champ, accompagnées de mesures
d'exécution militaire qu'endurent les sujets de la république de
Venise de la part des troupes françaises, se sont tellement mul-
tipliées, que toutes ces violences ne peuvent être exécutées de
l'aveu d'un gouvernement juste. » On lit sur ce mémoire la
note suivante, de l'écriture de Rewbell : « Le noble Querini

---

(1) Lettre de Querini, Arch., *ibid.*

(2) Dans sa lettre au Directoire du 15 prairial (3 juin) Bonaparte évite de
s'expliquer nettement et dit seulement qu'il laisse à Vérone une bonne garnison
pour être maître des trois ponts de l'Adige. Il ajoute : « Je n'ai pas caché aux habitants que si le roi de France n'eût évacué leur ville avant mon passage du
Pô, j'aurais mis le feu à une ville assez audacieuse pour se croire la *capitale
de l'empire français.* » (*Correspondance,* t. 1, p. 359.) Est-ce que Vérone avait la
moindre part dans les proclamations de Louis XVIII?

(3) Les pillages à Vérone et dans les environs sont reconnus dans les Mémoires
de Masséna : ce général craignit un soulèvement et prit d'abord des mesures
énergiques pour maintenir ses soldats.

m'a dit verbalement qu'on avait pillé les églises, et violé les
femmes dans le Bressan, que les paysans bressans sont fort
superstitieux et jaloux de leurs femmes, qu'ils sont tous armés
et exercés au tir, et sont au nombre de plus de cent mille : il
serait dangereux de les exciter contre les Français » (24 prairial) (1). Ces excès avaient déjà causé dans le Milanais des
insurrections qui furent noyées dans le sang ; les soldats traitaient Vérone et ses environs en pays conquis. Le 9 juin, Quérini dénonçait leurs attentats en ces termes :

« Le général français a fait occuper cette place par ses troupes,
où on leur fournit tout ce qui leur est nécessaire sans qu'ils aient
encore rien payé, et sans qu'on puisse s'opposer *aux vols, aux viols*,
aux vexations de toute espèce qu'elles exercent tant dans les villes
que dans les campagnes (2) ».

L'armée ne se préoccupait guère des belles proclamations
de Bonaparte qui du reste, afin de crier à la trahison et de
trouver un prétexte pour démembrer d'abord la république,
puis l'anéantir, ne cherchait qu'à soulever les populations des
campagnes et des villes, par la brutalité de ses soldats, les
contributions de ses généraux, et les exactions de tous ces
fournisseurs véreux qui suivaient ses troupes. Il exprime sa
ferme intention de dépouiller Venise, dans une lettre adressée
le 22 prairial (10 juin) au commissaire ordonnateur Lambert.
« Il faut tirer le plus que vous pourrez du pays vénitien, *ne rien
payer, mais faire exactement les reconnaissances* (les bons billets
qu'avait Venise)? L'intention du gouvernement est que tant
que l'armée se trouvera dans le pays vénitien, dans la situation où elle se trouve, le pays fournisse à ses besoins (3). »

---

(1) Arch., AF³ 89. A côté on trouve une petite note d'une autre écriture, ainsi
conçue : « On devait faire le contraire » et la mention que copie a été envoyée
au général en chef Bonaparte le 28 prairial.

(2) Arch., AF³ 89. On trouve jointe à cette pièce qui porte le n° 706 cette note
significative : « Faire la recherche des péchés de Venise, signé Bonnier. » Ainsi
le Directoire était parfaitement d'accord avec Bonaparte, pour opprimer et exploiter cette république.

(3) Et pendant ce temps-là Lallement écrivait le 46 prairial, que le gouvernement autrichien est très irrité contre Venise qui ne paraît pas s'en alarmer.
« Sait-elle enfin apprécier la France ? » s'écrie-t-il naïvement. Nous croyons
en effet qu'elle commençait, mais trop tard, à apprécier les révolutionnaires
français. » (Arch., *ibid.*)

Le 16 prairial, aussitôt après l'entrée de ses troupes à Vérone, Bonaparte avait écrit à Lallement de presser le Sénat sur les événements de Peschiera, en ajoutant toutefois : « Il ne faut pas cependant nous brouiller avec une république dont l'alliance nous est utile. » Si elle passait à l'Autriche dans un moment inopportun! Les rôles sont distribués, lui fera le croquemitaine, Lallement fera le négociateur et le bonhomme. Le 23 prairial, Pesaro, procurateur de Saint-Marc, fut chargé par le Sénat d'entrer en conférences avec ses *alliés*. Ce n'était pas un vieux trembleur comme Foscarini, aussi Lallement le dénonça bientôt au Directoire. Le Doge écrivit à Quérini de protester contre les déprédations de l'armée française qui envahissait sans cesse de nouvelles localités. Venise avait déjà fourni des objets de consommation pour des sommes énormes. Aussi Le 2 thermidor an IV (20 juillet 1796) Quérini adressait une note pressante au ministre des relations extérieures. « Les troupes françaises, disait-il, ont été parfaitement accueillies dans les États de Venise ; on leur a fourni toutes leurs réquisitions, mais leurs demandes deviennent de plus en plus exorbitantes, et il est d'autant plus impossible d'y satisfaire que rien encore n'a été payé sur les sommes immenses qui sont dues, aussi la république est épuisée. » Les troupes françaises ont emporté l'artillerie et les munitions des villes où elles sont entrées. A Vérone, sous prétexte d'occuper les ponts de l'Adige, elles ont chassé la garnison des forts, et pris l'artillerie (1). Le Sénat a cru nécessaire d'armer des troupes et des vaisseaux, afin d'assurer la tranquillité publique, et de se défendre au besoin contre des populations fugitives et des troupes mises en déroute, et dispersées ; mais les généraux français ont pris ombrage d'une mesure aussi simple. Persuadé qu'on a agi contre les intentions du Directoire, il lui envoie ses observations en lui demandant que la neutralité de Venise soit respectée. Mais le Directoire et Bonaparte ne cherchaient nullement à empêcher ces excès afin de réduire Venise à devenir leur vassale.

(1) Le 27 prairial Bonaparte écrivait à Masséna : « Le général en chef approuve que vous ayez pris les vingt mille fusils de la république de Venise. » (*Correspondance*, t. I, p. 406.)

Au bout de quelques semaines les habitants de la Terre
ferme protestèrent hautement contre cette oppression. A
Bergame, à Vérone et dans les campagnes, des milliers
d'hommes voulaient s'armer contre les troupes révolutionnaires ; de toutes parts on demandait au gouvernement vénitien de laisser la population se soulever pour secouer leur
joug. Un pouvoir énergique aurait tiré grand parti de l'exaspération générale ; mais dans le gouvernement de Venise les
trembleurs étaient en majorité.

Lallement, dans ses conférences avec Pesaro, dut reproduire
les accusations de Bonaparte contre Venise au sujet de Peschiera. Pesaro protesta hautement : Venise s'était trouvée dans
l'impossibilité de résister aux Autrichiens. Si elle faisait quelques
armements, c'était pour qu'on ne pût à l'avenir lui faire un
semblable reproche ; mais Lallement s'en plaignait vivement,
et demandait que Venise, pour maîtriser l'esprit de ses sujets
se débarrassât des émigrés *qui nous calomnient* (1). Bonaparte avait l'absurde prétention de défendre à Venise de se
servir des Esclavons, parce que c'étaient des soldats dévoués ;
et comme ils étaient d'une autre nationalité que les soldats
italiens, il affectait de les traiter de barbares, bien qu'ils
fussent sujets de Venise au même titre que les habitants italiens de la Terre ferme (2).

Le gouvernement vénitien avait décidé le 11 juin par
cent soixante voix contre cinquante-trois, qu'il persisterait
dans sa neutralité désarmée. Néanmoins Lallement lui proposa
en cas d'invasion de la Turquie par la Russie, une alliance

(1) Lettres des 16 et 30 prairial. Lallement constate que le gouvernement
Vénitien cherche à apaiser les esprits qui sont très irrités contre les Français.
(Arch., AF3 89).

(2) Le 20 messidor (8 juillet), il écrit au provéditeur général, qu'il existe
entre les troupes françaises et les Esclavons une animosité que des malveillants
se plaisent sans doute à cimenter. Il est indispensable qu'il fasse sortir dès demain de Vérone les Esclavons qui s'y trouvent ; et le 21 il le prévient aussi qu'il
a donné l'ordre au général d'artillerie de placer des canons sur les remparts
de Vérone. Les Esclavons, traités par les Français de barbares, l'étaient bien
moins que nos turcos ; cependant si une nation, régulièrement en guerre avec
la France osait lui déclarer qu'elle viole l'humanité et le droit des gens en se
servant de ces soldats, quelle risée et quelle indignation elle soulèverait
chez tous les Français !... Déjà le 30 prairial, Lallement écrit que Venise paraît
faiblir au sujet des Esclavons.

défensive et offensive avec la Porte et la France. L'Espagne disait-il, y accéderait probablement; en attendant, le Sénat devait armer des vaisseaux et secourir les Turcs sur mer et sur terre. Pesaro, sans se montrer directement opposé à ce projet de ligue, déclara qu'il ne pourrait être mis de suite en pratique, parce que la majorité du Sénat voulait conserver la neutralité. Il demanda que les populations fussent ménagées par les généraux français, et promit que leurs troupes auraient toutes les fournitures nécessaires si elles traitaient bien le pays. Lallement revint encore à la charge (1). Godoi fit de belles promesses aux chargés d'affaires vénitiens pour déterminer leur gouvernement à entrer dans cette ligue, purement défensive disait-on. A Constantinople, le Reis effendi et Verninac ambassadeur du Directoire prêchèrent vivement au baile (ambassadeur vénitien) Foscari, la nécessité pour Venise de cette coalition. Verninac remit à Foscari, pour son gouvernement, une note dans laquelle il soutenait que Venise n'avait que ce seul moyen d'échapper aux convoitises de l'Autriche. Le ministre des relations extérieures à Paris, Bonaparte à Brescia, tenaient le même langage aux envoyés et aux fonctionnaires vénitiens qui paraissaient toujours préférer la neutralité. Le Sénat était de moins en moins diposé à se laisser leurrer par ces belles promesses; d'ailleurs, le 9 septembre suivant Foscari annonça que le sultan, après avoir pris des renseignements précis sur la puissance maritime de Venise, s'était trouvé fort déçu et qu'il ne tenait plus tant à l'avoir pour alliée.

Bonaparte avait fait à Venise des reproches furieux, et déclaré qu'il garderait Peschiera comme conquête pour la punir de n'avoir point fait d'armements. Mais maintenant qu'elle se met simplement en état d'empêcher la première troupe venue de s'emparer de ses places, il lui cherche querelle, et l'accuse d'intentions perfides. En effet, il va être obligé d'agir

---

(1) Il écrivait le 7 messidor (25 juin). (Arch., AF³) 89, que Venise ne paraissait disposée à s'expliquer sur cette proposition, que lorsque les Autrichiens auraient repassé les Alpes sans esprit de retour. Or, cette alliance prétendue en faveur de la Turquie, était en réalité dirigée contre l'Autriche. Pour diminuer le mécontentement du Directoire, Pesaro avait déclaré que le gouvernement vénitien était prêt à expulser d'Antraigues.

franchement, et il ne sera plus possible de mettre des soldats français dans tel ou tel poste, sous prétexte qu'il n'est pas gardé. Venise trahissait, parce qu'elle n'armait pas ; mais si elle arme, c'est pour trahir ! Bonaparte (26 messidor) affecte une grande colère contre cet armement ; Lallement le qualifie d'imprudent et de ridicule ; sur l'ordre de Bonaparte, il réclame avec emphase une explication franche et loyale, et exige que Venise l'arrête aussitôt. Pesaro répond qu'il s'agit tout simplement de protéger les lagunes, que l'armée n'a été augmentée que de cinq à six mille Esclavons pour les bâtiments légers du golfe et la défense des côtes.

Bonaparte laisse ses troupes écraser de contributions les populations de la Terre ferme, et les maltraiter de la manière la plus odieuse, et cherche à établir que Venise mérite toutes les avanies, toutes les extorsions, et qu'elle doit, confuse et repentante de ses nombreuses fautes, tout accepter, tout payer, et déclarer bien vite la guerre à l'Autriche et à l'Angleterre (1).

(1) On a fait l'énumération des *péchés* de Venise dans un rapport qui contient les griefs « qu'on peut opposer avec avantage aux réclamations récentes du provéditeur général, du Noble, du Sénat de Venise (Arch., AF³ 89).

1° Le gouvernement vénitien est accusé par la *voix publique* en Italie, d'avoir donné à l'Empereur deux millions de piastres vénitiennes pour acheter, *dit-on*, la paix précaire, la neutralité inquiète dont il jouit (Cacault, Florence, 17 décembre 1793). Ce n'est qu'un on dit qui a près de trois ans de date. Mais quand même ce serait vrai, le Directoire qui fait le métier de vendre la paix pour des millions, et à ceux surtout qui ne sont pas en guerre avec lui, prétendrait-il avoir le monopole de cette malhonnête spéculation ?

2° Le gouvernement vénitien a toléré chez lui d'Antraigues, et une foule d'émigrés et de déportés gênants pour la légation. Il a objecté les ménagements qu'il devait à l'Autriche et à l'Espagne. (Lallement 20 floréal an III.) Il ne faut pas oublier que le Comité de salut public répondait à Lallement le 12 prairial qu'il y aurait alors des inconvénients sérieux à faire décréter l'éloignement des émigrés de Venise.

3° Les coalisés ont fait demander à Venise, par l'ambassadeur de Vienne, de s'allier à eux contre la Porte si elle déclarait la guerre à la Russie. Venise a fait un réponse équivoque et chargé son ambassadeur à Vienne de *négocier* l'affaire. (Lallement, 20 floréal, 11 prairial an III). Elle est restée neutre. Le Directoire lui propose actuellement une alliance avec la Porte contre la Russie ; mais son attitude prouve clairement qu'elle veut absolument rester neutre, et c'est là son crime !

4° Sous prétexte de traité, *qu'on se contente d'alléguer*, Venise a permis le passage de 10 à 12.000 Autrichiens pour la Lombardie. Mais s'il n'y avait pas de traité et si elle avait fait une opposition dont l'Autriche n'aurait pas tenu compte que dirait le Directoire ? Absolument la même chose !

5° Menacée par l'Espagne, à l'instigation de Campos et d'Antraigues, pour avoir

Il encourage le Directoire à tenter une nouvelle extorsion. Il lui écrit le 24 messidor qu'il serait opportun de commencer dès à présent une petite querelle au ministre de Ve-

admis un ministre de France de 2º ordre et envoyé un noble à Paris, Venise a chargé son ambassadeur à Madrid *d'arranger cette discussion* (Lallement, 11 prairial an IV). Eh bien !

6º Elle a rappelé San Fermo de Bâle, sur une note du ministre de l'empereur comme trop favorable à l'ambassadeur français et à l'ambassadeur de Russie.

7º Elle a montré trop d'indulgence pour les émigrés français, autorisé les espérances criminelles qu'ils manifestèrent aux événements de prairial, et leurs sinistres prédictions.

8º Verninac, envoyé extraordinaire à Constantinople, annonce à Foscari, ambassadeur de Venise, qu'il ira le visiter s'il lui rend sa visite. Celui-ci lui répond qu'il n'a pas d'instructions, que n'ayant pas connaissance officielle de la mission de Verninac, il ne peut conférer avec lui.

Ceci se rapporte à la négociation dont nous avons parlé plus haut. La conduite de Foscari était conforme aux usages, et très prudente, car s'il avait échangé avec Verninac des visites officielles, la négociation qu'il importait de tenir secrète, eût été éventée. Du reste, Foscari eut des entrevues secrètes avec Verninac.

9º Venise a favorisé le roi de Vérone, les intrigues des émigrés, leurs réunions chez la princesse de Nassau à Dalo. Ceci se rapporte à une dénonciation reçue par Lallement en messidor an III. Elle venait d'un espion vénitien nommé Fibo, dont la femme était française et au service de la princesse de Nassau. Fibo tenait aussi un café, où venaient des émigrés ; il écoutait leurs conversations et les rapportait plus ou moins fidèlement à Lallement.

10º Venise n'a pas empêché le chargé d'affaires d'Espagne de distribuer une proclamation du roi de Vérone, faite par d'Antraigues. Cela regarde l'Espagne.

11º Elle a laissé publier dans une Gazette une prétendue proclamation du Directoire, qui, tout absurde qu'elle est, constitue un outrage à sa dignité. — Il s'agit d'une parodie, d'une satire sanglante qui fut dénoncée par le consul français de Venise. On lit cette note sur sa lettre : « Écrire au citoyen Lallement pour qu'il demande la suppression de cette Gazette et la punition de son auteur ». Obligé de subir en France les attaques de la presse, le Directoire cherchait à s'en dédommager aux dépens des journaux étrangers.

12º Venise a donné des facilités au commerce russe.

13º Elle n'a pas encore fait justice d'un assassinat commis à Zante sur un Français. Des assassinats et des vols dont les Français ont été victimes sont restés impunis. Tout cela doit être vérifié.

14º Le corsaire le *Sans-Culotte* a été retenu à Corfou avec ses trois prises par l'effet de la haine du vice-amiral Condulmer pour les Français.

15º Venise oppose à la demande d'expulsion de d'Antraigues, la présentation au Collège de cet émigré, attaché à la légation russe. Évidemment, on voudrait qu'elle offensât la Russie, pour qu'elle fût obligée de se mettre à la discrétion du Directoire.

16º Occupation de Peschiera par les troupes autrichiennes que le gouvernement de Venise a laissées entrer. Il s'excuse maintenant en disant qu'il a protesté contre « l'invasion effective ». Bonaparte l'a justifié v. p. 708.

On voit que ces accusations ne sont pas sérieuses. Plusieurs sont antérieures

nise à Paris, pour trouver un prétexte à la demande de
quelques millions qu'il doit faire aux Vénitiens après la défaite des Autrichiens. Il est mécontent que Lallement ne l'ait
point prévenu des préparatifs de défense qu'on fait à Venise,
mais le 28, Lallement lui écrit que cet armement est faible et
ne peut l'inquiéter. Le ministre français confère toujours avec
Pesaro. Il reconnaît que les réquisitions faites par nos troupes
sur les bords de l'Adige, exaspèrent les populations. Excitées,
dit-il, par les émigrés et par les prêtres, elles détestaient déjà
les Français ; maintenant elles sont poussées à la haine de notre
nation par des maux réels. En outre, certaines gens se plaisent
à exagérer ces dispositions hostiles, pour exciter l'armée contre les Vénitiens : voilà un aveu précieux! Pesaro lui déclare
que le gouvernement de Venise fait tout son possible pour dissiper les préventions populaires et écarter les émigrés et les
prêtres déportés.

« Jamais, dit M. Pesaro, le gouvernement ne s'est trouvé dans
une position plus critique ; d'un côté le Sénat, malgré tout ce qu'il
fait, craint de n'avoir pas contenté les Français ; de l'autre les Autrichiens menacent de punir un jour Venise de sa partialité ; l'Angleterre et la Russie lui font un crime de sa neutralité, l'accablent
de demandes injustes, et la menacent de démarches hostiles. Dans
une telle crise, comment le Sénat ne désirerait-il pas le succès de
la république, puisque son existence politique et la tranquillité de
son pays y sont attachés. » (Arch., AF³ 89.)

En effet, Venise avait beau faire les plus grands efforts
pour conserver la neutralité, le Directoire et Bonaparte avaient
déjà réussi à la compromettre assez gravement auprès de
plusieurs puissances. Le Sénat se refusait obstinément à se liguer avec le Directoire contre l'Autriche ; mais Bonaparte
occupait sur son territoire des points stratégiques très impor-

à la fameuse réception officielle de Querini ; la Convention, par l'organe de son
président, La Révellière, actuellement Directeur, se montra alors tout à fait satisfaite des procédés de cette république. Les autres, pour la plupart, incrimi-
nent Venise pour n'avoir pas rompu en visière à des puissances bien plus
fortes qu'elle, à l'Autriche, à la Russie, afin de faire plaisir au Directoire ; son
véritable crime est d'avoir voulu garder la neutralité et de n'avoir point livré
tout d'un coup ses places, sa marine, ses finances au Directoire.

tants, et tirait de lui de l'argent et des approvisionnements de toute espèce pour son armée. Venise, contrainte et forcée, lui fournissait autant et plus de ressources qu'un véritable coalisé ; aussi les adversaires du Directoire déclaraient à Venise que cette neutralité était dérisoire, et le Directoire aurait voulu les voir commettre contre elle de véritables hostilités, afin de l'occuper sous prétexte de la protéger.

Presque au même instant, le 25 juillet, le Doge charge Querini de dénoncer au Directoire de graves excès de l'armée française (1). Ottolini, vice-podestat de Bergame, personnage bien différent de Foscarini, ne cessait d'en avertir le Sénat, et voulait tenir tête aux généraux. Mais les inquisiteurs d'État, toujours tremblants, n'osaient guère le soutenir, et toute leur politique consistait à essayer de contenir l'indignation toujours croissante des populations. Ottolini avait parfaitement compris le véritable caractère de Bonaparte et deviné ses desseins sur Venise. Dans ses dépêches il le représente comme un conquérant ou tyran prêt à tout détruire, et le compare à Cromwell et à Robespierre. Bonaparte venait alors d'envoyer au Directoire le 2 thermidor (20 juillet) une dépêche dans laquelle il avait l'aplomb de soutenir que Venise avait tout préparé pour détruire son armée à son retour ; et c'était pour empêcher cette perfidie, disait-il, qu'il avait occupé Vérone. La perfidie était au contraire dans tous ses discours et dans tous ses actes. Après s'être vanté d'avoir fait payer par Venise trois millions pour la nourriture de l'armée, il déclare qu'il n'en rendra jamais rien et étale sans vergogne sa mauvaise foi envers cette république.

(1) Les généraux ne songent qu'à envahir davantage la Terre ferme et à s'emparer de la navigation de l'Adige. Depuis deux mois, dit-il, nous approvisionnons l'armée française. (On comprend le mécontentement des Autrichiens.) En outre les Français veulent s'emparer sur le territoire vénitien de propriétés privées. Le colonel Vialle a envahi avec un fort détachement la villa du marquis Terzi pour enlever de force des effets appartenant à l'archiduc Ferdinand d'Autriche, et Terzi a été contraint de s'engager à les faire remettre aux frontières du Milanais. On a voulu aussi s'emparer de médailles laissées par ce prince à Bergame, en prétendant qu'elles constituaient une propriété milanaise et par conséquent nationale. Le Doge n'admet point qu'on refuse de reconnaître aux princes toute propriété personnelle, et qu'on s'empare de leurs biens lorsqu'ils ont été déposés chez un allié ; mais telle était la théorie révolutionnaire !

« Je suis obligé de me fâcher contre le Provéditeur, *d'exagérer les assassinats qui se commettent contre nos troupes, de me plaindre amèrement de l'armement qu'on n'a pas fait du temps que les Impériaux étaient les plus forts ;* mais par là je les obligerai à nous fournir, pour m'apaiser, tout ce qu'on voudra... Ils continueront à me fournir moitié gré, moitié force, jusqu'à la prise de Mantoue, et alors je leur déclarerai ouvertement qu'il faut qu'ils me payent la contribution portée dans votre instruction (1). »

Et le 21 juillet le provéditeur de Brescia était l'objet des menaces les plus violentes au sujet des fournitures qu'on exigeait et de ces assassinats provoqués du reste par les vols et les viols des soldats, et dont Bonaparte se vante d'exàgérer le nombre à dessein. Cependant Lallement écrit (19 thermidor) que malgré la malveillance de quelques nobles, des décisions favorables aux intérêts de la France passent à une grande majorité dans le Sénat, qui se laisse conduire par quelques têtes sages (2). Venise est devenue en fait la vassale du Directoire.

(1) Correspondance, tome I, p. 483. Il invite le Directoire à jouer la même comédie avec Querini, et finit ainsi : « Il n'y a pas de gouvernement plus traître et plus lâche que celui-ci. » Il ne lui convient guère de parler de traîtrise dans une pareille lettre ; mais il répète par habitude, dans cette dépêche confidentielle, la phrase qu'il a faite pour les gobe-mouches !

(2) Arch. AF3, 89.

FIN DU TOME PREMIER

TABLE DES MATIÈRES

DU TOME PREMIER

CHAPITRE III.

SITUATION RELIGIEUSE APRÈS THERMIDOR.

CHAPITRE IV.

PAIX DE BALE.

CHAPITRE V.

LA CONVENTION ET LES ROYALISTES.

CHAPITRE VI.

PAIX AVEC L'ESPAGNE.

CHAPITRE VII.

LA CONSTITUTION DE L'AN III ET LE PLÉBISCITE.

CHAPITRE VIII.

LA JOURNÉE DU 13 VENDÉMIAIRE ET LA RÉACTION JACOBINE.

CHAPITRE IX.

SITUATION DE LA FRANCE APRÈS LA DISSOLUTION DE LA CONVENTION.

CHAPITRE X.

COMMENCEMENTS DU DIRECTOIRE.

FIN DE LA TABLE DU TOME PREMIER.

TYPOGRAPHIE FIRMIN-DIDOT ET Cie. — MESNIL (EURE)